山西省高等学校人文社会科学重点研究基地项目"儒家思想在东亚文化圈的传播与变迁"（201324）
山西省高等学校人文社会科学重点研究基地项目"传承与转化：港台新儒家群体研究"（201429）

主编 ⊙ 张有智 张焕君

晋学
文库

陟彼阿丘

执行主编 ⊙ 仝建平

首届晋学与区域文化
学术研讨会论文集

科学出版社
北京

图书在版编目（CIP）数据

陟彼阿丘：首届晋学与区域文化学术研讨会论文集/张有智，张焕君主编. —北京：科学出版社，2016.3

ISBN 978-7-03-047720-0

Ⅰ.①陟…　Ⅱ.①张…②张…　Ⅲ.①文化史–山西省–学术会议–文集　Ⅳ.①K292.5–53

中国版本图书馆 CIP 数据核字（2016）第 050595 号

责任编辑：陈　亮　杨　静／责任校对：张小霞
责任印制：张　倩／封面设计：黄华斌

联系电话：010-6402 6975
电子邮箱：chenliang@mail.sciencep.com

科 学 出 版 社 出版

北京东黄城根北街 16 号
邮政编码：100717
http://www.sciencep.com

中国科学院印刷厂 印刷

科学出版社发行　　各地新华书店经销

*

2016 年 3 月第　一　版　　开本：889×1194　1/16
2016 年 3 月第一次印刷　　印张：29 3/4
字数：670 000

定价：109.00 元

（如有印装质量问题，我社负责调换）

总　　序

一

　　古代山西，令人神往。4500万年前垣曲"世纪曙猿"，表明"中国很可能是包括人类在内的高等灵长类动物的发祥地"，人类起源于非洲的论断被彻底动摇。180万年前芮城西侯度遗址，被证明我国目前发现最早的人类曾在此活动。高平一带关于炎帝的种种传说又反映出中国的农业、医药、音乐等与民生息息相关的必需品很早在此发生革命性变革。襄汾陶寺发现的4300年前的帝尧城址以及诸多文物，已经具备了最初的国家社会形态，最初的"中国"在这里。

　　春秋时期的晋国，因地制宜，兼容并蓄，大胆改革，建立的霸业长达一个半世纪。后虽被韩、赵、魏三家瓜分，但初期建都都在山西：韩都平阳（今山西临汾市西北），赵都晋阳（今太原市西南），魏都安邑（今山西夏县西北）。战国七雄，晋有其三。"三晋合而秦弱，三晋离而秦强。"[①]

　　秦汉以后，山西的地位有短暂失落。然而，因为有许多朝代在此起家，建都立业，使它仍在许多时期保持政治中心地位。西晋末年，匈奴酋长刘渊在今山西离石起兵建汉，不久又迁都平阳（今山西临汾市）。386年，鲜卑拓拔部建立北魏，在平城（今山西大同）建都近一个世纪。隋唐的国都虽然不在山西，但山西仍然是"仅次于长安、落阳的第三政治中心"[②]。五代时期有三代朝廷是以太原为根据地的沙陀人南下建立的，即李存勖的后唐、石敬塘的后晋、刘知远的后汉。五代末的后周时，又有刘崇建立的北汉。北宋统一以后，定都开封，山西的政治中心地位才开始衰落。

　　古代中国，一般说来，政治中心也是经济文化中心。历史上，山西经济与它的政治地位同样辉煌。春秋战国时代，山西农业领先于其他地区。铁制农具在晋国已经出现，三晋时期的使用更为广泛。至于牛耕，此时也已出现，而到汉代更加普遍。土地的休耕和施肥以及改变亩制等一系列进步的耕作方法同先进的生产工具相结合，使农业产量大幅度提高。在手工业方面，由于自然资源丰富，金属冶炼铸造业久负盛名，在今天侯马一带就有规模宏大的晋国铸铜遗址，所铸器物倍受周天子青睐。晋国的建筑业也有极高的水平。晋侯燮父"作官而美"，晋平公时建造的铜鞮之宫和虒祁之宫连绵数里、富丽堂皇。今天运城的盐池在春秋时就得到开发，许多商人因贩盐而发迹。另外，纺织染色、制革、制陶、车船制造以及玉石骨蚌漆器加工等也有长足发展。在商业方面，三晋的商品主要有盐、铁、马、牛、羊、枣等，使用的货币有布币、刀币和圆钱等，货币铸造场遍布平阳、

①《战国策·赵策一》。

② 谭其骧：《山西在国史上的地位》，《晋阳学刊》1981年第2期。

屯留、长子、离石、晋阳等全省大部分地区。商品经济的发展促进了商业城邑的繁荣。不仅做过都城的翼城、侯马、太原、临汾、安邑等地是商业中心，而且，洪洞、曲沃以及上述铸币地也是著名的商业城邑。

从上述情形来看，山西从春秋中期到战国乃至秦汉时期，确实是经济繁荣的地区。"晋楚之富，不可及也。"[1]如果说先秦时期山西地区的经济繁荣与其政治地位密切相关的话，那么明清晋商则是山西自北宋失落其政治地位达四个世纪以后闪耀于中国北方的一颗璀璨明珠。晋商以其自强不息的敬业精神、同舟共济的群体意识以及审时度势的敏锐眼光、诚信笃实的经营作风和严密的管理手段[2]，足迹遍及大江南北，甚至把生意做到国外。尤其是山西票号，更是一度执全国金融界之牛耳，以致"明清晋商完全可与世界商业史上著名的威尼斯商人、犹太商人等相媲美"[3]。

古代山西地区是游牧文化和农耕文化的交汇地，它的文化面貌在中国文化史上不同凡响。先秦时期，法家学派在此形成。魏文侯任用法家人物实行变法，使魏国一跃成为战国前期的头号强国。如果"著述定律为法家"[4]，魏国李悝便是法家第一人。在这里形成的法家理论辐射到周围地区，影响了各国的历史进程。商鞅携带李悝的《法经》离魏入秦，在秦国实行变法，使秦国迅速强大起来。秦汉以后，法家思想与儒家思想互为里表，成为专制王朝统治人民的两大法宝。山西佛教文化也十分丰富。东晋的法显、慧远，北魏的昙鸾，唐代的窥基等都是著名的佛学家。昙鸾创立的净土宗对日本净土宗的建立产生了巨大影响，昙鸾本人则被日本净土真宗尊为本师。著名的佛教圣地五台山、净土宗的发源地玄中寺以及大同云冈石窟、洪洞广胜寺等，都是佛教文化发展兴盛的标志。"古代山西曾是中国戏曲最重要的发祥地、繁盛地和根据地之一。"[5]泽州人孔三传创立的诸宫调"直接促成了元杂剧的诞生，可以说是元杂剧的先声"[6]。山西还涌现出了像元好问、郑光祖、石君宝等著名的杂剧散曲家。地上地下发现的戏曲文物更是居全国之首，堪称"戏曲文物荟萃之乡"。

失却政治中心地位的山西，其文化教育并没有衰落。宋金元时期，山西平阳是全国四大雕版印书中心之一。金代的科举考试在全国19个路设立10个考区，山西的3个路就有3个考区。明清时期，山西的书院、府州县学和乡镇义学遍及全省，大约有600所。[7]21世纪初期，山西教育仍居全国领先地位。据1916年教育部报告中的数字，山西省每34人中就有小学生1名，远远超过全国之平均数而居首位。[8]高等教育也随着1902年山西大学堂的建立揭开了近代化教育新的一页。当时，在全国仅有的三所大学中，位居其一（余者为京师大学堂和北洋大学堂）的山西大学堂，对于开启

①《孟子·公孙丑下》。

②参见张正明：《晋商兴衰史》，山西古籍出版社，1995年，第134—156页。

③参见张正明：《晋商兴衰史》，山西古籍出版社，1995年，第134—156页。。

④章太炎：《检论·原法》。

⑤冯俊杰：《山西石刻戏曲史料的认识价值》，《文史知识》1996年第4期。

⑥李元庆：《三晋古文化源流》，山西古籍出版社，1997年，第466页。

⑦光绪《山西通志》卷76《学制略下》。

⑧蔡咏春等译：《中华归主》，中国社会科学出版社，1987年，第398—399页。

民智、促进山西的近代化起到了不可忽视的作用。

二

山西的辉煌已属于过去，但其丰富的历史内容和独特的文化风貌却给后人留下了太多的思考。研究便由此而始。1980 年，位于尧都和晋都腹心地带（今山西省临汾市）的山西师范大学历史系同仁在李孟存先生的带领下，以其得天独厚的区位优势和办出地方文化研究特色的先进理念，建立起"晋国史研究室"，地址设在南小楼四层的两间小房子里。晋国史的专门性研究自此在全国率先起步。研究人员也随着研究工作的逐步开展，由最初的两三位老师不断扩大，形成一支朝气蓬勃的研究队伍。主要有李孟存、卫文选、张志刚、张玉勤、张守中、常金仓、张有智、林宏跃、杨秋梅等。人员虽为兼职，但研究目标相对一致，围绕着晋国史和山西地方史出版和发表了《平阳史话》、《晋国史纲要》、《山西史》、《山西历史人物评传》等一系列学术著作和论文。研究队伍结构合理，发展态势良好。山西师范大学历史系成为全国晋国史研究的重镇。

20 世纪 80 年代中后期，随着文化研究热的兴起以及晋国史研究领域拓展之需，1999 年将"晋国史研究室"易名为"三晋文化研究所"。2003 年，山西省大力推进"文化强省"战略，积极倡导建立"八大文化研究中心"。鉴于山西师范大学晋国史研究和地方学研究的团队力量和影响，决定依托这支队伍建立"山西省晋学研究中心"，此中心于当年 9 月 29 日正式挂牌运行。次年 10 月，在科学出版社闫向东，中国国家博物馆佟伟华、王力之，山西省考古所宋建忠，首都师范大学侯毅、田建文以及侯马市晋国博物馆馆长高青山等先生的支持下，山西师范大学历史与旅游文化学院前院长徐跃勤、院党委书记朱习勤以及林宏跃、畅海桦、许学军等同仁经过三个月的辛苦努力，以中华文明在黄河流域的历史进程为主题的"晋学博物馆"终于落成。落成后的晋学博物馆同戏曲文物博物馆、黄河民俗文化陈列室交相辉映。三个博物馆又同三晋文化研究所、戏曲文物研究所、黄河民俗文化研究所相互对应配合，各有侧重，共同支撑起一个"山西省晋学研究中心"，期盼整合学科力量，从广义晋学的角度出发，对山西历史文化的过去与现在进行深入研究，并为山西社会经济发展、实现文化强省战略，提供智力支持。在教学上，地方文化类课程形成了理论教学—校内实践—校外实践的较为完备的教学体系。这一做法，不仅使山西师范大学的办学特色更加鲜明，而且成为当年教育部本科教学评估中的亮点。这一时期，三晋文化研究方面主要出版和发表了《先秦三晋地区的社会与法家文化研究》、《三晋文献集》、《魏国史话》等著作和论文，同时，也为服务地方文化建设做了许多十分有益的工作。诸如与安泽县合作举办多届荀子文化节高层论坛，并促成山西师范大学与安泽县人民政府共建荀子学院的建立即是显例。其他如侯马、乡宁、曲沃、洪洞、襄汾、古县、古交等县市的文化研究与建设也留下了我们的足迹。

2013 年 10 月和 2015 年 10 月，山西师范大学历史与旅游文化学院和山西省晋学研究中心分别举办了两届全国性的晋学研讨会，与会代表（包括中国台湾、中国香港、日本学者）近百人。论题涉及晋学与地方学、晋国史与三晋文化、山西地方史、平水与金元版刻、山西古代寺观壁画、荀子与诸子学等方面，规模宏大，内容丰富，晋学研究工作得到了极大的推动。

社会在进步，山西要发展，怎么办？怎样才能再创历史辉煌，重振三晋雄风，这是时代赋予晋学研究的历史使命，也是中华儿女的历史使命，更是山西人的历史使命！本套丛书以"晋学文库"命名，基于"晋学乃关于晋地之学问"的基本认识。所以，研究的时空界域，秦汉以后以今天的山西省为限，先秦时期以晋国和韩赵魏的版图为限。自古至今在这个空间地域上发生的种种现象与问题便是"晋学文库"的选编内容。以期通过我们的工作，使晋学研究更深入，视野更宽广，学术力量得到有效整合，为繁荣哲学社会科学研究和山西的发展尽绵薄之力！

张有智

2016 年 3 月 8 日

晋学研究的回顾与展望（代序）

各位专家：大家好！借此机会，我把晋学研究作一个简单的回顾，然后再作个展望，鼓舞士气。不妥之处，请各位批评指正。

一

据我的考察，"晋学"概念的提出，几近百年。它的最早提出，当是 20 世纪二三十年代蒙文通先生的《经学导言》。蒙文通先生认为，荆楚、三晋、邹鲁说史，学术思想各不相同。以史学而言，"北方三晋之学邻于事实"，"史学实其正宗"。就经学而论，齐鲁之学为今文，三晋之学为古文；"今文之学，合齐、鲁学而成者也，古文学据三晋学而立者也"。在这里，蒙文通先生提出的"晋学"概念，是以史学和经学史为研究内容的。"晋学"属于"古学"范畴。

自那以后半个多世纪，不见有人再提"晋学"问题。直到 1997 年，李元庆先生在他的专著《三晋古文化源流》中再度提起。他认为，极力呼唤的"晋学"或"晋文化学"的历史课题可以说已经"呼之欲出，或者毋宁说已经诞生了"，构建"晋学"或"晋文化学"的历史课题也可以说已经初具规模了。在李先生看来，"晋学"就是"晋文化学"，已经突破了蒙文通先生的"晋学"界域。

1998—1999 年，鄙人曾发表《二十一世纪呼唤晋学》和《关于晋学研究的战略思考》两篇文章与李先生呼应。呼吁面临 21 世纪新形势的挑战，我们应把"晋学"研究置于山西发展战略的高度来认识，这是时代赋予"晋学"研究的历史使命。以我浅见，"晋学"应该属于"宏观理论层次"的研究范畴。其时空范围，当是自远古至近代以来的山西地区文化；其研究内容，当是在这个时空范围内表现出来的千姿百态的文化事相及其演变和它们的研究史。

2009 年 12 月，我们在《光明日报》发表了关于晋学研究的系列文章，对晋学的概念、晋学的特征、晋学研究资料利用、晋学学科体系构建，以及民俗学与晋学、近代山西社会与晋学、荀子与晋学等问题，作了专门性研究。

在我看来，晋学就是关于晋地的学问。其研究的空间范围，应该以晋地不同时期的疆域变化为依据。秦汉以前，以晋国和韩、赵、魏疆域为研究的空间范围；秦汉以后，以山西地区为研究范围。研究的时间范围，当是自山西的上古时期至当代山西。研究的内容主要包括：山西区域的历史变迁、政权组织、民族文化交流、生产生活、文化教育、思想学术、宗教信仰、民俗风情、文学艺术（包括戏剧、民歌、绘画、雕塑等）、文物考古、生态环境、山西人的精神、当代山西发展中的问题与出路等。

2007 年和 2010 年，安介生先生在《晋阳学刊》分别发表了《晋学研究之"三部论"》和《晋学研究之"区位论"》两篇文章，前者从长时段纵向研究立论，大力倡议将"小晋学"扩展为"大晋学"，提出应把"晋学"定位为以山西地区为特定研究领域的、规模宏大的综合性学科体系。"晋学"不应该仅仅局限于先秦时期晋国史或三晋历史文化的研究范畴，而应扩展为历史时期发生在山西境内的，带有独特区域特征的，涉及政治、军事、经济、社会、文化等诸多方面的综合性研究，即将狭义的"晋学"研究拓展为广义的晋学研究体系。该体系主要分为三个主要部分：第一部分是先秦时期三晋历史与文化研究；第二部分是秦汉至宋元时期并州民族与区域研究；第三部分是明清以来的山西社会研究。这样便能够更精确地梳理出山西地区发展特有的脉络，更大程度上提升与扩大"晋学"的价值定位与影响力。

后者从空间区位学立论，把历史地理学方法论运用于历史时期区域社会研究，把山西地区所属重要的亚区分为河东地区、晋东南地区、晋中地区、吕梁地区、雁北地区和忻代地区等，并分别选择典型时段简要说明山西地区各亚区在中国前近代历史中特殊的区位价值；强调研究者在细密编织历史演变延续性的同时，全面展现地域间的相关性与差异性，从整体上把握中国历史发展的时段差异与地域差异。深入研究与分析这些区域反映出的差异，会大大加深对中国历史发展的认识。安介生先生的这两篇文章对晋学研究具有十分重要的方法论意义。

近百年来的"晋学"研究，走过了一个从内涵到外延都不断丰富的过程，走过了一个由"小晋学"到"大晋学"的认识过程。"晋学"如同"北京学"、"徽学"、"楚学"、"鄂尔多斯学"一样，成为"地方学"研究中的一个分支学科。

二

百年间的晋学理论研究虽然不多，但研究晋国史、三晋文化以及山西历史的论著却十分丰富。随着"文化热"的兴起，晋学领域的微观研究和宏观研究都取得了长足的发展。1980 年，山西师范大学历史系同仁在李孟存、卫文选、常金仓等先生的带领下，以其得天独厚的区位优势和办出地方文化研究特色的先进理念，建立起"晋国史研究室"，晋国史的专门性研究自此在全国率先起步。研究人员也随着研究工作的逐步开展，由最初的两三位老师不断扩大，形成一支朝气蓬勃的研究队伍，围绕着晋国史和山西地方史出版和发表了《平阳史话》、《晋国史纲要》、《山西史》、《山西历史人物评传》等一系列学术著作和论文，发展态势良好。山西师范大学历史系成为全国晋国史研究的重镇，1992 年，举办了全国晋文化学术研讨会。

2003 年，山西省大力推进"文化强省"战略，省委宣传部积极倡导在山西省建立"八大文化研究中心"。鉴于山西师范大学晋国史研究和地方学研究的团队力量和影响，决定依托这支队伍建立"山西省晋学研究中心"。次年 10 月，又建成了一座"晋学博物馆"。当时，我们还设想，在"山西省晋学研究中心"的大平台之下建立几个研究室，包括"三晋文化研究室"、"当代山西问题研究室"等，期盼整合各学科力量，从广义晋学的角度出发，对山西历史文化的过去与现在进行深入研究，为山西社会经济发展、实现文化强省战略提供智力支持。

这一时期，三晋文化研究方面主要出版和发表了《先秦三晋地区的社会与法家文化研究》、《三晋文献集》、《魏国史话》、《山西历史与文化》、《晋国文化十八篇》、《晋学探微》等著作和论文，同时也为服务地方文化建设做了许多十分有益的工作。诸如与安泽县合作举办多届荀子文化节高层论坛，并促成山西师范大学与安泽县人民政府共建荀子学院即是显例。其他如侯马、乡宁、曲沃、洪洞、襄汾、古县、古交、山阴、偏关等县市的文化研究与建设也留下了我们的足迹，为我们研究山西、服务山西奠定了良好的基础。

三

当今世界正处于加强文化的沟通与交流，以及经济快速发展的形势下，山西作为国家的能源大省，适时调整产业结构，重点开发有关煤炭资源再生利用、环境保护、信息技术、文化旅游等新产业项目，为晋地经济增长注入了新的活力。在此情况下，晋学研究所带来的新思维、新视野对晋地的发展不可忽视，反之，也为晋学的繁荣提供了适宜的环境和条件。

新的晋学研究团队正在形成。新团队年纪轻，精力旺，学历高，功底实，团结和谐，很有劲头，正在以"大晋学"的视野扎实有序地开展工作。诸如安泽碑刻研究、曲沃碑刻研究、洪洞碑刻研究正在进行，以后一个县一个县地研究；还有县域研究系列，如安泽民俗与社会、安泽方言文化研究、红色安泽研究以及山西宗教文化研究；宋金元时期的山西研究等。

晋学作为地方学的一个分支学科，越来越得到学界的认同。据悉，这也引起了山西省省委、省政府领导的重视。我相信，通过我们的不懈努力，在各位专家、学界同仁以及各级领导的支持下，晋学研究必将更加深入，必将有一个大发展。

谢谢大家！

张有智

2013 年 9 月 25 日

目　录

叁／晋国史与三晋文化研究

肆／晋学与地方学研究

壹／平水与金元版刻研究

平水本《尚书注疏·释文》校异

张丽娟

　　国家图书馆藏平水刻本《尚书注疏》二十卷《新雕尚书纂图》一卷，瞿氏铁琴铜剑楼旧藏，题金刻本，《中国版刻图录》定为蒙古刻本，云："序后新雕纂图凡十九图，地理图题平水刘敏仲编。每卷后附释文全文，不加删节。观版式纸墨刀法，纯系平水风格。当时所刻殆遍及他经，除《尚书》外，传世尚有《毛诗注疏》残叶。刻工张一、何川、邓恩、吉一、杨三等，又刻《证类备用本草》，因推知此书当是蒙古刻本。"除此本外，日本天理图书馆藏有一部傅增湘旧藏残本《尚书注疏》，与中国国家图书馆藏本行款风格一致，两者有覆刻、翻刻关系，著录为金刻本。

　　关于平水注疏本，顾永新先生有《元贞本〈论语注疏解经〉缀合及相关问题研究》及《金元平水注疏合刻本研究——兼论注疏合刻的时间问题》二文[①]，对平水本《尚书注疏》、《论语注疏解经》的传本、异文进行了系统深入的考察，论述了平水注疏本在我国注疏合刻进程中的重要地位，使我们对平水本《尚书注疏》有了较为深入的认识。顾氏比勘平水本《尚书注疏》卷二、三、二十与国家图书馆藏越刻八行本《尚书正义》、台北故宫藏建刻九行本《附释文尚书注疏》、北京市文物局藏建刻十行本等，指出平水本与九行本、十行本三者更加接近，与八行本分属不同系统；平水本的底本当早于九行本、十行本，它很可能就是十行本"所依据的、不附释文的注疏合刻本"，"至少是同一系统的版本中渊源颇近的"。

　　作为我国早期注疏合刻本，平水本《尚书注疏》与越刻八行本、建刻十行本、建刻九行本、蜀刻注疏本一样，是研究经书注疏合刻起源的重要版本实物。与其他早期注疏合刻本相比，平水本《尚书注疏》的文本独特性表现在：①卷前附《新雕尚书纂图》，为诸注疏本所仅见。②各卷之末附刊本卷《释文》，不同于越刻八行本的不附《释文》，也不同于建刻十行本、建刻九行本、蜀刻注疏本的《释文》散

注释：

　　① 顾永新：《元贞本〈论语注疏解经〉缀合及相关问题研究》，《版本目录学研究》第二辑，国家图书馆出版社，2010 年；《金元平水注疏合刻本研究——兼论注疏合刻的时间问题》，《文史》2011 年第 3 期。

入正文。在平水本《尚书注疏》研究中，除了对注疏正文进行比勘，其独特的附纂图、附释文体例，也是需要深入探讨的内容。

本文以平水本《尚书注疏》卷末附《释文》为考察对象，以宋刻《经典释文》（上海古籍出版社影印国图藏本，简称"宋本"）与平水本《尚书注疏·释文》相比勘，参校《古逸丛书》影刻宋本《尚书释音》（简称《古逸》本）、台北"中央图书馆"藏宋建安王朋甫刻本《尚书》（简称"王朋甫本"）、《四部丛刊》影印宋刻本《监本纂图重言重意互注点校尚书》（简称"纂图本"）、台北故宫藏宋建安魏县尉宅刻九行注疏本《附释文尚书注疏》（简称"九行本"）、《中华再造善本》影印元刻明修十行本《附释音尚书注疏》（简称"十行本"），并参考黄焯《经典释文汇校》（简称《汇校》，其校勘底本为通志堂本）相关条目，选取涉及反切上下字等的重要异文，排比成文。从各本异文比较来看，平水本《尚书注疏·释文》具有与他本明显不同的独特性，同时又与诸本异文有某种千丝万缕的关联性。这种独特性与关联性，或许可为探讨平水本《尚书注疏》文本来源提供有价值的参考。

卷　　一

（1）《尚书序》："少，诗照反。""诗"，王朋甫本、纂图本、九行本、十行本同；宋本《经典释文》作"施"。《古逸》本此处残缺。《汇校》作"施"，校记云："阮云十行本、毛本'施'作'诗'。案黄丕烈称朱秋崖从南宋刊《尚书》经注附释文本校亦作'诗'，惟朱校颇粗略，其所据之本与阮氏所见十行本同。今所见宋本作'施'，与此本同。"（69页）

（2）同上，"八索，所百反。""百"，诸本皆作"白"。

（3）同上，"芟，仕咸反。""仕"，十行本同，他本皆作"色"。

卷　　二

（4）《尧典》："讼，下用反。""下"，纂图本无此条，他本皆作"才"。

（5）同上，"烝烝，之丞反。""丞"，宋本、《古逸》本同；王朋甫本、纂图本、九行本、十行本作"承"。《汇校》作"丞"，校记云："写本……'丞'作'承'。"（75页）

（6）同上，"女于，上恶据反。""恶"，宋本、《古逸》本同；王朋甫本、十行本作"而"；九行本、纂图本作"尼"。《汇校》作"而"，校记云："'而据'，写本、宋本、景宋本、叶抄何校本并作'恶据'。案作'恶'是。"（75页）

卷　　八

（7）《汤誓》："改正，音征，又音正。"后一"正"字，宋本、《古逸》本同；王朋甫本、纂图本、九行本、十行本作"政"。《汇校》作"正"，校记云："阮云'音正'十行本作'音政'。"（93页）

（8）《仲虺之诰》："埛，故萤反，徐钦萤反，又古营反。""营"，宋本、《古逸》本、王朋甫同；纂图本、九行本、十行本作"萤"。《汇校》作"萤"，校记云："两萤字（指'故萤反'与'古萤反'）叶抄皆作'营'。宋本、景宋本祇下'萤'字作'营'。"（94页）

（9）同上，"簸，彼我反。""彼"，十行本同；他本皆作"波"。

（10）《太甲中》："底，之里反。""里"，诸本皆作"履"。

（11）《太甲下》："覆，方服反。""方"，九行本、十行本无此条；宋本、《古逸》本、纂图本、王朋甫本作"芳"。

（12）《咸有一德》："为易，以市反。""市"，诸本皆作"豉"。

（13）同上，"相，息襄反。""襄"，诸本皆作"亮"。

（14）同上，"桑，苏藏反。""藏"，诸本皆作"臧"。

（15）《盘庚上》："戚，千力反。""力"，诸本皆作"历"。

（16）同上，"底，之里反。""里"，诸本皆作"履"。

（17）同上，"惕，他方反。""方"，诸本皆作"历"。按："方"字疑为"力"字之误。

（18）同上，"越，本又作粤，音王伐反。""王伐反"，诸本皆作"曰于也"。

（19）同上，"恫，勑动反。""勑动"，宋本、《古逸》本、王朋甫本、九行本、纂图本同；十行本作"徒弄"（此叶补版）。《汇校》作"勑动"，校记云："宋本、景宋本同，朱校本'勑动'作'徒弄'，十行本、毛本同。"（96页）

（20）同上，"迟，直宜反，徐待夷反。""宜"，诸本皆作"疑"。"待夷"，纂图本同；《古逸》本作"侍夷"；宋本、魏宅本、十行本作"持夷"；王朋甫本此页抄配。《汇校》作"持夷"，校记云："宋本作'持疑'，景宋、叶抄作'侍夷'。案作'疑'作'侍'皆非也。卢谓'持夷'当作'侍夷'，甚谬。"（96页）按：宋本作"持夷"，《汇校》云宋本作"持疑"误。

（21）同上，"任，而今反。""今"，纂图本、九行本、十行本同；宋本、《古逸》本作"金"；王朋甫本此页抄配。

（22）同上，"射，石夜反。""石"，王朋甫本此页抄配，他本皆作"食"。

（23）同上，"易，以市反。""市"，九行本无此条，王朋甫本此页抄配，他本皆作"豉"。

（24）《盘庚中》："衰，昔列反。""昔"，诸本皆作"息"。

（25）同上，"瘳，赤留反。""赤"，诸本皆作"勑"。

（26）同上，"不易，以市反，注同。""市"，诸本皆作"豉"。

（27）《盘庚下》："析，洗力反，注同。""洗力"，十行本无此条，他本皆作"先历"。

（28）《说命上》："瞑，莫甸反。""甸"，十行本无此条，他本皆作"遍"。

（29）同上，"眩，黄练反。""黄练"，十行本无此条，他本皆作"玄遍"。

（30）同上，"瘳，赤留反。""赤"，十行本无此条，他本皆作"勑"。

（31）同上，"辟，必益反，又匹亦反"，诸本皆作"辟，必亦反"。

（32）《说命中》"易，以示反。""示"，诸本皆作"豉"。

（33）《西伯戡黎》："伯，亦作柏。""柏"，诸本同，唯宋本作"拍"。《汇校》作"拍"，云："宋本同，景宋本'拍'作'柏'，是也。"（98页）

（34）同上，"圻，巨衣反。""衣"，宋本、《古逸》本同；王朋甫本、纂图本、九行本、十行本作"依"。《汇校》作"依"，校记云："宋本、景宋本'依'并作'衣'。"（98页）

（35）《泰誓上》："金，七帘反。""帘"，诸本皆作"廉"。

（36）同上，"惩，直丞反。""丞"，诸本皆作"承"。

（37）同上，"贯，工乱反。""工"，《古逸》本同；宋本以下皆作"古"。《汇校》作"古"，校记云："'古'，宋本同，景宋本作'工'。"（101页）

（38）《泰誓中》："徇，似俊反。""似"，《古逸》本等皆同；唯宋本作"以"。《汇校》作"以"，校记云："'以'，宋本同，景宋本作'似'，吴云'以'为'似'之形讹。"（101页）

（39）同上，"酗，况付反。""付"，诸本同。《汇校》作"具"，云："宋本、景宋本'具'并作'付'。"

（101 页）

（40）同上，"丧，息亮反"。"亮"，诸本皆作"浪"。

（41）《泰誓下》："孜孜，音兹。""兹"，《古逸》本等皆同；唯宋本作"滋"。《汇校》作"滋"，云："'滋'，宋本同，景宋本作'兹'，毛本同。"（101 页）

（42）《武成》："暨，其既反。""既"，诸本皆作"器"。

（43）同上，"烝，之丞反"。"丞"，诸本皆作"承"。

（44）同上，"周召，上昭反"。"昭"，诸本皆作"照"。

（45）同上，"陈于，上直忍反"。"忍"，《古逸》本、九行本同；宋本、纂图本、十行本作"刃"；王朋甫本字残难辨。《汇校》作"刃"，云："宋本同，景宋本'刃'作'忍'，误。"（102 页）

卷 十 二

（46）《洪范》："晢，之舌反，徐丁列反，又之世反。""丁"，诸本同。《汇校》作"之"，云："宋本、景宋本'之'作'丁'，十行本同。"（103 页）

（47）同上，"辟，徐甫亦反"。"甫"，《古逸》本同；宋本以下皆作"补"。《汇校》作"补"，云："宋本同，景宋本'补'作'甫'，卢本同，考证云：毛居正谓甫当作补，后人即以其说改之，非陆氏之旧。"（103 页）

（48）同上，"晢，之舌反。徐音制，又音哲"。"舌"，纂图本无此条，他本皆作"设"。

（49）同上，"别，彼列反"。"彼"，王朋甫本、纂图本、九行本、十行本同；宋本、《古逸》本作"方"。《汇校》作"彼"，云："宋本、景宋本、叶抄、朱抄'彼'作'方'。毛居正以宋代之音绳六朝以前之音，谓作'方'误，非也。"（104 页）

卷 十 三

（50）《旅獒》："尽，子忍反。""子"，诸本皆作"津"。

（51）《金縢》："戚，七历反。""七"，诸本皆作"千"。

（52）同上，"植，时职反"。"职"，《古逸》本、王朋甫本、纂图本同；宋本、九行本、十行本作"织"。《汇校》作"织"，云："'织'，宋本同，景宋本作'职'。"（104 页）

（53）同上，"遣使，所史反"。"史"，九行本无此条，他本皆作"吏"。

（54）《微子之命》："穗，似醉反，本亦作遂。""遂"，纂图本、十行本同；宋本、《古逸》本、王朋甫本、九行本作"（上草下遂）"。《汇校》作"穟"，云："宋本、景宋本'穟'作（上草下遂）。案《说文》（上草下遂）为'穟'之或体。"（105 页）

卷 十 四

（55）《梓材》："恬，田兼反。""兼"，宋本、《古逸》本同；王朋甫本、纂图本、十行本作"廉"；九行本作"帘"。《汇校》作"廉"，云："宋本、景宋本'廉'作'兼'。"

（56）同上，"臎，于略反……又二郭反"。"于"，诸本皆作"枉"。"二"，诸本皆作"一"。

卷 十 五

（57）《洛诰》："被宽，上皮义反，又被美反。""义"，诸本皆作"寄"。"被美"，《古逸》本、九行本、十行本同；宋本、纂图本作"彼美"；王朋甫本字残似"皮美"。

卷 十 六

（58）《无逸》："谚，五旦反。""五旦"，宋本、《古逸》本、九行本同；王朋甫本、十行本作"鱼战"；纂图本此条作"谚，音彦"。《汇校》作"鱼变"，云："宋本、景宋本俱作'五旦反'。阮云：案韵书'谚'无'五旦'之音。盖唐初经文作'嗕'，故音'五旦反'。天宝改'嗕'为'谚'，而'五旦'之音未改也。至刻注疏者改为'鱼战'，通志堂刻《释文》又改作'鱼变'，而此字之本作'嗕'遂无可考矣。说详《尚书撰异》。焯案：唐写本《古文尚书》'谚'作（产下改言），即'嗕'之或体，可证成段说也。"

卷 十 八

（59）《顾命》："互，音户。""户"，《古逸》本、王朋甫本、十行本同；宋本、纂图本作"护"；九行本本卷缺。《汇校》作"护"，校记云："宋本同，景宋本'护'作'户'。毛居正曰：户乃上声，互字无上声，传写误尔，建本音'护'是。"

卷 十 九

（60）《毕命》："度，徒洛反。""徒"，宋本、《古逸》本同；王朋甫本、纂图本、十行本作"待"；魏宅本本卷缺。《汇校》作"待"，校记云："宋本、景宋本及何煌所见元刻本作'徒洛反'。"

（61）同上，"更，古行反。""行"，宋本、《古逸》本、纂图本同；王朋甫本、十行本作"衡"；九行本本卷缺。《汇校》作"衡"，校记云："宋本、景宋本'衡'并作'行'。"

（62）《吕刑》："度，待洛反，注同，马云谋造也。""谋造"，宋本、《古逸》本、纂图本同；土朋甫本、十行本作"造谋"；九行本本卷缺。《汇校》作"造谋"，校记云："宋本、景宋本俱作'谋造'，误。"

（63）同上，"（左亥右刃），亥代反，《玉篇》胡待反。""（左亥右刃）"，宋本、古逸本同；王朋甫本、纂图本、十行本作"劾"。《汇校》作"劾"云："宋本、景宋本俱误作'（左亥右刃）'。""待"，九行本本卷缺，他本皆作"得"。

按：宋代儒家经书刊刻中多有将《经典释文》与所释经典文本合并在一起的经书版本，其附释文方式大体有两种：一是如今存南宋刻抚州公使库本、兴国军学本这样的经注本，于书末整体附刻本经《经典释文》；二是以南宋建阳余仁仲本及建刻十行本为代表的经注附释文本与注疏附释文本，将《经典释文》文字拆散附入经注文字之下。平水本《尚书注疏》的附释文方式较为独特，即《经典释文》分卷附刻于各卷之末，与上两种附释文方式不同。不过总体上看，平水本并未将《经典释文》打散，仍属整体附刻，与抚州公使库本、兴国军本的书末附刻释文类似，而与建刻九行本、十行本的释文散入正文方式不同。我们用以比较的版本中，宋本《经典释文》、《古逸丛书》影刻本《尚书释音》为《经典释文》单行本（其中《古逸丛书》影刻本《尚书释音》，不排除其为某种《尚书》版本书末附刻的可能性）；王朋甫本、纂图本为经注本，正文中散入释文；九行本、十行本为经注疏合刻，正文中散入释文。王朋甫本、纂图本、九行本、十行本在《经典释文》散入正文过程中，编辑者对《经典释文》原文部分条目进行了删略。如上述第11条《太甲下》"覆，方服反"，九行本、十行本无。第28—30条《说命上》"瞑，莫甸反"，"眩，黄练反"，"瘳，赤留反"，十行本无。第4条《尧典》"讼，下用反"，第48条《洪范》"哲，之舌反。徐音制，又音哲"，纂图本无。第53条《金滕》"遣使，所史反"，九行本无，等等。宋代附释文本经书在散入《经典释文》过程中对《经典释文》条目的删略及对《经典释文》文字的改造，是一种普遍现象，而平水本《经典释文》为整体附刻，对《经典释文》原文基本未加删略和改造。故本文对平水本《经典释文》的校异，以宋刻《经典释文》单行本为主，以他本为参校，着眼于平水本《经典释文》与他本在反切用字上的差异，而对各本删略、改造《经典释文》之处不予罗列。

从平水本《经典释文》与他本异文比较来看，最为突出的是平水本《经典释文》反切用字的独特性。上述63条异文中，占总数一半以上的异文，是他本反切用字皆同、唯平水本有异的。这些平水本独有的异文中，少数可能是平水本偶误，如第4条《尧典》"讼，下用反"，"下"字诸本作"才"。按：

"下"属匣母，喉音，而"讼"字为邪母，齿音，两者相去甚远，"下"字不可能作为"讼"的反切上字，恐为字形相近而致误刻。不过，大部分平水本独有的异文，是可两通的反切用字。如第 2 条"八索，所百反"，"百"诸本皆作"白"，"百"、"白"《广韵》皆属陌韵。第 14 条"桑，苏藏反"，"藏"诸本作"臧"，"藏"、"臧"《广韵》皆属唐韵。第 24 条"褒，昔列反"，"昔"诸本皆作"息"，"息"、"昔"《广韵》同属心母。第 28 条"瞑，莫甸反"，"甸"诸本作"遍"，"甸"、"遍"《广韵》皆属霰韵，等等。以上诸字声母或韵母相同，作为反切用字是可通的。有的异文在《广韵》中并非相同声母或韵部，但在实际语音中可通，可能反映了唐宋之际实际语音的变化或地域语音的差别。如第 22 条"射，石夜反"，"石"诸本作"食"。"食"船母，"石"则属禅母。第 20 条"迟，直宜反"，"宜"诸本作"疑"。疑，之韵。宜，支韵。其反切用字声母或韵部相近，在唐宋实际语音中作为反切用字是可通的。又如第 10 条、第 16 条"底，之里反"，"里"诸本作"履"；第 12 条、第 23 条、第 26 条"易，以豉反"，"豉"诸本作"豉"，不同的反切用字多次出现，不可能是手民偶然误刻，应当是渊源有自的异文。

　　除了半数以上的异文为平水本《经典释文》独有外，其他异文情况则较为复杂。首先，平水本《经典释文》整体附刻于各卷之后，其文本未经删节改造，自然与《经典释文》单行本（宋刻《经典释文》、《古逸丛书》影刻《尚书释音》）更为接近。从异文看，第 5 条"烝烝，之丞反"，第 6 条"女于，上恶据反"，第 7 条"改正，音征，又音正"，第 34 条"圻，巨衣反"，第 55 条"恬，田兼反"，第 58 条"谚，五旦反"，第 60 条"度，徒洛反"，第 63 条"（左亥右刃），亥代反，《玉篇》胡待反"，平水本与两种《经典释文》单行本完全相同，而与其他四种经书附释文本不同。第 8 条"坰，故萤反，徐钦萤反，又古营反"，平水本与两种单行本《经典释文》及王朋甫本同，与另三种附释文本不同。第 58 条"谚，五旦反"，平水本与两种单行本《经典释文》及九行本同，与另三种附释文本不同。第 61 条"更，古行反"及第 62 条"度，待洛反，注同，马云谋造也"，平水本与两种单行本《经典释文》及纂图本同，与另三种附释文本不同。第 37 条《泰誓上》"贯，工乱反"，宋本以下"工"皆作"古"，唯《古逸》本与平水本同作"工"。第 45 条《武成》"陈于，上直忍反"，宋本等"忍"皆作"刃"，唯《古逸》本、九行本与平水本同作"忍"。第 47 条《洪范》"辟，徐甫亦反"，宋本以下"甫"皆作"补"，唯《古逸》本与平水本同作"甫"。这些异文似乎透露出平水本《经典释文》的源头，应当出自某种早期的《经典释文》单行本。

　　而第 1 条"少，诗照反"，第 21 条"任，而今反"，第 49 条"别，彼列反"，平水本与诸附释文本同，与单行本《经典释文》有异。第 2 条"艾，仕咸反"，平水本与十行本同，与他本有异。第 52 条"植，时职反"，平水本与《古逸》本、王朋甫本、纂图本同，与宋本、九行本、十行本有异。第 54 条"穟，似醉反，本亦作遂"，平水本与纂图本、十行本同，与他本有异。第 57 条"被宽，上皮义反，又被美反"，平水本与《古逸》本、九行本、十行本同，与他本有异。第 59 条"互，音户"，平水本与《古逸》本、王朋甫本、十行本同，与他本有异，等等。这些多元化的异文分布，同样说明了平水本《经典释文》的独特性，它与诸本之间没有直接的渊源关系；同时也说明平水本《经典释文》异文有其早期版本来源，并非平水刻书者任意为之。关于平水本《尚书注疏·释文》乃至整部平水本《尚书注疏》的文本来源问题，涉及我国注疏合刻本起源与早期注疏合刻本之间的关系，期待有新资料的发现和学界更深入的研究。

（张丽娟：北京大学《儒藏》中心副研究员）

从《新修絫音引证群籍玉篇》看金代刻书避讳

冯先思

摘　要： 本文从金刻本《新修絫音引证群籍玉篇》（以下简称《新修玉篇》）中举出避讳字40余例，在前人列举出的避讳字外，又增补了一些。并且从避讳的角度，考出《新修玉篇》的刊印年代大致在1188—1189年。附录部分则从金刻本《萧闲老人明秀集注》中又列出《新修玉篇》之后的金代讳字，方便大家查考金代避讳字的情况。

关键词： 金代；避讳；《新修玉篇》；《萧闲老人明秀集注》

宋人避讳之例最严，其情形约略载于《淳熙重修文书式》（见《礼部韵略》）。金灭辽之后，与宋人接触频繁，适当宋人避讳极盛之时，故金亦受其熏染。周广业的《经史避名汇考》与陈援庵的《史讳举例》所举金代避讳之例数十端，所言已详。金代诸帝讳字略举如下（表1）。

表1

一	太祖	完颜氏	旻
一	太宗	太祖弟	晟
三	熙宗	太祖孙	亶
	父徽宗宗峻		宗峻
三	海陵王	太祖孙	亮
	父辽王宗干		
	太子光英		光英
三	世宗	太祖孙	雍（初名褎）
	父睿宗宗尧		宗克（初名宗辅）
五	章宗	世宗孙	璟
	父显宗允恭		允恭
四	卫绍王	世宗子	永济（初名允济，避显宗讳改）
五	宣宗	世宗孙	珣
	父显宗允恭		
	太子守忠		守忠
六	哀宗	宣宗子	守绪（初名守礼）

金刻本《新修玉篇》是一部金代编刻的大型字书，收字五六万，篇幅甚巨。今本虽缺一两卷，然大

体仍具。由于是字书，所以我们很方便地可以看到《新修玉篇》印成时金代避讳的一些情况。

一、太祖完颜旻

旻 – 旻 –《新修玉篇》卷二十日部 –31 页 –《续修》179 页上右。^①

旻字避讳为阙笔。《续修》本作：旻，该字捺笔末端似乎还留有痕迹，然《再造善本》本无此点，大概是《续修》本影印时候的污渍。旻字注释中之"旻"字皆阙末笔。然《新修玉篇》卷一天字头下注释"秋为旻天""仁覆闵下则称旻天"，旻字作旻，并未阙笔。

旼 – 旼 –《新修玉篇》卷二十日部 –31 页 –《续修》179 页上右。

旼字阙末笔避讳。该字注释旼字亦阙末笔。

瑉 – 瑉 –《新修玉篇》卷一玉部 –4 页 –《续修》9 页上右。

瑉字阙末笔避讳。瑉字同页有同音同训字珉、瑉，俱缺斜钩。

闵字不避讳。周广业《经史避名汇考》卷二十二引洪遵《松漠纪闻补遗》曰："武元初只讳旻，后有申请云'旻，闵也。'（句本《释名》）遂并闵讳之。周广业案：旻音民，闵音愍，音绝不同，故世宗大定元年上熙宗庙号曰闵宗，至二十六年始改熙宗。知闵字初尚不避。"《集韵》卷二平声十七真^②，闵、旻俱音眉贫切。

二、太宗完颜晟

晟 – 晟 –《新修玉篇》卷二十日部 –32 页 –《续修》179 页下右。

盛 – 盛 –《新修玉篇》卷十六皿部 –18 页 –《续修》142 页下左。

墭 –《新修玉篇》卷二土部 –16 页 –《续修》15 页上左。

晟有三音^③，一音咨盈切，与晶同音。一音时征切，与成同音。一音时正切。《集韵》音时正切者六字，盛、墭、晟、娍、□、□。《新修玉篇》中盛、墭皆阙笔避讳，盖与晟同音，故而避讳，惟娍、□、□三字并非常用字，故未避。

盛（《明秀集注》卷三《水调歌头》其二注（《续修》299 页上右），不避讳。

三、熙宗完颜亶

亶 – 亶 –《新修玉篇》卷十五口部 –11 页 –《续修》139 页上左。

亶 – 亶 –《新修玉篇》卷十五口部 –11 页 –《续修》139 页上左。

"亶"写作"亶"，六朝以来俗字即有此种写法。《金史·孙即康传》^④云：（泰和六年），上问即康、参知政事贾铉曰：太宗庙讳同音字有读作"成"字者，既非同音，便不当缺点画。睿宗庙讳改作"崇"字，其下却有本字全体，不若将"示"字依《兰亭帖》写作"未"字。（显宗庙讳"允"）"充"字合缺

注释：

①《新修玉篇》有两个影印本，一个为《中华再造善本》本，另一个为《续修四库全书》本。本文引录此书兼载两书页码，方便读者复核。前者称卷数及该卷所在的页码。后者称引该册所在的页码及该字在该页的大致位置。

② 赵振铎：《集韵校本》，上海辞书出版社，2013 年，第 248 页。

③《集韵校本》507 页有二晟（索引 180 页）字，俱在右起第二行。上晟训"明也"，下训"饭匷也。从曰。"下晟字，当从宋本作，从同从成（详《集韵校本》校勘记卷四《十四清》第 325 页）。

④（元）脱脱等：《金史》卷九十九（列传三十七）《孙即康传》，中华书局，1975 年，2196 页。

点画，如"統"傍之"充"似不合缺。即康奏曰："唐太宗讳世民，偏傍犯如'葉'字作□字，'泯'字作'泯'字。"乃拟熙宗庙讳从"面"从"且"；睿宗庙讳上字从未，下字从杏；世宗庙讳从系；显宗庙讳如正犯字形，止书斜画。"沇"字"銃"字各从口，"兑、悦"之类，各从本［傳］（体）。从之，自此不胜曲避矣（《金史》该卷校勘记以为"沇"、"銃"或为"宪""銃"之误字）。

孙即康所拟熙宗讳从"面"从"且"，即改俗字为讳字而已，世宗讳雍从系作"雍"，睿宗讳尧改从杏作□，兑作兊，充作宪，也是如此。

《集韵》亶字有四音，一时连切（《集韵校本》344页），一张连切（《集韵校本》345页），一当旱切（《集韵校本》771页），一荡旱切（《集韵校本》772页）。其同音字多不阙笔避讳，又无只写作从"亶"字者。

由此仅仅避讳亶字可见，而不及其他，由此可见刻此书之时，时人于这位被弑之帝还保留了避讳，以示尊崇。

另外，熙宗被弑之后，完颜亮即位，后亦未得善终，乃降称海陵王，后又废为庶人。其人在位之时，亦曾讳亮字，避讳方式亦去其末笔而已，详见《经史避名汇考》所载诸条。而《新修玉篇》此字并不避讳，可见刻书之时，已经不再避讳，由此可微见其时于海陵之态度。

四、世宗完颜雍 [①]

雍－雍《新修玉篇》卷二十四隹部 –29 页 –《续修》202 页上右。

雝－雝《新修玉篇》卷二十四隹部 –30 页 –《续修》202 页下右。

二者多阙末笔避讳。

从雍或从雝之字亦多阙笔避讳，例外者仅仅两例。然注释中之从雍、雝之字或避或不避。兹举例如下：

□－瓮－《新修玉篇》卷一玉部 –06 页 –《续修》10 页上左。

□－璧－《新修玉篇》卷一玉部 –07 页 –《续修》10 页下右。

□－壅－《新修玉篇》卷二土部 –18 页 –《续修》16 页上右。

□－墾－《新修玉篇》卷二土部 –18 页 –《续修》16 页下右。

□－甕－《新修玉篇》卷二田部 –26 页 –《续修》20 页上左。

□－佣－《新修玉篇》卷三人部 –12 页 –《续修》27 页上右。

嚷－嗈－《新修玉篇》卷五口部 –12 页 –《续修》49 页上右。

□－嗈－《新修玉篇》卷五口部 –14 页 –《续修》50 页上右。

拥－擁－《新修玉篇》卷六手部 –32 页 –《续修》59 页上左。

□－擘－《新修玉篇》卷六手部 –33 页 –《续修》59 页下右。

□－攤－《新修玉篇》卷六手部 –34 页 –《续修》60 页上左（该字头下注释中□字亦阙邑下折笔，作擁，当是避讳所去。注释中又有攤字，不阙笔避讳）。

－擘－《新修玉篇》卷卷六手部 –34 页 –《续修》60 页上左。

注释：

① 父徽宗峻（《新修玉篇》山部阙，从夋之字亦不阙笔，然卷二十二 –34 页 –《续修》186 页"阹"字注云：阹峻也。峻不避讳）、海陵王完颜亮、亮之父辽王宗干、亮之太子光英诸讳《新修玉篇》皆不避。

𢮨，音拥。持也。《新修玉篇》卷六手部 –34 页 –《续修》60 页上右（注释中又有擁字，作擁，不阙笔避讳）。

臃 – 胉 –《新修玉篇》卷七肉部 –17 页 –《续修》70 页下左。

– 𦜍 –《新修玉篇》卷七肉部 –18 页 –《续修》71 页上右。

– 饔 –《新修玉篇》卷九食部 –20 页 –《续修》88 页下左。

饔 – 𩜁 –《新修玉篇》卷九食部 –20 页 –《续修》88 页下左。

– 饗 –《新修玉篇》卷九食部 –20 页 –《续修》88 页下左。

瘫 – 癕 –《新修玉篇》卷十广部一 –17 页 –《续修》105 页下左。

痈 – 𤶊 –《新修玉篇》卷十一广部 –18 页 –《续修》106 页上左。

雍 – 𦯆 –《新修玉篇》卷十三艹部 –16 页 –《续修》125 页上左。

瓮 – 甕 –《新修玉篇》卷十六瓦部 –23 页 –《续修》145 页上左。

– 甖 –《新修玉篇》卷十六瓦部 –24 页 –《续修》145 页下右。

瓮 – 罋 –《新修玉篇》卷十六缶部 –24 页 –《续修》145 页下左。

– 罌 –《新修玉篇》卷十六缶部 –24 页 –《续修》145 页下左。

灉 – 潅 –《新修玉篇》卷十九水部 –16 页 –《续修》171 页下右。

灘 – 灄。在宋。《新修玉篇》卷十九水部 –19 页 –《续修》173 页上左（此字不阙笔避讳）。

– 靃 –《新修玉篇》卷二十雨部 –25 页 –《续修》176 页上左（此字不阙笔避讳）。

– 獝 –《新修玉篇》卷二十三犬部 –13 页 –《续修》194 页上左。

– 獝 –《新修玉篇》卷二十四豸部 –25 页 –《续修》197 页上左。

– 襜 –《新修玉篇》卷二十八衣部 –18 页 –《续修》227 页上左。

– 𧕑 –《新修玉篇》卷二十五虫部 –09 页 –《续修》209 页下右。

– 𧖅 –《新修玉篇》卷二十五虫部 –10 页 –《续修》210 页上右。

– 鞺 –《新修玉篇》卷二十六革部 –26 页 –《续修》218 页上右。

– 韃 –《新修玉篇》卷二十六韦部 –26 页 –《续修》218 页下右。

以上所列讳字，皆有雍旁或雝旁，不问字音平上之异，一律避讳。有口、灘二字不阙笔，既非常用之字，盖刻书者偶误。

前文引《金史》言讳世宗雍字改从系，下揭诸字虽从系，而非改为避讳者，盖俗字相承沿袭者。唯其前三例，亦阙末笔，或亦其同音而避者。

傛 –《新修玉篇》卷三人部 –13 页 –《续修》27 页下左。

灉 –《新修玉篇》卷十九水部 –18 页 –《续修》172 页下左。

鞺 –《新修玉篇》卷二十六革部 –26 页 –《续修》218 页上右。

壅 –《新修玉篇》卷二土部 –18 页 –《续修》16 页下右。

噰 –《新修玉篇》卷五口部 –13 页 –《续修》49 页下左。

饔 –《新修玉篇》卷九食部 –20 页 –《续修》88 页下左。

又《史讳举例》云世宗初名褎，然《新修玉篇》之褎字不避阙笔，是其初名不避之证。然《大金集礼》卷二十三《御名》曰：

大定元年（1161）^①十一月十六日，御前批送下御名庙讳，钦慈皇后、贞懿皇后讳，并万春节。二年（1162）闰二月十一日，奏定御名庙讳，并钦慈、贞懿皇后回避字样。合遍下随处外，御名、庙讳报谕外方（四月九日三过牒草，不该闵宗^②讳，以议立别庙故）。

大定九年（1169）正月二十三日，检讨到《唐会要》，盖古不讳嫌名，若禹与雨是也。后世广避，故讳同音，别无回避相类字典故。今御名同音已经颁降回避外，有不系同音相类字，盖是讹误犯，止合省谕，各从正音。余救切二十八字，系正字同音，合回避。尤救切十六字，不系同音，不合回避。敕旨准奏。

大定十四年（1174）三月四日，礼部尚书张景仁进入下项更名典故。宰臣奉敕旨检拟字样。十一日，奉定（于容切）^③字，命学士撰诏。十七日颁下，仍遣官分告天地、宗庙、社稷、五岳。（具奏告门。）

由此可知，世宗初即位，尚避其初名褎字。褎有二音，一为余救切，一为息救切。由此可知褎字在此当读余救切。而《广韵》尤救切（于救切）又正好也有十六字，其中有"又"、"右"、"佑"等常用字，所以才议定不再避讳。大定十四年（1174），金世宗才改名雍。由此可见，改名之后，褎字或许已不再避讳。

《新修玉篇》前邢准序为大定戊申（即世宗二十八年，宋孝宗淳熙十五年，公元1188年），1190年金章宗即位，改元明昌。章宗明璟，《新修玉篇》璟字（《新修玉篇》卷一玉部 -06 页 -《续修》10 页上右）不阙笔，单从避讳角度看，此书刻印当不晚于世宗，时间当在1188—1189年。

五、睿宗完颜宗尧

尧 – 尭 –《新修玉篇》卷二垚部 -19 页 -《续修》16 页下左。^④

– 梵 –《新修玉篇》卷二垚部 -19 页 -《续修》16 页下左（此为尧字古文）。

垚 – 垚 –《新修玉篇》卷二垚部 -19 页 -《续修》16 页下左（鱼尾下标明垚部之垚不阙笔）。

前文引《金史》云睿宗之"宗"，改为崇。此书字头有宗字，盖此字为常用字，难以避而不用。亦未如《金史》所载作宗形。且尧字避讳与雍不同，从《新修玉篇》看仅仅避尧字，而诸多从尧之字并不避讳，与尧同音者，如颊、莪等字亦不避。世宗之父宗尧，初名宗辅，辅字亦不避。

六、显宗完颜允恭

恭 – 求 –《新修玉篇》卷八心部 -22 页 -《续修》73 页上右（该字头注释中恭字不阙笔）。

《新修玉篇》这样一部大书，编辑、刊印、刷印当非短时间可完成，此处的恭字阙笔，很可能是后来印刷的时候，已过世宗之世，故而在刷印的时候剜去末笔两画，而璟字不阙笔，或许是因为该页刷印于世宗之世，亦未可知。

附录：

从《萧闲老人明秀集注》看金代刻书的避讳。

注释：

① 世宗即位之年。

② 闵宗即熙宗初谥。

③ 即雍字，原书双行小字，兹改加括号。

④ 尧字所在的那个位置，正好位于断版处，无法排除阙笔是断版造成的。但该字头下注释之尧与从尧之字，皆阙末笔。同页翘字反切亦有尧字，亦然。可见尧还是阙末笔避讳。

《萧闲老人明秀集注》是一部金代刻本，现藏国家图书馆。该书共 6 卷，现存前 3 卷。该书为金代蔡松年词集，注释者为雷溪子魏道明。二人同为金代人，此书又为金刻本，在传世金人别集中算是比较罕见的了。此书曾收入《续修四库全书》、《中华再造善本·金元编》影印出版。有关此书中的避讳字，清张金吾《爱日精庐藏书志》卷三十六、陆心源《皕宋楼藏书志》卷一二〇并有张氏月霄跋语：原本尚是金源旧椠，遇尧（睿宗讳）、恭（显宗讳）等字皆缺末笔。

《铁琴铜剑楼藏书目录》卷二十四：凡供、尧、乘字皆有减笔。

睿宗讳宗尧，尧字，凡两见，皆阙末笔。

尭 – 卷二 – 水龙吟 –《续修》290 页 – 上右 – 右起 2 行。①

尭 – 卷二 – 水龙吟 –《续修》290 页 – 上左 – 右起 5 行。

又讳从尧之字，如晓②，亦阙末笔，如：

暁 – 卷一 – 水调歌头其二 –《续修》282 页 – 下左 – 右起 9 行大字。

暁 – 卷二 – 水龙吟 –《续修》291 页 – 上左 – 左起 3 行大字。

暁 – 卷二 – 石州慢 –《续修》292 页 – 上右 – 右起 4 行大字。

暁 – 卷二 – 汉宫春 –《续修》292 页 – 上左 – 左起 1 行大字。

暁 – 卷二 – 南乡子 –《续修》295 页 – 下右 – 左起 8 行大字。

暁 – 卷二 – 千秋岁 –《续修》296 页 – 上左 – 左起 7 行大字。

暁 – 卷三 – 满江红其四 –《续修》300 页 – 上左 – 右起 4 行大字。

暁 – 卷三 – 水龙吟其四 –《续修》303 页 – 下右 – 左起 3 行大字。

暁 – 卷三 – 水龙吟其四 –《续修》303 页 – 下左 – 右起 3 行小字。

暁 – 卷三 – 水龙吟其五 –《续修》304 页 – 上左 – 右起 6 行大字。

暁 – 卷三 – 水龙吟其五 –《续修》304 页 – 上左 – 右起 8 行小字。

暁 – 卷三 – 水龙吟其五 –《续修》304 页 – 上左 – 左起 3 行小字。

暁 – 卷三 – 水龙吟其五 –《续修》304 页 – 上右 – 末行大字。

然晓亦有不阙末笔者，右旁之"尧"（上从"垚"）则改从"堯"（其上即《大金集礼》中所载上改从㚖者），如：

晓 – 卷一 – 水调歌头其四 –《续修》283 页 – 下右 – 右起 3 行小字。

晓 – 卷一 – 水调歌头其四 –《续修》283 页 – 下右 – 右起 4 行大字。

晓 – 卷一 – 水调歌头其四 –《续修》283 页 – 下右 – 右起 5 行小字。

晓 – 卷三 – 念奴娇其五 –《续修》301 页 – 下左 – 右起 1 行大字。

晓 – 卷三 – 念奴娇其五 –《续修》301 页 – 下左 – 右起 2 行小字。

晓 – 卷三 – 念奴娇其五 –《续修》301 页 – 下左 – 右起 2 行小字。

晓 – 卷三 – 雨中花 –《续修》302 页 – 上左 – 右起 2 行大字。

遶字亦有從堯者，

遶 – 卷一 – 水调歌头其六 –《续修》284 页 – 上左 – 右起 2 行小字。

注释:

① 引用举例讳字的来源依次是，盖字所在卷数、所在诗词篇名、《续修四库全书》集部第 1723 册的页数、所在页面的位置、行数，以便读者复核。

② 晓字《新修絫音引证群籍玉篇》并不阙笔，见卷二十日部。

亦有不阙笔者，如：

晓 – 卷二 – 洞仙歌 –《续修》292 页 – 下左 – 右起 8 行小字。

从阙末笔的晓字诸例来看，这些末笔并非先刻了末笔，后来剜去的，而是在当初上板写字的时候，就没打算写末笔。因为晓字右旁上面的尭所占比例甚大，而如果当初末笔写了的话，下半部分应该不会像现在这么小。

另，宗字有作 者，与史书所载避宗讳者同，然亦有不作此形者。

宗 – 卷一 – 水调歌头其五 –《续修》284 页 – 上右 – 左起 2 行小字。

宗 – 卷一 – 水调歌头其六 –《续修》284 页 – 下左 – 左起 6 行小字。

宗 – 卷一 – 念奴娇其二 –《续修》286 页 – 下左 – 左起 1 行小字。

宗 – 卷一 – 念奴娇其四 –《续修》287 页 – 下左 – 左起 7 行小字。

宗 – 卷二 – 石州慢 –《续修》291 页 – 上左 – 左起 1 行小字。

宗 – 卷二 – 满庭芳 –《续修》292 页 – 上左 – 左起 6 行小字。

宗 – 卷二 – 汉宫春 –《续修》292 页 – 上左 – 左起 3 行小字。

宗 – 卷二 – 浣溪沙其一 –《续修》296 页 – 下右 – 右起 5 行小字。

崇所从之宗亦有作宗者，如：

崇 – 卷一 – 水调歌头其一 –《续修》282 页 – 上右 – 右起 1 行小字。

崇 – 卷一 – 念奴娇其四 –《续修》287 页 – 下右 – 左起 2 行小字。

崇 – 卷二 – 水龙吟 –《续修》291 页 – 上左 – 右起 1 行小字。

崇 – 卷二 – 浣溪沙其一 –《续修》296 页 – 下右 – 右起 5 行小字。

亦有中间竖笔亦有不出头者，如：

宗 – 卷一 – 永遇乐 –《续修》289 页 – 下左 – 右起 3 行小字。

宗 – 卷二 – 洞仙歌其二 –《续修》293 页 – 上右 – 右起 2 行小字。

宗 – 卷二 – 浣溪沙其一 –《续修》296 页 – 下右 – 右起 5 行小字。

宗 – 卷二 – 浣溪沙其一 –《续修》296 页 – 下右 – 右起 5 行小字。

宗 – 卷三 – 水龙吟其五 –《续修》304 页 – 上右 – 右起 3 行小字。

崇 – 卷一 – 永遇乐 –《续修》290 页 – 上右 – 右起 5 行小字。

崇 – 卷二 – 水龙吟 –《续修》290 页 – 下左 – 左起 1 行大字。

显宗讳允恭，本书讳恭字则阙末笔两点。如：

恭 – 卷三 – 水龙吟 –《续修》303 页 – 下右 – 右起 8 行。

供亦避讳，如：

供 – 卷一 – 念奴娇其六 –《续修》288 页 – 上左 – 左起 2 行小字。

供 – 卷一 – 念奴娇其七 –《续修》288 页 – 下左 – 右起 6 行大字。

供 – 卷三 – 满江红其二 –《续修》299 页 – 下左 – 右起 3 行大字。

亦有一字不避。

供 – 卷一 – 念奴娇其一 –《续修》286 页 – 下右 – 右起 5 行小字。

其实本书中的避讳字除了前述题跋中提到的睿宗、显宗之外，另有讳世宗者，如讳雍字者，

雍 – 卷一 – 念奴娇其五 –《续修》287 页 – 下左 – 左起 3 行小字。

雍 – 卷二 – 浣溪沙其三 –《续修》296 页 – 下左 – 左起 6 行小字。

从雍之字亦讳，如拥，

擁 – 卷一 – 水调歌头其六 –《续修》284 页 – 上左 – 右起 4 行小字。

《铁琴铜剑楼藏书目录》提到讳乘之字，大概是指以下几例：

乘 – 卷一 – 水调歌头其三 –《续修》283 页 – 上左 – 右起 2 行小字。

乘 – 卷一 – 水调歌头其三 –《续修》283 页 – 上左 – 右起 2 行小字。

乘 – 卷一 – 水调歌头其三 –《续修》283 页 – 上左 – 右起 2 行小字。

乘 – 卷一 – 水调歌头其三 –《续修》283 页 – 上左 – 左起 4 行小字。

乘 – 卷一 – 水调歌头其五 –《续修》284 页 – 上右 – 左起 3 行小字。

乘 – 卷一 – 水调歌头其五 –《续修》284 页 – 上右 – 左起 2 行小字。

乘 – 卷一 – 水调歌头其八 –《续修》285 页 – 上右 – 右起 4 行小字。

乘 – 卷一 – 水调歌头其八 –《续修》285 页 – 上右 – 右起 7 行小字。

乘 – 卷一 – 念奴娇其二 –《续修》287 页 – 上右 – 右起 6 行大字。

乘 – 卷一 – 念奴娇其二 –《续修》287 页 – 上右 – 左起 3 行小字。

乘 – 卷一 – 念奴娇其七 –《续修》288 页 – 下左 – 右起 1 行小字。

乘 – 卷一 – 雨中花 –《续修》289 页 – 上右 – 右起 2 行大字。

乘 – 卷三 – 满江红其二 –《续修》299 页 – 下右 – 右起 6 行小字。

乘 – 卷三 – 满江红其四 –《续修》300 页 – 上右 – 左起 2 行小字。

乘 – 卷三 – 念奴娇其二 –《续修》301 页 – 上右 – 左起 1 行小字。

乘 – 卷三 – 水龙吟其一 –《续修》302 页 – 下左 – 右起 4 行小字。

但是也有乘不阙笔的，如：

乘 – 卷二 – 浣溪沙其三 –《续修》296 页 – 下左 – 右起 3 行大字。

而此书乘字阙笔，究竟为何种避讳，俟考。

另外，此书中不避卫绍王讳。卫绍王讳永济，陈垣《史讳举例》中说，改永兴县为德兴，永济县为丰闰，济国为遂国，张永改名特立。《中州集》阎咏改为长言。而此书不避永字，如：

永 – 卷首 – 目录 –《续修》281 页 – 右上 – 右起 5 行。

永 – 卷首 – 目录 –《续修》281 页 – 右下 – 右起 7 行。

詠 – 卷一 – 水调歌头其一 –《续修》282 页 – 右上 – 右起 7 行大字。

而守、忠亦皆不避讳。

综合以上避讳诸例，可以大略推知此书的刊刻年代为章宗之世。

虽然推定此书刻于金章宗之世，但是还有一些疑惑。一是允字的避讳情况并不明朗，和史书所记载并不一致。此书中充字中厶不作口，与《大金集礼》所载避允之法不同。二是本书景、影亦不回避，与史书所载避景、或从景之字相左。或许是我们通过避讳字来推断刻书年代的办法是错误的，或许是在当时避讳字的情况，我们还没有那么清晰的认识。或许本来避讳字来在金代章宗之世，确立的原则和实际运用的过程之间本来就存在了一些变通吧。

（冯先思：复旦大学中国古代文学研究中心博士）

金刻本《周礼》商榷 ①

——兼论婺州本《周礼》

叶纯芳　乔秀岩

摘　要： 由于金刻本存世极少，从来对于金刻本的鉴定，只能仰赖版本学家阅书的经验，对于宋、金时期，南方与北方版式风格的差异，前人常常说不清楚。本文透过对金刻本与婺州本《周礼》的比对，可以了解到同一时期南北方刻书的差异之外，又配合与宋代毛居正《周礼正误》、加藤虎之亮《周礼经注疏音义校勘记》的比对，有助于对金刻本与宋代监本关系的讨论。

关键词： 金刻本；婺州本；《周礼》

一、前言

北京图书馆藏有一部金刻本《周礼郑氏注》，原为天禄琳琅旧藏，并以宋刻本目之。《天禄琳琅书目后编》云：

> 周礼一函六册
>
> 郑康成注，十二卷，后附陆德明《音义》一卷，岳珂所谓"音释自为一书"②，真宋监本之旧也。

并与明监本稍稍对校曰：

> 太宰"三曰邦监本讹'郊'。甸之赋"；膳夫"羞用百有监本脱'有'字。二十品"；乡大夫"各宪之于其所治监本衍'之'以下句，'国'字属此句。"；肆长"掌其戒禁监本讹'令'。"；遂人"以强监本讹'疆'。予任甿"；大乐正"乃分乐而序监本讹'祀'。之"；磬师"凡监本讹'及'。祭祀"；《夏官·序官》小子"史一监本讹'二'。人"；司弓矢"庳监本讹'痹'。矢"、"授兵甲监本讹'至'。之仪"；大驭"掌驭玉监本讹'王'。辂"；职方氏"其浸卢监本讹'庐。'"；维庭氏"夜监本脱'夜'字。射之"；大行人"则诏监本脱'诏'字。相诸侯之礼"；小行人"凡此五物者监本脱'此'字。"；掌客"致飧监本讹'饔'。太牢"；秋官末，"都则阙、都士阙、家士阙。"监本脱此三官；《考工记》轮人"则是搏监本讹'榑'。以衍石也"。（卷二，15-16 页）

以此下定论言："是则明传刻之误，宋监本不误也。"

注释：

① 本文为教育部人文社会科学重点研究基地重大项目资金资助"北平图书馆旧藏宋元版研究——近代版本学发展史研究之一"，项目号：12JJD770014。

② "宋代岳珂"已由张政烺先生考证为"元代岳浚"之误。

仅凭《释文》自为一卷，即认为是"真宋监本之旧"，再加上用来对校的是错讹较多的明代监本，这种判断自然无法令人信服。杨成凯先生在《金刻本的鉴赏与收藏——古书版本知识》[1]中说：

> 《南丰曾子固先生集》三十四卷，避北宋帝讳。《天禄琳琅书目后编》著录为宋建阳巾箱本。赵万里先生认为版式刀法纸墨与潘氏旧藏《云斋广录》如出一辙，应该同属金中叶平水坊刻本。……跟此书情况类似的还有《周礼》十二卷《释音》一卷，《天禄琳琅书目后编》著录为宋刻本，今藏国家图书馆，已经定为金刻本。（124 页）

刘蔷先生《天禄琳琅研究》[2]云：

> 天禄琳琅书中确有两部真正的金版书，即《天目后编》卷二之"宋版"《周礼》和卷六之"宋版"《南丰曾子固先生集》，前者被称作"真宋监本之旧也"，后者著录为"建阳巾箱本"。两书皆藏中国国家图书馆，《周礼》，……此本字体偏方，笔画古拙，……刻书笔法为南宋以后北方版刻风格，故赵万里先生定为金刻本。（335 页）

自赵万里先生以后，此书定为金刻本遂无异议。

传世金刻本极少，可以确认的金刻本更少，寻常人没有版本学家累积数十年的经验与机会，无法分辨其中的差距，只能仰赖版本学家阅书的经验。杨先生又说：

> 北宋和北方刻本留存的实物太少，以致对于南北宋之间以及南北方之间的版式风格的差异，几乎总结不出多少明确的依据。
>
> 在许多情况下，我们只是根据版式的直感，将其归入金代刻书中心平水（即现在临汾地区）刻本，其实没有更过硬的证据——《中国版刻图录》对一些金刻本的说明就是这种情况。但我们不能不想到，平水应不只一家刻书地，平水之外还有其他多处，各家各地的风格我们却未必都能成竹在胸。
>
> 讳字虽是鉴定版本的重要依据，可是用于金刻本却是两刃剑：金刻本大都出自宋本，特别是北宋本，往往保留宋帝讳字，若不注意就会误断为宋本。金帝讳字比较特殊，需要更多地观察，积累更多的资料。
>
> 刻工姓名更被当今版本研究者特为利器，然而标有刻工的书并不多。（123-124 页）

金刻本《周礼》的情况，正如杨先生所言，没有任何确切可供鉴别的讯息。不仅没有序跋、刊记，整部书未标有刻工姓名，避讳字"玄"、"恒"、"敬"、"殷"、"贞"，皆为避宋帝讳字。赵万里先生的鉴定结果，自然没有我们置喙之处，不过，有没有更好的方法来理解这部金刻本《周礼》呢？

二、异体错讹字众多的金刻本《周礼》

金刻本《周礼》[3]，12卷，每半页11行，经文大字，行20—24字不等，注文小字双行，行26—32字不等，白口，左右双栏。版心单鱼尾，有书名"周礼"、卷数及页数，无刻工名。释音一卷，每半页12行。有印："天禄／继鉴"（1、3、5、7、9、12卷首），"项氏万卷／堂图籍印"（1、5、9卷首），"子／长"（1、5、9卷首），"万卷堂／图籍章"（1、5、9卷首），"大生／堂印"（1、9卷首；4、8卷末、释音末），"乾隆／御览／之宝"（1、3、5、7、9、12卷首；2、4、6、8、11卷末、释音末），"天禄／琳琅"

注释：

① 杨成凯撰：《金刻本的鉴赏与收藏——古书版本知识》，《紫禁城》，2009 年第 2 期，120—125 页。

② 刘蔷撰：《天禄琳琅研究》，北京大学出版社，2012 年 9 月。

③ 本文所用"金刻本《周礼》"，为《中华再造善本》据北京图书馆藏本之影印本。

（2、4、6、8、11卷末、释音末）、"端友／省主／人印"（4、8卷末、释音末）。

各职官之间区分不清，有时提行以别之，有时仅以"○"以别之，有时空二格以别之，有时直接承前职末文。

多用异体字，如："禮"作"礼"、"獻"作"献"、"飭"作"饬"、"穀"作"穀"、"無"作"无"、"處"作"処"、"與"作"与"、"數"作"数"、"屬"作"属"、"鹽"作"塩"、"萬"作"万"、"爾"作"尔"、"亂"作"乱"、"辭"作"辝"、"舉"作"苹"、"決"作"决"、"齊"作"斉"、"劑"作"剂"、"斷"作"断"、"從"作"従"、"贊"作"賛"、"冢"作"家"、"寇"作"寇"、"淫"作"滛"、"學"作"孝"、"邪"作"衺"、"梁"作"梁"、"變"作"变"、"來"作"来"、"宜"作"冝"、"國"作"国"、"備"作"俻"、"關"作"関"、"互"作"亙"、"泥"作"泥"、"肉"作"肉"或"肉"、"稽"作"誓"、"聲"作"声"、"欬"作"欬"、"體"作"躰"、"黑"作"黒"、"萡"作"苴"、"奇"作"奇"、"徑"作"径"、"久"作"夂"、"興"作"興"、"象"作"象"、"災"作"灾"、"器"作"噐"、"陰"作"陰"、"遷"作"迁"等。

将《天官》与黄丕烈士礼居本《周礼郑注》对校，异文错字随处可见，举例如下：

天官冢宰第一，"辨方正位"注"考之极星"，"之"作"诸"。

大宰之职，注"掌邦禁"作"掌邦政"、"刖皋"作"则皋"、"月奉"作"月俸"、"班禄"作"班禄"、"勤劳"作"动劳"、"礼宾"作札（应为'礼'之简体'礼'的讹体）宾"、"秣大麦"作"秣大麦"、"百草"作"百工"、"楛矢"作"楉矢"；"尚质也三者"，"三"作"玉"；"六币云玉献"，"玉"作"三"；"执璧"作"执壁"。

小宰之职，注"司马平士大夫"，"士"作"七"；"皆舍不以力役"，"舍"作"含"；"比居谓伍籍"，"比"作"此"；"合计其士之卒伍"，"士"作"土"；"有事者所当共"，"事"作"富"；"大宰助王也""赞王酌郁鬯"，"王"皆作"主"；"春秋传"作"春秋溥"；"使赍岁"作"使齍岁"。

宫正职，注"击柝"作"击析"；"食禄禀"作"食禄廪"。（金刻本"禀"、"廪"常混用）

宫伯职，注"秩禄禀"作"秩禄廪"；"大子所用"，"大"作"天"。

膳夫职，注"捣珍渍"，"渍"作"溃"。

庖人职，注"六兽麋鹿"，"麋"作"麋"；"凡鸟兽"，"凡"作"几"；"乃令兽人"，"令"作"今"；"尤盛为人"，"尤"作"无"；"煎和膳"，"煎"作"前"。

内饔职，注"煎和齐"，"煎"作"前"；"曰胥实俎"的"胥"字分为"丞日"二字；"腥臊"作"腥膜"；"膴胲"作"膴陳"。

甸师职，注"芸芓"作"芸茅"；"燔萧"作"燆萧"；"沛酒"作"沛酒"。

兽人职，注"令禽注于虞中"、"小禽私之"，"禽"作"禽"；"斩首"作"斩眢"。

鳖人职，注"甲蟲"作"甲蔺"；"籍谓以权刺泥中"，"籍"作"籍"、"权"作"义"。

腊人职，注"小物全干"，"干"后衍"当"字；"郑司农云膴膺肉"，"肉"后有"也"字；"皆先制乃亨"，"亨"后有"之"字。（以上卷一，《天官》上）

食医职，注"成之犹水火"，"犹"作"饮"；"枣栗饴蜜"，"栗"作"粟"；"董萱枌榆"，"萱"作"苴"；"婉槁"作"兔槁"。

疾医职，注"六瘑"作"六鹰"；"验窍"作"验竅"；"书术者"，"者"下有"也"字。

疡医职，注"黄礜石"，"礜"作"礜"；"似脉苦"，"似"作"以"。

酒正职，注"齐曲糵必时"，"曲"作"麯"、"糵"作"蘖"。

浆人职，注"用柶者"、"不用柶者"，前一"柶"作"柶"，后一"柶"作"柶"；"春秋传曰火星"，

"火"作"水"。

笾人职，注"河间以北煮"，"北"作"比"；"干梅也有桃"，脱"有"字；"玄谓此二物"，"二"作"三"。

醢人职，注"以粱曲及盐"，"粱"作"梁"；"今河间名豚"，"今"作"谓"；"郑司农云醢食以酒醢"，二"醢"皆作"驰"；"蠃醢"，"蠃"作"蠃"。

掌舍职，注"故书柜为柜"、"柜受居"，二"柜"皆作"拒"、"楷橣"作"楷稦"。

幕人职，注"若幄中"，"幄"作"幄"。

掌次职，注"板屏"作"板屏"。

玉府职，经文"金玉玩好"，"玉"作"王"。

司书职，注"相副贰"，"贰"作"二"；"财币之簿书"，"簿"作"薄"。

职内职，注"总谓簿书"、"簿移用"，二"簿"皆作"薄"；"贰令者"，"贰"作"二"。

职岁职，注"以贰者"、"其贰令"，二"贰"皆作"二"。

职币职，注"振犹扡也"，"扡"作"掫"；"录籍"作"录藉"。（金刻本"藉"、"籍"常混用）

司裘职，注"大射麋侯"，夺"大"字。

掌皮职，经文"会其财赍"，夺"财"字；注"予人以物"，夺"以"字。

内宰职，注"世妇二十七人"，"世"作"出"；"齍荐彻豆笾"，"齍"作"盍"、"笾"作"边"、"所立社也"，"社"作"礼"；"敦杜子春读"，"杜"作"社"。

阍人职，注"苛其出入"，"苛"作"考"；"内命夫卿大"，"夫"作"天"。

九嫔职，注"亦十五日而徧"，"徧"作"偏"；"玉敦受黍稷"，"玉"作"王"。

内司服职，注"始生月令"，"令"作"今"。

追师职，注"春秋传曰衡紞纮"，"紞"作"统"；"有衡垂于副"，"于"作"千"。

屦人职，注"今世言屦"，"世"作"出"；"玄谓凡屦"，"凡"作"九"；"纁屦黑绚繶"，"绚"作"绐"。

夏采职，注"以衣曰皋"，"皋"作"皇"；"夏后氏之绥"，"绥"作"緌"；"故书亦多作"，"多"作"者"。（以上卷二，《天官》下）

又有前后文互乙者，如宫伯职注"在外为舍"作"在舍为外"。又有重文而作重文符号者，如酒正职注"醢糟糟音声"，"糟糟"作"糟ㄑ"；司书职注"入于职币币物"作"幣3"；司裘职注"鹄鹄毛也"，作"鹄3"；内司服注"所以尊尊也"，"作尊ㄑ"等。综观全书错讹字例，几乎皆为形近而误的情况。

书末附《释音》一卷。虽然版式与正文不类，为半页12行，但字体的简化与正文相同，可以排除取其他本《释文》与之拼合为一部的可能性。论者或谓两宋监本有经注附《释文》的情况，金刻本《周礼》即是如此，这是《天禄琳琅书目后编》借以判断为宋监本的证据。金人攻下汴京后获得大量北宋监本的书籍与版片，金刻本《周礼》书末附《释音》也正可作为金刻本与北宋刻本同源的证据。被鉴定为金刻本的《黄帝内经素问》与蒙古本的《尚书注疏》、《释音》则分别附在各卷卷末，与金刻本《周礼》不同；《九经三传沿革例·书本》说兴国于氏本的音义"不列于本文下，率隔数页始一聚见"；到南宋末，经注疏附释音本，则割裂《释文》至经注文相应的位置，已经成为常态。《释文》经历从整卷附于书末→分别附于各卷末→隔数页一聚见→割裂一段一字到相应的经注文下的过程，虽然为读者提供了便利，但因文字与经注文相出入，也种下南宋末期改经注文以迁就《释文》的恶习。

以通志堂经解本《经典释文·周礼音义》与金刻本对校，金刻本《周礼·释音》以最简单的方式注音，除了将《释文》说解的文字全部删去外，一字只注一音，"又音"皆不录；直音的字（音某），删

"音"字；有反切的字（某某反），删"反"字。当然，能够将字体简化的地方都用简体字，甚至将上下不需要注音的字删去，如庖人职：

庖人^{徐扶交反}→庖^{扶交}；贾六人^{郑徐音古到音嫁徐下放此}→贾^古；裹肉^{音果}→裹^果；芭苴^{子余反}→苴^{子余（"馀"改为"余"）}；物贾^{音嫁}→物贾^嫁；

并选择性的注音，跳过他认为不需要注音的字，但不清楚取决的标准是什么①，如内饔职：

内饔 割亨^{普庚反注及}；肆解^{託历反}；齐以^{才细反}；臷^{侧史反}；膴^{音煤亦作膴}；脅^{职升反}；庮^{音由徐酓桷反下于云反也司衆云朽朽木气也}；冷毛^{音零徐冷年反}；而臊^{早刀反}；

牖^{本又作牖芳反又苻豪反又芳老反徐又徐又芳趣反}；而沙^{刘音小反又蘇他反}；鸣狸^{某之反}；柔盲^{亡更反}；眠^{民二反注音视}；睫^{音接徐子业反}；而般^{音班}；臂^{本又徐本又作反又苏忽反}；蝼^{音楼如蝼蛄类聚类注}；

題^{徒细反}；澌^{音西}；姑^{音姑}；学鼜^{依注音鼜字}；臄^{徐音蒨巨略反}胖^{普半反}；鱃^{音秋}；銅^{音同}；朕^{音直}鞠^{又又力反纪幼反}美喬^{音桥巨表反}；好烊^{一反注同}。

→内饔 亨^{普庚}；肆解^{託历}；齐^{才细}；臷^{侧史}；膴^煤；脅^{职升}；庮^由；臊^{（改注音字）芳}；狸^{某（改反切字）}；盲^{亡更}；眠^{（改注音字）视}；睫^接；

般^班；蝼^楼；題^{徒细}；澌^西；姑^姑；臄^{呼（改反切为直音）芳}；胖^{普半}；朕^直；銅^{同（改前后顺序）}；鞠^力；好^{呼报}。

《经典释文》的释音，大部分以二个字为单位，金刻本这种删改的做法，造成一个比较大的问题是，同一个字在同一段文字中可能出现数次，但与之组合的另一个字往往被金刻本删去，无法准确地知道被释字是哪一个。不过这种情况到了《考工记》稍微有所改善，较多的单位字组被保留了下来。

同样，在《释音》部分，可以见到和正文一样多的错讹字。

总体看来，金刻本《周礼》充满了简化字、错字，刻书的态度也相当随意。若说金刻本最大的价值在于与北宋监版同源，我们可以根据金刻本推想北宋监本的样貌，但这部金刻本《周礼》似乎与印象有一段差距。那么，探究金刻本的性质就成为我们确定金刻本价值的当务之急。

三、金刻本《周礼》的底本

追查金刻本的性质，婺州本《周礼》②、毛居正《六经正误》③与加藤虎之亮的《周礼经注疏音义校勘记》④可以为我们提供最重要的线索。

（一）金刻本与婺州本的对校

婺州市门巷唐宅刻本《周礼》，被鉴定为南宋初期的南方坊刻本，可说是除了金刻本之外，现存最早的《周礼》经注本。每半页13行，行25—27字不等，注文小字双行，行35—36字不等，白口，左右双栏。书末未附《释文》。此部《周礼》，加藤虎之亮先生在撰写《周礼经注疏音义校勘记》时没有看到原书或是影印本，但校记中仍出现"宋婺州本"的字样，其实是引用孙诒让《周礼正义》校记之言，而孙诒让使用的不过是费念慈用婺州本留下的校记。将婺州本与金刻本对校，可以了解同一时期南、北方刻书的差异。

以婺州本为底本，与金刻本通校一过，两部《周礼》存在着许多的异文，其中大部分是金刻本在笔画上的形讹与简化字，少部分的异文才是我们探究两部《周礼》之间关系的关键。为避免文章太过冗长，以下将不列金刻本因无关紧要的形讹、简化字而与婺州本产生异文的条目。标"♪"号者，为婺州本经过修补的条目，这些条目是讨论两本关系的关键，留待下文讨论。

注释:

① 例如，在对校的过程中，不断地发现"为，于伪反"被保留下来，其他难读字却被删去。

② 本文所指"婺州本《周礼》"，使用中华书局《古逸丛书》三编影印北京图书馆藏本之影印本（1992年）。北京图书馆收藏二部婺州本《周礼》，此部完帙，另一部为仅存前六卷的残本。

③ 毛居正《六经正误》，使用《通志堂经解》本（台北：汉京文化事业有限公司）。

④ 加藤虎之亮撰：《周礼经注疏音义校勘记》（东京：财团法人无穷会，1958年9月）。

1.天官第一

叙官"辨方正位"注"考之极星",金本"之"作"诸";"此定官庙","庙"下有"也"字。

大宰之职,注"掌邦禁",金本"禁"误作"政";"百草根实","草"误作"工"。

宫正职,注"有解惰",金本"解"作"懈"。

内饔职,注"实鼎曰肴",金本"肴"误作"丞日"二字。

腊人职,注"小物全干","干"下有"当"字。经文"共其脯腊",金本脱"其"字。(以上《天官·上》)

疾医职,注"数术者",金本"者"下有"也"字。

凌人职,注"春秋传曰火星",金本"火"误作"水"。

笾人职,注"以啖所贵",金本"贵"下有"也"字;"有桃诸梅诸",金本脱"有"字。

醢人职,注"今河间",金本"今"作"谓"。

职币职,注"振犹抍也",金本"抍"误作"掓"。"掓"字可简化成"捄",恐因此而与"抍"字形相近而致误。

司裘职,注"大射麋侯",金本脱"大"字。

掌皮职,经"会其财赍",金本脱"财"字。注"与人以物",金本脱"以"字。

阍人职,注"二曰库门"、"三曰雉门",金本"库"、"雉"互乙,是。"苟其出入",金本"苟"误作"考",恐为音近而误。

典妇功职,注"郑司农云",金本脱"云"字。此处婺本"农云"二字挤刻,经过修补。

夏采职,注"故书亦多作綏",金本"多"误作"者"。(以上《天官·下》)

2.地官第二

叙官,封人,"堳埒及小封疆",金本"埒"前有"博"字;委人,"史四人",金本脱"史"字;廪人,注"廪廪人",金本下"廪"字作空格。

大司徒之职,经"则民不愉",金本"愉"作"偷",注文同作"偷"。加藤氏《校勘记》云:"偷、愉诸本参差。"经"以敛财赋",金本"财"下误衍"九"字,注"民九职",金本脱"九"字;"盗贼急其刑",金本"急"误作"隐";"山泽之材"、"货贿化材",金本"材"俱作"财"。

小司徒之职,注"二牧而当",金本误重"而"字。

乡师之职,注"苴刜茅长",金本"刜"误作"者"。

乡大夫之职,注"今吏有复除","复"误作"服",金本音之误;"众庶宁复",金本脱"宁"字。

族师职,注"未知此世所云",金本"云"作"谓"。

封人职,注"时界矣",金本"矣"误作"为"。

鼓人职,注"止击鼓司马",金本"鼓"下有"也"字,"也司"二字挤刻;"之告不鼓",金本"鼓"误作"言",应涉上字"告"字而误。

充人职,注"告备近之","之"字金本误作经文大字。(以上《地官·上》)

司救职,经"诸嘉石",金本误作"加",注文中"嘉"字金本不误;注"以事而牧之",金本"事"误"士"、"牧"误"收",皆因音之误、形之误。

媒氏职,注"大夫乃以玄",金本"玄"误作"一"。

司市职,注"行苦者",金本误作"沽",婺本经过修补。♪

贾师职,注"贾师帅",金本"贾师"误作"买帅"。

遂人职，注"比闾党族"，金本"党族"二字误倒。

遂师职，经"以救其时事"，金本"其"误作"共"，形之误。

遂大夫职，注"耒粗镃"，金本"镃"误作"兹"，婺本经过修补。♪

旅师职，注"而读为若声之误"，金本"为"误作"实"，婺本经过修补；"今云军兴"，金本"云"误作"之"，金本此字修补过，笔画较粗，且字体稍倾斜；"使无政役"，金本"政"误作"征"，婺本经过修补。♪

委人职，注"玉府其牧"，金本"玉"作"王"、"牧"作"收"，皆形之误，但此处婺本"牧"字亦经修过作"攸"，应该欲改为"牧"，但字体不明。♪"麤者曰薪"，金本误修改作"鹿"。

草人职，注"渴泽故水"，金本"泽"误"浮"。

卝人职，注"锡铫也二"，金本无"二"字，婺本误衍。

廪人职，注"曰粮谓糒也"，金本误作"糗"。（以上《地官·下》）

3. 春官第三

叙官，司尊彝，注"言为尊之法"，金本"法"下有"也"字；鞮鞻氏，注"鞻读如屦也"，金本"如"字空半格，恰如此本"如"字大小，但无"如"字。

大宗伯之职，注"不言祭地此皆"，金本缺"此"字；"文有麤缛耳"，金本"麤"作"鹿"，有修改；"唯天半见"，金本"见"下有"也"字。

小宗伯之职，注"郑司农立"，金本"农"下有"云"字，但与"立"字挤刻一字格，说明"云"字为后补者。"赤曰赤熛怒"，金本"熛"上脱"赤"字。"司寇主大司空主冢"，二本俱作"大"字，应作"犬"。♪

肆师职，注"谓羊血也"，金本"羊"误作"于"；"诸侯与七日"，金本"七"误作"六"。

司尊彝职，注"郊特牲曰缩酌用茅"，金本脱"牲"字，婺本经过修补，"郊特牲"三字挤刻二字格。♪

典瑞职，注"以相见故邾隐公"，金本"相"误作"用"；"以征守者以征召守国"，金本脱"以征守者"，恐涉后文而脱；"则送于使者"，金本脱"者"字。

司服职，注"郑司农云大裘"，金本"裘"误作"求本"二字；"天子日视朝"，金本"日"误作"曰"，但婺本修改过；"其袂三尺三寸祛尺"，金本"袂"误作"祛"。

冢人职，注"列侯坟高四丈"，金本"丈"误作"尺"。

职丧职，注"玄谓祭以牲"，金本"祭"作"告"，婺本误。（以上《春官·上》）

大司乐职，注"鸟兽跄跄"，金本作"牄牄"。孙诒让云："今《书》伪孔本作'跄'，与郑本异，《说文·仓部》引《书》亦作'牄'，是许郑所据本同。"[1]经"姑洗为羽"，金本"姑"误作"沽"（以下注文亦有作"沽"者，略）。注"以玉而裸焉乃后合乐"，金本"焉"字误作"稷"，恐涉上字"裸"而误作。"数其阳无射无射"，金本下"无射"作空二格。"读当为大韶字之误"，金本脱"大"字，"韶"下有"声"字，作"读当为韶声字之误"。"兴谓作之也"，金本"作"误作"行"。

鼓蒙职，注"时也讽颂"，金本"时也"二字误乙。

视瞭职，注"西颂磬东面"，金本"磬"误作"穀"，亦形之误；"击柊以奏之"，金本"击"误作"鼓"。

注释：

---

① （清）孙诒让撰，王文锦、陈玉霞点校：《周礼正义》，中华书局，2000 年 3 月，7 册，1738 页。

典同职，注"故书砠或为硍"，金本"为"作"作"，是。

磬师职，注"编为编书"，金本"书"下有"之编"，是。

笙师职，注"金时所推五空"，金本"推"作"吹"，是。

钥章职，注"尔雅曰畯农夫也"，金本"农"误作"田"。

大卜职，注"卜日天子卜葬"，金本"日"误作"曰"，婺本经过修补。♪

龟人职，注"奉由送也"，金本"由"作"犹"，是。

占人职，注"杜子春云系币者"，金本"系"误作"计"，恐音之误。

篡人职，注"筮迁都邑也"，金本"也"字作空格；"即事有渐也"，金本脱"有"字。

大祝职，注"神祇杜子春云"，金本脱"春"字；"读振为振旅之振"，金本"振旅"误作"祭"；"祭以□肝肺"，金本空格处误重"以"字；"凡血祭曰衅"，金本"血祭"误乙；"掌国事办护之"，金本"事"误作"士"、"办"作"辨"，是。

司巫职，注"死既敛就巫"，金本"既"误作"气"。

大史职，注"天子颁朔于诸侯"，金本"颁"作"班"，是。阮元《校勘记》云："嘉靖本'颁'作'班'，贾疏引注同。凡经文作'颁'，注中多作'班'。按此亦段玉裁云经用古字注用今字之一证。"[1]经"大师抱天时"，金本"师"误作"史"；注"瞽即大师大师瞽官之长"，金本不重"大师"二字。

小史职，注"为节事相成"，金本"成"下有"也"字。

冯相氏职，注"长短之极极则气"，金本第二个"极"字误作"以"。

巾车职，注"读如鞶带"，金本"带"误作"帨"，形之误；"鸳读为凫鹥"，金本脱"读"字；"帏或曰潼容"，金本"潼"误作"幢"，婺本此字经过修补；♪"士丧礼下篇曰车至"，金本脱"下"字。

司常职，注"某某之号今大"，今本第二个"某"字误作"甲"。（以上《春官·下》）

4. 夏官第四

大司马之职，注"掌大田役治"，今本"大"误作"火"，婺本此字经过修补；"则南乡甄东乡为人"，今本"甄"误作"甄"，婺本此字经过修补；"天子诸侯搜狩"，金本"狩"误作"兽"；"攻敌克胜"，金本"攻"误作"功"，皆音同而误，务本此处一整行皆修补。"祝奉以从"，金本误重"以"字。"秦伯素服"，金本"秦"字空格；"奉犹送也"，金本"犹"误作"田"。♪

马质职，注"不以齿贾"，金本误重"以"字。

小子职，注"体解节折也肉豆者切肉也"，金本"解节"误作"节即"、"肉"误作"均"，此字恐涉上"切"字而误；"用毛牲曰"，金本"用毛"二字误乙。

羊人职，注"献羔祭韭"，金本"韭"字下误衍"一"字。经"祭祀割羊牲"，金本脱"羊"字，但婺本"羊牲"挤刻一字格，且经过修补。♪

射人职，注"礼有射豕者"，金本"豕"字误"矢"，音之误。（以上《夏官·上》）

司士职，注"朝朝者皆退"，金本脱"皆"字。

方相氏职，注"木石之怪"，金本"石"误作"土"。

大仆职，注"御仆□庶子"，金本空格处作"御"，此处作"御仆庶子"为是，婺本校改时恐将"衍"字删除，而金本未改。经"王不视朝"，金本"视"误作"抵"，形之误；注"公有疾不视朝"，金

注释:

①《重刊宋本周礼注疏附校勘记》，艺文印书馆据嘉庆二十年（1816）江西南昌府学本影印，1989 年，410 页。

本"朝"作"朔"，是。♪

弁师职，注"希衣之冕五斿"，金本脱"冕"字；"大夫藻再就用玉"，金本误重"再就"二字；"兼于韦弁皮弁"，金本"于"下衍"弁"字。

齐右职，注"王未成之时"，金本"成"作"乘"，是；"备惊奔也"，金本"惊"误作"敬"。

大驭职，注"皆以金为铃"，金本"铃"下有"也"字。

职方氏职，注"四扰马牛羊豕三种"，金本"豕"误作"豸"；"诸子之地方二百里"，金本脱"里"字，婺本"二百里"三字挤刻二字格，经过修补。♪（以上《夏官·下》）

5.秋官第五

"秋官司寇第六"，金本"六"作"五"，是。婺州本误作"六"。

叙官，蕰氏，注"又今俗间谓麦"，金本脱"今"字，婺州本"又今俗"三字挤刻二字格，经过修补；♪蝈氏，注"月令曰蝼蝈"，金本"蝈"字误作"蝈"，恐涉上字而误；掌交，经"府二人"，金本"二"字空白无字。

士师之职，注"称诈以有为者"，金本"称"误作"为"，恐涉下而误。

讶士职，注"疑辨事先来"，金本"事"误作"士"，音之误。

朝士职，注"鲁用天子之礼"，金本"之"字作空格；"天子应门此名制"，金本"此"字下空十格后误重"此"字；"获委于朝"，金本"获"字误作"未"，恐涉"委"字音而误；"出责之息亦责国服与"，金本"责"字作"如"，是，婺本恐涉上"责"字而误。

司刺职，注"若今时律令"，金本"时"字作空格。

司盟职，注"读其载书以告之也"，金本"也"字作空格；"写副当以授六官"，金本"六"字误作"官"。

职金职，注"要凡数也"，金本"凡"误作"其"，恐涉经文"入其要"而误作。（以上《秋官·上》）

雍氏职，注"书粊誓曰敫乃"，金本"粊"误作"秦"，"粊"为"费"之古字，阮元《校勘记》云："自唐以前皆作'粊誓'，至卫包乃妄改为'费誓'。"（554页）此处金本恐因形之误。婺州本"粊"字亦误作"柴"。

蝈氏职，注"牡蛎蛎不华者"，金本脱一"蛎"字。

壶涿氏职，注"故书橭为梓"，金本"故"字误作"教"，形之误。

庭氏职，注"射大阳与"，金本"与"下有"以疑之"三字，且"与以疑之"四字挤刻二字格，加藤氏《校勘记》云："抄本下有'以疑之'，黄云：周校无'以疑之'三字，案此必因疏误衍。"（详下文，卷37，23页左）

伊耆氏职，注"咸读为函"，金本作"咸续函也"，形之误，婺州本经过修补；♪"尚敬去之"，金本"敬"误作"杖"，形之误。

司仪职，注"飨饩飧食之礼则有降杀"，金本"杀"误作"教"，形之误；"寡君命臣于庭大夫曰"，金本"庭"下有"问"字，是。

掌讶职，注"以王命致于宾"，金本"宾"下有"其数于官"四字，且"王命致于"四字挤刻二字格。加藤氏《校勘记》云："订本上有'致积'，建、订、陈本'致'下有'其数'。抄本下有'其数于官'。"（卷38，53页右）此注之经文作"及委则致积"，若如加藤氏所言，则订本（宋王与之《周礼订义》）作"致积，以王命致其数于宾"，金本恐因误涉"其数于宾"而衍"其数于官"四字。"如朝而治之"，金本"治"作"理"，加藤氏《校勘记》云："建、订、陈本'理'作'治'。"（卷38，54页右）与婺州本同。（以上《秋官·下》）

　　6.冬官考工记第六

　　总论，经"攻木之工轮舆"注"郑司农轮舆"，金本"农"下有"云"字，是。经"加轸与轐焉四尺"，金本"焉"字误作"马"，形之误。

　　轮人职，注"帱幔毂之革急"，金本"急"字作"也"，是；"郑司农云不甐于凿谓不动于凿"，金本"甐"字误作"动"，涉下文"动"而误。

　　舆人职，注"兵车之辀围"，金本"辀"误作"轵"，此注经文作"参分轵围去一以为辀围"，恐涉经文而误；"谓车舆轵立者"，金本"舆轵"误作"无轸"，金本注文"无"多作"无"，"舆轵"、"无轸"近似，恐因此致误。

　　桃氏职，经"身长五其茎长"，金本脱"其"字。

　　凫氏职，注"厚锺厚深谓窐之也"，金本"谓"误作"为"，音之误。

　　韗人职，注"今亦合二十四版"，金本无"四"字，黄丕烈校记云："'二十'下误衍四字，宋单注本无，董钞补同，今订正。"（886页）则金本为是。

　　画缋职，注"郑司农说以论语曰"，金本"说以"作"云说"。（以上《冬官考工记·上》）

　　玉人职，注"于其杼上　明无所屈"，金本此空格处有"上"字，误重；"大山川则大祝用事焉"，金本"大祝"之"大"误作"是"。

　　陶人职，经"唇寸盆实二"，金本"盆"字误作"益"。

　　梓人职，注"若与羣臣饮酒而射"，金本"臣"下有"闲暇"二字，加藤氏《校勘记》云："董、余、浙、十、重、纂、元、京、岳、陈、人、闽、韩、周本同。"阮元《校勘记》云："按贾疏引注亦无此二字；又云'若与羣臣饮酒者，君臣闲暇无事而饮酒'，则'闲暇'二字系疏语误入，郑注本无，嘉靖本是也。"（649页）故以上众本皆因疏语屡入而误。

　　匠人职，注"堂上为五室象五行也"，金本第二个"五"字作空格。经"九夫为井……方十里为成"，金本"十里"误作"一里"。经"凡任索约大汲"，金本"汲"误作"级"，注文中"汲"字金本皆不误。注"穿地曰窬"，金本"穿"上误衍"万"字。

　　车人职，注"柯欘之木头取名焉"，金本脱"取"字；"易巽为宣发"，金本"宣"字作"寡"；"故书仄为侧"、"侧当为仄"、"在外滑仄"，金本"仄"字皆误作"反"，形之误；"在外泽地多泥柔也"，金本"在"字误作"其"。

　　弓人职，注"若损赢济不足危"，金本"若"作"言"，是。（以上《冬官考工记·下》）

　　综观以上金刻、婺州二本之异文，虽金刻本偶有胜处，但脱字、衍字、涉上下文而误、音之误、形之误比比皆是。作为同一时期的南北方刻本，金刻本与婺州本之高下立判。

（二）两部《周礼》与毛居正《周礼正误》的对校

　　魏了翁《六经正误·序》云：

　　　　本朝胄监经史多仍周旧，今故家往往有之，而与俗本无大相远。南渡草创则仅取版籍于江南诸
　　　州，与京师承平监本大有径庭，与潭、抚、闽、蜀诸本互为异同，而监本之误为甚。……朝廷命胄
　　　监刊正经籍，司成谓无以易，谊父持书币致之，尽取六经三传诸本，参以子史字书，选粹文集，研
　　　究异同。凡字义音切，毫厘必校。……宝庆初元（1225）冬十二月丁亥朔，临邛魏了翁序。

这说明毛居正为了修正南宋监本的错误，撰写了《六经正误》，并确实做到"字义音切，毫厘必校"的地步，书中所指出的许多错误，都与字画的写法有关，如"債"字中的"四"不可作"皿"、"乐"字的"木"不可作"朩"；"摯"作"挚"、"谷"作"穀"、"会"作"會"、"黑"作"黒"、"券"作"券"都是错字。同时，校记中多条都引兴国本与建本作为佐证。不过，多亏毛氏如此锱铢必较，我们才能够清楚地了解到南宋后期监本文字笔画的细节，有助于讨论金刻本与宋朝监本的关系。

《六经正误·周礼正误》所列出错误者共163条（天官38条、地官22条、春官36条、夏官22条、秋官29条、冬官16条），本文先后以金刻本、婺州本与《周礼正误》逐条比对，《正误》所举出的错字，如以上所列的"債"、"乐"、"摯"、"谷"、"会"、"黑"、"券"等，以及"任"作"任"（从"壬"不从"王"）、"本"作"夲"、"眠瞭"作"视瞭"、"指麾"作"拓麾"、"征"作"徵"金刻本都与之相合。更出乎意料的是，婺州本在这些地方居然与金刻本错误一致，相同的例子还有许多，无法一一列举。或许，这些点画上的细节比较让人难以信服，以上所举的例子也是其他众本有可能出现的错字，以下再举几个无关点画的条目，可以更清楚地明白二者之间的关系。楷体字皆为《周礼正误》原文，【】中注记笔者对校两本的结果。

1. 天官

大宰之职，注"疾病相扶持"，"扶"字下欠"持"字，诸处本皆有"持"字。【二本皆无"持"字】

小宰之职，注"称责谓贷予"，作"子"误。【二本皆作"子"】

膳夫，注"醴醇医酏"，"医"作"醫"误。【二本皆作"醫"】

腊人，注"庶羞皆有大者，此据肉之所拟祭者也。又引有司"，中欠"者"，此至又引12字。【二本皆缺"者"字】

兽医，且强阳气也。"且"作"旦"误。【二本"且"字虽不误，但"阳"字皆作"其"】

2. 地官

舂人，注"抌杼臼也"，"臼"作"曰"误。【二本皆作"曰"】

党正，昏冠作昬误，兴国本作"昬"，后同。【二本皆作"昬"】

司门，注"视占不与众同"，"占"当作"瞻"，兴国本作"瞻"。【二本皆作"占"】

遂师，"辨其施舍"注"施读亦为弛"作"施读亦弛也"误，兴国本作"施读亦为弛也"，亦误，多"也"字。【二本俱作"施读亦弛也"】

草人，注"若泛胜之术也"，"若"作"苦"、"泛"作"氾"误。【二本皆作"氾"】

3. 春官

职丧，注"当催督"，作"督"误。【二本皆作"督"】

小师，注"和滘于"，于作"干"误。出音者曰鼓，缺"者"字。【二本"于"虽不误，但"滘"皆作"鐏"，亦缺"者"字】

钥章，"龠乐"作"龠"误。【二本皆作"龠"】

大史，"执书以次位常"注"谓校呼之"，"校"当作"挍"，考挍之挍从手，栏校之校从木，考挍之挍音敎，栏校之校音效。小史注"校比之"亦当作"挍"，凡考挍字皆然，但承讹既久，不敢改也。【二本俱作"校"】

4. 夏官

环人，注"扬威武以观敌"，观当音灌。【二本"扬"字皆作"为之"】

司士，注"背北面东"，"背"作"皆"误。【二本俱作"皆"】

校人，注"稍食曰稟"，"日"字注疏本作"曰"，兴国、建本皆作"曰"，然《正义》不释此句意，不敢改也。【二本俱作"曰"】

5. 秋官

薙氏，注"月令曰烧薙行水谓烧所芟草"，作"水非谓烧所芟草"误。【二本皆有"非"字】

大司寇之职，注"书曰王旄荒度作详刑"，"旄"作"耗"误。【二本皆作"耗"】

小司寇之职，"二曰议故之辟"注"故旧不遗则民不愉"，《释文》同，兴国、建本及二本《释文》皆作"偷"。按此注是引《论语》文，《论语》作"偷"，则此注亦当作"偷"字。【二本俱作"偷"】

罪隶，注"牛助国以助转徙也"，"牛"字下缺"助国"二字。【二本俱作"牛助国以牛助转徙也"】

野庐氏，注"若今绝蒙大巾"，兴国、建本皆作"布巾"。【二本皆作"大巾"】

雍氏，注"书柴誓"今书作"费"。【金刻本作"秦誓"，婺州本作"柴誓"，金刻本为形之误，若除去此因素，二本俱作"柴"】"禽兽鱼鳖"作"鳖"误，兴国本作"鳖"，《释文》不音，乃知作"鳖"非也。【二本皆作"鳖"】

萍氏，注"书酒诰曰有政有事无夷酒"，兴国、建本皆作"彝"，今书亦作"彝"。【二本皆作"夷"】

壶涿氏，"以炮土之鼓殴之"注"玄谓燔之炮之之炮"，作"燔之炮之炮"，中欠一"之"字，诸本皆然，姑俟善本。【二本皆作"燔之炮之炮炮土之"】

司仪，"及礼私面"注"郑司农说私面"作"郑司农云说私面"多"云"字误，诸本皆无云字。【二本皆有"云"】

朝大夫，注"主治其国者平理其来文书于朝者"，"平"作"乎"误。【二本皆作"主其国治者平理其来文书于朝者"】按：金刻本、婺州本是，毛居正所据本误。

6. 冬官

轮人，"大而短则挚❶"，作"挚"误。挚，从埶从手，音臬。埶，古势字，非从操执之执也。从执者，音贽。【❶二本同作"挚"】。注"挚❷读为槷❸谓辐危槷❹也"，槷从埶从木，亦音臬。【❷二本与毛居正同，❸金本作"挚"，婺本作与毛居正同，❹二本同作"挚"】"毂也者以为利转也"，"毂"作"轂"误，毂从㱿从车，"㱿"音确，亦作"殻"。【二本皆作"轂"】。

以上的例子，都只能说明金刻本与婺州本的底本非常接近，甚至是同一个版本，才能有如此一致的样貌。当然，金刻本、婺州本也不是总完全一样，从上文两书的对校即可说明。与毛居正本对校时，虽有不同之处，亦皆为点画之差，而文字存在大差异者为以下三条。

（1）旅师，"而用之"注"而读为若"，"为"作"实"误，兴国本皆作"为"。

按：金本作"实"，婺州本作"为"。但婺州本经过修补。

（2）萍蔟氏，注"其详未闻"，"详"作"祥"误。

按：金本作"祥"，婺州本作"详"。但婺州本经过修补。

（3）伊耆氏，"共其杖咸"注"咸读为函"作"咸读函"婺误。

按：金本作"咸续函也"，"续"为"读"之形误；婺州本作"咸读为函"，经过修补。

这三条是相当关键的条目，只看现在这两部《周礼》文本的差异，容易让人误以为是不同底本的两个文本。不过，在婺州本中，这三条都有修补的痕迹，说明婺州本在经过校改后，将原本作错字之处都修改为正确的字，在此之前，极有可能是作"实"、"祥"、"咸读函也"。因此，在将金刻本、婺州本对校时，我们也特别注意到两本文字具有较大出入的地方，婺州本几乎都经过修补的工作，如上文所标示"♪"。又，《春官·小宗伯》，经"及执事葱大敛"注"为之丧大记"，二本"丧"字俱作"窑"。"丧"字二本最常同作"衰"，或作"丧"，或作"衮"，却在同一处出现作"褰"，不能不让人怀疑两本确实有着从表面看不到的联系。

（三）从《周礼经注疏音义校勘记》找寻金刻本的线索

《周礼经注疏音义校勘记》是加藤虎之亮先生花费 33 年所编写的。他自大正十三年（1924）春开始"立《周礼》经注疏音义校勘之志"（《周礼经注疏音义校勘记序》）。33 年间，他从日本到上海各处搜集各种传世的《周礼》单经本、经注合刻本、音义本、疏本、经注音义合刻本、经注疏合刻本、经注疏音义合刻本、诸家校勘本，并参校元以前《周礼》注释书、礼书、宋以前类书随笔类、唐以前注释书、字书韵书、《周礼》诸儒考说等，共计 193 部。几乎是想得到的《周礼》经注疏音义本，他都逐一网罗到这部校勘记中——除了金刻本与婺州本《周礼》。

将金刻本出现的错字与加藤氏《周礼经注疏音义校勘记》对校，这些错字与加藤氏所校众本无一相谋，自成一套系统，原因皆出自金刻本本身因涉上下文、形近、音近而致误的关系上。但从《秋官》下卷开始，金刻本与加藤氏校记中所谓的"抄本"往往不谋而合，如出一辙。检此"抄本"，并未出现在加藤氏"引据各本书目解说"中，然在《秋官·司寇》上卷最末、"秋官司寇下"条之前，加藤氏有一段按语：

> 嘉、士本有"经四千二百六十二字，注七千五百二十字"，黄云："荛案：此卷周校临钱孙保校宋本，兹临周校，未取抄本。"董本缺《秋官·下》及《冬官·上》，黄氏以抄本校。案：抄本殷、玄、桓、敬、惊等字皆阙笔，所据为宋本可知。（下册，卷 36，40 页右）

《荛圃藏书题识再续录》卷一"周礼注疏四十二卷校宋本"下有云：

> 周本校语云：钱孙保、季振宜所藏宋版《周礼》，《春官》、《夏官》、《冬官》为余仁仲本，《天官》、《地官》则又别一宋椠，《秋官》则钞补者也。余假诸顾秀才之遘，又参以岳本校讹，癸丑二月廿二日也。荛案：此是周香严临段茂堂校本前跋，当是茂堂所记。以上卷八后。

> 《秋官·下》、《冬官·上》系钞补，用黑笔校，荛翁。卷四十后。

> 全书覆取周临段校余仁仲刊本，又钱孙保补钞宋本，又岳本及段茂堂意改本，……补钞本及意改本未及校入，恐展转传写，昧所从来也。[①]

此"抄本"的来源，或许就是钱孙保的补钞宋本。周香严、黄丕烈、加藤氏等皆辗转获得"抄本"的内容，并未见到原件。不过，他们都忠实地将"抄本"的情况一一注出，如"'出入五积'，抄本'五'下空阙一字"，"'不受飨食'，抄本下空三格"等，这些空格处皆与金刻本相同。

经过与加藤氏"抄本"所作一一比对，其中关键之处，如庭氏职，注"射大阳与"，金刻本"与"下有"以疑之"三字；掌讶职，注"以王命致于宾"，金刻本"宾"下有"其数于官"四字，"抄本"皆一致，且仅有"抄本"有以上文字。又，辀人职，经"为之当兔之围"，注"与任正者相应"："抄本脱'相应'。"那是因为金刻本"相应"二字漫漶，以致抄写者看不清而无法抄写。当然，由于转相抄写的缘故，抄本与金刻本也有不同之处，不过皆为点画之差。可以推测，加藤氏所说的"抄本"，就是金刻本《周礼》。原本以为金刻本孤独地在这世上黯黯地存在着，实际上却在最关键的时候，发挥了它的效用。

此外，最令人在意的莫过于金刻本梓人职注"若与羣臣闲暇饮酒而射"，加藤氏校记列举了董、余、

注释：

① （清）黄丕烈撰：《荛圃藏书题识再续录》（北京：中华书局，1993 年 1 月，清人书目题跋丛刊六·黄丕烈书目题跋、顾广圻书目题跋），354—355 页。

浙、十、重、纂、元、京、岳、陈、人、闽、韩、周本，皆与金刻本同窜入了疏语的"闲暇"二字，而婺州本没有。又，庭氏职注"射大阳与以疑之"，加藤氏校记录黄莞圃语，以为"以疑之"三字因疏误衍。就内容考虑，确为郑注所无，而混入贾疏语，但何时混入则无法确定。不过，我们不可能因为这两个例子，就认为金刻本的底本为注疏本。

四、结语

现在，我们可以大胆地推断，金刻本与婺州本刊刻的时间非常接近，其所使用的是同一个底本，而北宋或南宋初的监本是其最可能使用的底本。虽然金刻本简体字不断、错字连篇，但这些是最单纯、未经过后人擅改内容的错误。表面上看来，婺州本在各方面都比金刻本要来得可靠，文本内容也有明显的出入，但这些出入往往出于修补，初刻的文本恐怕与金刻本相同。通过本文的初步分析，可以推测这两部大约同时期但面貌差异很大的南北刻本，其实就像是异卵双胞胎一般，都是直接继承宋代监本的基因，繁衍出来的第一代子孙。

婺州本有影印本行世，但金刻本在再造善本出现之前，则其少有人能够利用。金刻本就像前文所言，满纸错字，它之所以能够在历史上立足，完全是看在它近古的价值上。殊不知金刻本真正的优点与价值，必须与婺州本合璧，才能够完全地显现出来，今后若能好好利用金刻本的特性，我们对《周礼》的早期刊本才能够得到更完整的认识。

（叶纯芳：北京大学中国古代史研究中心副教授；乔秀岩：北京大学历史系教授）

平水旧刊《毛诗注疏》残叶考

李　霖

一、金元平水所刊诸经注疏

山西临汾古称平水，是金元时期中国北方的刻书中心。从今天的传本来看，当时全国所刊儒家《十三经》义疏，流传最广，对后世影响最巨的版本有南宋浙刻单疏本、八行本和宋元建刻十行本。至于其他版本的情况，因传本稀少，我们了解尚少。其实，在浙江、福建地区的义疏丛刻以外，今天仍有四川地区的《论语注疏》及平水的《尚书注疏》、《毛诗注疏》、《论语注疏解经》等义疏版本有迹可寻。

蜀刊《论语注疏》今藏日本官内厅书陵部，是宋元时代四川地区仅存的义疏版本，至于还有其他哪几经的义疏刊刻[①]，尚难确知。相较之下，平水所刊半叶十三行的诸经义疏，虽不像浙、闽义疏丛刻那样传本众多，也不应仅只《尚书》、《毛诗》、《论语》三部经书，理应具备一定规模。从现存旧刊本及覆刻本的情形看来，平水出版的这些经书义疏，在金元时期的中国北方，也应颇具影响。[②]

关于金元平水所刊《尚书注疏》和《论语注疏解经》的版本情况，前人论述已多，尤以近来顾永新先生的研究最为详赡深入[③]，笔者不能赞一辞。唯《毛诗注疏》未见全本存世，过去仅有零星残叶见于著录，诸书著录尚有含混之处，需在此澄清。

注释：

① 南宋廖莹中《九经总例》提到"蜀注疏"（见《九经三传沿革例》），应不止一经，今《论语注疏》盖即其一。又，黄唐在南宋绍熙三年（1192）所作《礼记正义》跋中曾提到"六经疏义"有"京监蜀"单疏本，所谓蜀刊单疏本，今天则无传本印证。

② 其中《尚书注疏》从金至元；《论语》。

③ 顾永新：《金元平水注疏合刻本研究——兼论注疏合刻的时间问题》，《文史》第 96 辑，中华书局，2011 年；《元贞本〈论语注疏解经〉缀合及相关问题研究》，《版本目录学研究》第二辑，国家图书馆出版社，2010 年。

二、平水本《诗疏》残叶

平水刊《毛诗注疏》，傅增湘、王国维、王文进及均有著录，民国间"有正书局"所编《宋元书式》亦收有一叶书影。那么，各家所录是同一残叶吗？笔者认为不是。

傅增湘著录此版本：

> 金平水刊本，十三行二十五、六字不等，注双行三十一至三十五字。白口，左右双阑。内阁大库曾出残叶。与大库所藏《尚书注疏》版式同，而与海虞瞿氏藏平水本《尚书》不同。[1]

沅叔谓此平水本《毛诗注疏》"内阁大库曾出残叶"，当有所据。

王国维《旧刊本〈毛诗注疏〉残叶跋》谓：

> 江安傅氏藏旧刊《毛诗注疏》卷二第十六叶。每半叶十三行，行大二十四字，小三十一字。刊刻精雅，与宋越本、建本均不同。案常熟瞿氏有《尚书注疏》二十卷（中略），贵池刘氏藏元元贞丙申平阳梁氏刊《论语注疏解经》十卷（中略），此残叶行款并与之近，当亦平水刊本。[2]

读观堂此跋，知内阁大库所出平水本《诗疏》残叶，沅叔曾自藏一叶，叶次为卷二第十六叶。

《宋元书式》所收之叶[3]，是《邶风·谷风》注疏片段。半叶十三行，每行大二十三字（此叶实无整行大字），小三十二字上下。版心上计字数，书名卷次较模糊，叶次似为"十七"，并非王国维所记"十六"，下刻工名仅可辨得末"一"字。另据笔者所见傅图藏此本第十九叶的起讫推算，《宋元书式》所收确为叶十七无疑。

傅增湘并未提及残叶是一叶还是数叶。可以相信，王国维所见傅增湘藏叶，包含在傅增湘著录的残叶当中，或者就是傅增湘著录的残叶。王国维是否误"十七"为"十六"，所跋之叶实与《宋元书式》所收相同，在此先不便探讨，姑且认为不同，则《宋元书式》所收未必是傅增湘著录的残叶。傅增湘著录残叶大字二十五、六不等，则绝不止王国维所见一叶（大二十四字），亦不止或不含《宋元书式》所收一叶（大二十三字）。笔者据此认为，傅增湘所谓从内阁大库出者，当是数叶。

王文进的著录也可以支撑笔者的这一判断：

> 金平水刻本，存卷二。半叶十三行，行二十八字，注双行三十五字。白口，版心上记字数，下记刊工姓名（成）。"疏"字作白文。[4]

王文进谓此本每行大字二十八，与前三种著录差别很大。又提到刻工名"成"，也不见于前说。虽然不能判断王文进著录的残卷是否包含在傅增湘著录的残叶中，但可以据此确定，王文进所录行大二十八字之叶与王国维和《宋元书式》所录并非同一叶，王文进所录刻工名成之叶与《宋元书式》所录也非同一叶。在此至少可以确定，当时存世的平水刊《毛诗注疏》残叶，不止一叶。王文进所录可能是一叶，玩其辞气，更可能是卷二的数叶，这数叶与傅增湘提到的残叶可能有交叉，也可能包含其中。后来笔者在台北傅斯年图书馆发现的两叶仍然出自卷二，据此可以推测曾有平水旧刊《毛诗注疏》卷二若干叶，从内阁大库出，散落世间，傅增湘、王国维、《宋元书式》编者、王文进等人曾亲见一叶或数叶之真容。

注释：

① 见《藏园订补郘亭知见传本书目》，中华书局，2009 年排印本，第 55 页。

② 王国维：《观堂集林》卷二十一，第 18 页。

③ 见《珍稀古籍书影丛刊》之三，北京图书馆出版社，2003 年版，第 329—330 页。

④ 王文进：《文禄堂访书记》，上海古籍出版社，2007 年排印本，第 12 页。

最后需要辩白的是，王国维所跋与《宋元书式》所收当非同一叶。上文已明确诸家所见残叶非止一叶，且"七"不易误认作"六"，则二者可能本就不同。又，《宋元书式》所收叶十七大字诗句经文全为小注割裂，若隔行计算大字，至多到二十三字，王国维不应数出二十四字。而推算此前一叶的内容，必有此诗二十九字序，以大字刻成，王国维所称行大二十四字者，当指此。笔者因此推测，王国维作跋的傅增湘藏叶，应当不是"有正书局"《宋元书式》收录的这一叶。

若然，则明确见于上述著录的残叶，应至少有王国维、《宋元书式》和王文进著录的三叶。就常理推测，傅增湘和王文进此外还应有若干叶经眼。

三、傅斯年图书馆所藏《诗疏》残叶

内阁大库散出的平水旧刊《诗疏》卷二，由王国维、《宋元书式》和王文进著录的三叶，今不知何往。2011年秋，笔者在台北"中央研究院"傅斯年图书馆浏览馆藏善本的数字影像，偶见两叶图像，著录不伦，实即平水所刊《毛诗注疏》，惊为异宝。

此二叶与《宋元书式》所收叶版式一致，皆半叶十三行，每行大二十四字，小三十一字上下。宋讳不阙笔，大"疏"字作白文。两叶内容连续，由《邶风·谷风》末至《式微》《旄丘》首。从黑白图像看来，第一叶上部中间及版心中央一小部分残破，版心题"毛诗注疏二"，叶次"十九"，下记刻工名"薛一"。第二叶上部和版心残破较多，字数、版心题、叶次等皆残缺，下刻工名凭此图像不可辨识，当非王文进所见"成"字。可以肯定，这两叶并不属于前人著录过的那三叶，则内阁大库散出的平水旧刊《毛诗注疏》卷二，至少曾存在叶十六、十七、十九、二十和王文进著录的刻工名是"成"的那一叶，凡五叶。

后文梗概：

当是金刊本

注疏合刻的一种体例：书名《毛诗注疏》。分卷从经注本。大字"无疏"的独特体例。是注疏合刻的尝试。推测文本从北宋单疏出。

文本价值1：校勘宋十行本，有一个误字，其他均可校正十行本，为阮元校勘记提供了有力证据。

文本价值2：作为北宋单疏一系的文本，可与德藏敦煌本残叶校勘（石立善先生有专文。此片段南宋单疏本缺），体现唐宋之别。

（李霖：中山大学历史系）

聂崇义《三礼图》版本印象

——纪念多一种蒙古时期山西刻本的发现

乔秀岩　叶纯芳

摘　要： 聂崇义《三礼图》，清代通行只有《通志堂经解》本。民国时期有《四部丛刊三编》收录蒙古刻本，20世纪80年代又有影印镇江刊本。笔者询问蒙元史学者，知蒙古刻本出山西析城，以往认为河南，实属无据。又比较三本文字，发现蒙古本与镇江本不同之处，均有版面挖改痕迹，分析内容乃知两本初刻文字全同，分别经过挖改才有出入。于是得知蒙古本与镇江本，均以一种蜀刻本为底本翻刻。这一情况应该有一定的普遍性，值得注意。本文观察版面挖改处，分析内容而推论初刻文字及挖改之原因，并得窥知所据底本概貌，远承顾千里《抚本考异》之方法，颇有成效。《通志堂》本以镇江本为底本，参校蒙古本而成，民国学者多未见镇江本，所论多失误。

关键词： 聂崇义；《三礼图》；蜀刻本；蒙古刻本；镇江刻本；挖改

前　言

　　传世宋代版本，绝大多数是南宋江浙、福建刻本，又有少数蜀刻本，北方刻本较罕见。然北方刻本偶有与南方刻本迥异者，或出流传北方的北宋刻本，价值不在南方刻本之下；即其与南方刻本大同小异者，亦可用来衡量南宋刻本文本的价值，具有不可替代的重要意义。一种版本如果是孤本，我们只能如实接受这一版本，因为这是我们能够了解的现存最早面貌。如果有两种以上的版本传世，我们可以通过对比两者，推测比这两种版本更早时期的文本面貌。南宋刻本与金蒙山西刻本对校，不仅能够讨论金蒙山西刻本的性质，也能加深对南宋刻本的认识。这次参加"晋学与区域文化学术研讨会"，笔者出于如上考虑，建议设置以版本学为主体的分组，幸蒙主事者的认可。本文以《三礼图》为例，探索蒙古时期山西刻本与南方刻本之间的关系。

一、材料说明

　　毛氏汲古阁旧藏《析城郑氏家塾重校三礼图》，近代为蒋氏传书堂所藏，后经涵芬楼，归北京图书馆。笔者无缘目睹原书，所见《四部丛刊三编》影印本而已。据影印本，除首二卷整卷及卷九末叶皆补抄外，某些书叶下半部笔画纤细，疑有原书书叶破损，经过补抄之处。又，商务印书馆影印古籍，例有描修，不得据影印本遽以为原书实况。钱曾、季振宜旧藏淳熙二年（1175）镇江府学刻本《新定三礼图》，近代为海源阁所藏，后经周叔弢先生，归北京图书馆。2012年北京图书馆举办纪念周先生古籍展，展出此本，笔者有幸隔玻璃瞻仰风采。今所见为1984年上海古籍出版社影印本。上海影印本影印前似无描修，但原书有些笔画是否出自后人补笔，则不易遽断。凡此两本，笔者且据影印本讨论，核查胶卷，可待异日。《天禄琳琅续目》著录两部宋版，经刘蔷先生调查，已知实皆通志堂本（见刘蔷著《天禄琳琅研究》）。则清代以来此书宋、金、蒙古版本之传存者，当不外此二帙，未尝有第三部。通志堂刊本，今有哈佛图书馆网上公布的彩色扫描电子版，所据康熙原版，清丽可喜。

二、析城郑氏刊本为山西刻本

《析城郑氏家塾重校三礼图》，王国维据《后序》定为蒙古定宗二年（1247）（当宋理宗淳祐七年）刊本，而谓析城在河南南阳，郑氏不知何人。笔者见《后序》称郑氏为"国家大将军"，又云"郑侯武纬文经，勋名久当书史册"，颇疑当可考得其人。于是咨询研究元史的友人李鸣飞先生，第二天即收到推测此郑氏当为阳城郑鼎的回复。

郑鼎于《元史》有传，成化《山西通志》载其神道碑，另有其父郑皋之神道碑、其子郑制宜之行状皆传世，山西师范大学延保全先生曾撰《大元制诰特赠碑与郑鼎》一文（《文献》2003 年第 2 期），介绍相关情况，只是从未有人结合刊刻《三礼图》的"析城郑氏"与蒙古武将阳城郑鼎。李鸣飞先生与华喆先生已经搜集资料，梳理相关情况，准备撰文发表，此不赘述。经他们考证，阳城郑鼎的经历条件完全符合出资刊行《析城郑氏家塾重校三礼图》的"国家大将军"、"郑侯"。我们据《后序》的叙述，可以论定《析城郑氏家塾重校三礼图》是蒙古定宗二年（1247）由郑鼎出资，由王履编辑，在山西阳城刊行。自王国维以来，一直认为此本为蒙古时期河南刻本，近百年之后，始知原来是山西阳城刻本。我们于是多获得一种蒙古时期山西刻本的实例，这在金元版刻史研究上有不可忽视的重大意义。

三、分析前人评论

笔者持郑氏本与镇江本相校，又参校通志堂本，以为淳熙镇江本与蒙古郑氏本同出一源，通志堂本以镇江本为基础，参用郑氏本校订而成。据此认识，重读前人有关论述，以往的疑点可以得到解释。

民国七年（1918），傅增湘于蒋氏传书堂见郑氏本，《藏园群书经眼录》云：

> 此书余借校一过，殊少佳字。（戊午见）

在《四部丛刊三编》影印郑氏本之前，《三礼图》只有通志堂本及其影印本、翻刻本流传。傅增湘用郑氏本对校的底本，也应该是通志堂本。查《中国古籍善本书目》知今存两部傅氏手校通志堂刊本《三礼图》，一在北京图书馆，一在山西文管会，疑即用郑氏本校。对校通志堂本与郑氏本，我们很容易发现郑氏本有大量讹字、脱字，相当混乱，远不如通志堂本。然依鄙见，通志堂本是一种校订本，郑氏本之佳字已经吸收，郑氏本之讹字已经修改，则傅氏以郑氏本校通志堂本，谓郑氏本"殊少佳字"，不过是必然结果。我们必须持镇江本校郑氏本，才能看出郑氏本不可替代的重要价值。傅氏一句"殊少佳字"，虽然不诬，却容易令人误会。以往藏书家每持通行本校善本，求其中"佳字"，以多得"佳字"者为善。唯因据此标准评估版本，所以才有人说清代精校刻本优于宋版。这是重实用，求好不求真的态度。我们今日有条件持多种影印善本互校，分析其间关系，探索版本演变的具体过程。这是重历史，求真不求好的态度。在我们看来，所谓"佳字"多寡，不可能是衡量版本价值的标准。

民国八年（1919）起，蒋氏约请王国维撰书志。今见《传书堂藏善本书志》郑氏本提要云：

> 此汲古阁藏书，毛子晋、何义门皆目为宋本，实则蒙古刊本也。通志堂所刊即据此本，而改其行款。何义门评通志堂本云："汲古宋本序文稍有讹处，已经改正。书中讹错颇多，以不依宋本款式也。"今以此原本校之，如卷四《宫寝图》前有"宫寝制"及"天子五门，曰皋，曰库，曰雉，

曰应，曰路"注"旧本只图五门，而无名目，今特添释之"共二行，通志堂本移在此节之末；卷八《并夹图》，中有一矢，通志堂本失画矢形；卷十三《斛釜》后有"三鼎序"一行，通志堂本夺：皆由不遵原本行款，故有此失。则义门之言不诬。

按：何义门、王国维皆只见郑氏本，未见镇江本，遂谓通志堂本以郑氏本为底本，改其行款而成。今见镇江本，则通志堂本以镇江本或其影抄本为底本，灼然可见。王国维举《宫寝图》、《并夹图》、"三鼎序"三例，以讥通志堂本"不遵原本行款"，今见镇江本皆如通志堂本，则其非通志堂本之失，无需多辩。何义门、王国维皆得亲见郑氏本，而未知有镇江本；今日我们无缘亲翻善本书，而郑氏本、镇江本皆有影印本可对校。数据条件不同，所见因此又不同。

何云通志堂本"讹错颇多，以不依宋本款式"，王云"皆由不遵原本行款，故有此失"。今知通志堂本悉仍镇江本，则"讹错颇多"当视为镇江本之失。镇江本自是宋本，不得谓"不依宋本款式"，而仍可谓"不遵原本行款"。笔者以为镇江本以蜀本为底本而改动款式，详见下文。王国维读书精细，此本提要所举三处编辑失误，亦可以为推测镇江本编辑情况之参考。

民国二十五年（1936）商务印书馆影印郑氏本，张元济跋有云：

> 是本宋讳，玄、敬、殷、贞、征、让、桓、慎、敦、廓等字，均不缺笔，但恒、筐二字仍避。语涉宋帝，亦各提行空格。王履《跋》明言袭藏已久，是必以宋本翻刻，故宋讳偶有未尽删削之迹。

按：此说不误，而可以补充。郑氏本"贞"字字形怪异，下部犹如"身"字下部。据此不仅知郑氏本据宋版翻刻，底本"贞"字缺末笔，亦可证郑氏本为蒙古山西刻本，编者或刻工不习宋讳阙笔字，遂成如此怪字形。又，卷八"蓍韇"下云《易》曰：蓍之德圆而神少"，郑氏本"圆"字外框"囗"写成圆圈，颇为奇特，怀疑出于写版者或刻工的幽默。

四、郑氏本与镇江本同出一本

郑氏本、镇江本，讹误频见，往往不可卒读。两本讹误互见，难兄难弟，而其中仍有两本同误之处。如：

卷五"瑟"下：郑氏本、镇江本同作"越瑟比底孔"

"比"字误衍，两本同。

卷八"鹿中"下：郑氏本、镇江本同作"克木为之"

"刻"同作"克"。

卷十"缲藉"下：郑氏本、镇江本"礼含文色之帛"

此句文义不通，两本同，则两本底本已如此。按孔疏，"礼含文"与"色之帛"之间尚有四十字。聂文容经删节，当与孔疏原文不同，但此必有讹误。通志堂本仍同两本。文渊阁本作"各用所尚色之帛"，而一行字数增一字，可见出馆臣臆改，其底本仍如通志堂本。

卷十"缲藉"下：郑氏本"为地则系于"，镇江本"为地则系玉"

"则"上两本均脱"无事"二字，通志堂本亦然。郑氏本"玉"讹"于"为小异。

卷十一"苍璧"下：郑氏本、镇江本"皆长尺二寸之璧"

此句文义不通，两本同，则两本底本已如此。窃疑"长"当作"无"。通志堂本"皆"下补入"九寸"二字，盖以意补字，别无依据。

卷十一"玄璜"图注：郑氏本、镇江本"色黄"

此当云"色玄"，而两本皆误，疑两本底本已然。通志堂本改作"色玄"。

卷十二"丰"下：郑氏本、镇江本"以相其不异也"

"明"讹"相"，两本同，则两本底本已讹如此。

卷十三"洗罍"下：郑氏本、镇江本"汉礼记器制度"

两本同衍"记"，则两本底本如此。通志堂本删"记"字，留空格。

卷十三"敦"下：郑氏本、镇江本"孝纬说"

两本同误"纬"，则两本底本如此。通志堂本仍之。

卷十六"牡麻绖"下：郑氏本、镇江本"古本在上者也"

"右"讹"古"，盖两本底本如此。通志堂本同，文渊阁四库本改作"右"。

卷十六"大功布衰"下：郑氏本、镇江本"故与成人故"

此说据《丧服传》疏，下"故"当作"异"。盖两本底本已误"故"。通志堂本作"殊"，当属意改，别无依据。

卷十六"缌衰衣""缌衰裳"：

"缌"皆当作"繐"，两本皆讹"缌"，则两本底本已然。又，两本皆作"谓之邓纪"，"繐"讹"纪"，两本亦同误。

卷十九"兆域"下：郑氏本、镇江本"比无正文"

"此"讹"比"，盖两本底本如此。此引贾疏，讹误明显而两本仍同误。

卷二十"朱袜"下：郑氏本、镇江本"职此之由中一孔疏引"

"中一"二字不可解，盖两本底本已讹如此。通志堂本同。文渊阁四库本作"孔疏中引"，当属臆改，别无依据。

除了两本同误，还有一些地方，两本显示出了共同的版面编辑特点。如：

卷三"缁布冠（周制）"下：两本皆作"吉凶冠皆直缝𦈢者"

小字"直缝"亦正文，当作大字，而两本皆作小字。

卷十一"四圭有邸"下：郑氏本"大宗伯 青圭等"，镇江本"太宗伯 青圭等"

两本"伯"下皆空一格，盖两本底本已如此。镇江本"大"字稍讹作"太"。

卷十二"圆壶"下：郑氏本、镇江本"此云□所谓"

"此云"下，两本均空三格。盖两本底本已如此。按此上下主据《燕礼》疏，此处底本盖因删节失妥而留空。

卷十四"画布巾"下："此画布当用"上，郑氏本标一圈"○"，镇江本约空十五格。

盖两本底本当如镇江本，此处引孔疏，删节失妥，留此空白，郑氏本以"○"代之。

这些特殊情况，无法巧合，只能认为出自共同的祖本。

还有很多情况，两本文字不同，仍然可以推测其底本文字相同。郑氏本保留底本文字，镇江本经过校改的情况较多，例如：

卷三"周弁"下：郑氏本"增其头色有收笄"，镇江本"缯其上似爵头色有收持笄"

镇江本小字亦正文。盖两本底本如郑氏本，镇江本初刻同郑氏本，后据《续汉志》校改。

卷三"通天冠"下：郑氏本"如袍随五时五色"，镇江本"有袍随五时□色"

镇江本"有"字经挖改，"色"上空一格。盖两本底本如郑氏本，镇江本初刻同郑氏本，后据《续汉志》校改。

卷四"小宗子"下：郑氏本"五世合迁之宗"，镇江本"五世而迁之宗"（两见皆如此）

镇江本"而"字经挖改。盖两本底本如郑氏本，镇江本初刻同郑氏本，后据《丧服小记》校改。按：作"合"沿用孔疏语言，虽非《礼记》正文，不得谓讹误。通志堂本又改作"则"，盖涉上文而误，别无依据。

卷四"四等附庸"下：郑氏本"为其禄者"，镇江本"为其有禄者"

郑氏本脱"有"字，镇江本挖改挤补。盖两本底本如郑氏本，镇江本初刻同郑氏本，后补"有"字。

卷四"井田"图中说明：郑氏本"方八里面加一里"，镇江本"方八里旁加一里"

镇江本"旁"字经挖改。盖两本底本如郑氏本，镇江本初刻同郑氏本，后据《小司徒》注校改。按：此处非引录郑注，作"面"沿用贾疏语言，不得谓讹误。通志堂本从镇江本作"旁"。

卷五"相"下：郑氏本"糠一名相"，镇江本"糠□名相"

镇江本删"一"字，而仍有空白。盖两本底本皆如郑氏本，有"一"字。

卷七"鼛鼓"下：郑氏本"谓夜戒守鼓也"，镇江本"谓夜戚守鼓也"

镇江本"戚守"二字经挖改。盖两本底本如郑氏本，作"戒"不误，镇江本初刻同，后涉上文误改。

卷八"鹿中"下：郑氏本"鹿中髹"，镇江本"鹿中形"

镇江本"形"字经挖改。盖两本底本如郑氏本，作"髹"不误，镇江本臆改。

卷八"佩玉"下：郑氏本"于末击玉"，镇江本"于末系玉"

镇江本"系"字下部"糸"经挖改。盖两本底本如郑氏本，"系"讹"击"，郑氏本仍之，镇江本初刻亦仍之，后校改挖修。

卷九"旝"下：郑氏本"盖若燕尾也"，镇江本"□若燕尾也"

盖两本底本如郑氏本，镇江本初刻亦有"盖"字，后剜去。

卷九"熊旗"下：郑氏本"若目下则"，镇江本"若臣下则"

镇江本"臣"字经挖改。盖两本底本如郑氏本，"臣"讹"目"，镇江本初刻仍之，校改挖修。

卷九"熊旗"下：郑氏本"卿大夫六命虽为六斿"，镇江本"卿大夫六命则为六斿"

镇江本"则"字似经挖改。盖两本底本如郑氏本，作"虽"不误，镇江本初刻同，后涉上文误改。

卷十"琰圭"下：郑氏本"大行人职曰殷规"，镇江本"大行人职曰殷眺"

镇江本"眺"字左旁经挖改。盖两本底本如郑氏本，"眺"讹"规"，郑氏本仍之，镇江本初刻同，后校改挖修。

卷十一"苍璧"下：郑氏本"贾释云玉人"，镇江本"贾释云古人"

镇江本"古"字似经挖改。盖两本底本如郑氏本，作"玉"不误，镇江本初刻同，后臆改挖修。通志堂本同镇江本。

卷十一"白琥"下：郑氏本"一名骀尾倍其身"，镇江本"一名骀虞尾倍其身"

镇江本"虞尾倍"三字字小密排，盖两本底本脱"虞"字，郑氏本仍之，镇江本初刻同，后挤刻补之。

卷十一"玄璜"下：郑氏本"以玄璜礼北方"，镇江本"以玄黄礼北方"

镇江本"黄"字经挖改。盖两本底本如郑氏本，作"璜"不误，镇江本初刻同，后臆改挖修。

卷十一"圭璧"下：郑氏本"知风师"，镇江本"知兆风师"

镇江本经挖版挤补"兆"字。盖两本底本如郑氏本，脱"兆"字，镇江本初刻同，后挤刻补之。

卷十一"方明坛"下：郑氏本"降拜中等"，镇江本"降拜于中等"

镇江本经挖版挤补"于"字。盖两本底本如郑氏本，脱"于"字，镇江本初刻同，后挤刻补之。

卷十四"著尊"下：郑氏本"赤中图有朱带"，镇江本"赤中旧图有朱带"

镇江本"旧图有朱"四字经挖修挤刻。盖两本底本如郑氏本，脱"旧"字，郑氏本仍之，镇江本初刻同，后校补挖修。

卷十四"玉爵"下：郑氏本"厚康成解繶爵又言"，镇江本"原康成解繶爵又言"

镇江本"原"字经挖改。盖两本底本同讹"厚"，郑氏本沿其误，镇江本初刻同，后校改挖修。又，"又"字当为"之"字之讹，此亦两本底本同讹。通志堂本皆已改正。

卷十四"罍"下：郑氏本"彝鸟上尊"，镇江本"彝为上尊"

镇江本"为"字经挖改。盖两本底本如郑氏本，"为"讹"鸟"，郑氏本仍之，镇江本初刻同，后校改挖修。

卷十六"正小功"：郑氏本"从父祖父母从祖祖父母报"，镇江本"从祖祖父母从□祖父母报"

镇江本"从祖祖"上"祖"经挖改，"父母从"下空一格。盖两本底本如郑氏本，"从祖祖"讹"从父祖"，"从祖父母报"误重"祖"，郑氏本仍之，镇江本初刻同，后校改挖修。

卷十六"緦冠"下：郑氏本"大夫命相吊"，镇江本"大夫命妇相吊"

镇江本"妇相吊"三字挖修挤刻。盖两本底本如郑氏本，脱"妇"字，镇江本初刻同，后校补挖修。

卷十七"衿"："衿"字三见，郑氏本皆作"衿"，镇江本皆作"紟"

镇江本此三字"纟"旁皆经挖改。盖两本底本如郑氏本，皆作"衿"，镇江本初刻同，后校改挖修。

卷十七"駔圭"下：郑氏本"疏璧琮之敛尸"，镇江本"疏璧琮以敛尸"

镇江本"以"字经挖改。盖两本底本如郑氏本，"以"讹"之"，镇江本初刻同，后校改挖修。

卷十七"駔圭"下：郑氏本五见"琢"字，镇江本独"云渠眉玉饰之沟琢者"作"琢"，其余四处作"瑑"

镇江本四"瑑"字，右旁皆经挖改。盖两本底本如郑氏本，五处皆作"琢"，镇江本初刻同，后校改挖修其四，而"云渠眉玉饰之沟琢者"漏校未及改。

卷十七"著"下：郑氏本"受命曰哀子某"，镇江本"受命命曰哀子某"

镇江本"命曰哀子某"五字挖修挤补。盖两本底本如郑氏本，脱一"命"字，镇江本初刻同，后校补挖修。

卷十八"遣车"下：郑氏本"又租实之终始也"，镇江本"又俎实之终始也"

镇江本"俎"字左旁经挖改。盖两本底本如郑氏本，"俎"讹"租"，镇江本初刻同，后校改挖修。

卷十九"柳车"下：郑氏本两见"幄弈"，镇江本皆作"幄帝"

镇江本"帝"字似皆经挖改，下"帝"字下部"巾"明显偏右。

卷二十"玉具剑"下：郑氏本"一品绿绶绶四采绿紫黄"，镇江本"一品绿绶四采绿紫黄"

镇江本"四采绿紫黄"五字字距稍大，占六字格。按：此当作"绿綟绶"，两本底本讹作"绿綟绶"，郑氏本仍之，镇江本以为底本误重"绶"字，遂删其一。通志堂本同郑氏本。

众多例子，都可以推测两本底本都如郑氏本，而镇江本经过修改。其中有底本错讹，郑氏本仍之，镇江本修正者；亦有底本不误，郑氏本仍之，镇江本臆改者。与此相反，也有少数镇江本保留底本原貌，郑氏本经过修改的地方，例如：

卷五"编钟"下：郑氏本"是故击其所县"，镇江本"是故击其县"

郑氏本小字亦正文。盖两本底本皆如镇江本，脱"所"字，郑氏本校补挤刻。

卷八"宸"下：郑氏本"其绣白黑采"，镇江本"其绣白黑文"

郑氏本"采"字似经挖改。盖两本底本如镇江本，作"文"不误，郑氏本臆改。

卷八"佩玉"下：郑氏本"旧说云"，镇江本"旧谓云"

疑两本底本作"谓"，郑氏本改作"说"。通志堂本又改作"图"，盖是也。

卷九"车盖"下：郑氏本"近部二尺五寸"，镇江本"近部二尺稍平"

郑氏本"五寸"似经挖改。盖两本底本如镇江本，作"稍平"不误，郑氏本初刻同，后臆改作"五寸"。

卷十二"梆"下：郑氏本"特牲馈食礼"，镇江本"特牲馔食礼"

郑氏本"馈"字似经挖改。盖两本底本皆讹"馔"，镇江本仍之，郑氏本初刻同，后校改挖修。

卷十六"正小功""叙服"：郑氏本"恭敬慎而寡言 者"，镇江本"恭敬慎而寡言母者"

郑氏本"言"下空一格。盖两本底本如镇江本，"言"下衍"母"字，镇江本仍之，郑氏本删"母"字留空。

卷二十"四圭有邸"下：郑氏本"礼部尚书许 敬宗"，镇江本"礼部尚书许宗"

郑氏本"敬宗"二字小字挤刻。盖两本底本如镇江本，脱"敬"字，镇江本仍之，郑氏本补之。

这些例子都可以推测两本底本都如镇江本，而郑氏本经过修改。其中有底本错讹，镇江本仍之，郑氏本修正者；亦有底本不误，镇江本仍之，郑氏本臆改者。

统观诸例，足以了解两本的底本十分接近。尤其像卷八"佩玉"下"系"讹"击"，卷十"琰圭"下"眺"讹"规"，卷十二"丰"下"明"讹"相"，卷十四"玉爵"下"原"讹"厚"、"之"讹"又"，卷十七"驵圭"下"瑑"讹"琢"等，皆属笔画小讹，两本底本若合符节，足以令人惊异。还有两个例子，也显示出了两本底本在细节上的高度一致性。

"左"字或作"龙"：

卷十五"冠绳缨"下，"左"字四见。郑氏本第三个"左"字作"左"，其余皆作"☆"。镇江本第三个"左"字作"左"，第四个作"龙"，第一个、第二个字形不自然，在两者之间。盖镇江本底本亦如郑氏本。

"房"前缀笔作一横：

卷十二"禁"下，郑氏本"乡饮酒云 房户间"，镇江本"乡饮酒云一房户间"。卷十三"房俎"，"房"字屡见，郑氏本往往在"房"字上有小小空白，镇江本往往作"一房"，"一"与"房"或连为一字，或似两字密排。盖底本"房"字形似"一房"。

至此我们确定两本的底本十分接近，甚至不排除两本用同一版本作底本的可能性。

五、图文编排体例

郑氏本是右图左文，镇江本是上图下文，直观印象截然不同，因而笔者以往也以为两本有不同来源。今经上节讨论，无法否认两者底本十分接近，甚至有可能用同一版本作底本。然则编排体例之不同，不知当如何理解？

先从文字内容来看，如卷三"缁布冠"下云"今别图于左"，"毋追"下云"备图于右"，则至少在撰述之初，在撰述者的观念里，应该是自右往左，互见图文，为基本体例。《四库提要》云"内府所藏钱曾也是园影宋抄本，每页自为一图，而说附于后，较为清整易观"，且不论钱曾影抄本的来源，"每页自为一图，而说附于后"，应该符合撰述者的原意。

郑氏本右图左文，若图较小，则两图上下并列，亦有三图并列，然后左边录其说。这种体例比较接近撰述者的原意，恐怕也较接近底本。镇江本则对图文编排进行合理化整理，若图不大，则上图下文，减少空白，节约版面。镇江本之编排，每一版，先设置图画，然后在图下填入说明文字。因图下空间大小与文字多寡不相应，因此需要调整文字大小及字距疏密。镇江本文字大小疏密不统一，是出于这种编辑上的需要。然而仔细观察，我们发现镇江本的文字编排，事先规划不够充分。如卷十四"鸡彝舟"，图下有六行，另有一整行，可以容纳相关说明，而实际上相关说明已经溢出范围，进入"鸟彝"图下，结果"鸡彝舟"的说明与"鸟彝"的说明连接起来。卷十六"大功牡麻绖"下，有十一行空间，而字数较多，所以排字较密。然而后三行较之前八行，排字密度明显加大，尤其是最后一行，如"世父母叔父母"六字排字密集，只占正常大小三个字的空间。可见镇江本编者写版样，写到第八行发现，照此下去，剩下三行空间容不下所有文字，于是从第九行开始加大密度，最后一行再加大密度，做到所有文字挤入此叶之中。据此可以推测，这种编排恐怕自镇江本开始。如果镇江本的底本已经有如此编排，则镇江本据以翻刻，调整文字密度比较容易，文字可以编排得更均匀。所以通志堂本以镇江本或影抄镇江本为底本，文字大小密度做到非常均匀，像"鸡彝舟"的说明恰好到一行行底，"大功牡麻绖"的十一行说明，文字大小、字距疏密皆统一，而且最后文字恰到末行行底。通志堂本能够编排均匀，是因为通志堂本在镇江本的基础上进行调整。镇江本出现排字疏密不一的问题，应该是因为如此编排尚属草创。

郑氏本右图左文，不像镇江本需要调整图下空间与字数之关系，因而文字大小、字距疏密全书一贯，如同普通书籍。然郑氏本仍然需要考虑版框与图画的位置关系，所以出现了临时调整的情况。卷七"金铙"下，"谓金"、"欲退"、"此金"共六字，郑氏本皆作夹行小字，每两字挤入一格空间，镇江本相应文字都正常编排。郑氏本如此处理，是因为在写版样的过程中，发现照正规排写，此叶多出三个字，故临时采用夹行形式，挤出三个字的空间，用来做到最后一字在此叶末行底。

在此，我们也不妨回过头来讨论王国维指出的卷四"官寝制"的问题。王国维未见镇江本，以为通志堂本以郑氏本为底本，改易行款，所以出现问题。现在我们知道通志堂本以镇江本或其影抄本为底本，有关"官寝制"的问题，镇江本情况正如通志堂本。于是，有必要重新讨论郑氏本的编排与通志堂本亦即镇江本的编排，看哪种编排更接近原貌。先录文字内容如下：

> 天子五门，曰皋，曰库，曰雉，曰应，曰路。旧本只图此五门，曰"王宫五门"而无名目，今特添释之。

郑氏本、镇江本、通志堂本皆如此，王国维引此注，删省作"旧本只图五门，而无名目，今特添设之"，省去"曰'王宫五门'"五字，"释"讹作"设"，会影响判断。这条小注说，因为旧图只称"王宫五门"，不标注五门各自的名称，所以现在写这一行，补充说明五门名称。镇江本的编排，先有图，后有说明，最后有这一行补充说明，本来没有可疑之处。小注若作"旧本只图五门，而无名目，今特添设之"，似谓旧图虽画五门，却无五门条目，故今加设"天子五门"条目。如此一来，这一行文字，很适合放在"宫寝制"标题之后、图画之前，如郑氏本。撇开王国维引文不确的因素，就郑氏本、镇江本、通志堂本共同的文字内容而言，这条补充说明放在图之前如郑氏本，还是说明之后如镇江本、通志堂本，笔者认为都无不可。既然是补充，不属于固有内容，插入位置可以有弹性。郑氏本放在标题之后、图画之前，有很现实的理由。郑氏本此图标题"宫寝制"三字，在右半叶倒数第二行，右半叶只剩一行，而"宫寝制"的图画较大，只能放在左半叶，于是右半叶有一行空白。假设郑氏本底本的编排与镇江本相同，"天子五门"一行在文字说明之后，郑氏本完全有理由将此一行移到图之前。

《三礼图》最早画在国子监宣圣殿后北轩之屋壁，后"于论堂之上，以版代壁"，如至德二年（757）李至《三礼图记》所言，也不过在木板上画图，非有刻版印行。在屋壁上或在大木版上画图，图的周围有附带的标题及说明，位置关系比较自由。后来以抄本、刻本流传，有固定的顺序，但每一图都有相对的独立性，图的顺序容有变动。如卷十三，郑氏本图的顺序是簋、簠、敦、笾、笾巾、豆、登，镇江本图的顺序是簠、簋、敦、豆、笾、笾巾、登。然检郑氏本卷首目录，则簠先簋后，与镇江本同。再结合"簋"图下说明的最后一句"所盛之数及盖之形制，并与簠同"，怀疑郑氏本底本也是簠先簋后，只是因为通常连言"簠簋"，所以临时颠倒顺序。又检镇江本卷首目录，则以"敦、豆、笾、登、笾巾"为序，弥觉混乱，不知当如何解。

六、音注的调整

《三礼图》有句末注音之例。如

> 卷五"雅"下："奏《祴夏》，以此三器筑地，为之行节，明不失礼也。'祴'，^{音坺。}"

郑氏本、镇江本同。音注不在"祴夏"下，而在整句之后。

> 卷九"玉辂"下："钺之所在，若诚心观之，则诸辂皆可知矣。'钺'，^{音逵。}"

郑氏本、镇江本同。音注不在"钺"字下，而在整句之后。

音注在句末，盖是原书体例。今郑氏本与镇江本，对音注分别有所调整。

> 卷十二"概尊"下：郑氏本"凡裸事用概^{裸音埋}"，镇江本"凡裸^{音埋}事用慨"

郑氏本音注在句下，盖是底本原貌。镇江本移置该字下。又，"裸"不当"音埋"，此盖涉下"狸"之音注而误。镇江本"概"讹"慨"。

> 卷十五"斩衰"下：郑氏本"每幅辟襵^{音瓞}三"，镇江本"每幅辟襵三^{胞斩}"

镇江本音注在句下，盖即底本原貌。郑氏本移置该字下。又，镇江本讹误，不成文义。盖以"襵"之右边"又"与"音"字合为"胞"，"襵"去"又"为"斩"。

> 卷十五"苴绖"下：郑氏本"缁布冠之頍^{音项}"，镇江本"缁布冠之頍项^{去媿反}"

镇江本音注在句下，盖即底本原貌。郑氏本移置该字下。

> 卷十七"重"下：郑氏本"黔即簋^{音蔑}也"，镇江本"黔即簋也^{音蔑}"

镇江本音注在句下，盖即底本原貌。郑氏本移置该字下。

> 卷十八"功布"下：郑氏本"启殡^{音賓}也"，镇江本"启殡也^{音賓}"

镇江本音注在句下，盖即底本原貌。郑氏本移置该字下。

> 卷十八"功布"下：郑氏本"有所拂^{芳勿反}扮^{芳罔}"，镇江本"有所拂扮^{芳勿反下芳罔}"

镇江本于句下注二字音，郑氏本分系各字下。

又，反切注音，郑氏本往往删省"音"字，如：

卷三"长冠"下：郑氏本"皆袀玄 ^{构盲眉}^{匀反}"，镇江本"皆袀玄 ^{构盲眉}^{匀反}"

镇江本"盲"当为"音"，字之讹。郑氏本无"音"字。

卷十二"蜃樽"下：郑氏本"献 ^{素何}^反"，镇江本"献 ^{音素}^{何反}"

镇江本有"音"字，郑氏本无。

卷十五"疏屦"下：郑氏本注" ^{薦平袤反}^{剙苦恓反}"，镇江本" ^{薦音平袤反}^{剙音苦恓反}"

镇江本有"音"字，郑氏本无。

因有镇江本"音"讹"盲"之例，可以推论两本底本当皆有"音"字。是郑氏本删"音"字，不是镇江本补"音"字。

七、形讹

郑氏本、镇江本都有大量形讹字，而且其讹不同。上节举例中，已见镇江本"音輙"讹作"胞斩"，"音"讹"盲"等情形。更有甚者，如：

卷九卷首目录：郑氏本"翱旗 ^{取枝}"，镇江本"翱旗 ^{又作}^{翱枝}"

镇江本不误，郑氏本讹误，不成文义。盖"翱"之右旁"羽"与"又"字相合为"取"字。

卷十三"匦"下：郑氏本"乃容一斗之数"，镇江本"乃容耳之数"

镇江本误以"一斗"为"耳"。

综观全书，小字部分讹误甚多，且大都属形讹。盖两本底本笔画不清晰，两本据以翻刻，小字部分又不细审，以致出现大量讹字。

八、底本与翻刻

镇江本有陈伯广题识，知据熊克所得"蜀本"翻刻。于是我们不免联想到淳熙三年（1176）即陈伯广题署"淳熙乙未"的第二年，张杅于广德军刊刻《史记集解、索隐》合编本，也是据自己所藏蜀刊小字本翻刻。陈伯广与张杅都是当时的地方长官，因为《三礼图》及《史记集解、索隐》合编本都不容易看到，而手里恰好有蜀刻本，所以据此翻刻。郑氏本有王履《后序》，知据自己多年袭藏之本翻刻。王履是昌元人，王国维推测"以蜀人长南阳山，盖蒙古之俘虏也"。若其说可信，则王履所藏为蜀刊本的可能性也较大。通过上文讨论可知，两本底本十分相似，不仅出现大量相同的讹误，细至笔画之末也有雷同的情况，两本所据很可能是同一版本。综合考虑，两本据同一种蜀刊本翻刻的可能性比较大。

书中也有一条校记，也为探索两本底本提供了一定的线索。

卷十三"钘"下：郑氏本"^{监本无此}^{已上文}"，镇江本"□^{本无此}^{已上文}"

镇江本"本"上空一格。通志堂本作"旧本"。

所谓"此已上文"，内容与以下部分重复。校记说明某本无以上一段文字。郑氏本的"监本"，令人十分好奇，而"监"字镇江本作空格，通志堂本作"旧"，则不得不慎重看待。首先，暂时无法确定"监"字是否郑氏本固有，也就是有必要确认"监"字是否为后人补入。依笔者陋识，未见国子监刊行《三礼图》的迹象。北宋皇帝尊重《三礼图》，都到国子监观看墙壁上或大木版上手工描画的图，南宋学者又多认为《三礼图》不足取，笔者颇疑《三礼图》始终没有国子监印本。若有监本，陈伯广应当不必据"蜀本"翻刻。且不论"监"字，这一条校记既然同样出现在镇江本与郑氏本上，可以排除是镇江本自己写这条校记的可能性，因而可以推测"蜀本"已经有这一条校记。目前，只有这一条校记，只能讨论到这里。

陈伯广看到蜀本，云"予观其图，度未必尽如古昔，苟得而考之，不犹愈于求诸野乎"，态度比较冷淡，这就难怪镇江本错字满篇。但主事者仍然重新调整图画与文字说明的位置，对底本文字也进行了校改。校勘水平较低，所以不仅漏校甚多，又有不少误改之处。相对而言，镇江本对底本的改动，较郑氏本为大。镇江本题"新定三礼图"，笔者猜想所谓"新定"当就镇江本自己的编辑加工而言。

郑氏本底本有可能是与陈伯广所用相同的蜀本。不然，也是与该本十分接近的一种本子。郑氏本编排体例当与底本相仿，但也不是直接覆刻底本，而是重新设计版式。例如，卷十七"著"下有一条夹行小字注，"度谋"至"崩坏"共四十二字，郑氏本夹行左边较右边多出两字，是因写版样草率，未及调整左右边字数。若据底本覆刻，则调整字数易如反掌，必不致此失。郑氏本也经过一定的校勘，上文已见诸例。但总体而言，郑氏本较镇江本保留了更多的底本原貌。

通志堂本以镇江本或其影抄本为底本，故版面设计，图画与文字之位置关系，一如镇江本，而在此前提下，对文字大小、字距进行合理调整，做到版面整齐。其文字已经参校郑氏本，择善而从，也有意改之处。四库本有臆改，全不顾原文之病。相对而言，通志堂本的校改尚属稳妥。若以文本合理而言，通志堂本可谓最善本。然其所以为善，无非自郑氏本、镇江本两本而来。今欲探索《三礼图》在两宋、金、蒙的文本演变情况，只需对校郑氏本、镇江本，通志堂本无法提供更多信息。

九、图及其标注

郑氏本与镇江本两本的图，大致相同，而有小异。最明显的例子是，王国维指出的卷八"并夹"图，郑氏本画出并夹夹著矢的状态，而镇江本的图失去矢的前后，仅存一点黑块，似乎是并夹有嘴。通志堂本与镇江本同。又如，卷九"玉辂"，郑氏本画太常有日、月、星辰，盖有垂帷，镇江本皆无，通志堂本盖无垂帷与镇江本同，太常有日、月、星辰与郑氏本同，可见通志堂本以镇江本为底本，参用郑氏本。类似的例子也有一些，此不赘述。

比起图本身，附带的标注更重要，而且有些问题较复杂。如卷二"缁布冠"，卷首目录有"缁布冠三制"、"太古冠 新增"、"缁布冠 新增"三项，其图有五。依内容推测，第一、第二、第三幅相当于"缁布冠三制"，第四幅相当于"太古冠新增"，第五幅相当于"缁布冠新增"。今两本均于第二、第三幅标注"太古冠新增"，第四幅标注"缁布冠大古缩缝者"，第五幅标注"周制横缝者"，可见两本之底本已经发生标注的混乱。又如，卷五"埙"有三图，郑氏本第一幅标注"古埙"，第二幅标注"今埙"，第三幅标注"上二埙后各有二孔，故图此以晓之"。因第三幅标注字数较多，故镇江本将第三幅标注刻于图右一行，在三幅图之右，不易察觉是第三幅之标注。又如，卷九"玉辂"，镇江本在图上空白处刻出"节服氏六人，与王同服衮冕，掌祭祀朝觐，维王之太常"二十一字，应当是对玉辂图中右方六个人的标注。郑氏本将此二十一字视为对图的文字说明，放在有关玉辂的长文解释之后。通过"埙"、"节服氏"二例，可见郑氏本与镇江本之间不同的编辑处理。

十、结语

《三礼图》有奇特的命运。北宋最初画在国子监，未尝刻版印行。北宋开始有学者对其内容表示不满，南宋以后学者轻视此书更为普遍。如今有镇江"新定"本与"析城郑氏家塾重校"本奇迹般的流传下来，而且都有影印本，是极具可读性的一部书。

聂崇义等人综合参考《三礼》经注疏、唐朝《礼》、《令》以及实际礼器编成此书。他们参考引用的

《三礼》经注疏，都是未经宋朝校定的文本，与今本之间容有一定的距离。再加上聂氏等人引文较随意，有删节，有合并，也有改动。我们必须全面掌握相关文献材料，才能探索聂氏撰述的具体过程。

同时，我们也要读镇江"新定"本与"析城郑氏家塾重校"本这两个版本。通过对校两个互有讹误的版本，一方面要探索两本底本的面貌以及更早时期文本的情况，另一方面也要分析这两本的内容由底本演化过来的过程。

内容、版本都可读，有挑战性，也有可行性。希望将来得暇，慢慢校读。

（乔秀岩：北京大学历史学系教授；叶纯芳：北京大学中国古代史研究中心副教授）

蒙古时期平阳张存惠晦明轩刻书考略

林振岳

金亡之后至元朝建元之前北方所刻之书，今称为蒙古刻本。此时期刻本去金未远，风格相近，前人多将其混同金刻。今存蒙古刻本以平阳地区（今山西临汾）所刻为多，所知有张宅晦明轩刻《重修政和经史证类备用本草》、《增节标目音注精议资治通鉴》，刘敏仲刻《尚书注疏》，段子成刻《史记》。此四书《中华再造善本》皆据原本影印出版，下据《中国古籍总目》著录及《再造善本》影印本，叙录如下：

重修政和经史证类备用本草（证类本草）三十卷　宋唐慎微撰　宋寇宗奭衍义

蒙古定宗四年张存惠晦明轩刻本　收藏单位：国图（清钱谦益跋）　上海　上海中医大　山东^①台图（《再造善本》据国图藏本景印）

白口双鱼尾，四周双栏。半叶十一行，行大字二十一，小字二十五。卷首有"重修本草之记"碑形木记，末署"泰和甲子下己酉冬日南至晦明轩谨记"。目录末有"晦明轩记"钟形木记、"平阳府张宅印"琴形木记（参见图1、图2）。前有己酉岁麻革信之序，谓此书"行于中州者，旧有解人庞氏本，兵烟荡析之余，所存无几。故人罕得恣窥。今平阳张君魏卿，惜其寖遂湮坠，乃命工刻梓，实因庞氏本，仍附以寇氏《衍义》，比之旧本，益备而加察焉"。书末附《翰林学士宇文公书证类本草后》，又己酉岁刘祁后序，曰："今岁游平水，会郡人张存惠魏卿介吾友弋君唐佐来，言其家重刊《证类本草》已出，及增入宋人寇奭《衍义》，完焉新书，求为序引，因为书其后。"末行刻"泰和甲子下己酉岁小寒初日辛卯刊毕"款。版心有刊工名。

增节标目音注精议资治通鉴一二〇卷　题宋吕祖谦辑

蒙古宪宗三至五年张宅晦明轩刻本　收藏单位：国图（卷二十六至二十九、六十二至六十五、

注释：

---

① 教育部人文社会学科重点研究基地项目资金资助（《北平图书馆旧藏宋元版研究》，批准号：12JJD770014）。

八十一至八十五、九十一至九十五、一三〇至一三五配宋刻本）

黑口双鱼尾，四周双栏，半叶十五行，行大小字二十五。版框分上下栏，上栏有标注。前有元好问序，疑系钞配。序末有刻书牌记，末署"泰和甲子下癸丑岁孟冬朔日平阳张宅晦明轩谨识"，目录后题"乙卯新集增节资治通鉴总目终"，并有"晦明轩记"钟形木记、"平阳府张宅印"琴形木记，全书之末有"时泰和甲子下乙卯岁季秋朔日工毕尧都张宅晦明轩谨记"木记。书中部分卷帙由宋刻本补配。原刻书版大题"增节标目音注精议资治通鉴卷第几"，版心有刻工姓名。补配宋本大题作"增节入注附音司马温公资治通鉴卷第几"，版心无刻工姓名。书前元序下，另有《神宗皇帝御制序》、《奖谕诏书》、《上资治通鉴表》、《温公亲节通鉴序》、《刘秘丞外纪序》、《温公外纪序》、《通鉴释文序》，卷一为《论看通鉴法》、《通鉴释例》、《与范祖禹修书帖》、《通鉴问疑》，卷二《历代帝王传授世系地理国都图》，卷三、四《举要历》，卷五至卷十一《纪传始终要括》，卷十二至卷十八《通鉴君臣事要总纪》（大题作"增添标目音注资治通鉴详节"），卷十九至卷二十《通鉴外纪》，卷二十一至卷一百二十《通鉴》史文。

尚书注疏二十卷新雕尚书纂图一卷　汉孔安国传　唐陆德明音义　唐孔颖达疏

蒙古刻本　收藏单位：国图（卷三至卷六为钞配）

白口双鱼尾，四周双栏。半页十三行，行大字廿六至廿九不等，小字皆卅五。书前附《新雕尚书纂图》一卷，其中《禹贡九州岛地理之图》有"平水刘敏仲编"之款，疑即刻书之人。无刊刻序跋，故不详具体刊年。

史记一百三十卷　汉司马迁撰　刘宋裴骃集解　唐司马贞索隐

蒙古中统二年段子成刻明修本　收藏单位：国图　上海（《再造善本》据国图藏本景印）

白口双鱼尾，四周双栏。半叶十四行，行大小字二十五。前有中统二年校理董浦序，谓："平阳道参幕段君子成，喜储书，恳求到《索隐》善本，募工刊行。"版心有刻工名。有明代补版。

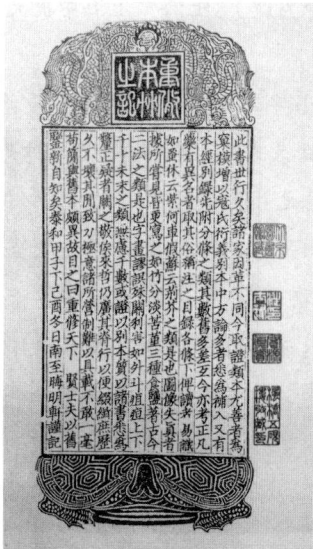

▲ 图1　晦明轩刻本《证类本草》碑形牌记

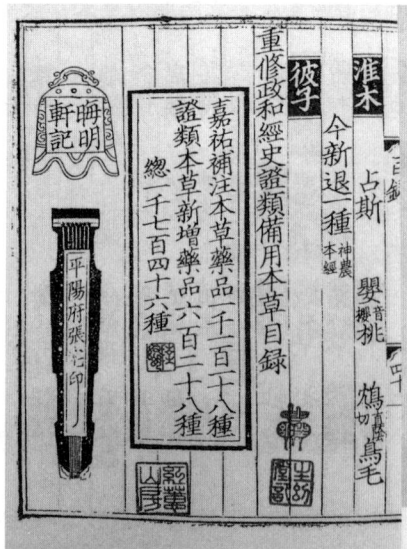

▲ 图2　张宅晦明轩钟形、琴形木记

其中较为知名的是张存惠的"张宅晦明轩"刻本，因其牌记繁富，今日编印刷史者多喜引用，然所叙多为蹈袭。今以二书刊工及刻书人物为线索，与同期平阳刻本对比，考见其大略。

一、张存惠晦明轩的刻书年代

张氏晦明轩刻本，除了存世的《证类本草》与《增节通鉴》二书外，据前人记载，尚有《丹渊集》、《滏水文集》二书。四书前人著录多目之为金刻，并以张氏晦明轩为金章宗泰和年间之书坊。此种说法，实为张存惠刻书题署的纪年方式所误。

《证类本草》书前有张氏刻书碑形木记《重修本草之记》，述其刻书原委，末署"泰和甲子下己酉冬日南至晦明轩谨记"，故人多以"泰和本"称之。

此书牌记题"泰和甲子下己酉"，泰和为金章宗年号，章宗在位八年，其四年为甲子，但无己酉。故关于书之刊刻年代，历来众说纷纭。《四库提要》谓明翻刻本为"明成化戊子翻刻金泰和甲子晦明轩本"，其底本为"泰和中所刻政和本"，以"泰和"为刊刻之年。段玉裁《说文解字注》引证此书，亦称之"金泰和间所刊《本草》"。

传统的干支纪年，以 60 年为一甲子轮回，泰和四年（1204）正好是一甲子的开始。故此书署年，不过谓泰和四年（1204）为首的这一甲子内之己酉岁，实际已为蒙古海迷失后元年［定宗四年（1249）］[①]，因蒙古未立年号，故上系金朝。国家图书馆藏本末有钱谦益跋，于此有辨：

> 金源代以朔方右文，隔绝江右，其遗书尤可贵重。平水所刻《本草》，题"泰和甲子下己酉"岁，金章宗泰和四年甲子，宋宁宗嘉泰四年也。至己酉岁，为宋理宗淳祐九年，距甲子四十五年，金源之亡已十六年矣。犹"泰和甲子"者，蒙古虽灭金，未立年号，又当女后摄政国内大乱之时，而金人犹不忘故国，故以己酉系太和甲子之下与？作后序者浑源刘祁，字京叔，著《归潜志》，事见《金史》及王秋涧《先茔碑》，亦金源之遗民也。此书字画图绘，唯宋版最精者可相上下，视元版则霄壤矣，好古者当辨之。崇祯辛未岁二月虞山牧斋主人记。（下钤"牧翁"朱文方印、"钱谦益印"白文方印。按此跋亦见收于钱氏《有学集》卷四十六，文止于"亦金源之遗民也"，又改"朔方"为"彝狄"。）

钱大昕亦谓："题记云'泰和甲子下己酉冬'，实元定宗后称制之年，距金亡已十有六载矣，而存惠犹以'泰和甲子下'统之，隐寓不忘故国之思。或以为金泰和刻，则误矣。"[②] 彭元瑞《知圣道斋读书跋尾》、《天禄琳琅书目后编》，杨守敬《日本访书志》皆对其刊刻时间有所辨正，同钱氏之说。民国《四部丛刊》误将明翻刻本当作原刻景印，而《书录》谓"此为金泰和中晦明轩据宋政和六年曹孝忠本重刊……己酉年又增入寇氏《衍义》，与旧本颇异，故加'重修'二字以为别"，以为泰和年间覆刻旧本，而己酉年增入《衍义》，其说尤为牵强。今人于此多已厘清，《中华再造善本》据国家图书馆藏本影印，参照《中国版刻图录》著录，定为"蒙古定宗四年张存惠晦明轩刻本"。

遗民沿用前朝年号纪年，在历史上也不罕见。史载陶渊明"义熙以前则书晋氏年号，自永初以来唯云甲子而已"，彭元瑞跋即谓张存惠"但署甲子，窃取渊明"。近代则多见晚清遗老入民国仍用清宣统年号，一些民国刻本也如此。又明亡后朝鲜刻本也多沿用崇祯纪年，如朝鲜英祖四十七年（1770）印行的《皇明通纪辑要》，当乾隆三十六年（1771），其刊序署"崇祯戊辰纪元后三辛卯"，意谓此辛卯岁在崇祯元年（1628）后已历三甲子。另一部朝鲜英祖四十五年（1768）印行的《会纂宋岳鄂武穆王精忠录》，

注释：

① 金定宗无四年，"定宗四年"之说，实源自《中国版刻图录》之著录，其注曰："定宗在位三年，其后两年未立嗣君，为方便计，图版标题仍称定宗四年。"

② 见钱大昕《十驾斋养新录》卷十四"证类本草"条，清嘉庆刻本。又钱氏《潜研堂集》卷三十《跋重修政和证类本草》同。

署"崇祯戊辰纪元后（1628）三己丑"，实际当乾隆三十四年（1769）。二者可为同例。

同为张氏所刊的《增节通鉴》，书前亦有长文木记，末署"泰和甲子下癸丑岁孟冬朔日平阳张宅晦明轩谨识"，书末有"时泰和甲子下乙卯岁季秋朔日工毕尧都张宅晦明轩谨记"，纪年与《证类本草》同例，亦蒙古间所刻，始于蒙古宪宗三年（1253）癸丑岁，刻成于宪宗五年（1255）乙卯岁。

此外，据杨绍和《楹书隅录》记载，张氏晦明轩还刊刻过《丹渊集》、《滏水文集》二书，今皆佚传。二书虽著录为金本，然据其所述，亦当为蒙古刻本。

《丹渊集》一书，《楹书隅录》卷五著录为明修金本，谓"此本为金泰和间从宋庆元四年戊午家诚之邛州本重梓，卷末本（'本'字疑为'木'字之误）记云金泰和丙辰晦明轩张宅记"。另一部《滏水文集》，《楹书隅录续编》卷四著录为影金精钞本，有"庚辰仲春得杨家敏家藏晦明轩刻本影钞一本"之跋文，又姚伯子校跋、钱谦益跋，然未录原书刊年。

杨氏海源阁所藏《丹渊集》有"泰和丙辰"之纪年，查泰和年间无丙辰，其牌记原文亦当如《证类本草》、《增节通鉴》之例，作"泰和甲子下丙辰"，即蒙古宪宗六年（1256）丙辰岁，与上述二书刊刻年份接近，始为合理。此书虽原本失传，然据此特殊之纪年方式，可推断为蒙古刻本。另一部《滏水文集》，未见其刊年信息，故难以判断，但也应与三者刊刻年代相去不远。

今印刷史之编，多源本叶德辉《书林清话》。叶氏将晦明轩刊《证类本草》与《丹渊集》列"金时平水刻书之盛"条，用《四库提要》及《楹书隅录》之说，又觉《丹渊集》"泰和丙辰"之年号不合，见泰和间有丙寅年，以为《楹书隅录》有误，遂改为丙寅，则将张氏晦明轩定为金章宗泰和年间之书坊，与实际相差近50年。

二、蒙古时期平阳地区刊工与刻书

张氏晦明轩为蒙古时期平阳书坊，除了根据刊序之纪年作推断，另可将刊工与同期平阳刻本系联，以证实其所处时代。

同期的平阳刻本，有前所叙刘敏仲刻《尚书注疏》、中统二年（1261）段子成刻《史记》。二书与张存惠虽为不同人主持刊刻，但经过比对，其刊工则大致相同，见表1。

表1 蒙古时期平阳地区刊工表

项目	证类本草（1249）	增节通鉴（1255）	史记（1261）	尚书注疏（不详）
张	√	√	√	
张一	√	√	√	√
张二	√		√	√
张珱	√	√		
何	√	√	√	
何川	√			√
梁	√	√		
梁一		√		√
梁用		√		
杨			√	√
杨一		√	√	
杨二		√		
杨三	√			√
邓	√	√	√	

项目	证类本草（1249）	增节通鉴（1255）	史记（1261）	尚书注疏（不详）
邓一	√	√		√
邓二	√	√		
邓恩	√	√		√
李		√	√	√
小李		√		
李成	√			√
吉	√	√	√	
吉一	√			√
贾	√	√	√	√
贾一		√	√	√
老贾			√	
乜	√		√	√
乜一	√		√	
丁	√	√		√
丁一	√			
丁信		√		
吕	√	√		√
吕一	√			
姜	√			
姜一	√	√		
薛	√	√	√	√
刘			√	√
木				√
田	√			
口进	√			
赵	√			
赵一		√		
姚			√	
姚一			√	
王	√		√	
魏			√	
一		√		
二		√		

注：（1）《增节标目音注精议资治通鉴》，卷二十六至二十九、六十二至六十五、八十一至八十五、九十一至九十五、一百零三至一百零五配宋刻本，大题作"增节入注附音司马温公资治通鉴卷第几"，版心无刻工姓名。

（2）段子成刻本《史记》有明代补版，其补版字体笔画较细，版心多改为黑口，较为明显。明补版刊工有：戴□□、高田甫、周春，不载入此表。

（3）《证类本草》卷四第十至十二叶为插图三幅，其书耳有刊工名"平阳府姜一刊"、"姜一刀"、"平水姜一刀"，即表中"姜一"者，"刀"与"刊"同义，非又有名"姜一刀"者，故亦不列入。

如表1所示，四书所招募的刊工大致相同，与序所称"命工刻梓"、"募工刊行"符合。中统二年（1261）段子成刻本《史记》有明确刊年，可知这一批刊工身处蒙古时期。张存惠晦明轩刻书活动，亦当与之同期。

前人已经注意到《尚书注疏》与《证类本草》刊工之重合。《尚书注疏》一书前人亦多目为金刻，《中国版刻图录》著录改为蒙古刻本，即以刊工为证："刻工张一、何川、邓恩、吉一、杨三等，又刻《证类备用本草》，因推知此书当是蒙古刻本。"《古籍宋元刊工姓名索引》①收录了《证类本草》"张一、邓恩、杨三"三个刊工，《尚书注疏》"张一、何川、邓恩、吉一、杨三"五个刊工，并说明"上述刊工大多又刊《经史证类备用本草》"。

关于这些刻工的名款，"张一"、"张二"，"杨一"、"杨二"、"杨三"等，应为代号而非本名。这种工匠名字一般是"姓氏＋排行"，如"张二"表示张姓行二。又或者本名较长或用字复杂，刊刻费工，而刊工中又有同姓者，故以"姓氏＋数字"的方式加以区分。故此"张一"、"杨一"，唯有姓氏为确，实际与单字"张"、"杨"无异。要说明此"张一"为彼"张一"，除非两批刻工群体重合度很高，否则单凭姓氏很难说明二者为同一人。国家图书馆藏蒙古乃马真后元年（1242）刻本《孔氏祖庭广记》，亦有刊工"张一"，张秀民先生《中国印刷史》以《尚书注疏》的刻工"张一"与《孔氏祖庭广记》同，由此证为蒙古刻本。②《孔氏祖庭广记》一书刻于山东阙里，刊工有"王"、"张"、"张一"、"陈"，另书前图像有"浮光季癞刊"之款，其刻工群体与蒙古平阳地区重合度不高，二书的字体风格也有较大差异，此"张一"与平阳刻工"张一"恐非同一人。

《证类本草》卷四第十至十二叶为《海盐》、《解盐》插图三叶，有刊工"平阳府姜一刊"、"姜一刀"、"平水姜一刀"之款，即表中名"姜一"者。关于刊工署名的"刀"字，沈津先生谓："'姜一刀'，当是'姜一刁'，'刁'者，雕也，不作刀刻也。古有'刁字僧'及'雕字教首'称。"③美国国会藏宋刻本《大般若波罗蜜多经》有刻工名"丁思刀"，王重民先生曰"其作'丁思刀'者，谓为丁思刀刻也"④。沈津先生则以为"刀"为"刁"字。类似的刊工署名，所见尚有金刻本《新修絫音引证群籍玉篇》，卷七叶二十一刻工"襄陵王一刀"、下叶则署"襄陵王一"，亦可证"刀"字为刊刻之意，非其本名。

平阳所刊之书，在版刻工艺上受到了极高的赞誉。如刘敏仲⑤刻《尚书注疏》，其刊刻之精，前人誉之为"蝇头小楷，雕镂极工，虽南宋精椠不能及也"（瞿镛《铁琴铜剑楼藏书目录》）。又如，《证类本草》一书，牧斋跋称"此书字画图绘，惟宋版最精者可相上下，视元版则霄壤矣"。王重民先生评论曰："是书（《证类本草》）刻于金、元之交，尤为书业鼎盛时代，故字画与插图，均较他处所刻者为精。卷四《海盐》、《解盐》两图，古朴生动，远非宋本《列女传》托名顾恺之画者所能比。持校俄人科斯洛夫在黑水古城所得金刻王昭君、赵飞燕画像，虽雅秀殊观，而人物之活跃，极为相似。此题'平阳府姜一刊'，彼题'平阳□家敬印'。元明以来戏曲小说所插版画，要当以此为祖，然则版画之兴，亦当由平阳启之。"⑥此为上述平阳刊工雕版工艺所获得的美誉。在此之前的南宋嘉定四年（1211）刻本《经史证类

注释：

① 王肇文编：《古籍宋元刊工姓名索引》，上海古籍出版社，2012年。

② 张秀民著，韩琦增订：《中国印刷史》，元代平阳刻书章，浙江古籍出版社，2006年，第201页。

③ 沈津先生谓："拙著《书城挹翠录》第131页'宋刻本《大般若波罗蜜多经》五种'有考。"《读〈中国版本文化丛书〉——由〈佛经版本〉而想到的》。沈津：《书城风弦录：沈津读书笔记》，广西师范大学出版社，2006年，第283页。

④ 王重民：《中国善本书提要》，上海古籍出版社，1983年，第407页。

⑤ 元好问《中州集》戊集第五《刘邓州祖谦》小传，谓"子敏仲，今在平阳"，或即此刻书之刘敏仲。刘祖谦当过监察御史、右司都事、武胜军节度副使、翰林修撰，家多藏书金石。

⑥ 王重民：《中国善本书提要》，上海古籍出版社，1983年，第253页。"平阳□家敬印"，有编者注："据《中国古典文学版画选集》上所载《隋朝窈窕呈倾国之芳容》图，题为'平阳姬家雕印'。"

备急本草》，有《食盐》、《海盐》四图，当中二图与晦明轩刻本《证类本草》内容相近，而后者雕工更为细致，胜出宋刻甚多，可知前人称誉不虚［参见图 3（a）、图 3（b）、图 4（a）、图 4（b）］。

▲ 图3（a）　蒙古刻本《证类本草》海盐图（左上有"平阳府姜一刊"款）

▲ 图3（b）　南宋刻本《证类本草》海盐图

▲ 图4（a） 蒙古刻本《证类本草》解盐图（左上有"姜一刀"款）

▲ 图4（b） 南宋刻本《证类本草》食盐图

三、弋唐佐助张存惠晦明轩刻书稽考

自钱谦益"遗民"说出，后人纷纷影从，唯杨守敬不以为然，"此恐亦求之太深，盖元初无年号"（《日本访书志补》）。年号上系前朝是否有所寄托，尚可商量。但张存惠晦明轩刻书，则确与金源遗民弋

maximal唐佐有关。

对于晦明轩主人张存惠，前人并无太多了解，钱大昕以张氏刊《证类本草》一书，以为"存惠亦奇士而隐于医者也"（《潜研堂集》卷三十《跋重修政和证类本草》）。彭元瑞则表彰其遗民之气节，"魏卿为人它无所表见，而惓惓之意托溯年以怀旧，其辞隐而显，非细读其文，乌足以知当日情事哉"（《知圣道斋读书跋尾》）。此皆感慨之论，与事实未符。

张存惠全赖刻书留名，正史无载，唯成化《山西通志·人物》^①有一条：

> 张存惠，临汾人。家富，经商远方，得赀以镂群籍，印遗远近学宫，流传偏秦晋间。其人有仙骨，倏忽变化，竟蜕脱而去，今无后。

另据元好问《集诸家通鉴节要序》，知存惠字魏卿，"精于星历之学"。由上述材料大致可知，存惠是金元之际临汾地区人，家富经商，以余资刻书。然而张氏为商人，不免书贾射利之目的，且从其刻书牌记类型之繁富，可知"附骥尾而行"之意。张氏为刻书之发起人，实际负责校勘主持的，当为其门客。

张氏所刻两书刘祁、元好问的序，都提到一位名叫"弋唐佐"的人。弋唐佐，名觳英。今存元代石刻文字，多有题名"弋觳"者（书中或误刻作戈觳），清人谓弋觳即弋觳英。陕西盩厔《清和妙道广化真人尹宗师碑铭》，题汝阳弋觳撰，陈铭珪曰："考《元遗山集·弋公表》云：'弋唐佐，名觳英，汝州人，文学行义，高出时辈。'当即其人。遗山又有《送弋唐佐南归》诗。"（《长春道教源流》卷四）清太原县晋祠《重修汾东王庙记》，亦题弋觳撰，胡聘之曰："《（山西）通志·金石》记《沁州长官杜丰记》撰文之弋觳英，碑书为弋觳，盖出仕时省一字。"（《山右石刻丛编》卷二十五）此说法应为可信。清道光《直隶汝州全志》卷九载弋觳《神道碑》^②，为其门婿王天佑所撰，碑文中引遗山赠诗"同心一人去，坐觉长安空"之语，即元好问《送弋唐佐还平阳》诗句，可知弋觳即弋觳英。弋觳英字唐佐，殆取唐太宗"天下英雄入吾觳中"之意，胡聘之谓"盖出仕时省一字"，其说可取。其生平可勾勒如下。^③

> 弋觳英，原名觳英，后改名觳，字唐佐，汝阳人。金亡之时，任本州岛防御副使。河南破，父弋润投水自尽。觳英流离窜伏，乱后游于燕晋间。会中书杨惟中奉旨搜访遗逸，遂馆于其家，曾协助其刊行《四书》^④，厥后游馆于燕晋权贵富贾之门。中统建元之后出仕元朝，授奉训大夫、太原路提学。晚岁退居覃怀，元至元己丑（1289）卒，享年八十有八（据元好问《临海弋公阡表》、王天佑《弋觳神道碑》）。

注释：

① （明）胡谧编：《山西通志》，民国二十二年（1933）景钞明成化十一年（1475）刻本。

② 道光《直隶汝州全志》卷九《古迹》"元弋觳墓"条，谓"在时家屯前，墓不可考，仅存有碑碣而已"，下录王天佑所撰《神道碑》，末署"时元至正壬午春三月孙崇礼立石"。

③ 旧志又或误其名氏作"弋觳"、"戈觳"。明正德《汝州志·人物》载元朝有"弋觳"，谓"梁县人，举进士第。任太康路学提举，倡明正学，文风大振"。清道光《直隶汝州全志·人物》"弋觳"条曰："按旧志'弋'讹作'戈'，'觳'讹作'觳'，'唐佐'讹作'唐祥'，'太原路提学'讹作'太康路提举'，今据采访赵文运查明更正之。"其说是也。元朝行省无太康路，"太康路"为"太原路"之误，所言"倡明正学，文风大振"云云，与《弋觳神道碑》文辞相似，"弋觳"即"弋觳"之误。《明一统志》、《（雍正）河南通志》亦沿袭旧志，又误作"戈觳"。（《正德汝州志》，1963年上海古籍书店《天一阁藏明代方志选刊》景印本）

④ 即所谓"杨中书版《四书》"。《元文类》卷六十姚燧《中书左丞姚文献公神道碑》曾言及："又汲汲以化民成俗为心，自版《小学书》、《语孟或问》、《家礼》，俾杨中书版《四书》、田和卿尚书版《声诗折衷》、《易程传》、《书蔡传》、《春秋胡传》，皆于燕。又以《小学书》流布未广，教弟子杨古为沈氏活版，与《近思录》、《东莱经史论说》诸书，散之四方。"今不传。

弋唐佐与元好问过从甚密，元好问曾称"毂英予交游中最可保任者"。《遗山集》有《送弋唐佐董彦宽南归》、《送弋唐佐还平阳》、《答弋唐佐》诸酬唱，又为其父弋润撰《临海弋公阡表》，并为所编《集诸家通鉴节要》作序。

今存晦明轩张宅所刻《证类本草》、《通鉴节要》二书，皆与弋唐佐有关。

《证类本草》一书与弋唐佐相关者，今所见仅为刘祁后序提及弋氏以友人身份请序。实际上，弋唐佐精于医术，《神道碑》载其"凡百技艺，无不研核精致。至于轩岐之数，洞达奥妙，然公视之，乃余事耳"，可见其对医术十分精通。此外，元代医家王好古所著《阴证略例》①，有麻革信之癸卯岁（蒙古乃马真后三年，1243）序，后署"门人皇甫黻、张纯、宋廷圭、张可、弋毂英同校正"，可知弋唐佐医术受自王好古，渊源有自。故校刊《证类本草》一书，"或证别本，质以诸书，悉为厘正"之事，应即当时馆于张存惠家的弋唐佐所为。

《增节通鉴》一书，据书前元好问序，亦弋唐佐所编定：

> 汝下弋唐佐，集诸家《通鉴》成一书，以东莱吕氏《节要》为断，增入《外纪》、甲子谱年、目录、《考异》、《举要历》，及与道原史事问答、古舆地图、帝王世系、释音、温公以后诸儒论辨，若《事类》、若《史传终始括要》，又皆科举家附益之者，为卷百有二十，凡二百余万言。唐佐学有源委，读书论文，精玩旨意，随疑订正，必理顺而后已，故其所编次，部居条流，截然不乱。时授馆平阳张存惠魏卿家，张精于星历之学，州里以好事见称，请为唐佐锓木以传。（此序另见收于《遗山文集》卷三十六，题作《集诸家通鉴节要序》。文中"举要历"，《遗山文集》刻本作"举要历法"。案举要历即大事年表，在《增节通鉴》书中卷三、卷四。宋代书目载司马温公撰有《通鉴举要历》八十卷，此则仅有二卷，当为后人新编，而用温公旧名。）

而原书序末张存惠刻书木记曰：

> 《通鉴》一书，学者常病卷帙浩繁，未易徧窥，往往采撷切要，以便披阅，然或好尚不同，去取各异。惟此本寔东莱先生亲节，详而不繁，严而有要，标目音注，各有条理。然其间闻人异事，嘉言善行，间有遗脱者，证以监本，悉为补入。又每卷末各附温公《考异》，随事增以诸儒精议及诸纲目，其《举要历》则见历代之年数，其《君臣事要》则为事类之领会，又如《纪传要括》、秘（承）[丞]《外纪》、《问疑》、《释例》、《世系》、《地理图》之类，皆甚精要，比之诸本，加数倍矣。纤悉备具，靡有缺遗，不欲私藏，爰攻梓以与天下贤士大夫共之。泰和甲子下癸丑岁孟冬朔日平阳张宅晦明轩谨识。

二者说法略有出入。元序谓弋唐佐集诸家《通鉴》成一书，以东莱吕氏《节要》为底本，增入《外纪》、《考异》、《举要历》等内容。而张记则谓《外纪》、《考异》、《举要历》等，系据吕氏节本旧本重刻，并未提及弋唐佐。

国家图书馆藏本《增节通鉴》书上的元好问序，王重民先生《中国善本书提要》谓之"补写"，并谓"此本为戈唐佐所编集，而为平阳著名刻书家张存惠晦明轩所刻成者"②。刻本此序是原配还是后来据《遗山文集》抄补，学者观点多有分歧，甚至据此认为晦明轩先后刊刻过两部《通鉴》节本。

国家图书馆藏本此序隶书所写，与全书字体风格不同，又页码与印本不相衔，目录亦不载，据藏印

注释：

① （元）王好古：《阴证略例》，《续修四库全书》景印光绪间归安陆氏《十万卷楼丛书》本。

② 王重民：《中国善本书提要》，上海古籍出版社，1983年，第91页。

年代判断，为书商或怡府钞补的可能性比较大。[1] 书上此序虽非原配，并不代表二者不是同一部书。以元序所言弋唐佐编《通鉴节要》，对照《增节通鉴》刻本，其内容基本重合（括号内为刻本之内容）：

> 《外纪》（卷十九至卷二十《通鉴外纪》）、甲子谱年、目录（书前目录）、《考异》（见史文每卷之末《考异》）、《举要历》（卷三、四《举要历》）、与道原史事问答（卷一《通鉴问疑》）、古舆地图、帝王世系（并见卷二图说）、释音（见史文注）、温公以后诸儒论辨（史文上栏之标注）、事类（卷十二至卷十八《通鉴君臣事要总纪》）、史传终始括要（卷五至卷十一《纪传始终要括》）。

二者编排几乎无异，若非一书，则难想象张氏在短期之内会刊行两部如此相近的大书。根据元序提供的张存惠"为唐佐锓木以传"这一信息，可知弋唐佐加工过的《通鉴》节本，即今存晦明轩刻本之蓝本。

至于《外纪》、《举要历》等内容，是否如元序所称弋唐佐"集诸家《通鉴》成一书"，迟至蒙古宪宗之时（相当于南宋末年理宗之时）才附入《通鉴》节本合刻，元氏的说法是值得怀疑的。北方流行的多个《通鉴》节本，应是从南宋传来，附加内容当在此之前已同史文合刻。[2] 元氏为另外一部《通鉴》节本所作的《陆氏通鉴详节序》，也称"历亭州将张侯晋亨知好此书，取陆氏《详节》，且以《外记》及诸儒精义附益之"。《外记》当即刘恕的《通鉴外纪》，元氏谓张晋亨将《外纪》及诸儒精义与陆氏《详节》合编。《外纪》的合编，当不迟至张晋亨之时。观元氏两篇《通鉴》节本序，都有夸大校刻者作用之嫌，未必与事实相符。[3]

故张存惠刻书木记所言，当更符合真实情况。《增节通鉴》应有一个在前的底本，张氏认为其"比之诸本，加数倍矣。纤细悉备具，靡有缺遗，不欲私藏，爰攻梓以与天下贤士大夫共之"。弋唐佐利用此本作底本，加以完善[4]，协助张氏校刻。元好问序云"唐佐过某于太原，以定本见示"，殆弋氏将编校好的《通鉴》节本之稿出示遗山，当时书名亦未定，故遗山序之曰《集诸家通鉴节要》。至张存惠以此为底本刊刻时，则定名为《增节标目音注精议资治通鉴》。元序恰恰说明了弋唐佐在此书刊刻中之作用。

王天佑《弋毂神道碑》称弋唐佐"历馆诸相之门，居宾师之位"。当时的金源遗民，多到蒙古新贵

注释：

① 金菊园兄认为此序并非原书所有，疑点有四：第一，《遗山文集》之标题作《集诸家通鉴节要序》，与刻本书名不同。第二，卷首其他各序在目录中均被详细列明，唯独不见元序。第三，根据藏书印记判断，元序后的神宗御制序首页及以下各卷多钤有汲古阁、季振宜两家的藏书印，而元序首页所钤最早的藏书印为"安乐堂藏书记"、"怡府世宝"，为清怡亲王藏印，元序被附入的时间是在自季氏散出之后。第四，抄序末署"泰和甲子下癸丑秋九月朔日河东人元好问谨序"，与张存惠的刊刻识语署"泰和甲子下癸丑岁"时间重合。但是在本集中此序末署"年月日河东人元某谨序"，没有具体的日期，抄序所署时间很可能是参考识语伪造的。参见金菊园：《〈少微通鉴〉早期版本研究——以宋元时代的文本演变为中心》，复旦大学古籍所中国古典文献学硕士论文，2013，上篇第一节"现存宋人节本的同源性"各节本之介绍，第13页。

② 宋刻本《吕大著点校标抹增节备注资治通鉴》一百二十卷（现藏中国国家图书馆，《中华再造善本》景印），所存的九十六卷亦有《通鉴君臣事要总纪》（卷九至卷十二）、《外纪》（卷十三），其残阙的卷一至卷八，很可能便是《通鉴释例》、图说、《举要历》、《纪传始终要括》等。此外，宋刻本《入注附音司马温公资治通鉴纲目》（现藏上海辞书出版社图书馆，《中华再造善本》景印），亦有历朝帝王授受谱系诸图（但无地理诸图），与《增节通鉴》卷二图说各图基本相同，卷末所附"历代帝王多出黄帝……实基于此"一段叙述文字亦同。故这些内容的合刻，应在南宋或更早之时已完成。

③ 据金菊园《〈少微通鉴〉早期版本研究——以宋元时代的文本演变为中心》一文研究，今传世各家删节《通鉴》皆为同源，吕东莱、陆唐老、少微先生等皆书商之托名而已。

④《增节通鉴》对史文和注释皆有所增加，如张存惠刻书木记所言："然其间闻人异事，嘉言善行，间有遗脱者，证以监本，悉为补入。"

家中坐馆。如蒙古宪宗六年（1256）主持刊刻李贺《歌诗编》[①]的北平赵衎，耶律铸曾命其子耶律希亮师事之（《元史·耶律希亮传》），《歌诗编》赵衎后序提及的此书校定者龙山先生吕鲲，耶律铸曾从之问学。弋唐佐则协助杨惟中刊行《四书》，张存惠刊行《证类本草》、《增节通鉴》。以此亦可窥金源遗民虽不直接出仕新朝，仍尽力从事于文化之事。[②] 晦明轩刻书"泰和甲子下己酉"这一独特的署年方式，或即出自唐佐之苦心孤诣，钱牧斋"遗民"之说，不无道理。

《通鉴》节本在北方颇受欢迎，也与授馆举业有关。元好问序曰"承平时明经、词赋取士，主文衡者尚以科目为未广，谓杜氏《通典》、司马氏《通鉴》皆可增置学官，为士子专门之业。宰相以为然，而未暇也"，则金朝欲以《通鉴》置学官而未果。《元史·选举志》载至元六年（1269）"以译写《通鉴节要》颁行各路，俾肄习之"，至元八年（1271）"选子弟俊秀者入学，然未有员数，以《通鉴节要》用蒙古语言译写教之，俟生员习学成效，出题试问，观其所对，精通者量授官职"，则蒙古已以《通鉴》为考试科目。遗山亦云"若《事类》、若《史传终始括要》，又皆科举家附益之者"，节本所附的《通鉴君臣事要总纪》、《纪传始终要括》，如同类书和人物辞典，可用于诗赋掌故的备查，乃专门为方便科举所编。故张存惠所选印之书，还是出于书贾射利之目的，所以能够"印遗远近学官，流传偏秦晋间"。

四、结语

从纪年、刻工的角度考虑张宅晦明轩刻书之年代，皆不无争议：纪年存在释读方式的问题，刻工则存在由金入元之可能。综合弋唐佐助张存惠刻书之事实，可与二者相应，证实张存惠晦明轩刻书为金元之际的蒙古时期。弋唐佐金亡之后始至蒙古新贵富贾之家坐馆，助其刻书，今传晦明轩《证类本草》、《增节通鉴》二书之刊刻，当亦在金亡之后，前人推论二书为蒙古刻本，洵为不误。

至于其在金亡之前及蒙古入元之后是否有过刻书，并无传本或记载可证。人所传言张氏晦明轩为跨金入元之书坊，皆出叶德辉《书林清话》误导。叶书误读"泰和甲子"之纪年，将晦明轩列入"金时平水刻书之盛"条，其谬已具前文。又举"平阳张存惠堂，至元初元刻《经史证类大观本草》三十卷，见杨《志》"，列入"元时书坊刻书之盛"条，以为张氏入元以后仍刻书。查叶氏所引杨守敬《日本访书志》原文，有"至元初平阳张存惠重刻政和本，始增入《衍义》"一语（跋元大德刊本《经史证类大观本草》），叶氏殆即本此。然杨氏所称"至元初"，乃谓至于元朝初年，非谓"至元"年间[③]，叶氏误读二字为年号，以致其谬。所谓至元年间张存惠刻本《大观本草》，乃子虚乌有之事。叶氏《书林清话》，为有清一代书志之类编，辗转相引，谬误频出，非尽出于目验原书有所心得者。今编印刷史，于其书不可不慎择。

注释：

① 此书前人皆认定为金刻本。后有赵衎后序，题"丙辰秋碣石赵衎题"，序中称："龙山先生为文章，法六经，尚奇语，诗极精深，体备诸家。""双溪中书君，诗鸣于世，得贺最深。尝与龙山论诗及贺，出所藏旧本，乃司马温公物也，然亦不无少异，龙山因之校定，且曰喜贺者尚少，况其作者耶。意欲刊行，以广其传，冀有知者。会病不起，余与伯成绪其志而为之。"此书前人多从何义门所考，谓龙山先生为金朝刘仲尹，字致君，盖州人，有《龙山集》。据元好问《中州集》刘龙山小传，其为正隆二年（1157）进士，则刻书之丙辰为承安元年（1196），故前人定之为金刻。今人则考"双溪中书君"指丞相耶律铸，"龙山先生"指吕鲲，皆元初人，故定此本为蒙古刻本。

② 唐佐六十以后出始仕元朝，其授馆刻书之时尚可称遗民。

③ 杨守敬于张存惠晦明轩刻本《证类本草》的刊刻年代绝无混淆。杨跋注云："首有木记称'泰和甲子下己酉冬南至晦明轩记'，钱竹汀考为元定宗后称制之年，其说至确。《提要》以为金泰和刻本，误。余别有详考，载入成化刻《政和本草》之首。"（杨守敬：《日本访书志》卷九，清光绪刻本）

附：弋毂英行年表

1. 1201—1234 年，早年问学及中年遭乱时期

1201 年，辛酉，金泰和元年，生于汝州之梁县。

元好问《临海弋公阡表》："公讳润，字天泽，姓弋氏，系出临海占籍汝州之梁县者，不知其几昭穆矣。……男三人：长毂英。"

1221 年，辛巳，金兴定十四年，二十岁，此前从程天益问学于宝丰山庵罗寺，文学行义，高出时辈。举汝阳进士。

《临海弋公阡表》："（毂英）师事程内翰天益。未冠，为乡府所荐，再赴帝试。文学行义，高出时辈。"又《送弋唐佐还平阳》诗有"我从商余之山过庵罗，闻君六经百家富研摩"之句，自注曰："宝丰山中有庵罗寺，唐佐尝从程内翰天益问学于此。"遗山于正大三年（1226）从商州至南阳，殆即此时过庵罗寺，而注谓"唐佐尝从程内翰天益问学于此"，可知其从程天益问学在此之前。《弋公阡表》云"未冠"，则在二十岁前。

王天佑《弋毂神道碑》："公幼习词赋举业，高出时辈，场屋有声。"又蒙古宪宗三年（1253）所立《潞州亚岳庙灵应记》，题"汝阳进士弋毂英书丹"，可知其为汝阳进士。

1232 年，壬辰，金哀宗天兴元年，三十一岁，兵间以功授本州岛防御副使。河南破，父弋润投水自尽。毂英奔走逃难。

《临海弋公阡表》："兵间以功授本州岛防御副使。"

"壬辰，河南破，公挈家避于西山。山栅破，公家亦被驱逐，一卒见公稠人中，请于主帅云：'此吾乡善士，其纵遣之。'帅遣公举家去。是夜所俘悉坑之，里社为空，公家独全。亲旧叹曰：'为善之报，见之今日矣。'明年春，乡郡游骑遍满，公自度不能受辱，乃自投水中。"

《神道碑》："当金祚垂亡，天兵南下，流离窜伏，百死一生。"

（编年存疑）元好问作《答弋唐佐》诗赠之。

元好问《答弋唐佐》（鲁山人，有志道学）："遭乱无安地，分忧得若人。乡邻存世谱，骨肉到情亲。信默余天粹，咀嚼有道真。怀哉沂水上，同咏舞雩春。"

按：李光廷《广元遗山年谱》编此诗于正大三年（1226），谓《送弋唐佐还平阳》"我从商余之山过庵罗，闻君六经百家富研摩"即此时。正大三年（丙戌，1226），唐佐二十五岁，遗山诗中称"乡邻存世谱，骨肉到情亲"云云，似嫌太早。且诗又云"遭乱无安地"，则所言似金亡之后。编年暂放此。

2. 1235—1260 年，馆于蒙古新贵富贾之家时期

《神道碑》："乱后北渡，游历燕晋间"、"厥后历馆诸相之门，居宾师之位"。

1235 年，乙未，蒙古太宗七年（1235），三十四岁前后，馆于杨惟中家，协之板行《四书》。

《神道碑》："会中书杨侯彦诚奉旨搜访遗逸，一见如故，首以公应命，随馆于家，命诲诸子。公病世之学者泪于功利，失本末先后次序，思有以革其旧染之污，朝夕傅导。版行《四书》，其力居多。"

按：《元史·杨惟中传》："杨惟中，字彦诚，弘州人。……皇子阔出伐宋，命惟中于军前行中书省事，克宋枣阳、光化等军，光、随、郢、复等州，及襄阳、德安府，凡得名士数十人，收伊洛诸书，送燕都，立宋大儒周敦颐祠，建太极书院，延儒士赵复、王粹等讲授其间，遂通圣贤学，慨然欲以道济天下。拜中书令。"案皇子阔出伐宋在蒙古太宗七年（1235），则杨惟中奉旨搜访遗逸而遇毂英，亦在此数年间。

杨中书版《四书》，《元文类》卷六十姚燧《中书左丞姚文献公神道碑》言及："又汲汲以化民成俗为心，自版《小学书》、《语孟或问》、《家礼》，俾杨中书版《四书》、田和卿尚书版《声诗折衷》、《易程传》、《书蔡传》、《春秋胡传》，皆于燕。又以《小学书》流布未广，教弟子杨古为沈氏活版，与《近思录》、《东莱经史论说》诸书，散之四方。"其书今不传。

1239 年，己亥，蒙古太宗十一年（1239），三十八岁，会元好问于铜鞮，观薛收《隋故征君文中子碣铭》碑石。遗山作《送弋唐佐、董彦宽南归》诗赠之。

元好问《送弋唐佐、董彦宽南归》（且为潞府诸公一笑）："河汾续经名自重，附会人嫌迫周孔。史臣补传久已出，浮议至今犹汹汹。薛收文志谁所传，贵甚竹书开汲冢。沁州破后石故在，为础为矼吾亦恐。暑涂十日来一观，面色为鼃足为肿。淡公淡癖何所笑，但笑弋卿坚又勇。自言浪走固无益，远胜闭门亲细冗。摩挲石刻喜不胜，忘却崎岖在冈陇。潞人本淡新有社，淡事重重非一种。有人六月访琴材，不为留难仍从臾。悬知蜡本入渠手，四座色扬神为竦。他时记籍社中人，流外更须增一董。"

按："薛收文志谁所传，贵甚竹书开汲冢"，指薛收所撰《隋故征君文中子碣铭》碑石在此地出土。遗山《铜鞮次村道中》诗云："河汾绍绝业，疑信纷莫整。铭石出圹中，昧者宜少警。少时曾一读，过眼不再省。"此诗云"暑涂十日来一观"，"摩挲石刻喜不胜"，是与毂英来观此石刻。缪钺《元遗山年谱汇纂》曰："本集卷二《铜鞮次村道中》'武乡有便道，故绕铜鞮境。涉险良独难，又复触隆景。'盖先生是年由济源北归，绕道铜鞮时已至夏也。"此诗当作于己亥年。

1243 年，癸卯，蒙古乃马真后三年，四十二岁，为其师王好古校刻《阴证略例》一书。

元代医家王好古所著《阴证略例》，有麻革信之癸卯岁序，序后署"门人皇甫黻、张纯、宋廷圭、张可、弋毂英同校正"。可知唐佐医术受自王好古。

又《神道碑》："凡百技艺，无不研核精致。至于轩岐之数，洞达奥妙，然公视之，乃余事耳。"知毂英擅长医术。

1249 年，己酉，蒙古海迷失后元年，四十八岁，为张存惠校刻《重修政和经史证类备用本草》30 卷（殆已馆于其家）。

《证类本草》刘祁后序曰："今岁游平水，会郡人张存惠魏卿介吾友弋君唐佐来，言其家重刊《证类本草》已出，及增入宋人寇宗奭《衍义》，完焉新书，求为序引，因为书其后，己酉中秋日云中刘祁云。"毂英为王好古门人，精于医术，此时殆已馆于张存惠家，校刻此书，当为出力。访元好问，遗山作《送弋唐佐还平阳》诗赠之。

《遗山文集》卷五《送弋唐佐还平阳》："我从商余之山过庵罗，闻君六经百家富研摩。会最上指冠巍峨，岂肯俯首春官科。覃怀变生十载后，我时避兵方北走。通家弋宋共有无，行辈许之为老友。晋州一书君肯来，握手大笑心颜开。春风着人不觉醉，快卷更须三百杯。鹤骨鶱飞法当寿，况是丹房药镜留心久。昆仑神泉参尤芝，乞与余膏润衰朽。天府学士登瀛洲，松顶仙人垂直钩。爱君直欲抵死留，自言世事非所求。千古黄金矿中泪，不独卢全并马异。苏州韦郎交分深，香山白傅金玉音，借渠两诗写我心。相知非不多，但苦心不同。同心一人去，坐觉长安空。离愁何从生，生从情爱中。不见行路人，拂袖自西东。汾流滔滔兮日千里，青眼高歌吾老矣。（宝丰山中有庵罗寺，唐佐尝从程内翰天益问学于此。）"

按：今人狄宝心先生考之曰：诗有"覃怀变生十载后，我时避兵北方走……晋州一书君肯来，握手大笑心颜开"句。晋州，唐州名，即今临汾市。覃怀，指怀州，今河南省沁阳市。本集卷二十二《史邦直墓表》谓碑主卒于戊戌十二月二十有六日，"邦直殁之七日而怀州乱，老幼奔溃，城为之空"。"覃怀变生"指此。下推十年，知诗与文作于蒙古海迷失后元年己酉（见狄宝心校注《元好问文编年校注》，中华书局，2012，页1018）。

1253年，癸丑，蒙古宪宗三年（1253），五十二岁，馆于张存惠家，校刻《增节标目音注精议资治通鉴》120卷，请元好问作序。

元好问《集诸家通鉴节要序》："汝下弋唐佐，集诸家《通鉴》成一书，以东莱吕氏《节要》为断，增入《外纪》、甲子谱年、目录、《考异》、《举要历（法）》，及与道原史事问答、古舆地图、帝王世系、释音、温公以后诸儒论辨，若事类、若史传终始括要，又皆科举家附益之者，为卷百有二十，凡二百余万言。唐佐学有源委，读书论文，精玩旨意，随疑订正，必理顺而后已，故其所编次，部居条流，截然不乱。时授馆平阳张存惠魏卿家，张精于星历之学，州里以好事见称，请为唐佐锓木以传。"其书刊刻，始于该年孟冬朔日，毕于乙卯岁（1255）季秋朔日。为《潞州亚岳庙灵应记》书丹。

《潞州亚岳庙灵应记》，寓覃怀竹轩申鼎撰，汝阳进士弋毂英书丹，上党郭国材篆额。癸丑年四月初四日立石（清胡聘之《山右石刻丛编》卷二十四）。

胡聘之曰："《遗山集·临海弋公阡表》：'系出临海，占籍汝州之梁县。子毂英，未冠为乡府所荐，再赴帝试。'至元四年毂英撰《重修汾东王庙碑》，题衔为宣授太原路提举学校官。《元史·选举志》中统二年始置诸路学校官，碑立癸丑，实元宪宗三年，毂英时未仕元，故仍题进士。"

1256年，丙辰，宪宗六年（1256），五十五岁，撰《杜元帅祠堂记》（一名《故沁州长官赠沁阳公杜君祠堂记》）。

《（成化）山西通志》卷十四载弋毂撰《杜元帅祠堂记》，谓"弋毂，汝阳人，元太原提学"，不载年月。《（乾隆）汾州府志》卷二十九收有元弋毂《故沁州长官赠沁阳公杜君祠堂记》，即前者，末题"岁丙辰七月二十五日记"。

又元李鼎《大朝宣授沁州长官赠沁阳公神道碑铭》（《（光绪）平遥县志》卷十一），谓杜公丙辰夏五月三日薨于平阳之私馆，明年三月奉命赠今号，沁之耆老士庶遂为之建祠，"其后落成之日，请名士弋公唐佐作文以记其实"。据其文则此记似作于次年宪宗七年（1257）。

3. 1261—1289年，出仕元朝，任太原路提学时期

1261年，辛酉，元中统二年（1261），六十岁，出仕元朝，任奉训大夫、太原路提学

《神道碑》："逮中统建元，寻授奉训大夫、太原路提学。白麻既出，士林无不相庆。下车之始，倡明正学，荡涤余习，文风为之一新。"

按：《元史·选举志》中统二年（1261）始置诸路学校官，殆即当年出仕元朝。此后所见弋毂英之名多作弋毂，殆出仕新朝时省一字。

又见明正德《汝州志·人物》载元朝有"弋毅"，谓"梁县人，举进士第。任太康路学提举，倡明正学，文风大振"，按：元朝行省无太康路，疑"太康路"为"太原路"、"弋毅"为"弋毂"之误，所言"倡明正学，文风大振"云云，与《神道碑》文辞相似。《明一统志》、《（雍正）河南通志》亦沿袭此条，又误作"戈毅"。检清道光《直隶汝州全志·人物》，则已立"弋毂"条，并订正旧志之误："按旧志'弋'讹作'戈'，'毂'讹作'毅'，'唐佐'讹作'唐祥'，'太原路提学'讹作'太康路提举'，今据采访赵文运查明更正之。"其说是也。

1262年，壬戌，中统三年（1262），六十一岁，撰《清和妙道广化真人尹宗师碑铭》[此碑立石在至元元年（1264）]。

元李道谦《甘水仙源录》卷三载《清和妙道广化真人尹宗师碑铭（并序）》，汝阳弋毂撰。碑文曰："遂以中统三年十月吉日征文于汝阳弋毂。"此碑立石则在至元元年（1264）。清陈铭珪《长春道教源流》卷四："此碑在陕西鳌屋，云汝阳弋毂撰，末云至元元年十月二十三日。考《元遗山集·弋公表》云'弋唐佐，名毂英，汝州人，文学行义，高出时辈'，当即其人。遗山又有《送弋唐佐南归》诗。"

1267 年，丁卯，至元四年（1267），六十六岁，撰《重修汾东王庙记》

《山右石刻丛编》卷二十五载《重修汾东王庙记》：今在太原县晋祠，题"宣授太原路提举学校官弋毂撰"，末署"至元丁卯孟秋朔日汝阳弋毂载拜谨记"。明高汝行《（嘉靖）太原县志》卷五亦载碑文，谓至元四年（1267）建。

胡聘之曰："《通志·金石》记《沁州长官杜丰记》撰文之弋毂英，碑书为弋毂，盖出仕时省一字。《选举志》中统二年始命置诸路提举学校官，碑立至元四年，故毂得以提举学校入衔。"

1289 年，己丑，至元二十六年（1289），卒，春秋八十有八。

《神道碑》："晚岁退居覃怀，琴书自娱。于至元己丑正月二十有九日，终于私第之正寝，春秋八十有八。"

1303 年，癸卯，大德七年（1303），迁葬于汝阳之先茔。

《神道碑》："大德七年十二月初七日，迁公柩归葬于汝阳之先茔，礼也。"

（林振岳：复旦大学中国古代文学研究中心硕士）

平阳版刻存世状况初探

刘振中

金元时期平阳（今山西临汾）是中国北方地区的刻版印书中心。儿时即有耳闻，只是无从亲眼目睹实物，不知道那些书是个什么样子。没有想到几十年后，在国家图书馆举办的"国家珍贵古籍特展"上，能一下子见到九种平阳刻本的原件。这些展品都是从国务院公布的第一批"国家珍贵古籍名录"2000多部古籍珍品中遴选出来的，极其稀见。在展会上显得神情激动，甚至情绪难以抑制的，都是些上了年纪的人。笔者也受了他们的影响，但内心感受，真是无法用语言表达。

参观古籍特展后，我开始搜集平阳刻本书影。原本以为不一定都能找见，没有想到不仅存世的平水本书影搜罗齐全，还发现了书目著录已经佚失的10种版本，表明平水本存世数目有了较大变化。

《荀子》曰："人有失针者，寻之不得，忽而得之，非目加明也，眸而得之也。"不是眼睛变亮了，不是本事变大了。所谓"眸"，是偶然一瞥找到了的意思。唐代有句诗："尽日觅不得，有时还自来。"就是说"眸而得之"的意思。

那么，现在存世的平阳刻本实物到底有多少呢？

清宣统元年（1909）刘世珩《新刊补注铜人腧穴针灸图经》手跋云："平阳书籍所刻书最鲜传本，金刊世尤难觏。《天禄琳琅》载金本仅二种，宝贵更可想矣。"连清廷大内的《天禄琳琅》也只收集到两种金本，你看有多金贵。古人著述中，经常出现"经眼"、"曾见"这样的字眼，不言自明，古人以一见而无憾。我们现在真是连一眼也看不到了。

台湾《国立中央图书馆金元本图录》序称："金源书刻，溯于天水，其破汴京，掠宋图籍监版而北，置国子监以领其事。官私雕版，则多聚于平阳。然监刻今无传者，私刻亦寥若星凤。是故藏书之家，珍袭（惜）有逾于宋。胡元崛兴，袭金刻书之业，设经籍所于平阳。……虽历祚未久，官私刻书之盛，不减两宋。言版刻者，率以宋元并称。"此书登录"迁台善本中，凡有金本五部；元本二百三十部，除去复本，得一百六十九种"。其中平水本仅有金本4部、元本4部。

1960 年赵万里主编《中国版刻图录》。这是一部很重要的著作，仅著录平阳刻本 12 种。

金本 7 种：（1）南丰曾子固先生集；

（2）壬辰重改证吕太尉经进庄子全解；

（3）刘知远诸宫调；

（4）黄帝内经素问；

（5）重编补添分门字苑撮要；

（6）萧闲老人明秀集注；

（7）新修絫音引证群籍玉篇。

元本 5 种：

（1）云笈七签（零叶）；

（2）重修政和经史证类备用本草；

（3）增节标目音注精议资治通鉴；

（4）尚书注疏；

（5）中州集。

（《赵城金藏》赵先生定为"运城"刻本）

《中国版刻图录》著录只限于北京图书馆藏。实际上，赵万里见过的平阳刻本还很多。仅举一例，赵先生在谈到《南丰曾子固先生集》时说："此书版式刀法纸墨，与潘氏（祖荫）滂喜斋旧藏《云斋广录》如出一辙，盖同为金中叶平水坊本。"现在，台湾"中央图书馆"藏书介绍，在《云斋广录》条目，标明"郑振铎（书记）"、"赵万里（敬观）"。这说明赵万里确实见过此书，只是赵先生治学谨严，没有轻率说出此书在台湾。再说，郑振铎先生 1958 年去世前撰写的《中国古代木刻画史略》，注释称："《新刊补注铜人腧穴针灸图经》，金刻本，最为精审，插图也极精，今在台湾。"半个世纪前就告诉我们书的藏地了。这些年人们一直以为平水本只有《中国版刻图录》说的几种，书名"中国"二字就把人吓住了。

近年，齐峰、李晋林的《山西平水刻书业与中国古代出版》，对平水本文献和实物流传资料的搜集和整理，引起了学界的重视。书中称：金代平水本国内现存实物仅有 7 种，见于历代公私书目著录的 11 种，另有刻图两幅（"四美图"和"关公像"）；元代平水本国内现存实物 6 种（另有《毛诗注疏》残叶），见于著录的 12 种（比赵万里增加一部元本《太清风露经》）。

以上所述，目前已经发现又有变化，存世数目又有增加。据调查存世的平水本，金本 14 部，除去复本，共 13 种（另有"四美图"、"关公像"刻图两幅）；元本 32 部，除去复本，共 10 种。笔者认为随着图书馆数字工程建设和全国古籍普查与保护项目的展开，以及古籍市场不断升温，平水本存世数目还会增加。

这里仅将台湾公藏平水本大概说一下。

台湾"中央图书馆"藏金本 5 部：

（1）新刊补注铜人腧穴针灸图经 5 卷；

（2）重校正地理新书 15 卷；

（3）新雕云斋广录 8 卷，新添云斋广录后集 1 卷；

（4）集沙门不应拜俗等事（即赵城金藏）存 2 卷；

（5）泰和新改并类聚四声篇 15 卷（简称四声篇）。

（此书和《崇庆新雕改并五音集韵》，按《中国印本书籍展览目录》认为是山西临汾刻本，《中国版刻图录》归为河北宁晋佼川荆珍刻本）。

以上台湾所藏迁台善本只有金本 5 部，几乎全是平水本，其中"针灸图经"和"云斋广录"是孤本。

台湾"中央图书馆"藏元本 4 部：

（1）尔雅 3 卷；

（2）新刊韵略 5 卷；

［卷首有金正大六年（1229）河间许古道真的序文，卷末有"大德丙午重刻新本·平水中和轩王宅印"牌记，可知原由王文郁初刻于金正大六年（1229），王氏后人元大德十年（1306）重刻，并且卷首"御名庙讳"以英宗硕德八剌为今上皇帝，说明是至治年间（1321—1323）重印本。］

（3）史记 130 卷（旧称史记集解索隐）存 8 卷；

（"中央研究院"历史语言研究所亦藏有 32 册，系经明代修补"。）

（4）二妙集 8 卷。

（台湾"故宫博物院"也藏有一部元河东段氏刻明修公牍纸印本，包背装，有"翼盦鉴藏"白文方印。台湾《国立中央图书馆典藏国立北平图书馆善本书目》著录。）

以上元本，《新刊韵略》为存世孤本。《二妙集》国内未见藏本。

另外，台湾"故宫博物院"藏有《重修政和经史证类备用本草》，存 20 卷。特别是藏有《云笈七签》，存 3 卷（111、112、113）。而此书国家图书馆仅存一叶。按说 1933 年曾在《重整内阁大库书影》著录并影印书影，人们应该是知道的。

台湾还藏有多种平阳明刻本，如《司马文正公集略》、《艺文类聚》、《新编西方子明堂灸经》、《新刊铜人针灸经》等，此不赘述。

笔者过去从未涉足过版本学，但觉得自己从收集书影入手，门路是对的。对照书影可知，有些国内研究文章，连书名也是错的。比如，《重校正地理新书》，有很多人写作《新刊图解校正地理新书》，虽然该书的序和目录的标题有多种异名，但绝无"新刊"二字。再如，清代书目中所说"平水新刊韵略"，无标点符号是可以的，我们现在给它加上书名号就不对了。

笔者编写《平阳版刻图说》，对版框高阔、版式行款的数字，尽管再三注意，还是有了疏忽。比如，《壬辰重改证吕太尉经进庄子全解》10 卷，书影下的著录文字摘自《第二批国家珍贵古籍名录图录》，而附撰说明却摘自《中国版刻图录》，二者数字不一样，孰对孰错，仅靠一叶书影无法核实，如果有国家再造善本工程影印出版的平水本就好办了。

对于台湾藏《新刊补注铜人腧穴针灸图经》5 卷，我们通常定为"金刻本"。但近来台湾学者对此提出疑义，说"本帙纸色茶黄，质粗而脆，纸簾丝纹间距 2.7 公分，似为元代竹纸，而金代平阳刻本多印以质地坚韧之皮纸"。这只凭影印本就不行了，别说原本在台湾咱们见不到，就是把原本给笔者也白搭，笔者对古代纸张半点常识都没有，而版本研究最基本的功夫，恰恰在版式、刀法和纸墨。如果大家连书都不见，对辗转传抄的资料，仅凭感觉判断，难免会以讹传讹。

平水版刻像大海一样，浩瀚无边，深不可测，笔者只是在海边转了一转，说得不对，望方家批评指正。

（刘振中：山西省尧都区广电局）

解读《三关志》

——以明代中期山西地区的军事形势及其职官制度为中心

李 坚

明嘉靖二十四（1544）年，山西按察司提学副使廖希颜受山西巡抚曾铣之命，修纂并刻印《三关志》10卷，记述山西雁门关、宁武关、偏头关的地理、武备、兵食、马政、官师等事项。该书现存7卷（地理三、武备一、兵食一、马政考一、官师考一），藏中国国家图书馆，《续修四库全书》影印出版。

雁门、宁武、偏头三关是明代山西的重要军事防线，《三关志》不仅反映了三关的地理、武备等情况，也是明代中期山西地区军事、政治的缩影。本文拟通过介绍明代的北部军事边防形势，以及相关的职官设置，来解读《三关志》的成书背景及其反映的明代军事制度。

一、山西地形及其军事形势

朱元璋推翻元朝建立明王朝后，退归蒙古高原的元顺帝"北出渔阳，旋舆大漠，整复故都，不失旧物，元亡而实未始亡耳"[1]。洪武、永乐两朝多次大规模的军事征伐，成祖朱棣五次亲征漠北，虽然给蒙古以沉重打击，稳定了边疆、巩固了明朝统治，但均未达到完全征服的目的。明朝政府一直采取最强硬的手段来对付之，明成祖朱棣迁都北京的一个重要原因，就是其地理位置邻中夏而控北荒，足以"控四夷创天下"，可以更有效地抵御来自北元蒙古势力的南下威胁，在邻近隐患之地建立全国政治中心，有利于指挥调度，及时制止侵扰，维护疆土，巩固明朝基业。

永乐年间，在嘉峪关至山海关的漫长北边修筑长城以抵御蒙古，在其后的100多年中，沿长城一线逐渐建立了9个防御重镇，自东而西分别为辽东镇、蓟州镇、宣府镇、大同镇、山西镇、延绥镇、陕西镇、宁夏镇、固原镇，这就是著名的"九边"，"九边"一词遂成为明代北部边防军镇的代名词。漠北蒙古不断南下骚扰，终明之世，一直是困扰明朝政府的重要边患。

注释：

---

① （清）谷应泰：《明史纪事本末》卷十《故元遗兵》。

山西位于黄土高原东部，北连蒙古地区，东西界于太行山脉和黄河之间，南部隔河与陕西、河南相望。其北境与北方草原之间没有大的山川阻隔，游牧民族可以凭借山西河谷长驱南下，有史以来，这里就是北方游牧民族进入中原的重要通道。明代山西正处于首都北京的西北方向，是拱卫京师的重要屏障。所以，山西的军事防御直接关系到京师和整个明王朝的安危。

明初以来，甘肃、宁夏、大同、辽东诸镇为外边临敌，陕西、山西两地基本为腹里，鲜有兵至。"土木之变"以后，蒙古南下，长期占据河套地区，"套寇"成为明中叶边防的重中之重，促使延绥、陕西、山西等腹里地区一转而成为边地。

仁宣以后，开国君主的开拓进取和军事强势逐渐淡化，国家进入保守平稳的经济恢复发展期，一改永乐讨伐蒙古、扩展战线的外向战略，转向就地防守的内向战略。明军不再入漠讨伐，口外之地弃而不守，受此影响最大的为管辖口外大片边地的宣府镇与大同镇，宣府镇、大同镇地域相应有所缩小。正统末年"土木之变"之后，蒙古南下进入河套地区，对明代北边防线造成了重大影响与冲击。蒙古长期驻扎于此，频繁地对明朝沿边诸镇和腹里地区发动进攻。蒙古战线逐渐推进，明朝战线逐渐收缩，河套失守，"套寇"便成为明中叶边防的重中之重，促使延绥、陕西、山西等地转为边地。随着蒙古长期占据河套，对山西一地的威胁越来越大，偏头、宁武、雁门三关的战略地位日渐突出。

永乐初年，明成祖朱棣为加强其统治中心的防守，稳固刚刚夺得的政权，将山西行都司诸多卫所，如东胜左、右卫，云川、玉林、定边、宣府左右卫等共12卫所全部迁往北京，致使行都司辖区大大缩小。整个大同无兵可守，东胜一带暴露于外，无疑是一大隐患。没有东胜诸卫，河套之利随之丧失。对山西自身来说，与东胜唇齿相依的偏头、宁武、雁门一线便"独当其冲"，成为重险，史称"内边"。大同西南部的防守因塞外东胜诸卫的内迁而显得重要起来。

嘉靖初年许论在《九边图论》中将三关附在"大同"部分论述，兵部尚书张瓒虽言九边，也忽略了三关，可见此时三关地位尚低。嘉靖二十一年（1541），兵部职方清吏司主事魏焕著《皇明九边考》，已将三关独列成章。而隆庆三年（1569）成书的《九边图说》，将三关改为山西。以山西代替三关，可能是鉴于蒙古对山西地区的压力越来越大，山西地区防御蒙古的重点不再局限于三关，而扩展至代州等地，三关说法在地域上有所局限，而总兵官挂衔本即是山西，故而循名责实，以代替山西。

二、山西地区的军事机构及其职官设置

《三关志》是明代边镇志的一般代表，它的编纂情况反映了明代边镇志的普遍情况。下面以《三关志》记录的职官情况来揭示明代边镇职官设置的渊源和历史。

《三关志·官师考》顺序提到了以下几个职官：巡抚、儒学（教官）、总兵、参将、游击、守备、兵备、太仆寺、户部。其中除"儒学"一职之外，皆与军事有关，下面一一简述之。

（一）巡抚

明朝政府在地方设置都布按三司，分理军政、行政、司法监督等，三司之间互不统属，分别听命于中央，对强化中央集权、稳定地方社会秩序有着重要的作用。

"太祖高皇帝设官定制，在外都布按三司，都司管兵，而不管钱粮，布政司管民而不管军马，又有按察司管纠核、问刑名，而军马钱粮均不得管。其权盖分而不专。此祖宗防微杜渐之深意。"[1]

注释:

[1]（明）黄训：《皇明名臣经济录》卷五《保治·正德·李东阳年谱录》，第84页。

三司分立有效地加强了中央集权，也不可避免地降低了地方行政效率。由于缺乏集中统一的强有力的领导，许多政事，特别是一些紧急要务，往往因为互相扯皮推诿，或力不从心而不能及时地得到妥善处理。这成为废除行省之后，明朝地方政治体制的一个越来越严重的问题。为弥补这一缺陷，明王朝开始设立临时性的总督巡抚，巡抚的作用主要体现在民政和监察上。《明史》对此曾有过一段简要的评说：

> 明初以十五布政司分治天下，诸边要害则遣侯伯勋臣镇抚之。永乐之际，敕蹇义等二十六人巡行天下，安抚军民，事竣还朝，不为经制。宣德初，始命熊概巡抚苏、松、两浙。越数年，而江西、河南诸省以次专设巡抚官。……盖以地大物众，法令滋章，三司谨奉教条，修其常职，而兴利除弊，均赋税，去贪浊，安善良，惟巡抚得以便宜从事。熊概以下诸人，强干者立声威，恺悌者流惠爱，政绩均有可纪。于谦、周忱巡抚最为有名，而巡业尤盛。[①]

王鏊对弘治、正德以后的省级体制作了这样的说明："各省布政使二人，参政二人，参议二人；按察使一人，副使二人，佥事二人；又有（巡抚）都御史统之。"[②]

巡抚的职权可以概括为征收赋税、考核属吏、提督军务；总督的职权可以概括为节制巡抚、调度军队。要之，巡抚以民事为主，兼理军务；总督以军务为主，兼理民事。

督抚的本意，是从中央监察地方出发的，所以督抚均带宪衔，属于都察院的派出人员。起初只是"事毕即归"的临时差遣，随着时间的推移和实际需要，逐渐转变为专职久任，一般认为，专职久任的明代巡抚制度形成于宣德年间。初期，不少巡抚以各部尚书、侍郎、寺卿、少卿等本官职衔出抚，之后逐渐统一授都御史，统属都察院系统，捋顺了与巡按御史的关系，避免行使职权时出现的各种矛盾。

正如上文所言，巡抚的职掌主要体现在民政和监察。宣德八年（1443）给各地巡抚的敕谕："兹命尔等巡抚郡县，务宣德意，抚民人，扶植良善。一切税粮，从尔设法区处，必使人不劳困、输不后期；卫所屯种，从尔比较，水田圩岸，亦从提督，使耕耘有时，水旱无患。应有便民之事，悉具奏闻。"[③]

不过，洪武永乐之后，武将势微，文官势力不断抬头，英宗以幼年继位，三杨当政，以文臣参赞军务，文臣势力大为扩展，开始大规模渗透到北边军镇体制。为加强对粮饷的管理，协调军镇与腹里的关系，制约总兵镇守制度与宦官镇守制度，明朝在北边诸镇陆续设立巡抚，腹里巡抚制度呈现出逐渐向军镇推广的趋势。巡抚制度之外，明朝又复于北边建立提督制度，镇守制度。提督地位居总兵官之上，偏重军事权力，而镇守亦大体偏重军事内涵，地位大体与巡抚相当。名目繁多，巡抚之外，尚有参赞、提督、镇守、理屯等制度，且各种制度逐渐归并，统一而成北边巡抚制度。九边巡抚呈现权力扩展的趋势外，军事化色彩亦逐渐浓厚，从而相对于腹里巡抚制度，形成一定特色。

明代以文臣参赞军务，始于永乐四年（1406）七月。时讨安南，以朱能为征夷将军总兵官，兵部尚书刘儁参赞军务。此后，凡军兴，例以文臣参赞军务。而军事行为又必将牵涉军饷的筹集供给和地方治安等问题，故宣德以后文臣参赞军务者多兼巡抚，或以原有巡抚和镇守提督参赞军务。随着社会矛盾的激化，巡抚的军事职能逐渐加强。举凡军务整饬、将校任免、军队的布防、军饷供给，皆由巡抚主持或参与决策。嘉靖初，在杨廷和、张璁等人的主持下，各地镇守中官陆续撤回，镇守总兵的地位也日渐下降，巡抚实际上成了各地驻军的首脑。无论是北方的御"寇"，还是东南的御"倭"，抑或内地平"贼"，

注释：

① （清）张廷玉：《明史》卷十五九《熊概等传赞》。

② 王鏊：《震泽长语》。

③ 孙泽承：《天府广记》卷二十三《都察院》。

巡抚皆负指挥之责，总兵以下，悉听指挥。

嘉靖十一年（1532）重申巡抚职权："凡徭役、里甲、钱粮、驿传、仓廪、城池、堡隘、兵马、军饷及审编大户粮长、民壮快手等项地方之事，均听巡抚处置。"①

山西巡抚的职权为："责任巡抚山西地方兼提督雁门、宁武、偏头三关兵备，严督各关，操练军马，整理器械，修筑城池、墩台、关堡，兼督钱粮。遇有紧急贼情，即便相机扼杀。凡一应军中边务，须与副总兵公同计议停当而行，守备、兵备等官悉听节制。无事之日，仍回山西，巡抚腹里地方，抚安人民，提防盗贼，令各属修饬武备，不许废弛。"②

宣德五年（1440），于谦巡抚河南、山西，山西巡抚之设，应自此始。正德年间，山西巡抚驻地即由太原移至代州（雁门），其职责亦相应向边防事务倾斜。嘉靖初年，因为事务繁多，便加以折中，平时居住太原，有警驻扎代州。不久，山西巡抚即改称提督雁门等关兼巡抚山西，边防事务在其职责中占据越来越重要的分量。之后也经常出现山西巡抚兼抚宁武、雁门关，显示出对山西镇防务的重视。山西巡抚呈现出军镇巡抚与腹里巡抚相结合之形态，管理军镇事务之外，兼管腹里民政事务，管辖地域较大，职权亦较广，权力较大。巡抚驻地也屡有变化，至万历十一年（1583），遂固定为山西巡抚兼巡宁武关、雁门关制度，管理山西镇和腹里地区，平时驻于太原，有警驻于代州，防冬、防秋驻于宁武关。

（二）总兵、参将、游击、守备

明代山西的军事管理区分为两个部分，即山西都司（全称山西都指挥使司）和山西行都司（全称山西行都指挥使司）两个区，二者即以雁门、宁武、偏头一线的长城为界。雁门、宁武、偏头三关属山西都司管辖。山西都司和山西行都司都隶属五军都督府中的后军都督府。都司即明代地方的三司之一负责军事事务的都指挥使司。行都司是从都司分设出来的，如某都司管辖面积过大，对于边缘地带鞭长莫及，管理不便，便增设相应的行都司。山西地区的雁门关以北地处北边，便增设了山西行都司，驻大同，管理山西北部边务。

都司是明代地方的三司之一，统属五军都督府。明朝政府设立五军都督府（中军、左军、右军、前军、后军）管理全国的驻军，统帅各地的都司卫所。其中，山西都司、山西行都司、北平都司、北平行都司（永乐元年以后更名大宁都司）和万全都司隶属后军都督府管辖。五军都督与现在全国的各大军区大致相当，后军都督府所辖的这几个都司，正好是现在北京军区的大致管辖范围，看来明代的军事分区一直沿袭至今。

都司卫所权力受到较大约束，遇有寇警，并无相机作战之权，事须听命于中央。"凡将帅部领军马守御及屯驻边镇，若所管地方，遇有报道草贼生发，即时差人体探缓急声息，须先申报本管上司，转达朝廷奏闻，给降御宝圣旨，调遣官军征讨。若无警急，不先申上司，虽已申上司，不待回报，辄于所属擅调军马，及所属擅发与者，各杖一百，罢职，发边远充军。"③

故而弊在牵制，文移往来之际，军机已瞬息万变，若遣命将帅，以充总兵，又于部下茫然不识，实不利于地方军事行动。腹里鲜有寇警，遇有盗警，都司卫所可发兵剿捕，尚足应付。而边地都司卫所

注释：

① 万历《明会典》卷二一一《都察院·抚按通例》。

②（明）魏焕：《皇明九边考》卷六《三关镇·责任考·敕书》。

③（明）刘惟谦等：《大明律》卷十四《兵律二·军政·提调官军》，《四库全书存目丛书》影印北京图书馆藏明嘉靖范永銮刻本，齐鲁书社，1996年，史276册，第609页。

责任主要在于防御蒙古入寇，敌势既强，进攻屡屡，殊难应付。赋予将领总兵之权，节制卫所，相机战守，将事权行动统一起来，增加军队的灵活应敌能力，实为弥补明代地方军事制度缺陷所需。

于是，在主要职责为防备蒙古之北边地区，明朝政府因地制宜地采用总兵镇守制，三司有关军务，皆总而行之。镇守总兵官佩印给敕，节制三司及府、州、县官员进行军事行动，而且督理钱粮，并在一定程度上兼掌词讼，分割了布政司和按察司相当的权力。可见，防御蒙古之需逐渐改变了明初地方军政分散的局面，事权逐渐归一，总兵镇守制度建立之后，明代地方逐渐形成与三司并存之新的地方军事体制，从而与省并存，明人称之为镇。总兵镇守制度相对于都司卫所制度，权力之扩展尚不限于相机作战，而且事涉军务者，总兵官皆可总之。所以，总兵镇守制度对于明代地方军事体制的重构，实不仅限于增长都司之权，且有综理三司军务，事权归一的意味。

明中期名臣马文升曰："洪惟我朝洪武、永乐以来，于各边添设将官，假以节钺之权，以镇守其地，各处设都、布、按三司，授以方面之寄，以分理庶事。"① 边地的实际权力已经控制在总兵官手中。

《明会典》说："凡天下要害地方，皆设官统兵镇戍。其总镇一方者曰总兵，分守一路者曰分守，独守一堡一城者曰守备，与主将同守一城者曰协守。……其总镇，或挂将军印，或不挂，皆曰总兵，次曰副总兵，又次曰参将，又次曰游击将军。旧于公侯伯都督指挥等官内推举充任。"可见，镇戍任务已不由各省都司及其所统卫所，而是由总兵、副总兵、参将、游击等所统的营兵承担。②

于是，明朝地方实际上有两个军事体系，一是以都司卫所为主的军事体系，另一是以镇守总兵官为首，包括副总兵、参将、游击、守备、把总在内的所谓"行伍官"体系。镇守总兵官无品级，但原官品位高于都司，其统领的军队，由都司拨给。实际上，明中叶以后，地方军政首脑是总督或巡抚（文臣）、镇守总兵官（武臣）、镇守太监（宦官），并称"三节帅"。

总兵官逐渐成为地方最高军事长官，统帅作战，而都司将领却为总兵官下属，偏重日常军务管理。到弘治时期，已经出现以副总兵为重臣，而以都指挥为小官的措辞用语。不仅如此，总兵镇守制度尚逐渐渗透、虚化都司卫所制度，使其依附于己，甚至在一定程度上虚化都司卫所的军队编制。多数都司卫所的将领官职已与都司卫所具体职责相脱离，成为总兵镇守体系的依托官职，从而形成副总兵以下皆兼都司官衔的惯例，两种地方军事制度逐渐趋于合一。但是，终明之世，两种军事体制一直并行，都司卫所在分掌军务管理之外，也起到了一定的制约总兵镇守制度的作用。

（三）兵备

兵备道，全称"整饬兵备道"，简称兵道。明代按察副使、佥事分司诸道之一。明代对兵备道的称呼，有兵备宪臣、兵宪、兵备、兵道、备兵使、使与道员等称谓。

《明史·职官四》："按察使掌一省刑名按察之事。纠官邪，戢奸暴。平狱讼，雪冤抑，以振扬风纪，而澄清其吏治。……副使、佥事，分道巡察，其兵备、提学、抚民、巡海、清军、驿传、水利、屯田、招练、监军，各专事置，并分员巡备京畿。"③

按察司，全称"提刑按察使司"，源于元代的肃政廉访司，主要职掌是监察地方吏治，又名宪司、

注释：

① （明）黄训：《名臣经济录》卷六《保治·弘治上·题振肃风纪裨益治道事》（马文升），影印《文渊阁四库全书》，第 443 册，台湾"商务印书馆"，1983 年，第 82 页。

② 万历《明会典》卷一二六《兵部·镇戍一》。

③ （清）张廷玉：《明史》卷七十五，第 1840—1841 页。

臬司、监司、外台及风宪衙门等。"提刑"指审理冤狱，"按察"指监察吏治。在这两项主要职权中，其司法权力小于监察权，基本只能审理一些平民案件。按察司更受重视的是它的监察功能，洪武七年（1374），明太祖朱元璋对新上任的按察司官员强调说："风宪之设，本在整肃纪纲，澄清吏治，非专理刑。"[1]但是，按察司的监察职权也不断地受到削弱。明初开始，明朝皇帝一贯的宗旨就是加强中央集权，所以特别注意中央对地方的控制，具体到监察系统来说，就是经常派遣官居七品的巡按御史，来监察地方的四品、五品大员，达到以小制大、以内制外的目的，最终在永乐年间巡按御史成为制度化，经过历朝的逐步完善和补充，形成了一套非常严密的制度。随着巡按御史的权力日渐扩张，按察司官实际是受制于巡按御史；再加上巡抚的职责之一是考察地方官，巡抚也具备了监察官的色彩，分化了按察使的权力。更不用说皇帝派锦衣卫、东厂监督地方，也分化了监察权。在多轨并行的明代监察系统中，在"内重外轻"的架构中，按察司的权力越来越小，地位越来越低，更难行使其职权了。

按察司的主要职掌被剥夺之后，次要的职能反而逐渐凸显。如正统三年（1438）设立增设理仓副使、佥事，八年（1443）增设佥事，专理屯田；景泰二年（1451）增巡河佥事。这些原委按察司的附属职能逐渐被强化起来，在按察分司中担任重要的角色，如兵备、提学、抚民等道；甚至许多原本不辖于按察司分司职权的，如巡海、清军、驿传、水利、屯田、招练及监军等道，于地方上也都扮演要角。

按察司各分巡道与布政司各分守道都是派出机构，职责相同，也都对巡抚负责，但布政司各分守道更侧重粮储、赋役、屯田、水利等有关国计民生之事。按察司分巡道更侧重治吏、抚民、清军等有关社会风气和社会治安事。由于分巡道的职责更多地是维护社会治安，因而军事职能被不断加强，致使一些地方由"分巡道"发展到"兵备道"。

布政司、按察司及都指挥使司的分道巡守，本来也属于临时性差遣，但当分区地盘日渐固定，巡守官员又长驻一地，并不断将军事功能和行政功能附加上去之后，客观上在省之下、府之上增加了新的单元。这与前朝曾经发生的，如汉之州、唐之道、宋之路极其相似，只是范围有缩小的趋势，说明国家权力对地方的控制更为严密。当然，这个道并非只是由某司独领，而是由三司的佐贰官，即都指挥使司的同知、佥事，布政司的右参政、右参议，按察司的副使、佥事，共同组成。但尽管如此，在体制上仍然是三司的派出单位，称为"司道"更为合适。

就明代省、府之下的"道"而言，成化以前主要是分巡、分守道，他们同时担负着地方治安、边境防御及催征田粮赋役的职责，但军事职能在逐渐明显；成化至嘉靖年间，由于内地的社会骚乱、北部边境的蒙古内侵，以及东南沿海的倭变，兵备道大量出现，其主要职能是整饬兵备，统领指定地区的军事力量，或镇压内乱，或抵御外辱，隆庆、万历及此后的天启、崇祯年间，兵备道已遍布各地，成了巡抚之下的主要军政机关，他们统领军队，管辖县府，听命于督抚，同时取代了当地分巡、分守道，成为"道"的主体。

明初以武臣疏于文墨，遣参政、副使、往总兵处整理文书，参与军机。弘治十二年（1499）正式设立于江西九江，后逐渐添置，多边防之地。兵备道的设置经过长时间的演变，其职掌与辖区皆在弘治时期确立，成为制度化。嘉靖朝的"北虏南倭"，使得九边一带及沿海地区无不设立兵备道加以抵御，兵备道在此时已日臻完善。

兵备道因其地域不同，工作性质也有差异。据近人统计，九边地区47个兵备道中，带管屯田的

注释：

① （明）陈仁锡：《皇明世法录》卷六《太祖高皇帝宝训》，学生书局，1965年，第158页。

二十七员，兼管马政者十一员，兼驿传者七员，兼盐法者三员。兵备道兼职过泛，不仅使兵备道的权力再次扩展，在地方上与人民休戚相关，成为不可缺少的要角。

兵备道成为定制，与分守道、分巡道分庭抗礼，成为明代地方制度中"道"级最重要的三个机构。守、巡道身为布、按二司的佐贰官，其职能除原先所具有的职能外，在以文臣参赞军务后，他们的工作以监督粮饷等后勤军务为多。然而，分守道要处理地方行政事务，分巡道在地方监督与司法权仍具有一定权限。为分理督抚军务，特设"兵备道"。兵备道在辖区方面与分守、分巡两道有很大的区分。分守道多驻省城，兵备道基本上多设于险要之处，虽然明代为便宜行事，常以分巡官兼兵备衔，但两官驻地各异，兵备道一定设在要冲，以便就近管理和控制。南北两京不设布政使司，而无守巡道之设，故设兵备道来增强驻军战力，确保两京安全。

不过，明朝政府始终将兵备道视为权宜机构。地方发生动荡时增设，一旦动荡平息即予以撤除。其次，兵备道最明显的特征是它的军事职能，即"整饬兵备"，所以虽然属于按察司系统，但其设置及革除均由兵部负责，故《明会典》将其纳入兵部的统属之下。除此之外，兵备道并不像府、县官那样，有历代相承因而约定俗成并通过"诸司职掌"确认的职掌，而是根据各地情况的不一样，通过"敕书"的方式，增加其行政、财政、监察及其他方面的职掌，从而不仅成为省之下、府之上的军事领导机关，而且取代分巡、分守道，成为同一级别的军政首脑。

兵备道的出现，意味着按察司的监督权，已从地方行政延伸到监督军政。但地方不靖，外有寇虏，内有民乱，使兵备道进一步握有实在的兵权，与当初设置按察司、分巡道的原意已不尽相同。按察司的各道皆有其专责，正如其名，兵备道以整饬军务，提学道以整饬学风，巡海道以整饬海防，清军道以清理军武，驿传道以督导驿递，水利道以兴修水利等。然而，按察司仅有分巡、兵备两道为定制，且普遍设置，其余各道多因事而设，事毕即罢。其原有职责多为分巡、兵备道兼领之。

山西地区所设兵备道如下：①雁平兵备道（成化元年设，驻雁门，一说代州。见《宁武府志》、《代州志》）；②岢岚兵备道（嘉靖二十一年设，驻偏头关，见《宁武府志》）；③宁武兵备道。[①]

明代在以文驭武的国策、文人多知兵的前提下，文臣在军事统御体系中高于武臣，巡抚的地位高于带兵统战的总兵官，而兵备道的地位则略高于副将，兵备道官理所当然地可以调动卫所军士、巡检司、士兵、民壮与弓兵等参与作战。

（四）太仆寺和户部

万历《山西通志》卷十二《职官》：

（1）总理山西粮储户部主事一员署二。一在代州，嘉靖十六年（1537）建；一在宁武关，嘉靖十六年（1537）建。用抚臣议添设主事一员，管理三关粮储。雁门兵备始不干与其事。十九年（1540）议取回部。二十一年（1542）复置。三年一更代（许登瀛、彭大有、张镐、尹纶、马慎、崔我、王良贵、张守宗、岳粹、贺荣、夏惟纯、牛山木、李世藩、刘宗岱、袁和、陈一教、任彦棻、陈升。）

（2）山西行太仆寺卿一员寺丞一员主簿一员署在代州城。洪武二十年（1387）设官，有少卿、寺丞，以致仕武官为之。永乐以太学生。正统以进士、举人。成化七年（1471）少卿周宣考绩升正卿，其寺始有正卿。弘治十七年（1504）总制杨都御史建言，卿必参政、副使之良，寺丞必知县之良者推进之。迄今制始定［少卿：易贵、陈观、高显、薛均、赵敏、蒋宾、陈敏、余伯恭、房兴、郑悠、刘昉。

注释：

---

① 嘉靖三十一年（1552）设，驻宁武关，见《宁武府志》。

卿：周宣、李温、周英、吉庆、杜俨、陈仲舒、徐祐、张官、王琰、袁宏、茆钦、周季凤、张文、许铭、孙祯（？）、王斑、陈章、曹蘭、郭五常、刘玑〕。

三、明清以来书目对《三关志》的著录

清黄虞稷《千倾堂书目》卷八《地理类下》著录："廖希贤三关志十卷 嘉靖乙巳修。"[①]以此为基础的《明史·艺文志》并没有收录[②]，大概《明史·艺文志》的编纂者认为《三关志》没有足够重要的原因吧。

《四库全书总目》分类"地理类二"有"边防"一类，其中收录两种书，明胡宗宪撰《筹海图编》13卷，明郑若曾撰《郑开阳杂著》11卷，皆文渊阁所藏。

民国时期，王庸先生在《中国地理图籍丛考》甲编《明代北方边防图籍录》收录："寥希贤三关志十卷《内阁藏书目》著录三册，嘉靖乙巳（二十四年）年修。《千倾堂目》著录十卷。／三关志十三卷 传是楼目著录三本。此书殆为前寥志，或康丕扬之《三关图说》。'十三卷'，疑亦为三卷或十卷之误。"[③]

《中国地方志联合目录》收录在"山西省祁县地区"[④]。

1989年书目文献出版社出版的《北京图书馆馆古籍善本书目》分类在"史部·地理·古边防"，强调的是其作为军事内容的特点。

《中国古籍善本书目》仅将此类书归入"史部杂史类"，与多类书混编在一起，并无独立分类，稍显笼统。

（李坚：国家图书馆古籍馆善本组副研究员）

注释：

① （清）黄虞稷撰，瞿凤起、潘景郑整理：《千倾堂书目》，上海古籍出版社，2001年，第205页。

② （清）张廷玉：《明史·艺文志》第七十三《艺文二·史类·地理类》，中华书局，1974年，第2415页。

③ 王庸：《中国地理图籍丛考》甲编《明代北方边防图籍录》，上海商务印书馆，1947年，第52页。

④ 中国科学院北京天文台主编：《中国地方志联合目录》，中华书局，1985年，第91页。

耿文光版本学举隅

宋一明

摘　要：耿文光《万卷精华楼藏书记》是专注图书内容的解题目录，兼及各书版本。多通过版本间比勘以辨别各本优劣，对汲古阁刻本、丛书本及类书的著录，也有独到见解。虽宋元本鉴定存在疑误，但对明清刻本仍可提供丰富的参考。

关键词：耿文光；《万卷精华楼藏书记》；版本

耿文光，字斗垣，又字酉山，别号苏溪渔隐，山西灵石人。生于清道光十年（1830）[①]，卒于光绪三十四年（1908）[②]，同治元年（1802）举人，官平遥县训导。耿氏好聚书，自言"先世多藏书，兼设书肆，故余得以书为师，凡宋元精椠及影钞佳本旧藏为多"[③]。撰有《目录学》20 卷（刻成 9 卷）、《苏溪渔隐读书谱》4 卷、《万卷精华楼藏书记》146 卷等。《藏书记》是一部带有解题的藏书目录，为其一生心力所聚，近年来数次影印，常见征引，其撰作目的在于四个方面：一自课，二训俗，三考藏书，四当笔记。因而注重"古人著书之大体，读书之要法，与各家书目用意不同，其要在于分门别派，按部读书，据目编书，因目知书"[④]，对于有关学术源流、著作体例、成书经过的原书序跋、名家题记、相关著述等详加钞录，而对于"宋椠元钞、某真某赝、蜀板闽本、为原为翻，凡赏鉴家所争夸而估贩家所传习者，亦间一及之，而非其本旨也"[⑤]。再者，耿氏又称："予之为《藏书记》也，大半于读书之时记其颠末，以备遗忘，其于佳本必详叙之，以告同好。或先录诸说而后详本书，或先录本书而后采他说，随手为之，

注释：

①（清）耿文光：《苏溪渔隐读书谱》卷一，《北京图书馆藏珍本年谱丛刊》第 171 册，北京图书馆出版社，1999 年，第 158 页。

②郑伟章：《文献家通考》卷十八，中华书局，1999 年，第 1016 页。

③（清）耿文光：《苏溪渔隐读书谱》卷一，《北京图书馆藏珍本年谱丛刊》第 171 册，北京图书馆出版社，1999 年，第 158 页。

④（清）耿文光：《万卷精华楼藏书丛记稿序》，北京图书馆出版社，1997 年影印《山右丛书初编》排印本《万卷精华楼藏书记》（以下所引俱同此本）第 8 页。

⑤（清）耿文光：《万卷精华楼藏书丛记稿序》，北京图书馆出版社，1997 年影印《山右丛书初编》排印本《万卷精华楼藏书记》第 2 页。

以俟整比，故名曰丛稿。漫无伦次，然详之又详，则解得其解。"① 由此可知，此书原不着意于版本的研究，但由于著录宋元明清刻本钞本两千余种，加之耿氏早年受专重版本的《天禄琳琅书目》影响②，通过《藏书记》中部分解题，仍能勾稽出耿氏对书籍版本的见解及其不足。

一

在传统藏书观念中，"贵远贱近"是普遍存在的心理，清代以来的藏书家一般多以宋元本为重，明万历以前的刻本、明活字本、旧钞本等也是搜求的对象。而经清代学者精心校勘的版本，即使比旧本讹误更少、更接近于作品的原貌，却难与之等量齐观。耿氏藏书，除少量宋元本、旧钞本外，多明刻本、清刻精本及丛书本，在其观念中，刊刻较早、传本珍罕并非判定善本的唯一标准，只要是内容完整、错讹较少的本子，都应得到重视。然而到了晚清，经历过"太平天国"及"捻军"兵燹之厄，书籍、书版大量减少的情况下，视清刻精本为善本并于书志中著录，仍然只是极少数人的独到看法。如张之洞《輏轩语》所称善本中的"足本"与"精本"，叶德辉《郋园读书志》所著录为数不少的清刻本等。

秉承这种观念及著书旨趣，《万卷精华楼藏书记》中对于版本的著录，远较晚清各私家书志简单。多半仅著为某某本，而于板式行款、书口鱼尾、纸张墨色、藏印题跋、钞手刻工等相偶尔记。其对版本的见解，则多体现在各版本间的比较之中，且常能提出不同于其他学者的意见。卷四十二著录乾隆甲辰毕沅校刊经训堂本《三辅黄图》，一般认为尚属精善之本，如莫友芝《郘亭知见传本书目》谓："《经训堂》、《平津馆》两丛书本皆善，《经训》多补遗一卷，《平津》书一卷，系校宋本。"③ 邵懿辰也称："明嘉靖刘景韶刊本、万历郭子章刊本、《经训堂丛书》本、《平津馆丛书》本皆佳。"④ 但耿氏通过对勘，谓："平津馆本所谓今本妄分条目者，即是此也。……毕本于此等处亦略正其误，……视颜方伯光敏所刻较为完备，然未若孙本之善也。"⑤ 又在著录庄逵吉所校平津馆本时称赞孙本"注皆简质，条例分明，胜毕本远矣。……孙氏得宋绍兴抚州本，较明本颇有异同，亦无殊绝，因刺取旧文，依《隋志》成一卷，……虽不必原书如是，而在今本中可称独绝已"⑥。足见耿氏坚持己见而不人云亦云，张之洞《书目答问》列举《三辅黄图》版本，也仅有平津馆本及庄氏自刻本，说明耿氏在版本的选择上有相当独到的眼光。

对于书籍的刊刻沿革，尤其是清刻本，耿氏多所留意，并于解题中说明。如卷十三著录郝懿行撰《尔雅义疏》，谓："《郝氏全书》本，同治四年重刊，光绪七年十二月由顺天府进呈御览。……是书有学海堂本、陆制府单刻本，两本皆有所删节。河帅杨至堂校刊本，胡心耘续成之，板藏吴门，未几为粤贼所毁。此为公之孙官涿州时所刊，实为足本，讹误尚多，重加勘正，盖第四刻也。"⑦ 又称郝氏所注"《尔雅》胜邵注，《山海经》胜吴注、毕注"⑧。不同版本间若存在复杂的传承关系，耿氏也多就其所知予以说

注释：

① （清）耿文光：《万卷精华楼藏书记》卷五"毛诗稽古编"条，北京图书馆出版社，1997 年影印《山右丛书初编》排印本，第 278 页。

② （清）耿文光：《苏溪渔隐读书谱》卷二，《北京图书馆藏珍本年谱丛刊》第 171 册，北京图书馆出版社，1999 年，第 262 页。

③ （清）莫友芝撰、傅增湘订补：《藏园订补郘亭知见传本书目》第一册，中华书局，2009 年，第 353 页。

④ （清）邵懿辰撰、邵章续录：《增订四库全书简明目录标注》，上海古籍出版社，2000 年，第 279 页。

⑤ （清）耿文光：《万卷精华楼藏书记》卷四十二，北京图书馆出版社，1997 年影印《山右丛书初编》排印本，第 1471 页。

⑥ （清）耿文光：《万卷精华楼藏书记》卷四十二，北京图书馆出版社，1997 年影印《山右丛书初编》排印本，第 1474 页。

⑦ （清）耿文光：《万卷精华楼藏书记》卷十三，北京图书馆出版社，1997 年影印《山右丛书初编》排印本，第 562 页。

⑧ （清）耿文光：《万卷精华楼藏书记》卷十三，北京图书馆出版社，1997 年影印《山右丛书初编》排印本，第 563 页。

明。如卷二十六著录清江都岑建功惧盈斋本《旧唐书》，经与明闻人诠刊本及武英殿本比较，称："闻人本志多阙略，表全散轶。岑本虽名重刊闻人本，所据实殿本也。"[①] 而晚清诸多目录著录岑本时，均不注依据殿本的实情。如邵懿辰《四库简明目录标注》："近扬州岑氏翻刻闻人氏本，附《校勘记》六十六卷，《旧唐书逸文》十二卷，板式照汲古阁诸史。"[②] 莫友芝《邵亭知见传本书目》亦著录为"道光二十年扬州岑氏惧盈斋依闻本校刊，附《校勘记》六十六卷、《逸文》十二卷"[③]。

古籍原刻与翻刻的区分，是版本鉴定中较难把握的。有些翻刻得较好的本子，与原刻甚难分辨。耿氏虽然存在误认翻本为原本的情况，但对于已能辨别的细微差别，则择要记录其鉴别心得。如卷十九著录《毛诗古音考》，谓："崇本山堂本，乾隆二十七年潍川徐时作校刊。有序，第一篇即是。板本甚佳。其后张海鹏刻入《学津讨原》，板式、行款、尺寸与此悉同，惟面有张氏校刊木印。此本面题陈季立先生著，犹沿坊本之式，张本题面特雅，以此辨之。"[④]

耿氏著录各书时，也根据见闻记录了一些刻书故实，尤其是书版的流转及下落。如卷一《玉函山房辑佚书》本《连山》、《归藏》，称其书版当时存济南皇华馆书局。[⑤] 卷十五著录湖北崇文书局本《说文义证》，称此书"吾邑杨氏本最佳，余仅收得散叶，其板流落南方，所谓入于质库者，非实事也"[⑥]。按：咸丰间灵石杨氏《连筠簃丛书》本《说文义证》，向来难得，崇文书局本前有张之洞叙，称"其书尝为灵石杨氏连筠簃校刻，刻后未大印行，其家书板皆入质库，以故世少传本"[⑦]。耿氏的说法，即针对张之洞叙而言。缪荃孙《艺风堂文漫存·癸甲稿》卷一《桂氏说文义证原刻跋》谓《义证》咸丰辛亥刻成后，未及多印，而杨氏已殁，其书版未能移入都，即藏校订者日照许瀚家中，"辛酉八月捻逆窜日照，印林（许瀚字）家破，室庐书籍均毁于寇，桂板亦烬焉"。又称张之洞序言"杨氏书板质于厂肆，不知桂书并不在内。临清徐君梧生又言，板毁于拳匪之乱，皆传闻之辞，不如印林与高伯平书为可据"[⑧]。大致以缪氏之说更合情理，但耿氏所谓"其板流落南方"的说法，是否有另外的依据已难尽知。

二

耿氏所藏明末毛氏汲古阁本甚多，其中不乏经名家批校者。[⑨] 在近人陶湘专意搜藏毛氏汲古阁刻书，并且编纂《明毛氏汲古阁刻书目录》之前，可算是较为齐备的。毛氏刻书数量甚多，流布极广，影响深远，在版刻史上占有重要地位，耿氏对于汲古阁本的研究，也有可称道之处。首先，注意分辨汲古阁所刻与翻刻汲古阁本之间的区别，如苏州席氏扫叶山房曾补刻、翻刻汲古阁本，卷二十一著录《史记索隐》，称："汲古阁原刻十七史，近日传本已少。其初印白宣纸本天地极长，篆文封面，莫子偲尚有全函，见《曾文正公日记》。予止得《史记》、《后汉书》、《晋书》三种皆宣纸初印。所藏毛刻全函十七史

注释：

① （清）耿文光：《万卷精华楼藏书记》卷二十六，北京图书馆出版社，1997年影印《山右丛书初编》排印本，第994页。

② （清）邵懿辰撰、邵章续录：《增订四库简明目录标注》，上海古籍出版社，2000年，第202页。

③ （清）莫友芝撰、傅增湘订补：《藏园订补郘亭知见传本书目》，中华书局，2009年，第222页。

④ （清）耿文光：《万卷精华楼藏书记》卷十九，北京图书馆出版社，1997年影印《山右丛书初编》排印本，第785页。

⑤ （清）耿文光：《万卷精华楼藏书记》卷一，北京图书馆出版社，1997年影印《山右丛书初编》排印本，第50页。

⑥ （清）耿文光：《万卷精华楼藏书记》卷十五，北京图书馆出版社，1997年影印《山右丛书初编》排印本，第631页。

⑦ （清）耿文光：《万卷精华楼藏书记》卷十五，北京图书馆出版社，1997年影印《山右丛书初编》排印本，第631页。

⑧ 缪荃孙：《艺风堂文漫存》，文史哲出版社，1973年，第283页。

⑨ （清）耿文光：《万卷精华楼藏书记》卷一二五《何义门集》"所校汲古阁本《中州集》，余家有藏本"。

为竹纸本，墨色亦佳而纸本微短。席氏埽叶山房翻刻汲古本十七史初印连纸者，封面为正书，较原本差远。席氏收得汲古阁板重为印行。……今所通行者即此本。……自局本廿四史出，而席本遂微。"①又如，《后汉书》卷二十三："汲古阁本。此毛氏白纸初印本，面题'后汉书'三字为篆文，席本易以楷书。右上题'毛氏据古本考较'七字，左下题'汲古阁藏版'五字。以翻刻汲古本校之，原版大五分，其余板式皆同。本纪第一页第十二行注'许子威资用乏'，原板用字空缺，翻本有用字。又毛本《赵岐传》'孟子章句'，'孟'误作'要'。"②

其次，对于汲古阁本的评价较为中肯。因清代对于汲古阁本的态度，较多人甚为轻视，如孙从添《藏书纪要·鉴别》谓："惟毛氏汲古阁《十三经》、《十七史》校对草率，错误甚多，不足贵也。"③与一笔抹煞相比，耿氏的态度则客观得多，如《史记索隐》卷二十一谓："汲古所藏，惟抄本最精，全史不免讹脱，他刻亦未能精审，不能如黄氏士礼居之不改宋板旧式，钱氏守山阁之考校宋本至密也。"④虽备受诟病，但汲古阁本仍风行天下，耿氏分析其原因，在于"惟板式工雅，纸墨精良，故人皆宝之，且储藏之富，刊刻之多，亦非黄、钱二家所可及，至今称之，有由来已"⑤此种尚属平实的评价主要源自与不同版本的比勘，如卷四《尚书传》谓："汲古本《广川书跋》又多缺字、误字、佚文、脱句，故不复录也。"⑥则直斥此书汲古阁本的不善。在毛氏刻书改变付刻底本版式、行款等处，耿氏也加以批评。如《说文解字》卷十四："五松书屋重刊宋本，此《平津馆丛书》之一。……大略似汲古本而行欵字样不同。毛刻诸书多非旧式，孙本篆法特佳，远胜诸本。"⑦小石山房本《汲古阁校刻书目》卷六十六："刊板之多，未有富于汲古阁者，诸藏书家皆不及。其板有经重翻者……毛板虽工，尽改旧式，使人不得见宋板面目，是一憾事。"⑧

再者，对前人校改汲古阁本提出个别不同看法。例如，明代《说文解字》流传不广，经毛氏父子五次校改刻印后，普通学者才能见其书。只是汲古阁《说文解字》第五次校改本剜改多据经宋人篡改的小徐本，其书不佳，清人批评甚多，如段玉裁曾撰《汲古阁说文订》以明其是非。其后校订毛刻《说文解字》者仍不乏其人，《藏书记》卷十五著录钱坫撰《说文解字斠诠》，谓："钱氏以毛本闲字宋本所无，斧季妄增，不知何据。予得唐本《说文》木部，有闲字，小徐本亦有，大徐偶脱，毛氏补之，不为无据。"⑨

众所周知，常熟毛氏刻书除版心题"汲古阁"者外，其早期刻本尚有题"绿君亭"者。晚近以来谈论版本的书籍，多引自叶德辉《书林清话》卷七《明毛晋汲古阁刻书之六》所称："毛氏刻书，版心题汲古阁三字，人人知之矣。然间有题绿君亭者，吾所藏《二家宫词》、《三家宫词》、《浣花集》三种皆如

注释：

① （清）耿文光：《万卷精华楼藏书记》卷二十一，北京图书馆出版社，1997年影印《山右丛书初编》排印本，第849页。

② （清）耿文光：《万卷精华楼藏书记》卷二十三，北京图书馆出版社，1997年影印《山右丛书初编》排印本，第911页。

③ （清）孙从添：《藏书记要》，《淡生堂藏书记（外八种）》合订本，上海古籍出版社，2005年，第35页。

④ （清）耿文光：《万卷精华楼藏书记》卷二十一，北京图书馆出版社，1997年影印《山右丛书初编》排印本，第850页。

⑤ （清）耿文光：《万卷精华楼藏书记》卷二十一，北京图书馆出版社，1997年影印《山右丛书初编》排印本，第850页。

⑥ （清）耿文光：《万卷精华楼藏书记》卷四，北京图书馆出版社，1997年影印《山右丛书初编》排印本，第196页。

⑦ （清）耿文光：《万卷精华楼藏书记》卷十四，北京图书馆出版社，1997年影印《山右丛书初编》排印本，第597页。

⑧ （清）耿文光：《万卷精华楼藏书记》卷六十六，北京图书馆出版社，1997年影印《山右丛书初编》排印本，第2222页。

⑨ （清）耿文光：《万卷精华楼藏书记》卷十五，北京图书馆出版社，1997年影印《山右丛书初编》排印本，第619页。

此。尚有《洛阳伽蓝记》，载莫友芝《知见传本书目》。"①耿氏在《洛阳伽蓝记》卷四十四解题中称："绿君亭本。……绿君亭本余尚藏数种，其本版心不刻字。毛氏《津逮秘书》所收缪希雍《葬经翼》，即绿君亭本也。"②

三

明后期与清代刊刻丛书的风气甚浓，对于学者治学极为便利，但多数私家藏书目录因其刊刻时代近、流传数量多而轻视之。耿氏不取此种态度，其《藏书记》中收录丛书本较多。并且，经与单刻本或其他丛书本对勘，耿氏对一些流传颇广的丛书提出批评，如卷十一著录雕菰楼本《孟子正义》，谓："今刻入《学海堂经解》。凡学海堂所刻，俱不如原本也。"③又如《函海》，卷四十著录《函海》本《华阳国志》，为李调元依影宋本校刊。耿氏谓："《函海》一百五十卷，惟此一种为精校之本，其余不足依据。本欲补《知不足斋丛书》所未备，而卤莽从事，未能相抗。升庵所著与自著者居其半，大抵皆随手抄录，难称著书。李氏万卷楼藏书四十橱，分经史子集，书目三十卷，金石文亦富，宜多考证，惜爱博不精。予所藏《函海》为重校之本，亦未尽美。雨村所录四库馆本，皆胥吏所抄，不加覆审，又急于付梓，故错讹最多，又无别本可对，今藏书家亦不甚重。"④又称："《函海》本所刻录自《大典》，多人间未见之本。当时雇胥抄写，故多脱误缺简。"⑤

即便如此评价，但对于《函海》本《华阳国志》还是持肯定态度，并将此本与所藏陈鳣过录卢文弨校本相校，进而判定两本优劣。《藏书记》中著录的另一本《华阳国志》为明嘉靖四十二年（1563）张佳胤刻本。此本向为罕见，傅增湘《藏园群书经眼录》卷四亦著录，并谓："余颇疑张刻本在明万历时已不可得，故吴管刻《古今逸史》时，其《华阳国志》中尚列有佳胤案语，而此卷十之上中已佚去，独赖一二传抄以延其续。……此本旧藏四明卢氏抱经楼。"⑥今检《中国古籍善本书目》，仅著录国家图书馆、浙江图书馆两家之藏。耿氏解题谓："陈仲鱼以卢氏校本录于张本之上，端楷朱书，后有识语，不知何以归于吾家。予欲以此本付梓，忽见赞中一条至'名齐吴王'止，张本旁注'下有阙文'，卢校云'名齐，吴王耳，非阙文也'。乍读之，疑王字是玉字之讹，'名齐吴王'实不成句，因取《函海》本对勘之，果是吴玉，校注云'或作王'。玉下空四字，实为阙文，而卢校反逊《函海》，遂置之。精校如召弓先生，不免臆度之词，他可知矣。"⑦实际上，耿氏的考证也未臻完善，今人任乃强《华阳国志校补图注》附录此条，其按语称，据何焯校元丰本《古今逸史》本等数本，"吴玉"当作"郭玉"。⑧但从中可以看出，即使是名家校本，耿氏也采取审慎的态度对待，不因其经名家校勘而刻意抬高，更不从而贬低常见的版本。

丛书之外，耿氏也藏有部分类书，《藏书记》中仅著录 31 部。卷九十八上《经济类编》解题谓："类

注释：

① 叶德辉：《书林清话》卷七，中华书局，1999 年，第 198 页。

② （清）耿文光：《万卷精华楼藏书记》卷四十四，北京图书馆出版社，1997 年影印《山右丛书初编》排印本，第 1519 页。

③ （清）耿文光：《万卷精华楼藏书记》卷十一，北京图书馆出版社，1997 年影印《山右丛书初编》排印本，第 523 页。

④ （清）耿文光：《万卷精华楼藏书记》卷四十，北京图书馆出版社，1997 年影印《山右丛书初编》排印本，第 1401 页。

⑤ （清）耿文光：《万卷精华楼藏书记》卷十四"说文篆韵谱"条，北京图书馆出版社，1997 年影印《山右丛书初编》排印本，第 611 页。

⑥ （清）傅增湘：《藏园群书经眼录》卷四，第二册，第 281 页。

⑦ （清）耿文光：《万卷精华楼藏书记》卷四十，北京图书馆出版社，1997 年影印《山右丛书初编》排印本，第 1405 页。

⑧ 任乃强：《华阳国志校补图注》附录，上海古籍出版社，1987 年，第 765 页。

书如《事类赋》、《永嘉八面锋》、《事文类聚》、《图书编》、《山堂肆考》、《读书纪》、《数录》，余皆藏其本而未及备录。"[1] 类书类小序又称："校勘诸家多引《初学记》、《太平御览》、《事文类聚》诸书，以其多存古籍也。然类书展转稗贩，未必出于原书，其中讹误之处有不可究诘者，虽唐宋善本亦难尽信。愚著《藏书记》，《玉海》、《艺文》以外，一切类书皆所不采，盖有以也。"[2] 书中多次提及程瑶田的例证，以强调类书的不可据信。卷十《古经解钩沈》解题据程瑶田《通艺录·释虫小记》辨余萧客误从《初学记》引《三礼图》云"股广三寸，长尺三寸半"，以为《礼经》古注之逸文。程氏因撰《磬氏为磬考》而发现此二句实为郑玄《考工记注》中语，《初学记》则割裂了原句。[3] 耿氏谓："程氏所考磬式与磬析之义合，与今图不同。《初学记》世称善本，误犹如此，其它可知，予故不敢采取类书也。"[4] 可见，不取类书不仅是因缺乏精善之本，还与类书割裂原书、辗转抄录的编纂方式有关。

四

《藏书记》中著录宋元本较少，但即便少量的宋本，也并不完全可靠。有些疑明翻宋本，被误作宋本收入。如卷十九著录《广韵》为宋本，谓"此为原本《广韵》，每叶十八行（按，耿氏著录行款以一叶为单位，下皆同此。），每行小字三十二字，纸墨皆佳。前有孙愐《唐韵序》，……元刻《广韵》即翻此本"[5]。此本颇疑并非宋本，而是明经厂本。傅增湘《藏园群书经眼录》卷二著录《广韵》五卷，明经厂本，棉纸印，半叶九行，行大字十七，小字双行约三十四字不等。首有陈州司马孙愐序。[6] 又录孙序后纪昀题记三篇，其乙卯正月二十六日题记，与《四库全书总目》经部小学类所收内府藏本《广韵》提要大致相同。乙卯二月初四日题谓："同年王舍人琴德，博雅士也，藏有元人所刊小字《广韵》，与此本正同，卷末称乙未岁明德堂刊，不著年号，而字画板式确是明以前书。内匡字韵下十二字皆缺一笔，盖因麻沙旧本翻雕，而改补宋讳未尽者。益信当日即有此本，非明代中涓所删矣。"[7] 二月六日题谓："余得王舍人元椠《广韵》，知此本确为宋代旧书，然终以不著年号为疑，后阅邵子湘《古今韵略》目录，十二文下注《广韵》文、殷独用，例言又曰宋椠《广韵》五卷前有孙愐《唐韵序》，注简而有古意，然则此为重刻宋本无疑矣。"[8]

纪昀所言仅是据明经厂刊本《广韵》所作出的推断，并未真见到半叶九行的宋本《广韵》。清末杨守敬《日本访书记》卷三著录元刊本《广韵》五卷，首载陈州司马孙愐《唐韵序》，并谓："此本校张士俊泽存堂所刊重修本注文殊简，而与顾亭林刊本略同。"又据其木记、避讳等力辨朱彝尊以为明代经厂宦官所删之说，称"其根源于宋本无疑"[9]。

在清乾隆间开四库馆时，已不能见到元本所从出的宋刊九行本《广韵》，其同时及以后各家也未见

注释：

① （清）耿文光：《万卷精华楼藏书记》卷九十八上，北京图书馆出版社，1997年影印《山右丛书初编》排印本，第3353页。

② （清）耿文光：《万卷精华楼藏书记》卷九十八下，北京图书馆出版社，1997年影印《山右丛书初编》排印本，第3385页。

③ 见《程瑶田全集》（第三册），黄山书社，2008年，第290页。

④ （清）耿文光：《万卷精华楼藏书记》卷十，北京图书馆出版社，1997年影印《山右丛书初编》排印本，第468页。

⑤ （清）耿文光：《万卷精华楼藏书记》卷十九，北京图书馆出版社，1997年影印《山右丛书初编》排印本，第753页。

⑥ （清）傅增湘：《藏园群书经眼录》卷二，第1册，第146页。

⑦ （清）傅增湘：《藏园群书经眼录》卷二，第1册，第147页。

⑧ （清）傅增湘：《藏园群书经眼录》卷二，第一册，第147页。

⑨ （清）杨守敬：《日本访书志》卷三，《续修四库全书》影印清光绪间邻苏园刻本，第930册，第516页。

著录。耿氏在晚清见到宋刊九行本《广韵》的可能性微乎其微，极有可能是将明经厂本误作宋本，而所称"元刻《广韵》即翻此本"，实际上是颠倒了元刻与明刻之间的源流关系。

《藏书记》中所著录的版本，有些著录项不甚清楚，以致阅读时颇生疑惑。如卷九十一著录《风俗通义》十卷，谓"明本。此翻刻宋本，每叶十八行，每行十七字。首行题'新刊校正风俗通义'，次行题'太山太守应劭'。""板口前五卷刻上字，后五卷刻下字。每卷有小引，各条上有'谨案'二字。后有嘉定十三年东徐丁黼刊书跋。"① 行款、版式与元大德刊本一致，然各家书目均未著录九行十七字的明翻宋本。《增订四库简明目录标注》称"姚若有明刊仿元大德本"，其行款为"十行，行十六字"，与此本显然不同。民国年间商务印书馆据瞿氏铁琴铜剑楼藏元大德本影印入《四部丛刊初编》，然翻检此本，其首行题"大德新刊校正风俗通义"，注明"大德"二字。《中国古籍善本书目》子部著录此本为"元大德九年无锡州学刻明修本，清黄廷鉴跋"。耿氏所藏之本当无"大德"二字，到底是为书贾割去此二字，抑或确有明刊九行十七字本，还是耿氏所藏亦为元刊明修而按明本著录？笔者认为耿氏将元本误作明本的可能性更大。

又如，卷八十六著录《唐朝名画录》一卷，谓"宋本。每叶二十二行，每行二十字"②；《五代名画补遗》一卷，"宋本"；《宋朝名画评》三卷，"宋本"。以上三种，清代各家书目中，仅《天禄琳琅书目续编》著录宋刊《五代名画补遗》，附《画继》后。《藏园订补郘亭知见传本书目》著录以上三书，均有"明翻宋临安陈道人书籍铺刊本，十一行二十字"。耿氏所藏恐为此本。但卷八十七又有《画继》十卷，则称"明本，此仿宋刻也。每叶二十二行，每行二十字"③。当与上述三种为同一本子。但前三种称宋本，末一种称明本，究竟是误认，还是确为与明翻刻本不同的宋本，也是较为疑惑的。

耿氏著录版本存在一些不严密处。如卷十九《五音集韵》："金台隆福寺本，此成化庚寅年重刊至元本，每页二十行，每行小字三十二，亦写刻之本，不如明大字本。"写刻本之名称，源于明万历间出现方板整齐、横细竖粗的方体字（又称"宋体字"），而成化间刻本均以手写体写样上版，何来"写刻"之称？

尽管《万卷精华楼藏书记》在宋元本的鉴定上有诸多值得商榷的地方，但对于明清刻本的著录，有较为值得参考的价值。尤其是在清代刻书进入并逐渐占据一般版本收藏、研究视野的今日，查阅清人所撰目录、书志中记载的信息成为必要之事，然而清代重要的私家藏书目录、善本书志中多不收清刻本。唯有像《万卷精华楼藏书记》这类原不受重视的书志，虽错误稍多、体例不严，反因著录大量清刻本，且材料相对丰富，而能给读者提供一定参考。本文所举仅为此书在版本学上得失的一隅，其他诸多方面仍值得深入探究。

（宋一明：复旦大学中国古代文学研究中心博士）

注释：

① （清）耿文光：《万卷精华楼藏书记》卷九十一，北京图书馆出版社，1997年影印《山右丛书初编》排印本，第3034页。

② （清）耿文光：《万卷精华楼藏书记》卷八十六，北京图书馆出版社，1997年影印《山右丛书初编》排印本，第2850页。

③ （清）耿文光：《万卷精华楼藏书记》卷八十七，北京图书馆出版社，1997年影印《山右丛书初编》排印本，第2885页。

贰／山西古代寺观壁画研究

华严三圣像的形成流布

崔正森

摘　要： 华严三圣像是由李通玄、而澄观、宗密对《华严经》中一佛二菩萨圆融无碍关系的研究，在提出"华严三圣"及其"观法"的基础上发展而来的。华严三圣像在唐大历三年（768）就由四川地区发展流布到了它的周边省份乃至全国各地。到北宋时，又从杭州传入日本，且从三尊像发展成了五尊、七尊等大型佛会。

关键词： 华严三圣；华严三圣观；华严三圣像

《华严经》有三种译本：第一种是天竺高僧佛陀跋陀罗于南朝刘宋武帝永初二年（421）译出的 60 卷《大方广佛华严经》；第二种是于阗三藏实叉难陀在长安大遍空寺于武则天圣历二年（699）译出的 80 卷《大方广佛华严经》；第三种是罽宾三藏般若和华严四祖澄观国师在长安西明寺东阁院于唐德宗贞元十四年（798）译出的 40 卷《华严经》。其中，60 卷本《华严经》第二十九卷第二十七品《菩萨住处品》说：

> 东北方有菩萨住处，名清凉山。过去诸菩萨常于中住，彼现有菩萨，名文殊师利，有一万菩萨眷属，常为说法。

唐代著名国师、华严四祖澄观在其《大方广佛华严经疏》第四十七卷第三十二品《诸菩萨住处品》中说：

> 清凉山，即代州雁门郡五台山也，于中现有清凉寺。以岁积坚冰，夏仍飞雪，曾无炎暑，故曰清凉。五峰耸出，顶无林木，有如垒土之台，故曰五台。

从此，五台山就成了中国佛教名山、文殊菩萨道场，《华严经》也就成了五台山佛教的开山圣典，而文殊菩萨也就成了五台山佛教的开山祖师。因此，五台山、《华严经》、文殊菩萨就成了三位一体的文化景观。所以，研究五台山信仰就不得不涉及《华严经》信仰和文殊信仰。反之，研究文殊信仰就不得不涉及华严信仰和五台山信仰。现就华严信仰中"华严三圣像"的形成流布作一考察，以便了解文殊信仰的传播情况。

佛教上的三圣有：①圆顿戒坛三圣，即受圆顿菩萨戒时的和上、羯磨、教授等三师，和上为释迦牟尼，羯磨阿阇梨为文殊菩萨，教授阿阇梨为普贤菩萨。②华严三圣，即本师毗卢遮那佛及普贤、文殊二大菩萨。③西方三圣，即阿弥陀佛、观世音菩萨和大势至菩萨。④东方三圣，即药师佛、日光和月光二菩萨。另外，我国有以丰干禅师为弥陀化身、寒山为文殊化身、拾得为普贤化身之三圣，还有以老子、释迦牟尼和孔子的三圣及其图。再者是日本天台宗还有三圣二师之称，三圣即传教、慈觉、智澄，二师即安然、慈惠，于此，我们考察的是"华严三圣"。

华严三圣是《华严经》所说的华藏世界的三位圣者：①毗卢遮那佛，毗卢遮那意为遍一切处。毗卢遮那佛，意谓佛之烦恼体净，众德悉备，身土相称，遍一切处，能为色相所作依止，具有无量无边的真实功德，是一切法的平等实性，即此自性，又称法身。②普贤菩萨，以其居于伏道之顶，体性周遍，故谓普；断道之后，邻于极圣，故谓贤。合而言之，故称普贤。③文殊师利菩萨意为妙德。以其明见佛性，具足法身、般若、解脱三德，不可思议，故名妙德。毗卢遮那佛理智完备，居于中位；文殊菩萨，主智门，位于毗卢遮那佛之左；普贤菩萨主理门，位于毗卢遮那佛之右。

"华严三圣"最早是由我国著名居士李通玄在其《华严决疑论》卷一上提出来的。他谓《华严经》中，以佛果不可言说，故以文殊、普贤二菩萨为说主。其中以能信之深心为文殊，所信之法界为普贤。文殊劝修，成法身之根本大智，昭示诸法平等之理；普贤大行，彻悟一切众生机缘，于十方变现各种化身，自如地解救众生，成差别智之行德，表示后得大悲。而毗卢遮那佛综智悲无比，是文殊、普贤的总体，故以文殊、普贤配合毗卢遮那佛，共为华严三圣。因此说，华严三圣是表示总别智悲的法门。

华严四祖澄观国师继承了李通玄的"华严三圣"思想，并把它发展成了《华严经》的一种观法。他在其《三圣圆融观门》中说：

> 三圣者，本师毗卢遮那如来、普贤、文殊二大菩萨是也。三圣之内，二圣为因，如来为果。果超言想，且说二因。若悟二因之玄微，则知果海之深妙。

这就是说在文殊、普贤和毗卢遮那佛三位圣人之内，以文殊、普贤为因，毗卢遮那佛为果，但以果德超越语言思想，不可言说，故宜从二因悟解；若悟得二因之玄微，则知果海之深妙。为什么呢？毗卢遮那佛之果德，为一切德之总德；而文殊、普贤为毗卢遮那佛之别德。在此二菩萨中，普贤所显示的是所信之法界及修行所证之法界真理，而文殊表征的是能信法界真理的信心，即对法界真理的理解及其证明法界真理的大智；普贤的"所信"及其"行、理"，文殊的"能信"及其"解、智"，都是个个圆融、能所不二；如此，文殊、普贤所表之法就是互即互融而重重无尽，这就表明了至佛之因已经完成，因果已经合二为一，归于了佛果的境界，由是三圣融为一体；故曰观想文殊、普贤和毗卢那佛融为一体而无障碍，就是三圣圆融观。

因为三圣圆融思想是《华严经》的宗旨，所以，三圣圆融观就成了《华严经》的主要观法。因此，华严行者就需在自己的一念之上观此法门。为什么呢？此即"心、佛、众生"三无差别，所证之"理、证、智"亦不离心；众生之心念即是如来藏，在空如来藏一面是普贤，在不空如来藏一面则是文殊。另外，总如来藏之理是毗卢遮那佛，故需在此一念上具足三圣圆融相之观法。

既然三圣圆融观要求华严行者在一念上具足文殊、普贤和毗卢遮那佛这三位圣者之相状，那么，为了修行三圣圆融观这一法门，就要求行者在现实世界中塑三尊圣像来修习观想这一法门。于是，跟随澄观法师多年的高足、被后世尊为华严五祖的宗密就创造了这一华严三圣像。为什么这样说呢？宗密的《圆觉经道场修证仪》卷一《道场七门的第六严处》载：

> 当中置卢舍那像，两畔置普贤、文殊二像，是为三圣。此外，书中还记载了安置三圣、挂幡花、点莲花灯、焚百和香，诸庄严具。

宗密（780—841）是华严四祖澄观的高足，元和六年（811）至元和十一年（816），他随侍观师左右，咨决疑难，获益匪浅，得到华严真传。以他是四川人，又出家、剃度于四川，还从四川任灌家得到《圆觉经》，所以在《圆觉经道场修证仪》一书问世之后，华严三圣像的石刻就在以四川为中心的石窟中流传开了。《四川通志》卷五十八《金石·重庆府六》载：

卢舍那二菩萨记，在石照县北岩，唐长庆二年刺使刘温撰。

唐穆宗长庆二年（822），刺使刘温为石照县北岩撰《卢舍那二菩萨记》。卢舍那，即毗卢遮那；二菩萨，即文殊、普贤。这说明在长庆二年即公元 822 年时，四川省石照县就有了华严三圣像，这当是我国现存文献中最早的石雕华严三圣像。

又，清陆增祥编的《八琼室金石补正》卷八十一载：

造三圣龛记（高一尺五寸，宽 1 尺六寸，十行，每行九字，字径寸许，楷书）宠衔石飞棹都都知兵马使、充富义营监□□发运等使，金紫光实大夫、检校尚书、左仆射口监、门卫大将军同御史大夫上□……□造三圣龛，共七身，永为供养，时武成元年□月十五□记。

这是前蜀王建武成元年（908）宠衔石飞棹都都知兵马使……同□□御史大夫敬造的七身三圣龛。

再者，日僧成寻的《参天台五台山记》卷四熙宁五年（1072）十月二十三日访问大相国寺条载：

（大相国寺）有卢舍那大殿，大殿高阁上有五百罗汉。西楼上有文殊宝像，师子、眷属皆俱足。东楼上有普贤像，白象、眷属皆俱足。

大相国寺是北宋的著名寺庙，由日僧成寻的《参天台五台山记》看来，到北宋熙宁五年（1072）时，该寺不仅塑有毗卢遮那佛像和文殊、普贤二菩萨像，而且发展成了毗卢遮那大殿和文殊宝殿、普贤宝殿，即由华严三圣像发展成了华严三圣殿。

另外，内蒙古自治区额济纳旗黑水城出土的西夏遗物汉文《大方广佛华严经·普贤行愿品》的开头还绘有一幅说法图，其中央是头戴宝冠的毗卢遮那佛，左右绘着文殊、普贤二菩萨。

上面从文献资料方面考察了华严三圣像的形成与流布，再就现存文物方面考察一下华严三圣像的形成与流布。

前面说过，四川省是造华严三圣像最早最多的地方，尤其是在大足、巴中、安岳、资中的石窟群中。

一、宝顶山石窟

宝顶山在大足县东北 15 公里处，从南宋淳熙六年（1179）到淳祐九年（1249）的 70 年间，在此深壁岩谷上雕刻了许多佛像，其中，最大的是华严三圣立像。中央为毗卢遮那佛，左右分别为文殊菩萨和普贤菩萨。像高 7 米，是我国现存文物中最大的华严三圣像。

二、重龙山摩崖造像

在四川省资中县（今内江市）重龙山上有许多摩崖造像群。仅北岩君子泉宽约 90 米的岩壁上就有119 龛，在古北岩宽约 60 米的岩壁上也有 43 龛。其中，第 93 龛就有华严三圣像，龛宽 3.62 米，高 3.2米，深 2 米。中央结跏趺坐的毗卢遮那佛像上有桃形背光和头光，左右壁上刻有文殊、普贤二萨，旁边还有牵着狮子的于阗王和牵着六牙白象的昆仑奴。文殊、普贤像同样也有背光和头光，而且头上还有花瓣形的宝盖，旁边各自都有胁侍菩萨。中央的主尊毗卢遮那佛两侧也有胁侍菩萨，背后还有阿难、迦叶，左右四面还雕刻着八部众神，气势宏大，栩栩如生。其造像题记为唐大中八年（854）和大中十二年（858），前者是重龙山上保留最早的题记。

再者，重龙山石窟第 155 龛中也有华严三圣像，且被推定为北宋咸平三年（1000）或治平三年（1066）雕造。

三、安岳石窟华严洞

安岳石窟华严洞在安岳县赤云乡、距县城 56 公里的箱盖山的断崖上。华严洞高 6.2 米,宽 10.1 米,深 11.3 米,洞窟后壁正面有高 5.2 米的华严三圣像。中央是毗卢遮那佛,左面是骑狮文殊,右面是乘象普贤。左右壁上各有五尊菩萨坐像,其中左壁上有观音菩萨,右壁上有弥勒菩萨。它与附近的内有嘉熙四年(1240)石刻题记的大般若洞,都是南宋时雕造的。

四、邓峡石笋山华严三圣龛

在四川省邓峡县石笋山上有祭祀华严三圣的华严三圣龛。龛高 4.2 米,宽 4.8 米,深 1.8 米,主像为坐在莲台上打坐的毗卢遮那佛,手结禅定印。左侧是骑六牙白象的普贤菩萨,右侧是骑着青毛狮子的文殊菩萨,象和狮都颇大,前面还有两名童子合掌站立。据其石刻题记载,石笋山的华严三圣像造于唐大历三年(768),是我国现存文物中最早的华严三圣像。

五、杭州飞来峰的华严三圣像

飞来峰是杭州灵隐寺前海拔 168 米的一座小山峰,位于该峰古树茂盛的奇岩怪石之中,峰下溪水长流,峰上多有天然岩洞。洞中有五代、宋、元时期的石刻造像 380 余尊。最古老的是造于后周广顺元年(951)青林洞中的西方三圣像:弥陀、观音和大势至菩萨。最大的是宋代雕刻在溪流岩壁上的布袋弥勒像。

在青林洞入口处的岩壁上,浮雕着一幅华严三圣像,亦名华严佛会像。据说中央的毗卢遮那佛像与日本明惠上人《华严海会善知识图》中的毗卢遮那佛像非常相似。毗卢遮那佛两侧为骑狮文殊和骑象普贤二菩萨,前面还有合掌而立的先行者和手持缰绳的驭者。其龛上刻有题记:

> 弟子胡承德。伏为四恩三有,命石工镌卢舍那佛会一十七身。所期来往观瞻,同生净土。时宋乾兴□□四月□日记。

"卢舍那佛会一十七身"是指居中的毗卢遮那佛,左右为骑狮文殊和骑象普贤二菩萨、二位侍者,其后面的四位供养菩萨,四天王和佛龛外面上方的三尊飞天及回首仰望二菩萨的先行合掌的善财童子。该像是佛弟子胡承德于北宋乾兴元年(1022)为四恩三有同生净土及来往游人观瞻敬造的。另据扬州阮元编纂的《两浙金石志》卷五载,胡承德及其合家眷属还在飞来峰造了弥勒佛像,可见,胡承德是一位虔诚的居士。

六、榆林窟第二窟的华严三圣壁画

在位于敦煌莫高窟附近的榆林窟的第二窟中,保存着绘于西夏时期(1032—1227)的华严三圣说法图壁画,三圣周围还排列着供养菩萨、弟子、天龙八部、梵天、龙王等有情众生,脚下还飘浮着五色祥云,充满了浓郁的佛国氛围,是西夏的代表性作品之一。

七、石钟山石窟的华严三圣像

石钟山石窟是指云南省剑川县石钟山上的石窟群,其中第四窟里也有石雕华严三圣像,估计是在四川石刻造像的影响下产生的,大约雕造于剑川归入南诏国版图的公元 794 年之后,即 8—9 世纪。

八、大同善化寺的华严三圣像

善化寺，俗名南寺，系全国重点文物保护单位，位于大同市城内西南隅，始建于唐，玄宗时谓开元寺，五代后晋初，更名大普恩寺，辽保大二年（1122）毁于兵火。金初重修，十五年乃成。元代规模宏大，曾有2万僧人在此作法会。明正统十年（1445）更名善化寺，占地面积达到2万平方米。现存建筑沿中轴线自南而北依次有金天会六年（1128）建的天王殿和三圣殿及辽建大雄宝殿，左右为东西朵殿。东侧为文殊阁遗址，西侧为普贤阁，为完整的辽金寺院。其中，三圣殿中有金天会六年（1128）彩塑的中为释迦牟尼，左为文殊、右为普贤的华严三圣像，佛前还有二位胁侍菩萨，是具有金代风格的珍贵文物。另外，这里的大雄宝殿和东西文殊、普贤阁，就说明"华严三圣像"已发展成了"华严三圣殿阁"。

九、日本的华严三圣像

日本建长寺著名的毗卢遮那佛三尊图像，大概是著名的宋代杭州飞来峰石窟的华严佛会像于日本镰仓时代初期传入日本的。与其相似的还有高山寺的五圣曼陀罗图。在此图中，毗卢遮那佛居中，前方左右分别为骑狮文殊和骑象普贤二菩萨，后方左右分别为弥勒菩萨和观音菩萨。一般认为五圣曼陀罗图是在华严三圣像的基础上加了弥勒和观音二菩萨而形成的，是华严三圣像的发展形态之一。

总之，华严三圣像是经过李通玄居士和澄观及其高足宗密，对《华严经》中毗卢遮那佛和文殊、普贤二菩萨圆融无碍关系的研究，提出了"华严三圣"及其观法的基础上发展来的。从现存的文物遗迹和文献资料来看，从唐大历三年（768）始，就从四川省发展流布到了陕西、甘肃、云南、山西、浙江、内蒙古乃至全国各地。到北宋时还传到了日本，且从"华严三圣像"发展成了五尊、七尊等大型佛会。

（崔正森：山西省社会科学院研究员）

永乐宫壁画与全真道宇宙观

李德仁

现存山西芮城县北郊的"永乐宫",是道教全真派元代最盛时期的重要宫观遗址,为全真道"三大祖庭"之一,其中精美的壁画早已闻名世界,被誉为"东方艺术之冠"。多年来,专家们多注重从美术的角度加以研究和介绍。而事实上,壁画包含着全真道深刻的宗教哲学内涵,对于了解这些珍贵壁画,乃至全真道的本质,有着非常重要的意义。

一、永乐宫创建与全真道

中国道教创立于东汉,南北朝时大盛,唐宋时代更有新的发展,到金代则出现了道教新派"全真道"。全真道人王嚞(1113—1170),家世咸阳,本名中孚,能文善武好道。金熙宗时应武举,中甲科。年四十七岁得道士高人传授,"遇真仙于终南甘河镇"(见于《金莲正宗记》及《甘水仙源录》)。遂出家学道,得授金丹诀及修真妙旨。乃更名嚞,字知明,号重阳子,王嚞以道教为本,兼融儒、佛,主张"三教合一",集三教之长创立新说,其要旨归于"全真"二字。他说"禅僧达性而不明命,儒人谈命而不言性",因而主张"性命双修"。"兼而修之,故号真全真。"摒弃外丹服食飞升之术,主修"内丹","屏去妄幻,独全其真"。戒徒众饮酒,茹荤,娶妻,"除情去欲,忍耻含垢,苦己利人","以无心为体,忘言为用,以柔弱为本,以清静为基"(见《丹阳真人语录》及《甘水仙源录》规定徒众首读老子《道德经》和《孝经》及《金刚经》)。著名弟子有马钰、谭处端、邱处机、刘处玄、王处一、郝大通、孙不二,世号"全真七子"。蒙古汉廷时期,成吉思汗晚年信道教,于西征途中遣使诏请邱处机(1148—1227)。邱处机当时在黄河流域的影响很大,怀着"拯亿兆于沧海横流之下"的宏愿,邱处机以七十余高龄率弟子80人跋涉万余里,于1222年四月在大雪山(阿富汗兴都库什山)晋见成吉思汗,进言为治之方以"敬天爱民为本",长生之道以"清心寡欲为要","欲一天下者,必在不嗜杀人",并传以道法。成吉思汗"深契其言,极予优礼","锡之虎符,副之玺书"(《无史·释老传》),遣使送还。后又屡降圣谕,免除道教差税,"教你天下应有底出家善人"均由邱处机"管著者"(《长春真人西游记·附录》)。

于是儒释等教悉归全真道管领。又"持檄诏求于战伐之余，由是为奴者得复位良，与滨死而得更生者，毋虑二三万人"（《元史·释老传》），全真道很快发展成为当时北方最大的宗教，达于鼎盛。

全真道溯唐代吕嵓为远祖，与王嚞、邱处机合称全真道三祖。王嚞卒后归葬终南山刘蒋村旧居，元太宗十三年（1241）全真道在刘蒋村重新会葬祖师，并兴建"重阳万寿宫"，号西祖庭，邱处机卒后葬于大都天长观（今北京白云观），号"北祖庭"，远祖吕嵓（号纯阳）为河东永乐县（今山西芮城永乐镇）人，故宅于唐时即改为"吕公祠"，至今未扩建为道观。元太宗十二年（1240），邱处机弟子披云真人宋德芳来谒纯阳祠，叹其荒陋，曾拟改观建宫而未果，乃马真皇后称制三年（1244）道观毁于野火。是时全真道正盛，吕祖极受尊崇，次年"有敕升观为宫，进真人（纯阳）号曰天尊"。于是全真道掌教尹志平（1169—1251）、李志常（1193—1256）荐派潘德冲（三人皆邱处机弟子）为"河东南北两路提点"（道官），于永乐镇主持兴建"大纯阳万寿宫"（王鹗《大朝重建大纯阳万寿宫之碑》），是即"东祖庭"。工程始于元定宗二年（1247），宪宗六年（1256）潘德冲卒，工程尚未竣。中统三年（1262）三大殿落成，到至元三十一年（1294）"无极门"亦最后建成。随着殿堂的落成，彩画工程亦陆续开始进行，泰定二年（1325）六月"三清殿"壁画完成，"纯阳殿"壁画完成于至正十八年（1358），而"重阳殿"壁画完成之时已是明"洪武元年"（1368），其时元朝已亡。永乐宫建筑与壁画工程浩大，费时120余年，几乎与整个蒙古汗廷时期及元朝共始终。其规模之宏伟，壁画之精彩，早已闻名遐迩，而且是全真道"三大祖庭"中唯一完整保存至今的一处宫观。因其宫地处永乐镇故名永乐宫。1959年因黄河水利工程，将永乐宫连其壁画，以原样原料搬迁到芮城县北5里的新址。永乐宫由于在全真道历史上的特殊地位，决定了它在全真道艺术与意识上的重要代表性。

永乐宫主体建筑为三殿一门，即由南向北为"无极门"（亦称"龙虎殿"）、"三清殿"（亦称"无极殿"）、"纯阳殿"（亦称混成殿，俗称"吕祖殿"）和"重阳殿"（亦称"七真殿"），其中皆满壁绘画。壁画形式大致分两类：无极门与三清殿为一类，皆列绘诸神众群像；纯阳殿与重阳殿为一类，均为人物故事连环图画，各具有不同的内容和艺术特色。其中纯阳殿共有壁画203平方米，主要是表现道教传说和记载的吕嵓神话故事画52幅，名《纯阳帝君神游显化之图》，以及扇墙背面的《锺离权度吕嵓图》和北门楣上的《八仙过海图》等。重阳殿壁画约150平方米，画王重阳生平及度化七大弟子（七真）的故事画52幅等。这些故事画有的含有一定的哲理，有的则反映了全真道创立发展的情况，并反映着一定的历史生活风俗。而主大殿三清殿则是集中地反映了道家哲学及全真道的宇宙观。

二、关于"三清"

三清殿是永乐宫的最尊圣殿，又名"无极殿"。其南面正对宫门"无极门"。老子的《道德经》云："知其白，守其黑，为天下式，为天上式。常德不忒，复归于无极。"这就是"无极"一语的由来。道教以"无极"命名其宫门，乃是寓意以此处为通向玄妙至道的门径，而"无极殿"正是至道的体现。

无极门有壁画80平方米，画神荼、郁垒及地方神祇守护兵众等。神荼、郁垒是古代神话中驱执恶害之鬼的神人，画于此处，有着入道须破除邪恶的寓意。

三清殿是整个永乐宫的主殿，宽7间深4间。其壁画也是永乐宫壁画中最壮观的部分。全殿共有壁画403平方米，分布在四面殿壁及殿中心扇面的墙壁上，画面高4.26米。全部壁画内容是一个统一整体，一般称为《诸神朝元图》。其画天地诸神近300尊，像高均在2米以上，作行进环围行列，向殿中扇面墙前的"三清"像作拱围之势。"三清"像为彩装泥塑三尊，庄严肃穆，是全殿中主像（20世纪50年代犹在，部分毁坏，今已不存）。三清，即"玉清元始天尊"、"上清灵宝天尊"、"太清道德天尊"，是道教中最崇高之神，也是天地万物的最高主宰。三清像背后扇面墙壁上满画《云气图》作蒸腾缭绕之状，浩然空阔。

按"三清"之称见于《灵宝太一经》等道教经典，《随书·经籍志四道经部》亦有"元始天尊"等论说，大约即起于南北朝。道教自东汉张陵起，皆祀奉"三官"，即天官、地官、水官三帝，以为其分治天、地、水三界，考核天人功过，而司众生祸福。随着道教的发展，道家哲学的奉行，三官遂降于次位，而三清遂推在最高地位。关于三清的论说，历代道藏经典不尽相同。大致如道教通常所谓"一气化三清"。三清各主于一天，称"三清境"，亦称"三清天"，即"清微天"、"禹余天"、"大赤天"。

道教原有"三十六天"之说，初见于《魏书·释老志》，其云："二仪之间有三十六天，其中有三十六宫，宫有一主。最高者无极至尊，次曰大至真尊，次天覆地载阴阳真尊，次洪正真尊，……"到宋代张君房《云笈七签》将三十六天归为六重：①"大罗天"；②"三清天"；③"四梵天"；④"无色界四天"；⑤"色界十八天"；⑥"欲界六天"。其中，"四梵天"、"无色界四天"、"色界十八天"、"欲界六天"（共三十天）合称"四人天"，即万物所居之境。四人天外即"三清天"（玉清天、上清天、太清天），三清天外是"大罗天"，大罗天便是最高极境。《云笈七签》卷二十一引《元始经》云："大罗之境，无复真宰，惟大梵（按梵意如道）之气，包罗诸天太空之上。"故大罗天无形无像，惟有元气，三清殿扇面墙壁画之《云气图》，所画并非一般的云，而是元气，即代表"大罗天"之境，寓意着"元气氤氲而化生万物"。永乐宫三清像即代表三清天，三清为大罗天所生，即所谓"一气化三清"。这里体现着全真道的宇宙观。我们将《云笈七签》所论与《魏书·释老志》对照，即知大罗天就是《魏书》所说的"无极至尊"之境。"无极"（无限）之说见于老子《道德经》，而《周易》则有"太极"（即最大极限）之说。自魏晋玄学《易》、《老》相会通，道学家们认为无限就是最大极限，最大极限就是极限。到宋代周敦颐又提出"无极而太极"之论（《太极图说》）。太极是最大极限，而其本来是无极。老子《道德经》云："道生一，一生二，二生三，三生万物。"大罗天即"无极至尊"之境，代表着无限的道。"道生一"，也就是"无极而太极"，"一"也就是"太极"《魏书》所谓"大至真尊"之境，即是"太极"之境，亦是三清中的"玉清元始天尊"之境。所以元始天尊也就是"太极"和"一"的象征。《周易·系辞上》云"易有太极，是生两仪"，与《道德经》之"一生二"的含义相合。太极所生"两仪"之境，即是《魏书》所谓"天覆地载阴阳真尊"之境，其境之主便是"上清灵宝天尊"。总之，从"大罗天"到三清，体现着老子"道生一，一生二，二生三"的思想。道是宇宙之无限的本始，其基本之体便是"一"，一是万物之最小单位，万法之最终核心，它最小，"其细无内"，故无所不在；它有最大，"其大无外"，故无所不包。故《道德经》云："可名于小"，"可名为大"，"强名之曰大"，"字之曰道"。一又包含着对立的阴阳两仪便是"二"，二不离于统一便是"三"。于是化生万物，万物生成必有此矛盾统一。"三清"即是一化为三。三即一，一即三，三位一体。所以《玄门大论三一诀》云："用则分三，本则常一。"这便是宇宙万物的本源，道教推重老子李耳的地位，又以"太清道德天尊"代表老子，故又称之为"太清太上老君"。

三清殿扇面墙的背后，画有32位天帝形象，这便是代表三十六天中除"大罗""三清"以外的"四人天"的三十二天。

从"大罗"到"三清"，由无极至三，又至于三十二天，再至于天地山川万物，这些都集中体现着道教哲学的核心，反映着道教，特别是全真教，在"第一义谛"上的宇宙本体论思想。关于这一点，我们在后面还要进一步分析。

三、六天帝君与二帝后

三清殿壁画共描绘有各种大小神祇像 286 位，向三清作拱围之势。其中有 8 位主神像。8 位主神中，有 6 位男神皆着冕服，两位女神皆着冠服。他们不仅形体尺寸较大，而且安排在壁画构图的突出位置上。这 8 位主神与《正统道藏》所载宋宁全真《上清灵宝大法》等文献所谓"六天帝君"及"二帝后"名目相符，六天帝君及二帝后地位应在三清之下，三十二天帝之上，三清殿所画这 8 主像亦仅次于三清像，这 8 位主像就是：

（1）中宫紫微北极大帝（在西后檐墙中部）；

（2）钩陈星宫天皇大帝（在东后檐墙中部）；

（3）太上昊天玉皇上帝（西壁中部偏北）；

（4）后土皇地祇（西壁中部偏南）；

（5）东华上相木公青童道君（东壁中部偏北）；

（6）白玉龟台九灵太真金母元君（东壁中部偏南）；

（7）东极青华太乙救苦天尊（扇墙东外侧）；

（8）南极长生大帝（扇墙西外侧）。

三清殿壁画中诸神排列以"右"为上位，这与蒙古统治者的礼仪制度有关。关于左右位置之高下，历代制度习俗不同。两汉制度尚右，唐、宋及明、清皆尚左，元代制度则尚右。元代官职右相高于左相，排座次亦右上左下。凡单数座次，首位居中，次右，又次左；凡双数座次，首位居中右，次中左（见元刊《新编事林广记》）。内蒙古赤峰市元宝山区元墓壁画中的男女主人对坐图，为男右女左。洪洞元代水神庙壁画排列亦是先右后左。这些都反映着元代"尚右"的制度。元代汉人民间也有沿袭宋代尚左习惯者，但永乐宫为"有敕"而建，又屡受"圣旨"、"令旨"保护，当然应遵从元代制度，所以三清殿画安排诸神位置亦是尚右，北极大帝居右（西），多环列文神祇；钩陈大帝在左（东），并出现不少武职神祇，是以右为上位。在东西壁的安排上，西壁画昊天玉皇与后土地祇，东壁画木公与金母，亦是以右位（西）为上。而且西壁主神玉皇，后土及北极大帝前画有供案及供品，而东壁之木公、金母，钩陈像前不画供案，只画供品，亦显示西侧主像身份较东侧者为高。

中宫紫微北极大帝简称北极，钩陈星宫天皇上帝简称钩陈。北极、钩陈原皆为天上星座名，都在北斗之北紫微垣中，紫微垣又名紫宫垣。《晋书·天文志》云："北极五星、钩陈六星，皆在紫宫中，紫宫垣十五星，其西蕃七，东蕃八，在北斗北，一曰紫微，大帝之座也，天子之常居也，主命主度也。"又汉人《星经》云：钩陈六星，在五帝（北极五星）下，为后宫，大帝正妃，所以汉代人每以钩陈代表皇帝后宫。然由于钩陈主六军及三会，所以后来又把它重新神话了。《晋书·天文志》云："钩陈口中一星曰天皇大帝，其神曰耀魄宝，主御群灵，执万神图。"北宋时王若钦等奏请列像祭祀。钩陈由后妃变而成为大帝，并被道教尊为"四御"之一，协助玉皇执掌两极三才，统御诸星，并主人间兵革之事，钩陈的地位在宋元时很崇高，与北极大帝不相上下，到明代弘治元年（1488）废祀。

三清殿壁画中北极大帝与钩陈大帝并列画于此壁。北极居西上位，周围画天官、地官、水官、仙曹、玉女、法师及上天诸星宿。钩陈居东，周围仙曹、玉女、天罡、仙将、三台（下应三公。钩陈主三公及六军兵革等）及诸上天星宿等。北极、钩陈可以说是宇宙天体诸星座的中心，同时也是宇宙天体的代表。

太上昊天玉皇大帝通称"玉皇"，是传说中执天道的最高之神。宋代对其多次加以诏封，道教列其仅次于三清之下。三清殿画玉皇于西北墙北部，居上位，东山墙之东华木公相对。玉皇与后土皇地祇相配。后土皇地祇亦称"地示"、"后土"、"后地"。宋吕元素《道门定制》卷二注："后土即朝廷祀皇地祇于方止是也。王者所尊，合上帝为天父母焉。"《太平御览》卷三六引《物理论》云："地者，其卦为坤，其德曰母，其神曰祇。"三清殿西壁所画后土为端严华贵的妇人形象，头冠前正中特画一坤卦，所示身份非常明确。玉皇、后土乃是天与地的象征。过去许多学者多把此壁画中玉皇后土与木公金母的名字互倒，是现代出版诸书皆错定主神之名，是不知元代尚左的特殊制度，且忽略了坤卦标志。壁画中玉皇、后土由众多仙官玉女神祇簇拥拱围，而稍侧北，最前有武职神祇二位开道护卫。

东华上相木公青童道君，通称"木公"。《太平广记》卷一引《仙传拾遗》云："木公亦云东王公，盖真阳之元气，百物之先也。"《十洲记》云："扶桑，在东海之东岸上有太帝宫，太真东王父所治处。"三清殿画木公于东山墙，符合东方之意。与木公相配的是"金母"，即白玉龟台九灵太真金母元君，亦称"西王母"。《墉城集仙录》云："西王母者，九灵太妙龟山金母也。"《太平广记》云："西王母与东王公，共理二气。男子得道，名隶木公；女子得道，名隶金母。"《名义考》云："金，西方成气，有母道，故曰母。"《山海经·西次三经》云："玉山，是西王母所居也。西王母其状如人，豹尾虎齿而善啸，蓬发戴胜，是司天之厉及五残。"按《山海经》所述东王公西王母形象都很怪异，后来演化为端美形象，二神实非人格神，所谓"共理二气"是皆有寓意的：东王公代表"真阳元气"，标志着事物的生发，故为"百物之先"；西王母代表"洞阴金气"，标志着事物的消亡，故"司天之厉及五残"。古代阴阳五行学说以"木"表示运动的扩展发生过程；以"金"表示运动的收敛消退过程，所以木与金代表着运动的起始与收束两个对立方面，一切事物都不离此二过程。而此二过程又是互相通流转化的，故《神异径》中有西王母与东龙公每岁登大鸟"希有"之翼上相会一次之说，标志着四季的生与敛每年重复一番，没有终已。可见木公金母二像的绘制，深含有道教重要的哲学意义。

金母本当居西，因配东主公故画于东壁，此亦是妻从夫之意吧。三清殿壁画中木公、金母身后左右，有多为神祇仙官簇拥拱列，前有武职神祇开道，金母身后有多位掌管人间功过祸福惩罚之神及武职神官，亦表明金母司"天厉"、"五残"的身份。

在三清殿扇面墙西外侧画有"南极长生大帝"，亦由众神祇簇拥前行；扇面墙东外侧画有"东极青华太乙救苦天尊"，由众神祇簇拥向前行进；《道门科范大全》："南方曰南极长生大帝，总御万灵"；"东方曰东极青华大帝总御万类"。南极本星座名，《史记·天官书》："狼比地有大星，曰南极老人。"《观象玩占》云："南极老人星，主寿考。"故道教以南极大帝统御众灵并象征着长生之道。《灵宝济度金书》云："东极青玄上帝，化为太乙救苦天尊，又化号为十方灵宝救苦天尊……以济度人鬼也。"故道教以东极天尊象征着天道的至善和对万物的恩佑。

三清殿壁画的众神，有的是传说中的上天神帝，有的是天上星座的代表，有的是山川河岳的神祇，有的代表着事物的法则规律，有的则是传说和记载中的历史重要人物的神话形象。其名目繁多，队伍庞大，组成整体行列，庄严端穆而又各具虔敬的神态，因为他们都是在朝拜他们的共同之元——"三清"。

四、神的意义与全真道的本质

我们从三清殿壁画中可以看出，道教之神名目相当繁多，这反映着道教产生的渊源状况。道教是中国各种原始宗教以及阴阳五行、星象、堪舆、神仙、方术等学说总的继承和延续，道教虽创立于东汉，但其不少学说内容却是早已有之的，神的名目繁多，说明了其渊源内容的庞杂。在后来的发展中，道教的内容发生着质的变化，特别是道家《老子》、《庄子》以及《周易》哲学的影响，使道教渐而脱离了原始状况，神的地位逐渐被否定了。尤其是到后来的全真道阶级，神反而成为"妄幻"之列，应当护弃。故全真道的高明道士，在本质上却成了无神论者。他们心目中所信仰的已不是天神上帝，而是作为宇宙本体的"无极"之"道"。这在上面我们分析"大罗天"与"三清"时已经看得很明白。

中国历史上曾同时存在"理"与"气"两种本体论学说，有的认为气是本体，有的主张理是本体，而道家本体论则是"理气合一"论者。理体现着事物的规律法则方面，气则体现着事物的物质本元方面，道便是物质之元与规律之元的同一体。这可以说是东方文化史上最有成就的本体论见解。元牟巘的《玄妙观重修三清殿记》对本体之道有如下描述："不可俄而度据，远视之，其色苍苍，以形体则谓之天，作善降之百祥，作不善降之百殃，以主宰则谓之帝；元始而亨，亨而利贞，以性情则谓之乾；不疾而速，不行而至，以妙用则谓之神；合理与气，其可得而名言者如此。"（见《赵孟𫖯书墨迹》，载《书谱》1985 年第 3 期）这可以说代表了元代当时道教界的见解。联系三清殿壁画来看，作为最高主宰的本体上之道所化之三清，远远超居于诸神天帝之上。而众神不再是古老的人格神，而是代表着世界万物的本体，这种本性无非也是道之"妙用"的显现。

在中世纪的历史上，中国宗教与西方宗教之间有着很大的区别。西方宗教所崇拜的基本是人格神，中国宗教所崇拜的却是"道"、"气"、"理"、"法"，而宗教美术中的形象则是这些本体的形象化表示（符号）。基督教、伊斯兰教崇奉的是上帝、耶稣基督、安拉真主，而东方道教崇奉的是"道"，佛教崇奉的是"觉"，而儒教则是早已强调"不谈鬼神"的（孔子即戒弟子谈鬼神）。中国禅宗追求即身成佛；全真道追求即身成道，即对宇宙本体的直接体验和把握；他们早已否认了灵魂不死之说，脱离了低级宗教阶级。这大约与中国文明发达较早而且从未间断有直接关系吧。但是中国宗教那高深的非神的哲学并非人人能够理解的，因此，清醒者只是较少数，而在多数的迷茫众生眼里，那些宗教绘画形象，仍然是有人格和情感的神。这种清醒与迷茫的高下悬殊，也就是宗教界上层人士与下层徒众间所以地位悬殊的基础。

道教佛教壁画内容，都可以有不同层次的解释，所谓"随缘而化"、"随处说法"乃是针对信徒不同的条件（缘）来进行解说的。按说"第一义谛"（本质意义）才是真谛，但对文化素质很低的"芸芸众生"是难以用第一义谛训之的，因而只好以福祸报应之说，来训导他们"去恶向善"。全真教主张"屏东忘幻，独全齐真"，成吉思汗诏见邱处机，问有什么长生的药，邱处机说："有卫生之道，无长生之药。"（见《元史·释老传》及《长春真人西游记》）可谓不忘幻。但是全真道的诸道书传记、诸神仙道祖灵异等说教，却未必全真，例如，他们就宣称王嚞得唐人吕洞宾的亲传。这些当然是针对下层徒众的，三清殿壁画在当时徒众的心目中，并非人人可以了解其真谛。这种深层意义上的本质含义，与表层意义上的说教解释，在当时历史条件下也是统一的。

永乐宫壁画制作相当精美，线条挺拔流畅，形象生动端严，气势壮伟；用色以青绿为主，硃黄白紫赭穿插其间，并运用沥粉贴金等手法，色彩绚丽而沉着，其总的审美观倾向是清、静、庄、严，体现着全真道徒对教法的崇拜，既清静无为，而又至高无上，无为而无不为，其审美观仍然贯穿着全真道的宇宙观。

（李德仁：山西大学美术学院教授）

浅析永乐宫纯阳殿山水艺术

行卫东

摘　要： 对于永乐宫纯阳殿壁画的研究和探索，主要是对于画面人物的形象和特点以及色彩进行研究，对于壁画中山水的研究和认识，特别是对于其青绿山水的研究，一般学者很少或者仅限于简单的概述。本文主要针对纯阳殿壁画中山水艺术进行研究和分析。

关键词： 永乐宫；纯阳殿；山水壁画

永乐宫以壁画艺术闻名天下，可与敦煌壁画媲美，"堪称中国古代绘画艺术史上一幅不朽之作"[①]。对于其研究的方面，历来专家和学者更多关注的是永乐宫壁画人物的形象特点、线条、色彩等方面的问题，而对于壁画中山水画部分的分析和研究相当少，而纵观整个永乐宫壁画，人物画分布于三大殿中，而山水画部分主要分布在纯阳殿和重阳殿，在这两座殿中除了人物画以外，山水画的部分占到整个壁画相当大的面积，由于篇幅的问题，我们今天主要针对纯阳殿壁画中的山水画进行分析。

一、纯阳殿山水壁画概况

寺观壁画作为寺观艺术的主要组成部分，其艺术形式是宣传教化平民大众，而壁画中的人物画是最符合其要求的，从而确定了山水画只能作为人物画的背景和补充出现在寺观壁画中。根据不同的画面需要，可以把壁画中的山水画分为三种形式来看，首先山水画单独作为人物画的背景出现，这在寺观壁画中最为常见，像洪洞广胜寺壁画、繁峙岩山寺壁画等寺观中大量的出现；第二种是整个壁画以山水画作为整个壁画的主体，面积占到画面的一半以上，有些类似于明代仇英的《桃源仙境图》，但画面中同样的人物作为画面的重点，像新绛县东岳稷益庙壁画中的西壁壁画和绛县太阴寺的壁画，特别是绛县太阴寺佛龛外侧的壁画，其从形式上甚至可以称为山水画；第三种是作为人物画背景的同时又作为画面故事之间的衔接出现，像永乐宫纯阳殿壁画和高平开化寺宋代壁画等。

纯阳殿壁画是由东、北、西三面墙组成的《纯阳殿帝君神游显化图》、南壁东西两梢的《道观斋供图》和《道观醮乐图》、北门门额上的《八仙过海图》、扇面墙后的《钟离权度吕洞宾》组成，纯阳殿山水画部分主要是在东、北、西三壁组成的《纯阳殿帝君神游显化图》中，整体"壁画幅高 3.5 米，面积

注释：

① 柴泽俊：《山西寺观壁画》，文物出版社，1997 年，第 53 页。

为203平方米"[1]。纯阳殿壁画中的山水画主要是以青绿山水的形式来穿插于故事之间，此外整个壁画中还出现了大量的云雾、树石、花卉等自然景观来衔接各个故事。从整体壁画来看，画师为了更好地突出人物故事，避免整体壁画的平板，使得壁画整体上更像是一张完整的山水画，最下面的山水画主要是以水墨的形式来表现山水画，而中部的山水画主要是以典型的青绿山水来表现，再到画面的最上部的山水变得更为单纯和深远，从而使得整个纯阳殿壁画形成一个内在的形式规律。此外，壁画中除了人物、山水自然景观之外，我们能够看到描绘当时民间的田野、村庄、楼阁、园林、市井等景象，反映出了元代民间社会的生活景象和历史面貌。

二、纯阳殿布局特点

纯阳殿壁画是以一种独特的上下两栏式平行的构图来表现吕洞宾从出生到得道升仙的传说，并且每幅作品都配有文字的题记来说明画面的内容，共52幅，可以说是我国早期的连环画的雏形。这种形式在其他寺观壁画中非常少见，在高平开化寺宋代壁画中也有题记的说明，但其说明简单，画面故事是以分散式的布局来表现佛祖本生的故事。我们在北齐墓室壁画中能够看到这种分栏式的构图形式，但其上下分栏以比较明确的线来表现不同的环境。而在大多数寺观壁画中，是以一种曼陀罗式的圆形布局来表现壁画中的人物关系，像新绛稷益庙东壁的壁画，其中画面中人物的故事主要是围绕着主像分散式来表现其生平事迹。这些不同的壁画中都没有像纯阳殿壁画这样整体和独幅画面处理得这样和谐统一。通过题记的形式来强化其画面的故事性和形式感，如果去掉画面中的题记来看，此时我们能够看到顾恺之《洛神赋》的影子，上下两栏更像是一幅独立完整的长卷作品。另外，前面提到的壁画从上到下，我们随便取其一个故事，都像是一幅完整的山水画。因而纯阳殿的壁画的构图方式在全国寺观壁画中可能是独一无二的。

另外，在纯阳殿壁画中，我们能够看到画师运用了不同的透视方法来表现画面，使得画面之间自然地分割开，同时又让观者感到很自然的衔接关系。从整体上来看，画家主要通过平远的手法来表现人物之间以及山体景物之间的变化。但在东壁《神化金陵鹤会》图中的远景，画家则运用了深远又有迷远的交错手法，来表现峰峦之后的景色，在两座山峰之间画师运用了水墨单色来表现远处山体的深远景色，另外在远处有一座远山来表现整个画面的开合之势（图1）。在纯阳殿西壁中的《神化鼎州货墨》画面在表现山水背景方面，画家运用了高远的方法来表现山体的高耸，画家通过不同的颜色表现出山体和山势的变化。这些画面中的不同方法和技巧充分体现出了画家熟练的绘画理念和技巧。

此外，值得一提的是，画面中山水与人物之间的关系，既不同于魏晋时期的"人大于山，水不容泛"的特点，也

▲图1 《神化金陵鹤会》局部

注释：

① 金维诺：《永乐宫壁画全集》，天津人民美术出版社，1997年，第4页。

不同于"丈山尺树，寸马豆人"的比例关系。通过纯阳殿壁画中的比例关系，我们能够看到人物与山体的关系在其两者之间，人物的大小比例是随着山体与宫殿建筑的变化而变化的，其人物比山体和宫殿要小，但又远远要比实际的人物与宫殿的比例要大。从中能够看到画师对于整体画面灵活的掌握，以及结合画面的内容需要进行创作，从而达到保持画面完整的同时，达到对于民众的教化作用以及道教的宣传作用。

三、纯阳殿山水画的特点

▲ 图2 《度何仙姑》局部

纯阳殿壁画主要是运用了青绿山水来表现山体的变化，其青绿山水的技法以及画面的效果在全国的寺观壁画中都是首屈一指的。我们把纯阳殿壁画与洪洞水神庙壁画以及繁峙岩山寺金代壁画对比来看，后者画面中青绿山水更多是以简单的勾勒之后敷以石绿和石青色，其画面整体上颜色显得平板，过于单薄粗糙，不够稳重，山石结构也显得比较松动，严谨不够。而纯阳殿壁画中的青绿山水则吸取了北宋时期青绿山水的全景式构图，特别是对于北宋时期的画家赵伯驹《江山秋色图》和王希孟的《千里江山图》的借鉴，在北壁东侧绘有大面积的青绿山水，运用了传统的青绿山水的画法，以赭色为衬托，大量使用了赭石、石绿、石青等十分艳丽的颜色，整个画面统一于青绿的基调中，气氛调和、色彩浓艳而沉稳，光彩夺目中突出了山体石青石绿的厚重感，使得画面更为浑厚而绚丽，画面千岩竞秀、云雾缭绕，充分表现了自然山水的秀丽壮美。在东壁《度何仙姑》图中，可以感受到画师运用斧劈皴之后敷以不同的头青和三绿等颜色，画面中画师并不是一味地追

求平铺，而是画家根据山石的结构来表现山体的明暗变化，在整体中有的厚重，有的轻盈，有的地方不着一笔颜色，从而使得画面层次分明而富于变化（图2）。在纯阳殿的壁画中关于山水画的元素相当多，绘画技法也非常成熟。从整体来看，纯阳殿的三面壁画各自有各自不同的山水特点，我们从纯阳殿三面壁画的笔墨、结构、树石等画法来分析山水的特点。

（一）东壁壁画山水

首先，来分析东壁山水的特点，从颜色上看其画面中以典型的青绿山水的画法来表现画面，例如，在《诱侯用晦》中（图3），其近处的山体在用墨色打底的基础上用花青或赭石颜色打底，再用汁绿以及花青或石青、石绿色铺底，最后用不同色阶石青和石绿敷以上面，整体显得山体更加厚重沉稳，但有的山体则在简单用墨色和赭石打底后，

▲ 图3 《诱侯用晦》

用石绿的颜色直接敷于上面，显得山体更加明快通透，甚至从远处看感到山体亮面有点泛白，与周边的石青色形成一明一暗的关系，使得画面更为丰富。在远处，简单的山体结构上则在前面石青颜色之后再敷以石绿的颜色，画师极其重视山体颜色的变化，使得画面中的山水更加自然和谐。

另外，从山石方面来看，画师相当注重山石结构的变化，画师通过大小斧劈皴、雨点皴、骷髅皴等不同的皴法来表现山石的结构变化，从中能够看到画师对于生活的观察和体验，但其皴法显得有点刻板，没有太多墨色的变化。在山头上画面主要运用了范宽的点树的方法来表现山顶林木茂密的感觉。画面中近景和远景的处理主要是通过对于画面山石的虚实、疏密、主次等来表现，近处的山体刻画得更加细致，结构清晰，颜色明快通透。中景的山体比近景略微简单，色彩沉稳，在远景为了考虑整体画面层的次感和浑厚感，则是没有运用皴擦，而是直接用线勾勒后敷以颜色来表现山体，山脚下画师为了表现山体的高耸，虚化山脚，从而使得画面产生了更为丰富的虚实和空间的变化。

▲ 图4　《神化金陵鹤会》中树的画法

从东壁壁画中树的画法可以看到，树叶的画法主要是以双钩填色的方法来表现，通过石绿和石青色再进行填色，在《神化金陵鹤会》中神殿左侧的银杏树，画师极其注意银杏树的特点，其树叶的正反、穿插、疏密变化以及结构特点，充分体现了画家对于树木的观察和理解（图4）。另外，《瑞应永乐》中柏树的画法，是在点叶的基础上再加以石绿的颜色再勾点一遍，形成独特的画法，这些与画面中的青绿山水形成呼应关系。此外，画师还通过针叶法和点叶法来穿插于各个画面之间，画师极其注意树叶的疏密聚散关系，以及整体的树外形变化，使得画面更为丰富。树干的画法，从《度老松精》画面中树的画法能够看到北宋郭熙《寒林图》的影响，在注重用笔稳重的同时，也注意到其墨色的变化，以及树干的体积感和质感。在《度何仙姑》图中，其松树的树皮的画法，是通过大量的松树板结来突出松树的质感。在每个故事中，画师都特别注意树木之间的呼应关系以及树枝之间的穿插变化。通过不同的树石的变化使得画面更加丰富和协调。

▲ 图5　《救苟婆眼疾》

（二）北壁壁画山水

纯阳殿北壁的壁画是整个殿中最大的壁画，北壁壁画整体比东西两壁颜色更加稳重，画法更为简洁，画师更加重视对于笔墨的表现。在《救苟婆眼疾》（图5）中，阿婆的右边青绿山水在水墨的基础上敷以赭石后直接运用石青和石绿的颜色来表现山石。在房屋后的中景，画师更是运用简单的在水墨的基础上敷以少量的石青和石绿的颜色的小青绿山水来表现。在远景上我们能够看到画师则直接运用水墨来表现远处的景色。实际上，我们从《度马庭弯》和《神化婆州举塔》的画面中能够看到，整个北壁壁画，在壁画的下方很少运用青绿山水，更多的是通过水墨方式来表现山石结构的变化，其山石结构分明，错落有序。其用笔以中锋为主，辅以侧锋，主次分明，线条凝重，通过皴擦染的方法山石结构，体积感强，凸显出了画家对于北方山水画的吸收。北壁中的水墨的表现与东壁比较来看，其用笔更加灵活松动，墨色变化更为丰富，层次感更强。其山石的结构，在勾勒的基础上，结合南宋山水小斧披皴的用笔的特点，显得更为成熟。

在北壁壁画中同样能够看到画师通过不同的方法，如点叶法、针叶法和双钩法来表现不同树的画法。在《救苟婆眼疾》中能够看到画家对于北宋山水画的学习和继承，特别是对于远景树的画法，我们能够看到其用笔松动，层次感强，虚实相间，高低错落有致，很好地表现出了山体的空间变化，从中我们能够看到北宋宫廷画家师许道宁的影响。松树的松针用笔遒劲有力，树干用笔凝重，通过皴擦表现出树干的体积变化，从而我们能够看到画师对于两宋山水整体的借鉴，从侧面体现出了画师对于传统山水全面的认识和理解。

北壁的壁画是在三面壁画中笔墨和技巧最为成熟和全面的，北壁壁画的画师根据画面中的布局特点和画面的需要，通过不同的技巧和方法来表现山水，画师并不是一味地对于画面山水进行描绘，而是注意到整个壁画的效果和画面的需要对山水进行不同形式的描绘，使得北壁壁画让人感到是一个统一的整体。画师在突出画面重点的同时，能够处理好画面不同景物和人物之间的关系。而在东壁的壁画中，我们看到的是画面的每一个故事都是独立的个体，画面是通过整体的青绿颜色来展现画面的整体，整个壁画更趋于平面。而北壁的壁画画师为了突出故事的情节性，通过颜色不同阶段的变化来展现画面，例如，在《游寒山寺》图中，人物的周围用了比较鲜艳的颜色，但同时注意不与人物之间的颜色冲突，山石的颜色要比人物的颜色更为暗淡和沉稳。我们看到其远处的山石则更为暗淡，用笔也比中景的山石更为简练。其近景也就是下部的山石，画师则主要通过水墨来表现山水的结构变化，从而反映出画师能够在整体考虑的基础上，注意画面整体的节奏变化和突出主体。

（三）西壁壁画山水

纯阳殿西壁的壁画分为两部分：一部分是北边元代遗留的原有的壁画；另一部分是南边清代画家后补的壁画。在壁画中我们能够直观地看到两部分壁画的不同，清代后补的山水整体上能够还原西壁南边壁画的特点，同样重视笔墨的变化，但从颜色层次和感觉上显得比较单薄和轻浮，在用笔技巧上也没有原壁画成熟和稳重。我们能够清楚地看到北边的壁画其色彩和笔墨则更加厚重、沉稳，富于质感和体积感。从壁画的本源来看，还是从西壁北边的壁画来分析其山水的特点，其山水技巧和笔墨都比较注意节奏的变化和画面的统一性，画面中的青绿山水同样和北壁壁画的画法比较接近，其中画师能够根据山体的结构不同程度地染上石青和石绿，从而形成不同层次的山体变化。但在山石结构上与东壁和北壁都有所不同，其山水的结构整体比较趋于平缓，没有太多高耸的山体，用笔比较圆润、内敛、松动；注意山石的主次和虚实的变化，没有像北壁壁画中方笔用笔比较多，勾勒和皴擦方面则借鉴北宋和元代文人水墨的特点。画面中既有北宋山水画的稳重和大气，又有元代山水画的清秀和洒脱。

西壁壁画的树同样是用点叶法和双钩法来表现树木的变化，画师吸取了北宋以及元代树木的画法，我们在《神化赵相公》图中能够看到画师技法的完备，以及对于元代绘画的吸收。其中在太湖石的后面

▲ 图6 《神化赵相公》局部

的芭蕉叶的画法，画师通过勾勒填色的方法表现出叶子的变化，达到墨不碍色，色不碍墨。同时，在土墙的后面能够看到画师在轻松随意中，用不失法度的笔墨来表现竹子的变化（图6）。另外，我们在《神化赴千道会》中的宫殿中的树木，画师表现的树木具有一定的装饰性。因此，西壁的壁画中画树的技法和笔墨都相当完备。

此外，值得一提的是，画面中云雾的表现和作用。在整个纯阳殿壁画中，画师们运用了不同云的画法，大致分为留白和勾勒两种，其中勾勒的云根据画面的需要形成不同形状的变化，例如，有卷云形、灵芝形、火纹形等。像卷云形的云雾上又通过不同的颜色来表现不同身份和作用的云。像在北壁《游寒山寺》图中，神仙通过土黄色的云来烘托其身份。旁边通过在白云上用石绿色进行分染来表现青烟。故事与故事的衔接处又是通过勾勒水平的浮云来区分故事。另外，画师通过不同的留白和烘染来表现出画面中山体层次和空间的变化。因此，从整体能够看到，画师根据壁画空间以及画面内容的需要，通过不同云雾的变化从而产生丰富多彩的层次变化，进而凸显出画师对于整体壁画的把握能力和控制力。

从整体看，纯阳殿壁画中青绿山水主要还是继承了两宋时期的画法，画师严格按照北宋青绿山水的方法来表现山体的变化，画师通过不同形式的皴法和染法相合，以中锋用笔勾勒、皴擦、上色、渲染等技巧，来表现山石的结构变化以及山体之间的穿插变化，以及山石的肌理脉络和明暗变化。在用色上，画师在单纯的青绿山水中求变化，有的浑厚，有的轻盈，间以赭色为衬托，使画面层次分明。但可能是受到壁画底材的影响，画面整体上还是缺少北宋的严谨、工整、艳丽。另外，画面中除了青绿山水外，还有大量的水墨山水元素出现，反映出了民间画工到元代开始对于水墨画面的接受和喜欢，反映出了元代青绿山水在对宋代的继承的同时也在走向衰落，从侧面又能够反映出画师自己对于整体壁画的理解和创作。

另外，从东西北壁画来看，每个壁画都有各自的风格特点和表现手法，因而三个壁画应是由不同的画师来完成的，南壁东西两梢上的题记也印证了壁画是由不同的画师来完成的，其中南壁东梢间《道观斋供图》右上角的题记："禽昌朱好古门人／古新远斋男寓居绛阳侍诏张遵礼／门人古新田德新／洞县曹德敏／至正十八年（公元1358年）戊戌季秋重阳日工毕谨志。"[①]另外，在南壁西梢间《道观醮乐图》左上方也有画师的题记："禽昌朱好古门人／古芮待诏李弘宜／门人龙门王士彦／孤峰侍诏王椿／门人张秀实／卫德／至正十八年戊戌季秋上旬一日工毕谨志。"[②]从中可以看出，纯阳殿的壁画是由朱好古门人的画工班子来完成的。此外，从题记中还可以看到整个壁画是由称呼为"待诏"的画师带领其门人来完成的，而"待诏"在两宋时期是对于宫廷画师的称号，而到了元代朝廷再也没有设立画院，也就不存在"待诏"，此处"待诏"是根据孟嗣徽《元代晋南寺观壁画群研究》中提到的"至于'待诏'的称谓，

注释：

① 见永乐宫纯阳殿南壁东梢间壁画。
② 见永乐宫纯阳殿南壁西梢间壁画。

则是他们自己所封"①。现存的元代寺观中涉及青绿山水的壁画非常稀少，因此对纯阳殿青绿山水的研究，对于了解整体元代寺观壁画山水的发展具有重要的意义。

四、山水相关景观的描绘

从纯阳殿壁画的整体来看，其山水部分除了主要的青绿山水之外，画师对于吕洞宾所处环境的描绘在整个壁画中占有很重要的位置，"画中有宫廷、殿宇、庐舍、茶肆、酒楼、土墙、村塾、医馆、舟车、田野、山川以及形形色色的人物"②，所有这些具有生活气息的景物，我们在整个中国寺观壁画中都是很少见到的，另外能够联想到北宋时期的《清明上河图》以及同时期的宋人小品中对于生活景物的描绘，一方面反映出了画师对于生活的关注和了解，同时也反映出了画师对于北宋绘画的继承。我们从局部来观察，每一个画面故事中，画师都能够根据画面以及故事的需要，很客观地描绘出富有浓厚的生活气息的画面，描绘了宋元时代的社会风貌、生活习俗、建筑形态、园林布局等形形色色的生活景象。另外，对于故事中的农夫、乞丐等各色人物的描绘，同样真实生动，成为了解元代社会生活和人文生活形象重要的材料依据，特别是对于山西晋南地区的风土人情以及庭院布局具有重要的参考价值。例如，在壁画中随处可见的土墙的样式，今天的晋南地区的村庄中同样可以看到。另外，在北壁的《度马庭鸾》中，土墙后的灶房的样式以及生活用品在今天的村庄中随处可见。因而纯阳殿壁画对于研究宋元时期晋南地区的风土人情具有重要的资料价值，"对于研究我国 14 世纪前后的封建社会和人民生活概况及服饰形式等，都有一定的研究价值"③。

五、总结

在整个纯阳殿的壁画中，关于山水方面的内容相当多，大致可分为青绿山水、水墨山水、园林山水和界画四类，但从整体上看画面是以青绿山水作为画面的主要形式，有其必然的历史客观原因，我们从纯阳殿的题记可知，这些壁画的作者及完工时间应为 1358 年，在北宋"靖康之变"后，大量的北宋画院画家流落到民间，由于元朝统治者推行民族歧视政策，文人无心仕途的发展，而大量的遗民画家加入到民间画工的行列，致使元朝寺观壁画大多是沿袭宋朝绘画的特点进行创作。此外，在扇形墙后的《钟离权度吕洞宾》中，画家很明显是对马麟的《静听松风图》④的借鉴。画面中铁拐李的形象不论从动作还是线条变化来说，都与马麟作品中的人物衣纹特点相当接近，从中可以看到明显受到了南宋画家的影响。

总之，纯阳殿壁画中的青绿山水有朴素、庄重之美，彰显出了其画师高超的技艺和对于整体壁画的把握和理解，对于中国宋元时期山水画具有重要的资料价值。其山水的特点无论在山西寺观壁画中，或者在整个中国寺观壁画中都是非常少见的，其对于我们研究整个山西乃至中国寺观壁画中的山水画艺术都具有指导意义和历史地位。

（行卫东：山西师范大学美术学院讲师）

注释:

① 孟嗣徽：《元代晋南寺观壁画群研究》，紫禁城出版社，2011 年，第 150 页。

② 金维诺：《永乐宫壁画全集》，天津人民美术出版社，1997 年，第 4 页。

③ 楚启恩：《中国壁画史》，北京工艺美术出版社，2012 年，第 202 页。

④ 卢辅圣主编：《中国画历代名家技法图典》，上海书画出版社，2003 年，第 65 页。

山西汾阳田村圣母庙壁画音乐图像考

武丽敏

摘　要： 山西汾阳田村圣母庙壁画上保存有丰富的音乐图像，主要包括两类：卤簿鼓吹乐和宫廷燕乐。它们形象地记录了明代山西地方番王的生活、出行、娱乐等场景，这些图像为该壁画绘制年代的考证提供了有力的依据，同时结合皇家风格的现实考证，进一步地说明了山西明代乐户这一特殊音乐群体的存在，壁画上的众多乐伎形象就是这一特定时代现象的真实记录。

关键词： 田村圣母庙壁画；音乐图像；乐户

作为一个古代寺观遗存的大省，山西就其壁画而言，艺术成就主要集中在北朝、唐、宋、元时期。明清时总体上已渐趋式微，但亦有优秀之作，山西汾阳田村圣母庙壁画不仅描绘了众多的音乐图像，而且还处处散发着皇宫生活气息，确实令人为之惊叹。

圣母庙位于汾阳市西北二公里的田村，原是一组古建筑群，为两进院落，庙堂坐北朝南。前有山门、钟楼、鼓楼以及两侧廊庑。据说还有一座乐楼，是在庙会时为了酬神而演戏的地方。最后是圣母殿，殿前有月台，左右厢房各5间。现仅存圣母殿一座，其他建筑皆毁，而目前所保存的壁画也主要集中在该殿。

一、壁画音乐图像概述

在这三堵壁画上均有音乐图像。譬如，东壁的《迎驾图》，表现了护送和迎接圣母出宫即将巡幸时的情景。走在最前面的是旗官，他们手中分别执有号角、纱灯、旗牌、金瓜等物，紧跟其后的是手拿如意、铜铙、唢呐等的乐神[1]，西壁描绘的是圣母巡幸回宫的情景，简称《巡幸图》。其中，圣母身边的侍者及神将分别执叉、戟、玉花、三光以及纱灯等物乘马随行[2]，八大乐神抱香山、执琼蕊，整个仪仗威严庄重而又旌节有序。北壁略低，围绕圣母形象描绘有后宫情景的《燕乐图》。壁画上殿台楼阁、回廊亭榭之间点缀有松梧竹石、花木草丛。个个婀娜多姿的宫女、乐伎们正在有条不紊地安排着侍奉、陈设和献艺等工作。北壁西次间的壁画主要是以宫廷陈设为主。最前列的3名宫女，分别捧蒲团、食盒或执宫灯，其后随行有6人，分为两组。一组是两名乐伎对吹笙、萧，另一组为4名宫女，她们分别手捧棋

注释：

① 柴泽俊：《汾阳县圣母庙圣母殿明代壁画》，《山西寺观壁画艺术》，文物出版社，1997年，120—121页。

② 柴泽俊：《汾阳县圣母庙圣母殿明代壁画》，《山西寺观壁画艺术》，文物出版社，1997年，120—121页。

盘、古琴、玉酒和食盒。此处勾栏旁边，有一位宦官正牵着一个小男孩的手躬身前行。亭子里亦有两组人物：走在前面的一组是由5名乐伎组成的小乐队，为首的那位手捧莲花，其余4人分别执琵琶、拍板、三弦等乐器，作弹奏状。紧随其后的是几位宫女和侍吏，他们有的手执伞盖和宫扇，有的吃力地抬着放有金钟的玉案，有的抱玉琴，正随整个队伍缓缓前行。北壁东次间的壁画主要以乐队演奏为主。位于最前列的是3名乐伎，她们分别执琵琶、拍板和玉笛。其后紧随宫女5人，分别捧古琴、卷轴、阮咸、拍板及宝盒等物。乐队的中部有9人，前3人手捧酒盏、慧灯和金钟，其余几位则分别执笙、琴、瑟、琵琶、阮咸和板胡等，弹奏前行。

由以上描述可知，田村圣母庙壁画音乐图像可分为如下两类：卤簿鼓吹乐和宫廷燕乐。

（一）卤簿鼓吹乐

所谓"卤簿"，即后人称"仪仗"者，"舆驾行幸，羽仪道从，谓之卤簿"[①]，指的就是古代帝王外出时，护卫所持的旗帜、伞、鼓、武器等。卤簿是我国封建社会帝王制度重要的组成部分，一般解释为"仪仗队"，实际上卤簿所涵盖的内容比仪仗队要丰富得多。卤簿是直接为帝王的重大活动服务的，在汉代已经出现。蔡邕在《独断》中记述："天子出，车驾次第，谓之卤簿。"汉应劭在《汉官仪》中解释："天子出车驾次第谓之卤，兵卫以甲盾居外为前导，皆谓之簿，故曰卤簿。"[②]卤簿的"卤"在古代是"橹"的通假字，意思是"大盾"。从盾的防护意义引申为对帝王的防护保卫措施，包括武器装备和护卫人员的有组织的行动，即"车驾次第"加上"兵卫以甲盾居外为前导"。卤簿的"簿"就是册簿的意思，就是把"车驾次第"和保卫人员即装备的规模、数量、等级形成文字的典籍。卤簿制度经过中国封建社会两千多年的发展，日趋完备，在车驾、护卫的基础上还增加了仪仗（执举金瓜、宝顶、旗幡）和乐舞（音乐演奏和舞蹈表演）等。

作为卤簿的重要组成部分，至秦汉时得名并兴起的鼓吹乐，已是一种以吹管乐器和打击乐器为主的器乐演奏形式。[③]

鼓吹乐在汉代宫廷中的运用主要有5种类型，即黄门鼓吹、骑吹、短箫铙歌、横吹、箫鼓等。[④]明清时期，沿革发展中的鼓吹乐出现了以打击乐器鼓和吹奏乐器管或角或唢呐为主的合奏形式，从而形成了具有时代特色的官府仪仗乐队。[⑤]

在东西两壁上出现的骑吹仪仗，其中所吹的长尖、号筒、唢呐等乐器，其形制与明刻本传奇剧目《蓝桥玉杵记》和《灵犀锦》插图中的宴乐鼓吹乐队所用的铜制乐器相一致。[⑥]

就唢呐而言，有学者认为它进入中国虽在北朝与隋唐之间，但最初并不以唢呐称之，唢呐的名称是明代以后才有的。[⑦]而且鼓吹乐在隋唐之前并非由唢呐主奏，是筚篥、笛、角的天下，唢呐成为鼓吹乐的主要乐器应该是元代甚至是明代以后的事情。[⑧]因为到了明代，不仅有了唢呐的文字记载，而且壁画

注释：

① （唐）封演：《封氏闻见记》，学苑出版社，2001年，第92页。

② （唐）封演：《封氏闻见记》，学苑出版社，2001年，第92页。

③ 孙敏：《中原鼓吹乐的历史嬗变》，《东方艺术》2005年第8期，第54页。

④ 董波：《说说鼓吹乐》，《昭乌达蒙族师专学报》（汉文哲社版）2001年第2期，第85页。

⑤ 丛树敏：《岱庙壁画仪仗乐队图析》，《泰山研究论丛》1992年，第159页。

⑥ 中国艺术研究院音乐研究所：《中国音乐史图鉴》，人民音乐出版社，1988年，第169—170页。

⑦ 刘勇：《中国唢呐音乐研究》，中央音乐学院，1999年，打印本。

⑧ 项阳：《山西乐户研究》，文物出版社，2001年，第73页。

和雕塑中的唢呐图像也越来越多，越来越写实。譬如，拉萨的大昭寺、泉州的开元寺、山东泰山岱庙壁画以及明代墓葬出土的吹唢呐的仪仗俑等[①]，而以上寺观遗存所涉及的唢呐形象都与田村圣母庙壁画上的十分相仿。

那么，田村圣母庙壁画（东、西两壁即《迎驾图》和《巡幸图》）上所反映的我国古代礼仪中流行的仪仗鼓吹（骑吹）乐，恰是明代皇家卤簿制度的一个具体体现。

譬如，在东壁《出巡图》中，骑吹仪仗均为十骑戎装，以基本呈对称汇拢状的两组形式分列于队伍的前方。在龙辇的右侧有一组3人，他们分别吹奏着唢呐和长尖，其前紧随先行官的乐伎吹奏着号筒。在龙辇的左侧则有两组人物，第一组除了吹奏唢呐和长尖外，还有一人敲打着马背同鼓，而走在队伍稍前的四位手中并未见有乐器，其中一位手执一面飞虎绶带火焰边白方三尾旗作引导，似与走在先行官前的挥舞着同样旗帜的那位军士相呼应。

长尖又称"招军"、"先锋"、"大杆号"，明清以来，常做军中马上骑吹，随军演奏。明人王圻《三才图会》中介绍，"喇叭，其制以铜为之。一窍直吹，身细，尾口殊敞，似铜角。不知始于何时。今军中及司晨昏者多用之"[②]。长尖的尾口多为直筒形[③]，而该壁画中的几位乐伎所吹的长尖尾口却呈弯曲式，这样的造型难得多见。[④]

号筒又名"角"，是古代的一种吹奏乐器，最初主要流行于北方游牧的少数民族间，自汉代始用于鼓吹乐，后世用于军中及卤簿（仪仗）。[⑤]据河南邓县出土的南北朝的画像砖图像，其形制为曲形角。又据唐代段成节的《筚篥格》载，"革角，长五尺，形如竹筒。卤簿军中皆用之。或竹木，或皮"。宋代陈旸的《乐书》又云，"双角"为曲形兽角状，"警角"为竹筒状。明清时期为"铜角"[⑥]，即"古角以木为之。会以铜，即古角之变体也。其本细，其末距，本常纳于腹中，用即取之。为军中之乐也"[⑦]。以后传至清代卤簿鼓吹大乐中，用的也是这种铜角。

鼓历来是我国民族乐队中的主师，被推为"八音之领袖"，虽"不与五音，而为五音主"[⑧]。项阳在《山西乐户研究》中提到了该壁画中的马背同鼓是难得多见的图像[⑨]，因此壁画的音乐学意义便越发凸显。同鼓是民间流传的较大型的鼓类乐器，属于堂鼓，是中国鼓类中近代较为流行的一个品种。其鼓身呈桶形，中间略宽，鼓高约60厘米，多用椿木、色木、桦木或杨木制作，两面蒙以牛皮，鼓面直径约50厘米。鼓身中部装有3个鼓环，用以穿系鼓带或作悬挂之用。[⑩]

（二）宫廷燕乐

燕乐亦称"宴乐"或"讌乐"，即宴饮之乐，是古代天子及诸侯宴饮宾客时所用的音乐。

注释：

① 刘勇：《中国唢呐历史考索》，《中国音乐学》2000年第2期，第43页。

② （明）王圻：《三才图会》器用三卷，上海古籍出版社，1988年，第1133页。

③ 中国艺术研究院音乐研究所：《中国音乐史图鉴》，人民音乐出版社，1988年，第169页。

④ 项阳：《山西乐户研究》，文物出版社，2001年，第73页。

⑤ 董波：《说说鼓吹乐》，《昭乌达蒙族师专学报》（汉文哲社版）2001年第2期，第84页。

⑥ 丛树敏：《岱庙壁画仪仗乐队图析》，《泰山研究论丛》1992年，第158页。

⑦ （明）王圻：《三才图会》器用三卷，上海古籍出版社，1988年，第1134页。

⑧ 王泰安：《鼓之渊源》，《民族音乐研究》2001年第3期，第25页。

⑨ 项阳：《山西乐户研究》，文物出版社，2001年，第73页。

⑩ 文音：《鼓》，《乐器》1976年第4期，第40页。

田村圣母庙北壁的《燕乐图》，回廊百转之间众侍女或集中，或分散，多持乐器。有的是一个团组，正准备登场；有的则只有两三人，似做登场前的准备。绘于圣母塑像右方的有两组乐伎：一组围着棋局，一笛、一笙、一筝正在试奏；另一组在亭内，分别执琵琶、三弦、拍板正在合奏。在圣母塑像左方背墙上描绘了一组大型乐队即将表演前的情景，该乐队由3部分组成，走在最前边的3人，手中分别拿着琵琶、横笛和拍板；居中一组有5人，乐器有筝、琵琶、拍板等；最后一组有十余人，所拿乐器有琵琶、筝、笙、胡琴等。从这些乐器上不难看出，除拍板外，绝大多数是管弦类。这类乐器所奏出的音乐会给人一种柔和清雅的感觉，再加之壁画中有宫人抬着食盒的情节，因此可以推断众多乐伎如此认真准备是为了在圣母回宫进膳时表演，而所演奏的也应是当时的宫廷燕飨乐。

就拍板的样式而言，五代、宋、金时多为六片（如顾闳中《韩熙载夜宴图》中的拍板即是六片），壁画中出现的拍板则为两片，犹若今日戏曲舞台上之所用。但击奏的方式仍同宋元，即由一人双手举起拍击。形制为两片的拍板样式也出现在《三才图会》一书中。[①]

此外，还值得关注的是，乐队中的胡琴。在甘肃安西榆林石窟元代壁画上，胡琴是以飞天的单个形式出现的，在山西繁峙岩山寺金代石刻的胡琴图则被表现为佛教的音乐组群。而在田村圣母庙壁画上，胡琴是后宫乐队中的一员，并且其在乐队中的位置、形状以及与琵琶、筝、笙等的合奏情况亦一目了然。尤其是胡琴的音箱呈现径小而短的特点，使人不由地联想到今日的京胡。[②]

在以上所列举的壁画的乐器（如横笛、拍板、筝等）中，尤其是胡琴，至今仍为山西许多地方戏曲乐队演奏时最为常见的乐器。可见，二者之间应有一定的渊源关系。

与此画风格一致的女乐壁画，还有汾阳县太符观东大殿、太谷县阳邑镇净信寺大殿的明人壁画。那么这些以宫乐形式绘出的明代表演形式以及艺人服饰，很可能都源于当时的生活，确切地说是源于当时女妓乐户的日常生活状态。

以上对田村圣母庙壁画音乐图像的具体描绘中，一方面表现出了明清的时代风格，另一方面还感觉到处处散发着浓郁的皇家气息，那么在这样一个偏僻的山村因何会出现如此风格的作品？这需要进行一番考证。

二、皇家风格考

作为整个圣母殿壁画的重要组成部分和殿内圣母雕塑的直接陪衬，北壁所描绘的圣母燕居之情景当是基于一定生活基础上的想象，因为封建帝后的宫闱生活岂是常人所能得见。但作者在壁画中所描绘的殿阁楼台、亭榭廊庑、竹石花卉以及宫女、乐伎侍奉、陈设和献艺等情景，却也营造了一种只有富贵人家甚或皇亲国戚才会出现的生活氛围。当然，壁画中除了侍女们手执的宫扇、伞盖和各种珍奇的古玩以及华美贵重的酒具、食具、灯具等物确非等闲人家所能拥有外，还需值得注意的是地衣、侏儒的出现。

前文已提及在西壁《尚宝图》和东壁《迎驾图》的两座卷棚式宫殿内，地面铺满菱格状"地衣"，亦即今日所称的地毯、地毡等。

在明代，除了演戏的场所铺设的这种地毯之外，在皇室的重要场所也要铺设。万历年间，经筵大多是在文华殿举行。每当隆冬季节，殿中就会铺一片"毡"在地上。而南京孝陵的飨殿、暖阁地上也铺有

注释：

① （明）王圻、王思义编纂：《三才图会》，上海古籍出版社，1988年，第1130页。

② 柴国珍：《明代山西戏曲兴盛考论》，《太原师范学院学报》（社科版）2003年第1期，第57页。

这样的"毡","走其上必去舄轻趾，稍咳，内侍则叱曰'莫惊驾'"①。

地面有菱形图案的图像大量出现在明清时期的书籍版画插图中，而且其场景多与皇家有关。譬如，明人梁天锡辑《安南来威图册》②、汪廷讷撰《人镜阳秋》③、邓志谟编《风月争奇》④以及清人编著的《审音鉴古录》⑤等。因此，根据壁画所表现的整体风格，这种"四合如意"纹"地衣"显然应为皇家居所之物。

此外，在《尚宝图》中，有一侏儒头顶满满一盘灵芝正在供案前作欢喜状，似正等待圣母回宫时献上宝物。清饶智元的《明宫杂咏》载："小人嬉笑在深宫，形体么么顾盼雄。每问左廊邀圣眷，承恩不忍化沙虫。"注引《甲申小记》云："小人屋在御庙之左廊。人二，夫妇也。长尺余，屋倍之。凡几榻枕席，动用之物，备具其中，外则绕以栏杆。其声唧唧，亦时作嬉笑怒骂之状。一日，上御厨，出临视焉。二人若甚惊恐，上大笑。"⑥

可见，在明代宫廷里是养着侏儒的，并把他们作为奇禽异兽一般以博君王一笑。那么，只属皇家才有的这种"娱乐"因何出现在该壁画上呢？这就需要结合历史来探究其中之缘由了。

诚如史书记载，明太祖朱元璋登基后，实行了皇太子封王制度。皇子封亲王，授金册金宝，岁禄万石，府置官属，以巩固大明的江山社稷。

封到山西的第一位皇子是晋恭王朱棡，他是朱元璋与皇后马秀英所生的嫡三子（明成祖朱棣之兄），他与嫔妃们先后生有七子。其中，与妃樊氏所生庶四子朱济炫降生后报到太祖处请封，恰逢太祖正准备庆成殿宴，得太监禀报后龙颜大悦，遂以该殿名赐之为号即庆成王，因此也成为众多郡王中不以地名封号的一位。最初其封地是潞州，后因从征有功徙迁至汾州（今山西汾阳）。庆成王的六弟永和王初封今山西省永和县，但因地僻人稀，不愿前往，遂托词不能早晚孝顺母亲刘氏，请准建府于汾州。因此，汾阳就出现了两座王府并存的特殊现象。世人则以东西府称之，庆成王府在东，故称为东府。⑦

"庆成"、"永和"两座郡王府，在汾阳城存了两百多年，子孙繁衍共十一代。据明代王世贞的《皇朝盛世述》记载，"第一代庆成王朱济炫生子一百，俱长成"⑧。"每会，紫玉盈坐，至不能相识。"⑨

随着人口的急剧膨胀，分宅府第遍及城内，当时的汾州城几乎成了一座除官府、寺庙之外的堂而皇之的庞大皇城。这两座王府在古汾州的繁衍壮大，在客观上带来了京城文明，对当地的经济、文化、习俗等都起到了一定的促进作用。

而今天汾阳的田村正是当年庆成王府的家族坟地，建在该村东南方向的圣母庙，其圣母殿内的梁枋上留有题记一则"庆成王府扶房梁功德主芦大富"，芦大富作为庆成王府的一名官吏，不排除该庙的修建在当时得到了王府一定资助和扶植的可能。于是，我们也就不难理解画面上出现的与圣母有关的龙辇、凤冠以及后宫燕乐、皇家仪仗等景象还是有一定生活依据的。

注释：

① 张岱：《陶庵梦忆》卷一，《钟山》，华夏出版社，2007年，第1页。

② （明）梁天锡辑：《安南来威图册》三卷，明隆庆五年（1571）刊本。

③ （明）汪廷讷撰：《人镜阳秋》，万历二十八年（1600）休宁汪氏环翠堂刊本，黄应祖刻（凤扇）。

④ （明）邓志谟：《风月争奇》二卷，明天启年间建安余氏萃庆堂刊本（皇后接见宫女）。

⑤ 《审音鉴古录》十四种不分卷，清道光十四年（1834）刊本。

⑥ 丘良任：《明宫里的侏儒》，《紫禁城》1993年第2期，第11页。

⑦ 参见朱前鹏：《平遥县王智村及其朱姓来源小考》，《汾州民俗》，汾阳市民俗学会主办，2006年第1期，第29—31页。

⑧ （明）王世贞：《皇明盛世述》，万历年本。

⑨ （明）王世贞：《皇明盛世述》，万历年本。

三、明代山西乐户

事实上，在山西的许多历史遗存中，有关音乐戏曲的图像是较为常见的。单就明代而言，除了田村圣母庙壁画外，还有汾阳太符观后土殿壁画、隰县小西天的悬塑乐队以及芮城县博物馆所收藏的八屏通景堆锦《郭子仪诞辰祝拜图》等，这些图像都真实而生动地再现了明代乐人在不同音乐形式和种类中的表演情况。再加之从山西明清两代官职人员的墓葬中发现有许多随葬仪仗俑（如浮山的明代乐俑和长治的明清乐俑等），少的十几件，多则上百件。其排列大致为：先由吹鼓手鸣锣开道，后跟马队，随行侍俑列队于后，生活用品和家居陈列品等依次排列放置，气势较为宏大。[1] 这样的场景与田村圣母庙壁画中所描绘的圣母出巡是何等的相似！同时，这也让我们去关注一个问题，即是何原因使山西明代音乐戏曲如此繁荣。

在此，就不得不提到中国封建社会专门以乐舞取悦于人和鬼神并以此为业的社会群体——乐户。所谓乐户，指的是中国古代封建社会服务于中央及地方宴享、祭祀、礼仪庆典以及民间婚丧、娱乐游戏等文化活动的有名籍人户，包括乐师、乐工、女乐、倡优等。[2] 从《左传》及《魏书·刑法志》的相关记载中可知，强盗杀人者被处斩后，其妻子儿女就常被列为乐户，服务于宫廷官府。

这个封建时代特殊的群体，在明代的社会生活中曾经扮演过重要的角色，而汾阳田村圣母庙壁画上的众多乐伎形象就是这一特定时代现象的真实记录。

明初时，朱元璋为了恢复先王雅乐，维护儒家道统，在明洪武三年（1370）"定朝会宴乐舞数，凡圣节正旦冬至大朝贺用乐工六十四人，引乐二人，萧、笙、箜、篌、方响、头管、龙笛各四人，琵琶六人……每朝贺之日，和声郎先陈乐于丹墀，百官拜位之南北向"[3]，这个非常细化的规定反映了当时统治者希望声容壮大的乐工们演奏丹陛大乐、颂圣乐章，以宣示天下太平、国家富足的盛世气象。因此，明太祖在分封其子为诸王时，除了赐予大量的地宅、财产、奴仆、工匠，还包括供诸王享乐的乐户。史书载"洪武三十五年（1402）七月壬寅，敕礼部曰：'昔太祖高皇帝封建诸王，其仪制服用俱有定著，乐工二十七户，原就各王境内拨赐，便于供应。今诸王未有乐户者，如例赐之，有者仍旧，不足者补之'"[4]。由于个别藩王歌舞管弦，昼夜不绝，于是就不可避免地出现了这样的现象："嘉靖四十四年，礼官言：'诸王府有广置女乐，淫纵宴乐，因而私娶者'乃召革诸王乐户，其朝贺宴享当用乐者，假鼓吹于有司。"[5] 在宫廷的一征一放、藩府的一赐一除之间，乐户成了"唯一能够把统治的最高层与被统治的最低层联系起来的阶层"[6]，同时也成了官方话语与民间意识相互冲突和交融的重要中间力量。

山西作为展示乐籍制度的重要区域，在北朝时曾是北魏、北齐、北周的中心地带，又是唐代皇家的发迹之地，历来被朝廷所倚重。于是，历朝历代便会把自己的皇亲国戚以及因功而进者分封到各地为王。由于元以后朝代的都城都定在了北京，山西与之相距不远，更重要的是历史上的山西经济繁荣、矿产丰富、相对安定，自然也就成了众藩王的首选。所以，在明代封到山西的郡王就有 70 多位，当时汾

注释：

① 项阳：《山西乐户研究》，文物出版社，2001 年，第 75 页。

② 丁淑梅：《明代乐户禁弛与雅俗文化的互动》，《河北学刊》2004 年第 4 期，第 165 页。

③ 姚广孝等：《明实录》卷五十六，江苏国子图书馆传抄本。

④ 李国祥、杨昶：《明实录类纂·宫廷史料卷》，武汉出版社，1992 年，第 1413 页。

⑤ 龙文彬：《明会要》，中华书局，1956 年，第 345 页。

⑥ 乔健、刘贯文、李天生：《乐户，田野调查与历史追踪》，江西人民出版社，2002 年，第 8 页。

州府的庆成王和永和王便是其中两位。据《明史·乐志》记载，这些藩王平日"进膳、迎膳等曲，皆用乐府、小令，杂剧为娱戏"①。由此可推测，当时仅这些王府所需的乐户数量就是惊人的。乐户众多，其音乐竟然形成了颇具特色的流派，《万历野获篇》记载："大同府为太祖第十三代简王封国……今已见衰落，（乐户）在花籍者尚二千人，歌舞管弦，昼夜不绝。今京师城内外，不隶三院者，大抵皆大同籍溢出流寓，宋所谓路歧散乐是也。"②

如此看来，田村圣母庙壁画上的诸多乐伎形象，应是当时的乐户。其中，从事鼓吹乐的人员身份为营户，即军旅乐营中在籍的乐人。③他们主要的职能之一就是仪仗鼓吹，并在多种场合参加礼乐活动。

四、结语

通过以上的分析，使我们不仅可以看到在汾阳田村圣母庙的壁画上，形象地记录了明代山西地方番王的生活、出行、娱乐等场景，同时也为该壁画绘制年代的确定提供了十分重要的信息。同时，结合皇家风格的考证，进一步地说明了山西明代乐户这一特殊音乐群体的存在，其学术意义和历史意义可彰可显。

（武丽敏：晋中学院美术学院教授）

注释：

① 《明史·乐志》，中华书局，1974年，第1507页。

② 沈德符：《万历野获篇》卷二十四，中华书局，1959年，第612页。

③ 项阳：《山西乐户研究》，文物出版社，2001年，第54页。

晋南木版年画地域特征的研究

史宏云

摘 要： 晋南木版年画自宋代产生以来，历经了千余年的生存和发展。山西晋南是我国18个传统木版年画产地之一。根植于黄河流域农耕文明的晋南木版年画，在其漫长的发展过程中，由于地域民俗文化的滋养及姊妹民间艺术的影响，形成了具有浓郁地方风格的地域特征。本文运用作品分析和逻辑分析等方法研究晋南木版年画的地域特征，提出它在体裁格式、题材内容和艺术手法等方面的地域特征，对抢救保护、传承这一处于濒危状态的民间传统艺术有着积极作用和深远意义。

关键词： 晋南；木版年画；地域特征

▲ 图1 平阳版《四美图》

晋南木版年画是黄河流域民间艺术的一颗璀璨明珠，其题材广博，内容吉祥，色彩绚丽，历史悠久。追根溯源，从我国版画史上现存最早的招贴版画《四美图》（图1）及其上"平阳（今临汾、运城两个地区）姬家雕印"字样[1]，可知晋南木版年画在宋、金时代就已流行，并且具有极高的艺术水准，历经了元、明时期的发展，到清代达到鼎盛，民国后期开始衰落，前后延续了千余年，曾留下一段辉煌的历史，以它广泛的表现内容、精湛优美的表现技巧，成为中国绘画史上的精美一页。

木版年画是我国民间美术一笔巨大的遗产。对于山西晋南木版年画的研究，早期有 20 世纪 80 年代中国美术家协会山西分会、山西省美术工作室编的《晋南木版年画资料》和王永豪的《中国晋南戏曲版画》等。近年来，在非物质文化遗产保护背景下，对晋南木版年画的研究已经上升到一个新的高度，冯骥才主编的《中国木版年画集成》对晋南木版年画代表作、分类与张贴、制作工艺与工具材料、作坊与艺人、年画的销售等进行了普查研究；段改芳编著的《山西民间木版年画遗珍》、范华美的《晋南木版年画的特色》侧重于从其形成过程、艺术特征及恢复传承角度来研究。这些成果为进一步的研究提供了丰富的资料。

注释：

① 王伯敏：《中国版画史》，上海人民美术出版社，1961 年，第 23—24 页。

全球化的冲击加速了农耕社会的衰退，在我国木版年画走向衰落成为文化遗产的语境中，其生存和发展遭遇到空前的危机。本文对晋南木版年画地域特征的研究，不仅是对中国传统民族艺术的理论研究，对保护、传承这一民间传统艺术也有着深远意义和积极作用。

一、晋南木版年画体裁格式的地域特征

（一）体裁丰富，功能多种

自晋南木版年画产生以来，晋南一带"民营"雕版印书事业得到全盛发展，宋、金时期平水县（明代，平水县又并入临汾县）的雕版印刷书籍被人们誉为"平水版"[①]。木版年画在晋南地区得到了长足的发展，从现存的一些优秀的木版年画原版和众多的画店作坊分布点情况可知，晋南木版年画遍及城乡，雕印作坊、年画铺比比皆是。在其发展过程中，年画的体裁越来越丰富，多是根据当地群众的欣赏与实用需要，体裁多达数十种之多，有中堂、条屏、贡笺、斗方、窗画、灯画、三裁、拂尘纸、桌裙、门画、门头、横披、竖披、开条、影壁画、历画等。

民间年画是以装饰门窗、居室、庭院和祈福祭神为主的新年点缀品，其体裁形式也多据此而设计。晋南木版年画体裁是按照当地的民居、院落要求分门别类进行创作的。在不同时间、不同场所其体裁不同，有的是在节日时张贴和悬挂，如元宵佳节时张贴的灯画；有的宜于平时和婚庆祝寿时张挂；有的则用于庙堂、民居、商铺等，有的张贴在室内，如桌裙画、窗画、灶君画、中堂画、贡笺、条屏等；有的张贴在室外，如门画、影壁画等。根据当地窑洞及土炕特点，有窗画、炕围画等，其丰富的体裁根据当地民居特点，在逢年过节时以满足人们以求得生活圆满的各种愿望。

体裁丰富的晋南木版年画艺术功能多样，富有教化功能的如《闺房教子》、《二十四孝图》等，具有节日喜庆避邪功能的如《三官赐福》、《加官进禄》等，还有形象优美的《花开富贵》、《百鸟朝凤》、《猫蝶富贵》具有美化功能。除了以上功能，同时还有实用功能，如拂尘纸以独具特色的体裁形式体现了其地域性，贴在神龛前、碗柜、被褥窑、门窗上的"拂尘纸"（又称"条子"、"布楞纸"）。拂尘纸一般由四幅连环画组成，呈长条状形式，一方面装饰了居舍，一方面可抖落和阻挡尘土，保持卫生。其内容以戏剧故事、历史人物、花卉鸟兽、风景名胜居多，如《取洛阳图》、《回荆州图》、《水漫金山》、《九凤朝阳》、《三山五岳》等。其丰富多彩，琳琅满目，既是装饰品，又是挡尘帘。除了可以满足民众的审美欣赏、美化环境，同时还具有挡风遮尘、保持卫生的实用功能。

（二）因物设画，格式多样

晋南木版年画风格粗犷、豪放、纯朴，且能因物设画，具有浓烈的乡土气息。其格式呈现多样化，其中以门画形式样最多。

如皂隶门神，以皂隶对称像作门画，是晋南绛州光前堂作坊所产的一种特殊门神，专供衙役听差者街门贴用，意此家有差役作为炫耀。

三星门神，福、禄、寿三星对称，贴于长辈住房之门扉左右中上部，以祝福长寿康宁。

童子门神，以《刘海戏蟾》、《和合二仙》等为主，因张贴的门神为儿童形象，所以称童子门神，多贴于青年夫妇的房门上。

注释：

① 中国美术家协会山西分会、山西省美术工作室：《晋南木版年画资料》，山西人民出版社，1980年，第75页。

武门神，多为秦琼、敬德、钟馗，身着铠甲戎装，手持鞭铜或宝剑，正颜厉色，用以驱邪除魔，斩妖镇宅，祈福纳降，多贴于大门、二门，秦琼、敬德亦作立刀小门神，功能同上，贴于小门而已。[①]

年画艺人能因物设画，根据不同类型、不同场所、不同辈分人居住的门创作出了不同样式的门神。

晋南木版年画民间艺人能根据当地建筑或需要而不断创制，逐渐完备其创作格式，以满足农耕时代人们祈求安居乐业的美好愿望。

二、晋南木版年画题材内容的地域特征

晋南木版年画题材广泛，内容涉及宗教、历史、社会学、民俗学、戏曲等诸多领域，反映了农耕社会农民希望五谷丰登、生活富裕、婚姻美满、子孙满堂、吉祥如意、幸福长寿等祈求安居乐业的美好愿望，在题材选择上体现了地域审美特性。

山西晋南解州是关公的故里，"关公"对国尽忠，待人以义的诚信精神使晋南人对"关公"的崇拜达到极致。明、清时期，晋南地区村村有关公庙，家家有关公像，得以进入到千家万户的木版年画为这一崇拜心理和行为发挥了积极作用。

晋南木版年画题材有民俗生活类、民间神话传说类、地方戏曲类、风景名胜类等，内容宽泛。

（一）民俗生活类

晋南木版年画作为黄河流域民众喜爱的民间艺术，充满了人情世态的日常事礼，都成为民间艺术家笔下的题材，其题材内容反映了晋南"士农工商"等各阶层人们的生活动态，取材当地风土民情的年画作品的背景、道具、服装都是当时晋南地区现实生活的反映。

表现山西晋南一带春节期间的风俗习惯的作品有《走亲戚》（襄汾版灯画）和《回娘家》（图2，绛州版灯画）。《回娘家》是一幅反映古代大户有钱人家媳妇回娘家的风俗画，画面车夫催马扬鞭，车轮滚滚，车上身着盛装的妇人目视前方，反映了其归家心切的心情。画面富有生活气息，画中的马车造型，就是对当地生活中家用马车的写实。其画面反映了当地社会民间各阶层生活的场景。

▲ 图2 绛州版《回娘家》

注释：

---

① 冯骥才：《中国木版年画集成·绛州卷》，中华书局，2010年，第256—257页。

晋南地区盛产棉花，这里的妇女多数是纺线的能手。益盛成画店《女十忙》年画以组画形式，生动、形象地描绘了晋南农家妇女将棉花制成布要经过弹花、纺线、拐线、浆线、接线、引线、缠纬纱、织布等操作程序。作品以简练概括、大胆装饰的艺术手法刻画出早年农家妇女典型的发式和装束，以及人物的劳作动态和生产用的各种工具。《女十忙》是年画的传统题材，而晋南《女十忙》除了描绘了人们忙碌的劳动情景，还把当地百姓喜欢看戏曲《三娘教子》插在其中，反映了我国男耕女织社会黄河流域当地民众丰富的生活，富有乡土气息。

《春牛图》（图3）题材反映了当地的风俗民情，过去立春那天，晋南一带有"打春"的习惯。室内张贴《春牛画》，并举行打春牛的民俗活动，制作春牛的材料是多样的，有泥塑、纸糊、草帮等。在迎神赛会的会场，人们用柳条或彩鞭将春牛用鞭子打开，牛肚内装的五谷或者核桃、红枣漏出，大家抢着吃，表示一年开始，并希望来年丰收。"枣"与"早"同音，"核桃"寓"果实"，牛象征着"春天"，鞭打春牛，意在敬告人们，春天来了，要辛勤耕作才能多收获。《春牛图》分上下两方，上代表天，下代表地，上方画中欢快的芒神童子，正鞭赶一驮着金银财宝的健壮大黄牛，穿梭飞翔的春燕，给人以一派生机盎然的景象，并题有"我是上方一春牛，差我下方遍地游，不食人间草合料，丹吃散灾小鬼头"的谚语，表现了人们心目中寓意丰收的希望、幸福的憧憬以及对风调雨顺的祈求，为"避邪御鬼"之意。此为民间常用的"神符"，来源于道教的道符，道符与民间纸祃（神像）结合的神牛符，仅在晋南一带发现，是很好的研究民间信仰和道教文化的资料。[①]下端绘三人吃饼，标有"三人九饼，五谷丰登"之句，它是根据历书上日月干支算来的。从正月初一数起，数到初三得壬，初九得丙，则是三人九饼，表示麦田丰收，象征着吃用有余。《春牛图》都有当年农历节气，以利于民间按季节不违农时地耕作。因此，在农耕社会中，"春牛"成为千百年来长盛不衰的绘画题材。

▲ 图3　绛州版 《春牛图》

（二）民间神话传说类

民间神话传说类题材在晋南木版年画中占有很大比例，如《门神》、《财神》等反映了民众对安康生活的祈求和愿望。此类题材中，《谷神》、《老鼠娶亲》等均取自当地民间神化传说故事。

谷神是掌管五谷丰登之神，早在尧舜禹时代，"稷"便四处奔波以种植黍谷，用其一生来发展农业，被人们封为"谷神"，相传稷王死后被葬于稷山县城之南的山巅上，这座山被册封为"稷王山"，晋南的稷山县也因此而得名。晋南地区万荣、新绛、稷山等地均建有稷王庙，现存新绛县的稷益庙壁画内容也描绘了稷王教民稼穑的这一民间神话故事，民国时期绛州版《谷神》年画正是为了定时供奉祭祀谷神，系农人春节祈求一年农事顺利焚烧和张贴之用。

晋南绛州年画代表作品《老鼠娶亲》（图4）取材于民间广泛流传的老鼠娶亲故事，通过幽默风趣的方式，令人发笑。过年贴于房内，给节日增添趣味与欢乐。此故事民间传说样本不一，据晋南绛州人传

注释：

① 段改芳等：《山西民间木版年画遗珍》，山西人民出版社，2011年，第153页。

说是南宋年间在当地开始流传的故事^①，《老鼠娶亲》以拟人诙谐的手法，表现了浩浩荡荡、吹吹打打的娶亲过程，画中的锣鼓、唢呐等均是当地娶亲乐人所用具，虽然画的是民间传说故事，实质是人间迎亲风俗的缩影。诸如此类的门神年画敬德题材也取材于当地的民间传说故事。^②

▲ 图4　绛州版　《老鼠娶亲》

（三）地方戏曲类

以戏曲为题材的山西晋南木版年画，其作品之多，令人叹为观止。

戏曲题材年画一直是晋南木版年画最为精彩的重要部分。山西晋南是蒲剧的故乡，锣鼓杂戏起源于晋南绛州，明末清初杂剧发展成为当地古蒲州（今永济）的地方戏曲，当地人通称"蒲剧"或"乱弹戏"。其传统剧目达400多个，帝王将相、民俗生活、神话传说、民间故事，可谓内容丰富，题材广泛的戏曲艺术充实了当地民众的文化生活，也为晋南年画提供了大量的素材。地方戏曲是群众喜闻乐见的文化形式，也是历代民间文化教化的重要范本。然而，只有在农闲季节和庆祝节日时才得以欣赏到，且其流动性大，并不能满足人民群众每时每刻的需要。木版年画变动态的戏为静态的戏，变瞬间的美为永恒的美，与传统戏曲交相辉映，形成了一种特殊的艺术形式，晋南木版年画地方戏曲题材既起到了装饰作用，又可以满足人们对戏曲故事欣赏的需要，同时戏曲中的人物造型、服饰道具、舞台场景等也为年画创作提供了借鉴，在门神中骑马的秦琼、敬德及关羽等人物造型等均是戏曲的翻版，反映了黄河流域普通民众的审美追求。

南戏曲木板年画题材丰富，如《打金枝》、《少华山》、《高平关》、《西厢记》、《白水滩》、《卖水》、《三进士》等。而其中大多是以当地发生的历史故事为主，如《汾河湾》故事发生在绛州（今河津）、《西厢记》故事出自蒲州（今永济），《白水滩》（今晋南临汾）、《三进士》讲山西平阳张文达一家的离奇经历，这些取材于晋南发生的戏曲故事的年画题材，更增加了它的地域性特色，一般以灯画、条屏、拂尘纸横披等形式出现，因而深受当地群众的欢迎。

晋南木版年画以戏曲故事的主要情节来表现，如《汾河湾》（拂尘纸）取材于传统戏曲《汾河湾》，剧情为薛仁贵封爵，返里探妻，行至汾河湾（今河津一带），遇一男一女两个少年打雁，忽有一猛虎奔

注释:

① 冯骥才:《中国木版年画集成·绛州卷》，中华书局，2010年，第286页。

② 冯骥才:《中国木版年画集成·绛州卷》，中华书局，2010年，第290页。

来，薛仁贵急发袖箭射之，误伤男孩，回到寒窑，与妻子柳氏相逢后方得知在汾河射伤的正是儿子薛丁山，夫妻悲痛不已。《汾河湾》选画了薛丁山一箭命中大雁时，薛仁贵惊叹其箭法高明的瞬间，画面造型简练、重似神韵，追求戏曲舞台意蕴。

晋南木版年画戏曲题材的艺术特色，如山西民间美术专家王永豪所言："在画面布局上，它突破了舞台艺术的局限，把传统的戏剧人物、情节、背景和传统小说、民间故事、现实景物有机地结合起来，使之相得益彰，然后运用我国传统绘画的技法，根据剧情和画面需要通过艺术概括加以再创造，使作品达到更完美的境界。这类作品的粗犷线条和较大色块的处理，很有我国传统国画的写意和近代黑白版画的效果，它那夸张，意象的人物造型则又充满着漫画的情趣。它不仅是一宗珍贵的美术品，而且是研究戏曲史的重要资料。"[①]

（四）风景名胜类

风景名胜类年画作品反映了农民群众对大好河山和故乡名胜的热爱，如《龙门全图》风景年画（图5）。

▲ 图5　河津版 《龙门全图》

龙门在晋南河津县境内，因远古神话传说，大禹治水时龙门山挡住去路，禹王运起神力，用一柄巨斧把这座大山劈作两半，汹涌的河水自这百丈狭窄的悬崖豁口奔腾流过，故龙门又称禹门。又因有阳春三月，鲤鱼逆水而上，跃入其门化而为龙的神话传说而得名。汉代在禹门就已建大禹庙，元代及明代多次增建，明末被焚。清嘉庆十五年（1810）修栈道，建看河楼。至此禹庙已成为布局奇特、工艺精巧的建筑群。据记载东禹庙东西南三面各有一座戏台。南面有一小亭，北有"龙王祠"。从东台南边往北，可到禹庙山门，由山门向北，有献厅 5 间，厅正北是明德殿，民国三十一年（1942）被日军炮火摧毁。《龙门全图》年画所画的是比较完整的清代禹庙。图中不仅反映了当时禹庙的全景和"层楼倚汉"、"曲栈连云"等旧时的"龙门八景"，还真实地反映了当时黄河的水运情况。水流湍急的河面上停泊着许多船只。据河津市志记载，民国二十七年（1938）前，黄河、汾河樯橹相接，水运繁盛，这幅《龙门全图》年画全面记录了当时龙门的盛况，成为研究龙门地貌地理的珍贵资料。

注释：

① 中国美术家协会山西分会、山西省美术工作室：《晋南木版年画资料》，山西人民出版社，1980 年，第 80 页。

这些具有浓郁生活气息和地方特色的题材内容体现了晋南木版年画的地域性，此类作品除了满足人们的审美需要以外，还是研究晋南历史文化、生活习俗、服饰风格的宝贵资料。

三、晋南木版年画艺术手法的地域特征

（一）删繁就简，凸显主体的构图

剪纸、皮影、戏曲等地方艺术是黄土高原民间美术的精彩部分，戏曲艺术以少胜多的象征手法，剪纸、皮影删繁就简，突出主要元素的艺术表达，对晋南木版年画构图形式有重要影响。晋南木版年画常以全景、半景、特写的方法随心所欲地表现对象，安排构图。在其年画艺术中，不论饱满的构图还是简洁的构图，都突出了其删繁就简，凸显了主体的构图手法。

木版年画大多无背景或少背景，背景处理除主要道具外，以大量空白形成一种空灵含蓄的气氛，以利于突出主要元素。门神类、仕女类题材的画面大多无背景，如《四季美人图》、《春鸡门神》等皆是以繁简相托、凸显主体的手法来经营构图，尤其是戏曲题材类木版年画以简洁的舞台场景作为其构图的主要手法。在构图经营上以舞台场景为主要手法，如《望江亭》、《乌龙院》、《西厢记》等画面的房子、炕、桌子之类符合晋南一带民俗生活的样式，有浓郁的生活气息和强烈的地方特色，体现了其地域性特点。

（二）以线立形，浪漫夸张的造型

晋南木版年画画稿造型生动，雕刻技法娴熟。这与该地区的壁画、碑刻等民间姊妹艺术的滋养有重要关系。

晋南有举世闻名的元代永乐宫壁画、明代稷山青龙寺壁画和新绛稷益庙壁画等，均出自于当地一批优秀民间画工之手。晋南木版年画民间艺人也是运用游丝描、铁线描等传统白描手法来塑造形象，充分利用线条的疏密、长短，以双钩铁线进行形体组合，再经雕刻制作，使刀刻与线条的刚健相统一，形成了别具韵味的艺术形象。仅雕版的墨线就是一幅生动的作品。造型不以形似为能，注重以绘画语言传达情感。线条疏密合理，流畅轻松，在造型上，以线造型、极度夸张的生动神态使不合比例的造型充满了艺术的合理性。

戏曲年画《天河图录》描绘了牛郎织女的故事，选取主要情节，以组画（4 幅）的形式进行创作，画中牛郎、织女、老牛、天河、祥云、莲池以线立型，艺术手法夸张，用线极为简洁概括，如同简笔画，其艺术造型结合戏曲艺术程式化脸谱，典型化动态，再经过雕刻工艺，使各个艺术形象充满了典型韵味，正如晋南木版画研究专家王永豪所言："画家似乎把戏中有关角色应具备的'唱、念、做、打'，'手眼身法步'等一整套传统表现技艺，通过巧妙的构思、精湛的绘技，用画笔与雕刀，神情毕肖，淋漓尽致地刻画出来了。使观画者犹有观其画如见其戏，听无音恰似有声的感觉。"对于晋南木版年画艺术造型，王永豪也有总结："其特别能引人入胜的便是人物（角色）造型的准确得体与形象的生动传神，即我国古代论画者所谓的寓'神'于'形'中，而'形神兼备'。"①

（三）色彩明快，对比强烈的用色

色彩是木版年画艺术风格的重要组成部分。晋南木版年画用色具有浓郁的民间和地方特色，设色方法以分版套印和手绘晕染相结合，为了使画面景物保持颜色的透明而不致混浊，巧妙地利用黑色主版

注释：

....

① 王永豪：《中国晋南戏曲版画》，山西人民出版社，1989 年，第 3 页。

的主导地位，多用固有色，极少用间色，常用透明度极高的红与绿、黄与蓝、蓝与紫、黑与白等几组对比色。

不同题材内容的作品有不同的施色格调：神祇类的作品设色饱和，对比强烈，追求威武、狞厉的效果，如临汾版的"门神"《秦琼、敬德》、"门头"《满门增幅》等用色饱和，设色浓重，富有装饰，色彩上根据节日气氛的需要以红黄为主色调，绿和紫色作为对比色强化画面增添了感人的效果；戏曲类色彩设置用色热烈、活泼丰满。如清末益盛成画店的《黄鹤楼》年画，其画面用色如同戏台效果；仕女类的设色清雅、晕染较多，以达到柔和效果；民间传说类的设色单纯，没有强烈对比；教化类如同水墨写意画，以墨色勾勒，墨色、蓝色、绿色、白色等用水调和进行渲染，富有文人画意境，如明末清初绛州版的《二十四孝图》，如同水墨写意画，现存的《二十四孝图》之中的"弃官寻母"、"行佣供母"、"涌泉跃鲤"及系列《名贤图》等，都属于此类风格。这与其他木版年画有很鲜明的区别。花鸟走兽类用色纯净、色彩明快，如《四季供果》、《中秋盘果》等用黄、红、蓝、绿色以平涂手法，追求对比效果。

晋南木版年画在创作方法和技法上能借鉴姊妹艺术，从其构图手法、造型、设色等艺术表现手法突现其地域特征。

▲ 图6　绛州版《二十四孝图》

四、结语

晋南木版年画作为黄河流域民族文化的一枝，在千余年的岁月洗礼中，历经了数代晋南民间艺人的苦心经营，地域民俗文化的滋养及姊妹民间艺术的影响，具有浓郁的地方风格，形成了它在体裁格式、题材选择及构图布局、造型技巧、设色格调等艺术手法方面的地域特征。

当我们打开晋南木版年画，看到一幅幅富有喜庆色彩、吉祥寓意的精美画卷时，如同走进了农耕时代黄河流域晋南民众的精神天地，通过它读解了当时民众的心灵向往，其所独具的地域特色，正是晋南木版年画得以源远流长、发扬光大的原因所在。

中国非物质文化遗产保护领导小组专业委员会主任冯骥才呼吁：对晋南的绛州木版年画、临汾木版年画作为独立的木版年画产地进行整理，列入中宣部和文化部确定的国家非物质文化遗产名录工程是必要的。愿这颗曾光耀三晋大地的璀璨明珠，在新时期借着这股东风能得到传承和发展。

（史宏云：山西大学美术学院教授）

叁／晋国史与三晋文化研究

周公所作《蟋蟀》因何被编入《诗经·唐风》中

贾海生

摘　要： 清华简《耆夜》记载了饮至典礼上武王、周公举爵行酬时所歌五首乐歌，其中《蟋蟀》本是周公即兴创作的一首诗，后来成为王朝的乐歌，有专门的乐师演唱、传习。周公封叔虞于唐，或周天子命晋文侯、晋文公为方伯时，以《蟋蟀》作为乐则赐予了晋国，专习《蟋蟀》的乐师同时也被赐予了晋国。《蟋蟀》一诗随乐师进入晋国后而得以在晋国流传，随着时间的流逝，其作者、来源竟被忘却，在不断演唱的过程中又屡被改编，最后又幸运地被编入了《诗经·唐风》之中。

关键词： 周公；蟋蟀；唐风

清华简《耆夜》记载了武王八年（公元前 1079）伐耆归来在文大室举行饮至之礼时武王、周公举爵行酬而奏乐歌诗的仪节，武王举爵酬毕公、周公分别歌《乐乐旨酒》、《輶乘》，周公举爵酬毕公、武王分别歌《赑赑》、《明明上帝》。以上 4 首诗皆不见于《诗经》，亦不见传世文献称引，则早已亡逸。其中《乐乐旨酒》、《輶乘》、《赑赑》3 首诗歌颂周王朝的武功，而《明明上帝》则为祝诵之作。周公酬武王秉爵未饮之时，见蟋蟀升堂，即兴歌诗一首，名曰《蟋蟀》，其文云：

> 蟋蟀在堂，役车其行。今夫君子，不喜不乐。夫日□□，□□□荒。毋已大乐，则终以康。康乐而毋荒，是惟良士之迺迺。

> 蟋蟀在席，岁聿云暮。今夫君子，不喜不乐。日月其迈，从朝及夕。毋已大康，则终以祚。康乐而毋荒，是惟良士之惧惧。[①]

> 蟋蟀在序，岁聿云□。□□□□，□□□□。□□□□，〔从冬〕及夏。毋已大康，则终以思。康乐而毋荒，是惟良士之惧惧。

此诗与《诗经·唐风》中的《蟋蟀》文多相似，分章亦同，主旨亦无二致，相互比勘，因袭之迹显而易见，二者当是同一首诗的两个文本，其中必有一个文本是最初的原创而另一文本则是因袭之作。为了便于比较两个文本的异同，判断何者是原创，何者是因袭，亦引录《诗经》中的《蟋蟀》于下：

> 蟋蟀在堂，岁聿其莫。今我不乐，日月其除。无已大康，职思其居。好乐无荒，良士瞿瞿。

> 蟋蟀在堂，岁聿其逝。今我不乐，日月其迈。无已大康，职思其外。好乐无荒，良士蹶蹶。

> 蟋蟀在堂，役车其休。今我不乐，日月其慆。无已大康，职思其忧。好乐无荒，良士休休。

注释：

---

① 李学勤主编：《清华大学藏战国竹简》（壹），中西书局，2010 年，图版第 10—13 页，释文及注释第 150—155 页。

李学勤因《唐风》中的《蟋蟀》句式比较规整，认为《耆夜》中的《蟋蟀》创作时间较早，经过一定的演变历程才成为《唐风》中的样子。[①]伏俊琏等联系《诗经·七月》对《蟋蟀》一诗的创作时间作了具体的考证，认为作于武王八年（公元前1049）周历九月或十月。[②]实际上，就简文结合《诗经》而论，亦不难断定《耆夜》中的《蟋蟀》早于《诗经》中的《蟋蟀》。清华简是战国时代的竹简，其时《诗经》已集结成书。若《耆夜》是战国时代的托古之作，取《诗经》中的《蟋蟀》略作改动而属诸周公名下，则简文中的其他4首诗亦当见于《诗经》或先秦文献的称引，事实是简文中的其他4首诗在传世文献中绝无任何踪迹，可证简文中的《蟋蟀》与其他4首诗皆是最初创作的文本，而《诗经》中的《蟋蟀》则是因袭改编的文本。

值得深入探讨的问题，除《蟋蟀》一诗的两个文本孰先孰后外，还有周公所歌《蟋蟀》因何被编入《诗经·唐风》之中？据郑玄《诗谱·唐谱》、《汉书·地理志》，《唐风》是流传于晋国一带的民歌。因尧本称唐侯，晋处尧之旧地，故《诗经》的编者袭尧之旧号而称流传于其地的民歌为《唐风》。殷墟卜辞有"唐邑"（《合集》14208正、20231）、"唐土"（《英》1105正），则殷商时代晋南仍被称为唐。[③]陈奂云："《吕氏春秋·当赏》云：'晋文公曰：若赏唐国之劳徒，则陶狐将为首矣。'是后世亦有谓晋为唐者。"[④]《诗经》结集成书时，假如编者要将周公在饮至典礼上所歌《蟋蟀》编入其中，当系属于《王风》或大小《雅》，不当编入《唐风》之中。自清华简《耆夜》刊布以来，许多学者对此已有讨论。李学勤根据《帝王世纪》、《吕氏春秋》、《左传》、《诗序》的记载，认为耆（黎）国本在尧之唐地，其地后来入于晋国，《蟋蟀》是伐耆（黎）时所作，于是就在黎国旧地长期流传，后来竟被认为是当地的诗歌而被编入了《唐风》之中。[⑤]若就周天子封诸侯、命方伯时必赐予乐则的礼制而论，还可对周公所歌《蟋蟀》之所以被编入《唐风》中别作一解。

据《尚书大传》的记载，周公摄政四年建侯卫。周公封叔虞于唐而为晋之始祖，文献有明确的记载。《左传·定公四年》云："分唐叔以大路、密须之鼓、阙巩、沽洗，怀姓九宗，职官五正，命以《唐诰》而封于夏虚，启以夏政，疆以戎索。"据杜预注，沽洗为钟名。密须是殷末周初居于今甘肃省灵台境内的小国，周文王曾有伐密之举，见于陕西扶风出土西周甲骨[⑥]，《史记·周本纪》亦有"伐密须"的记载，《诗经·皇矣》还描述了战役的经过，则所谓密须之鼓当是文王伐密须时所获战利品。密须之鼓与沽洗本皆是王朝的乐器，封建叔虞时赐予了晋国。西周末年，晋文侯有迎立平王、夹辅王室、护驾迁都之功而受命为方伯，《尚书》中的《文侯之命》即是周平王策命晋文侯时的命书。《书序》云："平王赐晋文侯秬鬯圭瓒，作《文侯之命》。"文中述所赐之物，除秬鬯圭瓒外，还有彤弓一、彤矢百、卢弓一、卢矢百及马四匹。其他文献对此事亦有简略的说明。《左传·隐公六年》记周桓公言于王曰："我周之东迁，晋、郑依焉。"《国语·郑语》云："晋文侯于是乎定天子。"《史记·周本纪》、《晋世家》及《新序·善谋》皆以为《文侯之命》是周襄王策命晋文公的命书，杨伯峻已辨其误。[⑦]春秋之时，晋文公因

注释：

① 李学勤：《论清华简〈耆夜〉的〈蟋蟀〉诗》，《中国文化》第33期。

② 伏俊琏、冷江山：《清华简〈郜夜〉与西周时期的"饮至"典礼》，《西北师大学报》2011年第1期。

③ 沈建华：《甲骨文所见晋南方国考》，《初学集——沈建华甲骨学论文选》，文物出版社，2008年，第78—85页。

④ (清)陈奂：《诗毛氏传疏》卷十，中国书店1984年影印漱芳斋1851年版。

⑤ 李学勤：《清华简〈郜夜〉》，《光明日报》，2009年8月3日。

⑥ 王宇信：《西周甲骨探论》，中国社会科学出版社，1984年，第91—92、108—109页。

⑦ 杨伯峻：《春秋左传注》（修订本），中华书局，1990年，第463页。

尊王攘楚又受周襄王策命而为方伯，其事《左传·僖公二十八年》有记载："王命尹氏及王子虎、内史叔兴父策命晋侯为侯伯，赐之大辂之服、戎辂之服，彤弓一、彤矢百，玈弓矢千，秬鬯一卣，虎贲三百人，曰：'王谓叔父，敬服王命，以绥四国，纠逖王慝。'晋侯三辞，从命，曰：'重耳敢再拜稽首，奉扬天子之丕显休命。'受策以出。"晋文侯、晋文公皆先后受命为方伯而得以专行征伐，就周礼的命数而言则是九命作伯。《周礼·大宗伯》云："壹命受职，再命受服，三命受位，四命受器，五命赐则，六命赐官，七命赐国，八命作牧，九命作伯。"晋文侯、晋文公受九命为方伯而皆有弓矢、秬鬯之赐，表明所得副命之赐是九赐。《礼纬·含文嘉》释九赐云：

> 一曰车马，二曰衣服，三曰乐则，四曰朱户，五曰纳陛，六曰虎贲，七曰斧钺，八曰弓矢，九曰秬鬯。[①]

班固的《白虎通·考黜》、何休注《公羊传·庄公元年》皆据此为说，故九赐之序相同。《韩诗外传》卷八引《传》云："诸侯之有德，天子锡之：一锡车马，再锡衣服，三锡虎贲，四锡乐器，五锡纳陛，六锡朱户，七锡弓矢，八锡鈇钺，九锡秬鬯。"异人或说，次序不同。关于九命与九赐的关系，郑玄与何休有不同的说法。陈立云："何休注《公羊》，既引九锡之文，即云'百里不过九命，七十里不过七命，五十里不过五命'，其意以九锡即是九命。郑氏《宗伯》注云'侯伯有功德，加命得专征伐于诸侯'，则郑意以九命之外别有九锡，虽七命、五命者皆得九锡，与何义异。"[②]据《礼记·曲礼上》孔疏，郑司农、许慎亦皆以九赐即九命。无论是以九赐当九命，还是以为九命作伯之外别有九赐，晋文侯、晋文公既受九命为方伯，皆有副命之九赐当无疑问，既得九赐中之车马、衣服及弓矢、秬鬯，亦有衣服以上、弓矢以下诸物又不言自明。《文侯之命》、《左传·僖公二十八年》陈述天子策命晋文侯、晋文公所赐之物，皆是举九赐中极轻之一赐、二赐和极重之八赐、九赐以概其余。九赐之中既有乐则，则天子策命诸侯为方伯时必赐之以乐。天子之所以赐诸侯以乐，目的是为了使诸侯以天子之乐和民、化民。《白虎通·考黜》云："能和民者赐乐则。"宋均注《含文嘉》云："长于教诲，内怀至仁，赐以乐则，以化其民。"若以为据纬书为论尚不能坚人之信，经典文献中亦有天子赐诸侯以乐的说明。《礼记·乐记》云："昔者舜作五弦之琴歌《南风》，夔始制乐以赏诸侯。故天子之为乐也，以赏诸侯之有德者也。德盛而教尊，五谷时熟，然后赏之以乐。其民劳者，其舞行缀远；其治民逸者，其舞行缀短。"

因诸侯德盛教尊，故天子赏之以乐，虽然未必始于舜时，但至少是西周以来不断践行的礼制，故纬书、经典文献皆有说明。《礼记·王制》云："天子赐诸侯乐，则以柷将之；赐伯子男乐，则以鼗将之。"天子以乐赐诸侯，执柷、鼗将之，既见事之隆重以礼行之，又知所赐之乐不限于柷、鼗二器。孔疏云："凡与人之物，置其所与大者于地，执其小者以致命于人。"所谓大者，当即钟、鼓、管、磬之类的乐器及乐舞所用羽、箫、干、戚等，皆以柷、鼗领之而赐予诸侯。

从《乐记》的记载来看，天子所赐之乐，除乐歌外，还有乐舞，再联系前引《左传》言封叔虞时赐以密须之鼓、阙巩及《王制》言赐诸侯乐以柷、鼗将之，则天子所赐之乐还包括各种乐器，《含文嘉》统称天子所赐之乐歌、乐器、乐舞等为乐则。实际上，天子所赐之乐则，不仅仅是乐歌、乐器、乐舞等，而是连同演唱乐歌、演奏乐器、表演舞蹈的乐师一并赐予诸侯，传世文献中有可以参证的记载。《左传·襄公十一年》云：

注释：

① 《礼记·曲礼上》孔疏引。

② （清）陈立：《白虎通疏证》，中华书局，1994年，第304页。

郑人赂晋侯以师悝、师触、师蠲，……歌钟二肆及其镈磬、女乐二八。晋侯以乐之半赐魏绛，曰："子教寡人和诸戎狄以正诸华，八年之中，九合诸侯，如乐之和，无所不谐，请与子乐之。"……魏绛于是乎始有金石之乐，礼也。

《国语·晋语七》亦记载此事，略有不同，相兼乃备，其文云："郑伯嘉来纳女、工、妾三十人，女乐二八，歌钟二肆及宝镈，辂车十五乘。公锡魏绛女乐一八、歌钟一肆。"韦昭注云："工，乐师也，《传》曰'赂晋侯以师悝、师触、师蠲'是也。"又云："女乐，今伎女也。"诸侯以乐赂人或诸侯以乐赐人，包括乐师、乐器、女乐等，天子所赐之乐则当亦如此，不同之处仅在于天子之礼是以多为贵。西周晚期大克鼎铭文记周天子策命器主人之语云："赐汝史小臣霝龠鼓钟。"郭沫若因"霝龠鼓钟"与"史小臣"并列，疑职司霝龠与鼓钟者即以其器名官，霝龠鼓钟皆是官名而非乐器之名，引师㝬簋铭文所言"司乃祖旧官小辅眔鼓钟"为证。[1] 陈梦家认为，史、小臣、霝龠、鼓钟是四官之名，其中霝龠与鼓钟是乐官。[2] 据传世与出土文献，可断天子所赐之乐不仅是乐歌、乐器、乐舞，还有演唱乐歌、演奏乐器、表演乐舞的乐师。大克鼎器主人克不是诸侯而是王朝重臣，官授膳夫[3]，天子亦以乐赐之，不仅说明以乐赐人是当时策命之礼的重要内容之一，而且还表明王朝重臣与畿外诸侯地位相同。杨伯峻曾指出，古代乐师各专一艺，《论语·微子》有鼓方叔、播鼗武、击磬襄可证。[4] 正因为乐师皆专习一艺，天子以乐歌、乐器、乐舞赐予诸侯，不得不将专习所赐乐歌、乐器、乐舞的乐师一并赐予诸侯，否则诸侯所受之乐便形同虚设，无法施用于各种仪式典礼。需要指出的是，魏绛身为大夫亦备金石之乐，虽然《左传》以为合乎礼之规定，但非因九赐而得，出于晋侯私意，可见诸侯以下如同天子一样亦可以乐赐人，西周晚期公臣簋铭文言虢仲以钟赐公臣，同时期的师簋铭文言伯龢父赐器主人锡钟一肆，皆可为证。

综上所述，武王八年（公元前1079）周公在饮至之礼上所歌《蟋蟀》本是周公的创作，后来成为王朝的乐歌，由专门的乐师演唱、传习。周公封叔虞于唐，或周天子命晋文侯、晋文公为方伯时，以《蟋蟀》作为乐则赐予了晋国，专习《蟋蟀》的乐师同时也被赐予了晋国。《蟋蟀》一诗随乐师进入晋国后而得以在晋国流传，随着时间的流逝，其作者、来源被逐渐淡忘，竟然被认为是晋国的民歌，在不断演唱的过程中又屡被改编，最后又幸运地被编入了《诗经·唐风》之中。《礼记·乐记》记宾牟贾侍坐于孔子而论及《大武》之乐云："声淫及商，何也？对曰：'非《武》音也。'子曰：'若非《武》音，则何音也？'对曰：'有司失其传也。若非有司失其传，则武王之志荒矣。'"《大武》是周初制礼作乐的标志性成果，歌颂周王朝的文治武功，《诗经·周颂》中的《武》、《酌》、《桓》、《赉》即是乐舞所用乐歌，主要用于宗庙或明堂祭祀[5]，尚有"有司失其传"之事，何况周公即兴所作《蟋蟀》，既非"美盛德之形容以其成功告于神明"的颂歌，不可与《大武》相提并论，在流传的过程中失其本事而被编入《唐风》之中就更不足为怪了。

根据《尚书》、《左传》的记载，自西周初期至于鲁僖公二十八年（公元前632），晋国三次获得天子所赐乐则。周公所作《蟋蟀》究竟是封建叔虞时还是策命晋文侯或晋文公为方伯时作为乐则被赐予了晋

注释：

① 郭沫若：《两周金文辞大系图录考释》，《郭沫若全集》考古编第八卷，科学出版社，2002年，第262页。

② 陈梦家：《西周铜器断代》（上），中华书局，2004年，第263页。

③ 张亚初、刘雨：《西周金文官制研究》，中华书局，1986年，第42页。

④ 杨伯峻：《春秋左传注》（修订本），中华书局，1990年，第991页。

⑤ 详贾海生：《周公所制乐舞通考》、《祝嘏、铭文与颂歌——以文辞饰礼的综合考察》，《周代礼乐文明实证》，中华书局，2010年，第133—159、229—258页。

国，文献不足难以落实。以情理而论，一首诗的作者、来源在流传过程中终被忘却，必然要经过漫长的岁月。因此，《蟋蟀》或许就是封建叔虞时作为乐则被赐予了晋国。《左传·定公四年》记封叔虞于唐时列举赐予叔虞的乐则，或是择其重者而言有密须之鼓、沽洗，略其轻者而不言有《蟋蟀》等。当然，《蟋蟀》一诗也可能是天子策命晋文侯或晋文公为方伯时才作为乐则被赐予晋国。

（贾海生：浙江大学古籍研究所副所长、教授）

《诗经·唐风》地域文化精神探论

郝建杰

晋文化是中华文化的一条重要的支脉。论其发端，可上溯至上古陶唐文化、夏文化、殷商文化、周文化和戎狄文化等类型。晋文化在土著和外来文化的交互作用下，约形成于春秋而发达于战国时期。以后又与其他文化激荡交融，不断发生着变化，一直传承至今天的山西地区。由于历史的久远，准确完整地解读先秦时期的晋文化存在困难。一般而言，这一时期的政治与物质文化的解读相对容易。政治文化的识读得益于《左传》、《国语》、《竹书纪年》和出土的文献，物质文化的解读则多得益于出土的历史遗迹之助。相比之下，作为最能反映活生生的社会生活的社会文化的解读则显得薄弱，究其原因，是这方面的资料太过稀少。幸运的是，《诗经》中的《唐风》保留了晋国人的一些生活画面，为弥补这方面的阙失发挥了作用。《唐风》作为西周末至春秋中期产生在晋国这一沃土上的诗歌瑰宝，是由生活于这一特定地域上的诗人群落创造的语言艺术。从文化学的角度看，包括诗歌在内的语言艺术既是晋国地域文化的构成要件，又是反映晋文化丰富内涵的艺术符号。从地域文化视角观照《唐风》，可深化对这些诗歌的认识，同时亦可以加深对晋文化丰富内涵的认识。

《唐风》应该是对晋国当时土著文化的反映，至少可以说对土著文化成分反映得要更多一些，这从吴公子季札的一段名言中可以揣想。襄公二十九年《左传》载吴公子札在鲁观《唐》乐时赞叹道："思深哉！其有陶唐氏之遗民乎！不然，何忧之远也！非令德之后，谁能若是？"[①]如季札所言，《唐风》是陶唐氏的遗民的歌，而不是外来的以唐始封君叔虞及其后代这些周代上层贵族统治者的文化。《唐风》反映了这些遗民们思深忧远的心理和美德，是从前代传承保存下来的文化基因。具体而言，我们可以将《唐风》反映的社会文化精神总结为理性务实、尊贤使能、忠敬节义、淳厚质朴等四个方面，这均为遗民们的实际生活的写照。

注释：

---

① （唐）孔颖达：《春秋左传正义》，中华书局影印（清）阮元刻十三经注疏本，第 2007 页。

一、理性务实的价值观念

面向人生、积极入世、理性务实、精明算计，是晋文化精神的基本元素。无论是对待生命，对待财富，还是对待政治利益，均表现出这样的价值观念，这在《蟋蟀》、《山有枢》、《无衣》诸诗中表现得十分突出。

上述价值观念的具体表现之一是珍惜生命和勤勉用事，《蟋蟀》一诗即是代表。毛《序》："《蟋蟀》，刺晋僖公也，俭不中礼，故作是诗以闵之，欲其及时以礼自虞乐也。此晋也，而谓之唐，本其风俗。忧深思远，俭而用礼，乃有唐尧之遗风。"① 此诗是否有刺意，历来多有争论，季札作为早期的评论者，不仅未言刺意，反称之为令德，结合诗中勤俭自勉之意，季札之说更为可信。《蟋蟀》之首章曰："蟋蟀在堂，岁聿其莫。今我不乐，日月其除。"诗人从季节更迭、物候递变，体悟到自身生命之短暂，由此引发对生命价值的深沉感念和忧思。基于此，他进而思索另一个更为深邃的问题，即享乐与劳动之关系。"无已大康，职思其居。好乐无荒，良士瞿瞿。"生命短暂，本该及时行乐，而他只允许自己在年终岁末稍许放松，虽有享乐，却又以"好乐无荒"、"无已大康"为准限，勤俭自勉之风可见。毛《序》所解虽未必确当，然指出晋人的勤俭特点则令人信服无疑。结合史料，晋人的确推崇勤俭之风。宣公十二年《左传》载晋栾武子推崇楚"民生在勤，勤则不匮"的箴言。② 成公十八年《左传》："晋侯悼公即位于朝。……节器用，……使训卿之子弟，共俭孝弟。"③ 昭公五年《左传》叔向批评楚王曰："汰侈已甚，身之灾也，焉能及人？"④ 这说明统治者对勤勉从事的益处也有自觉的意识。这种风气之所以形成，有其历史原因。郑玄《诗谱·唐谱》载："昔尧之末，洪水九年，下民其咨，万国不粒。于时杀礼以救艰厄，其流乃被于今"⑤；同时亦有其现实原因，朱熹《诗集传》载："其地土瘠民贫、勤俭质朴、忧深思远。"⑥ 总体上的物质资料的紧张是形成这一风气的根本原因。这一情况影响到晋人对生命的态度，形成了特色鲜明的生命文化。晋人并不在主观上刻意延长生命，而是实实在在承认生命的短暂。在短暂的生命中，为适应相对严酷的自然及社会生活环境，他们无暇悠游玄想，而是既不消极应付，也不逃避现实，更不超然物外，克勤克俭，积极入世，这正体现出了晋人崇尚实际的价值观念。

惜物重财是上述价值观念的又一表现。《山有枢》把凝重的生命意识与财富及人生价值的思考紧密地结合在一起。首章曰："子有衣裳，弗曳弗娄。子有车马，弗驰弗驱。宛其死矣，他人是愉。"与物质财富存在的相对恒常性相比，人生苦短，所以诗中的劝诫者主张不必过分爱惜财物而委屈自己，而应及时行乐，故卒章曰："子有酒食，何不日鼓瑟！且以喜乐，且以永日。"方玉润以为"此类庄子委蜕，释氏本空一流人语"⑦，虽看似有理，实则不然。其实，《山有枢》中的劝诫者和被劝诫者都是十足的功利实用者。被劝诫者是因守财惜物才为他人劝诫的，而守财惜物本身不过是节俭观念的一种极端表现。劝诫者也不是不计得失，为享乐而享乐，恰恰相反，他是担心对方死后财物白白为他人享用才劝对方及时

注释：

① （唐）孔颖达：《毛诗正义》，中华书局影印（清）阮元刻十三经注疏本，第 361 页。

② （唐）孔颖达：《春秋左传正义》，中华书局影印（清）阮元刻十三经注疏本，第 1880 页。

③ （唐）孔颖达：《春秋左传正义》，中华书局影印（清）阮元刻十三经注疏本，第 1923 页。

④ （唐）孔颖达：《春秋左传正义》，中华书局影印（清）阮元刻十三经注疏本，第 2041 页。

⑤ （唐）孔颖达：《毛诗正义》，中华书局影印（清）阮元刻十三经注疏本，第 360 页。

⑥ （宋）朱熹：《诗集传》，中华书局，1958 年，第 68 页。

⑦ （清）方玉润著、李先耕点校：《诗经原始》，中华书局，1986 年，第 245 页。

行乐，这种患得患失的心理正是俭的观念的另一种极端表现。

一本万利，予少取多，是上述晋人文化精神的又一具体表现。《无衣》是晋大夫向周使请求策命的外交诗。毛《序》："《无衣》，美晋武公也。武公始并晋国，其大夫为之请命乎天子之使，而作是诗也。"[1] 在这首诗中，可以看到晋人那种聪明的算计。曲沃作为小宗而灭晋大宗后，为取得周王室及其他侯国的承认，分两个步骤迫使周王室就范。一是以从晋公室取得宝器为贿赂来取悦于周王室。王国维《今本竹书纪年疏证》载："（厘王）三年，曲沃武公灭晋侯缗，以宝献王，王命武公以一军为晋侯。"[2] 如此意外横财，无疑让周王大为心动。此一步奏效，曲沃立即实施第二步：不失时机地提出命服请求，这就是《无衣》的内容。诗人毫不隐讳地亮明谈判的底牌："岂曰无衣七兮？不如子衣，安且吉兮！岂曰无衣六兮？不如子衣，安且燠兮！"翼晋被灭已是既成事实，周王对胜利的曲沃又无可奈何，曲沃既献周王以宝器，又愿以周王为尊，何不承认现实而做个顺水人情呢？周王室权衡利弊之后，终于答应了曲沃。庄公十六年《左传》："王使虢公命曲沃伯，以一军为晋侯。"[3] 又，《史记·晋世家》："厘王命曲沃武公为晋君，列为诸侯，于是尽并晋地而有之。"[4] 从此次外交的两个步骤来看，体现了曲沃以微不足道的小利益来扩大自身政治利益的精明算计。

由上可知，《唐风》没有玄虚幻想的色彩，而重在理性和实用功利。这一文化基因，虽然历时久远，但一直代代相袭。古代山西地区历代都有大商人出现，尤其是明代中期以后兴起的山西商邦，这一类群体的出现及其文化品格正是这一基因遗传的结果。

二、缠绵彷徨的求贤情结

远亲尊贤，是晋国政治上颇具特色的用人思想。亲亲，是周人极重视的价值理念，也是宗法制的核心部分，但是晋国却存在一种反差极大的价值观念，即远亲而尊贤。曲沃一支小宗夺嫡，晋献公诛杀群公子，追杀亲生儿子，皆是明证。但国家需要人才，在宗亲羽翼被剪杀而"晋无公族"之后，尊重异姓贤才就成了一种必然选择。尊贤，在春秋时是各国通见的美德，然晋人更功利一些，文六年《左传》载晋阳处父曰："使能，国之利也。"[5] 这一认识是国家层面的，它与周人"亲亲"、"尊尊"的宗法思想相对立，反映的却是"晋无公族"后其政权基础以异姓为主的事实。尊贤使能的观念为晋国培育了一个以异姓贵族为主的庞大的人才群落，晋霸春秋一个半世纪，这一文化观念功不可没，《无衣》、《杕杜》、《有杕之杜》正是这种思想在诗作中的折射。

《杕杜》反映的是一位失去宗亲之后的贵族在寻求异姓帮助过程中屡屡碰壁的忧思和困惑心理。魏源《诗古微·诗序集义》："《杕杜》，刺武公兼并宗国。献公尽灭桓庄之族也。"[6] 从曲沃桓叔起，晋国的政局进入一个强宗夺嫡的社会动荡期。这场搏杀使晋国六君除哀侯外，其他五君均死于非命，历时70年（公元前746—前676年），给晋国政局带来了深远影响。庄二十三年《左传》："晋桓、庄之族逼，

注释：

① （唐）孔颖达：《毛诗正义》，中华书局影印（清）阮元刻十三经注疏本，第365页。

② 方诗铭、王修龄：《古本竹书纪年辑证》附王国维《今本竹书纪年疏证》，上海古籍出版社，2005年，第269页。

③ （西汉）司马迁：《史记》，中华书局，1982年，第2版，第1772页。

④ （西汉）司马迁：《史记》，中华书局，1982年，第2版，第1640页。

⑤ （唐）孔颖达：《春秋左传正义》，中华书局影印（清）阮元刻十三经注疏本，第1843页。

⑥ （清）魏源：《诗古微》，《魏源全集》第一册，岳麓书社，2004年，第640页。

献公患之。"① 献公用士蒍之谋，尽去桓、庄之族。诗中的"同父"（朱《传》："同父，兄弟也。"）、"兄弟"、"同姓"（毛《传》："同姓，同祖也。"）当即这些被剪除的桓、庄之族。从此，晋无公族，也即"人无兄弟"的政治格局形成了。晋献公以曲沃灭翼为前车之鉴，故有此举。其益处在于消除了来自公族的压力，使公室得到了巩固。然而，"公族，公室之枝叶也，若去之则本根无所庇荫矣"②（文七年《左传》）。晋公室既无同姓公族的拥护，能否得到异族势力的帮助就显得格外重要，求贤、尊贤的思想也就显得相当突出了。诗中主人当是以献公为代表的公室势力。他们急于得到异姓的支持，但从他们"独行踽踽"的情况看，异姓贤者起初并不完全信任他们，因而采取不合作态度。"岂无他人？不如我同父"，"岂无他人？不如我同姓"，诗中主人因"他人"的不合作从而产生了对"同父"、"同姓"、"兄弟"的怀念和眷恋。但根枝凋零，"人无兄弟"的局面业已形成，而异姓贤者又不予合作，于是他对这一窘况疑怨丛生，"嗟行之人，胡不比焉？人无兄弟，胡不佽焉？"这是一种无法抵挡的忧惧，一种难以释怀的困惑，一种不能排遣的苦思。

《有杕之杜》流露出晋国当政者的另一种心态：强烈的孤独感和求贤若渴的急切。毛《序》："《有杕之杜》，刺晋武也。武公寡特，兼其宗族，而不求贤以自辅焉。"③说"武公寡特，兼其宗族"是对的，而"不求贤以自辅"则不然。曲沃灭杀晋公室，小宗夺大宗，于晋公室及周王室都为大逆不道，不仅要受到道义上的指责，更要受到武力镇压，武公可谓寡特之至矣。诗曰："有杕之杜，生于道左"，正是这种困境的写照。既然如此，曲沃统治者产生强烈的孤独感也就在所难免。这种强烈的孤独感除源于道义和武力反对的原因外，另外就是政治人才的相对短缺。道义上的缺失在一定程度上影响了曲沃对政治人才的聚拢。而大批的政治人才则是成政治大业者须臾不可或缺的，这不能不引起曲沃集团的严重焦虑，"彼君子兮，噬肯肯适我？"正是这种焦虑的表达。从《杕杜》可以看出，曲沃集团中有一部分人对如何延揽人才还没有一个清醒的认识和有效的办法。但《有杕之杜》的主人终于找到一条破解途径："中心好之，何饮食之？""饮食之"，即给"彼君子"以实惠。《史记·晋世家》："小子元年，曲沃武公使韩万杀所虏晋哀侯，曲沃益强，晋无如之何。"④曲沃之所以如此强大，除曲沃大于翼等重要因素外，通过各种途径聚拢了大量有用之才也是必备条件。《史记·晋世家》："桓叔是时年五十八矣，好德，晋国之众皆附焉。"⑤武公作为桓叔夺嫡事业的继承者，也必采取施以恩惠这种极具诱惑、可行性、有效性极强的政策来聚拢人才。

晋国的尊贤使能观念是在晋无公族的严酷政治形势下形成的。此后，晋惠公、晋文公选贤任能，拢集大批人才，实现了称霸诸侯的大业。

三、以忠义为核心的政治忧怀

在古代中国，忠和义是一对孪生的政治道德理念。忠一般指向国家和帝王，义则没有定指，几乎无处不在。春秋时期，忠义的观念和精神深受晋人的重视并发挥着重要作用。史传中固不乏其例，如昭元

注释：

① （唐）孔颖达：《春秋左传正义》，中华书局影印（清）阮元刻十三经注疏本，第1779页。

② （唐）孔颖达：《春秋左传正义》，中华书局影印（清）阮元刻十三经注疏本，第1845页。

③ （唐）孔颖达：《毛诗正义》，中华书局影印（清）阮元刻十三经注疏本，第366页。

④ （西汉）司马迁：《史记》，中华书局，1982年，第2版，第1639页。

⑤ （西汉）司马迁：《史记》，中华书局，1982年，第2版，第1638页。

年《左传》载晋国赵孟曰："临患不忘国，忠也。"① 僖二十七年《左传》载赵衰曰："德义，利之本也。"②即使在诗歌中也表现，如《扬之水》、《椒聊》、《采苓》即是。

《扬之水》当为晋大夫从者向晋昭公密告晋大夫与桓叔阴谋叛晋的告密诗。毛《序》："《扬之水》，刺晋昭公也。昭公分国以封沃，沃盛强，昭公微弱，国人将叛而归沃焉。"③严粲《诗缉》："此微词以泄其谋，欲昭公闻之而戒惧，早为之备也。"④由诗中"从子于沃"、"从子于鹄"之句，足见诗中主人曾随党沃者潘父等人出使曲沃以共谋叛晋之事。桓公二年《左传》："惠之二十四年，晋始乱，故封桓叔于曲沃……惠之三十年，晋潘父弑昭侯而立桓叔，不克。晋人立孝侯。"⑤晋昭侯封颇有政治野心的成师于翼，这一错误决定导致晋国长期动荡。从师服"本既弱矣，其能久乎"的评论中，可见时贤对其恶果已早有预见，但并未引起昭侯的重视。诗中主人作为沃党使者的随从，在得知这一阴谋之后，不甘心让昭侯对这种内外勾结的叛逆之事一无所知，更不愿看到昭侯在政变风暴突来时坐以待毙，但鉴于个人的险恶处境，又不敢贸然行事，不得已而采用诗歌的形式对仍蒙在鼓里的昭侯进行暗示，大胆地把这个弥天阴谋用诗歌的方式撕了个洞，表现出对社稷和主人的忠义之心。至于《椒聊》，毛《序》曰："《椒聊》，刺晋昭公也。君子见沃之盛强，能修其政，知其蕃衍盛大，子孙将有国焉。"⑥其诗旨与《扬之水》大体相同，兹不赘述。

《采苓》表达的是对听信谗言者的极度忧愤和劝诫。毛《序》："《采苓》，刺晋献公也。献公好听谗焉。"⑦晋献公好谗并对政局造成重大影响的事件，在史书中有明确记载：①信士蒍之言尽杀群公子（庄二十三年《左传》）。②信"二五"之谗遣群公子于别邑。③信骊姬之谗杀太子申生。对献公好谗，不少卿大夫好言劝谏，恪尽人臣之职责。献公欲以骊姬为夫人，卜人大胆直言"筮短龟长，不如从长"之论⑧（僖四年《左传》）。又，晋献十七年，派太子申生伐东山皋落氏，大夫里克劝献公放弃派遣太子帅师伐敌的不当计划（闵二年《左传》）。又，献公命士蒍筑蒲与屈，士蒍谏曰："《诗云》'怀德唯宁，宗子惟城。'其修德固宗子，何城如之？"⑨（僖五年《左传》）《采苓》的主人对献公好谗尽管不满和激愤，但仍保持冷静、克制并不厌其烦的规劝。诗曰："采苓采苓，首阳之巅。人之为言，苟亦无信。舍旃舍旃，苟亦无然。人之为言，胡得焉？"联系史实，将诗的主人理解为上述一类人所作也较为切当。事实上，在晋国不惮与国君争论是非曲直、直言劝诫的忠义者一直不乏其人。僖三十三年《左传》载先轸因文嬴释秦囚在襄公前怒且"不顾而唾"事，宣二年《左传》载赵盾、士季谏"晋灵公不君"事。宣十二年《左传》载晋楚邲之战后，士贞子谏景公救桓子事。可见，敢于切谏君上在晋国并非个别而是较为普遍的现象，是春秋中期晋国的政治风尚。

这种政治风尚与晋人的忠义观念有着必然的因果关系。这些信念常常成为他们行动的指向和标尺，

注释：

① （唐）孔颖达：《春秋左传正义》，中华书局影印（清）阮元刻十三经注疏本，第2020页。

② （唐）孔颖达：《春秋左传正义》，中华书局影印（清）阮元刻十三经注疏本，第1822页。

③ （唐）孔颖达：《毛诗正义》，中华书局影印（清）阮元刻十三经注疏本，第362页。

④ （明）严粲：《诗缉》，（明）味经堂赵府刻本。

⑤ （唐）孔颖达：《春秋左传正义》，中华书局影印（清）阮元刻十三经注疏本，第1744页。

⑥ （唐）孔颖达：《毛诗正义》，中华书局影印（清）阮元刻十三经注疏本，第362页。

⑦ （唐）孔颖达：《毛诗正义》，中华书局影印（清）阮元刻十三经注疏本，第366页。

⑧ （唐）孔颖达：《春秋左传正义》，中华书局影印（清）阮元刻十三经注疏本，第1793页。

⑨ （唐）孔颖达：《春秋左传正义》，中华书局影印（清）阮元刻十三经注疏本，第1794—1795页。

为这些信念献出生命是他们追求的最高境界。《国语·晋语九》："夫事君者，谏过而赏善，荐可而替否，……朝夕诵善败而纳之。道之以文，行之以顺，勤之以力，致之以死。听则进，否则退。"[1]僖五年《左传》载士蒍曰："守官废命不敬，固仇之保不忠，失忠与敬，何以事君？"[2]僖九年《左传》载荀息曰："公家之利，知无不为，忠也。"[3]成九年《左传》载范文子曰："无私，忠也。"[4]文二年《左传》载狼瞫曰："死而不义，非勇也。共享之谓勇。"[5]文六年《左传》载臾骈曰："以私害公，非忠也。"[6]归纳之，忠义就是以社稷君王为重，以个人私利为轻，为维护国家利益，关键时刻勇于牺牲。明白了这些，上述各诗中的忠义表现也便不难理解了。

四、民风礼俗中的淳情厚意

民风民俗是地域文化的重要组成部分。由于独特的地域环境的影响、历史文化的传承、多民族的融合以及多元文化的熏陶，晋国形成了淳厚质朴的民俗文化精神，《鸨羽》、《葛生》、《羔裘》、《绸缪》诸诗即生动地展现了这一点。

孝，作为一种社会家庭伦理观念，是农业文明的社会产物。在古代山西地区，孝的观念来源久远，上古时的帝舜即以孝著称。至春秋晋国时，孝的观念仍是晋国人家庭伦理中的核心观念。在晋献公意图谋杀太子申生时，晋国其他佐国大臣劝说申生，里克曰："禀命则不威，专命则不孝。"羊舌大夫曰："违命不孝。"（闵二年《左传》）[7]在君命与孝亲之间做选择，凸显出了孝在晋人心目中的重要地位。《鸨羽》所反映的即是晋国的人伦孝道。毛《序》："鸨羽，刺时也。昭公之后，大乱五世，君子下从征役，不得养父母而是诗也。"[8]诗中主人是从戎武士，因"王事靡盬，不能艺黍稷"，故而忧心父母无所依靠。然而，《鸨羽》的主人公则因"王事靡盬，不能世艺稷黍"，连"以其饮食忠养之"都无法做到，无怪乎发出"父母何怙"、"父母何食"、"父母何尝"和"悠悠苍天"的怨刺忧叹之声了。

《葛生》是中国诗史上所见最早的悼亡诗。严粲《诗缉》卷十一："旧说以为思存者。味'百岁之后，归于其居'之辞，及上章言茔墓，知为悼亡矣。"[9]此说甚是。诗中女主人决意以生死相伴来维系爱情："夏之日，冬之夜。百岁之后，归于其居。冬之夜，夏之日，百岁之后，归于其室。"无论古今，生死相伴都是至高的爱情观。但女主人的爱情观又有特殊之处，即生命和爱情并不等同，生命附着于爱情之上。在此，可以体会晋国女性对爱情的忠贞和性格上的果决。这种忠贞与果决完全不同于后世尤其是宋明道学家提倡的贞女节妇，而是出于对爱情珍惜的自然流露。

《鸨羽》的孝道观、《葛生》的爱情观与晋地风气的关系前人已有述及。宋苏辙《诗集传》卷六评

注释：

① （春秋）左丘明：《国语》，上海师范大学古籍整理研究所校点，上海古籍出版社，1998 年，第 497 页。

② （唐）孔颖达：《春秋左传正义》，中华书局影印（清）阮元刻十三经注疏本，第 1794 页。

③ （唐）孔颖达：《春秋左传正义》，中华书局影印（清）阮元刻十三经注疏本，第 1801 页。

④ （唐）孔颖达：《春秋左传正义》，中华书局影印（清）阮元刻十三经注疏本，第 1906 页。

⑤ （唐）孔颖达：《春秋左传正义》，中华书局影印（清）阮元刻十三经注疏本，第 1838 页。

⑥ （唐）孔颖达：《春秋左传正义》，中华书局影印（清）阮元刻十三经注疏本，第 1845 页。

⑦ （唐）孔颖达：《春秋左传正义》，中华书局影印（清）阮元刻十三经注疏本，第 1789 页。

⑧ （唐）孔颖达：《毛诗正义》，中华书局影印（清）阮元刻十三经注疏本，第 365 页。

⑨ （明）严粲：《诗缉》，（明）味经堂刻本。

《葛生》时说："思之深而无异心，此唐风之厚也。"①宋李樗、黄櫄《毛诗李黄集解》卷十三释此时，李樗曰："夫妇之道，生则异室，死则同穴。"②又说："《葛生》妇人其情可谓切矣，其义可谓高矣。"③黄櫄曰："献公惟好攻战，则国人多丧，故妇人思其夫之切，思而不可得，则以死自誓，可谓义妇矣。晋国当兵戈扰攘，而孝子贞妇有如《鸨羽》、《葛生》之诗者，帝尧之风化盛矣哉。"④

晋国与魏国（地在今山西芮城）地理距离相去不远，但文化差异却十分明显。《魏风·硕鼠》有"适彼乐国"之句，这反映出了魏人上苛下叛的薄俗。反观《羔裘》一诗，却是另一种情形。毛《序》："羔裘，刺时也。晋人刺其在位不恤其民也。"⑤在位者虽不体恤下民，但其民终因顾恋故旧恩好未弃之而去。二者在文化上的区别，孔颖达就已看得十分明白。孔颖达《疏》云："《北风》刺虐则云：'携手同行'，《硕鼠》刺贪，则云'适彼乐国'，皆欲奋飞而去，无顾恋之心，此则念其恩好，不忍归他人之国，其情笃厚如此，亦是唐之遗风。言犹有帝尧遗化，故风俗淳也。"⑥

另外，《绸缪》是晋人新婚之夜的闹洞房歌，表现了晋人淳厚的婚姻"六礼"之俗。⑦

一种文化类型一经产生，便会以种种方式保持自己的生命力。晋文化自形成以后，虽然经历了各种变化，但是一些文化基因会延续下来，传之久远。柳宗元《晋问》曾经记述中唐时期今天临汾一带的人文现象，他说："平阳（临汾，笔者注），尧之所理也。其人至于今俭啬，有温恭克让之德，其人至于今善让，好谋而深，和而不怨，尤思而畏祸，恬以愉，此尧之遗风也。"⑧如果将这段评述与《唐风》所体现的文化精神相照，可以发现，千载之下，晋文化的核心精神依然保持完好，可见其生命力之顽强。

（郝建杰：太原师范学院文学院）

注释：

① （宋）苏辙：《诗集传》，宋淳熙七年苏诩筠州公使库刻本。

② （宋）李樗、黄櫄：《毛诗李黄集解》，文渊阁四库全书本。

③ （宋）李樗、黄櫄：《毛诗李黄集解》，文渊阁四库全书本。

④ （宋）李樗、黄櫄：《毛诗李黄集解》，文渊阁四库全书本。

⑤ （唐）孔颖达《毛诗正义》，中华书局影印（清）阮元刻十三经注疏本，第365页。

⑥ （唐）孔颖达：《毛诗正义》，中华书局影印（清）阮元刻十三经注疏本，第365页。

⑦ 邵炳军、郝建杰：《〈诗·唐风·绸缪〉诗旨补证》，《河北师范大学学报》（哲学社会科学版）2007年第1期，第54—58页。

⑧ （明）李侃、胡谧：《山西通志》，四库全书存目丛书，齐鲁书社，1996年，第33页。

封建亲戚　以蕃屏周

——以西周、春秋早期晋国为例

田建文

夏、商的统治是以国都为中心"排他式"占领土地的向心制，周实行以周为中心的遍地开花或称星罗棋布式的分封制，即把王室子弟、亲戚、功臣以及古代先王、先圣之后，分封到各地做诸侯。这是以宗法制为前提的，周王是大宗，各诸侯国是小宗。小宗有捍卫大宗的义务，如定期朝觐、缴纳贡赋、随周王出征等，每逢王室有重大祭祀活动，诸侯还要前往助祭。分封时要举行册封仪式，就是周王或周王派出的代表向受封者宣布土地范围、人民数量，同时还要给他们礼器和仪仗等。分封的目的就是"以蕃屏周"，《左传》中多有记载，如僖公二十四年（公元前636）"昔周公吊二叔之不咸，故封建亲戚，以蕃屏周"；昭公二十六年（公元前516）"昔武王克殷，成王靖四方，康王息民，并建母弟，以蕃屏周"；定公四年（公元前506）"昔武王克商，成王定之，选建明德，以藩屏周"等。

这些"封建亲戚"们，"以蕃屏周"的任务完成得如何？先以西周、春秋晋国为例，做一探讨。

一

周代诸侯有五等，过去否认其存在，现在已经无需争议，它是实实在在存在着的，尤其是西周一代到春秋早期，且等次分明。《礼记·王制篇》说："王者之制禄爵：公、侯、伯、子、男凡五等，天子之田方千里，公侯之田方百里，伯七十里，子男五十里。"公元前635年晋文公平定了"太叔带之乱"，送周襄王回到都城，他向周襄王"请隧"遭到拒绝，《国语·周语中》记载（襄王）曰："昔我先王之有天下也，规方千里以为甸服，以供上帝山川百神之祀，以备百姓兆民之用，以待不庭不虞之患。其余以均分公侯伯子男，使各有宁宇，以顺及天地，无逢其灾害，先王岂有赖焉。"就是这个意思。另外，《孟子·万章篇》则说："天子一位，公一位，侯一位，伯一位，子男同一位，凡五等也……天子之制，地方千里。公侯皆百里，伯七十里，子男五十里，凡四等。不能五十里，不达于天子，附于诸侯曰附庸。天子之卿受地视侯，大夫受地视伯，元士受地视子男。"可见一方面诸侯五个等级的爵位制度是存在的，另一方面享受的待遇渐次降低，当然这与承担的责任和贡赋的轻重有关。关于后者，公元前529年仅盟诸侯于平丘，郑国子产还记忆犹新，《左传·昭公十三年》子产说："昔天子班贡，轻重以列，列尊贡重，周之制也。"另外，从《国语·鲁语上》看，"庄公如齐观社。曹刿谏曰：不可。夫礼，所以正民也。是故先王制诸侯，使五年四王、一相朝。终则讲于会，以正班爵之义，帅长幼之序，训上下之则，制财用之节，其间无由荒怠。"可见当时诸侯相聚在一起，辨明爵位高低，是经常有的事。

公、侯、伯在诸侯国中常见，如虢公、燕侯、微伯[①]，子、男则罕见，但其存在是毋庸置疑的。

子，《左传·昭公四年》："楚子问于子产曰：晋其许我诸侯乎？对曰：许君。"

男，《春秋·哀公元年》："楚子、陈侯、随侯、许男围蔡。"1967年陕西长安县马王村出土一件西周晚期的许男所作铜鼎，证实许国国君的爵位确为男爵。[②]但前引《左传·昭公十三年》，子产接着说："卑而贡重者，甸服也。郑伯，男也，而使从公侯之贡，惧弗给也，敢以为请。诸侯靖兵，好以为事。行理之命，无月不至，贡之无艺，小国有阙，所以得罪。诸侯修盟，存小国也。贡献无及，亡可待也。存亡之制，将在今矣。"《史记·郑世家》记载："郑桓公友者，周厉王少子而宣王庶弟也。宣王立二十二年，友初封于郑。"就是说公元前806年周宣王封其弟友于今陕西华县东的郑，为郑桓公。不知道爵位是不是"男"爵，提出存疑，供来日研究。

五个等级的爵位是可以提升的，分周王提升和自己提升也就是"僭越"两种。许国在西周为"男"爵，春秋时期的铜器"许子钟"、"许子妆簠"却是"子"爵，这说明在东西周之际许国已由"男"爵提升为"子"爵了，这可能是周王之命，但1976年湖北黄州禹王城附近出土的战国时期"许公买簠"[③]，面临着楚国灭亡的威胁居然也称"公"，令人啼笑皆非。这就是说东周以降，五等爵位似乎越来越不为时人看好，与用鼎制度一样，僭越现象时有发生。这和当今社会一样，"御"、"皇"、"霸"、"王"满天飞，能叫多大叫多大，其实多半是换汤不换药的把戏。所以，年代越早，诸侯国之间的五等爵位遵守得越严格，这也与那时各诸侯国还听周王话有很大关系。吕振羽先生就说[④]："但是这种等级爵位和职位的存在，我们在《西周初期封建制度形成的过程》一章中，已根据金文讨论过，而且这是西周即初期封建制度创始时期就已现实存在着了——即当时所谓某公、某侯、某伯、某子、某男等——并不是什么悬想的构图。不过这种爵位名义，在事实上，并没有那样严格的固定性。入于春秋时期，由于最高领主权力的旁落，便更趋纷乱了。"

前引《左传·定公四年》，接着说分鲁公封于少暤之墟、分康叔封于殷墟之事，"皆启以商政，疆以周索。分唐叔以大路，密须之鼓，阙巩，姑洗；怀姓九宗，职官五正。命以《唐诰》，而封于夏墟。启以夏政，疆以戎索"。但鲁、卫两国"皆启以商政，疆以周索"，而晋国却要"启以夏政，疆以戎索"，就是尊重当地传统习惯采用夏历，与戎的边界线就是周王给晋的封地。鲁国的始封者我们比较熟悉的有周公旦，卫的始封者卫康叔为何诸侯爵位不详，但从其子孙卫康伯、卫孝伯、卫嗣伯看，是取其中的"伯"，上可以达公、侯，下又不至于落到子、男略显卑微的爵位。到了西周晚期，《史记·卫康叔世家》记载"贞伯卒，子顷侯立，顷侯厚赂周夷王，夷王命卫为侯。"

晋国始封者唐叔虞，是何等级，并没有明确记载。《史记·晋世家》只是说："唐叔子燮，是为晋

注释：

① 李仲操：《史墙盘铭文试释》，《文物》1978年第3期。

② 珠葆：《长安沣西马王村出土"鄟男"铜鼎》，《考古与文物》1984年第1期。

③ 王萍等：《黄冈博物馆的镇馆之宝》，《中国文物报》，2013年8月14日，第5版。

④ 吕振羽：《殷周时代的中国社会》，生活·读书·新知三联书店，1983年。

侯。"并没有交代唐国是何爵位。2007年，一件香港私人收藏家处所见青铜盆形腹簋叔公簋面世[1]，簋的年代为西周早期，腹内底部有4行共22字的铭文，其中"王令唐伯侯于晋"之句，就是周王命令唐伯到"晋"那个地方做诸侯去，则知唐叔虞不过是一个"伯"。发现这件铜簋的朱凤瀚先生提出成王和康王两种可能，并列出"武王至康王历表"，却没有确定是何王[2]；李伯谦先生透露出李学勤先生认为康王的可能性更大[3]，但他说："我认为将叔公簋铭文'唐伯侯于晋'之'唯王二十又八祀'理解为成王纪年更为合理。"不管"唐伯"是叔虞，还是他的儿子晋侯燮父，都不影响本文的主题，因为唐叔虞和燮父没有来到"晋"地做诸侯前，唐国只是一个与卫国一样的享有"伯"爵位的诸侯国。从周王命燮父由唐伯变成晋侯后，直到公元前678年曲沃代晋成功，周釐王让曲沃武公做了晋国的国君即晋武公。[4]这种以"侯"提升为"公"之事其实早就有先例，卫釐侯死后，太子共伯余立为君，被其弟和逼迫自杀，和也就成了卫侯，到了周幽王时，卫侯和平戎有功，周平王便命其为公，即卫武公，此为公元前770年。类似的情况还见于春秋初年周封秦，《史记·秦本纪》"平王封襄公为诸侯，赐之歧以西之地。曰：'戎无道，侵夺我歧、丰之地，秦能攻逐戎，即有其地'。与誓，封爵之"。秦受此鼓舞，励精图治，遂霸西戎。

至于说战国时期，公元前369年魏惠王、公元前332年韩宣惠王、公元前325年赵武灵王纷纷称王，那是分封制已经濒临土崩瓦解的时刻了，这时连"男"爵的许国都开始称"公"了。

还有一点，对具体的条目，是生称还是谥号和尊称等，笔者没有做很深入的思考，本文遇到此类的难题，一概为笔者写作时的考虑，也自然容有不少错误的余地了。

二

晋国由西周初年的小国发展到春秋初年的大国，是通过兼灭其他小国来实现的，《左传·襄公二十九年》（公元前544）："虞、虢、焦、滑、霍、杨、韩、魏，皆姬姓也。晋始以大，若非侵小，将何所取？武、献以下，兼国多矣！"李孟存先生等的《晋国史》说[5]："前651年，献公死时，晋国的疆域大体为：今山西省境内有临汾、运城两地区；南疆到今黄河以南的秦岭山脉，东到今河南省三门峡市东的渑池一带，西达今陕西华县、大荔、澄城一隅。"这大体没错。他们统计晋国先后灭掉了霍、虢、虞、冀、黎、荀、董、韩、芮、魏、耿、贾、杨、沈、姒、蓐、黄17个国家，其中主要是晋武公、晋献公时期完成的。不过，位于今山西黎城的黎国归晋稍晚，周武王克商后，封帝尧之后于黎，2006年清理的黎城县塔坡水库西周墓地的一座大墓中[6]，出土通高43厘米的铜圆壶，体形细长，在器口内和盖榫上铸有铭文"楷侯宰作宝壶永用"，张崇宁先生的考证结果"楷"即"黎"，也就是"黎侯宰"，证明《说文解字》中的"黎，殷诸侯国，在上党东北"的说法是完全正确的。春秋初这里已成为赤狄所有，公元前594年，晋景公派荀林父灭了赤狄潞氏之后恢复了黎侯的领地，至少是在名义上这时的黎国还不能算作晋国管理

注释：

① 朱凤瀚：《叔公簋与唐伯侯于晋》，《考古》2007年第3期。

② 朱凤瀚：《叔公簋与唐伯侯于晋》，《考古》2007年第3期。

③ 李伯谦：《叔公簋与晋国早期历史若干问题的再认识》，北京大学震旦古代文明研究中心编《古代文明研究通讯》总第33期。

④《史记·晋世家》："晋侯二十八年，齐桓公始霸。曲沃武公伐晋侯缗，灭之，尽以其宝器赂献于周釐王。釐王命曲沃武公为晋君，列为诸侯，于是尽并晋地而有之。曲沃武公已即位三十七年矣，更号曰晋武公。"

⑤ 李孟存等：《晋国史》，山西古籍出版社，1999年。

⑥ 孟苗等：《黎城出土"楷侯宰作宝壶永用"铭文：西周黎国所在地之谜破解》，《山西日报》，2007年3月22日。

的范围之内。而芮，李先生对其地望判断有误，下面详讲。除此之外的 15 个国家在晋献公时期已经为晋所灭了。21 世纪又发现了先、倗、霸三个诸侯国，先来盘点一下晋国和为其所灭的诸侯国和戎狄部族的方位和爵位。

1. 晋

姬姓。《史记·晋世家》中说："唐在河、汾之东，方百里。"但是，文献记载的"唐"多年来形成乡宁鄂地、太原晋阳、临汾平阳、霍州永安、夏县安邑和翼城 6 种说法，以太原、临汾和翼城 3 种说法流传甚广，信者较多。1992—2002 年曲沃县北赵晋侯墓地共发现 9 组 19 座大型墓葬，最早的一组编号为 114、113 号墓，这是晋侯燮父及其夫人的墓葬[1]，其余 8 组 17 座为燮父以下的 8 位晋侯及其夫人的墓葬。因此，最早的"晋"，在今曲沃、翼城一带。也就是说，假如"唐"是因"晋水"而改国号的话，甚嚣一时的太原之说便不攻自破。东汉郑玄《毛诗·唐谱》记载："成王封母弟叔虞于尧之故墟，曰唐侯。南有晋水，至子燮改为晋侯"，若是的话，"唐"位于晋侯墓地之北。之后，2003 年浮山桥北商周先国墓地的发现[2]，在陕西扶风、岐山一带周人的老家"周原"出土周文王时期的甲骨上，同一版有"先"和"唐"，说明二者相邻，因此唐的北界不过桥北，也就是说唐国应在先国之南；2004 年绛县横水倗国墓地[3]和 2007 年翼城大河口墓地两处西周墓地的发现[4]，勾勒出了唐国的疆域范围，应在横水北、大河口西。结合"唐在河、汾之东，方百里"这句话，可以确定唐国和早期晋国的分布范围只能是曲沃、翼城及襄汾、浮山、尧都区以崇山为中心的结合部了。

2000 年发掘的庞杜墓地[5]，发掘的 5 座长方形土坑竖穴墓，口小底大，都有殉狗的腰坑，李伯谦先生认为可能是周灭唐以前古唐国的墓地，材料还没有发表，暂从其说。2009 年发掘的梁家河墓地可能是周灭唐以后新封唐叔虞于唐国的墓地[6]，这 5 座墓葬从北向南分两排，均为南北向的土圹竖穴墓，口小底大，都有殉狗的腰坑，出土的一件铜鼎上还有"父己簋"的铭文，这对了解西周早期晋国的人群构成，具有相当重要的意义。由于有殉狗的腰坑，肯定不属于姬姓的周人所有，最大的可能是《左传·定公四年》分封唐叔时所分的"怀姓九宗"。再者，梁家河位于浮山县南响水河流域，庞杜紧邻浮山，也是在响水河流域，不过这条河在尧都区叫作汜河。我们确定的"唐"与天马——曲村遗址之间相隔着二峰山，山北是"唐"，以响水河（汜河）为中心；山南是"晋"，以浍河为中心。"晋"在商代早期以前人丁兴旺，遗址密集；商代晚期及西周早期人烟稀少或没有人烟，一直到唐叔虞人儿子燮父开始继承"唐伯"之后，听从周成王的命令，又来到并且占领的唐国南边有山有水，地肥水美的"晋"，晋国的中心随即转向这里。

2. 耿

姬姓。地在山西省河津市东南 21 里的山王村附近，文献记载其国事迹很少。

注释：

[1] 北京大学考古学系等：《天马——曲村遗址北赵晋侯墓地第六次发掘》，《文物》2001 年第 8 期。

[2] 桥北考古队：《浮山桥北商周墓》，北京大学中国考古研究中心《古代文明》第 5 卷，文物出版社，2006 年。

[3] 山西省考古研究所等：《山西绛县横水西周墓发掘简报》，《文物》2006 年第 8 期。

[4] 谢尧亭：《山西翼城县大河口西周墓地获重要发现：此墓地可能是新发现的一个西周封国墓地》，《中国文物报》2008 年 7 月 4 日；谢尧亭：《发现霸国：讲述大河口墓地考古发掘故事》，山西人民出版社，2012 年。

[5] 临汾市文物局 2000 年发掘资料，未发表。

[6] 山西省考古研究所 2009 年发掘资料，未发表。

3. 霍

姬姓。《史记·管蔡世家》："武王同母弟十人，其八曰霍叔处。"被封于霍，一说在锦霍州市白龙镇陈村。传世铜器有"霍壶"、"霍作己公鼎"。从《水经注·卷六·汾水注》"晋献公灭霍，赵夙为御，霍公求奔齐"的记载来看，霍国是"公"爵。

4. 魏

姬姓。都城在今山西省芮城县北龙泉村、柴村之间，柴村曾发现过西周中、晚期铜器。^①《左传·桓公三年》（公元前708）："芮伯万之母芮姜恶芮伯之多宠人也，故逐之。出居于魏。"第二年，"秋，秦师侵芮，败焉，小之也。冬，王师秦师围魏，执芮伯以归"。可见，魏国在春秋初期，还在干涉邻国内政。

5. 虢

姬姓。虢国公墓在河南三门峡一带早已发现，其中有虢太子墓、虢仲墓等，此不赘言^②，虢国是"公"爵。

6. 荀

姬姓。地在临猗县南关原头村附近。《水经注·卷六·汾水注》："又西迳荀城东，古荀国也。"引《汉书·地理志》注引《汲郡古文》"晋武公元年（公元前678）灭荀，以赐大夫原黯，是为荀叔"。故曲沃在闻喜上郭村一带，上郭墓地1974年出土"荀侯匜"^③。

7. 芮

姬姓。今陕西省大荔县朝邑镇之南的芮城，传世铜器有内公鼎、簋及内仲子鼎等。近年在韩城市梁代村发掘保存完好的3座大型墓葬中^④，出土了上千件青铜器、玉器、乐器等，具有诸侯级礼器的特征。M19中出土了4件青铜鬲，沿上铸有"内太子"、"内公"等铭文，从后者看芮国的爵位是"公"。现在难以说清是不是古芮国的墓葬。

8. 贾

姬姓。有在今山西省尧都区贾得乡和襄汾县城南、汾河西岸古"贾山"一带，笔者从后者^⑤，因为贾得乡被认为是庞杜。《新唐书·宰相世系表》："贾氏出自姬姓。唐叔虞少子公明，康王封之于贾，为贾伯，河东临汾有贾乡，即其地也。"贾国的爵位是"伯"。上郭墓地1974年出土"贮子匜"，"贮"，李学勤、彭裕商考释为"贾"^⑥，也就是"贾子匜"。

9. 韩

姬姓。江永《春秋地理考实》认为在今河津、万荣间。联系到晋惠公时期的公元前645年晋秦韩之战，也称"韩原"，具体地点有说今稷山西的，有说今河津与万荣之间的，其实二者指的是一个地点，江永所言并无异议。

注释：

---

① 戴尊德等：《山西芮城柴村出土的西周铜器》，《考古》1989年第10期。

② 河南省文物研究所等：《三门峡虢国墓》，文物出版社，1999年。

③ 山西省文物工作委员会编《山西出土文物》，天津人民印刷厂，1980年。

④ 孙秉君等：《陕西韩城梁带村两周遗址》，《中国文物报》，2005年12月28日。

⑤ 王汝雕：《平阳政区的建置沿革》，平阳历史文化丛书，2005年。

⑥ 李学勤：《鲁方彝与西周商贾》，《史学月刊》1985年第1期；彭裕商：《西周金文中的"贾"》，《考古》2003年第2期。

10. 杨

杨国的问题比较复杂，原因是杨国是姬姓还是姞姓？长期以来众说不一。《新唐书·宰相世系表一下》记有"杨氏出于姬姓，周宣王子尚父封为杨侯"，洪洞坊堆——永凝堡遗址出有西周早期甲骨文和贵族铜器墓[①]，李伯谦先生在《晋国始封地考略》一文中曾作为杨国考虑[②]，后来在讨论曲沃北赵晋侯墓地M63的两件杨姞壶时重申了此观点[③]，但又改成了"姞姓的杨国"而不是"姬姓的杨国"了。

2003年，陕西眉县杨家村青铜器窖藏里周宣王时期"四十二年（公元前786）逑鼎"中有"余肇建长父侯与杨"之句[④]，近年李建生先生认为杨姞壶是媵器[⑤]，甚有新意，这就要求我们重新审视"姬姓的杨国"。《汉书·杨雄传》有"有周氏之蝉嫣兮，或鼻祖于汾隅，灵宗初谍伯侨兮，流于末之杨侯"的说法，西晋潘岳（247—300）在《杨荆州诔并序》有"邈矣远祖，系自有周，昭穆繁昌，枝庶分流，族始伯乔，氏出杨侯，奕世不显，允迪大猷"之句，北魏熙平三年（518）《魏故朔州刺史华阴伯杨（泰）君墓志铭》有"长源浩浩，远胄攸攸，起自唐叔，发系隆周。伯乔分晋，是曰杨侯，皎皎赤泉，千载承流"之句[⑥]，都提到"伯乔"，周文王之子伯侨封于杨，不会是空穴来风，而坊堆——永凝堡遗址时间和规模与"伯乔"之封相一致，可以继续考虑确实是"姬姓的杨国"，也就是"故杨侯国"。

杨国在史籍中很少记载，"伯乔"之封作为不大，笔者怀疑爵位是"伯"；"四十二年逑鼎"记述周宣王在公元前786年，又封"长父侯与杨"，不知为何封长父为杨侯，肯定爵位变成"侯"了。再封之后也是毫无起色，连被晋所灭的时间也不知道了。而洪洞县东南9公里的范村古城，据我们2009年的调查[⑦]，先是春秋晚期建起小城，即作为"羊舌食邑"的"羊舍古城"，后来在小城的基础上扩建成的大城，是战国至汉代的杨县，这个杨县与"故杨侯国"无论是时间还是空间上都有难以愈合的裂隙。杨县到隋义宁元年（617）又移至今洪洞。东汉学者应劭不明此理，竟把它当作"故杨侯国"了[⑧]，导致讹传至今。

11. 虞

姚姓。都城一说在今山西省平陆县北张店附近，名"虞城"，保存尚好。《山西通志·金石志》中有"虞师酉敦铭"108字，记述了周王来到虞国，宿于太庙中；1979年文物部门收购到一件出土地点不清楚的西周晚期"虞侯政壶"[⑨]，铭文为"佳王二月处吉壬戌，虞侯政作宝壶，其迈（万）年子子孙孙永宝用"共24字。这是虞国的国君政做的一件铜壶，他当时的爵位是"侯"，但在公元前655年晋国"假虞伐虢"时，却称"虞公"。

注释：

① 山西省文物工作委员会等：《山西洪洞永凝堡西周墓葬》，《文物》1987年第3期；临汾地区文化局：《洪洞永凝堡西周墓葬发掘告》，《三晋考古》（一），山西人民出版社，1994年。

② 李伯谦：《晋国始封地考略》，《中国文物报》，1993年12月12日。

③ 李伯谦：《也谈杨姞壶铭文的释读》，《文物》1998年第2期。

④ 李学勤：《眉县杨家村新出青铜器研究》，《文物》2003年第6期。

⑤ 李建生：《"梁姬"、杨姞与其相关问题》，《中国历史文物》2009年第5期。

⑥ 杜葆仁等：《华阴潼关出土的北魏杨氏墓志考证》，《考古与文物》1984年第5期。

⑦ 祁临高速公路临汾市北环段考古队：《2009年洪洞范村古城调查记》，《三晋考古》第四辑，上海古籍出版社，2012年。范村古城即洪洞古城，但与《考古》1963年第10期张德光的《山西洪洞古城的调查》中的面积、时代有区别。

⑧ 《水经注·汾水》："（汾水）又西径杨县故城北。晋大夫僚安之邑也。应劭曰：故杨侯国。"

⑨ 陶正刚：《"虞侯政壶"解》，《山西文物》1982年第2期。

12. 董

董，董姓。闻喜县东北有"董泽"，董国应该在其附近，《左传·文公六年》（公元前621）："晋改蒐于董。"杜解："河东汾阴县有董亭"；《水经注·涑水》"又西过周阳邑南"条，注"涑水西迳董泽，东西四里，南北三里，春秋文公六年，蒐于董泽，即斯泽也"；《左传·宣公十三年》："厨武子曰：'董泽之蒲，可胜既乎？'。"杜注："河东闻喜县东北有董池陂。"

13. 沈、姒、蓐、黄

四国国姓，不详。《左传·昭公元年》（公元前541）："晋侯有疾，郑伯使公孙侨如晋聘，且问疾。叔向问焉，曰：'……昔金天氏有裔子曰昧，生允格、台骀。台骀能业其官，宣汾、洮，障大泽，以处大原。帝用嘉之，封诸汾川，沈、姒、蓐、黄实守其祀。今晋主汾而灭之矣。'"晋平公时，晋人已经忘记这四个小国，还多亏了郑国大夫子产提醒。

14. 冀

国姓，不详。山西河津市东北的南、北辛兴村，有冀亭遗址。《左传·僖公二年》（公元前658），晋大夫荀息出使虞国时，"冀之既病"，《山西通志·金石记》录有"冀师季旃盘"，是宗庙祭器。

15. 先

国姓，不详。2003年在桥北墓地，发现商代5座带有墓道的大型墓[①]，其中两座墓道内有殉葬的驭手、车、马，这无疑是一个国家的首领，由此联想到了先前被公安局缴获的多件带"先"字铭文的铜器。桥北墓地属先国，商代甲骨文中也有"丙寅卜，争贞，呼囗先侯专杀"（《丙》1），意为先侯"专"接受了商王的命令去进攻另一个国家去了。[②]桥北墓地大型墓的随葬品和中型墓的铜器都被盗走了，最靠西的大型墓M1年代在殷墟二期，与著名的妇好墓同时，看来是最早的，大型墓M8、M9、M18、M28依次往东，以M28葬制规格最低。M28往东是M22、M23、M20、M19、M24、M27这6座中型墓，从劫余的陶鬲、罐等陶器看，年代在商代晚期到西周早、中期，联系到这6座中型墓和5座大型墓的方向一致，看来这处墓地大体是自西向东由早到晚分布的，那么不能排除西周早、中期还有先国继续存在的事实。

16. 倗

倗，媿姓。2005年1月在清理M2墓时，出土的铜鼎、铜卣等器物上[③]，都见有铭文，共计230个字，尤其是一件提梁卣，盖内和底部有相同的铭文66字，这是横水工地自发掘以来首次发现铭文。其中，鼎和盘上的铭文有"倗伯乍宝鼎……其万年永用"、"倗伯乍宝盘其万年永用"，盘与鼎的第一字"倗"应是国或地名，结合第二字"伯"，倗国的爵位是"伯"。

17. 霸

霸，媿姓。翼城大河口墓地已发掘西周墓葬585座，车马坑24座。[④]有多件青铜器的铭文中记载"霸伯"或"霸"与西周王朝和晋、燕、倗等国之间有交往关系，霸国的爵位是"伯"。"霸"器青铜鼎、簋也见于曲村墓地的M6197号墓中。[⑤]

注释：

① 桥北考古队：《浮山桥北商周墓》，北京大学中国考古研究中心《古代文明》第5卷，文物出版社，2006年。

② 张亚初：《殷墟都城与方国考略》，《古文字研究》第十辑，中华书局，1983年。

③ 山西省考古研究所等：《山西绛县横水西周墓发掘简报》，《文物》2006年第8期。

④ 谢尧亭：《山西翼城县大河口西周墓地获重要发现：此墓地可能是新发现的一个西周封国墓地》，《中国文物报》2008年7月4日；谢尧亭：《发现霸国：讲述大河口墓地考古发掘的故事》，山西人民出版社，2012年。

⑤ 北京大学考古学系商周组等（邹衡主编）：《天马——曲村（1980—1989）（套装全4册）》，科学出版社，2000年。

18. 东山皋落

赤狄之一部，今垣曲县城南还有皋落镇。

三

春秋早期晋国灭掉的国家，分以下三种情形。

（一）晋武公、晋献公时期所灭

1. 荀

荀国在曲沃代翼的过程中，与晋武公素有积怨，如《左传·桓公九年》（公元前703）："秋，虢仲、芮仲、梁伯、荀侯、贾伯伐曲沃。"《史记·晋世家》："（晋哀侯）三年（公元前715），荀人、董伯皆叛。"周王封武公不久，灭荀当在情理之中。

2. 董

《水经注·卷四·河水》"河水自河北城南，东迳芮城"条，引《汲冢竹书纪年》曰："晋武公元年尚一军，芮伯乘京，荀人、董伯皆叛。"董国被晋灭，类同荀国。

3. 贾

同荀国一样，贾国经常与曲沃武公为敌，为其所灭，理所当然。另，"故曲沃"在闻喜上郭村一带，上郭墓地1974年出土的"贮子匜"，前面说过即"贾子匜"，估计为战利品。

（二）文献明确记载为晋献公所灭

1. 耿、霍、魏

《左传·闵公元年》：公元前661年，"冬，晋侯作二军。公将上军，太子申生将下军，赵夙御戎，毕万为右，以灭耿、灭霍、灭魏"。《国语·晋语一》："（献公）十六年（公元前661），公作二军。公将上军，太子申生将下军，以伐霍。太子遂行，克霍而还。"

2. 东山皋落

在晋献公时期的骊姬乱晋活动中，灭掉了东山皋落。《左传·闵公二年》（公元前660）："二年冬，晋侯使大子申生伐东山皋落。"《国语·晋语一》："骊姬曰：以皋落狄之朝夕苟我边鄙，使无日以牧田野，君之仓廪固不实，又恐削封疆……。果败狄于稷桑而反。"从此，晋国盛产铜矿的中条山，铜器生产成为主要产业。

3. 冀

《左传·僖公二年》（公元前658，晋献公十九年）晋国荀息假虞伐虢时说："冀不为道，入自颠軨，伐鄍三门。冀之既病，则亦唯君故。"冀国曾经侵犯过虞国，晋国帮助了虞国使冀国国力大减，估计不久就灭亡了。

4. 虢、虞

虢、虞两国在曲沃代晋的过程中奉周王之命总是讨伐曲沃，跟曲沃过不去，晋献公灭掉他们颇有点"公报私仇"和"公"报"侯"仇的味道，也为我们留下了"唇齿相依"、"假虞伐虢"等成语典故。《左传·僖公五年》（公元前655，晋献公二十二年）："复假道于虞以伐虢……冬十二月丙子朔，晋灭虢，虢公醜奔京师。师还，馆于虞，遂袭虞，灭之。"

（三）晋文侯所灭

这是近年来的推断。

1.佣

横水墓地发现后，有学者就在《横水墓地的发现与晋文化研究》中指出[1]，"我们设想至少在封成师于曲沃公元前 746 年，佣国已经被灭掉了"。因为在公元前 746 年晋文侯死后不久，其子晋昭侯将叔父成师封于"曲沃"，如前所言，"故曲沃"在闻喜上郭村一带，当时晋国所据的翼城、曲沃与"故曲沃"之间还隔着佣国。追溯晋国历史，只有晋文侯（公元前 780—前 746）时期了。晋文侯是一位有作为的君主，勤王成功，周平王赏赐他可以讨伐不庭诸侯，传世铜器《晋姜鼎》铭中有一段，记载了他与鄩国一起讨伐淮夷毓、汤等国之事。

2.霸

大河口墓地年代为西周早、中、晚各期，晚期进入春秋初年，从曲沃代晋过程中，没有霸国参加，上郭墓地也不见霸国铜器，为晋文侯所灭当为首选。

3.韩

今本《竹书纪年》周平王"十四年晋人灭韩"，该年为公元前 752 年，即晋文侯二十九年。

如果最后一条记载可信，则晋文侯实施了晋国领土的第一次大扩张。我们推测，晋文侯不仅是灭掉了佣、霸、韩三个国家，譬如沈、姒、蓐、黄，晋平公时晋人已经忘记这 4 个小国，还多亏郑国大夫子产提醒，可见其灭国之早。早期灭国的还有先，被晋国给吞并后，先国的一部分人都进入到晋国，最有名的要算晋文公的左膀右臂"先轸"了，侯马盟书中也有一大批先族人[2]，太原金胜村赵卿墓的一件铜豆上，豆盖的口沿旁边刻有铭文"先"等[3]。另外，还有不知何时所灭的杨，我们暂时把这份功劳记在晋文侯名下。因为在曲沃代晋过程中，没有这些国家活动的任何记载，晋武公、晋献公时期所灭的国家中也没有。

至于没有提到的芮，由于梁代村的材料没有发表，是不是晋国所灭尚有疑虑。倒是《史记·秦本纪》有"（秦穆公）二十年，秦灭梁、芮"的记载，这一年为公元前 640 年。

四

以上是我们根据新近的考古学发现，重新对晋国所灭国家地望和所灭时间的初步研究。如果灭国的目的也是"封建亲戚，以蕃屏周"的话，晋国在实施过程中经历了 6 个阶段。

（1）唐叔虞封的一个三等爵位的"伯"，只是占据了二峰山北的"唐"。

（2）周成王命令晋侯燮父到二峰山南的"晋"去做诸侯，本身就是"蕃屏"两个媿姓国家佣和霸，还有赤狄东山皋落，真正做到了"封建亲戚"。

（3）晋侯墓地 8 号墓即晋侯苏墓的随葬品中，有一套 16 枚铜编钟晋侯苏钟，钟上刻铭文 355 字[4]，从铭文记载的晋侯苏带着晋国的军队跟随周王讨伐东夷看，确实起到了"以蕃屏周"的作用。

（4）晋文侯灭掉了异姓国家佣、霸，以及沈、姒、蓐、黄、先等小国和不听话的同姓国韩，公元前 770 年护送周平王迁都洛邑，公元前 760 年晋文侯杀死并立于周平王之外的携王，周朝重归一统，史称"文侯勤王成功"，更是"以蕃屏周"的典范，以至于东周初年人们还念念不忘，《左传·隐公六年》（公

注释：

[1] 田建文等：《横水墓地的发现与晋文化研究》，《中国文物报》2005 年 12 月 6 日。

[2] 山西省文物工作委员会：《侯马盟书》，文物出版社，1976 年。

[3] 山西省考古研究所：《太原金胜赵卿墓》，文物出版社，1996 年。

[4] 马承源：《晋侯苏编钟》，《上海博物馆集刊》第七期，上海书画出版社，1996 年；北京大学考古系等：《天马——曲村遗址北赵晋侯墓地第二次发掘》，《文物》1994 年第 1 期。

元前717）"周桓公言于王曰：我周之东迁，晋郑依焉"。

（5）公元前678年，曲沃成功代晋后，周釐王封晋为一等爵位"公"，以后在不到30年的时间内，晋南广大地区尽归与周同姓的晋国了，也奠定了晋文公称霸的基础。

（6）从公元前632年的"践土之盟"晋文公称霸诸侯成为"侯伯"[①]，到公元前482年"黄池会盟"晋定公失霸，长达150年。

最后一个阶段，其间灵公（公元前620—前607）被杀，成公（公元前606—前600）包括景公初期，几十年经济萎靡的晋国，宫室近乎凌架，诸侯国不时反叛，还有晋国晚期卿大夫专权，晋国公室如同虚设，周王为什么不另立别的诸侯为"侯伯"？除了东周以降周王朝也日趋自身难保外，这个耐人寻味的问题，还得"封建亲戚，以蕃屏周"来解释，是这一政策使其苟延残喘200多年。

已故著名考古学家苏秉琦先生在1985年11月侯马召开的"晋文化研究座谈会"上，作了《晋文化颂》七绝诗一首[②]，最后一句是"夏商周及晋文公"，他说"平王东迁洛阳，投到晋国庇护之下，象流亡政府，难道仅仅因为形势不利，还是有什么更为深刻的原因？"他私下也多次讲过，这个"及"不是"和"的意思，而是"兄终弟及"的"及"。笔者想这可能是"封建亲戚"的晋国，"以蕃屏周"的另一种形式的表现吧。

（田建文：山西省考古研究所研究员）

封建亲戚 以蕃屏周——以西周、春秋早期晋国为例

注释：

① 晋文公称霸过程据《左传·僖公二十八年》记载："（周襄）王命尹氏，及王子虎、内史叔兴父策命晋侯为侯伯，赐之大辂之服、戎辂之服、彤弓一、彤矢百、玈弓矢千、秬鬯一卣、虎贲三百人。曰：王谓叔父，敬服王命，以绥四国，纠逖王慝。晋侯三辞，从命，曰：重耳敢再拜稽首，奉扬天子之丕显休、命。受策以出，出入三觐。"足见当上了"侯伯"，就可以称霸诸侯了。"侯伯"有其他诸侯所没有的权力，《左传·僖公元年》："凡侯伯，救患、分灾、讨罪，礼也。"

② 苏秉琦：《晋文化研究问题》，山西省考古研究所编《晋文化研究座谈会纪要》，1985年11月，侯马（内部资料）。

翼城名人笔下的"晋国源头"

乔葆声　翟铭泰

摘　要：传世文献对晋国始封地的记载差异较大，至清初大体定格于"晋南翼城说"和"太原晋阳说"。20 世纪 90 年代，随着天马——曲村遗址北赵晋侯墓地的发掘，史学界、考古界的专家和学者大多认为"翼城说"可为定论。如今，"晋阳说"虽已淡出，但又出现了"乡宁说"、"曲沃说"。本文着重引用古今名人对晋国源头的论述，揭示晋国始封地在翼城已被史学界广泛认同。
关键词：晋国源头；名人论述；翼城

20 世纪 90 年代，随着天马——曲村遗址北赵晋侯墓地的发掘，晋国始封地"太原说"以及后世出现的虞乡（永济）、安邑（夏县）、赵康（襄汾）、永安（霍州）、平阳之说已黯然淡出。翼城县人民政府网站发布有《晋国源头在翼城》一文，全球最大的中文互动网站百科网在阐述"晋国"词条的子目"晋国源头"、"唐国考究"、"晋都探究"和"晋之得名"时分段引用原文。时至今日，不能再就文献而论文献，晋国始封地在翼城已成定论，数千年的争论现在应该画上句号了。

然前些年某些主流媒体和网站又发布《晋国源头在乡宁》一文，笔者曾就这一事项撰写了社情民意"主流媒体应谨慎发布未经文献资料和考古资料印证的结论"，得到了市政协的采纳。近年来，曲沃又以北赵晋侯墓地在其辖区号称"叔虞封唐处，三晋发祥地"，晋国始封地"曲沃说"又将出笼。然晋侯墓地并非晋都之本身。探源考据，耗时费力，且笔者人微言轻，何不走走捷径，将名家笔下的"晋国源头"缀串成文，以正视听。

说到晋国源头，绕不开典故"桐叶封弟"。"桐叶封弟"，也称"剪桐封国"，即西周初年屏藩周室的重大事件叔虞封唐。这一故事最早见于秦相吕不韦的《吕览·重言》，然后见于司马迁的《史记·晋世家》，记载在刘向的《说苑·君道》里。兹录《史记·晋世家》中所述"桐叶封弟"原文：

> 武王崩，成王立，唐有乱，周公诛灭唐。成王与叔虞戏，削桐叶为圭以与叔虞，曰："以此封若。"史佚因请择日立叔虞。成王曰："吾与之戏耳。"史佚曰："天子无戏言。言则史书之，礼成之，乐歌之。"于是遂封叔虞於唐。唐在河、汾之东方百里，故曰唐叔虞。

"晋"之国名是唐叔虞之子燮父即位后所改，"唐"是"晋"的前身。然"唐"在何方？司马迁所说的"唐在河、汾之东方百里"虽说准了方位，却没有道清具体位置。此后的班固所著《汉书·地理志》太原郡"晋阳"条下注有以下文字：

> 故《诗》唐国，周成王灭唐，封弟叔虞。龙山在西北，……晋水所出，东入汾。

龙山，即太原晋祠一带的悬瓮山，而太原在河、汾之西。《史书》与《汉书》两部史学巨著记载殊异，且"一代良史，班马并称"，后世学者各有所祖。晋北"晋阳说"与晋南"翼城说"千百年来聚讼不休，久悬未决。尽管隋唐时期的魏王李泰《括地志》、宋元时期的李吉甫《元和郡县志》、宋代史学家郑樵的《通志·都邑略》均提出"翼城说"，但"晋阳说"长久以来占据上风。

对班固的"晋阳说"提出挑战影响最大的是明末清初大思想家、大考据家顾炎武。顾炎武治学严谨，擅长考据，晚年郁郁不得志谪居曲沃宜园并客死于此。这位大考据家在"河、汾之东方百里"遍访各县，孜孜考究，确认叔虞的初封地就在翼城，而非太原的晋阳古城。后人感其学问渊博，考证翔实，曾在其肖像旁题曰："一代大儒，学贯天人，隐居求志，比迹河汾。""比迹"，即脚印挨着脚印，谓踏遍之意。顾氏在其所著《日知录·卷三十一》中"唐"条下云：

> 晋之始见于《春秋》，其都在翼，《括地志》故唐城在绛州翼城县西二十里，尧裔子所封，成王灭之而封太叔也，北距晋阳七百里，即后世迁都亦远不相及，况霍山以北，自悼公以后始开县邑，而前此不见于《传》，又《史记·晋世家》周成王封叔虞于唐，唐在河汾之东，方百里。翼城正在二水之东，而晋阳在汾水之西，又不相合，窃疑唐叔之封以至侯缗之灭，并在于翼……

这一论断，笔墨简练，根据充分，本可为定论，但因无考古资料印证，仍有许多学者力驳"翼城说"。其实，顾炎武晚年定居曲沃，先生首先读的应是历代《曲沃县志》，深悟该志"疆域"中所载的这段话：

> 商时豕韦复承其国，商末国于唐，为唐公，沃在其西境，凡六百四十四祀。

翼城有唐侯御龙氏刘累所都的龙唐，即今南唐乡云（龙）唐村；有唐侯豕韦氏"复承其国"的韦沟，即今唐兴镇苇（韦）沟村。"沃"的东边是翼城，翼城上古时期称"唐"，《曲沃县志》记载明了无误。顾氏到翼城考察，一定会凭吊崇山脚下的唐城村，流连忘返于房陵上的"五唐"村，驻足在遍布全县各村的"守唐风"、"世守唐风"和"陶唐遗风"门楼前浮想联翩；先生也一定见证过散布在全县各村门楼上与"桐叶封弟"典故相关的门额，如"桐城"、"剪桐封国"、"桐封世家"、"桐封古庄"等，由此得出"晋国始封地在翼城"的结论。

临汾市人大常委会原主任、现任市三晋文化研究会会长刘合心曾撰写《大唐之源》，他在文中写下：

> 顾炎武先生是江苏昆山人，为了反清复明从江南辗转来到北方，长期居住曲沃，在此边讲学、边写作，完成了自己的人生大著《日知录》。他在书中发出了："天下兴亡，匹夫有责"的浩叹。也就在这部世人备为推崇的著作中，顾炎武先生将自己对晋国史料的不少疑点进行了考证辨伪，其中就有对古唐国的论断。他的笔墨简练而明确：

> 晋之始见春秋，其都在翼，今平阳翼城县也……所谓成王灭唐而封大叔者也。北距晋阳七百里，即后世迁国，亦远不相及……况霍山以北，皆戎狄之地，自悼公以后，始开县邑，而前此不见于传。

面对顾炎武先生明确的论断，我们确实没有必要再自设迷宫，在其中兜圈子了。翼城就是桐叶封弟的古唐国，也就是晋国的源头。

翼城县三晋文化研究会会刊《桐叶》创刊，刘合心会长欣然题词："唐尧故地，晋国源头。"

清乾隆十九年（1754）调任曲沃县令的湖南湘潭人张坊，在曲沃尽心民事6年，是曲沃人最为崇敬的一代名吏。先生学识渊博，通古晓今，曲沃人称其"履公务，力求公正无误；做学问，力求务实取真"。今之曲沃文人史建荣曾有"咏张坊"诗曰："紫金悬沃泉，汾隰绣流岚。宵衣忧国事，旰食寻晋源。"先生曾游历曲沃周边各县，考证晋国遗址，他在撰写的《唐晋绛翼故绛徵》开篇即言：

唐叔之始封、文侯之勤王、文公之创霸俱在翼城之境，所谓河、汾之东方百里者是。前贤未履其地，皆闭户注书，乡人有疑于心，每稽古而转惑。无怪其臆断、狐疑、骑墙之见，与简策以相乱也。

与此同时，先生还写下《咏唐都》、《咏晋都》、《咏翼都》、《咏绛都》、《咏故绛都》、《咏新田都》6首，前5首所咏晋都先生认为皆在翼城境内。

康熙年间翼城举人王世家撰写有《唐晋辨》，全文2000余字，收录在清代学者王轩等纂修的《山西通志》和孔尚任编纂的《平阳府志》中，现执教于首都师范大学历史系的马保春教授编著有《晋国历史地理研究》一书，在"晋始封地研究"一节予以全文收录，认为其阐述的"翼城说"很有说服力，有一段话读后如食甘饴，余味无穷。

若翼之为地，左行山而望恒岳，非所谓太行、恒山之西乎？晋阳而负霍镇，非所谓太原、太岳之野乎？西迤汾水仅百里耳，非所谓汾河之东百里乎？先名翼而后名绛，曲沃为其属邑，非所谓曲沃及绛乎？邑西有故唐城，距邑二十里，非所谓县西二十里，为尧裔子所封者乎？且城西北曰唐城，是丹朱、叔虞之旧号也；东南曰翦桐，是成王所由封也；东北曰同颖，是嘉禾所由献也，为问太原也曾有此否耶？况《左》、《国》之书去古未远，又可据也……

清末民初翼城文人张筱樵撰写有《唐叔封地考》，用反证法批驳了叔虞封唐地在太原的错误观点：

史称成王封叔虞于唐。考旧志，唐当在翼。自尧迄周，皆名为唐，固不自叔虞始也。至唐叔子燮父，徙居晋水旁，始改国号晋。按晋祠故碑载晋水出自悬瓮山下，故谓叔虞始封晋阳。而《毛诗谱》以尧墟南有晋水，又《括地志》云："平阳河水一名晋水，本属二事，一南一北风马牛不相及，安得谓此之晋水不在叔虞封地内乎？如使叔虞始封果在太原，何以叔虞冢、唐侯祠，均在吾翼，而翼之里、坊，又何以名为唐城、剪桐耶？岂《毛诗》、《左传》历史皆不足以取信耶？"

20世纪90年代初，天马——曲村遗址北赵晋侯墓地问世，"晋阳说"黯然淡出，"翼城说"跃居其上，并在史学界得到广泛认同。1994年年初，当代著名考古学家、北京大学考古文博学院教授邹衡在其《论早期晋都》一文中认为，天马——曲村遗址为"唐"，即晋国始封地，也就是故绛所在地。此后，考古学者田建文（最早提出翼城枣园文化）、谢旭亭（翼城大河口霸国墓地领队）均认为，晋侯墓地并非晋国都城之本身，晋都当在其附近。不久，邹衡先生又发表了《晋始封地考略》一文，将晋国始封地圈定在以下范围：

翼城县的翔山以西，曲沃县的汾河以东、浍河以北，翼城、曲沃二县的崇山以南，东西长约30公里，南北广约15公里的长形地带。在此范围内大约是晋国始封地的中心所在。

这一范围应包括今天的翼城、曲沃两县，天马——曲村遗址地处翼城县和曲沃县交界地带。天马村属翼城，曲村属曲沃。遗址范围包括天马、曲村、北赵、三张4个自然村，包括墓葬区在内，总面积约为10.64平方千米。自曲沃北赵晋侯墓地问世后，竟人为地将原先的天马——曲村遗址变为曲村——天马遗址，这显然违背了以最初发现地命名考古学文化这一国际考古界遵循的普遍原则。好在考古界、历史界的专家和学者在撰写有关简报和论文时仍沿用天马——曲村遗址。考证历史必须依附当时的地理环境、建置沿革和疆域变迁。天马——曲村遗址北赵晋侯墓地的所在地北赵村，与翼城天马阡陌相连；2003年在曲沃境内又发现了羊舍晋侯墓地，这是一代晋侯和夫人的异穴并列合葬墓，时代约在两周之际或稍晚，墓主人可能是晋国历史上"勤王"的晋文侯。天马——曲村遗址与羊舍晋侯墓地隔滏河河谷相望，直线距离4500米。宋仁宗嘉祐三年（1058）以前，羊舍及其周围村落皆属翼城所辖，为解决温泉争水纠纷，将曲沃县北樊（今称樊店）、下阳、合龙（今称河沄）三村划归翼城，将翼城县的阳城

（东海）、温泉（已废）、莘望（常陪疙瘩）、石堆（羊舍）、东韩、郭员外（县册）、程太保、史推官、郇员外等 10 个村庄化属曲沃，一直延续至今（见嘉祐四年四月十一日立"翼城温泉十村移割曲沃一县管辖条制"碑）。从今天的区划来说，翼城、曲沃一带皆可为"叔虞封唐地，三晋发祥处"。但起初叔虞封唐的"唐国"中心地域当指翼城。古代的"方"、"邦"等同于今天的"国"，而古代的"国"从表示四境的"囗"和玉器珍宝的"玉"，到"囗"与"玉"联合起来表示"王城"、"宫城"，即后世的王都、首都。故此，晋侯墓地在今天的行政区划归属曲沃，但北宋以前却并非如此。叔虞封唐时的国都，只能在晋侯墓地附近称"唐"的地方，翼城境内有唐城、南唐原上的"五唐"村至今仍古风悠然。

主持山西晋侯墓地发掘的北京大学考古文博学院教授、博士生导师李伯谦在其所著的《天马——曲村遗址发掘与晋国始封地的推定》中认为：

晋侯墓地及整个天马——曲村遗址所处的地理位置、起始年代及其涵盖的年代范围都表明，他不是今本《竹书纪年》可能辗转从《宗国都城记》演绎出来的"康王九年，唐迁于晋"之晋，也非《汉书·地理志》和《毛诗·唐谱》所云"成侯迁曲沃"之曲沃，更非《毛诗·唐谱》所云"穆侯迁绛"之绛，而只能是西周初年叔虞封唐之唐。而且，该遗址从西周早期至春秋早期连续发展的事实也进一步证明，在晋献公八年（公元前 668 年）"始都绛"以前晋国并未迁都。叔虞封唐之唐，也就是春秋时期屡见于传的晋都翼。顾炎武"窃疑唐叔之封以至侯缗之灭，并在于翼"的论断，是很有见地的，十分正确的。

李伯谦先生认为天马——曲村一带是叔虞封唐的唐，也是早期的晋都翼。虽与《翼城县志》所载的晋都翼在今南梁故城有异，但也说明这里在历史上不属于"沃国"。曲沃古称"沃"，翼城古称"唐"，故而才有晋昭侯时期的"桓叔封沃"。"沃国"是晋国的下国、别都，是晋国旁支晋武公的宗庙所在地。如果说曲沃是叔虞封唐地，是晋国早期的都城，何以有曲沃伐翼、曲沃代翼？就犹如今天的晋国晚期都城"新田"属侯马所辖，但也只能说晋都"新田"，而不能云晋都"侯马"。如此，即便天马——曲村遗址晋侯墓地一带今属曲沃所辖，但《左传》、《史记》均无记载晋都"曲沃"，只能是晋都"翼城"。

正是基于此，山西省社会科学院研究员降大任在其所著的《山西史纲》中谈到"晋国建号与地望"时说：

关于晋国的地望，学者亦多争论。著名学者顾炎武经详细考证，认为晋国地域当在今晋南翼城一带，根据是充分的，可为定论。其始，晋国地域不算很大，齐桓公称霸时，晋大夫郭偃说："今晋国之方，偏侯也，其土又小，大国在侧。"可见其规模有限。……那么，前此的立国之初肯定在晋南一小块地区，如《史记》言："河、汾之东方百里。"近年在翼城西北 5 公里余发现了天马——曲村晋侯大墓遗址，其年代与晋穆侯（公元前 811—前 790）年代相近，在其北 1 公里处的北赵有 17 座侯墓，其中有早期晋国的国君墓，如穆侯邦父墓，文献记载穆侯名费王，或名弗生，专家认为邦即费王之急读之音。这确切地证明翼城这一带就是当年晋国的中心地域，故历代国君死后埋葬于此。

山西师范大学历史系晋国史研究室原主任李孟存、山西省三晋文化研究会常务理事李尚师合著的《晋国史》中"迁都绛邑"曾云：

自 1979 年以来，历经近二十载，考古工作者经大量的考古调查和发掘，于 1992 年—1995 年在山西省翼城、曲沃二县交界处的天马——曲村遗址的北赵村南 500 米的晋侯墓地进行了五次发掘，取得了空前的成果，被称为全国十次重大考古发现。……1962 年，翼城县城关公社凤家坡曾发现过大批的西周早期铜器，据其形制、纹饰、铭文综合分析，它们的制作时代可以早到殷商时代。后来，经考古工作者调查，在今翼城县西北一公里的苇沟——北寿城发现了包括龙山、二里头，一直到西周早期乃至东周文化遗存的遗址，面积达 2000×1000 米。又在翼城县东南 7.5 公里的故城村，发现有夯筑的古代城墙暴露于田间，夯土层中包含有丰富的古代文化遗存。故城南略东数里为翔翱山，此为浍水正源，此水在故城遗址的西畔，向北而去，这很值得注意。唐叔虞始封地唐，很可能就在这里。至于长期以来流传的叔虞始于太原之说及后来出现的永济虞乡、安邑、赵康、永安、平阳之说断不可能。

2011 年 11 月 6 日，《太原晚报》连载了太原市三晋文化研究会理事刘俊珠先生的《晋祠探源》一书。多年来，刘俊珠先生潜心研究山西历史和晋阳文化多年，积累了丰富的历史资料和考古资料。他剔除门户之见，匡正晋国之源，在《晋祠探源》开篇即写道：

> 关于晋祠的历史记载最早见于 1500 多年前北魏郦道元的《水经注》。但是现在有许多关于晋祠的介绍，和一些有关晋祠的著作，都把晋祠和周成王"剪桐封弟"的故事联系起来，认为这里是叔虞封唐的始封之地。特别是还有的著作认为晋阳古城就是古唐国，是唐尧建都的地方。以此来提高晋祠和晋阳古城的知名度。然而也正是在这几个关键点上存在问题。长久以来，史学家们对此都有着不同的看法，给晋祠蒙上了一层神秘的面纱，给人们造成了许多疑虑和误解。

近年来，考古工作者对山西省临汾市陶寺的考古和古代晋国遗址的发掘，已经确凿无误地证明帝尧的初封地在山西省襄汾县的陶寺，唐叔虞的初封地在山西省翼城县的故城村，无可争辩地纠正了关于晋阳古城和晋祠是帝尧和叔虞初封之地的错误说法。

文献资料需要考古研究成果验证。国家教育委员会[①]出版的初中历史教材注明晋国始封地在翼城；高等教育出版社编写的面向 21 世纪大学历史教材《中国历史·先秦卷》在"分封制度"一节涉及"晋国"时写道：

> 晋——成王之弟叔虞的封国，都于唐（今山西翼城西）。这里河流交错，土地肥沃，历来为天下重地，陶唐氏曾居留于此。这里也是夏朝的中心区域，有"夏墟"之称。西周初年，这里有一唐国，可能是陶唐氏的后裔所建，成王时灭唐，封叔虞于此，袭用唐之国号，后改国名为晋。

2005 年，我们参与编写了《翼城人文大观》，让我们用此书序言中的一段话作为本文的结尾：

> 众所周知，"唐"是读懂中国文明的辞海。唐人，唐服，唐人街……在全球华人的情感世界里，无论如何也解不开"唐"的情结，因为她包涵着中华民族太多的荣耀；尽人皆晓，"晋"是诠释山西历史的字眼。晋山，晋水，晋文化……生生息息在唐尧故地的翼城人不仅对"唐"怀有特殊的感情，而且对代表勇于进取的"晋"字情有独钟，因为她承载着山西文明太深的内涵。无论是隋末唐公李渊建立的大唐帝国，还是曹魏末年司马氏建立的晋朝，他们的发迹之处都曾是晋国的版图。追根溯源，无一不是袭用了位处今翼城一带先秦时期古国唐、晋的名号。尽管至今仍有人对尧受封和晋国始封的唐地在翼城仍有微词，但尽览万签插架的史乘典籍，细研频频问世的出土文物，翼城冠以"唐尧故地，晋国旧都"实属名下无虚，当之无愧。因此，我们完全可以自豪地说，泱泱神州，历史文化名城灿若星斗，但要了解中国缘何称"唐"，惟有到翼城才能寻得其根；煌煌三晋，颇具仙风神韵的城市多不胜数，但要弄懂山西缘何称"晋"，惟有到翼城境内方可探究其源。

（乔葆声：翼城县三晋文化研究会会长；翟铭泰：翼城县史志办）

注释：

---

① 现为教育部。

晋都迁移的气候环境因素[①]

马保春

摘 要：晋国自叔虞封唐以来至三家分晋，前后经历了约600年。这期间其都城几迁，但共有几个都城和各个都城的名号与地望等问题，由于资料的缺乏与研究者的视角不同，除了晋国后期都城新田为大多数学者认同外，其余几乎学术界都多有争议。但是晋国自始封至亡国，其都数迁的事实是可以肯定的。撇开各个都城的名号与地望的具体问题，我们从环境变迁的视角重新来审视之，都城的迁移，实际上就是地理环境的再选择。临汾盆地、侯马盆地以及运城盆地是山西地堑系的一个组成部分。这里自第四纪以来，随着气候环境的变化，表现出了湖泊与河流相交替出现的地貌演化过程，表现在地表的水文特征就是盆地中心的湖泊时大时小，大到淹没大部分盆地，小到由湖泊演变为盆地中部的河流。晋都以地理位置变更为基本点的迁都，除了受到当地地貌特点的限制外，可能确实受到当时气候环境变迁的影响。因为在晋国续存的约600年时间里，晋南的气候不是恒定不变的。

关键词：晋都；迁都；气候；逐水而居

一、晋都名号及地貌特征

为了全面起见，我们把各家所主张的晋都名号及其地望尽量都考虑进来。就晋都的名号而言，有初封之唐、燮父之迁的晋水旁、曲沃、翼、鄂、绛、新田等。诸都可能的地理位置有天马——曲村遗址附近、苇沟——北寿遗址、南梁故城、今曲沃安鹄附近、闻喜上郭、赵康古城、浮山桥北附近、侯马新田、临汾盆地某处等处。从这些地点来看，晋都的地理位置大多在汾、浍两河流域，而更多地集中在汾、浍流域所在的断陷盆地及其周缘。这种地貌状况与汾、浍两河的水量具有一定的联系。

从它们所处的地貌部位来看，晋国晚期的都城新田最低，大约在海拔400米的高度上，天马——曲村遗址一带在500—600米，苇沟——北寿遗址在600—700米，南梁故城在600—700米，曲沃安鹄一带在500—600米，闻喜上郭在450—500米，赵康古城在400—500米，浮山桥北一带在700—800米，临汾盆地在500—600米。对比来看，这些地点的高程有4个层次：

第一层次是在700—800米高程的浮山桥北遗址；

第二层次是在600—700米高程的苇沟——北寿遗址、南梁故城；

第三层次是在500—600米高程的天马——曲村遗址、曲沃安鹄一带、临汾盆地某处；

第四层次是在400—500米高程的新田遗址、闻喜上郭一带、赵康古城等。

二、晋都区域的地质地貌环境

晋都分布的地理范围是山西地堑系的重要组成部分，自第三纪晚期的上新世至早更新世期间，这里

注释：

① 本文是国家社科基金重点项目（13AZS003）、北京市哲学社会科学一般项目（12LSB004）的研究成果。

气候有明显变化，上新世早期气候温暖湿润，晚期变干，早更新世气候又变为湿润。这期间构造运动活跃，盆地加速下沉，沉积物不能补偿新产生的盆地空间，使盆地中心部位大幅度下降。因而出现了大规模的湖泊，大湖泊遗址延续到晚更新世，由于气候变干而渐渐缩小。在一些盆地中可以剪刀湖泊消失过程中形成的盐类沉积物，在少数下沉幅度很大的盆地，由于湖泊水量大而并未完全消失。① 在湖泊随气候环境变化大小盈缩的过程中，盆地内湖泊沉积和河流沉积此消彼长或相互叠压，表现在地貌上就是湖泊和河流地貌的交替出现。这种自第三纪以来形成的地貌格局，可能一直存在着，这就给晋都分布范围内此后的地形地貌以及环境演变确定了一个基调。即伴随着气候环境的变化，晋南盆地以湖泊与河流为主要水体特征的水文地貌发生着扩大与缩小的变化，这种变化影响着该区早期先民对环境的选择，当然也影响着晋国都城的选址。

三、气候变迁影响下的晋国迁都

那么，晋国存在的约600年时间里，这里的气候究竟经历了一个什么样的变化？还需要追根溯源、通体考虑、具体分析。总体来看，夏、商、周时期是中国历史上狭义的先秦时期，处于全新世大暖期末尾及其延伸时期。② 就是全新世大暖期最后1000年及其结束后的近千年的时段。中国大约在8.5kaBP进入全新世大暖期，这一暖期持续了近5500年，于3kaBP前后结束。③ 具体来说，距今7200—6000年是大暖期中最稳定、最温暖的阶段，即全新世大暖期盛期。距今6000—5000年是气候剧烈波动且伴随显著降温转干的阶段。距今5000—3000年为气候波动相对和缓的亚稳定暖湿期。大暖期盛期时东部地区（包括晋南地区）年均气温较今高2.5℃，增幅北方大于南方。④

在叔虞封唐之前的有史时期，中国气候的冷暖交替变化大致是：4.2—4.0kaBP出现了一次全球性的显著降温事件，就中国而言或与大禹治水有关。紧接着中国气候进入了夏至早上的暖期（4.0—3.5kaBP），中商又是一个冷期（3.5—3.3kaBP），晚商为殷墟暖期（3.3—3.1kaBP）。叔虞封唐的气候背景是殷墟暖期后的冷期。

竺可桢曾根据文献指出，商末周初（约公元前1100年）出现了一个冷期，气温下降了2—3℃，西周为一冷期。⑤ 根据最新研究成果，夏商周气候总体上暖湿，但逐渐变冷，且冷暖波动幅度大。其中，距今4200—4000年出现了与全球同步的显著降温事件，距今4000—3500年相对温暖、距今3500—3300年较冷、距今3300—3100年又转暖，距今3100—3000年再次出现显著降温事件，距今3000—2850年温暖、距今2850—2750年转冷，随后进入春秋暖期和战国凉期。⑥ 总体比较而言，夏、商、周时期气候变化特征与世界其他地区，特别是北半球地区基本一致。

夏、商、周总体上逐渐变冷的气候变率对晋国国都地理位置的选择具有一定的影响。中国气候在经历了距今3300—3100年的殷墟暖期后，进入了商末周初（3.1—3.0kaBP）的短暂降温阶段，这次降温

注释：

① 王乃樑、杨景春、夏正楷等：《山西地堑系新生代沉积与构造地貌》，科学出版社，1996年，"前言"第2页。

② 葛全胜等：《中国历朝气候变迁》，科学出版社，2011年，第22页。

③ 葛全胜等：《中国历朝气候变迁》，科学出版社，2011年，第23页。

④ 方修琦：《从农业气候条件看我国北方原始农业的衰落与农牧交错带的形成》，《自然资源学报》1999年第3期，总第14卷，第212—218页。

⑤ 竺可桢：《中国近五千年来气候变迁的初步研究》，《中国科学》1973年第2期。

⑥ 葛全胜等：《中国历朝气候变迁》，科学出版社，2011年，第23页。

事件结束后，中国气候又进入了西周早期暖期（3.0—2.85kaBP）。竺可桢指出西周早期社会上普遍使用竹子，显示西周早期较为温暖。有学者指出，西周早期诗歌的风格比较柔和、真诚，这是对气候温和、风调雨顺、农业生产稳定、人民生活祥和的写照；而中后期的诗歌则更多地反映了喻讽和失望[1]，说明西周早期相对温暖湿润，晚期变冷。叔虞封唐在西周建国伊始，当在周初，其初封地乃古唐国，古唐国的繁荣时段最有可能是在殷墟时期，殷墟时期是一个暖期，暖期时汾、浍流域水量丰沛，近河流的盆地地区水网密布，不宜建立大型居址，所以我们推测古唐国的地理海拔应当较高。叔虞即被封于地势较高的古唐国。可是早就开始于商末以来延续到周初近百年的降温时期，汾、浍流域水位下降，海拔较高的黄土峁、墚、原地区变得干旱起来，依据人类逐水而居的原则，初封不久的唐国不得不从地势较高的古唐国旧地，迁徙到大约地势相对较低与水源接近的地方，这可能就是《晋世家》"唐叔子燮，是为晋侯"下"正义"引徐才《宗国都城记》所谓"唐叔虞之子燮父徙居晋水傍"及郑玄《诗谱》所谓"叔虞子燮父以尧墟南有晋水，改曰晋侯"的环境背景。换句话说，正是由于商末周初的降温事件，导致了燮父将都城从古唐国旧址南迁到了距离晋水很近的地方，以便于取水。这样一来，燮父迁都很有可能就是历史事实，而且如果上述"正义"所引不错的话，古唐国与燮父所徙居的晋水傍当有一高一低、一较远于河流一临近河流、一北一南的地理空间关系。那么有人会问，为什么从商末就开始的冷期，没有迫使古唐国自己向近水源的地方迁徙呢？可能是人类活动对于气候的变化有个忍受的范围和弹性适应的过程，即商末降温的几十年里，古唐国处于忍受气候变化的阶段。

到了晋成侯时，周初的降温事件结束，迎来了西周早期的暖期（3.0—2.85kaBP）。所以"晋水傍"可能水源过于充足，时有水患，故晋成侯自"晋水傍"徙居曲沃。郑玄《唐谱》云："成王封母弟叔虞于尧之故墟，曰唐侯。南有晋水，至子燮父改为晋侯……至曾孙成侯，南徙居曲沃，近平阳焉……其孙穆侯又徙于绛云。"自晋成侯始，至穆侯迁都绛，中经厉侯、靖侯、釐侯（僖侯）、献侯凡五代。此五代晋侯大致在曲沃渡过了西周早期的暖期及其延续时期。曲沃可能具有海拔较高的地理特征，我们推测也许在绛山北麓的山前台地，这里地势较高，可防水患。

到了晋穆侯时，西周早期的暖期结束，接下来是西周中晚期的冷期（2.85—2.7kaBP）。周孝王之后，文献中有较多冷干的记载。例如，古本《竹书纪年》："（周孝王七年），冬大雨雹，牛马死，江汉俱冻。"又《诗经·大雅·荡之什·云汉》："旱既大甚，蕴隆虫虫……旱既太甚，涤涤山川。旱魃为虐，如惔如焚。我心惮暑，忧心如薰。"一些自然证据也显示西周中晚期较为寒冷。敦德[2]和古里雅[3]冰芯 δ18O 均记录了 2.8—2.7kaBP 期间大幅降温的事件。由于气候变冷，晋南盆地内水位下降，地势较高的曲沃不能满足都城的用水，于是穆侯又徙居绛，这个绛很有可能就是晋迁都新田之前的都城，亦是有地势较低近水源的特征，"绛"可与"降"通，《左传·成公十八年》、《国语·晋语七》之"魏绛"，《世本》作"魏降"；《战国策·魏策三》："秦兵不功而魏效绛、安邑。"而马王堆汉墓帛书《战国纵横家书》

注释：

① Hsu C Y, Linduff K M. 1988. Western Zhou Civilization. New Haven, Conn: Yale University Press 1—235; Shaughnessy E L. 1986. On the authenticity of the Bamboo Annals. Harvard Journal of Asiatic Studies, 46: 149—180.

② Yao T D, Thompson L G. 1992. Trend and features of climatic changes in the past 5000 years recorded by the Dunde ice core. Arizona Press: 1—306.

③ Thompson L G, Yao T D, Davis M E et al. 1997. Tropical climate instability; the last glacial cycle from a Qinghai-Tibetan ice core. Science, 176:1821—1825.

"绛"作"降"[①]；又《韩非子·初见秦》："西攻修武踰华，绛上党。"《战国策·秦策一》"绛"作"降"。所以"绛"可能有降落的意义，即由较高地势降低到近水源的低处。

春秋暖期（公元前 770—前 476）只是比西周中晚期冷期为暖。《左传·隐公三年》："（四月，郑国）取温之麦。"鲁隐公时期为夏历，说明当时黄河中下游地区冬小麦收获时间为夏历四月，夏历四月相当于阳历 6 月，这比现在该地区阳历 6 月上旬的冬小麦收割时间提前了约 10 天。春秋时期梅树、橘树分布的位置也比现代偏北，河流封冻的南界也偏北。[②] 但是相对于大暖期而言，春秋暖期是总的变冷趋势下的一个暖期，温暖程度必不是很高。这时晋南盆地河水量相对于西周中晚期来说有所增加。所以地势较低的绛都恐怕遇到了并不严重的水患，加之此时在政治上晋昭侯将其父文侯之弟桓叔封于曲沃而形成大宗小宗对峙时期，都绛的大宗受到都曲沃小宗的威胁，所以有可能把都城从绛迁到了地势上较高、距离上又稍远于曲沃的翼，既消除了水患，又希望躲避曲沃桓、庄的进攻。《左传·隐公五年》："曲沃庄伯伐翼，翼侯奔随。秋，王命虢公伐曲沃，而立哀侯于翼。"隐公五年乃公元前 718 年，于晋当鄂侯时期，说明在晋鄂之前的昭侯、孝侯时期很有可能由于自然环境和政治局势的双重原因把都城自绛迁到了翼。

《晋世家》云："晋（缗）侯二十八年……曲沃武公伐晋侯缗，灭之，尽以其宝器赂献于周釐王。釐王命曲沃武公为晋君，列为诸侯，于是尽并晋地而有之……更号曰晋武公。晋武公始都晋国。"由"始都晋国"来看，曲沃武公在灭大宗晋国后，把都城可能由曲沃迁至晋都绛。由于夏、商、周以来逐渐趋冷的大趋势，春秋暖期并不是特别温暖，所以晋国都城在绛、翼与曲沃对峙时期以及后来曲沃武公迁都绛后直至战国时期[③]，绛都虽然水源充足，但不至于形成水患，是完全可以居住的。

春秋时期虽然是暖期，但这时气候一直处于下降趋势，这种趋势延续到整个战国时期，特别是战国中期气候相当寒冷。所以就春秋时期内部而言，也有一个气温下降的过程。这时晋南盆地的水位也处于下降趋势。原故绛一带慢慢变得干旱起来。晋人需要寻找新的接近水源的国都。所以，寻找充足的水源是这次迁都的主要目的。《左传·成公六年》："晋人谋去故绛。……诸大夫皆曰，必居郇瑕氏之地，沃饶而近盐，国利君乐，不可失也。韩献子将新中军，且为仆大夫，献子曰何如？对曰：'不可，郇瑕氏土薄水浅……不如新田，土厚水深，居之不疾，有汾浍以流其恶。'"郇瑕氏之地在今临猗县近盐池之地，韩献子所谓这里土薄水浅，指的就是这里是运城盆地的涑水流域，其水量当然没有汾、浍之大。至于土薄土厚之较，以今天地质地貌的视角看，倒是差别不大。看来他是把水源因素置于第一位考虑的。这里反映的环境变迁情况是，由于春秋后期至战国时期气候的逐渐变冷，晋南盆地较高的地方已经变干，水源减少。因此，要在今侯马盆地范围内选取具有大量水源之地，舍离汾、浍两水交会的古新田其谁？

而且我们还可以通过考察晋国智囊团所推荐的两个迁都之地的地貌特征，发现它们都是离水源较近而且地势低下的地区，这也从一个侧面反映了由于气候变化导致的就水是当时迁都的主要原因。这就是夏、商、周逐渐趋冷的总趋势下和自春秋晚期开始延续于战国时期的温凉期（公元前 475—前 221）导致的结果，于是当时的晋景公采纳了韩献子的意见，于公元前 585 年将都城迁至海拔 400 米左右、更进一步接近水源的汾、浍之交——新田。

注释：

① 马王堆汉墓帛书整理小组编：《战国纵横家书》，文物出版社，1976 年，第 51 页。

② 葛全胜等：《中国历朝气候变化》，科学出版社，2011 年，第 34 页。

③ 为了和气候研究者所划分的朝代起始相一致，这里以公元前 475 年为战国的开始，以此来看，晋国的末世已经跨入战国时期。

四、结语

纵观晋人所迁诸都与气候变化的关系，我们可以理出这样一条线索：繁荣于殷墟时期的古唐国，其地势较高，可能位于山前台地或类似峁、墚、原的第四纪黄土地貌上，没有或者很少受到湖相沉积干扰，唐叔虞就是被封于此地的。在唐叔虞得封的前后正处于商末周初的冷期，地势较高的古唐国受到了干旱环境的考验，我们怀疑古唐国发动叛乱或与此次降温事件有关。所以，初封不久的第二代燮父时期，就把都城迁到了取水较为方便的晋水旁。约 100 年的降温事件结束后，中国气候进入了西周早期的暖期，晋南盆地水源又恢复了充足，燮父所迁居的晋水旁，或时遭水患，故到成侯时，由晋水旁迁居于可能地势较高的古曲沃。居五代而渡过了西周早期的暖期，到了晋穆侯时期，气候又有所转寒，进入了西周中晚期的冷期。地势较高的古曲沃显得干旱起来，于是穆侯迁到地势相对低下的绛都，绛之所以名绛，或有"降低"的含义。此后晋国进入两都时期，绛或翼与曲沃对峙。这时正值春秋暖期，晋昭侯或孝侯可能自降迁翼，一部分原因或许与春秋暖期带来的水患有关。但是春秋暖期是处于夏、商、周总体变冷趋势下的一个暖期，温暖程度不高，水患对地势较低的绛都虽有威胁但影响不大。古曲沃也不是十分干旱，这样对峙了 60 多年后，曲沃代翼，武公迁都绛，直到晋景公再降迁新田，可能是一直处于降温的春秋暖期所致。

总之，在晋南地质地貌和环境变迁的影响下，晋都与气候环境变化的变迁韵律就是"暖则避水患而居高，冷则趋水源而就下"。通过这一规律性的变迁，我们可以推断，绛或者翼在地势上一定是低于初封之地而高于新田的。当然，需要说明的是，晋国都城的迁徙应该是地理、政治、军事、经济等多种原因综合作用的结果，气候因素只是其中之一，因此不可生搬硬套。

（马保春：首都师范大学历史学院教授）

春秋晋国士氏兴灭及世系考

田永涛

摘　要：周宣王四十三年，宣王杀杜伯恒，灭其国。杜伯子隰叔奔晋，为士师，别氏士，为士氏之祖。其后嫡系世系为：隰叔生蒍，蒍生穀，穀生会，会生燮，燮生匄，匄生鞅，鞅生吉射，至吉射奔齐，士氏败亡，族灭。其后支族之可考者世系为：穆子生渥浊，渥浊生弱，弱生匄，匄生弥牟。氏士而世系无考、无所归系者，一并附之。士氏及其别氏范氏等，长期执晋国之政，影响过晋国乃至列国之政局，在华夏历史、文化各方面都发挥过重要作用，也有着深远的影响。弄清楚一个家族的兴衰世系，就等于理清了政治、思想、文化发展的一个线索。理清列国主要卿族之世系，则整个历史，乃至思想史、文化史都会显现出一个较为清晰的脉络。

关键词：春秋；晋国；士氏；世系

一、士氏嫡系世系考辨

（一）杜伯恒

《国语·周语上第一》内史过曰："周之兴也……及其衰也，杜伯射宣王于鄗。"韦昭注："杜国，伯爵，陶唐氏之后也。《周春秋》曰：'宣王杀杜伯而不辜。后三年，宣王会诸侯田于圃，日中，杜伯起于道左，衣朱衣，冠朱冠，操朱弓朱矢，射宣王，中心折脊而死。"[1]

《竹书纪年》："四十三年，王杀大夫杜伯。"[2]

《墨子》卷八《明鬼下》[3]、颜之推《冤魂志》所载事同而略详。[4]宋黄幹《仪礼经传通解续》卷二十六上注引《周春秋》之文与《墨子》同。[5]明何楷《诗经世本古义》卷十七《黄鸟》注引《汲冢璅语》事亦同。[6]

注释：

[1] 徐元诰：《国语集解》，中华书局，2006年，第29—30页。后文皆用此本，别不出注。

[2]（清）徐文靖：《竹书纪年统笺》，广益书局刊行，1936年，第119页。按：下文无特别注明者，皆是此本。

[3]《墨子》卷八《明鬼下》："子墨子言曰：若以众之所同见与众之所同闻，则若昔者杜伯是也。周宣王杀其臣杜伯，而不辜。杜伯曰：'吾君杀我而不辜，若以死者为无知，则止矣。若死而有知，不出三年，必使吾君知之。'其三年周宣王合诸侯而田于圃田，车数百乘，从数千人满野。日中，杜伯乘白马，素车朱衣冠，执朱弓挟朱矢，追周宣王，射入车上，中心折脊，殪车中，伏弢而死。当是之时周人从者莫不见，远者莫不闻，著在周之《春秋》。"（清）孙诒让：《墨子闲诂》，中华书局，2001年，第224—226页。

[4] 颜之推《冤魂志》事同，而以宣王"伏于弓矢而死"。

[5]（宋）黄幹：《仪礼经传通解续》，影印文渊阁四库全书本，台湾"商务印书馆"，1985年。

[6]（明）何楷：《诗经世本古义》，影印文渊阁四库全书本，台湾"商务印书馆"，1985年。

《左传·襄二十四年》杜氏注："唐、杜，二国名。殷末，豕韦国于唐。周成王灭唐，迁之于杜，为杜伯。"[1]

《国语·晋语八》："宣子曰：'昔匄之祖，自虞以上为陶唐氏，在夏为御龙氏，在商为豕韦氏，在周为唐杜氏。'"韦昭注云："周，武王之世。唐、杜二国名。豕韦自商之末改国于唐，周成王灭唐而封弟唐叔虞，迁唐于杜，谓之杜伯。"[2]

《新唐书·宰相世系表》："至宣王，灭其国。"[3]

按：是知尧之后封于刘，夏称御龙氏，商为豕韦氏，商末迁于唐，周武王之世仍存。成王灭唐，迁国于杜[4]，国君称杜伯[5]。

宣王所杀之杜伯名恒，为尧裔刘累之后，宣王大夫，刚正不阿。以被女鸠所诬见杀而国灭。杜国故地尚可考录，而杜伯之事，世事渺远，可见者只此。

（二）杜伯恒生隰叔

《左传·襄二十四年》杜氏注："杜伯之子隰叔奔晋。"

《国语·晋语八》韦昭注："杜伯为宣王大夫，宣王杀之，其子隰叔去周适晋。"

《国语·晋语八》："訾祏对范宣子云：'昔隰叔子违周难奔于晋国，生子舆，为理。'"

《竹书纪年》："王杀大夫杜伯，其子隰叔奔晋。"

宋郑樵《通志·氏族略》"士氏"条云："杜伯之子隰叔奔晋，为士师，故为士氏。"

按：是知宣王冤杀杜伯后，隰叔奔晋，为士师，改士氏，为士氏之祖。而《国语·晋语八》以隰叔子奔晋，且云"生子舆为理"，未言隰叔为士师。

另按：据郑樵所云，则隰叔为士师而改氏"士"，乃以官为氏。然清惠栋《惠氏春秋左传补注》引焦竑之语曰："士縠、士会'士'皆当作'土'，《传》讹耳，读为杜。土姓，杜伯之后，土即古杜氏。"惠栋以为："古土字皆作士。"[6]验之于文献则有"士"通"土"、"土"同"杜"。

其一，《周颂·桓》曰："保有厥士"，马瑞辰云："士与土形相近，古多互讹。……此诗当作'保有

注释：

① （晋）杜预：《春秋经传集解》，上海古籍出版社，1988年，第1012页。

② 《史记·秦本纪》："十一年，初县杜、郑。"裴骃《集解》云：《地理志》：'京兆有郑县、杜县。'《正义》："《括地志》云：'下杜故城，在雍州长安县东南九里，古杜伯国。'日泷川资言：《史记会注考证》，北岳文艺出版社，1999年，卷五，第17页。（宋）郑樵《通志·氏族略》"刘氏"："帝尧陶唐氏之后，受封于刘，其地今定州唐县也。裔孙刘氏，以能扰龙事夏后孔甲，为御龙氏，在商为豕韦氏，在周为唐杜氏，亦为杜伯。以成王灭唐而迁之于杜也。今永兴长安县南十里下杜城是也。"卷二十七，第2页。（清）江永《春秋地理考实》卷二："唐杜，《传》在周为唐杜氏。……杜今京兆杜县，《汇纂》：秦置杜县，汉改杜陵，今杜陵故城在西安府治东南十五里。今按《一统志》太原府太原县唐城，即太原县治，本唐叔虞子徙居之所。"文渊阁四库全书本。

③ （宋）欧阳修、宋祁：《新唐书》，中华书局，1975年，第2244页。

④ 杨伯峻先生以为当从孙诒让《唐杜氏考》之说，唐杜为一国名，非二国。犹楚言荆楚。《春秋左传注》，中华书局，1983年，第1088页。下文无特别注明者，皆用此本。

⑤ 按：杜伯乃杜国君主之通称。自成王世迁杜，至宣王杀杜伯恒，历代杜君皆可称杜伯。宣王所杀之杜伯，专指杜伯恒，乃隰叔之父。

⑥ （清）惠栋：《惠氏春秋左传补注》，影印文渊阁四库全书本，台湾"商务印书馆"，1985年，第181册，148页，下栏。

厥土'"，又云"保土犹言保邦也。作士者，盖以形近而讹"①；《吕氏春秋·士容论·任地》曰："子能使吾士靖而甽浴士乎？"高诱曰："士，当作土"，毕沅曰："古士、土亦通用字"②；《周礼·校人》："秋祭马社"，郑康成注云：《世本》曰：'相士作乘马'"，《竹书纪年》："十五年，商侯相土作乘马，遂迁于商丘。"

其二，《荀子·解蔽》曰："奚仲作车，乘杜作乘马"，杨倞云：《世本》：'相土作乘马，'杜与土同"③；《诗·大雅·绵》："自土沮漆"，王先谦云：《齐》'土'作'杜'"④；又《诗·豳风·鸱鸮》："彻彼桑土"，《韩诗》"'土'作桑'杜'"，王先谦云："'土'、'杜'通用字"⑤，皆读"士"为"土"，训为"杜"。文献虽多有征，然士氏是否确以先公所居为氏（即以国为氏），是否杜伯之后别为土氏而误为士氏，则不可知矣，然亦可备一说。

再按：隰叔之事见于载籍者，唯奔晋一事，别无所见。

（三）隰叔生士蒍

《国语·晋语八》："訾祏对曰：'昔隰叔子违周难于晋国，生子舆为理，以正于朝，朝无奸官；为司空，以正于国，国无败绩'"，韦昭注："子舆，士蒍之字。理，士官也。"

《世本》："范氏，晋大夫隰叔之子，士蒍之后。"⑥

《通志·氏族略》："隰叔生士蒍，字子舆，故亦谓之士舆。"

按：是知士蒍，隰叔之子。士氏，名蒍，字子舆，又称士舆，颇有文采。先为晋士师，后为司空。生卒不详。僖公五年后不见于典籍，盖卒于此后。

事见于庄二十三年、二十四年、二十五年、二十六年、二十七年《传》，闵元年《传》，僖五年《传》；《国语·晋语一》。其事可知者如下。

庄二十三年⑦，晋献公患桓、庄之族之偪。士蒍与群公子谋，谮富子而去之。庄二十四年，又与群公子谋，使杀游氏之二子。庄二十五年，士蒍使群公子尽杀游氏之族，乃城聚而处之。冬，晋侯围聚，尽杀群公子。庄二十六年，士蒍为大司空。⑧夏，士蒍城绛以深其宫。庄二十七年，晋侯将伐虢。士蒍以为不可。闵元年⑨，晋献公信小人之说，使太子居曲沃，重耳居蒲，夷吾居屈，群公子俱鄙，唯二姬之子在绛。晋始作二军，公将上军太子将下军，士蒍乃知太子不得立。僖三年⑩，士蒍为二公子筑蒲与屈⑪，僖

注释：

① （清）马瑞辰：《毛诗传笺通释》，中华书局，1989 年，第 1120 页。

② 许维遹：《吕氏春秋集释》，中国书店据 1935 年清华大学版影印，1985 年，卷二十六，第 10 页。

③ （清）王先谦：《荀子集解》，中华书局，1988 年，第 401—402。

④ （清）王先谦：《诗三家义集疏》，中华书局，1987 年，第 835 页。

⑤ （清）王先谦：《诗三家义集疏》，中华书局，1987 年，第 528—529 页。

⑥ 《世本八种·张澍稡集补本》，商务印书馆，1957 年，125 页。

⑦ 周惠王六年，晋献公六年，公元前 671 年。

⑧ 按：盖此前为士师。

⑨ 周惠王十六年，晋献公十六年，公元前 661 年。

⑩ 周惠王二十年，晋献公二十年，公元前 657 年。

⑪ 按：此事追述于僖公五年春，杨伯峻先生注："以下文三年巡师之言推之，或在僖三年。"故至于此。

五年，士蒍赋诗论晋国时局。①

（四）士蒍生士縠

文二年《传》："六月，穆伯会诸侯及晋司空士縠。"杜氏注："士縠，士蒍子。"

《縠梁传·文二年》："夏六月，公孙敖会宋公、陈侯、郑伯、晋士縠，盟于垂敛。"②注曰："縠户木反，本又作'縠'。"③

文十三年《疏》云："《世本》：'士蒍生士伯缺'。"

《世本》："蒍生成伯缺。"一本作"垂夬"。

《新唐书·宰相世系表》："隰叔奔晋为士师，生士蒍，蒍生成伯缺。"

《古今姓氏书辩证》卷十八："蒍生成伯缺。"④

《名疑》二卷⑤："晋大夫成伯缺，即士縠，士姓；成，谥。"

按：是知士縠，士氏，名縠（或作縠），又名缺（或作垂夬），谥成，故又称成伯缺、士伯缺。继其父士蒍为晋司空。生年不详，卒于晋襄公十年三月甲戌。《惠氏春秋左传补注》卷二云："士蒍生士縠、士垂夬"，盖误士縠、士缺为二人之故。陈厚耀《春秋世族谱》卷上："或作成伯益"⑥，不知何据，抑成伯缺之误欤？

事略见于文二年《经》、《传》，文八年《传》，文九年《经》、《传》，《公羊传》文二年、《谷梁传》文九年等。略言之：文二年⑦，公孙敖会宋公、陈侯、郑伯会于垂陇，晋侯未至，士縠以大夫主会，君子讥士縠为大夫而专诸侯之盟，故书之于《经》。襄公九年，晋侯使士縠、梁益耳将中军。文九年三月甲戌⑧，晋人杀士縠等五大夫。

（五）士縠生士会

《世本》："蒍生成伯缺，缺生武子会。"

《新唐书·宰相世系表》："蒍生成伯缺，缺生士会。"

《古今姓氏书辩证》："蒍生会，为晋上卿，食采于随，谓之随会。"

僖二十八年杜氏注："士会，随武子"，文六年杜氏注："士会，随季也"，文七年《传》："己丑，先蔑奔秦，士会从之……士会在秦三年不见士伯。其人曰：'能亡人与国，不能见于此，焉用之？'士季曰……"

文十三年《传》："却成子曰：'贾季乱，且罪大。不如随会。能贱而有耻，柔而不犯。其知足使

注释：

① 周惠王二十二年，晋献公二十二年，公元前 655 年。本年《传》："士蒍赋曰：'狐裘尨茸，一国三公，吾谁适从。'"杜氏注曰："士蒍自作诗也。"

② 杨伯峻《春秋左传注》作"垂陇"，见该书 518 页。

③《七经孟子考文补遗》卷八十七与（清）沈炳震《九经辨字渎蒙》卷五说同。影印文渊阁四库全书本，台湾"商务印书馆"，1985 年。

④（宋）邓名世：《古今姓氏书辩证》卷十八，影印文渊阁四库全书本，台湾"商务印书馆"，1985 年，第 1 页。

⑤（明）陈士元：《归云别集·名疑》卷二，道光癸巳吴玉坪梓行本，第 8 页。

⑥ 陈厚耀：《春秋世族谱》卷上，影印文渊阁四库全书本，台湾"商务印书馆"，1985 年，第 19 页。

⑦ 周襄王二十八年，晋襄公三年，公元前 625 年。

⑧ 周顷王元年，晋灵公三年，公元前 618 年。"甲戌"：杨伯峻先生注："甲戌，二十八日。"

也.' 乃使魏寿余伪以魏叛者……以诱士会。"①

宣十二年《传》："随武子"，杜氏注："武子，士会。"

宣十六年《传》："冬，晋侯使士会平王室，定王享之。原襄公相礼。殽烝。武季私问其故"，杜氏注："武，士会谥，季，其字。"

宣十八年《传》："秋八月，晋师还。范武子将老"，杜氏注："初受随，故曰随武子；后更受范，复为范武子。"

《国语·晋语五》："范武子退自朝"，韦昭注曰："武子，晋正卿士会也。"

昭二十年《传》："屈建问范会之德于赵武"，宋林尧叟注："范会即晋士会、范武子。"②

按：是知士会，士氏，名会，字季。以初受随而别为随氏③，称随会、随季，后更受范，亦为范氏④，复称范会。谥武，故又称士武子、随武子、范武子。生卒年不详。

事见于僖二十八年《传》，文六年、七年、十二年、十三年《传》，宣二年、三年、十年、十二年、十六年、十八年《传》，及《国语·晋语五》等。略如下：

僖二十八年⑤，城濮之战后，晋还师，舟之侨先归，士会摄右。文六年⑥，晋襄公卒，先蔑、士会如秦逆公子雍。文七年⑦，士会从先蔑奔秦。定十二年，秦伯欲与晋战而问于士会。文十三年，晋欲得士会，乃使魏寿余伪以魏叛以诱之。宣二年，晋灵公以宰夫胹熊蹯不熟，杀之，寘诸畚，使妇人载以过朝。赵盾、士季见其手而进谏。宣三年⑧，郑及晋平，士会入盟。宣十年⑨，楚子伐郑，士会救之。宣十二年，晋师救郑，士会将上军；使巩朔、韩穿帅七覆于敖前，故上军得不败。宣十六年，士会帅师灭赤狄甲氏及留吁、铎辰。冬，晋侯使士会平王室，定王享之。归而讲求典礼，以修晋国之法。宣十八年秋，士会告老。

（六）士会生士燮、士鲂⑩

1. 士会生士燮

《世本》："会生文叔燮。"

宣十七年杨伯峻注："文子，士燮，武子之子。"

注释：

① 马王堆三号墓出土帛书《春秋事语》云："晋献公欲得随会也，魏州余请召之，乃令君羊囚己……。"事略同。见杨伯峻《春秋左传注》文十三年（第595页）注释。

② （明）王道焜、赵如源编：《左传杜林合注》卷四十，影印文渊阁四库全书本，台湾"商务印书馆"，1985年，第13页。

③ 晋随氏世系，笔者将有专文考辨。

④ 晋范氏世系，笔者将有专文考辨。

⑤ 周襄王二十一年，晋文公五年，公元前632年。

⑥ 周襄王三十二年，晋襄公七年，公元前621年。

⑦ 周襄王三十三年，晋灵公夷皋元年，公元前620年。

⑧ 周定王元年，晋成公元年，公元前606年。

⑨ 周定王八年，晋景公元年，公元前599年。

⑩ 《世本八种·秦嘉谟集补本》有："武子会生司空毂。"秦氏注以左传文二年《集解》为据。按：此说不见其他典籍，盖误以成伯缺与士毂为二人，不足据。士毂为士蔿之子，前文已辨之（商务印书馆，1957年，169页）。后文无特别注明者，皆秦氏本。

成二年杜氏注："范文子，代荀庚"，同年杨伯峻注："范文子，士燮"、"武子，士会，士燮之父"、"范叔，即范文子。"

《国语·晋语五》韦昭注："燮，武子之子，文子也。"

《国语·晋语六》：韦昭注："文子，范燮也。"

按：是知士燮，士氏，名燮，字叔，谥文子。又称范燮①、范文子、文叔、文叔燮。生年不详，卒于成十七年，晋厉公七年，即公元574年。

事略见于于成八年、十五年《经》，宣十七年、成二年、成四年、成八年、成九年、成十二年、成十三年、成十五年、成十六年、成十七年《传》，《公羊传》与《谷梁传》成八年、成十五年及《国语·晋语五》、《晋语六》等。

宣十七年②，范武子将老，而嘱士燮以政。成二年，晋、齐鞌之战，士燮佐上军。③成四年，晋伐郑救许，士燮佐上军。成八年，士燮奉晋侯命聘鲁，与公孙侨如、齐人、邾人会，不受鲁君之赂遂伐郯。成九年，晋侯觐于军府，见楚囚钟仪，闻其言而语士燮，士燮义之。成十二年④，宋华元克合晋、楚之成，夏五月，士燮会楚公子罢、许偃。同年，晋却至如楚聘，且莅盟。楚国非礼。归而语士燮，士燮叹晋、楚之战不可勉。成十三年，晋、秦麻隧之战，士燮将上军。成十五年冬十一月，士爕会鲁叔孙侨如、齐高无咎、宋华元、卫孙林父、郑公子鳅、邾人会吴于钟离。成十六年四月，晋军伐郑，士燮为中军佐。六月，晋、楚遇于鄢陵，晋臣皆欲战，唯士燮忧之。成十七年，祷后而卒。⑤

2. 士会生士鲂

成十八年杜氏注："鲂，士会子"，同年，杨伯峻注："士鲂，士会子，因其食邑于彘，故又称彘季。"

《国语·晋语七》："彘恭子，士鲂也，食邑于彘。"

《公羊传》成十八年："晋侯使士彭来乞师"，何休注："士彭，二《传》作士鲂，襄十二年同。"⑥

襄十二年《疏》云："考诸正本皆作士鲂，字若。"

《元和姓纂》卷八："士会支子士鲂，食采于彘，邑在平阳北，故号恭子。"⑦

《世本》："武子会生彘共子鲂。"

《姓氏急就篇》卷上："彘氏，晋有彘邑，在河东，大夫食采……士鲂曰彘季。"⑧

襄十三年《传》："荀罃、士鲂卒。"

注释:

① 盖继其父士会食于范，故称。

② 周定王十五年，晋景公八年，公元前592年。

③ 按："佐"，阮刻本作"将"，误。杨伯峻先生辨之甚确（见《春秋左传注》789页注），从之。

④ 周简王七年，晋厉公二年，公元前579年。

⑤ 周简王十二年，晋厉公七年。按：杜预以为自裁而卒，孔疏、沈钦韩补注、焦循补注皆驳之。愚以为杜氏之言可备一说。

⑥ 按：《谷梁传》亦作"士鲂"。

⑦ 影印文渊阁四库全书本。

⑧（宋）王应麟撰，影印文渊阁四库全书本，1987年。

按：是知士鲂，士氏，名鲂（或作彭，误）①，字若，士会庶子。以食邑于彘，称彘季②，为彘氏之祖。又称彘共子、彘恭子，"恭"盖谥也。③生年不详④，卒于鲁襄公十三年、晋悼公十四年，即公元前560年。

其事主要见于成十八年、襄三年、襄十二年《经》，成十八年、襄三年、襄五年、襄九年、襄十年、襄十一年、襄十二年、襄十三年《传》，《公羊传》与《谷梁传》成十八年、襄十二年，以及《国语·晋语七》等。略如下：

成十八年⑤，春正月，晋栾书、中行偃使程滑弑厉公，士鲂同荀罃迎周子于京师而立之。二月乙酉，晋悼公即位，以士鲂为卿。冬十一月，楚伐宋，晋师救之，士燮至鲁乞师。襄三年，魏绛杀悼公之弟扬干，晋侯怒，魏绛将伏剑，士会、张老止之。襄五年，周卿士王叔陈生愬戎于晋，晋人执之，士鲂如京师。襄九年，冬十一月，诸侯伐郑，士鲂协栾书将晋下军，率滕人、薛人攻郑北门。襄十年，晋师城梧及制，士鲂、魏绛戍之。襄十一年，秦师伐晋救郑，士鲂御之。襄十二年，士鲂聘鲁，且拜前年伐郑之师。襄十三年，士鲂卒。

另按：襄十四年《传》："彘裘亦幼"，杜氏注："裘，士鲂子也"，《世本》："鲂生彘裘。"则知，彘裘⑥，为士鲂之子，亦别从彘氏。鲂卒之时，年尚幼。其后世子孙不详，事仅此一见，故附于此。

（七）士燮生士匄⑦

成十六年杜氏注："匄，士燮子。"

襄二十六年杨伯峻注："宣子即士匄，又谓之范匄。"

《国语·晋语八》韦昭注："宣子，晋正卿士匄。"

《春秋左传属事》卷一注："士匄，晋卿，食邑于范，谥宣子。"⑧

《春秋左氏音义》卷十九："匄，本或作'丐'。"⑨

《世本》："燮生宣叔匄。"

按：是知士匄，士氏，名匄（或作丐），谥宣子，称宣叔、宣叔匄，晋正卿，士燮之子。以食邑于范，故又称范匄、范宣子。生年不详，卒于鲁襄公二十四年⑩，晋平公九年，即公元前548年。

其事略见于成十八年、襄八年、襄十九年《经》，成十六年、成十七年、襄三年、襄五年、襄九年、襄十年、襄十三年、襄十四年、襄十六年、襄十八年、襄十九年、襄二十一年、襄二十三年、襄二十四

注释：

①《公羊传》襄十二年《疏》云："考诸正本皆作士鲂，字若，作士彭者误矣。"《左传》成十八年，杨伯峻注："鲂、彭古音相近，故得通假。"

②按：据宣十二年杜氏注，先縠亦因食邑于彘而称彘季。

③按：古"恭"、"共"同。

④按：士燮事见于宣十七年至成十七年间，士鲂事见于成十八年至襄十三年间。其年龄当略小于士燮。

⑤周简王十三年，晋悼公周元年，公元前573年。

⑥（宋）程公说《春秋分纪》卷十五，云彘裘无后（文渊阁四库全书本）按：士鲂卒时彘裘尚幼，故未列于位，其后亦不显之故欤？

⑦按：此士匄与昭六年十一月相士鞅之士匄（字伯瑕，称文伯）者非一人。士匄（宣子）卒于襄二十四年，此后之士匄皆文伯。详后。

⑧（明）傅逊：《春秋左传属事》，文渊阁四库全书本，卷一，第14页。

⑨（唐）陆德明：《经典诗文》，影印北京图书馆藏宋刻本，上海古籍出版社，1985年，第1086页。

⑩此士匄卒年有异说，详见下文。

年《传》,《公羊传》与《谷梁传》成十八年、襄八年、襄十四年、襄十九年,以及《国语·晋语八》等。述如下:

成十六年①,六月,晋、楚军队遇于鄢陵,士燮忧之,不欲战,士匄以为可以战,士燮执戈逐之。成十七年,栾书、中行偃遂执晋厉公。召士匄,士匄辞。成十八年②夏,士匄奉晋悼公之命聘鲁。襄三年,晋为郑服故,且欲修吴好,将合诸侯。使士匄告于齐并乞盟。襄五年,楚子囊为令尹,士匄知将失陈。襄八年,士匄聘鲁,告将用师于郑。襄九年,冬十月,诸侯伐郑。士匄佐荀罃帅季武子、齐崔杼、宋皇郧攻郑鄟门。③襄十年荀偃、士匄请伐偪阳。五月庚寅,荀偃、士匄帅卒攻偪阳,亲受矢石,甲午,灭之。同年,王叔陈生与伯舆争政,悼公使士匄平王室。襄十三年,使士匄将中军,辞。乃使荀偃将中军,士匄佐之。襄十四年春,为吴谋楚故,士匄同季孙宿、叔老、齐人、宋人、卫人、郑公孙虿、曹人、莒人、邾人、滕人、薛人、杞人、小邾人会吴于向。范宣子数吴人之不德,以退吴人。士匄亲数戎子驹支于朝,并将执之。冬,季孙宿会晋士匄、宋华阅、卫孙林父、郑公孙虿、莒人、邾人于戚。士匄假羽毛于齐而弗归,齐人始贰。襄十六年④,冬,穆叔来晋聘,且言齐再伐鲁,士匄慰之。襄十八年,晋师伐齐,士匄佐荀偃以中军克京兹。襄十九年秋,晋士匄帅师侵齐,至谷,闻齐侯卒,乃还。冬士匄与鲁叔孙豹会于柯。襄二十一年,栾祁诬栾盈于士匄,且士匄畏栾盈多士,乃逐之。栾盈出奔楚。士匄杀箕遗、黄渊、嘉父、司空靖、邴豫、董叔、邴师、申书、羊舌虎、叔罴,囚伯华、叔向、籍偃。襄二十三年四月,栾盈帅曲沃之甲,因魏献子,以昼入绛。士匄赂魏献子以曲沃,而攻栾盈。襄二十四年春,鲁穆叔如晋,士匄逆之。郑子产以士匄为政,诸侯之币重,寓书以告。士匄说,乃轻币。襄二十四年士匄卒⑤。襄二十五年秋,赵文子代士匄执政。

另按:士匄之卒,襄二十六年《疏》以为当在襄二十五年⑥,杨伯峻先生从之。陈厚耀《春秋世族谱》系在襄二十六年。愚以为皆误。襄二十六年《传》:"齐人城郏之岁⑦,其夏,齐乌余以廪丘奔晋,袭卫羊角,取之;遂袭我高鱼……克而取之。又取邑于宋。于是范宣子卒,诸侯弗能治也。及赵文子为政,乃卒治之。"

观《传》所载,齐人城郏、乌余奔晋、袭取卫之羊角、袭鲁之高鱼、取邑于宋,皆为襄二十四年事。⑧而此时诸侯弗能治之,盖士匄已卒。且士匄执晋政,如二十五年方卒,则二十四年冬,晋侯无故以嬖臣程郑代栾盈佐下军,士匄不当无所言。

(八)士匄生士鞅

襄十四年杜氏注:"鞅,士匄子。"

注释:

① 周简王十一年,晋厉公六年,公元前575年。

② 周简王十三年,晋悼公周元年,公元前573年。

③ 鄟门,郑城门名,高士奇《地名考略》:"郑东门。"

④ 周灵王十五年,晋平公彪元年,公元前557年。

⑤ 详见下文。

⑥ 《正义》曰:"乌余以二十四年奔晋,二十五年范宣子卒,赵文子代之为政,至明年始讨乌余。故云乃卒治之。"

⑦ 见襄二十四年《传》,按:《国语·周语下》:"灵王二十二年,谷、洛斗,将毁王宫。"盖卒毁之,故灵王二十三年,即襄二十四年,齐人城之。

⑧ 杜预及杨伯峻注亦皆以为襄二十四年事。

襄二十九年杜氏注："范叔，士鞅也。"

定四年杜氏注："士鞅，即范鞅"。

定八年杜氏注："献子，士鞅也。"

《国语·晋语九》韦昭注："献子，范宣子之子士鞅也。"

《世本》："匄生献子鞅。"

按：是知士鞅，士氏，名鞅，士匄之子。以食邑之故，称范鞅、范叔。谥献子，又称范献子。生卒年不详。

事可见于襄二十九年、昭二十一年、昭二十七年、定四年、定五年、定八年《经》，襄十四年、襄十六年、襄二十九年、昭五年、昭六年、昭七年、昭二十一年、昭二十四年、昭二十七年、昭三十一年、定元年、定五年、定六年、定八年《传》，《公羊传》、《谷梁传》襄二十九年、昭二十一年、昭二十七年、定四年、定五年，以及《国语·晋语九》等。略言之：

襄十四年①士鞅从栾鍼驰秦师，栾鍼死焉，而士鞅独返。栾黡②扬言将杀之。士鞅奔秦。襄十六年春，晋平公即位，以士鞅为公族大夫。襄二十九年晋侯使士鞅聘鲁，拜城杞。昭五年，晋侯欲止鲁昭公，士鞅以为不可。昭六年十一月，齐侯如晋，请伐北燕。士匄③相士鞅逆诸河。昭公七年韩宣子使士鞅如卫吊卫侯之丧，且反卫戚田。昭二十一年④夏，晋侯使士鞅聘鲁。鲁叔孙为政，使有司以齐鲍国归费之礼为士鞅，士鞅怒。昭二十四年，郑伯如晋，子大叔相，见士鞅，士鞅与韩起谋而征会诸侯。昭二十七年秋，晋士鞅、宋乐祁犂、卫北宫喜、曹人、邾人、滕人会于扈，令戍周，且谋纳鲁昭公。士鞅取货于季孙而不纳。昭三十一年⑤，晋侯将以师纳公，召季孙，士鞅使私焉。定元年春，晋魏舒合诸侯之大夫于狄泉，将以城成周，而田于大陆，卒于宁。士鞅代之为政，去魏舒之柏椁，贬其未复命而田。定四年士鞅、卫孔圉帅师伐鲜虞。定五年冬，士鞅帅师围鲜虞。定六年夏，季桓子如晋，献郑俘。阳虎强使孟懿子往报夫人之币。士鞅乃知鲁患阳虎。定八年士鞅帅师侵郑，遂侵卫。同年，赵鞅欲归宋乐祁，士鞅论宋必叛晋。夏，齐国夏、高张伐鲁西鄙。士鞅、赵鞅、荀寅救之。秋，士鞅会成桓公侵郑，围虫牢，遂侵卫。

（九）士鞅生士吉射

《史记·晋世家》索隐："射，范献子士鞅之子。"⑥

定十三年杜氏注："吉射，士鞅子"、"范氏，士吉射也"、"昭子，士吉射"。

哀五年杜氏注："昭子，范吉射也。"

按：是知士吉射，士氏，亦从范氏，名吉射，献子士鞅之子。又称昭子、范昭子、士昭子，盖谥为"昭"也。

事见于定十三年《经》、《传》，哀二年、哀五年《传》，《公羊传》、《谷梁传》定十三年，《国语·晋

注释：

① 周灵王十三年，晋悼公十五年，公元前 559 年。

② 栾针之兄。

③ 按：据《释文》此"士匄"古本作"王正"，董遇、王肃本同。

④ 周景王二十四年，晋顷公五年，公元前 521 年。

⑤ 周敬王九年，晋定公午元年，公元前 521 年。

⑥《史记索隐》卷十二原文作："范吉射，范献子士鞅之子。"

语九》，以及《史记·晋世家》等。概述如下：

> 定十三年七月，士吉射与荀寅帅族伐赵氏，赵鞅奔晋阳。范皋夷、梁婴父、荀砾、韩不信、魏曼多五子谋逐荀寅、士吉射。冬，十一月，荀砾、韩不信、魏曼多奉公伐范氏、中行氏，不克。士吉射、荀寅攻晋定公，败。丁未，奔朝歌以叛。哀二年秋八月，齐人输范氏粟，士吉射逆之。哀五年①春，晋围柏人②，荀寅、士吉射奔齐。

另按：晋出公十七年③，知氏与韩、赵、魏四家，共分范氏、中行氏之地，士氏遂亡。

二、士氏支族世系可考者

（一）士穆子生士渥浊

《国语·晋语七》韦昭注："贞子，晋卿士穆子之子士渥浊也。"

《山西通志》卷一百九："士渥浊，卿士穆子之子。"④

宣十二年杜氏注："贞子，士渥浊。"

宣十五年杜氏注："士伯，士贞子。"

成五年杨伯峻注："士贞伯即宣二十二年之士贞子，成十八年之士渥浊。宣十五年《传》称为士伯，成十五年《传》称为贞伯。"⑤

成十八年杜氏注："渥浊，士贞子。"

按：是知士穆子，为晋卿士。不知其名，穆盖谥也。士渥浊，士氏，名渥浊，晋卿士穆子之子。盖谥贞，故称士贞子、士贞伯、贞子、贞伯，又称士伯。士穆子生卒不详，事无所考。

士渥浊事见宣十二年、宣十五年、成五年、成六年、成十八年《传》，《国语·晋语七》等，生年不详。然观其所经之世，盖与士燮同时而年略长。⑥事迹如下：

> 宣十二年⑦秋，晋、楚邲之役，晋师败归，桓子请死，晋侯欲许之。士贞子谏而止之。宣十五年，晋侯以士渥浊略狄土有功，赏之瓜衍之县。成五年士渥浊论赵婴将亡。成六年春，郑伯如晋拜成，授玉于东楹之东。士渥浊知郑伯将不安其位。成十八年二月，晋悼公即位，使士渥浊为大傅，使修范武子（即士会）之法。襄十六年春，晋平公即位，羊舌胼代士渥浊为大傅，士渥浊盖即卒于此前。⑧

注释：

① 周敬王三十年，晋定公二十二年，公元前 490 年。

② 哀四年秋，齐救范氏，冬十一月，荀寅奔鲜虞；十二月，齐国夏伐晋，会鲜虞，纳荀寅于柏人。而不及士吉射，盖亦此时处柏人。故晋军围之欤？

③ 周贞定王十一年，公元前 458 年。此从《史记·晋世家》（《赵世家》、《六国年表》定于周贞定王十五年）。

④《山西通志》，影印文渊阁四库全书本，台湾"商务印书馆"，1985 年。

⑤ 按：谓成十五年误，当为成五年。

⑥ 按：宣十二年，晋、楚邲之役，士会将上军。秋，晋军班师，桓子请死，士渥浊谏而止之。则渥浊与士会为同朝臣。士会成十七年卒，而襄十六年尚有羊舌胼代士渥浊为大傅之事，盖此时士渥浊亦老（或卒不久）。故其当小于士会而长于士燮。陈厚耀《春秋世族谱》亦系之与士燮同时。

⑦ 周定王十年，晋景公三年，公元前 597 年。

⑧ 士会以成十七年卒，而十八年士渥浊代之为大傅。以此例之，则士渥浊之卒，当于襄十五年终，或襄十六年初。文献不足，不敢臆定，姑存之。

（二）士渥浊生士弱

襄九年杜氏注："弱，士渥浊之子庄子"、"庄子，士弱"，杨伯峻注："弱，士渥浊之子，谥曰庄子"、"士庄子即士弱"。

襄二十五年杜氏注："士庄伯，士弱也。"

襄二十六年《传》："卫侯如晋，晋人执而囚之于士弱氏"，杜氏注："士弱，晋主狱大夫。"

按：是知士弱，士氏，名弱，士渥浊之子，为晋主狱大夫。谥曰庄子，又称士庄子、士庄伯。生卒不详。事见襄九年、襄十年、襄十八年、襄二十五年、襄二十六年《传》等。述如下：

> 襄九年春①，宋灾，晋侯问于士弱。冬十月，诸侯伐郑。郑人恐，乃成。十一月己亥，晋士庄子为载书。襄十年三月癸丑，齐高厚相大子光，以先会诸侯于钟离，不敬。士弱知其将不免。襄十八年②，晋为鲁伐齐，十二月己亥，刘难、士弱率诸侯之师焚齐申池之竹木。襄二十五年秋，郑子产献捷于晋，晋人数难之，子产从容而应，士弱亦不能诘。襄二十六年六月，卫侯如晋，晋人执而囚之于士弱氏。

（三）士弱生士匄、士佗

1. 士弱生士匄③

襄三十年杜氏注："伯瑕，士文伯"、"文伯，士弱之子"，杨伯峻注："伯瑕，士匄字，即士文伯。"

襄三十一年杨伯峻注："士文伯即士匄。"

昭六年杜氏注："士匄，晋大夫。"

昭七年杜氏注："伯瑕，士文伯。"

昭十二年杜氏注："伯瑕，士文伯。"

《山西通志》卷一九〇："士文伯，士弱子。"

《元和姓纂》卷六有士匄氏："晋大夫士匄之后。"

按：是知士匄，士氏，字伯瑕，士弱之子，为晋大夫。又称士文伯、文伯，"文"盖谥也，后人或作士匄，别为士匄氏。生卒不详。事见襄三十年、襄三十一年、昭二年、昭六年、昭七年、昭十二年《传》等。略如下：

> 襄三十年，此时赵孟以执晋政，士文伯以为佐。襄三十一年夏六月，子产相郑伯以如晋，晋侯以鲁襄公丧故，未见。子产使尽坏其馆之垣而纳车马焉。士文伯让之，复命，赵文子使士文伯谢之。昭二年晋少姜卒，鲁昭公如晋，及河，晋侯使士文伯辞。昭六年三月，郑人铸刑鼎，士文伯知郑将有火灾。十一月，齐侯如晋，请伐北燕。士文伯相士鞅逆诸河。昭七年夏四月甲辰朔，日有食之。晋侯问于士文伯。十一月，季武子卒。士文伯为晋侯论岁、时、日、月、星、辰六物。昭十二年④夏，晋侯享齐景公，中行穆子相，投壶，士文伯以为穆子失辞。

注释：

① 周灵王八年，晋悼公十年，公元前 564 年。

② 周灵王十七年，晋平公三年，公元前 555 年。

③ 按：士文伯之名，前贤多以为不当与士鞅之父宣子同名。据《释文》古本"士匄"作"王正"，或作"匄"。愚谓古人名匄字瑕者伙矣（见杜氏原注、《释文》、孔疏），且士文伯乃士氏支派，与范宣子同名亦无必不可之理。

④ 周景王十五年，晋昭公二年，公元前 530 年。

另按：前修多以伯瑕为士文伯之字，唯《山西通志》云："士文伯，士弱子，食邑于瑕，称瑕伯"①，"瑕"见于桓六年《传》："军于瑕以待之"，杜氏注曰："随地"，则瑕为邑名。随自士会始为士氏所有，或瑕为士文伯族所食之邑欤？存此以备一说。

2. 士弱生士佗

《广韵》卷一引《世本》："司功氏，士匄弟佗为晋司功，因官为氏。"②

《通志·氏族略》："司功氏，《世本》云：'晋大夫司功景子，士匄弟他'，因官氏焉。"

《路史》卷二十引："《风俗通》云：'晋大夫有司功景子'，《世本》云：'匄弟他'。"

《山西通志》卷六十四："司功，晋大夫司空景子，因官为氏。"

《元和姓纂》卷二：《世本》：'晋大夫司功景子，其先士匄也'，因官氏焉。"

按：是知士佗，士氏，名佗（或作他），士匄之弟。③为晋司功，别为司功氏，故称司功景子，景子盖谥也。生卒不详，事无所见。

（四）士匄生士弥牟

昭十三年杜氏注："景伯，士文伯之子弥牟也。"

昭十四年杜氏注："士景伯，晋理官。"

昭二十三年杜氏注："弥牟，士景伯。"

《国语·晋语九》韦昭注："景伯，晋理官士弥牟。"

《春秋左传属事》卷一："士弥牟，字景伯。"④

按：是知士弥牟，士氏，名弥牟，字景伯，又称士伯⑤，士文伯匄之子。为晋之理官。生卒不详。事见昭十三年、昭十四年、昭二十三年、昭二十四年、昭二十五年、昭二十八年、昭三十年、昭三十二年、定元年《传》及《国语·晋语九》等。事如下：

> 昭十三年⑥，鲁昭公如晋，晋使士弥牟辞之于河。昭十四年冬，士弥牟如楚，叔鱼代之摄理。昭二十三年邾人愬鲁于晋，晋人讨鲁，鲁叔孙婼如晋，晋人执之，韩宣子将以叔孙若与邾人，士弥牟止之。晋使士弥牟听鲁、邾之讼，不服皆执之。使邾子先归，而馆叔孙于箕。昭二十四年，士弥牟逆叔孙于箕而释之。三月庚戌，晋侯使士弥牟莅周问政。昭二十五年夏，诸侯会于黄父谋定王室，赵简子令诸侯输粟于周，宋乐大心不欲输，士弥牟责之。昭三十年⑦，夏六月，晋顷公卒，秋八月，郑游吉吊，且送葬，魏献子使士弥牟让之。昭三十二年，冬十一月己丑，士弥牟营成周。定元年⑧，孟懿子会城周，宋仲几不愿受役，士弥牟怒而执之。

注释：

① 见《山西通志》卷一九〇，文渊阁四库全书本。

② 周祖谟编：《广韵校本》，商务印书馆，1937年，第62页。

③ 按：杨伯峻先生以为此士匄为士文伯（见《春秋左传注》襄三十一年注），愚以为甚确，从之。《元和姓纂》卷二："其先士匄也"，所云之"先"（士匄），盖为范宣子。

④（明）傅逊：《春秋左传属事》。另按：景伯为士弥牟字之说前此未见，不知傅氏何据。

⑤ "士伯"凡八见，详昭二十三年、二十四年及定元年《传》。

⑥ 周景王十六年，晋昭公三年，公元前529年。

⑦ 周敬王八年，晋顷公十四年，公元前512年。

⑧ 周敬王十一年，晋定公三年，公元前509年。

另按：司马弥牟，见于典籍者惟昭二十八年秋，司马弥牟为邬大夫一事。①

《春秋名号归一图》卷上云："士景伯，士伯……司马弥牟，邬大夫"②，《左传事纬前集》卷七："士弥牟，亦曰司马弥牟、士伯、士景伯"③，是皆以为司马弥牟即士弥牟，前人多有疑之者④，今人杨伯峻从之⑤，而皆未言何据。

司马弥牟到底为何人，前贤多缺而不论。今暂从缺者，不将司马弥牟之事系诸士弥牟，盖取其慎也。⑥

三、氏士而无可归系者

（一）士富

襄三年《传》："晋侯以……士富为侯奄"，杜氏注："士富，士会别族。"

《国语·晋语七》："四年……使范献子为侯奄"，韦昭注："献子，范文子之族昆弟士富也。"

按：是知士富，士氏，名富，士会别族，亦称范献子⑦，生卒不详。事可见者唯此。韦昭云："范文子之族昆弟"，则士富之年或与士燮相当而略幼。

（二）士皋夷

定十三年杜氏注："皋夷，范氏侧室子。"

哀三年《传》："十一月，赵鞅杀士皋夷。"

《国语·晋语九》："范、中行有函冶之难"⑧，韦昭注："函冶，范皋夷之邑也。"

《元和姓纂》卷九："幹献，晋大夫范皋夷食采幹献，因氏焉。"

按：是知士皋夷，士氏，亦范氏，故又称范皋夷，范氏侧室之子，食与函冶、幹献。其后因氏函冶

注释：

---

① 昭二十八年《传》："秋，晋韩宣子卒，魏献子为政，分祁氏之田为七县，分羊舌氏之田三县。司马弥牟为邬大夫……"

②《春秋名号归一图》，仿（宋）相台五经本，乾隆四十八年（1783）武英殿刻，卷上，第28页。

③（清）马骕：《左传事纬前集》，文渊阁四库全书本，卷七，第12页。

④（清）程廷祚《春秋识小录》卷七："士景伯，一称士弥牟"，自注云："《归一图》以昭二十八年之司马弥牟为即士弥牟，疑误。"文渊阁四库全书本，卷七，第32页。

⑤ 详见杨伯峻《春秋左传词典》，中华书局，1985年，第28、192页。

⑥ 按：观《传》所载士弥牟之行事：昭二十三年听鲁、邾之讼，昭二十四年，莅周问政，昭二十五年，士责宋乐大心之私、让郑国吊晋之礼简。皆关涉国际之事，近于司马之职。《周礼·夏官司马》云："使帅其属而掌邦政。"且，昭三十二年，冬十一月己丑，士弥牟营成周："计丈数，揣高卑，度厚薄，物土方，议远迩，计徒庸，虑材用，书糇粮。"《周礼·夏官司马·量人》，郑氏注曰："量，犹度也。谓以丈尺度地。"知营建亦司马之可行之事。则先贤所以以士弥牟为司马弥牟者，盖以士弥牟所行近于司马所职之故耶？如司马弥牟为司马，则士弥牟与司马弥牟或可视为一人。然司马弥牟，事迹孤存，别无所见。是否为晋司马，亦不可知。是皆无可证之事，故愚从缺焉，存为一说而已。另，《周礼·秋官司寇·士师》："掌国之五禁之法，左右刑罚。一曰宫禁、二曰官禁、三曰国禁、四曰野禁、五曰军禁。"士师乃近理官，掌国家刑罚，所职不涉国际之事。而杜氏诸贤皆一士弥牟为理官，而似与士氏行事不合。盖为以士弥牟为司马弥牟，为晋司马，又误司马为士师，以士师为理官之故欤？《周礼注疏》，阮刻十三经注疏本，上海古籍出版社，1997年。

⑦（清）洪亮吉：《春秋左传诂》："则范氏有两献子。"中华书局，1987年。

⑧ 函冶，《通志》及《山西通志》卷六十四作"函舆"，《元和姓纂》卷五作"函舆"。

氏、幹献氏。生年不详。① 事仅见于定时三年、哀三年《传》：定十三年②，范皋夷因无宠于范吉射，而欲为乱于范氏，将逐范吉射，而代之。哀三年十一月③，赵鞅杀之。

（三）士蔑

哀四年《传》：夏，楚人即克夷虎，乃谋北方。围蛮氏，蛮氏溃，蛮子奔晋。楚师临晋，"使谓阴地之命大夫士蔑曰：'晋、楚有盟，好恶同之。若将不废，寡君之愿也。不然，将通于少习以听命。'士蔑请诸赵孟。赵孟曰：'晋国未宁，安能恶于楚？必速与之！'士蔑乃致九州岛之戎"，杜氏注："命大夫，别县监尹。"

按：是知士蔑，士氏，名蔑，晋阴地之命大夫、别县监尹。④

其事仅见哀四年《传》，别无所载。生卒、事迹不详。

自周宣王四十三年（公元前 785）杜伯被杀，隰叔奔晋为士师，别为士氏，至士吉射奔齐，晋出公十七年⑤，知氏与韩、赵、魏四家共分范氏、中行氏之地，士氏族灭，先后历约 227 年。其间，又有范氏、随氏、鬷氏、司功氏、函冶氏、幹献氏、士丐氏等别氏。其中，士氏、范氏长期执晋国之政，影响过晋国乃至列国之政局，在华夏历史、文化各方面都发挥过重要作用，也有着深远的影响。弄清楚一个家族的兴衰世系，就等于理清了政治、思想、文化发展的一个线索。理清列国主要卿族之世系，则整个历史，乃至思想史、文化史都会显现出一个较为清晰的脉络，至少是晋国、晋地文学文化研究不可或缺的前提之一。这是笔者考辨世系的缘由，也是笔者想要努力追求并试图达到的。

（田永涛：山西大学国学研究院）

注释：

① 按：以定十三年《传》："范皋夷無宠于范吉射"句推论，士皋夷当为士吉射之晚辈，或年龄甚小于士吉射。

② 周敬王二十三年，晋定公十五年，公元前 497 年。

③ 周敬王二十八年，晋定公二十年，公元前 492 年。

④ 疏云："楚官称尹，故以尹言之。"按：士蔑为晋阴地之命大夫，是晋臣而非楚官，如何以楚官名之？楚之外，职官有"尹"之称者，他国未必无之；称"尹"者亦未必必为楚官。疏失之于固。

⑤ 周贞定王十一年，公元前 458 年。此从《史记·晋世家》(《赵世家》、《六国年表》定于周贞定王十五年)。

论齐桓晋文的"谲"与"正"

王钧林

齐桓公与晋文公是我国春秋时代的著名霸主，他们不但相继开创了一个"礼乐征伐自诸侯出"、以霸权维持列国秩序的新时代，而且还在实践上创立了一条与原有的"王道"路线相对应的"霸道"路线，改变或影响了春秋时代中国历史发展的形势和进程。

一、霸权取代王权的必然性

周代建立的国家体制，通常称为封建制，即周天子通过分封诸侯，建立了上百个大大小小的诸侯国。这些诸侯国大致可分为三类：第一类是有血缘宗法关系的同姓诸侯国，如《左传·僖公二十四年》所记的"文之昭"、"武之穆"、"周公之胤"共有25国，它们都是周文王、周武王和周公的子孙建立的诸侯国。同姓诸侯国无论在数量上还是在综合实力上，在周代全部诸侯国中都占有绝对优势。第二类是因功勋受封或与周王朝有婚姻关系的异姓诸侯国，如齐国早期与周王室保持通婚关系，它们之间被称为甥舅关系。异姓诸侯国可以是大国，但数量少，综合实力远不及同姓诸侯国。第三类是虞夏商三代后裔和其他先周即已存在的诸侯国。这类诸侯国也属于异姓，数量众多，但几乎都是附庸小国。周代封建制固有的两大关系左右着天下大势的走向：一是周王朝与各诸侯国的纵向关系——不是直接的统辖关系，而是一种带有盟约性质的隶属关系。周王朝是各诸侯国共同承认和维护的权威，各诸侯国有政治上称臣、经济上纳贡、军事上保卫周天子的义务。这种纵向关系的稳定性取决于周天子的权威。王权强势，诸侯听命，天下安然无事。王权式微，诸侯坐大，就会出现孔子所说的"礼乐征伐自诸侯出"的局面。而周代历史发展的大势恰恰是王权由强势而式微，走上衰弱沉沦的路子。二是各诸侯国之间的横向关系。横向关系从属于纵向关系。纵向关系的小紊乱直接决定了横向关系的大混乱。所以，当周天子失去了号令天下的权威时，各诸侯国不再受其约束，相互之间争权夺利，征伐不已。郑国更是公然犯上作乱，起兵迎击周天子的讨伐，一箭射中周天子的肩膀。各诸侯国一旦失去王权的约束和控制，纷纷各行其是，走向独立，这就不可避免地会导致国家利益之争，从而导致讨伐征战之乱。

西周春秋时期，除了王权式微引发的种种情势之外，还发生了秦楚崛起、夷狄入侵的重大事件。秦楚两国地处边陲，一向不列入中原诸侯，被打入蛮夷另册。秦楚两国崛起之后，开始谋求向中原发展，与中原各诸侯国发生冲突。夷狄是中原周边的部族，因其不接受周代礼乐文化，而被视为落后的另类。夷狄入侵中原，始自犬戎乘王室内乱而攻入镐京，继则北狄多次入侵中原劫掠。《春秋公羊传》描述春秋时期中原备受侵略的情况是"南夷与北狄交，中国不绝若线"。

在诸侯纷争、四夷夹击的情况下，王权衰落，无力主持大局，既不能恢复中原秩序，也不能御夷狄于中原之外，因此，一个取代王权而兴的霸权应运而生。

二、霸道的"谲"与"正"

霸权是王权衰落之后的产物。在儒家的话语系统中，霸权与王权相对，霸权所推行的霸道路线与王道所推行的王道路线相对。霸道的基本特征是"以力假仁"、"以力服人"；王道的基本特征是"以德行仁"、"以德服人"。儒家虽然从总体上推崇王道，贬低霸道，但是并没有完全否定霸道[①]，而是认为霸道有其可取可舍之处。可取者，霸道之"正"；可舍者，霸道之"谲"。

联系春秋时期齐桓公、晋文公的霸道事业来看，所谓霸道之"正"，应当指的是霸道目标设定之"正"。齐桓公首创霸业，为其霸业设定了两大目标：一是"尊王"，二是"攘夷"。晋文公效法齐桓公而称霸，也打出了"尊王攘夷"的旗帜。"尊王"是拥戴和礼尊周天子，理顺已经被扭曲了的周天子和诸侯的君臣关系，大体上维持着天子、诸侯、大夫、士的等级秩序。这是当时的不二选择。历史的惯性仍然强劲有力。周天子虽然失去了昔日的威风，但仍然是天下的"共主"，还没有任何诸侯可以取代周天子。在此情况下，打着"尊王"的旗帜号令诸侯，维护社会稳定，无疑是明智的选择。"攘夷"是防御和抗击夷狄的侵扰，保卫中原各诸侯人民生命和财产的安全，守护华夏礼乐文化传统。这具有不言而喻的重要性和紧迫性。春秋时期，无论"尊王"还是"攘夷"，都具有不可置疑的正当性和合理性，因此，就"尊王"和"攘夷"是霸道追求的两大目标而言，霸道具有正义性，或者是正义的行为。

所谓霸道之"谲"，是指实行霸道所采用的路径、方式、手段等存在某种非正当性的问题。霸道设定"尊王攘夷"的目标具有正当性，实现"尊王攘夷"目标的路径、方式、手段等也具有正当性，目的与手段完全一致，这无疑是最佳情势。然而，事实往往不尽如人意，正当的目标用正当的手段不能企及，无奈人们只好采用某种迂回曲折的路径和方式去求得目标的实现，于是出现了目的与手段不一致的现象，甚至有可能出现崇高的目的与卑鄙的手段并行互动的情况。

如何看待和评价目的与手段的不一致？这涉及非常复杂的价值、理论、实践等问题。

在价值层面上，霸道目标的正当性是第一位的，霸道手段的正当性是第二位。儒家认为霸道是"以力假仁"，与王道"以德行仁"比较可知，两者的目标都在于"仁"[②]，差别在于霸道靠的是"力"，王道靠的是"德"。显然，霸道所追求的"仁"是第一位的，霸道所依靠的"力"是第二位的。

在理论层面上，霸道目标的正当性与霸道手段的正当性各自具有相对的独立性，两者互不依赖，互不否定。霸道目标的正当性无需依靠霸道手段的正当性来加以证明，反之，霸道手段的正当性也不能用

注释：

① 司马光指出："王霸无异道，……其所以行之也，皆本仁祖义，任贤使能，赏善罚恶，禁暴诛乱，顾名位有尊卑，德泽有深浅，功业有巨细，政令有广狭耳。非若白黑甘苦之相反也。"（《资治通鉴》卷二十七）

② 不少儒家人士指出，霸道是先诈力后仁义，不是不要仁义，而是将仁义置于诈力之后。事实上，诈力只是一种手段，诈力的作用过于彰显，遮蔽了仁义。

霸道目标的正当性来加以规范。不过，霸道目标是唯一不变的，霸道手段却是灵活多变的，这就给霸道手段的多样性及其正当性与否留下了巨大的空间。任何简单化处理都不能有效地解决问题。

在实践层面上，霸道目标无论具有多大的正当性，几乎无一例外都隐藏着恶的个人私欲。随着霸道目标的逐步实现，恶的个人私欲越来越暴露、膨胀，起着越来越大的作用。如果说霸道目标的实现，推动了历史的进步，那么恶的个人私欲又往往在某种程度上抵消了历史的进步。秦汉以后的中国历史由霸道所主导，只有王朝的轮流循环，而没有真正的历史进步，原因即在于此。在不竞于道德而争于气力的时代，霸道目标只有采用非正当的手段经由迂回曲折的路径才能实现。霸道目标实现的成功，往往掩盖了霸道手段的非正当性。霸道采用非正当手段造成的危害，在每一次改朝换代中都可以看到。"兴，百姓苦；亡，百姓苦"，是元代词人张养浩对改朝换代的真实写照。尤其是当"打天下"变成了一人一家一姓的事业的时候，霸道目标不再是"以力假仁"，而是赤裸裸地逐鹿中原，夺取政权，随之霸道手段变得血腥、残暴，这使得霸道直接沦落为以强凌弱、以众暴寡的丛林法则。

三、齐桓公的"正"与晋文公的"谲"

孔子喜欢评论历史人物，多次谈论齐桓公和晋文公①，并对他们做了比较：晋文公谲而不正，齐桓公正而不谲。②

在孔子看来，如果对齐桓公和晋文公的霸道事业作出一言以蔽之的概括和比较，那可以说齐桓公为"正"而晋文公为"谲"。首先需要指出的是，齐桓公和晋文公所设置的霸道目标都是"尊王攘夷"，这在当时具有不言而喻的正当性与合理性，因此，所谓"正"与"谲"不应该是针对齐桓公和晋文公的霸道目标而言的，只能是针对他们所采用的霸道手段而给出的一言定评。

齐桓公在管仲的辅佐下首先称霸，孔子称其"九合诸侯"、"一匡天下"，捍卫了华夏礼乐文化，使得中原各国人民免除了一场大规模的"被发左衽"的移风易俗，所以孔子给予了连续两次重复强调"如其仁，如其仁"③的崇高评价。这个评价显然是孔子着眼于宏观文明视野作出的，是孔子对齐桓公称霸所达到的"尊王攘夷"目的的充分肯定。不止如此，孔子还赞赏齐桓公称霸，"九合诸侯，不以兵车"，"兵车"指的是军队或武力；"不以兵车"是指不使用军队或武力实现了"九合诸侯"的霸业。可见，齐桓公称霸从其追求的目标到其所采用的路径和手段，都得到了孔子的正面肯定。

霸道的基本特征是"以力服人"，与王道的"以德服人"比较，显然低了一个层次。孔子贵"德"而贱"力"，为什么还给予齐桓公一个"正"的肯定性评价？推测其原因，大概有二：其一，王道、霸道，各有与其相适应、相匹配的路径和手段，王道的路径和手段是"德"，霸道的路径和手段是"力"；如果王道降而选择了"力"，霸道升而选择了"德"，那么王道将不成其为王道而成为霸道，霸道将不成其为霸道而成为王道。在这里，王道或霸道恰好选择了与其相适应、相匹配的路径和手段，就可以视为"正"。其二，霸道选择的路径和手段尽管是"力"，但是还有一个如何使用"力"的问题。齐桓公称霸不能不动用武力，不动用武力不可能称霸，然而，齐桓公的高明之处就在于，"不以兵车"而达到了称霸的目的。以公元前 652 年齐桓公纠集八国联军伐楚为例，齐桓公劳师远征，进抵楚国境内，而楚国以

注释：

① 孟子说："仲尼之徒无道桓、文之事者"；荀子说："仲尼之门，五尺之竖子言羞称乎五伯"。孔子多次谈及桓、文之事，可谓津津乐道，孔门弟子却羞涩不能出口，避而不谈，这怎么可能？孟荀所言，似有不可解者。

② 《论语·宪问》。

③ 《论语·宪问》。"如其仁，如其仁"是孔子对管仲的评价，也可以视为对齐桓公和管仲二人霸业的评价。

逸待劳，亦有充分准备，双方互不惧怕，对峙相持，后来还是楚国派出了大臣屈完来和齐桓公讲和。齐桓公为了炫耀武力，震摄楚国，在召陵与前来讲和的屈完一起乘车检阅八国联军，齐桓公说："以此众战，谁能御之？以此攻城，何城不克？"屈完不卑不亢，回答说："君若以德绥诸侯，谁敢不服？君若以力，楚国方城以为城，汉水以为池，虽众，无所用之！"①

尽管屈完的回答铿锵有力、掷地有声，但是，大军压境，不得不让步，最后还是与齐国订立了"召陵之盟"，事实上承认了齐桓公的霸主地位。齐桓公亮剑而不用剑，达到了"不战而屈人之兵"的良好效果，这应该是孔子所欣赏的使用"兵车"之"正"。

与齐桓公比较，孔子给予晋文公的评价是"谲"而不是"正"。"谲"，是诡秘、欺诈的意思。在孔子那里，"谲"与"正"是相对而言的，一切偏离"正"的路径与手段，都具有非正当性的特点，都可以视之为"谲"。晋文公的"谲"有哪些表现呢？

古今不少学者认为，公元前632年，晋文公在温地大会诸侯，将周天子召来温地，即是一种"谲"的做法。理由是晋文公以臣召君，不足为训，孔子对此不认可，使用春秋笔法将其记作"天王狩于河阳"②，隐去了晋文公以臣召君的细节。在这里，晋文公将周天子召来温地，并没有使用欺诈手段，而只是一种以臣召君的不规范行为。由此上溯19年，齐桓公主持了一次葵丘之会，周天子派出了太宰周公赴会，并带来了一份只有同姓诸侯可以分享、异姓诸侯不能指望的特殊礼物——祭肉，齐桓公以老迈之年跪拜受赐，表示了他"尊王"的诚意。由比较可知，齐桓公、晋文公称霸，都打出了"尊王"的旗帜，然而，在"尊王"的分寸与程度上，晋文公显然了打了不少折扣。

晋文公的"谲"与齐桓公的"正"相异之处，还表现在用兵上。朱熹曾经指出："晋文用兵，便是战国孙吴气习。"③所谓"孙吴气习"，是指孙子、吴起所推崇和实践的"兵者，诡道也"的用兵之风。齐桓公称霸，在军事上以召陵之盟为盛；晋文公称霸，在军事上以城濮之战为盛。齐桓公的召陵之盟是"不战而屈人之兵"，是用兵的"善之善者"④；晋文公的城濮之战，不但是规模宏大的战争，而且在战争中还使用了"诱敌深入"和"伐谋"等诡道手段。如果说用兵有一个"谲"与"正"的分别，那么，齐桓公的"不战而屈人之兵"，将人的生命和财产的损失降到最低限度，可以视之为"正"，晋文公发动争霸战争且以诡道取胜，可以视之为"谲"。

（王钧林：山东师范大学齐鲁文化研究院教授）

注释：

① 《左传·僖公四年》。

② 《春秋·僖公二十八年》。

③ 《朱子语类》卷四十四："晋文公谲而不正章。"

④ 《孙子兵法·谋攻》："百战百胜，非善之善者也，不战而屈人之兵，善之善者也。"

《侯马盟书》与邯郸地名

郝良真

摘　要：本文根据出土文献并结合出土的古代货币、简牍等文物的铭文记载，对古代邯郸地名文字写法的演变进行了详尽的考察，认为《侯马盟书》是已知出土文献第一次对邯郸地名写法的最早记载。

关键词：《侯马盟书》；甘单；邯丹；邯郸

　　1965 年 12 月在山西侯马出土的《侯马盟书》（以下简称盟书），是春秋晚期晋国重要的官方文书，成为新中国成立以来的一次重大考古新发现。盟书是晋国世卿赵鞅与卿大夫之间举行盟誓的信约文书，使用毛笔书写在圭形玉石片上，字迹为朱红色和黑色。盟书与历史文献记载相印证，真实可信，是我国目前发现的古代文字中用毛笔书写而篇章完整的官方典籍，十分珍贵。[1] 盟书中记载邯郸地名有多处，写法是"邯邥"二字，并有"邯邥"二字的合文达 20 处之多。[2] 这也是已知出土文献第一次对邯郸地名写法的最早记载，它对于研究邯郸的历史乃至晋国的历史文化都有重要意义。

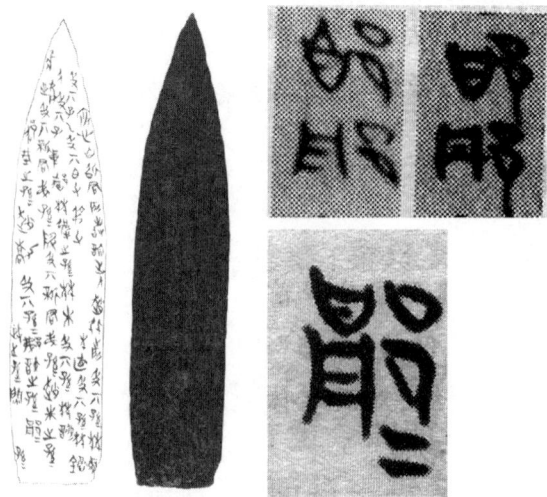

▲ 图1

　　盟书中之所以多处出现"邯郸"地名，与春秋末期晋国卿大夫之间激烈的矛盾与斗争有直接关系。我们知道，春秋时期是中国历史上社会大变革、大动乱的时代，在当时的社会政治舞台上，周王室与诸侯以及各国内部的卿大夫这三种势力之间的矛盾和冲突、分化和组合，构成了那个时代新旧贵族之间围绕着革新与保守、进步与反动而展开激烈斗争的基本格局。在晋景公三年（公元前 597）发生的"赵氏孤儿"事件，就是晋国内部卿大夫之间矛盾的一次公开冲突，构成了晋国政治史上的一次震动诸侯的重大事件。到春秋末期，晋国的大权实际上已经旁落到赵、韩、魏、

注释：

① 《侯马盟书》的主盟人为赵孟，即春秋晚期晋国六卿之一、赵氏宗族的宗主赵鞅，又称赵简子，是赵国的实际开创者。

② 山西省文物工作委员会编：《侯马盟书》委质类释注《侯马盟书字表·合文部分》，文物出版社，1976 年，第 355 页。

智、范、中行六卿手中，而这六卿之间又围绕着晋国的统治大权和土地多寡而展开了激烈的明争暗斗。赵氏由于坚持扩大亩制的改革，不仅政治声望提高，而且经济实力也得到了进一步的增强。于是，赵鞅便联合韩、魏、智讨伐敌手范、中行氏，其直接的导火索是争夺邯郸"卫贡500家"。

据《史记·赵世家》记载，晋定公十三年（公元前497），赵鞅要求邯郸大夫赵午"归我卫士五百家，吾将置之晋阳"，即想把他原来暂存邯郸的伐魏获贡的500户人口迁往新城晋阳（今太原），结果遭到同宗赵午父兄的坚决拒绝，赵鞅一怒之下而杀了赵午，赵午之子赵稷与大臣涉宾率族"以邯郸反"。① 赵午是中行氏（荀寅）的外甥，而荀寅与范氏又是姻亲。在这样的情况下，中行氏、范氏便利用赵氏家族的矛盾而联合起来讨伐赵鞅，由此围绕对邯郸的争夺，引发了六卿之间8年之久的血腥争战，最后以范氏、中行氏的失败而告终。经过这场战争，"赵竟有邯郸、柏人。范、中行余邑入于晋。赵名晋卿，实专晋权，奉邑侔于诸侯"②。盟书则是在这旷日持久的8年战争中赵鞅多次"寻盟"的文件，要求参盟人共同对付敌人，不与敌方来往，不再扩充奴隶、土地、财产，要效忠盟主，不得反叛等内容。盟书对之后不久发生的三家分晋（公元前403）以及赵文化的形成都产生了极其深远的影响。

在盟书出土之前，关于邯郸地名的解释，历代都沿用《水经注·漳水》和颜师古《汉书注》所引张晏的解释。《漳水》称：

> 其水（牛首水）又东历邯郸阜，张晏所谓邯山在东城下者也。曰单，尽也，城郭从邑，故加邑，邯郸之名，盖指此以立称矣。

颜师古《汉书注》所引张晏语亦称：

> 张晏曰："邯郸山在东城下。单，尽也。城郭从邑，故加邑云。"师古曰："邯音寒。"③

张晏，三国曹魏时期人。按照张晏的说法，"邯郸"一名的"邯"字来自山名，即古时的邯山；"单"是山脉尽头的意思，因作城郭名加"邑"（阝）为"郸"。换言之，"邯郸"一名起意于邯郸山至此而尽，故名邯郸。但这样解释是否准确，后人并未提出异议。

文献记载"邯郸"一名最早出现的时间是指殷商末年，唐张守节《史记正义》转引《竹书纪年》"自盘庚徙殷至纣之灭二百七十三年，更不徙都。纣时稍大其邑，南距朝歌，北据邯郸及沙丘，皆为离宫别馆"可以为证。④ "邯郸"一名出现在殷商后期，而对于它的解释则是1000多年之后曹魏时期的张晏，这不能不令人生疑，而根据出土和传世文物所见邯郸一名的写法，我们认为张晏的说法至少值得商榷。

根据盟书和出土的兵器、货币等文物，在春秋战国时期，"邯郸"一名的写法有多种，或作"甘丹"，或作"邯邥"，或作"甘单"，或作"邯单"。作"甘丹"的写法多见于货币文和兵器铭文，如"甘丹"铭文的耸肩尖足空首布和尖足布以及圆首刀等赵国货币，兵器文作"甘丹"的写法见于《河

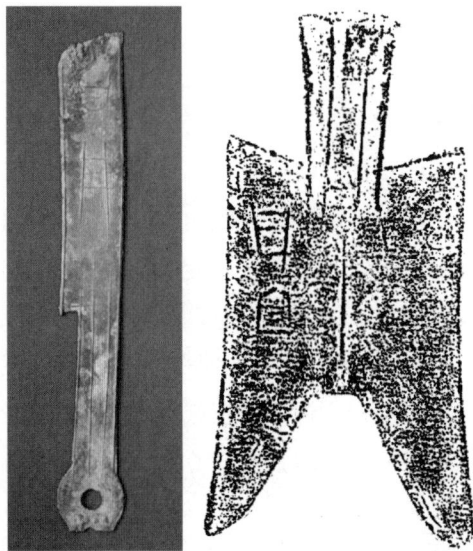

▲ 图2

注释：

① （汉）司马迁：《史记》卷四十三《赵世家》，中华书局，1982年，第1790页。

② （汉）司马迁：《史记》卷四十三《赵世家》，中华书局，1982年，第1792页。

③ （汉）班固：《汉书》卷二十八《地理志》下赵国条颜师古注，中华书局，1962年，第1631页。

④ （汉）司马迁：《史记》卷三《殷本纪》殷纣王时期"益广沙丘苑台"语下，中华书局，1982年，第106页。

北邯郸百家村战国墓》出土铭文为"甘丹上"的铜戈。[①]1957年邯郸战国墓葬出土多种陶器上也刻有"甘丹"字样。作"邯邢"的写法则见于《盟书》和私印。邯郸杜杰先生收藏有一枚春秋战国时期的邯郸合文作为复姓的私印，其中"邯郸"二字的写法与盟书近同。但这枚印的人名目前还没有释读的准确读音（左为"立"，右为"旬"）。[②]据查这枚春秋战国时期的私印极为少见，目前还没有发现用"邯郸"二字合文作为复姓的第二枚印。尽管如此，这枚印至少可以与盟书记载的"邯邢"二字合文相印证，是记载"邯邢"二字早期写法的又一实物见证。

▲ 图3

秦汉时期，"邯郸"一名的写法已经基本定型，如《居延汉简》中涉及邯郸地名时均作"邯郸"。《汉印文字征》[③]所记载的官印、私印中，有"邯郸丞（邯郸杜杰藏邯郸合文印）印"、"邯郸恩印"、"邯郸去病"、"邯郸坚石"、"邯郸修印"、"邯郸霸印"等，其中的"郸"字与通行的写法无异。但仍有作"邯单"者，如20世纪70年代中期发现的《睡虎地秦墓竹简·编年记》所载秦昭王"五十年攻邯单（郸）"[④]，20世纪70年代在长沙马王堆汉墓出土的《战国纵横家书》中，就有"邯郸"二字的明确记载。[⑤]

从以上列举的材料可以看出，春秋末期邯郸地名的正式写法是《盟书》记载的"邯邢"。战国时期通行的写法是"甘丹"，而"甘丹"则是"邯邢"的略写，并有"邯邢"二字的合文。秦朝时期有"邯单"的写法，汉代已逐渐定型为"邯郸"。这说明邯郸地名经历了由"邯邢"或"甘丹"到"邯单"，再到"邯郸"的演变。既然春秋末期到战国初期，邯郸地名写作"邯邢"，那么张晏所解释的"单"是山脉尽头的意思，就不能足以说明"邯邢"二字的初始含义。再者，张晏是曹魏时期人，他所生活的时代距春秋战国时期已有几百年之久，因此，他关于邯郸地名的解释难免牵强附会和望文生义。

在"邯邢"或"甘丹"二词中，既然是"邯"或"甘"是指邯山，那么"丹"的含义不言而喻是指红色。张晏所说邯郸东城下的邯山也未必就是最初被赋予"邯山"之名的山。明嘉靖二十九年（1550）刊本《广平府志》卷三《山川志》"聪明山"条："在府城西六十里永年县石碑社上有聪明山神庙，岁时

注释：

① 孙德海：《河北邯郸百家村战国墓》，《考古》1962年第12期。

② 邯郸杜杰先生收藏。

③ 见文物出版社1978年9月，1981年12月第1次印刷本，第88页。

④《睡虎地秦墓竹简》，文物出版社，1978年，第5页。

⑤《战国纵横家书·苏秦谓齐王章》，文物出版社，1976年，第27页。

祈祷，陈荐山神碑云此紫山一峰，或云即古之邯山，周围俱石，形势高峻。"[1]《大清一统志》卷二十一广平府永年县"聪明山"条："在永年县西六十里，邯郸县紫山之别峰也，或以为即古之邯山。周围俱石，形势高峻，上有聪明神庙。"可见，明代就有人认为永年县的明山即古之邯山。康熙本《邯郸县志》也说，赵奢冢在上，故又名马服山。……其山为邯邑发祥之地。[2]古代就有人认为"其山为邯邑发祥之地"。其之所以被称为"紫山"，隋《图经》称"春夏有紫气蓊郁，下有石，石上菖蒲一寸九节，岩间有紫石英"，《太平寰宇记》称"唐天宝六年改为朱衣山"。由此可见，所谓"紫气"、"紫石英"才是紫山得名的原因。邯郸古丛台西墙面上镶嵌有"紫气西来，滏水东渐"明代刻石，所称"紫气"也是指西部的紫山而言。据当地人说，有时候能看见紫山一带的山顶上空笼罩着淡红色云雾，是"紫山神显灵"。显然这是将气象万千的自然现象被赋予了某些神秘的色彩。而这里出现的自然现象，毫无疑问是由于这一带的自然地质构造所形成的。只要明白了紫山别峰的明山或称邯山，那么是否可以这样推测："邯郸"或"甘丹"的得名有可能与紫山曾称邯山以及山岩呈紫红色有着直接的关系。"邯郸"或"甘丹"的初始含义是因为"邯山"呈紫红色而得名。

（郝良真：河北省邯郸市博物馆研究馆员）

注释：

① 见 1963 年 9 月上海古籍书店据宁波天一阁藏明代方志选刊刻本《广平府志》影印原书版。

② 见邯郸县志办 2000 年 9 月重刊注释本第 189 页。

太平县"赵氏孤儿"传说源流考

王汝雕

临汾市襄汾县是 1954 年由襄陵、汾城两县合并而置，而汾城县是民国三年（1914）由太平县改名而来。在太平县一带，"赵氏孤儿"的传说家喻户晓。本文拟对这一传说的起源与流传作历史学和考古学的考察。

一、流传

传说往往以"古迹"为依托。有关赵盾、公孙杵臼、程婴的古迹，首见于唐代的《元和郡县志》。该书卷十四"绛州太平县"条下，有如下记载：

> 赵盾祠在县西南十八里。

> 晋公孙杵臼、程婴墓并在县南二十一里赵盾墓茔中。

宋代的《太平寰宇记》卷四十七"河东道八绛州太平县"条下记有：

> 赵盾祠在县西南一十八里。

> 晋公孙杵臼墓并程婴墓在县南二十一里赵盾茔中。

可见其记载与《元和郡县志》完全相同。这说明唐代直到宋初，赵盾祠在一个地方，赵盾、公孙杵臼、程婴三人的墓在一起，是在另一个地方。

《太平寰宇记》另在"绛州正平县"条下记有："九原，一名九京，晋大夫赵盾葬所。《礼记》谓赵文子观处。有水，名古水，出自原西。"这是说赵盾葬所在西南的九原山。

《太平寰宇记》成书 110 年后，一次偶然的机遇，使公孙杵臼墓和程婴墓名扬天下。

原来，宋神宗在位时，其子郓王病重，神宗焦急万分，不知如何是好，此时有个名叫吴处厚的"承议郎"进言（其他官员亦有进言，如《全宋文》卷一五一七王存《乞立程婴公孙杵臼庙书》，不赘述）。据《宋史》卷四七一《奸臣一蔡确传附吴处厚传》：

> 仁宗（应为神宗——笔者注）屡丧皇嗣，（吴）处厚上言："臣尝读《史记》，考赵氏废兴本末，

当屠岸贾之难，程婴、公孙杵臼尽死以全赵孤。宋有天下，二人忠义未见褒表，宜访其墓域，建为其祠。"帝览其疏矍然，即以处厚为将作丞，访得两墓于绛，封侯立庙。

神宗《元丰四年封程婴公孙杵臼敕》载在光绪《太平县志》卷十三《艺文·敕》第一篇：

赵氏之先，始大于晋。下宫之难，程婴、公孙杵臼以死脱孤儿，复存赵宗，忠义著焉。自昔有功于国者罔不庙食，况国家胄绪之所出。婴、杵臼有立孤续嗣之德，而常祀不载，良为阙典。朕命使者访其茔墓，而得之于绛，宜即建祠，疏封侯爵，威灵如在，永食厥土。程婴宜特封成信侯，公孙杵臼宜特封忠智侯。

吴处厚于是在当时太平县赵村的赵盾、公孙杵臼、程婴三人墓地（今北柴村一带）为公孙杵臼、程婴二人建祠供奉，祠名"祚德庙"。神宗并将该庙祭祀列入国家祀典。

到了哲宗时，又增加了韩厥。《宋会要辑稿·二〇诸祠庙》记载：

哲宗元符三年五月，臣僚言："窃详《史记》所载，韩厥之功不在公孙杵臼、程婴之下，乞与立庙。"诏于祚德庙设位，从祀韩厥。

到了徽宗崇宁三年（1104），又"以（韩）厥之立（赵）武，其绩均懋"，亦加封为义成侯。于是祠名由"祚德庙"改为"祚德三侯庙"。

甚至金人攻灭汴京，宋高宗偏安东南一隅时，仍在临安（今杭州）时建庙立祀。《宋会要辑稿》同条下记载：

光尧皇帝绍兴十一年八月，建庙于临安府。本在绛州太平县赵村，先是以道未通，权于行在春秋设位望祭。至是从臣寮请，别建庙。十六年六月，成信侯程婴加封忠节成信侯，忠智侯公孙杵臼加封通勇忠智侯，义成侯韩厥加封忠定义成侯，别建庙于仁和县治之西。二十二年七月，加封婴曰强济公，杵臼曰英略公，厥曰启佑公。又重以净戒院地别建庙，每岁春秋二仲依中祀礼，备祭歌乐，行三献礼。

从北宋靖康元年（1126）起，到明朝洪武元年（1368），金、元两朝统治晋南约250年，这期间祚德三侯庙的祭祀由官府变成民间。

还要指出的是，从唐至宋，没有一位诗人留下凭吊这两处古迹的诗作（《太平县志》收录的司马光《古绛城》五言诗，从诗句看，诗人心目中的"古绛城"是在曲沃、侯马一带，而不是此地）。元初，平阳路判官、著名文人王恽凭吊祚德三侯庙后，留有《题有赵义士三侯祠》五言诗一首（《秋涧集》卷十二），第一句就是"双冢连遗庙，风云拥义坛"，看来，北宋在赵盾等三人墓地建起祚德三侯庙后，这里的赵盾茔一不见了，只剩下公孙杵臼和程婴二人的墓。

也许金、元两朝的太平县老百姓，把对女真人、蒙古人统治的不满，把对远在江南、偏安一隅的南宋王朝的希望，都寄托在对赵盾、程婴、公孙杵臼、韩厥等人的怀念上了。恰逢当时晋南一带戏曲发达，元杂剧作家纪君祥将程婴、公孙杵臼、韩厥等人的事迹写成杂剧《冤报冤赵氏孤儿》之后风靡一时，而老百姓借《赵氏孤儿》的戏，不但宣传"忠义"观念，更深层次上可能还有对外族统治不满情绪的宣泄。在这种戏曲演出的推波助澜下，太平县的"赵氏孤儿"古迹呈爆发式增加。

据洪武《平阳志》卷三记载，元代乃至明代初年太平县的古迹中有"古晋城"和"故临汾县城"。

成化《山西通志》有关"赵氏孤儿"的古迹有：

卷五"祠庙"："二侯祠，在太平县故晋城北门外，祀赵朔客程婴、公孙杵臼。……崇宁三年，又封韩厥为义成侯，共为三侯庙。"

同卷"陵墓"："赵宣子墓，在太平县南二十一里汾阳村。晋大夫赵盾。"

卷七"古迹"："九层台，在太平县东南二十五里古晋城东。按《说苑》：晋献公筑九层台，其臣荀息谏曰：'臣能累十二棋子如九卵于上。'公曰：'危哉。'遂止其役。今遗址尚存，建凉马寺。"

"晋城，有三……一在太平县南二十五里，旧传晋士蒍所筑，晋献公都之。故墟尚存。南置临汾县于此。"

可见金元时期，太平县"赵氏孤儿"的古迹有较大变化：

（1）赵盾墓位置的改变。宋代以前，赵盾、公孙杵臼、程婴三人的墓在一起，自从建起"三侯庙"后，赵盾的墓就到了唐宋是赵盾祠的地方，即明代"太平县南二十一里汾阳村"。换句话说，唐宋时代的"赵盾祠"，到明代成了"赵盾墓"。

（2）"三侯庙"首次与"古晋城"联系在一起。唐宋时，"三侯庙"的前身赵盾、公孙杵臼、程婴三人的墓"并在县南二十一里"，至迟到明初，它们的位置已被明确"在太平县故晋城北门外"。

（3）以地望推断，这座"古晋城"应该就是北魏郦道元在《水经·汾水注》中记载的汉代临汾县城，笔者称之为"临汾故城"。它在《元和郡县志》和《太平寰宇记》里没有记载，甚至元代初年王恽在凭吊"三侯庙"时，对近在咫尺的它也丝毫没有提及。这说明至迟到元初，人们都没有把它视为"古晋城"。

（4）在这座"古晋城"附近，出现了新的古迹，那就是其东的凉马寺，被认定为晋献公所筑的"九层台"。这就是"古晋城"成为"晋都故绛"的先声。

清初，顾炎武在《日知录》卷三十一"晋都"条下说："献公城绛，居之；在今太平县之南，绛州之北。历惠、怀、文、襄、灵、成六公，至景公，迁于新田；在今曲沃县，当汾、浍二水之间。于是命新田为绛，而以其故都之绛为故绛。"由于顾炎武是当时著名的大学者，《日知录》是由他在旅居曲沃时著成的，他的论断被学者们所信服，更为太平县乃至绛州和平阳府修方志时所采信，以致有关"赵氏孤儿"乃至晋国有名人物的古迹大量涌现。

雍正《太平县志·都邑志》就说："太平……邑治南二十五里为古晋城，乃献公始迁之地。文公霸业实基焉！都于此者计八君，计年八十五。"光绪《太平县志·舆地志》（"临汾故城"）："历献、惠、怀、文、襄、灵、成、景八君，俱都于此，共八十五年，此乃献公之故绛也。"

根据光绪《太平县志》的记载，位于"古晋城北门外"的"祚德三侯庙"已经失去了旧日的光环："祚德三侯庙……国朝道光二十六年，北柴、小赵社人等募化重修。光绪七年，小赵社人、生员贾鸿仪倡举重修。"

该县的东汾阳村"相传晋大夫赵成子宣子产此"，西汾阳村"村西南有赵宣子庙，邑南诸村岁时享祀不绝"，两村有赵宣子（赵盾）墓。程公村"晋程婴祠墓在焉"。三公村"晋公孙杵臼祠墓在焉"。

除了与"赵氏孤儿"直接有关的人物，晋国的其他著名人物或事件也有了指实之地。荀董村"以晋大夫（荀）息、史官（董）狐得名"；杨威村"相传为晋公子斗鸡处，台址尚存"；屠岸贾城"在县东南二十五里"；公孙杵臼窑"在县西北二十五里盘道村"；韩厥旗架"在县西六里厥店庙前，以石为之"；韩厥墓，"在县西七里厥店村，村今废"。

由此可见，从现有文献记载来看，太平县"赵氏孤儿"的传说开始于唐代中期，宋代经皇家的提倡而闻名全国，金元时期借戏曲传唱而开始扩散，清代借助顾炎武关于晋都"故绛"的指实及地方志书的渲染而家喻户晓人人皆知。在这一过程中，赵盾、公孙杵臼、程婴三人的墓地全都变换了地点，新的古迹大量涌现，"临汾故城"也被指认为晋都"故绛"。

二、起源

那么，作为太平县"赵氏孤儿"古迹的基石——《元和郡县志》记载的"赵盾祠"和"赵盾、公孙杵臼、程婴三人墓"的真实性如何？如果是真，那么是何时、何人所建？如果是假，则太平县南部7个以"赵"名村的村庄（赵康、小赵、北赵、赵豹、南赵、大赵、赵雄）又作何解释？

2011年，一方唐代墓志的偶然出土，揭开了这一千古谜团。

2011年6月16日，襄汾县赵康镇西汾阳村在扩建"赵盾故里"工程时，推土机在《太平县志》记载的赵盾墓西4米处，推出一方墓志。志石尺寸60厘米×45厘米×10厘米。志文行书，全文23行，满行26—31字不等，共631字，首题"大唐义门赵公昆季4人墓志铭并序"。志主是赵纯、赵俨、赵基、赵感亲叔伯兄弟4人，作者不详。这是一方极为罕见的4人同穴墓志。

据志文，赵纯的曾祖赵遵、祖父赵义、父亲赵愿、叔父赵通分别在北周、南朝陈、隋朝担任军职。亲叔伯四兄弟中，除老大赵纯（626—678）一生平民外，其他3人都做过不大的官。老二赵俨（628—705）是赵通之子，曾在昌州龙山县（在今河北省廊坊市西）担任县尉之职。老三赵基（634—692）官至正五品的骑都尉。老四赵感（638—700）曾在密王李元晓的刺史任上担任过亲事官，最后官至从九品上的陪戎尉。总之，四兄弟在事业上并无多少可称道之处。那么，这方墓志还能提供什么样的历史信息呢？

首先，要从"义门"二字说起。唐代，"义门"是指那些受到朝廷"旌表门闾"表彰的家庭。据志文，赵纯四兄弟情笃，誓愿同生共死，夫人妯娌和睦，人们将其喻之为后汉的"三姜"，称其兄弟是"三姜并美，五单齐荣"，家里得到皇帝的亲笔题字，门前树起官府建起的牌坊。

这"义门"的荣耀，与老二赵俨的努力是分不开的。据志文，赵俨自小就"天赋聪敏，神资温穆"，自从担任龙山县尉后，更是"清苦在躬"，飘飘然若神仙中人，高寿七十有八，是三兄弟中最后离世者。他与其他三兄弟实属叔伯兄弟，而能做到"兄弟情笃"，"妯娌和睦"，被乡人称为"义门公"，应该是实至名归。最引人注目的是，根据墓志所说，这座墓不是原葬墓，而是迁葬墓。那就带来了一系列问题：什么时候迁来？由谁迁来？志文说，在开元十八年（730），由四兄弟的儿子辈赵并（不知是四兄弟中哪一位的儿子）迁来。此时老大赵纯去世已52年，老三赵基去世已38年，老四赵感去世已30年，连最后去世的老二赵俨去世也已25年。估计四妯娌也都已不在人世。从哪里迁来？志文说，赵纯"平阳人也，自晋大夫宣子而居此焉"，显然，赵纯等4人的骨骸是从他们的祖籍平阳迁来的。但问题是，赵纯四兄弟生活的时代，既没有"平阳县"（已改名为临汾县），也没有"平阳郡"（已改名为晋州），还没有"平阳府"（300年后才出现），那么这个"平阳"是指哪里呢？

原来，平阳于春秋时期晋顷公十二年（公元前514）置县，治所在今尧都区金殿镇一带，三国时（247）升为平阳郡城，北魏（528）迁往白马城（今临汾市区），隋改县为临汾县，唐改郡为晋州，贞观十二年（638）迁往平阳城，不久又迁往白马城。也就是说，迁葬时，晋州及临汾县治是在今临汾市区，今金殿镇一带的平阳古城已经衰败。根据志文铭辞"不返城郭"推测，赵纯四兄弟的老家应该就在老平阳县城。

唐代，今东西汾阳村一带属绛州太平县。赵并为何要将其父叔4人的尸骨从北边近百里外晋州临汾县的老平阳城一带迁葬到这里？志文有所透露。

首先，赵纯一宗世代奉赵宣子赵盾为始祖，这在志文中说得很清楚。但"自晋大夫宣子而居此（平阳——笔者注）焉"一句，如何解释？因为先秦史籍及《史记》并无赵盾（赵宣子）是平阳人的记载。

笔者以为，晋顷公十二年（公元前 514）置平阳县时，赵朝被赐为平阳大夫，而赵朝是赵盾叔父赵凤的七世孙，唐代赵纯一宗或许是赵朝的后裔，而奉赵盾为始祖。这也是推测墓志中"平阳"为老平阳城的一个依据。

其次，赵纯四兄弟以赵宣子为楷模。这虽然在志文中无直接表露，但据《左传》、《国语》、《史记》记载，赵盾在担任晋国执政卿期间，多次逃脱晋灵公的暗杀，后来，赵盾堂昆弟赵穿率兵攻杀灵公于桃园，赵盾才转危为安。从赵盾、赵穿之间的关系，不难追索 1000 多年后赵纯四兄弟毕生追求被褒扬为"义门"的精神动力。

最后，铭辞中说："卜宅何处，九原东北，龟龙陪瑞，有光风景。冻而贤圣，沦诸荆棘，予嗟斯人，伏恨而极。"这说明迁葬此地是为了离赵宣子墓地九原山更近。

在赵纯四兄弟看来，晋国卿大夫墓地在九原（即今襄汾县与新绛县交界处的九原山），赵盾的墓地当然就在九原山。也许，赵纯四兄弟生前表达过这样的愿望，死后能葬在九原山附近，与他们景仰的先祖朝夕相处，而赵并的迁葬行动不过是完成其父叔的遗愿而已。

总之，志文记述了这么一件事：唐代，生活在平阳城一带的赵氏兄弟 4 人，他们奉晋国的赵宣子为始祖，"兄弟情笃"，"妯娌和睦"，被朝廷褒扬为"义门"，他们死后，其子根据他们的遗愿，将他们的坟墓迁葬到九原山东北数里、当时还是"晋、魏之荒垄"的地方，即今东、西汾阳村一带。

那么，赵纯 4 人墓与近在咫尺的赵盾墓是什么关系呢？从志文可以看出，赵盾墓肯定出现在赵纯 4 人墓之后。赵纯 4 人墓迁葬于此是在开元十八年即公元 730 年，80 多年后，元和八年（813）成书的《元和郡县志》记载："赵盾祠在（太平）县西南十八里。"当时的太平县治在今汾城镇，则赵盾祠的地望恰在今东西汾阳村一带。也就是说，赵纯 4 人墓建成七八十年后，该地出现了"赵盾祠"。因此，《元和郡县志》记载的赵盾祠，应该是赵并及其族人所创建的。

墓志的铭辞说："屋大百间，墙高数仞，□□□□，俱掩坟樑。"这提示我们，在迁葬之前，赵并等人已在选定的坟地附近圈起围墙，盖成上百间房屋，举族从平阳迁居于此，并将其宗族祠堂也从平阳迁来新居地，这座祠堂被叫作"赵盾祠"。这应该就是《元和郡县志》中赵盾祠的来历。它们是从人稠地狭的平阳城迁移到人烟稀少的汾阳岭以南。

根据志文，赵纯兄弟及其子辈赵并认为他们的始祖赵盾的墓地在九原山。但赵并举族迁居于此后的几十年里，赵并的一部分后裔迁居县南 21 里，聚居成村（宋代名赵村），在此地（汉晋临汾县城北门外）修起了赵盾墓，并在旁边修起了公孙杵臼和程婴的墓。公孙杵臼和程婴都是舍身救"孤"的典型，这和赵纯兄弟所标榜的"义"是完全一致的。这就是《元和郡县志》所记载的"晋公孙杵臼、程婴墓并在（太平）县南二十一里赵盾墓茔中"的来历。因此可以说，赵并将其父叔赵纯等 4 人的墓地迁葬于今西汾阳村，是太平县"赵氏孤儿"古迹的源头。

临汾一带绝大多数民间传说无法找到源头，"赵氏孤儿"是偶然一例。从中我们可以看到，一个家族的祖先记忆，因涉及重大历史事件，从而被皇家所利用，为学者所证实，为大众所崇拜，终于演变为家国记忆、民族记忆，而家族的祖先记忆反而湮没无存。

附：墓志志文

大唐义门赵公昆季四人墓志铭并序

君讳纯，字韫，平阳人也，自晋大夫宣子而居此焉。曾祖遵，周任同州司马，藉甚王室，雄雄有声。祖义，陈金紫光禄大夫，筹深抚帜，威振伏波。父愿，随朝散大夫，授大将军，状貌不凡，英雄满腹。叔通，上轻车，铁马孤剑，突围万重。公，即将军之子也，黄裳元吉，白贲无咎。鸣

▲ 图1

呼！以仪凤三年三月一日，寝疾而卒，春秋五十三。夫人敬氏，闺阃有礼，威仪中规，自得秦家之偶，不孤晋臣之馌。仲弟俨，义门公，即轻车之子也，任昌州龙山县尉。天赋聪敏，神资温穆。兄弟友于情深，急寿同夫，三姜并美，五单齐荣，家承赐书，门树双阙，有光邻邑，多曰力矣。自黄绶作尉，清苦在躬，虽梅福高玄，孰可比也？呜呼！以神龙元年六月廿日卒于私第，春秋七十有八。夫人贾氏，德高孟母，行洁鸿妻，娣姒笙簧，师传敦默。叔弟基，骑都尉，边清万里，功格二师。以如意元年十月廿日卒矣，春秋五十有九。夫人贾氏，哭罢山梁，悲缠野鸟。季弟感，密王亲事，陪戎尉，幼成天性，习惯自然，虽马氏五常，而白眉一也。以久视元年闰七月廿一日终矣，春秋六十有三。夫人柴氏，居处有则，庄敬合礼。呜呼！昆季差池，前后沦殁。悲松四起，颇殊花萼之容；吊鹤双飞，有异鹡鸰之响。孤子并，生事以礼，死葬以礼，选丘陵之形胜，携龟龙之气色。以开元十八年，岁次庚午十月壬午朔十六日丁酉，迁葬于九原东北五里，礼也。既俭且约，涂车□灵，合殷周之旧仪，当晋魏之荒垄。悉居乡邑，敢作铭云：藉甚四君，声华三晋，如珪如璧，克义克信。屋大百间，墙高数仞，□□□□，俱掩坟榛。

一

天道宁论，伤心痛魂，身随运化，绩与名存。
不返城郭，空□□□，□云覆垄，吊鹤盈门。

二

卜宅何处，九原东北，龟龙陪瑞，有光风景。
冻而贤圣，沦诸荆棘，予嗟斯人，伏恨而极。

三

白华孝子，泼泼泪容，乌衔野块，马鬣成封。
左据汾浒，右邻仙峰，岁岁年年冬夏日，万古千秋照绿松。

（王汝雕：临汾市三晋文化研究会副会长）

《赵氏孤儿》久传不衰的民族文化心理分析

杨秋梅

在中国戏剧的近千年发展过程中，历史剧始终占据着重要的地位，《赵氏孤儿》就是其中一颗璀璨耀眼的明星。自元代的剧作家纪君祥首创《冤报冤赵氏孤儿》之后，不仅剧目的名称演绎繁多，有《赵氏孤儿大报仇》、《赵氏孤儿报怨记》、《接婴记》、《节义谱》、《搜孤救孤》、《八义记》、《八义图》、《兴赵灭屠》、《程婴救孤》、《赵氏孤儿案》等；而且上演的剧种也颇为丰富，有京剧、越剧、昆曲、豫剧、秦腔、晋剧、川剧、徽剧、南戏、河北梆子等，甚至还搬上了荧屏和话剧舞台；其流传的地域也非常广泛，它是第一个传入欧洲的中国戏剧，并被改编成法文版的《赵氏孤儿》和《中国孤儿》、英文版的《中国孤儿》、德文版的《埃尔佩诺》、意大利版的《中国英雄》等多种外文版本。《赵氏孤儿》可谓久传不衰，影响深远，经受了历史的、时代的、观众的、市场的考验。那么，《赵氏孤儿》强劲的生命力源自何处，本文试从民族的文化心理进行分析。

一、忠君爱国、辅弼皇室的民族情怀

《赵氏孤儿》虽然版本繁多、剧情不一，但记述的内容都是围绕春秋时期晋国赵氏被诛事件而展开的。春秋中期，诸侯列国的政治格局发生了巨大的变化，已由王室衰微、诸侯争霸，转变为公室衰微、卿大夫专权，这种情形在晋国表现得尤为突出。晋政下移是从赵盾开始的，他执掌晋政长达 20 余年，历经襄公、灵公、成公三朝，使赵氏的势力发展到极盛。赵氏势力的发展，对晋公室形成了严重的威胁，也激化了各卿族之间的矛盾，赵氏成为众矢之的，到晋景公十七年（公元前 583）就发生了诛灭赵氏的事件，赵氏中衰。诛灭赵氏，是晋国政治斗争中的一件大事，是晋公室对卿大夫斗争所取得的第一次胜利，也使公室摆脱了赵氏对晋国政治的垄断。这一事件在《左传》、《国语》、《史记》、《说苑》、《新序》等史籍中都有记载，但自汉之后，典籍未载，艺文不传，当历史再次对它给予关注时却到了千余年之后的赵宋王朝。

《宋史·奸臣传·吴处厚》载："仁宗（据其他文献应为神宗）屡丧皇嗣，处厚上言：'臣尝读《史记》，考赵氏废兴本末，当屠岸贾之难，程婴、公孙杵臼尽死以全赵孤。宋有天下，二人忠义未见褒表，宜访其墓域，建为其祠。'帝览其疏矍然，即以处厚为将作丞，访得两墓于绛，封侯立庙。"① 吴处厚《青箱杂记》卷九云："神宗朝，皇嗣屡阙，余尝诣阁门上书，乞立程婴、公孙杵臼庙，优加封爵，以旌忠义，庶几鬼不为厉，使国统有继。是时适值郓王服药，上览之矍然，即批付中书，授臣将作监丞，勑河东路访寻二人遗迹，乃得其家于绛州太平县。诏封婴为成信侯，杵臼为忠智侯，因命绛州立庙，岁时致祭。"② 据《史记·赵世家》，程婴自杀后，"赵武服齐衰三年，为之祭邑，春秋祠之，世世勿绝"③。这就是说，春秋时晋国已为程婴在绛州立庙，此次宋代朝廷找到它以后重新修建，以"祚德"命名，并遣官致祭。崇宁三年（1104），宋徽宗又封韩厥为义成侯。《文献通考·宗庙十三》载："元符三年（1100），臣僚言，按史记言韩厥之功不在程婴、杵臼之下，请于祚德庙设位从祀，从之。"④ 因此，又增加韩厥，遂称"祚德三侯庙"。

赵宋南迁后，因"庙宇隔绝，祭亦弗举"，宋高宗接受驾部员外郎李愿、中书舍人朱翌等人的建议，于绍兴十六年（1146），加封程婴为忠节成信侯，杵臼为通勇忠智侯，韩厥为忠定义成侯；绍兴二十二年（1152），诏建祚德庙于临安府（今杭州市），晋封程婴为强济公，公孙杵臼为英略公，韩厥为启佑公，升为中祀。⑤ 隋唐以来的王朝祠祭，"分大祀、中祀、群祀三等。大祀，为祭天地、上帝、太庙、社稷之礼。中祀，为祭日、月、先农、先蚕、前代帝王、太岁之礼。群祀，为祭群庙、群祠之礼"⑥。三位不仅由侯升公，而且享受中祀，与前代帝王同列，可见规格之高。宋理宗淳祐二年（1242），"升三侯为王爵，以表忠节。程婴封忠济王，杵臼封忠祐王，韩厥封忠利王"⑦。

史籍中所记的一次普通的历史事件，以及事件中的几位当事人，为何引起两宋王朝的如此重视？从表面上看，赵宋与赵孤同姓，宋代统治者以赵孤自比，立庙致祭，是为了"鬼不为厉"、"国统有继"，祈盼赵宋江山犹如晋国赵氏，将会出现一个繁荣昌盛的中兴局面。其实，北宋中期以后，随着吏治的腐败和剥削的加重，阶级矛盾已日益尖锐，农民起义此起彼伏、风起云涌。伴随农民起义的民族冲突亦日益激烈，宋与辽、西夏、金、元之间连绵不断的战争，不仅严重地削弱了北宋的实力，同时也威胁着它的统治。为改变积贫积弱、内忧外患的王安石变法失败以后，北宋王朝也不可挽回地衰败下去。尤其是徽宗、钦宗二帝被金人所掳、赵宋南渡之后，赵氏孤儿的故事就被赋予了现实的政治意义。"存赵孤"，不仅关系到拯救大宋王朝风雨飘摇中的江山国祚，而且也关系到挽救以夷治华的民族危机。在此关键时刻，忠臣义士对"存赵孤"的非凡意义和作用就凸显出来。北宋王朝不失时机地表彰程婴、公孙杵臼、韩厥，以及为他们封爵立庙，目的就是要褒扬他们的"忠"和"义"，以此号召和激励天下的臣民像这几位义士一样，忠于君王，用生命来捍卫赵宋的江山。

注释：

① （元）脱脱：《宋史》，中华书局，1977年，第13701页。

② （宋）吴处厚：《青箱杂记》，中华书局，1985年，第97页。

③ （汉）司马迁：《史记》，中华书局，1982年，第1785页。

④ （元）马端临：《文献通考》，中华书局，1986年，第941页。

⑤ （元）脱脱：《宋史》，中华书局，1977年，第2561页。

⑥ 《辞源》，商务印书馆，1986年，第665页。

⑦ （宋）吴自牧：《梦梁录》，中国商业出版社，1982年，第115页。

『赵氏孤儿』久传不衰的民族文化心理分析

到了蒙元时代，异族入主中原，由于蒙古统治者推行民族歧视和民族压迫的政策，使民族矛盾空前尖锐。重华夏轻夷狄的汉族民众，既不愿意也不甘心接受蒙古族的统治与压迫，对元怀有强烈的反抗情绪和复仇意愿，这就使得赵氏孤儿这一古老的故事又被赋予了新的含义。大宋遗民纪君祥"用这个在宋代，尤其是在南宋有独特意义的故事创作《赵氏孤儿》杂剧，表达自己在元初的现实情怀，确有抒发民族情绪、激励民族意识、弘扬爱国热情的重大意义"①。搜孤、救孤、存孤、抚孤、复孤，"不绝赵祀"的故事情节与发展趋向，正好迎合了民众的反元复宋、延续赵嗣的心理，于是，这个在史籍中并不太出名的事件，经过纪君祥的渲染和加工，通过戏曲艺术的形式，唱响中国近千年，成为家喻户晓、妇孺皆知的故事。"可以说，各种戏剧在宋元以后产生，塑造了程婴、公孙杵臼、韩厥等一批正面人物，肯定为正义而自我牺牲和向邪恶势力复仇的精神，完全与元亡宋后实行民族歧视政策而引起的复宋情绪有关。这一段历史是赵氏孤儿戏剧产生、发展、盛行的关键。"②

二、知恩图报、舍生取义的民族气节

历史剧和其他大众文化消费品一样，创作的主旨和收看的动机不仅仅是以声画并茂的方式告诉人们往昔发生了什么，更重要的是在为人们提供消遣和娱乐的同时，彰显一种民族的智慧和精神。《赵氏孤儿》能够久传不衰、深深拨动大众情感的神经，是因其成功地贯注了民族的道德化审美精神，传达出"忠、孝、仁、义、礼、智、信"等道德观念或伦理精神，迎合了观众的审美取向。

《赵氏孤儿》围绕托孤、救孤、抚孤、复孤这一主题，将几位义士舍生取义、勇于献身的精神揭示得淋漓尽致。韩厥是为救孤而献身的第一位义士。当程婴为公主看完病提着药箱出宫门时，守卫在宫门的将军韩厥在检查药箱时发现了藏于其中的赵孤，为报赵盾知遇之恩，为存忠良之后，他放走了程婴和孤儿，为灭口以绝后患，自己引颈自刎，作出了舍生取义的壮举。公孙杵臼是为救孤而献身的另一位勇士。公孙杵臼已是垂暮之年，为救孤，毫不犹豫地献出了自己的生命。程婴是《赵氏孤儿》中最悲壮的一位英雄，也是贯穿全剧始终的一位人物。赵氏遭难，程婴临危受托救孤，是处于知恩图报，感谢赵氏父子当年的知遇之恩。当屠岸贾以晋国全国婴儿的性命相要挟以逼交孤儿时，程婴便把自己的亲生儿子交出来，使得全国的婴儿和赵孤得以平安脱险，却眼睁睁地看着自己的亲生儿子被屠岸贾活活摔死，其妻因伤心过度而丧命，程婴为救孤付出了家破人亡的沉重代价，从而也使他的境界得到进一步的升华。在以后漫长的岁月中，他忍辱负重，背负着卖孤求荣的骂名，含辛茹苦地抚养孤儿。同时，为了复仇，他还要卑躬屈膝，强颜欢笑侍奉屠岸贾，使屠岸贾收赵孤为义子。程婴就是在这种痛楚孤愤与羞辱中艰难地活着，而赵孤却是在两位父亲的呵护之下幸福地成长。

屠岸贾仇杀的对象是赵氏的根苗，与他人毫无瓜葛，但这些人为了抵抗邪恶、拯救无辜，自觉地投入到救孤存孤的行动之中。几位义士的杀身取义、慷慨赴死、忍辱负重，成为古代诚信忠义的典范，也成为文人骚客顶礼膜拜、抒发情怀的主题。李白《自广平乘醉走马六十里至邯郸登城楼览古书怀》："提携袴中儿，杵臼及程婴。立孤就白刃，必死耀丹诚。"③文天祥《自叹》："祖逖关河志，程婴社稷功，身

注释：

① 许建中：《"赵氏孤儿"故事在宋代独特的意义》，《文学遗产》2000 年第 6 期。

② 沈毅骅：《〈赵氏孤儿〉故事源流考》，《温州师范学院学报》2000 年第 5 期。

③《全唐诗》，中华书局，1960 年，第 1891 页。

谋百年事，宇宙浩无穷"①；《无锡》："夜读程婴存赵事，一回惆怅一沾巾。"②文天祥感叹自己的能力有限，为没有成为力挽狂澜的程婴而耿耿于怀。

忠义的伦理观念，不仅是中华民族的传统美德，而且也迎合了统治阶级的政治需要，为历代统治者所提倡，因此它早已深深植根于中国传统文化的土壤之中，不仅影响着中国历代人们的思想，同时也成为支配人们行为的准则和评判人们德行的标准。戏剧艺术的形成，又为宣传忠义故事提供了最好的手段，也成为人们不可或缺的精神享受，即"在讲述世俗人生的恩恩怨怨、悲欢离合的故事中传达或品悟以人伦亲情为核心的道德精神"③。《赵氏孤儿》千百年来为人们所钟爱、所传颂，就在于人们在真实之外，更关注其中所蕴含的精神。更何况，舞台上演绎出的故事，是那样的入情入理，环环相扣，有血有肉，真切感人。这里突出的正是人性之善与艺术之美，因而也把几位义士的精神凝聚成了永恒。

三、"失事求似"、生动好奇的民族审美

历史剧，顾名思义，就是剧情所叙述的故事、人物，在历史上要有其人其事，要以历史为其材料之源，也就是说它是以某种艺术形式对历史的某一片段所做的审视和渲染，又因为它是以剧为本，这就决定了它所凸现的是戏剧特色，而不是历史的真实。郭沫若说："历史的研究是力求其真实而不怕伤乎零碎，愈零碎才愈逼近真实。史剧的创作是注重在构成而务求其完整，愈完整才愈算得是构成。""说得滑稽一点的话，历史研究是'实事求是'，史剧创作是'失事求似'"，"史学家是发掘历史的精神，史剧家是发展历史的精神。"④"失事求似"就是说，历史剧不一定要以历史记载为准绳，可以与历史之间存在一定差异，可以在史实的基础上进行渲染和虚构，使之生动波折，更符合民众的审美情趣。《赵氏孤儿》对历史剧的这一特征体现得淋漓尽致。

首先，为了救孤、存孤、抚孤、复孤故事的缘起和情节发展的需要，把赵孤设定为遗腹子。赵孤是否为遗腹子是后世学者争论的焦点，也是存孤救、孤故事是否存在的依据。讨论这个问题的关键，首先得理清赵武父亲赵朔的卒年。有关赵朔活动的最后记载是《左传·宣公十二年》，晋景公三年（公元前597），晋与楚战于邲，"赵朔将下军，栾书佐之"。到晋景公十一年（公元前589）的齐晋鞌之战，栾书将下军，已代替了赵朔的职务，而赵朔亦不见于三军将佐名单。此时的赵氏势力并未衰退，且晋军将佐也无无故废降之例，很显然，赵朔在公元前589年之前已经去世。"下宫之难"发生在公元前583年，作为赵朔的儿子怎么可能是遗腹子呢？此时的赵武至少应该有6岁了。再从《国语·晋语六》记载赵武举行冠礼的情况来看，"赵文子（赵武）冠……见中行宣子（荀庚）……见郤驹伯（郤锜）……见苦成叔子（郤犨）……见温季子（郤至）"⑤，荀庚死于公元前575年的鄢陵之战之前，三郤被杀于公元前574年。根据《礼记》、《仪礼》等书"男子二十而冠"的记载可以推测，在公元前575年赵武至少也已经20岁，那么在下宫之难时他已经12岁了。种种迹象表明，赵武"遗腹子"之说不能成立。

其次，为了演绎人物的性格魅力，彰显传统的忠奸之辨，以及营造独特戏剧效果的需要，又增添了屠岸贾残杀政敌赵氏满门的血腥事件，与此相对应，便有了程婴、公孙杵臼、韩厥等义士为救孤、存孤

注释：

① 《四库全书》第1184册，上海古籍出版社（影印文渊阁），1987年，第725页。

② 《四库全书》第1184册，上海古籍出版社（影印文渊阁），1987年，第698页。

③ 郑淑梅：《在传统的链条上——论电视剧审美的道德化现象》，《文艺研究》2001年第2期。

④ 郭沫若：《历史·史剧·现实》，《郭沫若选集》（第4卷），人民文学出版社，1997年，第427页。

⑤ 《国语》，上海古籍出版社，1978年，第409页。

而前仆后继、舍生取义的壮烈行为。《左传·成公八年》载，赵朔之妻赵庄姬与赵朔之叔父赵婴齐私通，赵婴齐的兄长赵同、赵括放逐婴于齐，"庄姬为赵婴之亡故，谮之于晋侯，曰：'原（同）、屏（括）将为乱，栾、郤为征。'六月，晋讨赵同、赵括。武从姬氏畜于公宫"①。这里对屠岸贾、程婴和公孙杵臼不置一词，而《晋世家》也从未提及。由此来看，庄姬的个人恩怨是赵氏被祸的导火线，赵氏与晋公室、栾氏、郤氏的权力之争则是其灭族的深层原因。但在"赵氏孤儿"中，祸根庄姬却成了孤儿的保护神，那么事件的策划与制造者就得另觅他人，这就有了佞臣屠岸贾的出现。戏剧讲矛盾、讲冲突，有陷害忠良之后的奸佞之人，就必须有保卫忠良之后的义勇之人，这就有了程婴、公孙杵臼和韩厥。

宋洪迈《容斋随笔》卷十云："婴、杵臼之事，乃战国侠士刺客所为，春秋时风俗无此也。"②清陈厚耀《春秋战国异辞》卷十曰："《左传》赵氏之难起自庄姬，无屠岸贾其人者。事在鲁成公八年，即晋景公之十七年。于是年已有赵武，无遗腹匿孤之说也。史迁好奇，每存异说，而事与年推寻，皆无据。"③清梁玉绳《史记志疑》卷二十三云："籍使有贾，晋方鼎盛，乌容擅兵相杀，横索宫闱，而诸大夫竟结舌袖手，任其专恣无忌耶？匿孤报德，视死如归，乃战国侠士刺客所为，春秋之世无此风俗。则斯事固妄诞不可信。"④《赵氏孤儿》根据剧情发展的需要，对屠岸贾、程婴、公孙杵臼等人物角色的塑造以及故事情节的渲染，既鞭挞了权奸弄臣的狠毒与凶残，也歌颂了忠臣义士的清正与忠直，从而使故事情节跌宕起伏，更富于戏剧性。

最后，为了追求情节和情感的圆满性，又设置了怨抱怨的理想结局。"下宫之难"两年后，由于"晋景公疾，卜之，大业之后不遂者为祟"，韩厥乘机举荐，孤儿赵武得以复出，逐步擢升为新军将、上军将、中军将，成为执政卿，创造了晋国历史上绝无仅有的卿族复兴的奇迹。善有善报，故事已属圆满。但戏曲艺术的大众性，决定了它在带给观众娱乐性的同时，更要观照观众的情感和理想，使他们的人生价值观得到满足，这便促使情节和情感的圆满性，就像王国维所说的"始于悲者终于欢，始于离者终于合，始于困者终于亨"的中国戏曲的结构。⑤屠岸贾一手制造了诛灭赵氏的事件，虽然在以后的日子里他协助程婴抚养孤儿，甚至尽到了一个做父亲的责任，因而被赵武称为义父。但当赵武知道对自己有养育之恩的义父竟然是灭族的仇人时，他将会作出怎样的抉择？"父之仇，弗与共戴天。兄弟之仇，不反兵。交游之仇，不同国。"赵武斗争再三，还是选择了亲手杀死屠岸贾。这种大快人心、善恶报应的结尾，既使观众的情感在惩恶扬善的结局中得到满足，使观众产生审美愉悦，同时也揭示了正义终将战胜邪恶的观念。

复仇一直是《赵氏孤儿》各种版本的主基调。善有善报，恶有恶报，也是中国古典文学戏剧传统的、理想的叙事方式。2003年，北京人民艺术剧院和国家话剧院同时上演两台话剧《赵氏孤儿》，都有意淡化了孤儿的复仇意识，尤其是人民艺术剧院的，当赵孤得知自己的真实身份后竟然说："不管有多少条人命，他跟我没关系。"孤儿对复仇的拒绝反映了作者对历史与传统的当代思考，使"剧中善与恶、忠与奸之间的界限变得模糊了，取消了伦理的两元对立，复仇的合理性和可能性也随即取消了，故孤儿

注释：

① 杨伯峻：《春秋左传注》，中华书局，1981年，第838页。

② 《四库全书》第85册，上海古籍出版社，1987年，第351页。

③ 《四库全书》第403册，上海古籍出版社，1987年，第223页。

④ （清）梁玉绳：《史记志疑》，中华书局，1981年，第1051页。

⑤ 王国维：《红楼梦评论》，上海古籍出版社，2005年，第13页。

不愿思考正义、道德等沉重话题，也不愿在屠岸贾和程婴之间做理性选择"①。这两台话剧的一个共同点就是，表现出了对传统观念的一种背离甚至是颠覆，因而在评论界引发了一场颇为热烈的讨论。2010年陈凯歌导演的电影《赵氏孤儿》遵循的依然是传统的善恶报应的结局。

综上所述，《赵氏孤儿》的经久不衰是与民族传统文化心理中的价值观、道德观、审美观紧密相连的，随着社会的发展，人们的创作主旨、价值观念、审美情趣都在发生着深刻的变化，但传统文化中的"真、善、美"作为艺术创作的价值取向和民族情结是不会改变的。

（杨秋梅：山西师范大学历史学院教授）

注释：

　①胡吉星：《"史"与"剧"的叙事——〈赵氏孤儿〉版本流变的历史解构意义》，《名作欣赏》2008年第10期。

孔子不入晋国原因之探析

王浚波

摘　要：春秋末期，孔子在周游列国的过程中，始终没有到过当时具有重要影响的晋国。本文从鲁、晋两国不同的历史文化传统、孔子"以礼治国"的思想与晋国历史文化传统及现实的冲突性和导致孔子临晋而返的直接原因三个方面，对孔子不到晋国的原因加以分析。从中亦可看出造成战国时期开始的儒、法之争的历史前因。

关键词：鲁国；孔子；晋国；历史文化传统；冲突性

在春秋末期那个"礼崩乐坏"的年代，儒圣孔子的主张是不可能被各国当权者接受的。因而，他在鲁国失势后，便抱着"知其不可为而为之"的信念[①]，用了长达 14 年的时间，先后到卫、陈、曹、宋、郑、蔡、楚等国，宣传其政治思想。这便是众所周知的孔子周游列国。但是，孔子始终没有到过当时具有重大"国际影响"的晋国，学术界对其中的缘由也探讨较少。本文从鲁、晋两国不同的文化传统、孔子的"以礼治国"思想与晋国文化传统及现实的冲突性和导致孔子临晋而返的直接原因三个方面，分析孔子不到晋国的原因，以求教于方家。

一、鲁国与晋国不同的文化传统

西周王室通过建立宗法分封制度，实现了中国奴隶制社会的"封建式的统一"[②]，即所谓"国家之立也，本大而末小，是以能固。故天子建国，诸侯立家，卿置侧室，大夫有贰宗，士有隶子弟，庶人、工、商，各有分亲，皆有等衰。是以民服事其上，而下无觊觎"[③]。以血缘亲疏远近为基础的宗法分封制度建立了尊卑分明的社会等级，确立了上自王室下到各诸侯国内部嫡子继承、庶子分封的根本原则，规定了各级贵族不同的权利与义务，对保证统治阶级内部之稳定发挥了重要作用。在奴隶社会还处于上升状态的阶段，宗法分封制度不仅维护了周天子的绝对权威和各级贵族的既得利益，而且对于保证国家机器正常运转，推动生产力进步有着重要作用。故而，周天子在凭借其强大实力威慑诸侯、确保该制度神圣性的同时，又不断完善"礼乐制度"，凭借强制力灌输给全体社会成员，"用含情脉脉的血缘情感来维

注释：

① （宋）朱熹：《四书章句集注》，中华书局，1983 年，第 158 页。

② 钱穆：《中国文化史导论》，商务印书馆，1996 年，第 8 页。

③ 杨伯峻：《春秋左传注》，中华书局，1990 年，第 94 页。

护上下尊卑名分等级，把统治与服从的政治关系和父慈子孝兄友弟恭的亲属关系巧妙地结合在一起"[①]，充分体现了尊尊亲亲的原则，规范着全体社会成员的日常行为，防止违背宗法制度的僭越活动。总之，宗法礼制成为周天子建立与控制各诸侯国的根本原则。在此前提下，王室在分封几个重要国家时，又根据各地实际情况，为它们制定了不同的治国方针。随着时间的推移，这种政策上的差异性，导致了各国不同的发展轨迹。

（一）鲁国的文化传统与孔子的"礼治"思想

武王灭商之后，"封周公旦于少昊之墟曲阜，是为鲁公"[②]。作为周室东方前哨的鲁国，殷商势力较强。在周公摄政期间，武庚叛乱爆发，这一地区的殷民便群起回应。周公东征平叛后，便命其子伯禽代封于鲁，镇抚殷民，并为之制定了"启以商政，疆以周索"的治国方针。[③]伯禽至鲁后，奉行"以法则周公，用即命于周"的原则[④]，采用了"变其俗，革其礼，丧三年然后除之"的统治措施[⑤]，以致三年之后才返回报政。可见，周公的治国方针与伯禽的具体措施使鲁国在开国之初便受到一定限制，不利于以后的发展。无怪乎周公发出了颇有远见的预言："鲁后世其北面事齐矣！"[⑥]其实何止"北面事齐"，鲁国除在周初的诸侯国中享有崇高地位外，从西周后期开始至春秋时已成为晋、齐、楚等强国欺凌的对象，到战国初年为楚国所灭。但是，从另一个侧面看，正是因为鲁国恪守礼制的传统，加之周公对王室的巨大贡献，使鲁国成为唯一能以天子礼乐祭祀天地祖先的诸侯国家，造就了"周礼尽在鲁矣"的独特人文环境[⑦]，成为孔子"礼治"思想的源头。

春秋时期，在鲁国保守的社会环境中，从贵族到庶人面对备受强国压迫的现实，只能通过宣扬祖先的伟业聊以自慰，即便是孔子也未能免俗。在其心目中，"周监于二代，郁郁乎文哉！吾从周"[⑧]，自命为周文化的代表。他认为，"礼，经国家，定社稷，序民人，利后嗣者也"[⑨]。面对王室衰微、诸侯争霸、"礼崩乐坏"的混乱局面，孔子力图恢复"以礼治国"的社会秩序，实现天下"无道"变"有道"的政治局面，"复兴周礼"便成为其终生奋斗的目标。

（二）晋国的文化传统及其叛逆色彩

成王初年，周公在平定唐国之乱后，为屏藩王室将叔虞分封到位于大夏之墟的唐国。生活在其间的夏朝遗民奉行着不同于周人的文化传统。不仅如此，这一地区又有"戎狄之民实环之"的复杂局面。[⑩]针对实际情况，周公为叔虞制定了"启以夏政，疆以戎索"的治国方针。[⑪]对于"夏政"的细节已不可

注释：

① 张有智：《先秦三晋地区的社会与法家文化研究》，人民出版社，2002 年，第 130 页。

② （汉）司马迁：《史记》，中华书局，1982 年，第 1515 页。

③ 杨伯峻：《春秋左传注》，中华书局，1990 年，第 1538 页。

④ 杨伯峻：《春秋左传注》，中华书局，1990 年，第 1536 页。

⑤ （汉）司马迁：《史记》，中华书局，1982 年，第 1524 页。

⑥ （汉）司马迁：《史记》，中华书局，1982 年，第 1524 页。

⑦ 杨伯峻：《春秋左传注》，中华书局，1990 年，第 1227 页。

⑧ （宋）朱熹：《四书章句集注》，中华书局，1983 年，第 65 页。

⑨ 杨伯峻：《春秋左传注》，中华书局，1990 年，第 76 页。

⑩ 《国语》，上海古籍出版社，1978 年，第 301 页。

⑪ 杨伯峻：《春秋左传注》，中华书局，1990 年，第 1539 页。

详考，但如孔子所言："殷因于夏礼，所损益，可知也；周因于殷礼，所损益，可知也。"①一般来说，当代各项制度是对前代各项制度的扬弃，二者必然存在一定差异。周、夏隔代，二者的差别自然会更大。这项国策使统治者能够充分尊重当地风俗，没有在这一地区强制推行"周礼"，有利于政权的平稳建立。同时又考虑到戎狄逐水草而居的生产、生活方式，如史书所载"无亲而贪"②，"戎狄荐居，贵货易土"③，"我诸戎饮食衣服与华不同"④，更与以农业为本的周文化格格不入之特点，亦不对其过多干涉，而采取以戎狄之法治戎狄之地的策略，较好地实现了对戎狄区域的管理。因而，这项独树一帜的国策使"夏政"与"戎索"并举，可以灵活应对各种具体问题，为晋国的发展壮大提供了广阔的空间。但正是这一立国方针使晋人较少受到宗法礼制的约束，使其养成了宗法观念淡漠、崇法尚功的传统，为后来法家思想的形成提供了温床。

到春秋初期宗法制度不断遭到冲击的时候，孕育在晋国的那颗叛逆的种子便开始茁壮成长。叛逆与正统的激烈对抗便表现为围绕君权展开的"自下而上的弑君篡位风潮和自上而下的杀亲灭宗行为"⑤。其中最有代表性的三个历史事件如下：其一，"曲沃代翼"，直接实现了小宗代大宗，可谓僭越犯上，违反了"尊尊"原则；其二，晋献公为防止类似事件再次发生，"尽杀群公子"，开创了"国无公族"制度⑥，又与"亲亲"原则相悖；其三，还是从献公开始由于受到骊姬的影响，开晋国史上废嫡立庶之先例，不但渗入了戎狄文化的因素，更触犯了宗法礼制的根本原则。对于上述严重破坏旧秩序的历史事件，虽不见孔子的直接评论，但对于奉行"克己复礼"⑦、"非礼勿动"⑧，关注"夷夏之辨"，主张恢复"君君、臣臣、父父、子子"之政治秩序的儒家学派而言⑨，无疑是不能容忍的。

通过以上对分析，我们可以看出孕育孔子学说的鲁国与晋国在文化传统上存在着巨大差异。

二、孔子"以礼治国"的思想与晋国文化传统及现实的冲突性

（一）孔子"尊尊"原则与晋国僭越性格的冲突性

春秋时期，先是天子失去对天下的控制。随后，众多诸侯国的政权在国君、大夫、家臣三个等级中依次下移。每一级贵族在夺取政权前后，都采用先进的生产方式，成为社会变革的领导力量，直至被更先进的阶层所取代。因此，政权逐级下移的形势是当时社会进步的表现。但孔子站在旧贵族的立场上，从维护尊卑等级的角度出发，提出了著名论断："天下有道，则礼乐征伐自天子出；天下无道，则礼乐征伐自诸侯出。……天下有道，则政不在大夫。天下有道，则庶人不议。"⑩这些话虽不是专对晋国而发，但就晋国僭越犯上的个性而言，无疑是对其进行的尖锐批判。

注释：

① （宋）朱熹：《四书章句集注》，中华书局，1983年，第59页。

② 杨伯峻：《春秋左传注》，中华书局，1990年，第936页。

③ 杨伯峻：《春秋左传注》，中华书局，1990年，第939页。

④ 杨伯峻：《春秋左传注》，中华书局，1990年，第1007页。

⑤ 张有智：《先秦三晋地区的社会与法家文化研究》，人民出版社，2002年，第68页。

⑥ 《国语》，上海古籍出版社，1978年，第293页。

⑦ 朱熹：《四书章句集注》，中华书局，1983年，第131页。

⑧ 朱熹：《四书章句集注》，中华书局，1983年，第132页。

⑨ 朱熹：《四书章句集注》，中华书局，1983年，第136页。

⑩ 朱熹：《四书章句集注》，中华书局，1983年，第171页。

其一，"礼乐征伐自诸侯出"的层面。

自周天子威信扫地以来，"国际社会"失去共主的监督和保护，一方面，诸侯国内弑君篡位，各国之间征战不休，另一方面，戎狄又趁中原混乱之际，不断侵扰，严重威胁到了农耕区域正常的生产、生活。在这样的历史背景下，便出现了齐桓、晋文等霸主。他们把"诸夏侯国重新团结起来，依旧遵守西周王室规定下的封建制度和封建礼节。对外诸侯间不得相互侵略，对内禁止一切政权的非法攘夺。……他们名义上仍尊东周王室为共主，实际则处理一切国际纷争与推行一切国际法律的，其权皆由霸国即盟主任之"①。

虽然孔子反对诸侯僭越天子，但由于首创霸业的齐桓公能够"尊王攘夷"，维护中原各国的和平，故而他称赞道："桓公，霸诸侯，一匡天下，民到于今受其赐。"②其后的霸主晋文公，发展生产，选贤任能，从谏如流，开创了晋国100多年的霸业。其业绩绝不逊于齐桓公。但孔子却对他作出了"晋文公谲而不正"的批评。③原因在于，文公之母为戎狄之女，其青年时代又久居戎狄之国，深受戎狄文化的熏陶，所以他在后来的政治、军事斗争中，较少受到宗法礼制的约束，能够采取十分灵活的策略实现其政治目的。然而，在孔子看来，文公的一系列高明之举恰恰是其"谲而不正"的表现。譬如，在晋文公与秦穆公共约勤王的过程中，他"乃行贿于草中之戎与丽土之狄，以启东道"④，抢在穆公之前完成军事行动。对于支持其回国执政的秦穆公而言，他独占勤王之功，未能礼让，实有违孔子所讲的"义"。更如，践土之盟时，晋文公为实现"挟天子以令诸侯"的目的，玩弄手腕"召王，以诸侯见，且使王狩"。这一行为更加违背了"周礼"规定的尊尊原则，故而"仲尼曰：'以臣召君，不可以训。故书曰：天王狩于河阳，言非其地也，且明德也'。"⑤孔子站在周王室的立场上，为尊者讳，隐瞒历史真相，同时也针对晋文公不择手段的性格作出了上述评语。

其二，"政逮于大夫"的层面。

春秋中后期卿大夫专权的现象，在晋国显现得尤为突出。从晋灵公开始，由于"国无公族"与君弱臣强的现实，异姓卿大夫开始逐渐掌握国家政权，为后来三家分晋埋下了伏笔。站在公室立场上的孔子向来以为政权越是下移，越是"天下无道"的表现。在谈到君权与卿权之争时，他自然倾向于维护君尊臣卑的旧秩序。

晋灵公年幼时期，赵盾开创了卿大夫操控国家政权的时代。成年之后的灵公，为夺回君权，谋杀赵盾未成，迫其出逃。在赵盾未出国境时，灵公为赵氏族人所杀。晋国太史董狐根据当时的修史原则（即"书法"），认为赵盾身为正卿，"亡不越竟，反不讨贼"⑥，应承担弑君的罪责。至于赵盾是否为弑君事件的策划者，历来有不同意见。但可以肯定，"灵公被弑，自有深层原因，那就是君权与卿权之争，这一事件实质上是晋灵公与赵盾矛盾激化的结果"⑦。而孔子对此事评论道："董狐，古之良史也，书法不隐。

注释：

① 钱穆：《中国文化史导论》，商务印书馆，1996年，第34页。

② 朱熹：《四书章句集注》，中华书局，1983年，第153页。

③ 朱熹：《四书章句集注》，中华书局，1983年，第153页。

④《国语》，上海古籍出版社，1978年，第301页。

⑤ 杨伯峻：《春秋左传注》，中华书局，1990年，第473页。

⑥ 杨伯峻：《春秋左传注》，中华书局，1990年，第663页。

⑦ 白国红：《春秋晋国赵氏研究》，中华书局，2007年，第101页。

赵盾，古之良大夫也，为法受恶。惜也，越竟乃免。"[1]他既赞同董狐"书法不隐"，又认为赵盾没有弑君之罪，只是由于史官的记事原则而受屈，所以为赵盾没有在灵公被杀之前"越竟"而背负了弑君的罪名感到惋惜。从这段有些矛盾的言论中，可以看出孔子维护旧秩序的正统观念。

到孔子所处的年代，晋国的政治形势已不限于"政逮于大夫"的局面。[2]其内部各卿族通过不断的兼并整合，形成了六卿专政的局面，开始向三家分晋发展，晋国灭亡的日子已经不远了。于是，孔子便把抨击的锋芒指向了对推动这一历史进程发挥了重要作用的事件与人物。

（二）孔子"礼治"思想与晋国的尚法传统及现实之冲突性

由于晋国独特的人文地理环境，尚法精神逐渐取代宗法礼制成为维护社会秩序的一种传统。"晋国的尚法传统，主要体现在经常不断的颁布法典。"[3]从西周初年到春秋末期，晋国所颁行的一系列法典，经历了由遵守宗法礼制到逐步突破这一原则，"以法治国"最终取代"以礼治国"的变化过程。这从孔子对晋国历史上四部最具代表性的法典的不同态度便可见一斑。

晋国建立之后，叔虞根据王室为其确立的治国方针，"制定了一套既适应华夏之民又适应戎狄诸部的法律制度"[4]。对此孔子说："夫晋国将守唐叔之所受法度，以经纬其民，卿大夫以序守之，民是以能贵其贵，贵是以能守其业。贵贱不愆，所谓度也。"[5]虽然现存的史料没有对"叔虞之法"具体内容的记载，但从孔子的评价中可以看出这部开国法典既体现了维护宗法礼制的原则性，又有应对实际情况的灵活性，因而得到了孔子的赞许。到春秋中叶，晋文公"作执秩之官，为被庐之法，以为盟主"[6]。这便是对奠定晋国一个半世纪霸主地位发挥了重要作用的"执秩之法"（又称"被庐之法"）。"执秩之法"的主要内容与以"选贤"、"任能"、"赏功"为标准的封赏册命有密切联系。晋文公封赏册命的对象都是具有社会地位的"旧公族"、"姬姓"和异姓家族中的杰出人物。可见，他使"尊尊亲亲"的旧原则与"尚功尚贤"的新举措得到了很好的结合。前者是其政权巩固的基础，而后者又是国家在短期内勃兴的保障。所以，在特定的历史条件下，晋文公改革并未从根本上突破宗法礼制的樊篱。这也是孔子认同"执秩之法"的原因。

但是，随着"政逮于大夫"的格局形成之后，晋国所产生的新法典便走向了宗法礼制的反面。鲁文公六年（公元前621年），操控政权的赵盾推出了"夷蒐之法"，"使行诸晋国，以为常法"[7]。其内容为："制事典，正法罪，辟狱刑，董逋逃，由质要，治旧洿，本秩礼，续常职，出滞淹。"[8]这部法典制定了行政法规、刑律和民法的部分内容，对过去的若干积弊加以改革，提高了行政效能，起到了"礼"无法发挥的积极作用。特别是"由质要"实现了以契约取代"礼"来规定人与人之间的财产关系，更加适应了社会进步的需要。从赵盾执政期间的作为来看，"夷蒐之法"在增强国力的同时，更有助于卿大夫势力

注释：

① 杨伯峻：《春秋左传注》，中华书局，1990年，第663页。

② （宋）朱熹：《四书章句集注》，中华书局，1983年，第171页。

③ 张有智：《先秦三晋地区的社会与法家文化研究》，人民出版社，2002年，第139页。

④ 张有智：《先秦三晋地区的社会与法家文化研究》，人民出版社，2002年，第139页。

⑤ 杨伯峻：《春秋左传注》，中华书局，1990年，第1504页。

⑥ 杨伯峻：《春秋左传注》，中华书局，1990年，第1504页。

⑦ 杨伯峻：《春秋左传注》，中华书局，1990年，第546页。

⑧ 杨伯峻：《春秋左传注》，中华书局，1990年，第545页。

的发展。无怪乎孔子斥之为"晋国之乱制"[①]。到鲁昭公二十九年（公元前513），晋国卿大夫"赵鞅（即赵简子）、荀寅帅师城汝滨，遂赋晋国一鼓铁，以铸刑鼎，著范宣子所为刑书焉"[②]。至此，晋国第一次将成文法公布于众。而"范宣子刑书"的主要条文就来自于"夷蒐之法"。它是代表社会发展方向的新兴地主阶级与旧贵族激烈斗争的产物。其核心内容必然是变"以礼治国"为"以法治国"，打破旧的等级制度与利益分配方式，推动社会发展。民众以刑书为处理各项社会事务的依据，势必危及旧贵族的地位与既得利益。与孔子讲的"贵贱不愆，所谓度也"相比，正好是反其道而行之。孔子主张维护公室的利益，自然不能容忍这种破坏"民是以能贵其贵，贵是以能守其业"之制度的做法，因而指责道："晋其亡乎！失其度矣。……今弃是度，而为刑鼎，民在鼎焉，何以尊贵？贵何业之守？贵贱无序，何以为国？"[③] 由此可知，孔子的政见与将范宣子刑书公之于众的赵鞅存在何等的分歧。

（三）孔子与晋国当权者赵简子的分歧

赵简子与孔子同处于春秋末期。他在担任晋国正卿期间，积极发展赵氏宗族的势力，彻底消灭了范氏、中行氏，推动了"六卿专政"格局向"四卿专政"格局转变的历史进程，为日后三家分晋奠定了基础。而孔子对晋国现实状况的指责很大程度上就集中在了他的身上。

在铸刑鼎20年之后的铁之战中，赵简子颁布军令："克敌者，上大夫受县，下大夫受郡，士田十万，庶人、工、商遂，人臣隶圉免。"[④] 这一策略极大地鼓舞了士气，为消灭范氏、中行氏发挥了重要作用，体现了晋国崇尚功利的传统，对后世法家奖励军功的思想有着借鉴意义。但孔子主张："礼以行义，义以生利，利以平民，政之大节也"[⑤]，即以"周礼"推行道义，以道义产生利益，以利益治理百姓，是政治生活中的重要环节。可以看出，这一主张的最大受益者便是旧贵族。而铁之战中的军令正是要打破旧的利益分配方式，建立人才激励机制，使新势力成为历史舞台的主角。显而易见，这一措施与"周礼"有着不可调和的矛盾，正好可以做"小人喻于利"的例证。[⑥]

正是在根本立场上的巨大分歧，导致孔子对赵简子的所作所为一贯持反对态度。鲁定公八年（公元前502），鲁国季氏家臣阳虎谋去三桓夺取国家政权失败，出逃国外，后由赵简子收留，并受重用。孔子历来反对以下犯上。所以，虽然他也反对三桓，但对"陪臣执国命"[⑦]，则更加深恶痛绝。这个叛臣居然受到赵简子的重用，在孔子看来势必会成为祸患的根源。由于他一味恪守过时的"尊卑之序"，加上对赵简子的成见，自然看不到其高超的用人艺术，便作出了错误的判断："赵氏其世有乱乎！"[⑧]无独有偶，当孔子在卫国听说赵简子的下属佛肸据中牟叛乱时，却一反常态支持佛肸，反对赵简子。以此看来，孔子对赵简子的抵触情绪已到了不甚理智的程度。因而，当"孔子闻赵简子不请晋君而执邯郸午，保晋阳，故《春秋》书曰'赵鞅以晋阳叛'"[⑨]。但该事件的真实情况是：鲁定公十三年（公元前497），赵鞅

注释：

① 杨伯峻：《春秋左传注》，中华书局，1990年，第1504页。

② 杨伯峻：《春秋左传注》，中华书局，1990年，第1504页。

③ 杨伯峻：《春秋左传注》，中华书局，1990年，第1504页。

④ 杨伯峻：《春秋左传注》，中华书局，1990年，第1614页。

⑤ 杨伯峻：《春秋左传注》，中华书局，1990年，第788页。

⑥ （宋）朱熹：《四书章句集注》，中华书局，1983年，第73页。

⑦ （宋）朱熹：《四书章句集注》，中华书局，1983年，第171页。

⑧ 杨伯峻：《春秋左传注》，中华书局，1990年，第1573页。

⑨ （汉）司马迁：《史记》，中华书局，1982年，第1791页。

向邯郸午（即赵午，赵氏宗族的另一支）索回暂时安置于邯郸的 500 家卫贡，以充实其根据地晋阳。邯郸赵氏出于自身利益的考虑，未能立即归还。赵鞅便召来邯郸午，囚于晋阳，后将其杀死。邯郸赵氏随之发动叛乱。身为正卿的赵鞅下令围攻邯郸平叛。由于邯郸午是中行寅的外甥，而中行寅与范吉射又是姻亲关系，于是范氏、中行氏非但没有协助进攻邯郸，反而与邯郸赵氏合力攻击赵鞅。赵鞅不支，退守晋阳。赵氏宗族的内部矛盾便引发了赵氏与范氏、中行氏的激烈冲突。晋国历史上著名的范氏、中行氏之乱由此爆发。在三家进攻赵鞅之前，赵鞅的谋臣董安于曾劝其先做准备，而他却说："晋国有命，始祸者死，为后可也。"① 也就是说，他不承担"始祸"的罪名，准备后发制人，以赢得主动。从执邯郸午到退守晋阳，赵鞅并未与公室为敌，因此说他"据晋阳叛"是不符合历史事实的。这一次孔子仍未能从客观出发记载历史。可见，赵孔之争已不能仅用政见不合来解释，其本质上是新旧文化激烈对抗的必然结果，也是孔子未能到晋国的根本原因。

三、导致孔子临晋而返的直接原因

孔子在周游列国的过程中，首先来到卫国，却又"不得用于卫，将西见赵简子，至河而闻窦鸣犊（《国语》中称窦犨）、舜华（二人均为晋国大夫）之死也（被赵简子所杀），临河而叹曰：'美水哉，洋洋乎！丘不济此，命也夫！'"，"乃还息乎陬乡"。② 看来"窦大夫被害事件"与孔子最终没能到晋国有着直接关系。

根据《史记·孔子世家》的记载，孔子由卫至晋时，卫国国君是卫灵公，故而，窦犨被杀当在卫灵公死去之前，即鲁哀公二年（公元前493）夏四月之前（据《春秋左传注·哀公二年》）。③ 此时铁之战尚未爆发，赵氏与范氏、中行氏尚处于相持阶段。所以，有学者推测窦犨可能是因与范氏、中行氏私通，而招致杀身之祸。④ 但据《国语·晋语九》中载有窦犨言"范氏、中行氏……今其子孙将耕于齐……"一事⑤，按其大意当在二氏败亡之后。若以此推测，窦大夫被害最早也在鲁哀公五年（公元前490）春，范吉射、中行寅败逃齐国之后⑥，应该不会由于私通范氏、中行氏而被杀。两条史料所说时间存在出入，如不结合其他史料便难以确定"窦大夫被害事件"的时间与真正原因。

现对这一问题作如下分析：

首先，《国语·晋语九》载："窦犨曰：'夫范氏、中行氏不恤庶难，欲擅晋国，今其子孙将耕于齐……'。"指责二氏"欲擅晋国"，说明他站在公室的一边，反对卿大夫专权。

其次，在范氏、中行氏之乱中，当赵鞅退守晋阳暂时处于劣势时，晋定公打算利用卿大夫之间的矛盾，驱逐范氏、中行氏，导致两家进攻国都，企图另立新君。赵鞅便乘机返回绛都，联合公室、韩氏、魏氏、智氏反对范氏、中行氏。在铁之战前，他发表誓言："范氏、中行氏反易天明，斩艾百姓，欲擅晋国而灭其君。……二三子顺天明，从君命，经德义，除诟耻，在此行也。"⑦ 赵鞅打着"从君命"的旗

注释：

① 杨伯峻：《春秋左传注》，中华书局，1990 年，第 1590 页。

② （汉）司马迁：《史记》，中华书局，1982 年，第 1926 页。

③ 杨伯峻：《春秋左传注》，中华书局，1990 年，第 1610 页。

④ 李孟存、李尚师：《晋国史》，山西古籍出版社，1999 年，第 290 页。

⑤ 《国语》，上海古籍出版社，1978 年，第 499 页。

⑥ 杨伯峻：《春秋左传注》，中华书局，1990 年，第 1629 页。

⑦ 杨伯峻：《春秋左传注》，中华书局，1990 年，第 1613 页。

号，团结众家势力，以实现消灭二氏的目的。在这一时期，赵鞅与窦犨有共同敌人而无根本冲突，所以窦犨因私通范氏、中行氏而被杀的可能性是不存在的。

但当鲁哀公五年（公元前490），即赵鞅彻底击败范氏、中行氏，"赵名晋卿，实专晋权，奉邑侔于诸侯"的政治地位得以确立之后①，他凌驾于国君之上的僭越行为便日甚一日。在这样的情况下，支持公室的窦犨因与之产生根本分歧而招来杀身之祸，倒是很有可能。正如孔子所言："赵简子未得志之时，须此两人（窦鸣犊、舜华）而后从政；及其已得志，杀之乃从政。"②在范氏、中行氏之乱时，窦犨是赵氏团结的对象，而到赵鞅专权之后，二者的关系就由同盟转变为敌对了。因而，"窦大夫被害事件"发生在公元前490年之后的推测应更接近历史实相。

在得出上述结论后，再来分析孔子未到晋国的直接原因。《史记·孔子世家》记载：孔子在向子贡解释其放弃到晋国的缘故时说："窦鸣犊、舜华，晋之贤大夫也。赵简子未得志之时，需此两人而后从政；及其已得志，杀之乃从政。丘闻之也，刳胎杀夭则麒麟不至郊，竭泽涸渔则蛟龙不合阴阳，覆巢毁卵则凤凰不翔。何则？君子讳伤其类也。夫鸟兽之于不义尚知辟之，而况乎丘哉！"③孔子既然"讳伤其类"，显然是将窦犨视为同道，而同道必有共同志趣。结合上边所引窦氏的言论，可以看出二人共同的志趣便是反对僭越。如开篇所讲，孔子的主张是不可能为各国统治者所接受的，因而他抱着"知其不可为而为之"的态度游说各国。虽然没有信心说服赵鞅，但他还是怀着侥幸心理，前去探看晋国虚实，寻找实现抱负的机会。但当得知同道被害、简子掌权时，自然投报无门，故而返回。因此，"窦大夫被害事件"成为孔子最终未能到晋国的直接原因。

四、结语

综上所述，孔子的主张与晋国文化传统及现实的巨大分歧是他终生未履晋地的根本原因，而"窦大夫被害事件"则成为其临晋而返的直接原因。

（王浚波：太原学院旅游系讲师）

注释：

①（汉）司马迁：《史记》，中华书局，1982年，第1792页。

②（汉）司马迁：《史记》，中华书局，1982年，第1926页。

③（汉）司马迁：《史记》，中华书局，1982年，第1926页。

叁／晋国史与三晋文化研究

晋国的辉煌

李尚师

摘　要： 晋国历660年之久，五次勤王成为周王室的主要支撑者；从晋文公创立霸业起，保持霸主地位达150年；通过战争兼并使晋国成为地域辽阔，包括今山西近乎全省、河南和河北大部及陕西和山东小部；晋国是我国法家文化的摇篮，又是我国封建因素出现最早、最多的国家，由晋分裂出来的魏、赵、韩又把晋国先进的封建因素辐射到各地；晋国还培育出了我国先秦史上的音乐代表——乐圣师旷。

关键词： 霸主；封建因素；治国思想；乐圣师旷

晋国自西周初大火之年叔虞封唐到战国魏、赵、韩三家于公元前 376 年分晋，历 38 位国君，约 660 多年，在中国历史上占有重要地位并发挥过巨大作用。

考古工作者长期发掘出土的文物证明，我国进入文明时代的唐尧、虞舜之都就在今山西襄汾县陶寺遗址。[①]也就是说，叔虞所封的古唐国，正是我国有史可查的帝尧、帝舜所在地域[②]，还是我国史载的"夏虚（墟）"[③]之域。

关于叔虞封唐，《左传·定公四年》云："命以《唐诰》而封于夏墟，启以夏政，疆以戎索。"《唐诰》是周天子委任叔虞于唐国时颁布的诰命篇名。所谓"启以夏政，疆以戎索"，就是说，要叔虞到古唐国"夏虚"之后，要坚持"启以夏政，疆以戎索"的治国方针。因为古唐国既是夏人居住的"夏虚"，唐国又三面环山，其周边山区为戎狄地区，故治理唐国要因地制宜，"夏政"和"戎索"兼施并举。既要传承和发扬夏族的传统和文化，又要尊重戎狄的习惯风俗。这是一个求同存异、兼容并包的求和谐的方针，对于以周礼为核心的宗法制度讲，则是一个具有某种背离色彩的方针，它事实上给予了晋国一种根据具体情况来决定其政策，灵活处理政务的思想方法。历史证明，这一方针的确立，对后来晋国的发展格局起到了奠基作用，构成了晋文化最本质的内容特点，展现了晋文化的独特风貌。叔虞到了古唐国后，在这一方针的指导下，使唐国得以大治，取得丰硕成果。叔虞死后，儿子燮父继位，改国号唐为晋。

注释：

① 高炜、张岱海：《陶寺——尧舜时期的文明中心》，李学勤：《尧庙遗址与尧舜传说》，载于《尧舜禹历史文化研究论文（集）之一》，2005 年 12 月。

② 高炜、张岱海：《陶寺——尧舜时期的文明中心》，李学勤：《尧庙遗址与尧舜传说》，载于《尧舜禹历史文化研究论文（集）之一》，2005 年 12 月。

③ 李孟存、李尚师：《晋国史》，山西古籍出版社，1999 年，第 11 页。

　　西周末年，周王室发生内乱，犬戎入侵，关中不再能立国，只得东迁。晋文侯于公元前 770 年率晋军入陕，与郑武公、秦襄公合力使勤王东徙洛邑，开创了东周政权。周平王嘉文侯之功，作《文侯之命》[①]，载于盟府，世守不失。后又于公元前 760 年，执杀了非正统的携王，从而结束了西周王室长达 10 年的二王并立局面。晋文侯统治下的晋国，是一个迅速崛起的北方强国，为晋国历史上第一次发展期。晋文侯之后，晋国出现了曲沃小宗代翼都大宗长达 67 年的内战，到晋武公末方重归统一。晋献公即位后，除掉"桓、庄之族"，实现了"国无公族"[②]，解决了周王室和各国诸侯普遍存在的公族争夺君（王）的问题。他大胆启用了异姓贵族，扩大了统治基础，"作二军"，使晋国勃兴。尽管出现了"骊姬之乱"，还是扩疆拓土，先后灭掉了 20 余国，实现了第二次大发展。从此，晋国成为以今晋南为中心，北达今霍州，南抵秦岭今三门峡市，西到华山的当时北方大国。

　　晋国公子重耳，亡外 19 年，历尽艰险，在晋惠公、怀公之后返晋，是为晋文公。他入主晋后，在生产关系方面实行了一系列调整和改革，使之适应生产力发展的实际状况，他整顿吏治，"明贤良"、"尚功劳"、"举善授能"、"施惠百姓"[③]，使国力大增，"政平民阜，财用不匮"[④]。其时，周襄王之弟王子带联合狄人赶走襄王，自立为王。公元前 635 年，晋文公谢止秦师，独家平息其乱，襄王将畿内八邑赐给他以示嘉奖，从而在全国赢得了很高的声誉。接着蒐于被庐，"作三军"，训练卒乘，选拔将帅，改变了过去国君自任主帅的军事制度，实行军政合一的改革。公元前 632 年，晋文公经过城濮之战大败强楚，襄王在践土盟会上册封他为"侯伯"。晋从此威风八面，"定天子之位，成尊名于天下"（《资治通鉴》），成为中原诸侯霸主达一个半世纪之久。[⑤]

　　晋襄公继成霸业，崤之战尽灭秦师，俘秦三帅，从此迫使秦国 300 年不能东进中原。但晋襄公"夷之蒐"未能处理好，于是留下许多后患，使晋国霸业中衰，致使到晋景公初年有对楚邲战之耻，然景公为一位贤明君主，能正确处理矛盾，后取得灭狄的数次大胜和对齐的鞌之战全胜，于是"作六军"，他迁都新田，成功发动了"下宫之役"，解决了侈卿赵氏对公室的威胁，所以为厉公能够取得对秦的麻隧大战和对楚的鄢陵大战的胜利打下了基础。然而厉公因胜而骄，中了栾书之计，结果遭到杀身之祸。悼公继位，惩治肇乱分子、恢复旧族地位、选贤任能、减轻赋税力役、改革法制和军事、合和戎狄，8 年之中九合诸侯，实现了"疲楚服郑"的战略目标，从而恢复了晋国霸业。

　　悼公晚期，大国争霸，维持奴隶制在先进的中原地区已显得陈旧，一个新社会的胚胎已经随着改革而孕育成长。平公时期，晋"公室卑，政在侈家"，六卿对大国争霸已不感兴趣，他们关注的首先是

注释：

①《史记·晋世家》、《新序·善谋篇》将此篇《文侯之命》误断为周襄王赐晋文侯重耳之命，杨树达《积微居小学述林》已作辩证，又见杨伯峻《春秋左传注·僖公二十八年》之注。

②《国语·晋语二》，上海古籍出版社，1988 年。

③《国语·晋语四》，上海古籍出版社，1988 年。

④《国语·晋语四》，上海古籍出版社，1988 年。

⑤ 关于晋国霸业时间，一般认为是从公元前 632 年取得对楚的城濮大战胜利后，周襄王在践土之盟会上册封晋文公为"侯伯"，作为晋国霸业的开始，到公元前 482 年晋定公与吴王夫差黄池会盟，晋国霸业结束，共 150 霸业。然而《史记·武世家》有"长晋定公"，《左传·哀公十三年》有"乃先晋人"之句，加上吴王黄池会后，后院火起，被卧薪尝胆的越王勾践之兵攻入吴国都城，俘虏了吴太子友。但从他匆匆赶回与越国议和来看，黄池之会草草收场，无所谓谁先谁后。11 年后的公元前 473 年，越王勾践逼吴王夫差自杀，勾践与晋、齐等诸侯会盟于今山东滕县年的徐州（非今江苏徐州），周元王方命勾践为"伯"。晋国作为"侯伯"的年代，若从这年算为终止年代，其霸业则为 161 年了。

兼并土地，夺去公室政权，其次是探索和寻找一种新的统治方法，故而要求停止争霸战争。公元前 546 年，晋楚等国在宋都举行弭兵之盟，从而晋楚开始共霸，晋国霸业衰落。到顷公时，虽"晋益弱，六卿皆大"[①]，但晋国整体国力却仍在发展，并灭掉周边众多戎狄，疆域大增。其时，周王室又发生了"王子带之乱"，晋军三次出兵勤王，后又率诸侯国为周敬王修建了成周。再后来，六卿间开始了第一次兼并战争，范、中行二氏退出历史舞台。公元前 482 年，由晋帮助而强大起来的南方吴国与晋在黄池会盟，"吴先盟"，从此，晋国长达 150 年的霸业结束。再到公元前 453 年，赵、魏、韩三卿在晋阳城下共灭智氏，接着，三家共同瓜分了晋国。其时晋国的疆域，包括了今山西全境及河南、河北大部，以及今陕西和山东小部分地域。在战国七雄中，由晋分裂出来的赵、魏、韩占有其三，从一个方面说明了当时晋国实力的强大。所以，难怪《国语》在记述周、鲁、齐、晋、郑、楚、吴、越八国历史的 242 篇之中，《晋语》竟多达 127 篇之多，超过 1/2，又从另一个方面反映了春秋晋国的特殊地位。

春秋时期（公元前 770—前 453），自晋文候到晋哀公的 313 年间，晋人通过对外的数以百计战争，方从一个"河、汾之东，方百里"的"甸候"小国，发展为拥有以今山西为主体，又包括今河南、河北大部及陕西、山东小部的泱泱大国。其中，且不说灭掉周边诸多戎狄和众多的小方国，只就对当时秦、楚、齐三大国而言，亦是绝对的胜利者。春秋时的四个大国是晋、楚、齐、秦。其中分别以晋、楚为首，长期争霸天下，战争不绝。①晋、秦之间的战争。秦国是晋国的西邻，是邻居自然矛盾就多。秦自穆公以后国力下降，成为楚国阵营中的胁从。晋献公是一位开国拓疆之君，但他造成的"骊姬之乱"却使晋国跌入低谷，所以有秦穆公两制晋君，晋惠公党同伐异，方有韩之战惨败于秦。晋文公称霸之后，秦穆公乘机越晋境偷袭郑国，结果在崤山三军尽丧，三帅尽成晋囚。秦穆公虽恼羞成怒，乘晋主帅先且居主力外征之际沉舟伐晋，兵至晋都故绛之郊，却不敢久留，匆匆从茅津渡过黄河至崤山祭拜秦军亡灵而还，从此 300 年不能东进中原，只得向西一角发展，最多也只能算一个西隅小霸主而已。今人谓其为五霸之一，难以成立！秦穆公之后，秦国国力下降，与晋交战亦是小胜少胜多败大败。晋灵公元年（公元前 620）令狐（今山西临猗县境）之役，秦康公遭赵盾偷袭大败而逃。晋灵公六年（公元前 615），秦康公渡河伐晋，赵盾迎战于河曲（今芮城县风陵渡），秦师趁夜潜逃。晋景公六年（公元前 594），秦桓公趁晋景公治兵于稷（今山西稷山县有稷山，山下有稷亭），偷袭晋邑辅氏（今陕西大荔县朝邑西北有辅氏城），结果被晋将魏颗击败，并擒获秦大力士杜回。晋厉公三年（公元前 578），晋率诸侯之师西进深入秦腹地伐秦，大败秦师于麻隧（今陕西泾阳县北），并俘获秦将成差及女父。又再渡泾水，再大败秦军于候丽（今陕西礼泉县），方才收兵。麻隧之战使秦国遭受到沉重打击。②晋、楚之间有三次大战。春秋时，楚国是晋国霸业的主要竞争对手。第一，晋楚之间战争亦是晋国胜多败少，那是从晋文公五年（公元前 632）城濮之战开始的。当时齐桓公已死，中原无霸主，多数诸侯国投靠楚国，楚为最强。晋文公勤襄王成功后，国内团结，便以先轸为正卿，经城濮一战大败楚军而于践土之盟成为天下霸主。第二，晋景公三年（公元前 597），任用中立的荀林父政，但因赵盾久专晋政，赵氏佟卿集团骄横跋扈难以驾驭，所以在邲（今河南郑州西北）之战中晋军中、下二军惨败，唯上军不败而退。第三，晋厉公六年（公元前 575），晋在三年前大败秦军于麻隧之后，又在鄢陵之战中大败楚军，结果二胜一负。此后，晋平公元年（公元前 557），晋荀偃、栾黡率师伐楚，与楚公子格战于湛阪，楚师败，晋师遂侵方城（今桐柏、大别山）之外，并复伐楚国附属国许而还。③齐国自齐桓公死后诸子争夺君位，国力下降，晋文公

注释：

①《史记·晋世家》，中华书局，1959 年。

称霸天下，逐步归为晋国阵营之胁从，但因为齐是大国，有时不听话，故晋人常讨伐之。第一，晋景公十一年（公元前589），晋郤克使齐受辱，便应鲁、卫、曹之请出兵大败齐军于鞍（今山东济南市偏西），韩厥追齐顷公"三周华不注之山（今山东济南市之东北）"，兵临齐都临淄，史称"鞍之战"，于是齐臣服于晋，齐君常常亲自朝拜。第二，晋平公三年（公元前555），因齐自悼公起，齐君不拜，常以太子代父从之。晋人为制服齐人，便率十一国诸侯之师伐齐，齐灵公虽亲自坐阵平阴（今山东平阴县东北），督战其长城防线，然在联军的猛攻下溃不成军，齐灵公逃离平阴。晋军尾随追击，齐人杀马塞道逃窜，晋率联军围攻齐都临淄，齐灵公驾车欲逃，因太子强拦方未成而死守。次年（公元前554），晋联军便东侵及潍水西岸、北岸，再南下荡尽齐国沂水流域，史称"平阴之战"。这是晋对盟国叛离的惩罚，此战迫使齐国叛晋大为收敛，不得不又屈服于晋。第三，平阴战后齐灵公死去，太子光即位，是为齐庄公，又入晋参盟。晋平公六年（公元前552），晋国发生内乱，栾盈叛逃，齐庄公借机潜送栾盈入晋，于公元前550年作乱，虽被晋平息，但同年齐庄公乘机率大军攻入晋国内地，但很快逃遁。为此，公元前548年，晋会十三国诸侯伐齐。大军渡过洴水（今山东台安县南），会盟于夷仪（今河北邢台市西）。在盟军的压力下，五月十七日，齐国执政崔杼发动政变成功，杀死齐庄公而取乐于晋人，并派大夫隰鉏向晋人解释，请求和解。同时，齐人还派大夫庆封到夷仪，"男女以班"，以示降服，并赂晋平公"以宗器，乐器"（左传·襄公二十五年），"自六正（六卿）、五吏（盖为军尉、司马、司空、舆尉、候奄）、十帅（师帅）、三军之大夫、百官之正长师旅及处守者皆有赂"（同上）。于是，晋人方许齐国降服，罢兵而归。

在春秋列国诸侯中，能感动天下，"秉直道以率诸侯"者称为"霸主"。战国、先秦及两汉时期普遍认为五霸为"齐桓、晋文、楚庄、吴阖闾、越勾践"（《荀子·五霸》、《墨子·所染》），东汉则去吴、越而添宋襄公、秦穆公（《孟子》，赵岐注），传至今日。然宋襄公谋霸四年便被楚击败于泓，兵败身亡，未做过一天霸主，毛泽东讥其为"蠢猪式"。秦穆公虽两立晋君，确有称霸意图，但自晋国城濮之战称霸后，秦已失去争霸条件，崤之战三军尽丧，从此300年不能东进中原，只得转向西方发展，最多只能算个西北区域小霸而已；吴阖闾、越勾践也仅居于东南一隅之地，称霸时间很短，且争霸政治已发展到尾声，远不能和齐桓、晋文同日而语。楚庄王的霸业是以邲之战打败晋军为标志，然而楚处南方远鄙之地，素为中原诸侯所鄙视，被称为"荆蛮"[1]，且于22年后在鄢陵之战被晋军打败。孟子概括《春秋》记事内容是以齐桓、晋文之事为代表的。春秋五霸中，对中国影响至深的只有齐桓、晋文两霸。然而，齐桓死后，五子争位乱国，其尸在床上67日不能入葬，"虫出于户而不收"（《说苑·权谋》），从此齐国霸业终止，而后又成为晋国的附庸，然而晋国却保持霸业长达一个半世纪之久。

春秋时期，从全局观之，晋国成为周王室的主要支撑者和代言人。如前所述：其一，西周晚期，周宣王南征失败，晋献侯出兵帮宣王灭掉了"南国"[2]；其二，晋穆侯帮周宣王战戎狄于千亩；其三，西周末，晋文侯与郑武公、秦襄公勤周平王东迁洛邑，后又执杀了非正统的携王，结束了其内乱，周平王作《文侯之命》载于《尚书》；其四，晋文公勤周襄王而独家平息"王子带之乱"，得王畿八邑之奖；其五，周景王时有"王子朝之乱"，晋公室虽已衰弱，但六卿尚能出兵二次勤王，平息其乱，逼王子朝陶楚死于异乡。后晋又为周王室成周，并率诸侯国为周扩建了成周，使周敬王得以迁居，直传至周慎靓王，共十一世。除三次勤王外，连周王室内部发生矛盾，有狱不能决断时，也要请晋国派使者去审理，由此可

注释：

① 李孟存：《略论春秋与战国的年代界限》，《山西师大学报》1987年第1期。

② 王晖：《晋侯稣钟及西周末晋侯在位年代考》，侯马晋学研讨会，2003年。

见，晋国在维护周王朝政权方面，起着特别重要的作用。

晋国是我国法治文化的策源地。春秋时，随着周王室的衰弱，旧制度在晋国破坏得最早、最多。例如，小宗代大宗、晋无公族而启用异姓贤能等。周礼宗法制度破坏后，自然需要另一种制度来规范，来约束社会成员，于是法治思想便在晋国首先萌芽、发展，尚法思想便替代了宗法制度的周礼而成为晋国维护社会秩序的一条传统，其尚法传统体现在经常颁布的法典之中。其一，《左传·昭公二十九年》载："晋国将守唐叔之所受法度，以经纬其……。"其二，晋文公作三军，蒐于被庐，"是以作执秩之官，为被庐之法"，确立新的政治秩序，其为晋国第一次法制变革。其三，晋襄公死后，大权落入大夫赵盾手中，他便作"赵宣子之法"，旨在维护私家利益。其四，晋景公即位，晋国赵氏专权，使士会聘周，回国"讲聚三代之典礼，于是乎修执秩以为晋法"（《国语·周语》），是为"范武子之法"，其法是为崇公室而抑侈卿之法。其五，因"范武子之法"激化了公室与大夫之间的矛盾，悼公即位后，"命士渥浊为太傅，使修范武子之法"（《左传·成公十八年》）。其六，公元前550年，范宣子制订了一部刑书，是为"范宣子刑书"，它是晋国法制史上第一部从国家总法中分离出来的刑事法规。它废除了西周以来"礼不下庶人，刑不上大夫"的奴隶主特权。40年后，赵简子和荀寅又把它铸在大铁鼎上，公布出来。它和23年前郑国子产所铸的刑书，历来被史学界认为是我国最早公布的成文法，实际上比郑国子产所"铸刑书"早14年。

春秋、战国时期，是我国从奴隶社会到封建社会的转型时期，而晋国是奴隶制崩溃、封建因素出现最早、最多的国家。从晋平公元年（公元前557年）起到晋哀公四年（公元前453年）止，是晋国奴隶制从衰落走向最后灭亡的时期，同时也是其封建因素不断增长，打破旧制度而初步确立新制度的时期。其特点表现为：①公室领地日渐减少，最后只剩下国都绛（新田）和其宗庙所在地曲沃二邑了。六卿领地与日俱增，国君不得褫夺他们的采邑。六卿间不断展开兼并斗争，最后只剩下魏、赵、韩三家。②国君在国家政权中的作用渐渐消失，国家机器操纵在六卿手中，他们轮流坐庄，按照自己的意志改造国家面貌。③原来的旧制度和贡赋、刑法等部分或全部形同虚设。随着君权下逮，晋国土地私有程度一步步加深，其重要标志有：其一，原来国君可以任意把公室土地赐给大臣、亲戚，也可以收回，或再次赐给他人。后来不仅不能收回土地，而且对卿族间兼并也无能为力。其二，因为土地真正成为卿大夫私有，于是社会出现土地转让、交换和买卖现象，与土地最为密切的是赋税制度，六卿取消公田，废除奴隶制的劳役式做法，改行封建的按亩征收实物税。另外，晋国旧的意识形态，如君权神授和宗法制的礼仪道德亦逐渐崩溃，朴素唯物思想得到一定的发展。④具有封建官僚制度的县郡制最早在晋国确立。《左传·哀公二年》说赵简子在铁之战中誓词云："克敌者，上大夫受县，下大夫受郡，士田十万。"为臣下赏赐县、郡、田地的已不是国君，而是卿赵简子。六卿往往任用家臣，养士去做某县、某郡的长官，他们与主人没有宗法上的联系，故不得将其采邑世袭。这些家臣、养士已成为封建社会食禄官吏的前身。⑤新的执政者六卿对齐桓、晋文开创的霸政已不再产生兴趣，他们按照自己的政治利益，一面到国外寻找新的伙伴，一面在国内网罗知识分子，探索一种新的政治制度。作为中原霸主的晋国，其政治对于列国具有重大影响。由晋孕育而分裂出来的魏、赵、韩三国，仍然在原来的基础上发展并完善着封建制度。后来，随着三国于战国中期皆迁都离开今山西，进驻今河北、河南，便把先进的封建因素带到那里，这对中国封建社会的形成和确立起到了辐射作用。

晋国的辉煌，除了上述几项之外，在音乐方面也作出了特殊贡献。晋国著名音乐家曰师旷，"师"非其姓，为乐师之意。他本姓范，字子野，《史记·乐书》说他精通音律，援琴而鼓，可昭"玄鹤二八集于廊门"，"延颈而鸣，舒翼而舞……"，可见他的琴艺造诣之深。清琴谱说，"阳春"、"白雪"、"玄默"

等名琴曲为师旷所作。他不但是一位造诣很深的古琴演奏家、作曲家，也是一位出色的音乐鉴赏家。《盐铁论·刺复》说："师旷之谐二音也，正其六律而宫商调。"可知他对五音六律有着精确而高深的鉴别能力。马融的《长笛赋》说："夔、襄比律，子野协吕。十二毕具，黄钟为主。"音乐界历来认为，师旷是我国"先秦音乐家最杰出的代表"，称之为"乐圣"。

综上所述，晋国不但是从西周末到战国初时期，周王朝最主要的支撑者，晋文公创立的霸业在春秋五霸中保持时间最长，其影响也是最深的。而且疆域辽阔，晋国又是法家的摇篮，还是我国封建因素出现最早、最多的国家，对中国社会从奴隶制向封建社会转变起到了非常重要的作用。另外，晋国的师旷作为我国先秦音乐的杰出代表，对我国音乐作出了巨大贡献，被称为"乐圣"。

（李尚师：山西省三晋文化研究会常务理事）

重读《晋国史》札记

谢尧亭

摘　要：本文梳理了叔虞封唐的唐地七说的由来，从历史学和考古学的角度肯定了临汾平阳说；讨论了商末周初晋南诸国族先、耿、随、韩、吕、范、黎、赵、怀姓九宗和柏的相关问题；提出了晋都翼在天马——曲村一带，故绛不在天马——曲村，古曲沃不在凤城古城的观点；认为晋阳至少有三地，太原晋阳的称谓来自晋南。

关键词：叔虞封唐；晋南国族；晋都；晋阳

　　李孟存、李尚师二先生大作《晋国史》[①]，是目前所见关于晋国历史和文化最为系统最有深度的一部力作，出版后引起了巨大反响，2001年笔者曾拜读过，今又重温此著，更受教益，收获良多。兹不揣简陋，联想所及，冒昧迻录数条札记于下，恭请方家指正。

一、叔虞封"唐"

　　周灭商以后，不仅分封了同姓子弟和异姓功臣，而且对商纣王的儿子武庚、商王朝的部分大臣如微子启等进行了分封，对商的属国也进行了重新册封，唐是商代晚期的一个小国，武王灭商后它也应在册封之列，国号仍称唐。克商后不久，武王病逝，周成王即位，由于成王年幼，由武王的兄弟周公旦辅佐成王执政，这引起了武王的其他几个兄弟管叔、蔡叔等的猜忌和不满，他们与商纣王的儿子武庚一起，联合东方夷族诸国兴兵作乱，西周王朝初定天下，立足未稳，周公接受成王的命令东征三年，终于平定了叛乱，稳定了东方大局。在此过程中，唐这个原属商王朝统辖的属国也发生了叛乱，周公灭唐，把一部分唐的贵族和顽劣分子迁离故土到杜地，并分封了武王的儿子叔虞到唐地执政，并续守唐国社稷祭祀，沿用其国号。叔虞是成王的弟弟，司马迁在《史记》[②]中讲述了一个"剪桐封弟"的故事，桐和唐在古代是字音字形相近，易混淆[③]，实际上就是剪灭唐国，分封叔虞的意思，司马迁的演绎，掺入了更多传说的成分。唐叔虞带着周王室分给他的宝器，率领他的家族和赐给他的人民，渡过黄河来到山西这块表

注释：

　　① 李孟存、李尚师：《晋国史》，山西古籍出版社，1999年。

　　②（汉）司马迁：《史记·晋世家第九》，中华书局，1982年，第1635页。

　　③ 张颔：《"剪桐"字辨》，《张颔学术文集》，中华书局，1995年。桐、唐古音相近，桐为定母东韵，唐为定母阳韵。
王雪樵：《"剪桐"音辨——也谈"桐叶封弟"传说之成因》，《晋阳学刊》1991年第1期。

里山河的宝地，开始了对唐国的治理，当时周王室有册封的《唐诰》①，但早已不存，但知有"启以夏政，疆以戎索"的治国方略。叔虞所封的唐国仅仅只存在了一代，到了他的儿子燮父的时候，就将国都迁徙到了晋，建立晋国，但晋国后代一直将唐叔虞视为开国始祖，《史记》称为晋唐叔虞。②

但叔虞所封的唐地在哪里，几千年来一直争论不休。目前，可以见到最早的文献记载是《左传·昭公元年》中的"迁实沈于大夏，主参，唐人是因"③，以及《左传·定公四年》记载的"分唐叔……命以《唐诰》，而封于夏虚"④。可见唐和大夏、夏虚不可分割，但《左传》的两处记载都没有说明大夏、夏虚和唐的具体位置。

西汉司马迁的《史记·晋世家》记载"唐在河、汾之东，方百里"⑤，明确了唐的大致方位是在黄河的支流汾河以东的某地，范围是长百里宽百里那么大。

到了东汉，经学家的理解就出现了较大分歧，学者服虔说"大夏在汾、浍之间"⑥，他认为大夏在晋南汾河与浍河之间的那块地方，进一步缩小了大夏和唐的范围，东汉末年的宋衷说唐叔虞所居的鄂地"今在大夏"⑦，鄂是叔虞唐国都城的名字。东汉班固在《汉书·地理志》"太原郡晋阳"条下自注说："故《诗》唐国，周成王灭唐，封弟叔虞，龙山在西北。有盐官，晋水所出，东入汾。"⑧后来东汉的郑玄在《毛诗·唐谱》中说："唐者，帝尧旧都之地，今日太原晋阳是，尧始居此，后乃迁河东平阳。"⑨进一步肯定了班固的说法。可见在汉代唐地就有晋南汾、浍之间与太原晋阳两种说法。

到了魏晋南北朝时期，皇甫谧认为"尧始封于唐，今中山唐县是也，后徙晋阳，及为天子都平阳，于《诗》为唐国，则唐国为平阳也"⑩，平阳即今临汾一带。西晋的臣瓒不同意班固唐地在晋阳的说法，他认为"所谓唐，今河东永安是也"⑪，北魏郦道元进一步指出唐地在"故彘县也"，永安县就是今天的霍州。《水经注》"晋水"条中有"县有晋水，后改名为晋。故子夏《序诗》称此晋也，而谓之唐，俭而用礼，有尧之遗风也"⑫，由此看来，郦氏认为春秋战国之际的子夏就说过唐、晋在今太原晋阳了。这可能是目前见到的最早关于唐在今太原的记载了。晋太康年间的《地记》认为，"唐氏在大夏之墟，属河东安县，今在绛城西北一百里有唐城者，以为唐旧国"⑬，安县当是永安或安邑县之误，安邑就在今夏县禹王城。西晋的杜预在给《左传》作注时认为，"夏虚、大夏，今太原晋阳也"⑭。徐才的《宗国都城记》认

注释:

① 杨伯峻：《春秋左传注》（修订本），中华书局，1990 年，第 1539 页。

② （汉）司马迁：《史记·晋世家第九》，中华书局，1982 年，第 1635 页。

③ （清）阮元校刻：《十三经注疏·春秋左传正义》，中华书局，1980 年，第 2023 页。

④ （清）阮元校刻：《十三经注疏·春秋左传正义》，中华书局，1980 年，第 2135 页。

⑤ （汉）司马迁：《史记·晋世家》，中华书局，1959 年，第 1635 页。

⑥ 裴骃：《史记集解》（引东汉经学家服虔在《春秋左氏传解谊》所云），台湾"商务印书馆"，1986 年

⑦ （汉）宋衷注，（清）秦嘉谟等辑：《世本八种·秦嘉谟辑补本》，北京图书馆出版社，2008 年，第 473 页。

⑧ （汉）班固：《汉书·地理志上》（第四册），中华书局，1962 年，第 1551 页。

⑨ （清）阮元校刻：《十三经注疏·毛诗正义》，中华书局，1980 年，第 360 页。

⑩ （晋）皇甫谧撰，（清）宋翔凤、钱保塘辑，刘晓东校点：《帝王世纪》，辽宁教育出版社，1997 年，第 12 页。

⑪ （汉）班固：《汉书·地理志上》（第四册）太原郡晋阳县班固自注下臣瓒语，中华书局，1962 年，第 1551 页。

⑫ （北魏）郦道元著，陈桥驿校证：《水经注校证》，中华书局，2007 年，第 174 页。

⑬ （汉）司马迁：《史记·郑世家第十二》，正义引《地记》，中华书局，1982 年，第 1773 页。

⑭ （清）阮元校刻：《十三经注疏·春秋左传正义》，中华书局，1980 年，第 2135 页。

为，"唐叔虞之子燮父徙居晋水旁，今并州故唐城。唐者，即燮父所徙之处"①。可见东汉以来的两种说法仍然存在，只是在晋南的说法出现了分歧，由汾、浍之间说发展到平阳、永安或安邑等地说。

到了唐代除了孔颖达等仍坚持唐在晋阳外，又有了新的说法，唐初的李泰等学者在《括地志》"绛州翼城县"条认为，"故唐城在绛州翼城县西二十里，即尧裔子所封，……成王灭之而封大叔"②，唐的都城在鄂，他们在《括地志》"慈州昌宁县"条认为，"故鄂城在慈州昌宁县东二里，绛州夏县相近"③，唐代的昌宁县就在今天的乡宁县，在《括地志》并州晋阳县条，他们却认为"大夏，今并州晋阳及汾、绛等州是。……故唐城在并州晋阳县北二里"④，扩大了大夏的范围。但开元年间的张守节在给《史记》作《正义》时指出，李泰等人的说法是错误的，而认为"（唐）封于河、汾二水之东，方百里，正合在晋州平阳县"⑤，就是现在的临汾市一带。唐代学者颜师古认为西晋臣瓒所谓的唐在河东永安的说法是正确的，也认为班固的晋阳说是错误的。⑥

综合以上汉唐学者的说法，至少有七种，即汾、浍之间说，太原晋阳说，临汾平阳说，霍州永安说，夏县安邑说，翼城说，乡宁昌宁说等。后世学者对于唐地的归属基本上没有超出这七种说法。例如，清代学者顾炎武在《日知录·唐》⑦一书中认为，大夏在平阳，唐在翼城。近人钱穆、童书业等却认为唐在安邑⑧，历史考古学家徐旭生也认为，"《左传》所指的夏虚当在山西的西南部，不在中部，当无疑问"⑨，等等。1919年《闻喜县志》⑩还有一说，认为闻喜县的桐地即为唐叔虞所分封的唐地，但闻喜桐地不在汾河之东，既无文献也无考古材料的支持，难以成说。

之所以叔虞所封的唐地自汉唐以来产生了这么多的说法，其根本的原因在于将唐尧的古唐国与叔虞所封的唐国混为一谈，《左传·昭公元年》有一段话："迁实沈于大夏，主参。唐人是因，以服事夏商。其季世曰唐叔虞。……台骀能业其官，宣汾、洮，障大泽，以处大原。帝用嘉之，封诸汾川。……今晋主汾而灭之矣。"⑪这里的大原，实际上指的是晋南的大原，而不是现在的太原，在文献中涉及晋国的大原多在晋南，唯春秋晚期"晋荀吴帅师败狄于大卤"⑫，"晋中行穆子败无终及群狄于大原"⑬，这个大卤、

注释：

① （宋）王应麟：《诗地理考》引徐才《宗国都城记》语，王云五主编《丛书集成初编》第3046册，台湾"商务印书馆"，1936年。

② （唐）李泰等著，贺次君辑校：《括地志辑校》，中华书局，1980年，第57页。

③ （唐）李泰等著，贺次君辑校：《括地志辑校》，中华书局，1980年，第63页。

④ （唐）李泰等著，贺次君辑校：《括地志辑校》，中华书局，1980年，第74页。

⑤ （唐）张守节：《史记正义》，台湾"商务印书馆"，1986年。

⑥ （汉）班固撰，（唐）颜师古注：《汉书·地理志》，中华书局，1962年，第1551页。

⑦ （清）顾炎武著，黄汝成集释，栾保群、吕宗力校点：《日知录集释》（全校本），上海古籍出版社，2006年，第1771页。

⑧ 钱穆：《古史地理论丛》，生活·读书·新知三联书店，2004年，第18页；童书业：《童书业历史地理论集》，中华书局，2004年，第4页；陈梦家：《殷墟卜辞综述》，中华书局，1988年，第270、272页。

⑨ 徐旭生：《夏文化论文选集》，中州古籍出版社，1985年，第142页。

⑩ 余宝滋修，杨拔田撰：《闻喜县志》，民国八年（1919）石印本。

⑪ （清）阮元校刻：《十三经注疏·春秋左传正义》，中华书局，1980年，第2023页。

⑫ （清）阮元校刻：《十三经注疏·春秋左传正义》，中华书局，1980年，第2019页。

⑬ （清）阮元校刻：《十三经注疏·春秋左传正义》，中华书局，1980年，第2023页；黄汝成集释，栾保群、吕宗力校点：《日知录集释》（全校本），上海古籍出版社，2006年，第1771页。

大原指的是今天的太原某近山之地，因为当时这里地形险要，道路崎岖，迫使晋军车兵改为徒兵，这已经为多位历史学家所论证。尧所建立的唐国在我国有多处传说地，即便在山西也有多处，譬如太原、临汾（尧都区及襄汾县一带）和霍州都是唐的传说地，特别是尧都平阳一说广为流传。其实童书业、刘起釪等学者早已指出尧与陶唐氏原非一人[1]，尧与唐原本毫无关系，只是到了战国晚期的《世本》才把尧和陶唐氏牵扯在一起。唐是夏商时期的古国，至于它和尧时期的唐国有无关系已不得而知，谁也说不清楚。

在上述七说中，以太原晋阳说出现最早，影响最大，特别是后世在今太原晋源区一带建有晋祠，更使太原晋阳说不胫而走，家喻户晓。最早班固的《汉书·地理志》中提到"唐有晋水，叔虞子燮为晋侯，是燮以晋水改为晋侯"[2]，其后郑玄《毛诗·唐谱》说"成王封母弟叔虞于尧之故墟，曰唐侯，南有晋水，至子燮改为晋侯"[3]，后来徐才《宗国都城记》也说"（燮父）徙居晋水旁"，此晋水也成为太原晋阳说的一个有力佐证，以致唐代经学大师孔颖达都说"《诗》之唐国不在晋阳，燮何须改为晋侯，明唐正晋阳是也"[4]。其实孔颖达不相信唐到晋的国号变化是都城迁徙的结果，徒守晋阳唐地以晋水为说，失之偏颇。后世学者之所以钟情于太原晋阳说，不能不说是晋水一名起了很大的误导作用。其实早在明末清初，大学者顾炎武就尖锐地指出了唐在晋阳说的错误[5]，一是晋都翼城北距晋阳700余里，就是后世迁都也没有这么远。二是霍太山以北，自春秋后期的晋悼公以后才被晋国占领，并开始在这些地方设立县邑，也就是说，在晋悼公之前，霍山以北还为戎狄占据，不是晋国的领土。三是太原晋阳在汾河的西边，与《史记》中唐在汾河东面的记载是不相符的。四是多处史料记载大夏就在晋南的平阳一带，而没有说在太原晋阳的。可以说，站在历史学的角度上，顾炎武已经把这个问题基本上说清楚了。从考古学上来说，在太原地区至今并没有发现商代晚期或西周时期的任何文物或遗迹，太原晋源区一带所谓的唐叔虞墓，经20世纪70年代的考古发掘也证明它根本就不是唐叔虞的墓葬[6]，而太原地区夏时期的考古发现与中原地区的夏文化存在较大区别，也不能成为夏虚或大夏在太原的有效证据。但太原晋阳的唐也不是空穴来风，一则是皇甫谧就认为尧唐最初是在河北唐县，后来迁到太原晋阳，最后迁到临汾平阳。[7]另外，在《逸周书·王会》[8]中有"北唐戎"，这个戎族的北唐可能就在太原一带，也就是后来晋阳唐地误传为叔虞封唐的又一个来源，由于赵氏在这里营建采邑，更加深了这种误会。

今天要确定唐地的位置，必须满足以下几个基本条件：一是在夏虚或大夏；二是在汾河以东；三是

注释：

① 刘起釪：《古史续辨》，中国社会科学出版社，1991年，第125页。

② （汉）班固：《汉书·地理志下》（第四册），中华书局，1962年，第1649页。

③ （清）阮元校刻：《十三经注疏·毛诗正义》，中华书局，1980年，第360页。

④ （清）阮元校刻：《十三经注疏·毛诗正义》，中华书局，1980年，第360页。

⑤ （清）顾炎武著，黄汝成集释，栾保群、吕宗力校点：《日知录集释》（全校本），上海古籍出版社，2006年，第1771页；张颔：《谈〈介休县志〉光绪未刊本的得失（兼谈有关地方志编纂的几个问题）》，张颔学术文集，中华书局，1995年3月，第216页。

⑥ 所谓的唐叔虞墓，位于太原市晋源区晋祠镇牛家口村东晋王岭，地表有封土堆。据山西省考古研究所发掘其并非唐叔虞墓葬。张颔：《鉴古律今 存真求实——谈山西省旧志中臆造古迹的问题》，《张颔学术文集》，中华书局，1995年，第209页。"唐叔虞墓山西有三个，翼城即有两个（一个在故城村，一个在剪桐坊），太原一个。"

⑦ （晋）皇甫谧撰，（清）宋翔凤、钱保塘辑，刘晓东校点：《帝王世纪》，辽宁教育出版社，1997年。

⑧ 黄怀信：《逸周书校补注译》，西北大学出版社，1996年，第351页。

有商代晚期或西周早期的考古遗存。只有在此前提下进行讨论，才不至于在文献互相抵牾的记载中打转绕圈，也不至于没有根据地盲目立说。

除了晋阳说以外，其他几种说法都在晋南所谓的大夏或夏虚周围，但乡宁和夏县安邑并不在汾河以东，也没有晚商和西周早期遗存的考古发现，可予以排除。汾、浍之间说太过宽泛，是一个大地域概念，也可以不予考虑。其余三种说法，即临汾平阳说、霍州永安说和翼城说，都符合以上三个基本条件。

新中国成立以后，国家曾组织考古队多次对晋南进行过实地调查，例如，20世纪70年代以邹衡先生为代表的北京大学考古专业商周组与山西省考古研究所合作在晋南地区做了很多调查工作，最后确定了曲沃县与翼城县交界的天马——曲村遗址为晋国时期的重要遗址，并认为这里可能就是早期的晋都所在地。1979年至今，北京大学考古专业与山西省考古研究所合作在曲沃县天马——曲村发掘了大量的遗址和墓葬，在曲村东部和北部发现了大约有20 000座墓葬的一处贵族和平民墓地，发掘了600多座，通过考古发掘在该遗址曲村墓地6384号墓葬中首次发现了铸有"晋"字的青铜器铭文（晋中韦父盉），从而更加坚定了这里是晋都遗址的信心。[1] 特别是1992—2001年发掘的北赵晋侯墓地[2]，共发现了9组19座晋侯及其夫人的墓葬，其世系从晋侯燮父可以排列到晋文侯仇，这一重大发现使得晋国早期的都城，即燮父所迁徙的晋有了着落，晋国早期的都城就在墓地的附近。邹衡等先生撰文指出，唐、燮父所迁的晋和晋国的故绛都城都在天马——曲村遗址一带[3]，李伯谦先生等一大批学者也认为唐和燮父所迁的晋或翼就在这里，但李伯谦先生不认为故绛在天马——曲村遗址[4]，李伯谦还指出唐地诸说中其他几种说法不可信，认为唐的中心就在天马——曲村一带[5]，唐、晋一地。

虽然在古、今本《竹书纪年》中都提到了燮父迁都的事情，但记载简略，古本《竹书纪年》记载"晋侯作宫而美，康王使让之"[6]，今本《竹书纪年》记载"（康王）九年，唐迁于晋，作宫而美，王使人让之"[7]。班固、郑玄、孔颖达等认为燮父只是改国号，并未迁都。关于燮父是否迁都自汉代以来在史学界实际上存在两种不同的意见。

非常重要的是，2007年朱凤瀚先生在香港某私人收藏家处见到的一件西周早期有铭文的青铜簋[8]，

注释：

① 北京大学考古学系商周组、山西省考古研究所编著：《天马——曲村（1980—1989）》，科学出版社，2000年，第505页。

② 北京大学考古系、山西省考古研究所：《1992年春天马——曲村遗址墓葬发掘报告》，《文物》1993年第3期；《天马——曲村遗址北赵晋侯墓地第二次发掘》，《文物》1994年第1期；《天马——曲村遗址北赵晋侯墓地第三次发掘》，《文物》1994年第8期；《天马——曲村遗址北赵晋侯墓地第四次发掘》，《文物》1994年第8期；《天马——曲村遗址北赵晋侯墓地第五次发掘》，《文物》1995年第7期；《天马——曲村遗址北赵晋侯墓地第六次发掘》，《文物》2001年第8期。

③ 李伯谦：《晋国始封地考略》，《中国文物报》1993年12月12日；邹衡：《论早期晋都》，《文物》1994年第1期；邹衡：《晋始封地考略》，《尽心集——张政烺先生八十庆寿论文集》，中国社会科学出版社，1996年；邹衡：《论故绛与唐》，《国学研究》第12卷，2003年。

④ 李伯谦：《天马——曲村遗址发掘与晋国始封地的推定》，《中国青铜文化结构体系研究》，科学出版社，1998年；田建文：《晋国早期都邑探索》，《三晋考古》第一辑，山西人民出版社，1994年；谢尧亭：《晋侯墓地初识》，《文物季刊》1998年第3期；王立新：《关于天马——曲村遗址性质的几个问题》，《中原文物》2003年第1期。

⑤ 李伯谦：《天马——曲村遗址发掘与晋国始封地的推定》，《中国青铜文化结构体系研究》，科学出版社，1998年。

⑥ （清）朱右曾辑，（民国）王国维补，黄永年点校：《古本竹书纪年辑校》，辽宁教育出版社，1997年。

⑦ （民国）王国维撰：《今本竹书纪年疏证》，辽宁教育出版社，1997年。

⑧ 朱凤瀚：《尧公簋与唐伯侯于晋》，《考古》2007年第3期。

被学者称为疏公簋①，其中有"王令唐伯侯于晋"的文句，至为关键。这件器物的发现，从根本上解决了几千年来争讼不决的唐、晋是一地还是两地的问题，证实了燮父由唐迁晋的历史事实。

虽然否定了太原晋阳说，但唐在晋南何处这个问题还是没有得到彻底解决，燮父所迁徙的晋虽然确定在曲沃县天马——曲村一带，但唐叔虞的墓葬和唐的中心聚落并没有发现。在天马——曲村遗址也没有发现西周初年相当于叔虞时期或更早的商代晚期的任何东西，原来认为较早的那些贵族墓葬实际上大都早不到唐叔虞的时候，目前虽然在晋南地区发现了一些商代晚期的遗址或地点，但在规模和性质上都难以指认为是唐国的遗留物，像浮山县发现的桥北遗址和墓地显然与晚商周初的先国有关，而不是唐。其他七八处地点也仅仅发现了少量陶器残片，而没有发现像样的遗址。② 但是在北赵晋侯墓地63号墓葬出土的一件玉环上有刻文"文王卜曰：我罙唐人弘战贾人"③的文句，意思就是周文王占卜说，我和唐人联合与贾人大战这件事如何，贾国在今临汾市贾得乡或襄汾县西一带。先国的中心在今浮山县北王乡桥北村附近，这些发现都显示了唐与贾国和先国相距不远，说明唐在晋南无疑，学者们通过分析研究，目前大体上将唐地锁定在今襄汾县的塔儿山（一名天柱山）以北的临汾盆地，即文献所谓的平阳一带④，当然翼城县也是不可忽视的唐的探索地之一，晋南唐地的最后确定还需要通过考古学的发现和研究来证实。

二、商末周初晋南的国族

《晋国史》第7页述及商末周初晋南国族。商末周初，晋南地区有很多国族是公认的事实，像虞、芮、魏、骀、艾、黎、宣、贾、霍、先、丕、唐、沈、姒、蓐、黄等至迟在商代晚期就存在于晋南⑤，周灭商，对这些国家大多进行了重新分封，而且大多数变成了姬姓国家，也有一部分被迁封或灭国。通过文献记载和考古发现，目前所知西周时期晋南有霍、杨、韩、魏、耿、冀、唐（晋）、贾、先、柏、荀、郇、董、虞、芮、虢、隗、倗、霸（格）、祖、骊、皋落、黎等。令人不可思议的是，在临汾和运城盆地发现的商代晚期考古遗存却寥寥无几，与文献记载的国族数量很不相称，这个问题迄今尚无明确可信的答案。西周时期的考古遗存与文献记载的国族数量可以比拟，甚至遗存数量更多⑥，因此我们可以推知，西周晋国虽是侯国，但"方百里"不是虚言，据《周礼·夏官·司马》记载，"王六军，大国三军，次国二军，小国一军"⑦，晋武公时晋国尚为一军，分明是小国，以至于春秋早期的公元前672年晋大夫郭偃还说"今晋国之方，偏侯也，其土又小，大国在侧"⑧，时当晋献公时。公元前661年，献公始作二军，国际形势逼迫晋国需要进行大肆扩张。

注释：

① 李学勤：《论觉公簋年代及其有关问题》，《庆祝何炳棣先生九十华诞论文集》，三秦出版社，2008年；李学勤：《释疏》，《考古》2009年第9期。

② 谢尧亭：《晋南地区西周墓葬研究》，吉林大学博士学位论文，2010年，第7—8页。

③ 山西省考古研究所、北京大学考古学系：《天马——曲村遗址北赵晋侯墓地第三次发掘》，《文物》1994年第8期。释文亦据李学勤先生隶定，参考李学勤：《文王玉环考》，《华学》，中山大学出版社，1995年第1辑，第70页。

④ 孙庆伟：《爻公簋、晋侯尊与叔虞居鄂、燮父都向》，北京大学震旦古代文明研究中心编：《古代文明研究通讯》总第35期，2007年12月。

⑤ 谢尧亭：《晋南地区西周墓葬研究》，吉林大学博士学位论文，2010年，第7页。

⑥ 谢尧亭：《晋南地区西周墓葬研究》，吉林大学博士学位论文，2010年，第9—22页。

⑦ （清）阮元校刻：《十三经注疏·周礼注疏》，中华书局，1980年，第830页。

⑧ （战国）左丘明（？）：《国语·晋语一》，商务印书馆，1935年，第91页。

1. 先

《晋国史》第 8 页："春秋时晋国大夫有先轸、先且居、先克和丕郑、丕豹等，他们无疑是以国为氏的先、丕两国后裔。"其实这种说法未必正确。我们知道，商末周初的先国已被确认是在浮山县桥北村一带，桥北遗址是一个上自新石器时代仰韶晚期一直延续到汉代的大遗址[①]，在这里发现了商末周初带墓道的大墓和一些西周春秋时期的小墓，更重要的是，发现了多件带"先"字的青铜器，如罍、觚等器。[②]先国后来被晋国兼并，成为晋国卿大夫的封邑，先氏有可能是原来先国的后裔，也有可能是被封到先地以邑为氏的卿大夫及其后裔，像《通志·氏族略》记载周宣王时"晋隰叔初封于先，故以为氏"[③]就是明显的例证，其实丕氏也是同样的道理。

2. 耿

《晋国史》第 56 页："古耿国在今山西省河津县东南二十里的山王村附近，古耿国也是西周的姬姓侯国。"值得重视的是，2007 年河津市博物馆在柴家镇山王村收缴回几件青铜器，出自墓葬，有鼎、盘、壶盖各 1 件。铜鼎为立耳，半球形腹，蹄足，上腹饰重环纹，器表有烟炱痕迹，内壁铸铭文。铜盘为浅盘，长附耳，圈足，下接三矮足，内底铸铭文。铜方壶盖，上有方形捉手，长子口，子口面铸铭文，盖顶饰对称双龙纹，盖面饰重环纹。[④]从这几件青铜器判断，该墓葬的年代为西周晚期，这次发现当与古耿国有关。

3. 随

《晋国史》第 32 页："晋鄂侯……弃翼都而逃奔于随（今山西省介休县东稍南约二十五里有古随城）。"第 269 页："晋武公又灭夷国，……灭随国（今介休县北）。"武公所灭的夷国应该在晋南或今山西与河南交界地带，具体位置不详。随国应该就是晋侯郄所逃奔的随地，后来晋国的怀姓九宗、职官五正和顷父之子嘉父等将晋侯郄从随地迎纳到故唐都鄂地，称为晋鄂侯[⑤]，这个随地也当在晋南，可能在远离国都的近山地区，具体位置有待进一步确定，但此随国、随地都不可能在今介休县境内，晋献公时晋国的领土扩张范围还不至于如此之大。

4. 韩

《晋国史》第 89 页："韩氏本出自曲沃小宗桓叔。韩万是曲沃桓叔之子，古韩国是武王儿子的封国。"第 188 页："韩氏，曲沃桓叔庶子，庄伯之弟封于韩，以其食邑为氏，而称曰韩万。"据《史记·韩世家》[⑥]注，古韩国本有桓叔，与曲沃桓叔并非一人。晋文侯二十一年（公元前 760）灭古韩国，后来历经

注释：

① 谢尧亭、王金平：《浮山县古遗址调查》，《中国考古学年鉴 1999》，文物出版社，2001 年，第 116 页。

② 田建文：《山西浮山桥北商周墓》，《2004 中国重要考古发现》，文物出版社，2005 年；桥北考古队：《山西浮山桥北商周墓》，北京大学中国考古学研究中心、北京大学震旦古代文明研究中心编：《古代文明》（第 5 卷），文物出版社，2006 年；田建文、李俊峰：《山西桥北墓地"先"字铭文》，北京大学震旦古代文明研究中心编：《古代文明研究通讯》总第 36 期，2008 年 3 月。

③（南宋）郑樵：《通志卷二十九·氏族略五》，中华书局，1987 年，第 473 页。

④ 谢尧亭：《晋南地区西周墓葬研究》，吉林大学博士学位论文，2010 年，第 134 页。

⑤ 杨伯峻：《春秋左传注》（修订本），中华书局，1990 年，第 49 页，"翼九宗五正顷父之子嘉父逆晋侯于随，纳诸鄂，晋人谓之鄂侯"。

⑥（汉）司马迁：《史记·韩世家第十五》，中华书局，1982 年，第 1865 页，索隐"今以韩侯之后别有桓叔，非关曲沃之桓叔"。

曲沃与翼67年内战，后来曲沃桓叔之子韩万得封韩地。《诗经·韩奕》[①]的"溥彼韩城，燕师所完"，所述乃周宣王时事，即古韩国也，但此古韩国与晋文侯所灭的古韩国当不是一回事，其地或在近燕的北方。[②]晋文侯二十一年（公元前760）所灭的韩国在哪里？《晋国史》第269页认为，文侯灭韩在"山西河津县北"，但当时晋国范围可能还到不了戎狄所据的这一带。从《左传·襄公二十九年》所举"虞、虢、焦、滑、霍、杨、韩、魏"两两相近的关系来看，韩可能距魏较近，或在河津、万荣县之间所谓的"韩原"[③]。关于韩原的地望，颇有争议，从《左传·僖公十五年》上下文来看，顾炎武之说[④]似乎见长。

5. 吕

《晋国史》第63页："吕，今山西省霍县西。"晋国有吕地，在洪洞县和霍州市一带，晋人有吕甥、吕相、吕锜等。从青铜器铭文可知，吕为古国，姜姓，西周早期的吕姜簋有"吕姜作簋"，西周晚期的吕壶有"吕季姜作醴壶"。吕国国君称吕伯，西周早期的班簋、吕伯觯和西周中期的吕伯簋皆铭"吕伯"，西周晚期吕国国君曾称王，如西周晚期的吕王鬲、壶[⑤]皆铭"吕王"，似非华夏族群，居于周王朝控制范围的边缘或之外地带，从1972年甘肃灵台县西岭墓葬出土的吕姜簋[⑥]推断，吕国可能位于灵台县一带，该国族自西周早期到西周晚期一直存在，从班簋来看，吕伯在西周早期曾参与王室的三年平定东国叛乱战争。由吕雏姬鬲和吕王壶可知，西周吕国曾与姬姓的芮国和雏国通婚，吕中生匜反映它还和"中"国族通婚。西周之前的吕国族或在晋南，后被迁西土，其实物还有待考古工作进一步发现。

6. 范

据《国语·晋语八》："昔匄之祖，自虞以上为陶唐氏，在夏为御龙氏，在商为豕韦氏，在周为唐杜氏。周卑，晋继之，为范氏。"[⑦]范氏自述其祖宗来源，当无疑问，以此看来，范氏本为祁姓，当是唐人后裔。在天马——曲村遗址发现的头向东的墓葬属于唐人的墓葬[⑧]，河南辉县琉璃阁[⑨]发现的范氏墓葬也是头向东，与前者渊源有自，太原晋阳赵卿墓[⑩]也是头向东的墓葬，也属唐人，只是为嬴姓，唐人在商代晚期就不单纯，它包含多个族姓，晋国早期异姓贵族甚多，曲村东向墓葬属于不同家族的唐人后裔，他们与周人和怀姓九宗不同。至于范氏是否有一部分被迁往杜地，后来又回归晋国，考古上还难以证实，其后裔在晋国发展成为显族，则是不争的事实。实际上唐（晋）国从一开始建国就重用异姓贵族，如怀姓九宗贵族和唐人贵族，到了晋献公时期接受了晋昭侯和曲沃桓叔两宗长期内战的教训，大举进行灭公族行动，以巩固其统治地位，以后多代晋君选贤任能，大胆启用异姓贵族，不仅为晋国的繁荣强大注入了活力，也为最后三家分晋埋下了祸根。

注释：

① （清）阮元校刻：《十三经注疏·毛诗正义》，中华书局，1980年，第570页。

② （清）顾炎武著，黄汝成集释，栾保群、吕宗力校点：《日知录集释》（全校本），上海古籍出版社，2006年，第166页。

③ 马保春：《晋国地名考》，学苑出版社，2010年，第196页。

④ （清）顾炎武著，黄汝成集释，栾保群、吕宗力校点：《日知录集释》（全校本），上海古籍出版社，2006年，第1501页。

⑤ 以上诸吕器均见于"中央研究院"历史语言研究所金文工作室网站：《殷周金文暨青铜器资料库》。

⑥ 甘肃省博物馆文物队、灵台县文化馆：《甘肃灵台县两周墓葬》，《考古》1976年第1期。

⑦ （战国）左丘明：《国语·晋语八》，商务印书馆，1935年，第163页。

⑧ 谢尧亭：《晋南地区西周墓葬研究》，吉林大学博士学位论文，2010年，第83页。

⑨ 河南博物院、台北"国立历史博物馆"：《辉县琉璃阁甲乙二墓》，大象出版社，2003年。

⑩ 山西省考古研究所、太原市文物管理委员会：《太原晋国赵卿墓》，文物出版社，1996年。

7. 黎

《晋国史》第163页："潞氏原居之地，本为殷商古国黎的封地，黎君为帝尧的后裔，……武王克商后又封黎国于今山西省长治市西南三十里的黎侯岭下，黎为赤狄所逼，逃到卫国，现在景公请归黎后裔，改徙今黎城县东北十八里处。"若言黎为尧的后裔，则殷商之黎为祁姓，西周之黎则为姬姓，赤狄逼其逃卫事在春秋，至晋国伐灭潞氏，"立黎侯而还"。旧说周文王时勘黎，清华简《耆夜》证实勘黎发生在武王八年，与周文王无涉。[①] 2006年1—9月在黎城县西关被盗发现的塔坡西周墓地[②] 勘探墓葬92座，其中有带墓道的大型墓3座，中型墓15座，其余为小型墓，发掘了10座（大型墓2座、中型墓5座、小型墓3座）。黎城西周墓的特征总结如下：大、中、小型墓葬杂处于一个墓地，看不出排列规律。没有夫妻并穴合葬的现象。没有专设的车马坑，车都随葬在墓葬内。均无积石积炭现象。每座墓葬的一面墓壁上有一个不规则形洞。墓葬至少可以分为三个等级：第一等级为带墓道的大型墓，面积26—29平方米；第二等级为中型竖穴墓；第三等级为小型竖穴墓。从中型墓葬M8有腰坑的情况推测，大中型墓葬都应该有腰坑。大型墓葬M1有殉人，M10有牺牲57具，其余不详。葬具：中型墓有2棺1椁和3棺1椁，大型墓M10为2棺1椁，可见该墓地重视葬具使用。大墓随葬车7辆，中型墓随葬车1—3辆，小型墓均不随葬车。大中型墓都有不随葬车者。中型墓M8为一鼎墓，共存器物为鼎1、簋2、壶2、甗1、盘1、匜1，中型墓M7共存器物为鼎、簋、壶、盘、匜，中型墓M9共存器物为簋2、壶2、盘1、匜1皆明器，无鼎。中型墓M2、M3、M8、M9有串饰，大型墓M10无串饰。从此墓地发现的其他器物判断，墓地的时代可能还要早，墓葬数量可能更多，它或者是西伯勘黎后分封的黎国的遗存。已探明的大型墓3座，中型墓15座，小型墓74座，属西周晚期到春秋初年黎国国君及其国人的墓地。所见青铜器铭文中有"黎侯宰"，姬姓。黎城县塔坡西周墓地的发现，解决了西周黎国的归属问题。春秋时期晋国所立黎侯的遗存尚未辨见，有待进一步发现与研究。近年又在长子县西南呈发现了一处西周墓地[③]，其中有数座带墓道的大墓和众多中小型墓葬，笔者认为这处墓地可能也和西周时期的黎国有关。

8. 赵

《晋国史》第132页："西周穆王以赵城（今山西省洪洞县赵城镇旧址）封造父，其族由此以赵为氏。赵氏于西周仕晋后，先后食邑于赵、耿（赵夙邑）、原，皆为大邑。"同书第275页引《史记·秦本纪》为说。第一种可能是若以周穆王封造父于赵城为史实，则周穆王为其封邑实际上等于建国，我们知道，西周时期洪洞县赵城一带并非周王畿内，此处也非晋国国境，此赵当为赵国，也应该在晋武公或其前灭于晋，晋献公时赵夙从君征伐，得以封耿，但文献中始终未言赵被晋国所兼并的事实。另外一种可能就是，赵本为古唐国旧属，始终在唐，随着周成王灭唐封唐叔虞，赵氏不为显族，周穆王时以其驾驭有功，令晋侯封其邑赵城，赵城属晋地，后来赵氏仍为天子驾驭，至晋献公时始在晋国公室供职，并有战功封耿，从此发达成为异姓显贵，终于三家分晋而后建国。因此周穆王之封未必是实，但也可能西周时期晋国和其他诸侯国均不能境内私封，唯有周王有此权力，这也从一个侧面说明了王畿以外西周列国

注释：

① 李学勤：《从清华简谈到周代黎国》，李学勤：《初识清华简》，中西书局，2013年。

② 张崇宁等：《山西发掘黎城西周墓地》，《中国文物报》，2007年4月25日2版；高智、张崇宁：《西伯即勘黎——西周黎侯铜器的出土与黎国墓地的确认》，《古代文明研究通讯》总第34期，2007年9月；张崇宁：《山西黎城黎国墓地》，国家文物局主编：《2007中国重要考古发现》，文物出版社，2008年。

③ 韩炳华、杨林中、李书勤：《山西长子发现大型西周墓地》，《中国文物报》，2013年10月25日8版。

无采邑的制度。① 考古发现太原晋阳赵卿 251 号墓葬，头向东，其俗与范氏墓葬相同，更与曲村墓地、洪洞县永凝堡墓地、上马墓地等头向东的唐人墓葬如出一辙，可见其当是土著唐人，源远流长。但赵城一带考古工作尚不到位，西周赵国或赵邑遗址的发现还是一片空白，有待实证。赵康古城② 应该是春秋中期的赵氏故城，后来长期沿用，当地人称为晋城，顾炎武指其为故绛③，但是缺乏考古实物证据，晋景公时期的"下宫之役"很可能发生在这里。"下宫之役"栾氏当政，当是其主谋。

9. 怀姓九宗

《晋国史》第 10 页："'九宗五正'既有迎纳逃亡之君的力量，定然不是奴隶，他们应是异姓的贵族。"作者所言极是。唐叔受封，授其民为"怀姓九宗"，其族属身份向有争议。怀、媿字通，怀姓贵族在晋国有较高的地位，可能是公认的事实，但他们是唐人还是狄人，意见不一，在曲村墓地发现了大量的北向、东向贵族墓葬和少量西向贵族墓葬，笔者认为北向贵族墓葬是周人贵族的墓葬，像 M6081 还出土有方鼎，级别较高，但不是邹衡先生等所认为的唐叔虞的墓葬④，东向贵族墓葬可能是唐人的贵族墓葬，西向贵族墓葬可能是狄人的贵族墓葬。⑤ 怀姓九宗在晋国范围内，晋国周围环以戎狄⑥，因此唐叔被封时"启以夏政，疆以戎索"。所谓的环以戎狄，北部霍山以北太岳、吕梁山区、东部太岳、太行山区、南面中条山区、西有万荣、稷山一带狄人和河西的白狄。当然晋国周围还有像偃、霸⑦、相这样的小国，从考古发现来看，我们认为其属于狄人，最近我们在绛县县城以东雎村一带又发现了一处西周墓地，墓葬方向也是东西向，这里可能是另外一个狄人小国，或者就是相国族的墓地。⑧ 这些狄人小国很容易被学者误认为是文献中记载的"怀姓九宗"，这是受王国维⑨先生的影响。在《国语·郑语》中记载晋国边上有个隗国，"当成周者，西有虞、虢、晋、隗、霍、杨、魏、芮"⑩，上述八国按其地域可分为四组，虞、虢相近，霍、杨相近，魏、芮相近，晋国与隗国也当相近，隗与媿通，这个隗实际上就是指这些媿姓狄

注释：

① 吕文郁：《周代的采邑制度》（增订本），社会科学文献出版社，2006 年；张天恩：《论西周采邑制度的有关问题》，《周秦文化研究论集》，科学出版社，2009 年；张天恩：《考古发现的西周采邑略析》，《周秦文化研究论集》，科学出版社，2009 年；张天恩：《晋南已发现的西周国族初析》，《考古与文物》2010 年第 1 期。

② 山西省文管会侯马工作站：《山西襄汾赵康附近古城址调查》，《考古》1963 年第 10 期。

③ （清）顾炎武著，黄汝成集释，栾保群、吕宗力校点：《日知录集释》（全校本），上海古籍出版社，2006 年，第 1772 页。

④ 北京大学考古学系商周组、山西省考古研究所编著：《天马——曲村（1980—1989）》，科学出版社，2000 年，第 1133 页；邹衡：《论故绛与唐》，《国学研究》第 12 卷，2003 年。

⑤ 谢尧亭：《晋南地区西周墓葬研究》，吉林大学博士学位论文，2010 年 6 月，第 83 页。

⑥ 王云五：《国语（一）·晋语二》，商务印书馆，民国十二年（1923）四月，第 98 页"宰孔谓其御曰：'晋侯将死矣，……戎狄之民实环之……'"。

⑦ 山西省考古研究所等：《山西绛县横水西周墓发掘简报》，《文物》2006 年第 8 期；山西省考古研究所等：《山西绛县横水西周墓地》，《考古》2006 年第 7 期；谢尧亭、王金平：《山西翼城大河口西周墓地》，国家文物局主编：《2008 中国重要考古发现》，文物出版社，2009 年；山西省考古研究所大河口墓地联合考古队：《山西翼城县大河口西周墓地》，《考古》2011 年第 7 期。

⑧ 王云五主编：《国语（一）·晋语一》，商务印书馆，民国十二年（1923）四月，第 87 页"翟柤"。"柤"为莊声鱼韵，"雎"为清声鱼韵，可通。

⑨ 王国维：《鬼方昆夷獫狁考》，《观堂集林》卷十三，中华书局，1959 年。

⑩ 王云五主编：《国语（二）·郑语》，商务印书馆，民国十二年（1923）四月，第 56 页。

人小国而言，它们与怀姓九宗虽然族姓相同，但不是一回事。[①]

《左传·宣公十五年》："秋七月，秦桓公伐晋，次于辅氏。壬午，晋侯治兵于稷，以略狄土，立黎侯而还。及洛，魏颗败秦师于辅氏。"[②]辅氏在河西大荔一带，治兵的稷，注释为在稷山一带，此稷或在晋东南也未可知，所略狄土，当在潞城、长子一带，然后才有立黎侯的事情，洛是晋军回程的一个地名或水名，当在晋东南到翼城县一带，这个狄土指的是潞氏地，由此"晋侯赏魏桓子狄臣千室"[③]，促进了文化的融合。次年，又灭赤狄甲氏等，可见晋南戎狄部族之多。

10. 柏

《晋国史》第 187 页："晋景公时，有'智比阳子'的新贵伯宗，《元和姓纂》引《世本》云：'晋孙伯起生伯宗，因氏焉'。《晋语五》韦注云'伯宗，晋大夫孙伯纠之子'。"柏为古国族名，1993 年在曲沃县北赵晋侯墓地发掘 M64 晋穆侯墓葬时，发现西周晚期的青铜器叔钊父甗，甑内壁铸铭文 15 字"叔钊父作柏姞宝甗，子子孙孙永宝用"[④]。这里的叔钊父应当是晋国人，柏姞是其妻，这篇铭文前半句应该解释为晋国贵族叔钊父为其妻姞姓柏国族女子做了这件宝贵的铜甗，这件器物埋葬在晋穆侯的墓葬中，钊父有可能也是晋侯邦父的弟弟。"柏"与"伯"通，但是否是同一族姓，尚难确定，若以《晋国史》引文，则伯氏，姬姓，柏与伯国族不同。"伯"与"霸"也通，但霸国墓地发现的墓葬资料显示，他们是一群不同于姬姓周人埋葬习俗的狄人，可能为媿姓[⑤]，至于霸是不是柏[⑥]，一时更难证明。无论如何，笔者认为柏这个国族当时可能也在晋南某地。

三、晋都、晋阳

1. 翼在天马——曲村一带

《晋国史》第 22 页："概言之，唐叔虞和晋侯燮父应该都于唐，又称作翼（今翼城县南梁镇故城遗址，或苇沟——北寿城遗址）。"这里所说的燮父都于唐与古本和今本《竹书纪年》不合，考古上也无证据，虽然当时北赵晋侯墓地 M113、M114 组晋侯燮父夫妇墓葬尚未发现，但作这种推测显然没有道理。近年发现的"疏公盨"更进一步证实，唐、晋确有一迁。但唐与翼应该不是一回事，唐不可能称作翼。从传世文献来看，翼作为晋都名称最早出现在晋昭侯之时[⑦]，但翼都在何地，史学界和考古界都有不同意见，例如，顾炎武就认为，晋都"窃疑唐叔之封以至侯缗之灭，并在于翼"[⑧]，有学者认为翼在翼

注释：

① 谢尧亭：《倗、霸及其联姻的国族初探》，《金玉交辉——商周考古、艺术与文化论文集》，"中央研究院"历史语言研究所，2013 年 11 月。

② （清）阮元校刻：《十三经注疏·春秋左传正义》，中华书局，1980 年，第 1888 页。

③ （清）阮元校刻：《十三经注疏·春秋左传正义》，中华书局，1980 年，第 1888 页。

④ 上海博物馆：《晋国奇珍——晋侯墓地出土文物精品》，上海人民美术出版社，2002 年，第 148—149 页。

⑤ 谢尧亭：《倗、霸及其联姻的国族初探》，《金玉交辉——商周考古、艺术与文化论文集》，"中央研究院"历史语言研究所，2013 年 11 月。

⑥ 冯时：《霸国考》，《两周封国论衡——陕西韩城出土芮国文物暨周代封国考古学研究国际学术研讨会论文集》，上海古籍出版社，2014 年。

⑦ 谢尧亭：《晋侯墓地初识》，《文物季刊》1998 年第 3 期。

⑧ （清）顾炎武著，陈垣校注：《日知录校注·卷三十一》，安徽大学出版社，2007 年，第 1790 页。

城县西 20 公里处，考古学家邹衡先生认为，翼应该在翼城县南梁故城村一带。[①] 现在看来翼应该就在天马——曲村遗址。北赵晋侯墓地的发掘大大推进了相关的考古研究，目前大致可以确定晋侯燮父到晋文侯这九代晋侯及其夫人的墓葬就埋葬在这里，巧合的是晋昭侯时文献始见翼这个都城的名字，而不是《晋国史》第 31 页作者认为的 "孝侯继位后大概迁都于翼（今翼城东南七点五公里的故城村）"。近年滏河南岸羊舌墓地的发现[②]，又增加了一处晋侯墓地，正好与北赵晋侯墓地年代相衔接，也就是说与翼相对应的晋侯的墓葬位于羊舌墓地，羊舌晋侯墓地的建造很可能与晋昭侯等死于非命不得埋入兆域有关，这是翼都在天马——曲村的一个有力证据。再看《天马——曲村》，我们发现在该遗址出土有铸造青铜器的陶范，我们知道，周代凡是能够铸造青铜器，有青铜器作坊的地方都是级别较高的都邑遗址，在天马——曲村遗址发现了多件陶范，报告称 "陶范，均为残块，主要见于 J7 区，所铸之器包括容器、兵器、工具等"[③]，今检查《天马——曲村》共发现陶范 10 件，都位于 J7 区，其中 F10、H119、H171、H50、H145 和 H162 六个单位报告说明其时代为春秋早期阶段，唯称 H81 为西周晚期，但无陶容器发现，不知其说正误，另外三个单位 T7③、T46③A、T1368③，唯 T7③未发现其他陶器，T46③A、T1368③从上下层有陶器的单位推断，其年代大致可以定为春秋时期，从以上出土陶范的 10 个单位来看，这些陶范大多见于春秋早期，而且它们都位于 J7 区，由此可知，J7 区可能是晋都青铜器铸造作坊的中心区域。那么春秋早期天马——曲村遗址仍然是晋国的中心聚落，也即翼都所在地，晋昭侯、孝侯、鄂侯、哀侯、小子侯、晋侯缗与曲沃 67 年内战的翼都还在曲村一带。另据古本《竹书纪年》"翼侯伐曲沃，大捷，武公请成于翼，至桐庭乃返"[④]。可见在翼和曲沃内战期间，即使到晋武公时期，翼并非不堪一击，晋侯缗在位长达 27 年，形成羊舌墓地的祭祀或盟誓现象并非难以解释，因而不能据此认为它们是曲沃一支的墓地。[⑤] 由此似乎可以进一步推断，晋昭侯以前这里的都城也应该名翼，疏公簋中 "唐伯侯于晋" 的 "晋" 是地名，作为国名，"翼" 是国都名，而北赵晋侯墓地 M114 出土的晋侯鸟尊铭文 "晋侯作向太室宝尊彝"，"向" 是其一个宗庙名。春秋初年天马——曲村遗址可以铸造青铜容器、工具和兵器，同时也说明周王室对青铜器资源的控制力和青铜器铸造的垄断能力大大下降，周王室的衰落和诸侯国的崛起，诸侯兼并现象的出现，这些在文献记载和考古发现上都有明显的表征，自主、霸权和文化特色的凸显，为东周列国灿烂的文化奠定了基础。

由晋厉公被杀，以车一乘葬之于翼东门之外[⑥]说明，翼都应该有城垣存在，虽然目前在天马——曲村遗址尚未发现都城墙垣，但这种发现只是时间的问题。

2. 曲沃

《晋国史》第 21 页："晋昭侯别封文侯弟成师（又称曲沃桓叔）于曲沃（今曲沃的凤城）。"以桓叔所封的曲沃在凤城，似不妥当，迄今在凤城一带考古调查和发掘所见最早的遗物年代是战国早期[⑦]，未发

注释：

① 邹衡：《论早期晋都》，《文物》1994 年第 1 期。

② 山西省考古研究所、曲沃县文物局：《山西曲沃羊舌晋侯墓地发掘简报》，《文物》2009 年第 1 期。

③ 北京大学考古学系商周组、山西省考古研究所：《天马——曲村（1980—1989）》第一册，科学出版社，2000 年，第 62 页。

④ 方诗铭、王修龄：《古本竹书纪年辑证·晋纪》，上海古籍出版社，2005 年，第 73 页。

⑤ 田建文：《也谈曲沃羊舍墓地 1 号墓墓主》，《中国文物报》，2007 年 3 月 30 日 7 版。

⑥ 杨伯峻：《春秋左传注》（修订本），中华书局，1990 年，第 906 页。

⑦ 山西省考古研究所侯马工作站：《晋都新田》，山西人民出版社，1996 年，第 20、121 页。

现春秋早中期的遗存，也就是说凤城古城不可能是古曲沃城，据研究它很可能是三家分晋（公元前453）之后，毁坏其原来的都城——"品"字形宫城及其外郭城，将晋国国君搬迁到这里[1]，后来该城不断扩建使用到汉魏以降时期，与古曲沃无关。历代史志记载多以闻喜左邑为古曲沃，考古工作者在闻喜县上郭墓地[2]发现有这一时期的墓葬及其遗址，其遗存的年代以春秋早期为主，有个别西周晚期的遗物，且墓葬中随葬有荀、贾等国的青铜器，大体可以论证古曲沃在今闻喜上郭一带，特别是子犯编钟[3]的出土更加肯定了这种论断。目前所知晋国自文侯时期就已经开始向外扩张了[4]，曲沃邑当是文侯死前或昭侯继位时所得。至于有作者以晋国曲沃有二处，一在峨嵋岭北，一在峨嵋岭南的说法似过迁曲调和，并无道理。[5]

3. 故绛不在天马——曲村

《晋国史》第22页："自武公至文侯的九代晋君（包括殇叔），已被证明都于故绛（今天马——曲村遗址），但殇叔墓不会在那里。"第23页："从献公九年（前668年）至景公十五年（前585年）的八十多年间，晋国的献、惠、怀、文、襄、灵、成、景八个国君，重都于绛，也就是天马——曲村遗址一带，即史称之'故绛'。"作者著此书时，北赵晋侯墓地M113、M114组（晋侯燮父夫妇）墓葬尚未被发现，但指天马——曲村遗址为故绛有失公允，除了邹衡先生有此说外并无其他依据，而且这九组晋侯夫妇墓葬与故绛年代不合。所谓故绛是春秋中期（公元前665—前559）前段晋文公前后八代晋公的都城，因郑玄《诗谱》记载有晋穆侯徙绛一说，后来晋献公时命"士蒍城绛，以深其宫"[6]，所谓"以深其宫"正如侯马晋国晚期的"品"字形古城一样，加大宫城[7]，公元前585年迁都新田后以故都绛为故绛，以新田为新绛。之所以说天马——曲村遗址不是故绛，单从考古发现来讲，在这里并没有发现与故绛时期相关的大墓或城址，目前的发现包括滏河南岸的羊舌墓地大中型墓葬基本上都属于故绛之前的遗存，即便是春秋中期的遗存也比较少见。如前所述这里若是翼的话，故绛更不可能在这里，一则翼小于曲沃，二则葬晋厉公于翼东门外，而不言故绛，以翼为旧大宗之都，显然具有贬抑之意。实际上在晋国史研究上，由于故绛都发现的缺位和故绛时期考古遗存的缺乏，形成了研究的一大瓶颈，严重制约了晋文化与晋国史研究的深入推进。若以子犯编钟传出闻喜可信的话，则晋国的九原可能就在闻喜一带，故

注释：

[1] 谢尧亭：《春秋新田晋都漫话》，山西春秋电子音像出版社，2005年，第17—18页；田建文：《晋都新田的两个问题》，《中国文物报》，2008年9月12日7版。

[2] 朱华：《闻喜上郭村古墓群试掘》，《三晋考古》第一辑，山西人民出版社，1994年，第95—122页；李夏廷：《1976年闻喜上郭村周代墓葬清理记》，《三晋考古》第一辑，山西人民出版社，1994年，第123—138页；张崇宁：《闻喜县上郭村1989年发掘简报》，《三晋考古》第一辑，山西人民出版社，1994年，第139—153页；晋文：《闻喜上郭墓地的西周青铜器》，《中国文物报》，1992年5月17日3版。

[3] 张光远：《故宫新藏春秋晋文称霸"子犯编钟"初释》，《故宫文物月刊》13卷1期（总第145期）。

[4]（民国）王国维撰：《今本竹书纪年疏证》，辽宁教育出版社，1997年3月，第102页"（周平王）十四年，晋人灭韩"。

[5] 马保春：《晋国历史地理研究》，文物出版社，2007年，第148页。

[6]（清）阮元校刻：《十三经注疏·春秋左传正义》，中华书局，1980年，第1780页。

[7] 谢尧亭：《关于晋文化的几点认识》，《汾河湾——丁村文化与晋文化考古学术研讨会文集》，山西高校联合出版社，1996年。

绛当距此不远①，当在一日行程范围之内。

4. 晋阳

晋阳，作为两周晋国的一个地名，非常重要。今天的晋阳在太原，与赵简子封邑有关。在文献中最初提到晋阳的是《春秋》鲁定公十三年（公元前497）"晋赵鞅入于晋阳以叛"②，从文献记载看其封晋阳邑也不过是此前几年的事情。耐人寻味的是，赵鞅被封，一开始此地就称晋阳，"晋阳"一词的含义就是晋水之阳，难道当时晋阳南边的泉水就叫晋水？其实早在赵简子来太原晋阳之前，在晋南就有晋阳地名。据研究，晋阳至少有三地：一是春秋晚期太原的晋阳，《汉书·地理志》河东郡闻喜条下有"故曲沃，晋武公（今按实为曲沃桓叔成师）自晋阳徙此"③。这里班固所指的晋阳，显然是指太原的晋阳，他认为唐和早期的晋国国都在太原晋阳一带，故有此说。二是战国时魏国有晋阳地名，《竹书纪年》有"秦拔我蒲坂、晋阳、封谷"④，唐初的李泰等的《括地志》说"晋阳故城今名晋城，在蒲州虞乡县西三十五里"⑤。该晋阳在今山西省永济市西南，魏国布币就有"晋阳"币⑥，这个晋阳在春秋时期或许曾属于赵氏采邑。三是燮父所迁都的晋或者就叫晋阳，正如晋成师自晋阳迁徙到曲沃，这个晋阳或者就在天马——曲村遗址，因为燮父所迁的晋目前可以确定在天马——曲村遗址一带，按照邹衡先生的认识，该遗址南侧的滏河可能就是古代的晋水⑦，遗址位于滏河以北，当是晋阳。今读《晋国史》第20页"滏河又名天井水"，此"天井"与"晋"音近，天井水即为晋水，因此这条滏河古名晋水是有一定道理的。那么天马——曲村遗址一带当时就叫晋阳。

赵国的晋阳实际上是赵氏从晋南带到太原的地名，太原原为戎狄所据，与中原语言相比，方言土语较重，正如文献所说与华夏"言语不达"⑧，晋国占据太原，封邑赵氏，赵氏很可能将原来采邑的名称晋阳移植到此。其实在赵简子派遣家臣董安于营建晋阳之前，太原这里有无晋水、晋阳之名，并不能确定。如果晋阳之名来自晋南，那么晋水也完全可以是南名北播，在今晋南翼城县和临汾市尧都区都有传说所谓的古晋水，甚至有史家说涑水就是晋水。正如唐叔虞这个晋国的开国始祖的宗庙是后世从晋南移植到这里一样，太原、晋阳、晋水等这些名称可能都来自晋南。

（谢尧亭：山西省考古研究所所长、研究员）

注释：

① 谢尧亭：《"九原"的地望及其相关问题》，山西省考古研究所、山西省考古学会编：《鹿鸣集——李济先生发掘西阴遗址八十周年、山西省考古研究所侯马工作站五十周年纪念文集》，2009年12月。

② （清）阮元校刻：《十三经注疏·春秋左传正义》，中华书局，1980年，第2149页。

③ （汉）班固：《汉书·地理志上》（第四册），中华书局，1962年，第1550页。

④ （清）朱右曾辑，（民国）王国维校补，黄永年点校：《古本竹书纪年辑校》，辽宁教育出版社，1997年，第32页"（十六年，秦拔我蒲坂）晋阳、封谷"；王国维撰：《今本竹书纪年疏证》，辽宁教育出版社，1997年，第127页"十二年，秦拔我蒲坂、晋阳、封谷"；（汉）司马迁：《史记·魏世家第十四》，中华书局，1982年，第1852页"哀王十六年，秦拔我蒲反、阳晋、封陵"。

⑤ （唐）李泰等著，贺次君辑校：《括地志辑校》，中华书局，1980年，第53页。

⑥ 朱华：《三晋货币》，山西人民出版社，1994年，第19页。

⑦ 邹衡：《论早期晋都》，《文物》1994年第1期，注释23。

⑧ 杨伯峻：《春秋左传注》（修订本），中华书局，1990年，第1007页。

晋国史与三晋文化的科普实践

——以侯马晋国古都博物馆为例

高青山

侯马晋国古都博物馆是依托侯马晋国遗址建成的一座地方性专题博物馆。侯马古称新田，是晋国的最后一座都城所在地，在此相传13世晋公，历时209年，现在已经是大家熟知的事。原因是1952年发现了侯马晋国遗址。在周代列国都城中，晋都新田是保存最完整及发现和研究最彻底的一处。牛村、平望、台神"品"字形宫城位于汾、浍之交，东有呈王、北坞、马庄等"卿城"拱卫，还有早于晋都的白店和晚于晋都的凤城古城。宫城之左有庙寝遗址和环绕于其的7处祭祀地点，其中侯马盟誓遗址在正南；之右有祭祀台骀的台神宫殿台基遗址和位于其南的三处祭祀地点，《周礼》中"左祖右社"皆备。紧靠宫城之南之东南有铸铜、制陶、制骨、石圭等作坊。墓地有柳泉、上马、下平望、西高等9处大型墓地及10余处零星墓地。

从1952年发现侯马晋国遗址以来，已发掘各类文物十几万件。出版的专著有《侯马盟书》、《侯马铸铜遗址》、《上马墓地》、《晋都新田》、《侯马陶范艺术》、《乔村墓地》等，发表于各种杂志的资料和研究文章有200余篇。中国考古学会前理事长苏秉琦在20世纪80年代谈到晋文化研究的重点时说：晋文化研究就是三马，即西周时期天马（天马——曲村遗址）、春秋时期侯马（侯马晋国遗址）和上马（上马墓地）。在这三马中，两个在侯马，说明侯马在晋国文化研究中有着举足轻重的地位。 2003年根据山西省委、省政府的统一部署，建起了晋国古都博物馆。博物馆占地面积2公顷，建筑面积3200平方米，共分两大部分四个展厅，展出文物500余件，是一座集中展示晋文化及新田文化的专题性博物馆，同年10月博物馆建成并向游人开放。

到现在为止博物馆共接待国内外游客20万人次，每年的国际博物馆日、世界文化遗产日期间，博物馆都开展形式多样的免费开放活动。特别是2009年1月博物馆正式免费向游人开放，更是加深了公众特别是青少年对民族、地域历史文化和自然环境的了解。其相继被评为"省级爱国主义教育基地"、"山西师范大学实习基地"等。在新的形势下，如何发挥博物馆的社会教育功能，一直是晋国古都博物馆的研究课题。以下两点，是笔者10年来从事晋国古都博物馆工作的体会。

一、晋国史与三晋文化科普实践

1. 科普晋国史与三晋文化，成为晋文化的名牌

在山西的历史上，最辉煌的历史和文化是晋国史与晋文化，如何打造晋文化这个品牌，就是要扩大宣传，科普晋国史与三晋文化。晋国从公元前1040年左右，周成王把其同母弟叔虞封于"河、汾之东，方百里"的唐国开始到公元前376年韩、赵、魏三家分晋"晋绝不祀"，历37君，660余年。到春秋时，国力强盛一时，成为"春秋五霸"之一，号令诸侯长达一个半世纪。政治上，逐步废除分封制、世卿世禄制，产生了君主集权的郡县制、官制和地主阶级的法制，为两千多年的封建君主集权制政体奠定了基础；经济上，生产力的发展和封建生产关系的产生，促使农业、手工业、商业出现了空前的繁荣；文化上，由于社会变革的激烈，兼并战争的频繁，从而形成了一种兼容并蓄、开拓创新的精神。从而出现了一大批光辉史册的历史人物，也造就了晋文化的历史辉煌，给我们留下了许多举世闻名的文物、遗迹、遗址。

这些内容如何才能让全社会的人知道？是留给我们的一道难题。10年过去了，不管是晋国历史还是文化，都没有达到普及的程度。我们知道，有一位外国学者曾经忧心地说过，如果一个民族一半以上失去了记忆，那么这将是一个民族的灾难。所以开展公众考古势在必行，让公众参与其中，让文化回归于公众，让晋国历史和文化在公众中得到发扬和传承。我们就在日常工作中，晋国古都博物馆经常组织宣教人员走进学校、社区、老年大学，向他们讲述晋国历史和文化。尤其是老年大学的这些老同志们，学习热情十分高涨，他们说年轻的时候是在为工作和孩子而活，现在退休了，孩子们也都成了家，只想多学一点知识，多了解了解本地文化。通过学习，这些老同志们更加热爱家乡，同时也成了宣传晋文化，保护文物、遗迹的先行者。

2. 地方文化的综合展区，成为侯马市的名片

侯马自建市伊始就一直把晋国史与三晋文化作为城市的名片，近年来更是致力于晋国文化的保护、弘扬、发掘、研究、开发与利用。出版了《新田》画册、《晋国故事》、《三晋典故》、《图说晋国》、《晋都新田史话》、《晋国新田文化讨论会论文集》、《晋都新田研究》、《侯马晋国文化遗址》等；考证和钩稽出晋迁新田、下宫之役、悼公复霸、魏绛和戎、九合诸侯、六卿倾轧、三家分晋等一幕幕历史话剧。人们至今还津津乐道赵氏孤儿、通济桥、虒祁宫、乐圣师旷及外举不避仇、内举不避亲的祁黄羊和预知韩、赵、魏三家分晋的叔向等；假虞伐虢、数典忘祖、掩耳盗铃等发生于晋都新田的典故，人们至今还耳熟能详。人们一踏上侯马这片热土，扑面而来的就是新田路、晋都路、呈王路、晋将园、晋乐园、晋通园、晋和园，不由地使人感受到浓浓的晋国文化气息。近年来，侯马市政府修建了以弘扬晋文化为主题的新田广场、以保护和展示为主的庙寝遗址公园、以保护和利用为主的铸铜遗址公园、以展示和宣传为主的晋国宝鼎等多处文化景观，起到了用历史教育人民、陶冶情操的作用。

侯马素有浓郁的晋国文化研讨及宣传氛围。20世纪中后期，曾在侯马召开过全省乃至全国的晋文化学术研讨会：1985年召开了晋文化座谈会，1994年召开了丁村文化暨晋文化国际学术研讨会，1998年召开了夏商周断代工程研讨会，2001年召开了晋国新田文化研讨会，2003年召开了"晋学研讨会"，2005年召开了"晋文化暨侯马盟书出土50周年学术研讨会"，2006年召开了"纪念侯马工作站建站50周年国际学术研讨会"等，都取得了丰硕成果，使晋国文化广为传播，深入人心。

3. 走进媒体、走进课堂，实现互动

为了让晋文化得到普及和推广，2010年5月博物馆由讲解员主讲，与侯马电视台、侯马广播电视台联合推出了一档全新的历史文化类电视栏目《回望新田》，以通俗的语言向广大公众讲述晋国在西周、春秋、战国三个历史时期的发展历程和所发生的历史事件以及所取得的文化成果。《回望新田》开播两年多来，共开设了《晋国历史》、《新田考古》、《金墓砖雕》、《忤逆坟的传说》、《台骀庙》等系列节目，至今已播出90多集，该栏目已成为侯马电视台的一档品牌栏目，受到了同级和上级领导以及广大公众的一致好评，并成为当地群众茶余饭后谈论的焦点。

同年11月，受临汾电视台的邀请，博物馆讲解员在《文化平阳》栏目中担任了《晋都新田》系列节目主讲，向人们全景展示了侯马晋国遗址发现、发掘和研究的成果，以全新的视角解读晋文化，此节目一经播出，立刻在临汾地区引起了强烈反响。随后，2011年10月，讲解员在《文化平阳》中主讲"侯马皮影艺术"，又让观众领略了非物质文化遗产中皮影艺术的魅力。

晋国古都博物馆分别在每年的5月18日国际博物馆日、6月的世界文化遗产日活动期间开展形式多样的免费开放活动。

博物馆还采取请进来的方式，加强晋文化知识的传播力度。在国际博物馆日和世界文化遗产日期间，精心制作宣传版面，邀请环卫工人、公交车司机、出租车司机、人力三轮师傅、学生、旅行社导游员、星级宾馆涉外人员到博物馆参观培训，使博物馆真正地成了"文明的窗口、精神的家园、城市的客厅"。

博物馆是青少年健康成长的摇篮，是抓好青少年的思想教育和社会知识教育的基地。晋国古都博物馆于2010年、2011年连续成功举办了两届"小小志愿者"培训活动，就是让青少年走进博物馆，了解博物馆，为他们提供展示自我、提升自我的平台。培训内容包括晋国历史知识、文物知识、中国历史知识、语言表达、讲解技巧、形体仪态等方面的基础培训。在活动期间，博物馆还组织"小小志愿者"参观侯马铸铜遗址、平望宫殿台基、彭真故居、台骀庙等地。同学们的学习热情非常高涨，纷纷表示要把博物馆作为自己的终生课堂，要经常走进博物馆，学习历史知识，感受博物馆的文化氛围，增强民族自豪感。志愿者培训活动，社会反响非常好，我们要将这项工作坚持下去，我们从博物馆展示、电视课堂、宣传活动、书籍刊物四个方面，把公众考古的概念引入晋文化，也给予晋文化以公众考古的内容，得到了许多可以预期的收获。一是公众考古是多方面、多层次的；二是晋文化带给我们今天历史的和精神的作用，是公众考古就一个课题应该探索的两个方面。由此，我们也看到，推进晋国文化的公共考古事业是一项长期而艰巨的任务，将晋国文化的考古发现和研究成果向大众普及，满足人们日益增长的精神文化需求，促进文化遗产的保护工作，增强民族自信心、自豪感和凝聚力，提升中华文化的软实力，扩大中华文化的国际影响力，是我们每一名考古工作者义不容辞的责任。

二、两方面的缺陷

1. 大众对文化产业、博物馆重视不够

我国大多数博物馆在向社会免费开放以前，普遍存在的问题是社会效益不高，在社会和国民生活中没有发挥应有的宣传教育作用。据统计，在发达国家平均每人每年走进博物馆2—3次，而在我国平均每8人一年走进1次博物馆。相比之下，我国博物馆功能的发挥很是不够，博物馆在文化生活中的地位和作用也不突出，造成投入和产出的不对等，因而也制约了投入的日益增长和加大，使投资渠道单一。国内不少博物馆仅能生存下去，但是捉襟见肘，如果一旦要上项目就更力不从心了，长此以往，恶性循环，最终成了纯粹的政府摆设。以晋国古都博物馆为例，虽然建馆已有10年的历史，整个展厅的设计和布展又是以普及晋文化为宗旨，采用图版和实物相结合的方式，尽量做到通俗易懂，而且每一件器物

都有详细的说明，但是作为当地人还有相当一部分不知道侯马还有一座博物馆，更有甚者，即使知道也片面地认为博物馆里展出的文物都是假的、复制的、骗人的。正是由于这种主观意识的缺乏以及文化底蕴的浅薄，使得走进博物馆参观的当地人少之又少。

因此，博物馆作为国民教育的特殊阵地，怎样拉近与公众之间的距离，一直是所有的博物馆所研究的课题。晋国古都博物馆自建馆以来都在积极探索和实践。首先，要加强讲解员队伍的建设与素质的提高。讲解员是一个博物馆的窗口和灵魂，所以讲解员不仅要有良好的外貌气质，更要具有较为丰富的知识内涵；不仅要掌握晋国历史文化方面的知识，更要了解与晋国相关的其他知识和中国历史。在日常讲解中，可以针对不同文化层次游客的需要而进行讲解，争取做到"因人施讲"。比如，对于专业人士，在讲解词中引用了大量的专业语，使听者通过优美的词汇了解晋国历史的博大精深；对于"门外汉"，讲解词就要浅显易懂、故事丰富，使听者兴致盎然。

其次，要积极探索一条适合于自己的发展道路。近年来，为了充分发挥博物馆的社会教育功能，晋国古都博物馆采取走出去、请进来的指导思想，从而扩大了晋文化及三晋文化的影响，收到了良好的社会效果。

2. 博物馆由于展品的限制更新缓慢，无法形成强大的吸引力

晋国古都博物馆作为一个县级博物馆，由于各方面的原因，展品更新缓慢，不能形成强大的吸引力。根据《中华人民共和国文物保护法》的规定，县级文物部门不具备发掘资质，因而馆藏文物来源单一，数量较少。早在1956年10月山西省考古研究所鉴于侯马晋国遗址的重要性，在此设立了侯马工作站，发掘出土的文物也由该站存档、入库、保管。如果县级博物馆想借调文物展出，需履行借调手续，并受借调期限的制约。因此，展品的长期不更换，版面的陈旧，必然不能形成强大的吸引力。

展品的推陈出新是一方面，我们还可以在与观众的互动环节上下工夫。走进许多博物馆，会发现其中很多都是以历史先后顺序来陈设展品的，这样的方式难免会给观众造成千篇一律的感觉。要拉近与观众的距离，好的展品陈列是一方面，与观众的互动也很重要。在博物馆里，展品通常都在"遥远"的玻璃那端——看不清。

博物馆要与教育部门紧密结合，努力发挥博物馆的独特优势，与学校、图书馆等其他社会教育机构相配合，组成社会教育网，对于普及科学文化知识，弘扬中华文化，建设社会主义核心价值体系和中华民族共有精神家园，明显提高全民文明素质，构建社会主义和谐社会，全面建设小康社会，具有十分重要的意义。

博物馆是接触社会公众最多的文化单位之一，充分挖掘历史文化资源正是博物馆传承人类历史文化和社会文化的职能优势，关键在于如何创新"产品"，多出精品，实现"三贴近"，满足人们对文化生活的需要，这也是每一个基层博物馆最基本的工作和任务。

当代博物馆不应当只是一个单位的国民文化补习、怀古思今的地方，更重要的是，它应该是市民休闲的重要文化场所之一，获得知识，接受熏陶，收获启迪当然是不可或缺的，享受幽雅，体验静谧的文化，也是必不可少的。在这样浓厚的气氛中调整一下工作状态，缓解一下现实压力和放松一下紧绷的心弦，将是博物馆的一个时代主题。作为一个晋文化专题博物馆，按一定的文化秩序组织编排，灵活的分寸把握，客观独特的视角阐述，寓教于乐，满足人们对知识的渴望，往事的回顾，情感的抚慰，信仰的寄托，从而达到历史与现实的沟通和对话。在一个城市的中心地带，以文化艺术的方式慢慢地释放，静静地融化，悄悄地改变着我们的生活。

以上是笔者就侯马晋国博物馆开馆 10 年来的思考，我们坚信，随着时代的发展和晋国公共考古事业的不断深入，晋文化及三晋文化将会成为我国考古文化精神凝聚力和创造力的重要源泉，其成为丰富我国公众对晋国精神文化生活的重要依据的美好一天，定会到来。

（高青山：侯马市晋国古都博物馆馆长）

商周时期的黎国：新发现与研究

赵瑞民

黎国是山西境内存在于商周时期的重要方国，但载入史册的内容实在是寥寥无几，探寻为难。最近，由于考古发现和战国竹简的研究，对这个方国的了解逐渐有所增加，使得这个古国的面貌日益清晰起来。

一、背景

黎国最早见于《尚书》，有《商书》之《西伯戡黎》篇，序云："殷始咎周，周人乘黎。祖伊恐，奔告于受，作《西伯戡黎》。"① 记载了商末有一个黎国，受到周人的攻击。按照孔安国传的说法，黎国是"近王圻之诸侯，在上党东北"；孔颖达补充道："黎国，汉之上党郡壶关所治黎亭是也。纣都朝歌，王圻千里，黎在朝歌之西，故为'近王圻之诸侯'也。"

《尚书》所载仅此，所提示的只有国名及其与商周两大政治势力的关系，其地理位置则是汉唐后儒所揭示，其余再无内容。

即此国名，在史籍中也留下了数种不同的记载，导致后人众说纷纭。《史记·殷本纪》："及西伯灭饥国，灭之，纣之臣祖伊闻而咎周，恐，奔告纣曰……。"② 以下即是见于《尚书·西伯戡黎》篇的内容。此处所记不是黎国，而是"饥国"。《集解》引徐广曰："饥，一作'阢'，又作'耆'。"这就是说，在唐代，关于这个方国的国名，有四种不同的记载。

《史记·周本纪》中，用的是"耆国"，云："明年，败耆国。"③《集解》曰："徐广曰：一作'阢'。"

注释：

① 《十三经注疏》标点本《尚书正义》，北京大学出版社，2000年，第307页。

② 《史记》，中华书局，1959年，第107页。

③ 《史记》，中华书局，1959年，第118页。

《正义》："即黎国也。邹诞生云本或作'黎'"。孔安国云黎在上党东北。《括地志》云："'故黎城，黎侯国也，在潞州黎城县东北十八里"。《尚书》云："西伯既戡黎是也。"

《史记》还有一处记载此事，《宋微子世家》："及祖伊以西伯昌之修德，灭阢国，惧祸至，以告纣。"①《集解》："徐广曰：'阢音耆。'"《索隐》："阢音耆，耆即黎也。邹诞本云'鄐音黎'。孔安国云'黎在上党东北，即今之黎亭是也'。"这一处应该是用了"阢"字，但流传既久讹变为"阢"。这也就是说，《史记》并无一处用"黎国"，而是在三处分别用了"飢"、"耆"、"阢"三个不同的字。

此处《索隐》还提到一个"鄐"字，《说文解字》云："鄐，殷诸侯国，在上党东北。"段玉裁曰："今《商书·西伯戡黎》。《今文尚书》作耆。《尚书大传》：文王受命五年，伐耆。《周本纪》明年败耆国是也。或作阢，或作飢，皆假借字也。许所据《古文尚书》作鄐，戈部作黎，盖俗改也。"②《说文解字》将"从邑利声"的这个字作为正字，而段玉裁以为今文和古文《尚书》用字本就不同。当然，段说"皆假借字"这一点是现在大家普遍认可的。

黎国又见诸记载，则到了春秋时期。《左传·宣公十五年》：晋国将伐赤狄潞氏，数赤狄的五宗罪过，第三宗是"弃仲章而夺黎氏地"，杜注："仲章，潞贤人也。黎氏，黎侯国，上党壶关县有黎亭。"③是此时曾有黎国，而被赤狄所夺。当年六月，晋荀林父率师败赤狄，灭潞；七月，"立黎侯而还"。杜注："狄夺其地，故晋复立之。"④

黎侯失国之事，在《诗经》中有所反映。《邶风》有《式微》、《旄丘》两篇，均为此事而作。《式微》反复道："式微式微，胡不归？"《序》云："《式微》，黎侯寓于卫，其臣劝以归也。"《毛传》："寓，寄也。黎侯为狄人所逐，弃其国而寄于卫。卫处之以二邑，因安之，可以归而不归，故其臣劝之。"⑤《旄丘序》云："《旄丘》，责卫伯也。狄人迫逐黎侯，黎侯寓于卫。卫不能修方伯连率之职，黎之臣子以责于卫也。"⑥两篇所咏为同一件事。

不过，孔颖达认为《诗经》所涉及的与《左传》所载不是一事。他说："此诗之作，责卫宣公。宣公以鲁桓十二年卒，至鲁宣十五年，百有馀岁，即此时，虽为狄所逐，后更复其国，至宣公之世，乃赤狄夺其地耳，与此不同。彼夺地是赤狄，此唯言狄人迫逐，不必是赤狄也。"⑦他的意思是，《诗经》说的那次黎侯被狄人迫逐到卫国的事，距赤狄夺地后又被晋国复立的事相差100多年，应该是两回事。也就是说，在鲁桓公的年代，黎侯曾被狄人赶到了卫国，流亡了一段时间；鲁宣公时又被赤狄夺地逃亡，幸而由晋国扶持复国。此说得到近人陈槃的支持，并引日人竹添鸿光之说相参证。⑧

黎国在鲁宣公十五年（公元前594）复国以后，再未见记载。

注释：

① 《史记》，中华书局，1959年，第1607、1608页。
② 《说文解字注》，上海古籍出版社，1981年，北京大学出版社，1999年，第288页。
③ 《十三经注疏》标点本《春秋左传正义》，北京大学出版社，1999年，第769页。
④ 《十三经注疏》标点本《春秋左传正义》，北京大学出版社，1999年，第772页。
⑤ 《十三经注疏》标点本《毛诗正义》，第180—181页。
⑥ 《十三经注疏》标点本《春秋左传正义》，北京大学出版社，1999年，第182页。
⑦ 《十三经注疏》标点本《春秋左传正义》北京大学出版社，1999年，第182页。
⑧ 陈槃：《春秋大事表列国爵姓及存灭表撰异》（三订本），上海古籍出版社，2009年，第789—791页。

二、黎城黎侯墓地的发现与研究

2005 年冬，在山西黎城县西关村的西南，发生了严重的盗墓事件，几个盗墓团伙为利益争夺而持枪火并，引起文物行政部门的警觉，随即保护墓地，并由山西省考古研究所牵头组织考古队，进行科学发掘。在 2006 年展开的发掘工作中，共揭露、清理大型墓葬 2 座，中型墓葬 5 座，小型墓葬 3 座。大型墓葬均被严重盗扰，两座墓都带墓道，"M1 为一座带斜坡墓道的'甲'字形大墓，其规模与晋侯墓地的大型墓葬相同"[①]。所幸在未被盗扰的中型墓 M8 出土有铭青铜礼器，为 1 鼎、2 簋、2 壶、1 甗、1 盘、1 匜。

▲ 图1

其中一件铜壶的铭文最为重要，铭文在壶盖上，共 3 行 9 字（图 1）。铭文内容是："楷侯宰□乍（作）宝壶永用。"高智和张崇宁两位先生并做了相关研究。其指出，铭文首字"橎"字即"楷"字。"楷"从"皆"得音，而"皆"与"稽"、"耆"、"黎"、"酱"在《古文四声韵》中均属同一韵部，在古音中应是同音字，可以通假。铭文中有"楷侯"，楷通读为黎，"楷侯"即"黎侯"，亦即"西伯戡黎"之黎。综合出土器物分析，墓葬与青铜器的时代为西周中晚期，故黎城应即西周时黎国所在。[②]

黎国墓地的发现，对于黎国地望，从此就有了文献无法提供的证据。因为考古发现商周的墓葬与居址距离都不远，这与后代不同。即便是天子、诸侯亦如此，因此晋侯墓地发现后，即有学者据此讨论晋国都城就在附近。黎国的墓地亦有同样的意义。一个在文献上有记载的诸侯国，得到了考古证据的支持，这对于讨论黎国史事的地理定位而言，就提供了一个有力的支撑点。

此外，黎国在商周之际"西伯戡黎"以后、春秋播迁之前的踪迹，因为有了这个墓地的发现，也有了确切的资料，证明春秋时期之黎国，在西周即存在，前述两点之间也大致有了连接。这对黎国为何播迁于卫以及赤狄潞氏的夺地之地缘关系，都有了很清晰的佐证。

李学勤先生非常重视黎城的考古发现，认为"这一发现非常重要"，还特意补写了一节音韵论证，以支持山西学者的研究："把铭文中的'楷'读为'黎'，是妥当的。'楷'原作'橎'，有时也写作'虏（皆）'，本来是以'几'为声的，这一点已有学者作过详细分析。'楷'和'饥'、'阢'均系见母脂部字。清华简'郿'从'旨'声，'旨'在章母脂部，也从'旨'的'耆'在群母脂部，'黎'则是来母脂部。"[③]

李学勤先生在这篇文章中，联系数件西周铜器，着重讨论了西周时的黎国史事。其中最为重要的一件青铜器是西周早期的献簋，铭文收在《殷周金文集成》，编号为 4205（图 2）。铭文内容为："惟九月既望庚寅，楷伯于遘王，休，亡尤。朕辟天子、楷伯命厥臣献金车，对朕辟休，作朕文考光父乙，十世不忘献身在毕公家，受天子休。"

▲ 图2

注释：

① 山西博物院、山西省考古研究所编：《发现山西——考古人手记》，山西人民出版社，2007 年。该书第 115—136 页为张崇宁撰写的"揭开古黎国的神秘面纱——黎城县西周墓地的发掘与研讨"。

② 高智、张崇宁：《西伯既戡黎——西周黎侯铜器的出土与黎国墓地的确认》，《古代文明研究通讯》总第 34 期，2007 年 9 月。

③ 李学勤：《三代文明研究·从清华简谈到周代黎国》，商务印书馆，2011 年，第 34—38 页。

李学勤先生认为，"簋铭中的献是楷伯之臣，而自称'不忘献身在毕公家'，表明楷伯是毕公别子，分封于楷"。由此联系清华简中的《耆夜》篇，该篇"叙述戡黎还师'饮至'，即饮酒庆功的情景，参加者除武王外，有毕公、召公、周公、辛甲、作册逸（即史佚）、吕上（尚）父等人，而以'毕公高为客'。饮酒间，武王、周公都先'夜（饮或侘，意为奠爵）爵醻毕公'，这显然是由于毕公是伐黎的主将，功绩最高。这样我们不难理解，周朝建立之后，将毕公一子分封到毕公征服过的黎国，并不是偶然的"。

《史记·魏世家》载："毕公高与周同姓。武王之伐纣，而高封于毕，于是为毕姓。"《索隐》云："《左传》富辰说文王之子十六国有毕、原、丰、郇，言毕公是文王之子。"[1] 如此看来，既是毕公之子封于黎国，黎国就应该是姬姓诸侯。

反映此点的铜器铭文也在李先生的文章中可以看到，从《集成》4139 的楷侯方簋盖铭文得知，楷侯方之母为妊姓，妻为姜姓；从《集成》4429 师趛盨铭和《集成》2713 师趛鼎铭得知，师趛母为姬姓，其妻称楷姬，则楷国为姬姓。并且指出《吕氏春秋·慎大览》说武王克殷后"封帝尧之后于黎"、《六韬·决大疑》说"武王封汤后于犁（黎）"都是不符合史实的。

另外，李先生的文章中还提到在康、昭时期任职于王朝中的楷仲、穆王时期抵御戎狄的楷侯等，都是铜器铭文资料，有兴趣者可以参看。

三、清华简《耆夜》的出版与黎国研究

2008 年，清华大学收藏了一批战国竹简。经过保护、整理、释读，于 2010 年由中西书局出版了第一辑，其中就包括提到戡黎一事的《耆夜》篇。

因为该篇主要是记述戡黎之后庆功宴会的情形，仅于开篇处涉及戡黎史事，而最主要的是，明确说戡黎时是武王，而不是传世典籍所说的文王。仅此一事，引出种种观点，而这些观点都关乎商周之际的黎国史事。

李学勤先生认为，"《西伯戡黎》的'西伯'，汉人《尚书大传》、《史记·周本纪》都认为是周文王。不过这个诸侯国距离商都太近，文王到那里用兵与历史情势不合，所以自宋代以来许多学者怀疑是也称'西伯'的武王，但他们都举不出证据。今见简文明确说是'武王八年'，就证实了这一质疑"[2]。明确地肯定西伯戡黎就是武王戡黎。

有学者认为，"文王和武王都曾戡黎，但所戡之黎不同"；"由'清华简'、'上博简'《容成氏》和今本《竹书纪年》三条材料互证，我们可以得知：在文王去世前七年，文王就曾经'戡黎'，正如《史记·周本纪》所记的'败耆国'。武王后来讨伐的'黎'，并不是'黎'（即耆），而是与朝歌相距甚迩的'黎阳'。所以说《尚书》、《左传》、《史记》的记载的并未有错，但只记载了'文王戡黎'，遗漏了'武王戡黎'"[3]。

此说维护了传统的西伯戡黎为文王说，但认黎阳为戡黎之"黎"，则于史无据。若黎阳为又一黎国，需要古史书证，仅是以其"与朝歌相距甚迩"，则显得很是薄弱。

还有学者因清华简《耆夜》，而联系到上博简《容成氏》的内容，其中有文王抚平九邦的记载，九邦之中有"耆"；因而重提清代学者梁玉绳的一个观点，认为黎与耆是两个不同的诸侯国，并认为梁氏之说对清代以前的记载混乱及学人的疑问"作出了合乎逻辑的解释"[4]。梁玉绳的观点是这样的：

注释：

① 《史记》，中华书局，1959 年，第 1835 页。

② 李学勤：《三代文明研究·简介清华简〈耆夜〉》，商务印书馆，2011 年，第 148 页。该文原载于《光明日报》2009 年 8 月 3 日。

③ 王鹏程：《"清华简"武王所戡之"黎"应为"黎阳"》，《史林》2009 年第 4 期。

④ 陈良武：《"清华简"〈耆夜〉与〈西伯戡黎〉》，《兰台世界》2012 年第 27 期（9 月下旬刊）。

者与黎为二国，故《竹书》"纣三十三年，王锡命西伯得专征伐。三十四年，周师取者。四十一年，西伯昌薨。四十二年，西伯发受丹书于吕尚。四十四年，西伯发伐黎"。灼然两事。《路史·国名纪》云"黄帝后有姜姓有者国，侯爵，自伊徙者，爰曰伊者，尧之母家。商后子孙有黎国，侯爵，与纣都接"。判然两地。①

如以梁氏之说为是，则汉唐诸家解经者均为妄说，而清华简《者夜》其实不关西伯戡黎之事。实际上传统公认的权威典籍即有明证，如《经典释文》："黎，力兮反，国名。《尚书大传》作者。"孔颖达《尚书正义》："者即黎也。"② 这样的证据，再加上《史记》的诸家注解，要想彻底否定是很困难的。

梁氏此说，以前已有陈槃加以辩驳，一则是引《大戴礼记·少间》，证明文王伐者之事，这是以前的认识，可置不论；另一则云："梁氏引证竹书，分者与黎为二。然此今本竹书，其说未详所据。又引《路史》，然《路史》亦云文王戡黎，是其说矛盾矣。"③

另有学者认为，根据清华简《者夜》的新资料，武王戡黎是在克商以后。这个问题比较复杂，可以不论。只是此文提到一点，说黎城楷侯墓地的发现，并不是黎国，甚至对"楷"字的隶定也不信任；而认为戡黎之黎国在上党壶关，与黎城无涉。④

是否认同"楷"字的释读以及与"黎"字的通假，这当然不能强求，但关于黎国的地望，则可以根据地理形势来推断。实际上在两汉时期黎城属潞县，与壶关县域相连，并不是隔绝很远的两个地方。陈槃云："长治县黎侯亭之于黎城县，相去百数十里。《续郡国志》于壶关、潞县，两存其说。"⑤ 是已经注意到两地相距甚近。李学勤先生对此有一个通达的解释：

《汉书·地理志》上党郡壶关下引应劭云："黎侯国也，今黎亭是。"《左传》宣公十五年杜预注也说："黎侯国，上党壶关县有黎亭。"这一地点在今长治西南。《史记·周本纪》引《尚书》孔传："黎在上党东北"，又引《括地志》云："故黎城，黎侯国也，在潞州黎城县东北十八里。"这个地点在今黎城东北。也有学者弥合两说，如王先谦在《后汉书集解》中主张黎国原在长治西南，春秋时徙于黎城。两个地点相距不远，或许都曾在黎国境内也是可能的。

这种可能性其实很大，一个诸侯国占有两三个县域的面积，也是很正常的。在上党地区关于黎国的遗迹越多，越能说明这个古国存在的意义。而胶着于此为商代黎国，彼为晋所立黎国，实际上都是在一个很小的范围内兜圈子。

我们认为黎城西周墓地即黎侯墓地，由此可以下连晋国复立之黎，亦可上探西伯所戡之黎，地理问题迎刃而解。再说，据《山西历史地图集》中历史时期的交通图，黎城东北有"皇后岭"、"壶口关"两个地名和一条古道，此处即商周时上党地区与安阳地区的唯一通道。⑥ 立国于此，在战略上和经济上都是合宜的。

注释：

① 梁玉绳：《史记志疑》，中华书局，1981年，第66页。

② 《十三经注疏》，中华书局，1980年，第176页。

③ 陈槃：《春秋大事表列国爵姓及存灭表撰异》（三订本），上海古籍出版社，2009年，第780页。

④ 于薇：《清华简〈鄙夜〉时、地问题辨正》，《中国国家博物馆馆刊》2012年第12期。

⑤ 陈槃：《春秋大事表列国爵姓及存灭表撰异》（三订本），上海古籍出版社，2009年，第784页。

⑥ 山西省地图集编纂委员会：《山西历史地图集》，中国地图出版社，2000年，第203页。

四、商代黎国的探讨

由西伯戡黎之事可知，商代即有黎国的存在。而研究商代的第一手资料则非殷墟甲骨文莫属。早年已有前辈学者论到甲骨文中的黎国，如常被征引的杨树达之说：

> 按据上记诸辞，旨方为殷之敌国，其事甚明，然经传未见有旨方之称，余疑其为《尚书西伯勘（原文如此）黎》之黎也。知者，《尚书》黎字或作耆。《尚书大传》云："文王一年质虞芮，二年伐邘，三年伐密须，四年伐畎夷，纣乃囚之，四友献宝，乃得免于虎口，出而伐耆。"又云："五年之初得散宜生等献宝而释文王，文王出则克耆。"《史记·周本纪》云："诸侯闻之，曰：西伯盖受命之君。明年，伐犬戎，明年伐密须，明年败耆国，明年伐邘，明年伐崇。"今按《尚书大传》之伐耆与克耆，《史记》（原缺书名号）之败耆国，皆即《尚书》之勘黎也。《说文》八篇上《老部》说耆字从老省，旨声，甲文作旨，《尚书大传》及《史记》作耆，其音一也。黎与耆为一事，旨与耆为一音，故知甲文之旨即耆，亦即黎矣。[①]

现在我们从清华简《耆夜》得知，简文记载武王戡黎之事，所用之"耆"，仍是从"邑"、"旨"声，从文字发展史的角度看，"旨"是字根，故与前辈所论"旨方"即黎国甚为一致。由此来看，重新探寻甲骨文中的"旨方"很有必要。

现在甲骨学界一般，认为"旨"字从"人"，"召"字从"刀"，二者可以清楚区分，不能混淆。[②] 因此，"旨"字用作人名，非方国名；前辈学者所谓"旨方"，实际都是"召方"。

从相关研究来看，释为"召"字的依据，只在于字形，是严格按照偏旁分析法隶定的，没有其他因素的考虑。我们也可以这样判断，即该字所从的偏旁并不固定，不一定是严格的形声字，即《说文解字》所云"从口，刀声"，因为该字在卜辞中的字义并不是"呼"，而是用作名词。所以那时使用的这个字，是否即《说文解字》中的这个形声字，值得怀疑。

李孝定《甲骨文字集释》卷五释"旨"字，从"人"和从"刀"者俱释为"旨"，其自出新意，是以为该字"从匕从口，会意"，而不是形声字。该书卷二释"召"字，则仅收盨形。[③]

徐中舒主编的《甲骨文字典》将从"人"、从"刀"的两个字都释为"旨"，而"召"字仅有盨形[④]，此与金文亦可以很好地贯通。如此处理，是认为"召"字此形后起，在商代尚未分化出来。我们赞同这样的释读。

将"旨"字的释读确定，则甲骨卜辞中所记"旨方"即黎国。甲骨卜辞中关于"旨方"的内容很多，进一步展开研究，则是深入探索商代黎国历史的十分有益的工作。

（赵瑞民：山西大学历史文化学院教授）

注释：

① 杨树达：《积微居甲文说》，科学出版社，1954 年，第 46—47 页。

② 于省吾主编：《甲骨文字诂林》，0013 "旨"字、2477 "召"字条，中华书局，1996 年。

③ 李孝定：《甲骨文字集释》，"中央研究院"历史语言研究所，1970 年再版，第 357 页、第 1643—1644 页。

④ 徐中舒：《甲骨文字典》，四川辞书出版社，1989 年，第 89、511 页。

清华简《系年》少鄂与 ▨（▨）地三戈

苏 辉

　　清华简是近年来中国古代史方面最重要的发现，已公布的前三册内容对于解决相关文献和历史等问题已经显示出了独特的价值，而其中有些材料虽然不是直接说明，却能提供线索，引发学者思考。如《系年》有"少鄂"："周亡王九年，邦君、诸侯焉始不朝于周，晋文侯乃逆平王于少鄂，立之于京师。三年，乃东徙，止于成周，晋人焉始启于京师。"整理者注："少鄂，地名，疑即《左传·隐公六年》之晋地鄂，在今山西乡宁。"隐公六年（公元前717），晋九宗、五正以及顷父之子嘉父从随地迎回晋侯，安置在鄂邑，晋国人就称之为鄂侯。鄂邑见证了周王室和晋国在历史转折阶段的大事，又是晋国别邑，似乎都成了天子和晋侯在政变后的避难所，这么重要的地点，但此后却鲜有记载，原先在三晋出土文献中也未发现其地名，颇令人费解。其实在晋系的兵器铭文和布币文字中都有关于"鄂"的记录，只是原先并没有被考释出来，下面结合新公布的材料试作论述。

一、▨（▨）字考释

　　最近出版的《飞诺藏金》①，收录了秦、楚、三晋、齐、越和巴蜀的战国兵器，共计25件，大部分都有铭文，书中解说简明扼要，便于读者理解文物的内涵，这是近年来关于战国兵器的又一重要数据。

　　书中三晋部分第二号为一件三年▨令戈，内部刻铭："三年▨令均工师𣪊（敓）冶𥷚（陷）"，方内三边出刃，阑侧末下端有齿突。工师名从▨从支，▨即合②，见于九年裘卫鼎，《集录二》1237 的八年阳城

注释：

　　① 范鹏飞编：《飞诺藏金》三晋 2，中州古籍出版社，2012 年。此书承李学勤师惠赠，谨致谢忱！

　　② 董莲池：《金文编校补》，东北师范大学出版社，1995 年。引林澐先生说，移录如下：▨隶定作▨未确。马王堆《老子》乙本卷前佚书："內乱不至，外客乃卻"，卻作▨。《足臂灸经》："脚𡧛"，脚作▨；"入脚出股"，脚作▨，可证▨即合字。《说文解字》："绤，粗葛也"，▨象布线交织。

令戈冶与此同名。此戈冶名字形像一只兽落在凵内，应该就是陷字别体。《飞诺藏金》附录了胡永鹏先生撰写的文章《谈新见的两件奇令戈》[1]，对此戈也作了讨论。

铸地相同的兵器有两件，此前在《考古》上公布的三年𣥲令戈出自安徽霍邱的战国墓[2]，据发掘简报介绍，形制与《飞诺藏金》那件类同，也是三刃方内，阑侧齿突。内部刻铭："三年𣥲令囗工师晋冶非(?)。"简报提供的摹本在缩小的线图上，令名摹写不全，无法释读，其他字只能大概看清，幸好上举胡永鹏文章提供了霍邱三年戈的内部铭文照片，其上锈迹斑斑，令、冶的名均被锈迹湮灭，发掘简报提供的冶名释字也只能作为一种可能的参考。霍邱接近河南固始，南临六安，北连颍上，位于阜阳东南，春秋时为宋地，与楚交界，战国在楚境内，不太可能为三晋兵器的铸地，应是三晋军队在此作战的遗留。此外，还可举出《集成》11283 的九年𣥲工师戈，援略上扬，中线起脊，前部收成锐锋，阑侧加厚，其上三长条形穿，内已残损，上有一穿。胡部铭文为："九年𣥲工师寏氏冶戜（戜）"，此戈铭文中的"𣥲"与上述两器的地名"𣥲"相比旋转了180°，实际还是同一个字。"工师"二字有合文符，其名原先缺释，后一字实为"氏"，前一字细看应是从升，此字不见于《说文解字》；人名称某氏，在兵器铭文上有同例，如《飞诺藏金》所收的十四年上郡戈的郡守匽氏、珍秦斋藏十四年戈铭文的匽氏，以及青川木牍上的内史匽氏臂。[3]

▲ 图1　　　　　▲ 图2　　　　　▲ 图3

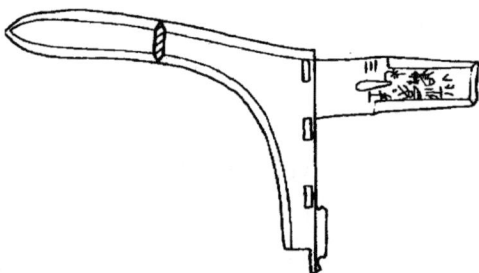 

▲ 图4　　　　　　　　　　▲ 图5

注释：

① 胡永鹏：《谈新见的两件奇令戈》,《飞诺藏金》，第 134—137 页。

②《安徽霍邱县战国墓的清理》,《考古》2011 年第 11 期。文中只提供了戈的线图以及铭文摹本、释文，没有器形图片和铭文拓片。

③ 吴良宝：《十四年上郡守匽氏戈考》,《飞诺藏金》，第 118 页。

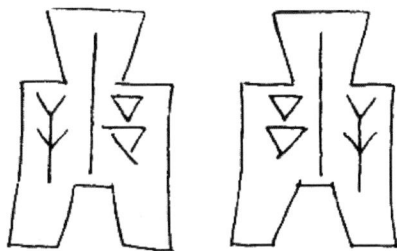

▲ 图6

▲ 图7

九年戈铭文中还有一点需要特别指出的是，地名"料"为铸款，其余文字则是刻写的。[①]从胡文提供的内铭照片看，霍邱出土的三年戈也是同样的情况，即地名先铸，其余文字后刻，并且地名在整个铭文的位置非常合适，应该是事先知道有其他铭文的计划，预测好字的大体占位，可见当地制造兵器都先在范上摹上地名，年数和执事人员等内容则在预留的空间上加刻，可能是出于批量生产的需要，地名是固定的，故先铸出，其余内容都是在不断变动之中，就采用加刻的形式，九年戈地名较之两件三年戈旋转180°，正是在范上的刻字出现了倒误，而按照原先的文字内容规划，地名下方胡部所留空白明显多于铸字上面，要是迁就"料"字从胡部往援部方向刻字，地名后面的内容显然容纳不下，只有将错就错，还是根据原先的计划加刻内容，因此出现了先铸的地名倒写而后刻的内容正常的现象。若此点成立，刻铭的时间与铸造日期还是一致的，否则加刻的年数与冶名就难以理解了。

关于三件戈的铸地"坤（料）"字，目前有几种意见，均认为编旁中（屮）是卯，或释作夘，通作茅[②]，或通作留[③]，新版《集成》的释文隶定为"镏"[④]，其实战国文字中无论作编旁还是独立的"卯"都与中（屮）有别，最明显的就是"卯"左右两半均独立，上部与中间都不相连。从下面列出的"卯"字可以看出这一点。既然"卯"从未有这样的写法，因此据卯来立说者都不正确。

卯	茆	遛	刘	留刃	馏	柳				贸	狮	留		

▲ 图8　战国文字中的"卯"

▲ 图9

▲ 图10

▲ 图11

▲ 图12

笔者认为，屮应即"心"的一种少见形式，心的古文字形体演变轨迹如图13，古玺文字中的心旁或作廿，如口字横出两头，与楷书廿类似，这是从屮演变而来，横出的两头弯卷，如卷曲的程度再加大，

注释:

① 吴良宝：《战国兵器两考》，《陕西历史博物馆馆刊》第13辑，三秦出版社，2006年。

② 王峰：《三年夘令戈考》，《考古》2011年第11期。文中的"夘"字摹本作料，恐有误描。

③ 胡永鹏：《谈新见的两件夘令戈》，《飞诺藏金》，第134—137页。

④ 中国社会科学院考古研究所：《殷周金文集成》，中华书局，2008年。

就变成ψ了，类似的字形如中山王壶忘作、爱作，《古玺汇编》4294的字，属于非常罕见的例子，可能就是三晋、中山一系文字的特殊写法。越国青铜剑首铭文有类似的字形""[1]，不过两者之间还是有差别，就在于两竖之间没有相连，因此不能混同为一个字。剑铭各家均无释文，存此待考。

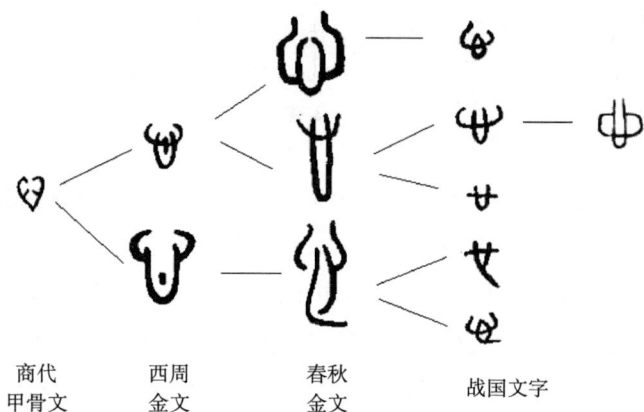

▲ 图13　古文字"心"的形体演变

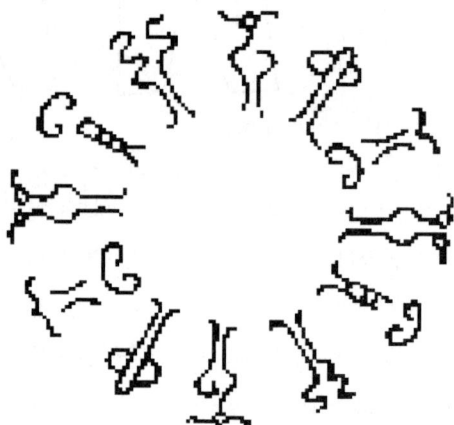

▲ 图14　《吴越文字汇编》173剑首铭文

　　九年戈中的字不仅旋转了180°，所从编旁"心"、"屰"也是一正一倒，同一铸地制造的兵器，刻写产地的字形有正有倒，而器铭中的其他文字却仍是正写，如此罕见的情况更是增加了辨识的难度。《古玺汇编》3291、4698文字为"福生"，字形一正一倒，是当时倒书之例[2]，与戈铭铸地之字的两种写法或许可以互相印证。[3]

　　右边所从实为"屰"，"屰"字形如图，与中山王器的逆字所从完全相同，不难看出屰旁写法一致。故此字可隶定为"愹"，《中国历代货币大系一·先秦货币》1522、1524、1528小方足布有铸地名"鄝"和"梼"，形制为晋系特征，黄锡全先生以为是铸范缺笔之例[4]，则方足布文可以排除"屰"声字的例证。不过春秋时期的平肩空首布上也有铸地名"屰"[5]，吴良宝先生的《先秦货币文字编》列在"屰"字条下[6]，故空首布的地名"屰"与戈铭"愹"可以对比讨论。

　　古古文字中从"屰"的字，如"朔"、"㡸"等均以屰作声符，今以戈铭印证，易知屰仍是声符，币文"屰"、戈铸地"愹"实指同一处城邑，两字即通作"鄂"，古音都在疑母铎部，屰声字和咢声字多有

注释：

[1] 施谢捷：《吴越文字汇编》，第173、174、176、180号越王剑首铭文，江苏教育出版社，1998年。此点承李学勤师提示，谨致谢忱！

[2] 刘钊：《古文字考释丛稿》，岳麓书社，2005年，第169—170页。

[3] 据师弟杨蒙生来信提示，《清华大学藏战国竹简（叁）》中的《芮良夫毖》篇中的"纆"字"興"旁的上半部"臼"为反写，以至于与"门"旁混形，似乎可为一个旁证。此字在《芮良夫毖》篇第19、20、22简凡三见，据字形""看的确如杨蒙生所言，谨致谢忱！

[4] 黄锡全：《古币三辨》，《胡厚宣先生纪念文集》，科学出版社，1998年。

[5] 《中国钱币辞典·先秦编》，中华书局，1995年，第111页。

[6] 吴良宝：《先秦货币文字编》，福建人民出版社，2007年，第35页。

异体字关系[①]，如咢又作从屰声的𩕄，即𩑔，蝉同蠿、鳄。《说文解字》以咢从屰声，乃据讹变的小篆形声字立说，并不可靠，古文字中咢不从屰。[②]《尔雅·释诂》"遘、逢、遇、遌，见也"，郝懿行《义疏》云："遌者，《说文》云：'相遇惊也。从咢，咢亦声。'案遌音五各、五故二反，《说文》训'相惊'则音五各，《尔雅》直训遇则音五故，实则二音相转，俱通也。遌训惊者，通作愕。……遌训遇者，通作遻。"[③]《说文解字》从广、屰声的庶，俗字即斥，朱骏声《通训定声》认为《左传·襄公三十一年》"寇盗充斥"，杜注训斥为见，即假借成遻。[④] 1986年安徽六安出土子汤鼎，器物自名之字从鬲、郯声，陈秉新先生认为郯即鄂，通假作镬。[⑤] 故根据音同、异体、假借等方面综合考察，屰、咢两个声系的字互相可通假，空首布和戈铭的铸地即通作鄂，整个东周时期地名写作从屰声的字。

南方有东、西两鄂，今湖北的鄂在东，河南南阳的鄂为西。[⑥] 湖北的鄂在西周时为汉淮大国，传世如鄂侯鼎[⑦]，安居羊子山也出土了西周早期的鄂国铜簋和铜尊，西周后期则有鄂侯驭方诸器，铭文中"鄂"写作"噩"或从"噩"。清华简中"鄂"作从噩从邑，与晋系文字从屰相比，当是不同地域写法的差异，如阳翟的"翟"，韩国兵器铭文中作"裳"，汉封泥中则为"翟"。[⑧]

二、鄂的地望

在北方即晋国的鄂，《左传·隐公六年》"纳诸鄂"，杜注："鄂，晋别邑。"晋地的鄂在春秋时与大（太）原、大卤、大夏、夏墟系联而言，曾被认为与叔虞的始封地唐相近。《史记·晋世家》："晋唐叔虞者，周武王子而成王弟。"裴骃《集解》引《世本》曰："（唐叔虞）居鄂。"宋忠注云："鄂地今在大夏。"司马贞《索隐》云：

注释：

① 关于"咢"字清代学者有考辨，《说文解字·土部》："垠，地垠咢也。"段注云："咢字各本无，今补。玄应书卷八引'圻，地圻咢也'。《文选·七发》注引'圻，地圻垠也'。垠者，后人增土。咢则许书本然。浅人以咢为怪，因或改或删耳。按古者边垠谓之'垠咢'，《周礼·典瑞》、《辀人》、《礼记·郊特牲》、《少仪》、《哀公问》五注皆云'圻鄂'。圻或作沂。张平子《西京赋》作'垠锷'，注引许氏《淮南子》注曰：'垠锷，端厓也。'《甘泉赋》李注曰：'鄂，垠鄂也'。按垠亦作圻，或作沂者假借字，《淮南》书亦作□。《玉篇》曰：古文也。咢作鄂作锷者，皆假借字。或作□作壣者，异体也。咢者，譁讼也。假借之，《毛诗》'鄂不韡韡'。鄂盖本作咢。毛传曰：'咢犹咢咢然，言外发也。'笺云：'承华者曰咢，不当作柎。柎，咢足也。'毛意本谓花瓣外出者，郑笺则以诗上句为华，不谓蒂，故谓咢为下系于蒂，而上承华瓣者。毛云：'咢咢犹今人云齾齾。'毛、郑皆谓其四出之状。《长笛赋》注，《字林》始有从卩之鄂，垠咢字之别体也。俗卩、阝混殽，故作鄂不作咢，物之边垠有齐平者、有高起者、有捷业如锯齿者，故统□之曰'垠咢'。有单言垠，单言咢者。如《甘泉赋》既云'匹鄂'，又曰'无垠'是也，故许以地垠咢释垠。《广韵》曰：'圻，圻垠，又岸也。'正本《说文》。"

② 季旭升：《说文新证》上册，艺文印书馆，2002年，第91页。

③ 郝懿行：《尔雅义疏·释诂下》，上海古籍出版社影印本，1983年，第199页。

④ 朱骏声：《说文通训定声·豫部第九》，武汉市古籍书店影印本，1983年。

⑤ 陈秉新：《读金文札记二则》，《东南文化》2000年第5期。

⑥ 《史记·楚世家》："熊渠甚得江汉闲民和，乃兴兵伐庸、杨粤，至于鄂。"《正义》引刘伯庄云："地名，在楚之西，后徙楚，今东鄂州是也。"《括地志》云："邓州向城县南二十里西鄂故城是楚西鄂。"《说文解字·邑部》："郖，南阳西鄂亭。"段注："南阳郡西鄂，二志同。今河南南阳府北五十里故西鄂城是也。郖者，汉时亭名。"最近考古工作者在南阳发现了春秋鄂国墓地，证实了西鄂的存在。

⑦ 李学勤：《论周初的鄂国》，《中华文史论丛》2008年第4期。

⑧ 吴幼潜编：《封泥汇编》，上海古籍书店，1984年，第84页。

太叔以梦及手文而名曰虞，至成王诛唐之后，因戏削桐而封之。叔，字也，故曰唐叔虞。而唐有晋水，至子燮改其国号曰晋侯。然晋初封于唐，故称晋唐叔虞也。且唐本尧后，封在夏墟，而都于鄂。鄂，今在大夏是也。及成王灭唐之后，乃分徙之于许、郢之闲，故《春秋》有唐成公是也，即今之唐州也。

张守节《正义》另立一说曰：

《括地志》云："故鄂城在慈州昌宁县东二里。"按：与绛州夏县相近。禹都安邑，故城在县东北十五里，故云"在大夏"也。然封于河、汾二水之东，方百里，正合在晋州平阳县，不合在鄂，未详也。

诸家说法各异，考古学家也从有无时代匹配的遗址来判断鄂为叔虞始封地唐的可能性很小。[1] 在唐的确切地望未定之前，鄂与唐的关系不可能得到统一的认识，本文对此不拟讨论。

左氏《春秋》昭公元年"晋荀吴帅师败狄于大卤"，传文"卤"作"原"，公羊、榖梁两家《春秋》也作"大原"，《公羊传》云："此大卤也，曷为谓之大原？地物从中国，邑人名从主人。原者何？上平曰原，下平曰隰。"安邑西南的盐池以产盐闻名，《吕氏春秋·本味》中"和之美者：阳朴之姜，招摇之桂，越骆之菌，鳣鲔之醢，大夏之盐……"，指的都是当地的特产，"大夏之盐"即"大卤"，也就是晋姜鼎和戎生编钟铭文中的"卤积"，所以晋人运到繁阳去交换铜料。[2]《说文解字·水部》"汾"字段注："今山西太原府太原县县治东北有太原旧城。城中旧有三城。一曰大明城。古晋阳城也。《左传》有六名：曰大夏，曰大原，曰大卤，曰夏墟，曰晋阳，曰鄂，其实一也。"段氏囿于将太原视作三家灭智所在的偏见，认为是指赵的大本营晋阳。此说本于《左传》定公四年杜预注："夏墟，大夏，今太原晋阳也"，实不确，鄂邑临近的是《国语》周宣王料民的太原。王国维先生《周莽京考》就太原的地望作了辨析：

太原，先儒或以为晋阳，或以为平凉，而据《尚书·禹贡》、《春秋左氏传》之说，其地当在河东。《禹贡》记禹治冀州水，首壶口、梁、岐，次太原，次岳阳，次覃怀，次衡、漳，而终以恒卫。其次实自西而东，则太原一地当在壶口、梁、岐之东，太岳之西，即汉之河东郡地。又左氏昭元年《传》："宣汾、洮，障大泽，以处太原。"考汾水经流千三百四十里，历汉太原、河东二郡地，而洮水、大泽，则皆在河东。《续汉书·郡国志》河东郡闻喜邑有涑水、有洮水。《水经·涑水注》则云：涑水所出，俗谓之华谷（《经》云：涑水出河东闻喜县东山泰霞谷。）至周阳与洮水合。又云：贾逵曰：汾、洮，二水名。司马彪曰：洮水出闻喜县，故王莽以县为洮亭也。然则涑水殆亦为洮水之兼称乎，云云。是郦氏始以洮为涑之别源，又疑为涑之异号。观《传》文汾、洮并举，殆非涑水不足当之，则后说殆是也。顾无论从何说，洮水皆不出汉河东境内，则有汾、洮二水之太原，正汉河东郡地，与《禹贡》之太原在壶口、梁、岐、岳阳间者，地望正合。大泽当即安邑盐池，或蒲反张阳池，亦河东地也。《后汉书·西羌传》："穆王西伐犬戎，取其五王，王遂迁戎于太原。"此书当出原本《竹书纪年》。而《穆天子传》："天子至于雷首，犬戎胡觞天子于雷水之阿。"此当是犬戎既迁后事。案：雷首山在河东蒲阪县，雷水出焉，则犬戎所迁之太原在河东可知。《周语》："宣王既丧南国之师，乃料民于太原。"料民之事，亦以河东为便，不容东至晋阳，亦无缘西至平凉也。[3]

注释：

[1] 邹衡：《晋始封地考略》，《尽心集——张政烺先生八十庆寿论文集》，中国社会科学出版社，1996年。

[2] 李学勤：《戎生编钟论释》，《保利藏金——保利艺术博物馆精选》，岭南美术出版社，1999年，第375—378页。

[3] 王国维：《观堂集林》卷十二，中华书局，1959年。

王氏此说精详，诚为不刊之论。文献中与鄂并列的大夏、大（太）原都在河东之地，是指一片地区，而非一城一邑，叫作大卤是因为其中有安邑盐池，故鄂可以说在大原，而大原却不可等同于鄂。

清代学者由《史记·晋世家》"哀侯九年，曲沃武公伐晋，于汾旁虏哀侯"推断，鄂地在汾旁之证，距离故绛也不太远。[①]清儒江永《春秋地理考实》在引用了前文张守节的论述之后云："唐慈州今为吉州，昌宁今为乡宁县，在平阳府太平县之西，吉州之东南，近黄河也。"[②]杨伯峻也据《大清一统志》定鄂在山西乡宁。[③]附近有鄂山、崿谷，下出崿水，是乡宁的主要河流，《水经·河水》卷四"又南过河东北屈县西"，郦注："河水又南至崿谷，傍谷东北穷涧，水源所导也，西南流注于河。"[④]《山西通志·山川考》卷二十八"乡宁县"下云："鄂山在县东三十里，峰嶂巉屼，突峙平原中。鄂侯之封以此名。……鄂水在县东三十里，源出鄂山阴宋家沟，流经县城南合罗峪、水暖泉、龙王池，水西流至西北境八十里师家滩入黄河。《水经》……崿谷、龙门地近，当指鄂水，鄂侯城岂以崿谷传讹耶？"[⑤]对于乡宁为鄂说也是一个有力的证据。鄂邑北接北屈，南临皮氏，西面黄河，东南为安邑，属于魏国的领土，与戈的形制特征也匹配。

《史记·殷本纪》："以西伯昌、九侯、鄂侯为三公。"《集解》引徐广曰："一作'邘'，音于。野王县有邘城。"今地在河南沁阳。又，《鲁仲连列传》"鄂侯"，《集解》引徐广曰："鄂，一作'邢'。"字形歧出，让人无法取舍。[⑥]按，邘古音在匣母鱼部，与疑母铎部的鄂可通，故徐广前说以通假字邘来分析，定在沁阳野王一带。但后一个说法中"邢"为精母耕部字，古音上无法通转，应该是字形的讹误，"邢"，古文字从井，可能与戈铭惇的心旁忄的倒写仲混淆而致误。文献传抄，鲁鱼亥豕为常见，本文从字形上来推测，只是提供一种可能的解释。

三、戈的年代

鄂邑三戈铭文中都出现了工师，却没有所属的库名，推知该地只有一个库，不需要标出。两件三年戈的工师、冶都不相同，一令名均，霍邱所出戈的摹本不清，无法判断令名，从工师、冶的不同推测，两件三年戈应该分属于不同的王世。

根据魏国纪年兵器辞例的发展规律，二级辞例在前，再加司寇或县令督造的三级辞例出现在惠成王前元后期，不晚于后元四年，目前所见二级辞例的兵器都在前元时期。[⑦]九年戈只出现工师和冶两级，格式与惠王前元时期的大梁戈、二十七年沁阳工师戈相同，造于惠王九年无疑，其铭文刻在胡部，以及穿在加厚的阑上等都显示出较早的特征。[⑧]两件三年戈已经是令＋工师＋冶的格式，很明显铸造时代晚

注释：

① 刘文淇：《春秋左氏传旧注疏证》，科学出版社，1959 年，第 38 页。

② 江永：《春秋地理考实》，《皇清经解》卷二五二，第 7 页。

③ 杨伯峻：《春秋左传注》，中华书局，1990 年，第 49 页。

④ 陈桥驿：《水经注校释》，杭州大学出版社，1999 年，第 53—54 页。

⑤ 觉罗石麟主持纂修：《山西通志》，雍正十二年（1734）刻本。

⑥《汉书·古今人表》"邢侯"，梁玉绳《古今人表考》以商末邢侯即鄂侯，作"邘"实误。王念孙《读书杂志》、翟云升《校正古今人表》之说近，认为鄂伪作邘、邘又伪作邢，而与梁说不同。三家论点可参王利器：《汉书古今人表疏证》，齐鲁书社，1988 年，第 236—238 页。

⑦ 苏辉：《魏国纪年兵器研究》，《中国古代文明研究与学术史》，河北大学出版社，2006 年。

⑧ 苏辉：《三晋器铭辨伪与纪年铜戈的类型》，《中国社会科学院历史研究所学刊》第 8 集，商务印书馆，2013 年。

于九年戈。形制长方形内，三边出刃，阑侧三穿，下有一齿突，类似的戈可举出二十五年阳春戈、卅二年业令戈、卅四年顿丘戈，等等，均是战国后期的器物，由此可以推断三年戈的铸造时间应在此前后。

从当时的形势来分析，鄂所在的河东之地原先也是魏国腹心，但随着魏惠王后元时期西河、上郡相继落入秦国之手[①]，秦国蚕食的主要目标移至河东，于是在魏襄王和昭王前期河东之地也沦陷尽丧，《魏世家》云：

> 十二年，太子朝于秦。秦来伐我皮氏，未拔而解。十四年，秦来归武王后。十六年，秦拔我蒲反、阳晋、封陵。十七年，与秦会临晋。秦予我蒲反。……二十一年，与齐、韩共败秦军函谷。二十三年，秦复予我河外及封陵为和。哀王卒，子昭王立。昭王元年，秦拔我襄城。二年，与秦战，我不利。三年，佐韩攻秦，秦将白起败我军伊阙二十四万。六年，予秦河东地方四百里。芒卯以诈重。七年，秦拔我城大小六十一。

《秦本纪》也有对应的内容："（昭王）二十一年，错攻魏河内。魏献安邑，秦出其人，募徙河东赐爵，赦罪人迁之。……（二十二年）河东为九县。"其后秦军掠地东进，所得战果不再出现魏国河东城邑之名。睡虎地秦简《大事记》记录了墓主人喜的战斗履历，在昭王二十一年（公元前286）前都是在魏国河东地区出击：

> （秦昭王）二年，攻皮氏。……四年，攻封陵，五年，归蒲反，六年，攻新城，七年，新城陷，八年，新城归，九年，攻析，……十三年，攻伊阙，十四年，伊阙，十五年，攻魏，十六年，攻宛，十七年，攻垣、枳，十八年，攻蒲反，十九年，廿年，攻安邑，廿一年，攻夏山。[②]

其后他转战的地域也不再有河东之城，这一点从后文中也可以很清楚地看出来。秦昭王二十二年（公元前285）河东正式成为秦国郡名，这是魏昭王在位的第11个年头，之后墓主人喜在魏地的征战场所已深入到河内，用纵横家的话说，就是"秦贪戾之国也而无亲，蚕食魏氏，尽晋国，胜暴子，割八县，地未毕入而兵复出矣"，"从林军以至于今，秦七攻魏，五入围中，边城尽拔，支台堕，垂都燃，林木伐，麋鹿尽，而国续以围"[③]。

鄂地三戈的年代下限也就在魏昭王十一年（公元前285），九年戈根据辞例已定在惠王前元时期，两个三年就有惠王后元、襄王和昭王的可能性。前文讨论已经提到九年戈与霍邱出土三年戈在地名先铸、其他文字内容后刻方面的一致性，两器在时代上应该更接近，而《飞诺藏金》的三年戈铭文全是刻写，这应当是刻写工具性能提高、雕画工艺进步带来的结果，时间相对于前两器当稍往后。所以笔者认为，从铭文铸刻方式来考察，霍邱出土的三年戈在惠王后元时期，而《飞诺藏金》的三年戈则在襄王或昭王之世，如果参考当时的战争形势，本文倾向于在襄王时期。

（苏辉：中国社会科学院历史研究所《中国史研究动态》杂志社编辑）

注释：

① 《魏世家》："五年，秦败我龙贾军四万五千于雕阴，围我焦、曲沃。予秦河西之地。六年，与秦会应。秦取我汾阴、皮氏、焦。魏伐楚，败之陉山。七年，魏尽入上郡于秦。"《战国策·秦二》："张仪西并巴、蜀之地，北取西河之外，南取上庸"，《战国策·宋卫》："魏亡西河之外，而弗能复取者，弱也。"

② 睡虎地秦墓竹简整理小组：《睡虎地秦墓竹简》，文物出版社，1990年。

③ 马王堆汉墓帛书整理小组：《战国纵横家书》第十五、十六章，文物出版社，1976年。

阏与之战与赵奢垒

张润泽

摘　要：《史记》、《战国策》等文献记载了多次先秦时期阏与之战，然而，人们对阏与的地望说法不一，到唐代就已经出现三说并存的状况，即武安说、乌苏说、和顺说等。三地后世都有关于阏与之战的历史记载、相关传说和历史遗存，笔者对阏与地望三说实地的周边传说与遗存进行考察，并通过文献记载分析，赵奢垒为阏与之战的古战场，与阏与之战更为契合，从而认为阏与地望位于和顺西可信。

关键词：阏与之战；赵奢垒；乌苏；和顺

一

阏与之战是战国后期秦赵两国之间的一场大战。战国后期，秦国为了吞并山东六国，在打败齐楚之后，又对当时唯一可以与强秦对抗的强国赵国发起进攻。公元前 269 年，秦昭王以赵不履行交换土地协议为借口，派中更胡阳率军进攻赵国的要地阏与。赵国的廉颇等著名将领认为阏与路途遥远难以救援，唯独赵奢认为两军对垒，狭路相逢勇者可胜。赵王乃令赵奢为将，以解阏与之围。

史籍对这次阏与之战记载最为翔实的当为《史记·廉颇蔺相如列传》附记的赵奢事迹①：

> 秦伐韩，军于阏与。王召廉颇而问曰："可救不？"对曰："道远险狭，难救。"又召乐乘而问焉，乐乘对如廉颇言。又召问赵奢，奢对曰："其道远险狭，譬之犹两鼠斗于穴中，将勇者胜。"王乃令赵奢将，救之。知令军兵去邯郸三十里，而令军中曰："有以军事谏者死！"秦军军武安西，秦军鼓噪勒兵，武安屋瓦尽振。军中候有一人言急救武安，赵奢立斩之。坚壁，留二十八日不行，复益增垒。秦间来入，赵奢善食而遣之。间以报秦将，秦将大喜曰："夫去国三十里而军不行，乃增垒，阏与非赵地也。"

> 赵奢既已遣秦间，卷甲而趋之，二日一夜至，今善射者去阏与五十里而军。军垒成，秦人闻之，悉甲而至……即发万人趋之。秦兵后至，争山不得上。赵奢纵兵击之，大破秦军。秦军解而走。遂解阏与之围而归。

由于司马迁所记简略，后世出现了阏与地望的三种说法，即河北武安说、山西沁县乌苏说、山西和顺说三说并存的局面。大学教材朱绍侯的《中国古代史》，《中国军事通史》第三卷《战国军事史》，夏

注释：

---

　①《史记·廉颇蔺相如列传》，中华书局，1959 年，第 2445 页。

自正、孙继民的《河北通史》（先秦卷）都认为阏与之战发生在山西和顺，这也是当今比较传统的看法。但对此争议仍旧不断。如靳生禾就坚持乌苏说[1]，赵雁侠主张武安说[2]，还有的学者认为乌苏说和和顺说都有道理，竟然说战国存在两个阏与城的说法。[3]为什么对此会产生如此争议？关键是此三地都有关于阏与之战的历史遗迹和后世记载。笔者亲自考察三地历史遗迹，认为和顺的赵奢垒当是阏与之战古战场的最好见证，与阏与之战的发生关系最为密切。

二

持阏与武安说学者认为，"阏与应为赵国山关名，《史记·赵世家》：'赵使赵奢击秦，大破秦军阏与下'"，"由此看来，阏与应是山名"，"阏与应在武安西南，'攻阏与，拔九城'。又作'拔邺九城'，表明阏与近邺，而邺近武安。由《廉颇传》亦知阏与近武安，否则不会秦在阏与而武安屋瓦皆震，军吏也不会舍命请求急救武安。赵奢因阏与战有功而号马服（马服山在武安东，近武安），亦说明阏与与武安接近"[4]。阏与武安说解释了文献关于"武安瓦震"的来历。其实，战国时期的武安因为位于今武安市西南的固镇，武安固镇附近保留有阏与之战的遗迹。在武安至今有"阏与山"和"阏与岗"，但是阏与作为战国一大城邑，不可能在战国的武安。用"二日一夜"赶到距离阏与50里处筑军垒，《史记正义》中认为武安说"疑其太近洺州"，两日一夜的路程应该可以排除武安说的可能。古人行军一日一夜就可达300余里，如《三国志·蜀书·先主传》："曹公以江陵有军实，恐先主据之，乃释辎重，轻军到襄阳。闻先主已过，曹公将精骑五千急追之，一日一夜行三百余里，及于当阳之长坂。"[5]又，《北史·齐本纪上第六》："神武揣其岁首当宴会，遣窦泰以精骑驰之。一日一夜行三百里，神武以大军继之。"[6]因此，阏与的地望因此被排除了在武安的可能，两日一夜的古代行军路程一定超出了邯郸到战国时期武安（即今天的武安市区西南50里武安故城固镇[7]）的距离。阏与之战的实地不可能位于太行山东侧的武安，两日一夜的行军路程说明阏与位于太行山西侧，今山西和顺西与山西沁县乌苏城必居其一。

三

阏与乌苏说与阏与之战。今山西沁县的乌苏村附近有南马服村和北马服村，是因为赵奢阏与之战大胜秦军，被封为马服君而附会来的。《史记·赵世家》："秦、赵相攻，而围阏与。"《正义》引《括地志》云："阏与，聚落，今名乌苏城，在潞州铜鞮县西北二十里。"阏与"乌苏说"持有者最具代表性的是靳生禾、谢鸿喜。[8]靳文介绍沁县乌苏村附近今有南北马服村，认为村名来源与赵奢马服君的称号有关。

注释：

① 靳生禾、谢鸿喜：《阏与古战场考察报告》，《中国历史地理论丛》1996年第1期。

② 雁侠：《先秦赵国疆域变化》，《郑州大学学报》1991年第1期。

③ 陈瑞青：《战国两阏与考辨》，《邯郸职业技术学院学报》2011年第1期。

④ 雁侠：《先秦赵国疆域变化》，《郑州大学学报》1991年第1期。

⑤ 《三国志》卷三十二，中华书局，1959年，第878页。

⑥ 《北史》，中华书局，1974年，第218页。

⑦ 乔登云：《邯郸境内先秦赵国城址考察与探索》，《赵文化论丛》，河北人民出版社，2006年；陈光唐、王昌兰编著：《邯郸历史与考古》："固镇城位于邯郸西，今武安县治西南24公里的洺河北岸，因近固镇而名，地属小摩天岭支脉。""古城四面为深沟断崖所封镇。加上古城地扼华北平原，是通向山西高原的古代交通要道上的城邑，形势十分险要，为邯郸西部的主要门户。"文津出版社，1991年，第99—100页

⑧ 靳生禾、谢鸿喜：《阏与古战场考察报告》，《中国历史地理论丛》1996年第1期，第123页

笔者曾考察该村，但村民说根本就不知道什么马服君。在今沁县乌苏村附近的册村正南山顶有一古刹，名叫白马天神庙。在村中的牛棚里有人找到一块石碑，为嘉庆三年（1798）册村人所修[①]，但是这方"白马天神庙重修碑"里只字未提与阏与之战或者马服君赵奢有关的资料。笔者从和顺县经武乡县到沁县境内，发现山势却明显低缓，仿佛到达丘陵地带，有些地方可谓一马平川，这里山的外观显示其是土质的、非石质山岩，也不陡峭，不符合阏与之战的狭窄道路和险要地形等条件。靳文的观点在20世纪90年代受到当地媒体和学者的关注，认为乌苏村"村北九连山支脉万人垴，山顶可容百人，当是赵军先锋万人抢占的制高点'北山'"[②]。字典解释"垴"是小山丘的意思。"垴山岗、丘陵较平的顶部。"[③]《史记》提到过阏与之战的"北山"，实地考察山西沁县乌苏村周边的地形，发现乌苏村的北部不存在什么北山。沁县乌苏城不契合阏与之战的作战环境，因此不是秦赵大战的阏与古战场。笔者在2008年8月考察过山西省沁县乌苏村。这里确实可以看到战国时期的陶片、遗迹，这只说明今山西沁县乌苏村（战国时为乌苏城）历史久远，在战国时期可能是一座城邑，但未必是阏与城。从战国方足布地名分析，战国确实存在叫乌苏的城邑。如李家浩先生把"於㝵"释读为"乌苏"，认为该地望在今山西沁县西，强调非阏与。吴良宝先生也认为战国时期的韩国存在"乌苏"这个城邑，"於㝵"即"乌㝵"[④]，可释读为"乌苏"，认为"乌㝵""位于韩国北境的上党郡境内"[⑤]。"乌㝵（1950）"、乌邳（1953）：李家浩以为即乌苏，"在今山西沁县西"[⑥]。因此，阏与乌苏说站不住脚。

四

赵奢垒与阏与之战。赵奢垒是今山西和顺东50里的阵垒。民国三年（1914）版《和顺县志》有关于和顺县赵奢垒的记载："赵奢垒，在县东石家庄，即赵奢救韩去阏与五十而军处，今庙犹存。"[⑦]清朝顾祖禹的《读史方舆纪要》卷四十三《山西五》载："赵奢垒，《志》云：在县东五十里，赵奢所筑也。"关于赵奢垒，很早就有文献记载，宋朝乐史的《太平寰宇记》卷四十四"河东道五和顺县"条："本汉沾县地。即春秋阏与邑也，一名榆城。《史记》云：'秦伐韩阏与，赵惠文王使赵奢救之，大破秦师'即此地也"，"故赵奢垒，在县东五十里。清漳水。在县北"。根据乐史的《太平寰宇记》多抄自《元和郡县图志》，保留了《元和郡县图志》脱掉的部分。可以推见，赵奢垒的记载应该不晚于唐朝。

笔者在2008年8月25日中午登上赵奢垒，并进行了初步测量和勘测。赵奢垒在和顺县东部青城镇的石家庄、纱帽沟附近，坐落于一座山的山顶。赵奢垒相对高度100多米，与周围的山岭相比略显低

注释：

① 王中庆：《千古阏与今何在，尽阅沧桑马服君——沁县册村白马天神庙考记》，《长治方志》1996年第9期；也见王中庆主编：《铜鞮之光》，山西科学技术出版社，2004年，第35页。

② 《阏与古战场遗址被发现——山西学者为战国阏与古战场定位》，《山西日报》1996年1月5日，收入王中庆主编：《铜鞮之光》，山西科学技术出版社，2004年。

③ 《现代汉语词典》，商务印书馆，2002年增补本，第915页。

④ "于㝵"又释读为"乌㝵"。何琳仪：《战国古文字典》，何琳仪：《战国古文字典——战国文字声系》，中华书局，1998年，第440页。

⑤ 吴良宝：《谈三晋方足小布的铸造年代》，《江苏钱币》2007年第1期。

⑥ 吴良宝先生在此同意李家浩释读为乌苏的意见，并指出在今沁县西。见吴良宝：《中国东周时期金属货币研究》，社会科学文献出版社，2005年，第187页。

⑦ 民国三年（1914）版《和顺县志》。

矮。从山脚下望赵奢垒，仅能看到在山顶部有红砖样子的层垒，登上山来，可发现山顶是一片开阔的平地，周围断断续续环绕着一至两道红黄色石片垒砌的城垣。赵奢垒所在的山头，东南缓，西北陡峭。据当地村民介绍，西南部的垒石在 30 年前还有一人高，后被人为推下山。由于东部山坡平缓，墙垒保留较好。墙垒由红黄色的条形石头砌成，整个垒大体呈不规则的长方形，有些像巨人的脚印。自南至北 60 米左右，自东至西狭窄处 7 米左右，最宽处约 13 米。墙垣最高处外侧 2.6—2.8 米，内侧 1 米左右，厚度则为 0.78 米至 1 米上下。西部隔着山谷对望是西山，山顶类似于轿子顶，故称轿顶山；东部的山较高，像古代官员的乌纱帽，因此叫纱帽山。周围的丛山中，赵奢垒所在的山并不高，其东南是一道 30 多度的缓坡，其他三面却都是接近 50 度左右的陡坡。这般地势对防守一方而言，的确占有相当的地利。就其与周围地形道路的关系而言，恰好位于东南、西北、西南三方峡谷及来路的交汇点上。所以，赵奢垒，背靠沙帽梁，面向河谷，扼南北、东西两路之咽喉，确是一处形险势冲，能攻易守的古战场。这个位置可以把山下的道路、河流尽收眼底，具有非常重要的战略意义。据当地村民介绍，赵奢垒的山上几次发现过青铜三棱箭头。在赵奢垒下面的山脚，有个泉眼。泉眼的周围垒砌着一个方形的井圈。下方 4 米多处，是一汪直径大约 5 米的水塘。这个水源应该是军事驻扎的很好条件。山下泉眼旁边有一方平置于地面的石碑，上刻"一九四九年　赵奢垒古战场　石家庄村"。石碑宽约 0.66 米，长约 1.1 米。虽说是 1949 年刻石，因为是简化字，所以我们怀疑字是近年所刻。在距离赵奢垒有两里多地的石家庄村村南，还现存一处废弃的古庙——赵王庙。至于这赵王是谁，村民们也搞不清。民国三年（1914）的《和顺县志》记载："赵奢垒在县东石家庄，即赵奢救韩去阏与五十而军处，今庙犹存。"其中的"今庙犹存"当然指的是此庙。可是赵奢是封君，叫马服君。时间久了，民间把赵君庙说成是赵王庙也是可能的。村民说先前有石碑，上面也有字，后来"文化大革命"时期"破四旧"都给磨了。看了几方石碑，个别有一些模糊不清的笔画痕迹，其他石碑更是无从辨认了。[①]

当地文物部门在笔者考察的一年之后，对赵奢垒进行了文物普查："本报 8 月 24 日讯近日，晋中市和顺县文物普查队发现一处战国名将赵奢使用过的寨垒。该处寨垒位于青城镇石家庄村东北的寨坷垃山顶，东西长 60 米，南北宽 14 米，占地面积约 840 平方米。据和顺县志记载，此为战国时期赵国与秦国交战时，赵国名将赵奢住过的寨垒。这一发现，对研究战国时期的军事、地理和历史有重要价值。"[②] 其所做统计数字与笔者考察略有出入，如赵奢垒所在的山叫寨坷垃山，方位也应以普查为准。

五

笔者通过亲自考察山西和顺县的赵奢垒认为，武安虽然有阏与山、阏与岗等地名，司马迁也记载阏与之战所谓"武安瓦震"等，但武安说不合《史记》记载的赵奢急行军的路程。乌苏说虽然有南北马服村和行军路程上符合，但不够险峻，不符合"道远极狭"的阏与之战地理环境。陈瑞青无法否定乌苏说，又重视赵奢垒与阏与之战的密切关系，竟然提出战国时期存在乌苏和和顺两座同名的阏与城。

靳文言说赵奢垒与救阏与无关，但据笔者考察所见，赵奢垒与阏与之战关系最为密切。第一，从和顺县城到东部的赵奢垒，沿途崇山峻岭，沿着清漳河谷，侧面的高山林立，道路崎岖，正好契合赵惠文王时期秦赵阏与之战的地形实际，所谓"狭路相逢勇者胜"。第二，实地考察赵奢垒，看到宋朝史书就

注释：

① 张润泽、董寅生：《探访和顺赵奢垒》，《邯郸日报》2008 年 11 月 11 日。

② 《和顺发现赵奢寨垒》，《山西晚报》2009 年 8 月 25 日。

有赵奢垒的记载，记载较早，因此我们认为此处应该与赵奢的军事活动有关。第三，赵奢垒上那么多红色条石筑在山顶，在此偏僻之所，好事者不会为附会文献而虚造此垒。第四，笔者甚至认为赵奢垒也许是秦赵阏与之战的古战场。在此垒，赵秦展开决战。赵奢不是直接打阏与的，而是秦赵军队遭遇到赵奢垒打了一丈，而阏与之围得解。如《史记·廉颇蔺相如列传》："赵奢既已遣秦间，乃卷甲而趋之，二日一夜至，令善射者去阏与五十里而军。军垒成，秦人闻之，悉甲而至。"赵奢垒恰好处于今和顺县城东50里，为秦赵两军遭遇的场地。在赵奢垒所在的山坡，当地农民多次捡到青铜三棱箭头，正说明此处是古战场。所以，赵奢垒可证实阏与地望在今山西和顺。

邯郸市文物研究所所长乔登云见告，从邯郸武安到左权（辽阳）存在一条小道，叫驴马道。这也许是赵奢救阏与的捷径。河北省社会科学院孙继民先生曾在2005年7月亲自考察过赵奢救阏与可能走的路线，他认为，赵都邯郸通往阏与的道路是"道远险狭"，而赵奢用"两鼠斗于穴中"来譬喻，而在邯郸通往山西晋东南地区的交通道路诸线中，只有通往今山西和顺县的道路符合这一特征。[①] 河北平原和赵国的都城邯郸要穿越太行山到达晋东南地区，最便捷的道路就是滏口陉。严耕望的《唐代交通图考》第五卷《河东河北区》称之为"太行滏口壶关道"。严耕望认为，"武安西南五十里有固镇驿，据太行之险，当武安、涉县、滏口、黄泽岭之冲，为四地道口"[②]。武安故城西行到上党地区所经道路主线有壶关道，经涉县、吴儿谷、黎城、潞城到潞州。赵奢救阏与的道路是一支险道，应为黄泽岭道，就是从武安故城固镇西北越过崇山峻岭到达仪州，还可以北上经辽阳到和顺县。赵奢救阏与就是选择的这条险道。阏与之战和顺说证明位于山西和顺县的赵奢垒不是后世的向壁虚造，应该和秦赵阏与之战直接相关。

（张润泽：邯郸学院历史系教授）

注释：

① 孙继民：《秦赵阏与之战与太行滏口陉的支线黄泽关道》，《虞舜文化研究集》（下），山西古籍出版社，2006年。第828—829页。

② 严耕望：《唐代交通图考》第五卷《河东河北区》，上海古籍出版社，2007年，第1434页。

先秦儒家"法"之源流及其开展

——以《荀子》之"法"思想为主

郭梨华

摘　要：荀子作为一代儒者大师，由于其弟子李斯与韩非，因此总被认为是儒家中由"礼"转向"法"的关键者，甚至在归类中或被认为是法家人物，但探究儒家典籍，则可以发现这一法思想的源流，应分两部分：一是国家体制之礼、法；另一是思想论述中对于"法"的论述。就这两部分而言，荀子都不是开启者，而是源流中的承继者。

关于国家体制之礼、法，可溯源于周，"刑"则早在夏商时代已有，而在《礼记》中也不断申述"国法"的存在，此乃法制之法，在"礼"为主，体制之"刑"的存在是事实也是必然，《乐记》早已言"礼乐刑政"四者，"其极一也；所以同民心而出治道也"，以及"四达而不悖，则王道备矣"。其说明了"刑"已与"礼、乐、政"共同为王道的必要结构，已经与孔子的论述有所别，且《缁衣》中更是将"刑"理解转化为"法"，所谓"惟作五虐之刑曰法"是也。这是将"法"作为取法、效法义，转化为"型范"之遵守的法令义，将刑罚进一步理解为人民必须遵行的"法"。

至于对于"法"与贵族爵位之关系，《表记》则是更进一步提出创见，或许可视为商鞅之先驱；所谓"周人尊礼尚施，事鬼敬神而远之，近人而忠焉，其赏罚用爵列，亲而不尊；其民之敝：利而巧，文而不惭，贼而蔽"。显然这是儒学新义，但并不为时儒所接受，毕竟这伤及贵族权益。但即便如此，以子思为代表之儒者，仍然强调"德"的重要，在《五行》中对于罪与义的观点很清楚，仍然将刑罚、罪等的处置归属于"义"为其价值所在。

战国晚期荀子在承继前儒思想时，对于"礼"与"法"则相当重视，但仍坚持"礼"为体制之主，只是已经将"价值"与"制度"作二合一、一而二的论述，就价值而言，"礼"、"义"为价值归趋，制度层面则分官场体制之礼节，以及百姓所应遵循之法度。

若从先秦儒家的法思想流而论，荀子的"法"思想，可从两方面论之：一是结合子思与时代思潮，对"法"思想相当重视，甚至以"礼法"并提的方式，强调"法"之重要性，但对于"法"之精神价值所在，并非仅依乎度数，而是有"义"为其引导与归趋所在，所谓"不知法之义而正法之术者，虽博，临事必乱"，此"义"之所指乃"公义"、"公道"。另一方面则合心性论题，开展出人性中对"法"之需求，强调圣人、君子之于"法"的重要，此即"法者，治之端；君子者，法之原也"。结合此两面向之"法"思想，荀子认为"王者之法"，在于"等赋、政事、财万物，所以养万民也"。

（郭梨华：东吴大学哲学系教授）

韩婴对孔子形象的描绘

林素英

摘　要： 汉初，《诗》之流传乃以三家诗为主，且各立博士，盛极一时。其中，韩婴或取春秋战国以来之杂说，结合史与诗、事与诗之相关事证，透过触类旁通的书写方式，写成《韩诗外传》，在说明与推衍诗之含义外，也寄托自己对于政治教化之态度与理念。韩诗不但流传于燕赵之间，还盛行于昭帝、宣帝、元帝三朝，堪称汉初以来学术发展之重要一支。由于孔子极重视《诗》之教学，因而《韩诗外传》大约有1/5的篇章出现孔子之言说，凸显许多不同于《论语》中的孔子形象，尤其是有关圣人形象之内容，实已综合道、法家之思想，且与荀学思想关系密切。本文分别从圣人气象与精神境界、为学态度与究竟之道、生活态度与言行之道、理想政道与治国之道四方面，论述韩婴对孔子形象之描绘，而隐约可见孔子"素王"形象之雏形。

关键词： 韩婴；孔子形象；汉初局势；道法家；荀学思想

一、前言

虽然各界都同意《论语》是理解孔子最重要之文献，不过限于文献属性、编辑者之取材、撰写目的以及体例安排等各种因素，致使孔子之形象并不全面。例如，《左传》乃最早记录孔子之书籍，然而其中的孔子形象大多与政治有关，相较于《论语》中之形象，已不免有过于单一化之现象；至于新近诸多战国简文中，也出现大量有关孔子的新形象，以及后世所称儒、道、墨、法等不同学派人物的互动记录。如此现象是否仅有内容广狭程度之不同，抑或具有是非曲直之状况，实在相当耐人寻味。然而若能从学术发展的眼光来看，孔子这些不同形象之呈现，都可代表不同学术视野下对于孔子及其学术的不同解读，而不同学派人物之往来互动，又代表不同学术思想间的激荡与磨合，且在百花齐放中，也正好呈现了当时学术发展更全面之状况。

虽然孟子与荀子多有继承孔子思想之处，然而由于时代环境、社会政治与学术立场不同，发扬孔子志业之内容与走向却有明显不同，从孔子之重仁，到孟子的尚义，至于荀子则已极力隆礼。荀子不但率先于《儒效》之中，区分孔子以来号称儒者之类型，有大儒、雅儒、俗儒与贱儒之别，更在《非十二子》明确批评导致当时学术的偏差，认为"略法先王而不知其统，然而犹材剧志大，闻见杂博。案往旧造说，谓之五行，其僻违而无类，幽隐而无说，闭约而无解"之状况，徒知修饰其辞，而自以为"此真先君子之言也"，则是子思、孟轲之罪者[①]，可见荀子并不满于思、孟后学对于孔子之认知与诠释。荀子对于思、孟以来之儒者，尚且已有"何为真孔子"之疑惑，更何况历经秦以至于汉，歧出之状况更是有过之而无不及，孔子的形象如何更成问题。在统一王朝需要政治社会稳定之情况下，配合道德、仁义、

注释：

---

① 《荀子·非十二子》，见：（清）王先谦：《荀子集解》，艺文印书馆，1988 年第 230—232 页。

礼法思想必须逐步落实的历史事实，对于孔子的形象变化，更有极大的改变，且慢慢被形塑为"素王"之形象。孔子"素王"形象的建构成型，固然为今文学家长期努力的结果，且与《春秋》与《孝经》两部经典的政治运用有密不可分的关系，不过，汉初的学术思想走向，其实已微露端倪。

由于诗具有言志，以及歌颂吟唱之特殊功能，因此经书虽遭遇秦火之浩劫，然而在汉初复原最快，且还有齐、鲁、韩三家《诗》[①]，各立博士官，盛极一时；其中尤以硕果仅存之《韩诗外传》（以下简称《外传》）最不可忽略。虽然《汉书·艺文志》于议论三家诗时，认为"鲁申公为《诗》训故，而齐辕固、燕韩生皆为之传。或取春秋，采杂说，咸非其本义"[②]，状似无可观，然而事实并不尽然。徐复观即认为被后世怀疑成于荀卿弟子之手的《大略》、《宥坐》等六篇之表义以及结合史与诗、事与诗，且使彼此互相证成之书写方式，已为《外传》所承继，更明显的则是韩非子先后时期之诸子百家，多有透过故事等具体事例以阐发抽象理论之倾向，且其意乃在加强思想对于现实的功用性与通俗性，并希望借此加强对统治集团的说服力，因而《外传》之书写法，可谓之中国思想的另一种表达方法，且深深影响了刘向的《新序》、《说苑》、《列女传》。[③]《外传》乃多引用先秦诸子之学说以及春秋战国之事迹，以触类旁通之引申方式，说明或推衍诗之含义。由于孔子认为不学《诗》，无以言，不学礼，无以立[④]，因此《诗》与礼之教，乃是孔子教学之重要内容，尤其是汉代极重视《诗》之教，因而透过《外传》对于孔子形象之描绘，可以显示孔子的形象变化情形。

二、韩婴与道法荀学思想之因缘

文献中有关韩婴的个人资料，其实只有《汉书·儒林传》韩婴大约 200 字的记载，其中还包含其学术贡献在内：韩婴是燕人，于汉文帝时已立为博士，景帝时为常山太傅，其所传之诗流行于燕赵之间。韩婴精悍，处事分明，曾与董仲舒论于武帝前，董仲舒亦无法为难之。[⑤]本传之简短记载，尽管寥寥数语，不过相对来说，却已可提供其个人特质及其所处环境极珍贵的思考线索，且二者之间还息息相关、相互渗透。

首先，我们必须重视一项事实，即汉代从高祖遭受白登之围开始，匈奴等夷狄一直是汉朝极其难缠的心腹之患，而居住于边疆地区者，因为时常遭受侵扰，也较容易具有忧患意识。在此特别的时空环境下，检视韩婴生长之燕地，该地已濒临与匈奴与东胡接壤之处，因而自始封君召公奭以来，即多具危机意识，因而史迁谓之："燕北迫蛮貉，内措齐、晋，崎岖强国之间，最为弱小，几灭者数矣。然社稷血食者八九百岁，于姬姓独后亡，岂非召公之烈邪！"[⑥]再来观察韩婴之活动时期历经文、景、武三帝，虽无法知其确切之活跃年代，然而从文帝在位 23 年，景帝在位 16 年，武帝在位超过 50 年之史实，因此保守估计，韩婴之学术生命应在 40 年以上，且与董仲舒论于武帝前，应该已在晚年，却仍然保持精悍

注释：

① 可惜齐诗早亡于魏，鲁诗又亡于西晋，韩诗虽在唐代犹存，不过北宋以后，《内传》亦归亡佚，因而若欲清楚理解秦火以后，《诗》之流传、诗义诠解以及诗教思想之变迁等问题，《韩诗外传》即具有重要之地位与价值。

② 汉·班固：《汉书·艺文志》，中华书局，1962 年，第 1708 页。

③ 其详参见徐复观：《两汉思想史（卷三）》，台湾学生书局，1979 年，第 1—10 页。

④ 《论语·季氏》，见于（魏）何晏集解、（宋）邢昺疏：《论语注疏》，收入《十三经注疏（附清·阮元校勘记）》，艺文印书馆，1985 年，第 150 页。

⑤ （汉）班固：《汉书·儒林传》，第 3613 页。《史记·儒林列传》对于韩婴虽也有记载，然而资料更少。

⑥ 《史记·燕召公世家》，见于（日）泷川龟太郎：《史记会注考证》，洪氏出版社，1977 年，第 586 页。

之特质，具备处事分明之能力，以致即使是论理周密之董仲舒亦无法为难之，可见其学术能力以及生命韧性都相当强劲。

若合并当时人习称韩婴为韩太傅，且常山宪王在位 31 年之情形来看，此一时期或许为其学术最成熟之活跃时期，《外传》之形成及流传，最有可能也在此时。由于常山王刘舜乃景帝宠爱的少子，其所建都之襄国（今河北邢台市），于三家分晋时，属于赵国，因此韩婴之思想，应该也深受赵国之影响。毕竟赵国自赵武灵王"胡服骑射"以壮大赵国，至长平之战后一蹶不振的国势兴衰史，自然长期流传当地，且深深烙印在有心人胸中；在思想方面，则无论从慎到主张法治重势之思想，以及荀子援法入儒，批判地继承和改造儒家关于王道和礼治之思想，也都足以影响韩婴之学术思想与辅政理念。因而韩婴吸取荀子以来提倡富国强兵之政策，讲求以王霸之道治国之理念，并要求落实礼法于社会秩序建构之经验，将其巧妙地融入《外传》之中，且透过《外传》多举事例为证之书写方式，将其思想与治国理念传达给常山王，同时也影响了当时燕赵之人，即成为韩婴一生中极重要之大事。

倘若再追溯韩婴始被立为博士之文帝时期，又可发现文帝在未即帝位之前，于高祖十一年被封为代王，而其封国乃是汉朝的边疆地带，接近匈奴活动范围，因此文帝对外族入侵特别敏感。文帝三年，匈奴进犯河南地与上郡，虽然灌婴出击，暂时获胜，其后，匈奴仍然时来侵扰，于是文帝采纳晁错"募民徙塞下"之议，而开汉代屯田之先河。至于文帝所激赏贾谊之治国策略，虽以儒家为主，其实已融入黄老帝王术以及刑名思想，因而史迁谓之"孝文好道家学，以为繁礼饰貌，无益于治"，又说"孝文帝本好刑名之言，及至孝景，不任儒者，而窦太后又好黄老之术"[1]。推想韩婴能先于申培公、辕固生，在文帝之朝即立为博士，亦可相对说明其思想理念，应该较符合汉初以来施政讲求务实之需要，此从韩诗盛行于昭帝、宣帝、元帝三朝，也可得到辅助说明。

经由以上所述，可见要理解韩婴之思想，必须与其所处之政治现实以及社会需要相提并论。身为太傅之韩婴，多引用先秦诸子之学说以及春秋战国之事迹，以触类旁通之引申方式，固然意在借由旁征博引以说明或推衍诗之含义，另外，应该也与其辅佐、进荐常山王为政之经验与需要有关（然并非教本）。由于刘舜 8 岁已封王，可惜恃宠而骄，韩婴亦只能多透过讲故事之方式，帮助刘舜理解诗中丰富的含义，以及身为人君的道理。若脱离此一层关系以阅读《外传》，实难以理解其思想全貌，至于其中所描绘之孔子形象，亦无法知其具有重要的时代印记。

三、《外传》中的孔子形象

今本《外传》，共计 10 卷，309 章，提及孔子者超过 50 章，比例上算是相当高，言及其他孔门弟子以及后学者亦不在少数。由于汉初黄老思想之实质，乃晋法家长期发展的内容，所以韩婴的思想虽然同时杂有孟子与荀子之思想，不过仍较偏向荀学，且其最终之道，乃在于建立以儒家为本，而适合当时社会环境之学术思想，因此对于孔子形象之描绘，其实多已杂有道家与法家思想之综合色彩，论之如下。

注释：

---

① 分别见于《史记》、《礼书》，第 423 页；《儒林列传》，第 1286 页。

（一）圣人气象与精神境界

孔子自谦，不敢以圣自居[①]，然而孟子不但认为孔子乃圣之时者，且以孔子还是集圣之大成者。[②]韩婴则大大推阐圣之时者的内涵，而言之：

> 至乎孔子去鲁，迟迟乎其行也，可以去而去，可以止而止，去父母国之道也。伯夷、圣人之清者也，柳下惠、圣人之和者也，孔子、圣人之中者也。《诗》曰："不竞不絿，不刚不柔。"中庸和通之谓也。[③]

此处所彰显孔子之圣人形象，虽强调其具有中道而行之特质，不过也已隐藏其所行也能得其时而言。如此"因其时而处其中"的"中道而行"之做法，实与《系辞》强调"知几"乃行为之关键的说法相互呼应，因为"几者，动之微，吉之先见者也。君子见几而作，不俟终日。……君子知微知彰，知柔知刚，万夫之望"[④]。虽然仍以讲求中正平和之儒家理想为依归，不过已经综合道家讲求极精微之观念。

至于荀子，则明白以为孔子具有"总方略，齐言行，壹统类，而群天下之英杰，而告之以大古，教之以至顺；奥窔之间，簟席之上，敛然圣王之文章具焉，佛然平世之俗起焉"之能力，然而却无置锥之地，是圣人之不得埶者也。[⑤]韩婴则直承其义，还几乎全盘接受荀子之说法，仅更动少许文字，且认同仁人之务，乃在于"上法舜禹之制，下则仲尼之义"，如是，则天下之害除，而圣人之迹着，并引《诗》为证，曰："雨雪瀌瀌，见晛曰消。"[⑥]可见孔子的圣人形象，从孔子还在世之时已有所说，并经孟、荀之踵事增华，至韩婴之时，其圣人形象已更明显，且描绘其形象如下：

> 孔子抱圣人之心，彷徨乎道德之域，逍遥乎无形之乡，倚天理，观人情，明终始，知得失。故兴仁义，厌势利，以持养之。于时周室微，王道绝，诸侯力政，强劫弱，众暴寡，百姓靡安，莫之纪纲，礼仪废坏，人伦不理。于是孔子自东自西，自南自北，匍匐救之。[⑦]

韩婴直接述说孔子所怀抱的圣人之心，已明显以道家"动合无形，赡足万物"之特质，为其精神之统领，且其实际运作之时，又具有"与时迁移，应物变化，立俗施事，无所不宜，指约而易操，事少而

注释：

①《论语·述而》，65页：子曰："若圣与仁，则吾岂敢？抑为之不厌，诲人不倦，则可谓云尔已矣！"《论语·子罕》，78页：太宰问于子贡曰："夫子圣者与？何其多能也？"子贡曰："固天纵之将圣，又多能也。"子闻之，曰："太宰知我乎！吾少也贱，故多能鄙事。君子多乎哉？不多也。"牢曰："子云：'吾不试，故艺。'"《孟子·公孙丑上》，见：（汉）赵岐注，（宋）孙奭疏：《孟子注疏》，收入《十三经注疏（附清·阮元校勘记）》，艺文印书馆，1985年，第55页，则载孟子引孔子与子贡之问答：孔子曰："圣、则吾不能，我学不厌而教不倦也。"子贡曰："学不厌，智也；教不倦，仁也。仁且智，夫子既圣矣。"认同孔子之圣。

②《孟子·万章下》，176页：孟子曰："伯夷，圣之清者也；伊尹，圣之任者也；柳下惠，圣之和者也；孔子，圣之时者也。孔子之谓集大成。集大成也者，金声而玉振之也。金声也者，始条理也；玉振之也者，终条理也。始条理者，智之事也；终条理者，圣之事也。"

③《外传》卷三，"伯夷叔齐"章，见于赖炎元：《韩诗外传考征》下册，台湾省立师范大学，1963年，第287页。

④《易·系辞传下》，见：（魏）王弼、韩康伯注，（唐）孔颖达等正义：《周易正义》，收入《十三经注疏（附清·阮元校勘记）》，艺文印书馆，1985年，第171页。

⑤《荀子·非十二子》，第232—233页。

⑥《外传》卷四，"当世饰邪说"章，第312页。不过韩婴已将荀子所非之十二子，改为十子，且人物稍有出入，最明显的则是将子思、孟轲，从所非之"十二子"之列除名。

⑦《外传》卷五，"圣人之心"章，第321页。

功多"之用，足以灵活运转以简驭繁^①，故能通达天理之终始，而深察人情之变化。孔子不但具有道家之知与明，且由于其对于天理人情之彻底觉知，于是化为儒家积极入世之动力，故而周游列国，奔走各地，意在倡导仁义，而憎恶势利之流行，努力扶持长养仁德之行，以期许人伦义理得以重振，社会秩序与朝政纲纪德以复兴。孔子如此兼容儒道涵养之形象，若辅以韩婴对于德之说明，更能见其义，其文云：

> 德也者、包天地之大，配日月之明，立乎四时之周，临乎阴阳之交。寒暑不能动也，四时不能化也，敛乎太阴而不湿，散乎太阳而不枯。鲜洁清明而备，严威毅疾而神，至精而妙乎天地之间者、德也。微圣人，其孰能与于此矣？《诗》曰："德輶如毛，民鲜克举之。"^②

由于如此之德，已包括天地阴阳与寒暑四时之自然变化，因而具有"鲜洁清明而备，严威毅疾而神"之特质，属于"至精而妙乎天地之间者"，因而若非圣人，即无法达到此境界。此一说法，又实与《中庸》唯天下至圣为能配天之说法相当，因为"唯天下至诚，为能经纶天下之大经，立天下之大本，知天地之化育。夫焉有所倚？肫肫其仁！渊渊其渊！浩浩其天！苟不固聪明圣知达天德者，其孰能知之？"^③孔子至诚至圣之形象，其精神已融贯儒道思想之精髓，且通乎天地之化，因而早已超乎人间之毁誉。^④

韩婴对于孔子的圣人形象，虽然大致已如上所述，不过却巧妙地借由郑人姑布子卿对于孔子相貌之描绘，隐约以明其自东自西，自南自北，匍匐救世之承担。据姑布子卿从孔子正面视之，则"得尧之颡，舜之目，禹之颈，皋陶之喙"，可谓盎盎乎似有王者之象，然而若从其后视之，则又嫌其"高肩弱脊，而不及四圣者"，其实已暗喻孔子虽有圣王之质，可惜却不得时遇，导致凄凄惶惶，羸然若丧家之狗，仍无法成就圣王之大业。同时还借由孔子之独辞丧家狗之形容，响应并婉拒姑布子卿认为自己在"上无明王，下无贤士方伯，王道衰，政教失，强陵弱，众暴寡，百姓纵心，莫之纲纪"之混乱情势下，仍积极入世，勇于承当救世之大志之美誉。^⑤此说正可与《微子》针对长沮、桀溺之辟世，而孔子明白表示"鸟兽不可与同群"^⑥之意志，其承当是相互呼应的。

（二）为学态度与究竟之道

自从孔子在《论语》之《学而》开宗明义提到"学而时习之，不亦说乎"，"君子食无求饱，居无求安，敏于事而慎于言，就有道而正焉，可谓好学也已"，又于《为政》有"温故而知新"之说，于《述而》自言"我非生而知之者，好古，敏以求之者也"，"三人行，必有我师焉！"都可见孔子对于学习之重视，且认为应力学不辍，而《公冶长》又有"十室之邑，必有忠信如丘者焉，不如丘之好学也"之说，自誉己之好学过人。至于为学之态度，则于《为政》主张"学而不思则罔，思而不学则殆"，且于《雍也》与《颜渊》都有"君子博学于文，约之以礼，亦可以弗畔矣夫"之说，说明不但学思应并重，

注释：

① 其详参见《史记·太史公自序》，第 1367 页，引司马谈《论六家要旨》对于道家之说。

②《外传》卷五，"德包天地"章，第 341 页。

③《礼记·中庸》，见：（汉）郑玄注，（唐）孔颖达等正义：《礼记正义》，收入《十三经注疏（附清·阮元校勘记）》，艺文印书馆，1985 年，第 900 页。

④ 其详参见《外传》卷八，"齐景公问仲尼贤圣"章，第 408 页。

⑤ 其详参见《外传》卷九，"孔子逆姑布子卿"章，第 436—437 页。此"丧家之狗"的譬喻，不知其所自出，不过显然也为司马迁《孔子世家》所沿用、铺衍。

⑥《论语·微子》，第 165 页。

而且还应与礼之实践合而为一，因此《阳货》又有"好仁不好学，其蔽也愚；好知不好学，其蔽也荡；好信不好学，其蔽也贼；好直不好学，其蔽也绞；好勇不好学，其蔽也乱；好刚不好学，其蔽也狂"之载，认为唯有好学方可成就美德。至于子夏，更申述其义，以为"日知其所亡，月无忘其所能，可谓好学也已矣"。"博学而笃志，切问而近思，仁在其中矣。""百工居肆以成其事，君子学以致其道"，"仕而优则学，学而优则仕"①，乃说明为学与修德、成道、治世都是一系列之发展，《中庸》更以"博学之，审问之，慎思之，明辨之，笃行之"②的系列发展，说明学、思、行、用之间的一贯关系。

由于《论语》对孔子为学的相关问题记载多而明确，而传经最重要的子夏也有重要阐发，因而孟子已不需要再辩而明之。至于荀子，有鉴于当时"材剧志大，闻见杂博"所导致之弊端，因而开宗明义即以《劝学》名篇，明确表明积极学习乃是获取清明心，具备客观认知能力之重要前提，因此极力劝学。继起之韩婴，即顺承从孔子以至于荀子之劝学系统，且多借孔子之言而展现孔子之形象：

> 孔子曰："君子有三忧：弗知，可无忧与？知而不学，可无忧与？学而不行，可无忧与？"

> 子曰："不学而好思，虽知不广矣；学而慢其身，虽学不尊矣；不以诚立，虽立不久矣；诚未着而好言，虽言不信矣。美材也，而不闻君子之道。隐小物以害大物者，灾必及身矣。"

> 孔子曰："可与言终日而不倦者，其惟学乎！其身体不足观也，勇力不足惮也，族姓不足称也，宗祖不足道也，而可以闻于四方而昭于诸侯者，其惟学乎！"

> 剑虽利，不厉不断；材虽美，不学不高。虽有旨酒嘉殽，不尝，不知其旨；虽有善道，不学，不达其功。故学然后知不足，教然后知不究。不足，故自愧而勉，不究、故尽师而熟。由此观之，则教学相长也。子夏问诗，学一以知二，孔子曰："起予者，商也，始可与言诗已矣。"孔子贤乎英杰，而圣德备，弟子被光景而德彰。《诗》曰："日就月将。"③

另外，韩婴尚由哀公问子夏与冉有之问答，并引用孔子之相关事件，强调力学之重要与功效。子夏告诉哀公："不学而能安国保民者，未之有也。"并举 11 位圣人之例："黄帝学乎大坟，颛顼学乎禄图，帝喾学乎赤松子，尧学乎务成子附，舜学乎尹寿，禹学乎西王国，汤学乎贷乎相，文王学乎锡畴子斯，武王学乎太公，周公学乎虢叔，仲尼学乎老聃"，说明其皆因有所师，而得以"功业着乎天下，名号传乎后世"④。冉有则告诉哀公："虽有良玉，不刻镂，则不成器；虽有美质，不学，则不成君子。"并举"子路、卞之野人也，子贡、卫之贾人也，皆学问于孔子，遂为天下显士，诸侯闻之，莫不尊敬，卿大夫闻之，莫不亲爱"之例，以及秦王问学于姚贾、秦穆公问学于百里奚、文王问学于太公望、齐桓公问学于管仲，而卒成大业之事例，都可说明"学，而后为君子"，即使身为人君，亦应有所问学于师，虚心受教。⑤

同时，韩婴还借由孔子与子贡、子夏等高门弟子之闲谈言说，达到以事明义之效果。其中，与子贡

注释：

① 分别见于《论语·学而》，第5、8页；《论语·为政》，第17页；《论语·述而》，第63页；《论语·公冶长》，第46页；《论语·为政》，第18页；《雍也》，第55页；《论语·颜渊》，第109页；《论语·阳货》，第155页；《论语·子张》，第171—172页。

②《礼记·中庸》，第894页。

③ 以上四则，分别见于《外传》卷一，"君子三忧"章，第211页；卷六，"不学而好思"章，第350页；卷六，"言终日而不倦"章，第356页；卷三，"剑不厉不断"章，第265页。

④ 其详参见《外传》卷五，"哀公问子夏"章，第340页。

⑤ 其详参见《外传》卷八，"哀公问冉有"章，第416—417页。

之问答，主要彰显在学习过程中，固然会有遭遇瓶颈，而有倦勤欲休之状态，然而对于事君、事父、事兄弟妻子之人伦大事，以及关系生计的农事生产等，都是必须终身学习之大事，是"学而不已，阖棺乃止"的，因为学无止境。①此章与《荀子·大略》有类似之记载②，虽然二者引证之诗篇不尽相同，且《大略》还多一层事友之状况，不过强调君子学无所休之道理则相同。至于总结之处，《大略》以孔子曰："望其圹，皋如也，颠如也，鬲如也，此则知所息矣。"而子贡答以"大哉死乎！君子息焉，小人休焉！"作为结束，旨在区别君子责任完结而获得最终之安息，与小人精气衰竭而生命休止之状况有别。《外传》则纯粹强调所学之内容尽管有别，然而学无止境之道理，则毫无不同。

至于"孔子与子夏论诗"章，则与《论语》所展现的孔子论学之形象有所不同，也与《荀子》注重客观认知的为学态度不同，而已掺杂有道家追求极精微，且向往与大自然冥合之思想。子夏以为读《诗》，可以使人感受"上有尧舜之道，下有三王之义"的"昭昭乎若日月之光明，燎燎乎如星辰之错行"之美盛，因而虽然僻居蓬户，却可借由弹琴以咏先王之风，而达到"有人亦乐之，无人亦乐之，亦可发愤忘食"的怡然自适之境界。孔子虽也称许其"始可以言《诗》已矣"，却又高标准地认为子夏"以（已）见其表，未见其里"，不如自己"悉心尽志，已入其中"。毕竟仅窥其门，而不入其中，则安知其奥藏之所在？倘若不能见其里，则仍然属于"未谓精微者也"。至于所谓深入内里，以尽其精微之含义，若以读《诗》而言，则如此"悉心尽志已入其中"之状态，已有如孟子采取"以意逆志"之方式而获得诗旨③，因而可从诗文中鸟、兽、虫、鱼、花、草、树木等自然景物之描绘，体会"前有高岸，后有深谷，泠泠然如此既立而已矣"，浑然与大自然融合为一体的和谐状态。④如此一来，方可以体会到"《诗》三百，一言以蔽之，曰：'思无邪'"⑤的精微之处，而发挥"温柔敦厚"⑥之诗教精神。

孔子"兴于《诗》，立于礼，成于乐"⑦之说法，乃融合《诗》、礼、乐三者于一炉，且最终归于"乐者，天地之和也；礼者，天地之序也。和，故百物皆化；序，故群物皆别"⑧，天地万物都各尽其位之和谐状态。韩婴在描绘孔子的形象时，也借其学鼓琴于师襄子而不进之情形，揭示学乐必须经历得其曲→得其数→得其意→得其人→得其类之五大进境，庶几可以达到"成于乐"之至境。孔子透过学习《文王操》之乐曲，由"仁者好伟，和者好粉，智者好弹，有殷勤之意者好丽"之琴声，而知作乐曲者之胸怀与抱负⑨，都在说明凡有所学，都应"悉心尽志已入其中"，方有可能得其精微之事例。

（三）生活态度与言行之道

韩婴透过春秋战国以来所流传的孔子生活琐事，与《诗》相结合，以彰显孔子对生活之态度与言行之道，大致上可与《论语》相应，少部分则有推而广之之义，又可区分为以下几项言之。

注释：

① 其详参见《外传》卷八，"孔子燕居"章，第415—416页。

② 其详参见《荀子·大略》，第802页。

③《孟子·万章上》，第164页：故说诗者，不以文害辞，不以辞害志；以意逆志，是为得之。

④ 其详参见《外传》卷二，"子夏读诗"章，第247页。

⑤《论语·为政》，第16页。

⑥《礼记·经解》，第845页：温柔敦厚，《诗》教也。

⑦《论语·泰伯》，第71页。

⑧《礼记·乐记》，第669页。

⑨ 其详参见《外传》卷五，"孔子学鼓琴"章，第326—327页。

1. 知命者寿

《论语》以孔子曰："不知命，无以为君子也。"[①]为全书终章，虽未必能透彻表达编者精微之义，然而搭配"君子有三畏"之中，又以"畏天命"居首[②]，可见孔子"知命"之内容，虽然不全同于其应畏之"天命"，但可确定的则是"命"之内涵极为深远。韩婴有鉴于"命"之深刻含义，因而借由哀公与孔子之问答，转化《雍也》"知者乐水，仁者乐山；知者动，仁者静；知者乐，仁者寿"[③]之说法，虽也未直接提出"智者寿"之结论，然而从其重复述说"居处不理，饮食不节，劳过者，病共杀之；居下而好干上，嗜欲无厌，求索不止者，刑共杀之；少以敌众，弱以侮强，忿不量力者，兵共杀之"之"三死"，乃非命也者，而是自取之者[④]，则知死生之关键，其实在于人能否"知"命。能"知"命者，凡事知所敬畏，故生；不"知"命者，凡事无所顾忌，故死。由于知与不知，实为智与不智之直接反射，因而从哀公"有智，寿乎？"之问，而孔子则以"有三死而非命者，自取之也"回应，显然已将命限、正命、遭命等复杂而细微之区分概括其中，且凸显唯有智者能区分毫厘而无所失之事实。

倘若仔细探查韩婴笔下之孔子，从其所谓自取死路之"三死"，乃"非命也者"之说，则知其所非之命，其实多非儒家所讨论之"命"，而已近于刑名道法家之说：其一，强调养生重在存养；而存养之道，则须顺从自然而行，讲求居处有节，且不劳形伤身，已近于《养生主》"缘督以为经，可以保身，可以全生，可以养亲，可以尽年"之养生说。其二，强调居下不争，无贪嗜欲，勿不自量力以干犯强势，而自陷兵刑之险境者，则与《老子》第76章所言"人之生也柔弱，其死也坚强。万物草木之生也柔脆，其死也枯槁。故坚强者死之徒，柔弱者生之徒。是以兵强则不胜，木强则兵。强大处下，柔弱处上"之观念相契，而应有"为善无近名，为恶无近刑"凡事谨慎之态度，懂得步步为营，如临深渊、如履薄冰。[⑤]由此可见，此处"知命"之孔子，已非只知实践鸟兽不可以同群之观念，服膺于"知其不可为而为之"的积极入世者，而是会考虑时、势、运之复杂问题，且懂得此诸多变因都足以影响"命"之最终结果，故而能如道家之本事，"以虚无为本，以因循为用"，且"无成埶，无常形"，"不为物先，不为物后"，而能究万物之情，能为万物之主。[⑥]

2. 知权从容

韩婴描绘日常生活中的孔子最特别之处，或许应属强调其知所权衡之处；不但知所权衡，甚且还能从容不迫，悠游自在。《外传》记录孔子与齐国之贤人程本子相遇于道途，两人"倾盖而语终日"，引发子路不悦而加以批评。[⑦]然而孔子认为只要能遵循"大德不踰闲"之重要原则，至于"小德"稍有出入

注释：

① 《论语·尧曰》，第179页。

② 《论语·季氏》，第149页，孔子曰："君子有三畏：畏天命，畏大人，畏圣人之言。小人不知天命而不畏也，狎大人，侮圣人之言。"

③ 《论语·季氏》，第54页。

④ 其详参见《外传》卷一，"子夏读诗"章，第201页。

⑤ 其详参见《庄子·养生主》，（清）郭庆藩：《庄子集释》，贯雅文化事业有限公司，1991年，第115页。

⑥ 其详参见《史记·太史公自序》，第1368页，引司马谈《论六家要旨》中对于道家之说法。

⑦ 其详参见《外传》卷二，"孔子遭齐程本子"章。此章之内容，《说苑·尊贤》以及《孔子家语·致思》各有文字相近之记载。

也属无妨①，不必拘泥于固定之礼仪模式而不知变通。因为真正的"礼"，是必须因时、因地、因人、因事之不同，而各制其宜的，本非一成不变的僵化教条②；不过在攸关德义之立与不立的大原则时，则必须有所坚持，不可丝毫游移模糊。

韩婴另举"王子比干杀身以成其忠，柳下惠杀身以成其信，伯夷叔齐杀身以成其廉"之例，说明此辈并非不爱其身，而是因其所遇已牵涉"义之不立，名之不显，则士耻之"的大节问题，故而仅能选择杀身以遂其行。韩婴更由此而推衍出"非恶生而乐死也，恶富贵好贫贱也，由其理，尊贵及己而仕也不辞也"之说，并引孔子自言"富而可求，虽执鞭之士吾亦为之"为证，而以"故阨穷而不悯，劳辱而不苟，然后能有致也"总结其义。③韩婴特别以此立为一章，一方面寄寓孔子对于富贵之开明态度，另一方面也说明为政君子应有正确之义利观，而非故入富贵于罪。此一思想，实可与《大学》所载，国家讲求生财有道相互发挥，强调为政者应有"仁者以财发身，不仁者以身发财"之正确认知，并引孟献子所说"畜马乘，不察于鸡豚；伐冰之家，不畜牛羊；百乘之家，不畜聚敛之臣。与其有聚敛之臣，宁有盗臣"，以及"长国家而务财用者，必自小人矣。彼为善之，小人之使为国家，菑害并至。虽有善者，亦无如之何矣！"而归结到"国不以利为利，以义为利也"之大道理。④

由于孔子能通权达变，因此在生活上懂得以"智（知）"取，而显现出从容不迫的态度，即使在遭遇危急状况，也能处变不惊。韩婴根据《论语》对于孔子"陈蔡绝粮"以及"畏于匡"事件之简单记录⑤，再掺杂战国以来之相关传说⑥，演绎出更富有情节之故事，以描绘孔子临危不乱、泰然自若之形象。

有关"陈蔡绝粮"之事，就诸多战国数据显示，《荀子·宥坐》以及《孔子家语·在厄》之内容，应为韩婴进行故事演绎之底本，尤其是《荀子·宥坐》"夫贤不肖者，材也；为不为者，人也；遇不遇者，时也；死生者，命也。今有其人，不遇其时，虽贤，其能行乎？苟遇其时，何难之有！故君子博学深谋，修身端行，以俟其时"⑦之说法，与《外传》之结论最为接近，应是韩婴进行申论最重要之根据。此说又与郭店简《穷达以时》"有天有人，天人有分。察天人之分，而知所行矣。有其人，无其世，虽贤，弗行矣。苟有其世，何难之有哉？"以及"遇不遇，天也。动非为达也，故穷而不□□□为名也，故莫之智而不吝"⑧之说法相当，显示了战国时期对于"贤不肖"与"遇不遇"的"天人有分"思想，已有明确的辨知。韩婴乃上承其"天人有分"之思想，再行申述"贤不肖者，材也；遇不遇者，时也。今无有时，贤安所用哉？"乃是无可强求的"天"之问题，而非"人"可改变者，故不必盲目妄动。"人"

注释：

①《论语·子张》，第172页：子夏曰："大德不踰闲，小德出入可也。"《外传》此处所载则为孔子所言。不过，无论此话出自何人，都不重要；重要的则是不应泥守于僵化的形式。

②《礼记·礼器》，第450页，记载制礼的原则有五：礼，时为大，顺次之，体次之，宜次之，称次之。

③其详参见《外传》卷一，"王子比干"章，第202—203页。

④其详参见《礼记·大学》，第988页。

⑤"陈蔡绝粮"事件，其详参见《先进》，第96页；《卫灵公》，第137页。"畏于匡"事件，其详参见《子罕》，第77页；《先进》，第99页。

⑥《荀子·宥坐》、《吕氏春秋·审分览·任数》、《孔子家语·在厄》、《史记·孔子世家》以及《说苑·杂言》都对孔子"陈蔡绝粮"之事件有所记载。《庄子·秋水》、《孔子家语·困誓》以及《说苑·杂言》都对孔子"畏于匡"之事件有所记载。以上记录，其后于韩婴者，则应属受到《外传》记录之影响。

⑦《荀子·宥坐》，第824—825页。

⑧荆门博物馆编：《郭店楚墓竹简·穷达以时》，文物出版社，1998年，第145页。

所应专心致意者，则是"学者非为通也，为穷而不困，忧而志不衰，先知祸福之始，而心无惑焉。故圣人隐居深念，独闻独见"。以尽人事而已。孔子能有此真知灼见，因此当遭遇绝粮之困窘，仍能"读书习礼乐不休"，保持其从容不迫之形象，最后终可得到"故君子务学，修身端行而须其时者也"之结论。甚且从其特别强调"子无惑焉"[1]，也可说明"知"之重要。一旦"知"之能尽，则能行"权"；能"权"，则知变通而无隐怨，故能安然实践德行而不辍，至于毁誉，乃操之在人，故随诸他人而不在意。

有关"畏于匡"之事，赖炎元认同崔述《洙泗考信录》之说，以为该事本于《庄子》外篇，本不足信，而《家语》采之，又并失其义。因为就《庄子》"孔子游于匡，宋人围之数匝，而弦歌不惙"所载，乃是"歌自歌，围自围，歌不因于围"，且从其"无几何，将甲者进，辞曰：'以为阳虎也，故围之。今非也，请辞而退'"。则又知其"解自解也，解又不因于歌也"。然而若如《家语》所言，则是匡人真以歌退师矣！推其义，不过欲明安命无为之义，姑借孔子畏匡一事而自伸其说耳。赖炎元更以《外传》记载"以陈盛德之和而无为也"，而认定其本诸《庄子》之说。[2]综观韩婴对于此事件中之孔子，应较重在推阐《庄子》所载孔子"弦歌不惙"之处，并借由孔子对子路述说"《诗》、《书》之不习，礼乐之不讲，是丘之罪也"。乃是人事之不尽，故为一己之罪，至于"吾非阳虎而以我为阳虎，则非丘之罪也"乃属于"天"之"命"[3]，而非人意所可强行扭转者！由于能知之深切，故能歌自歌，而围自围，不至于躁动妄为，终而至于解自解，皆顺其自然而行，无需强行逆转！

至于孔子"南游适楚"章，见处子佩瑱而浣者，洪迈《容斋随笔》认为韩婴写孔子令子贡以微词三挑之，而以此说《汉广》之"游女"，其缪戾甚矣！而魏源《诗古微》则认为诗人乃以此比贞静之女可望而不可即，其"不可休、不可求、不可泳、不可方"，皆极美其贞洁。赖炎元列举洪迈与魏源二说，认为《外传》载阿谷处女以说诗，虽为推演之词，亦喻贞静之女，可望而不可即也。[4]赖炎元所说固然不差，然而若再精准而言，又当以《孔子诗论》所言更为适切，从其"《汉广》之智"、"《汉广》之智，则智（知）不可得也"、"〔《汉广》不求不〕可得，不攻不可能，不亦智（知）恒乎？"[5]之说，可知其症结点，其实仍在于"知与不知"之"智"，倘能知，则知其所应止，而与老子第44章相呼应，因为"知足不辱，知止不殆，可以长久"，故而动静自如，以得生活之闲适逍遥。

3. 行孝有方

《论语》多有孔子与弟子言孝之记载，其中尤以子曰"弟子入则孝，出则悌，谨而信，泛爱众，而亲仁"以及有子所言"君子务本，本立而道生。孝弟也者，其为仁之本与！"最为根本。[6]虽然孝乃是为人之根本，也是汉代立朝最标榜之德，不过因为另有号称为孔子述作之《孝经》大行于汉世[7]，因此《外传》记载孔子讨论孝道之篇章不算多；虽然篇章不多，然已能扼要凸显孔子对行孝之重要理念。

注释：

① 其详参见《外传》卷七，"孔子困于陈蔡"章，第371—372页。

② 其详参见赖炎元：《韩诗外传考征》，"简子将杀阳虎"章，第361—362页，引崔述之说。

③ 其详参见《外传》卷六，"简子将杀阳虎"章，第361—362页。

④ 其详参见《外传》卷一，"孔子南游适楚"章，第199—200页。

⑤ 马承源主编：《上海博物馆藏战国楚竹书·孔子诗论》，上海古籍出版社，2001年，第152页。

⑥ 此两则纪录，分别见于《论语·学而》，第5、7页。

⑦ 其详参见《孝经注疏·序》，见：（唐）玄宗明皇帝御注，（宋）邢昺疏：《孝经注疏》，收入《十三经注疏（附清·阮元校勘记）》，艺文印书馆，1985年，第3页，提及曾子在七十弟子中孝行最著，故孔子假立曾子为请益问答之人，以广明孝道。

从《论语》所载子曰："父在，观其志；父没，观其行；三年无改于父之道，可谓孝矣。"以及曾子曰："吾闻诸夫子：孟庄子之孝也，其它可能也；其不改父之臣，与父之政，是难能也。"①明显可见孔子强调人子孝亲，应以养志为要。倘若家贫，亦不必感叹生无以为养，因为若有孝心，则即使是啜菽饮水，皆能使父母尽其欢，都可谓之孝。②曾子进而言："孝有三：大孝尊亲，其次弗辱，其下能养。"又说："君子之所为孝者：先意承志，谕父母于道。"③提出"先意承志"为养志之重点。韩婴再进而举周太王亶父家族之事为例以说明，对于太王之三子太伯、仲雍、季历如何各自尽孝之故事，作更完整之说明，使其能较周严地说明大孝如何承志以尊亲、显亲、扬亲之义。由于季历之子姬昌贤明，太伯知太王看中昌之多贤，而欲使季为后，故太伯去而之吴，以让君位；仲雍亦知其父兄之意，亦走避以让位。此处有关太伯、仲雍因能理解其父之心意，而自动让贤之事，乃世人所熟知之部分。至于《外传》较突出者，乃补充一些环节，记录太王既薨，季历之吴以告伯仲，伯仲从季而归，而群臣欲太伯立季历为君，季历退让，以明不敢僭越之心。仲雍则晓以大义，以"刑有所谓矣，要于扶微者，可以立季"为理由，于是季历继承君位，而善养文王，其后，文王果受命而王。《皇矣》即称颂此事"维此王季，因心则友。则友其兄，则笃其庆，载锡之光。受禄无丧，奄有四方"。而太伯反吴，吴国以之为君，且吴国之国祚绵延二十八世，说明孝子不匮。至于韩婴描绘孔子对于此事件之评价，从其所言"太伯独见，王季独知；伯见父志，季知父心。故太王、太伯、王季，可谓见始知终，而能承志矣"④。特别提出"独见"、"独知"以及"见始知终，而能承志"之用词，可见韩婴一方面要彰显孔子具有观察入微之"独见独知"能力，且已达成"见始知终，而能承志"之事实，另一方面，则可从本章之章首所言"君子温俭以求于仁，恭让以求于礼，得之自是，不得自是"。这明白显示要长期保有一个家族之实力，且进而显扬整个宗族或族群之荣耀者，必须所有的成员都能具有长远的整体观，不以个人短暂的利益为考虑，始能充分发挥整个族群之潜力。能如此，则个人之得失去留，已成为"得之自是，不得自是"，都是为宗族尽心尽孝的表现。对照太伯让位季历之事实，不但促成姬昌获得天命，使周族有更好之发展，同时也因为太伯成为吴国国君，而扩大周族向南发展之势力范围。所谓大孝尊亲、显亲、扬亲，在太王亶父及其子太伯、仲雍、季历三人的共同努力下，内以成就太伯、仲雍让国之美名，而由季历一系承担扩大族群发展之重责大任，卒又因姬昌之受命以及武王之成命，以小邦周取代大邑商而有天下，共同缔造至孝在于发扬先人意志之大业。如此大孝之观念，其实已巧妙地与《孝经》所载，孔子将忠孝相联系之说法结合，成为汉代立朝之思想骨干。其文云：

> 夫孝，德之本也，教之所由生也。……身体发肤，受之父母，不敢毁伤，孝之始也；立身行道，扬名于后世，以显父母，孝之终也。夫孝，始于事亲，中于事君，终于立身。
>
> 君子之事亲孝，故忠可移于君；事兄悌，故顺可移于长；居家理，故治可移于官。是以行成于内，而名立于后世矣。⑤

虽然韩婴对于孝之理念，其终极思想可与忠作联系，成为后代"移孝作忠"之理论根据，不过并不同于后代在忠孝无法两全时，仍鼓励"移孝作忠"以尽"大孝"之思想，而始终以"行孝应及时"为优

注释：

① 分别见于《论语·学而》，第 7 页；《论语·子张》，第 173 页。

②《礼记·檀弓下》，第 187 页。

③ 皆见于《礼记·祭义》，第 820—821 页。

④ 其详参见《外传》卷十，"君子温俭"章，第 449—450 页。

⑤ 此两则资料分别见于《孝经·开宗明义章》，第 10—11 页；《孝经·广扬名章》，第 47 页。

先考虑。此一"行孝应及时"之理念，透过孔子肯定皋鱼自悔有三失的一段话而传达出来。皋鱼云：

> 吾失之三矣：少而学，游诸侯，以后吾亲，失之一也；高尚吾志，间吾事君，失之二也；与友厚而小绝之，失之三也。树欲静而风不止，子欲养而亲不待也。往而不可追者，年也；去而不可得见者，亲也。吾请从此辞矣。①

孔子不但肯定皋鱼之贤，且要弟子以其言为诫，于是门人辞归而养亲者十有三人。透过孔子对于皋鱼自悔有三失的反应，可见孔子仍把人子孝亲的天性摆在第一位，成为"百善孝为先"的积极鼓吹者。

孔子虽然以为行孝不但应该及时，且以"先意承志"为主，明显都以父子亲情为重，然而亦应以理智相搭配，而非盲目之顺从亲意。韩婴借由曾子遭受重罚之事以明之。曾子耘瓜，因误斩其根，导致曾皙怒而引丈击之。曾子仆地，有间乃苏，却仍然挂念其父之情绪是否已经平复，因此鲁人多以曾子为贤，而孔子则大大不以为然，还明白表示对于愚孝行为之贬抑。孔子曰：

> 汝不闻：昔者舜为人子乎？小棰则待答，大杖则逃。索而使之，未尝不在侧；索而杀之，未尝可得。今汝委身以待暴怒，拱立不去，非王者之民，其罪何如？②

由此可见，孔子对于孝之态度极为明确，绝非后世以为"孝者，顺也"之"父要子死，子不死不孝"的绝对服从观念，而是必须要明智分辨的。真正之孝，应如舜之孝亲，当父亲需要服务时，人子未尝不在身边提供实时服务，然而当父亲受到象之蛊惑，而欲杀害自己时，则又未尝使其父之邪恶企图得逞。因为倘若自己因此而死，则将陷其父于"不慈不仁"的千古骂名，绝非孝子所当为。证诸申生只能得到"恭世子"之谥号③，而无以成孝子之名，其因正在于此。由于对"孝"之真谛的要求，因而孔子认为人子能否称"孝"，不但要求有孝之行为，更应要求有孝敬之心，因此再借由子路之问："有人于斯，夙兴夜寐，手足胼胝而面目黧黑，树艺五谷，以事其亲，而无孝子之名者，何也？"而孔子答曰："吾意者身未敬邪？色不顺邪？辞不逊邪？"说明即使倍极辛劳以事其亲，若无法实践身敬、色顺、辞逊之行为，亦无以成就孝之美名；反之，若是老实做人做事，能够"入则笃孝，出则友贤"，则不愁无孝子之名。④

4. 修德重礼

有关孔子修德重礼之形象部分，与《论语》中的孔子形象大致相近，差异较大之处，则透过故事之形式为之，所举之例较为特别，且深入其内容分析，已经受到相当多老子"柔弱胜刚强"之弱道思想的影响。例如，孔子主张非礼勿视、听、言、动⑤，乃人尽皆知之事，还曾公开赞赏延陵季子为吴之习礼且知礼者⑥，然而韩婴却打破季子知礼之形象，借由见遗金于路，而呼牧者取之，导致牧者以季子为皮相之士，不足以言姓名之事例，引出孔子对此事的重要评价，且还特别强调"非礼勿视，非礼勿听"之重要性。⑦

注释：

① 《外传》卷九，"闻哭声"章，第425页。

② 《外传》卷八，"曾子有过"章，第417页。

③ 其详参见《礼记·檀弓上》，第115—116页。

④ 其详参见《外传》卷九，"子路问孝子"章，第426页。

⑤ 其详参见《论语·颜渊》，第106页，孔子以"非礼勿视，非礼勿听，非礼勿言，非礼勿动"为"克己复礼为仁"之内容。

⑥ 其详参见《礼记·檀弓下》，第194—195页。

⑦ 《外传》卷十，"延陵季子"章，第463页。

"人善我"章，则大大显现了孔子包容而多元之度量：将子路"人善我，我亦善之；人不善我，我不善之"之说法，视为"蛮貊之言"；将子贡之"人善我，我亦善之；人不善我，我则引之进退而已耳"之说法，视为"朋友之言"；将颜回之"人善我，我亦善之；人不善我，我亦善之"之说法，视为"亲属之言"。[①] 如此一来，则可呈现孔子更忠厚、圆融，且懂得人生百态之形象。

《论语》虽然提出了相当多君子应注重之美德，但是大多偏向积极进取之美德，且并未明确使用"谦"之语词，然而《外传》中，韩婴不但使孔子明确讨论《易》之谦德（详下有关政治之部分），且以相当多章之内容，从不同方面彰显孔子注重谦让之德，呈现另一向度之孔子形象。例如，"孔子观欹器"章、"梁山崩"章、"为人下"章，分别论述于下。

"孔子观欹器"章，以宥坐器具有"满则覆，虚则欹，中则正"之特性，论述持满之道，在于能"抑而损之"。至于抑损之道，则应运用平衡原理，使"德行宽裕者，守之以恭；土地广大者，守之以俭；禄位尊盛者，守之以卑；人众兵强者，守之以畏；聪明睿知者，守之以愚；博闻强记者，守之以浅"[②]。此一平衡机制，或为《老子》第36章"将欲歙之，必固张之。将欲弱之，必固强之。将欲废之，必固兴之。将欲夺之，必固与之，是谓微明。柔弱胜刚强"，以及第67章"我有三宝，持而保之：一曰慈，二曰俭，三曰不敢为天下先。慈，故能勇；俭，故能广；不敢为天下先，故能成器长"等思想之灵活运用，展现孔子懂得知时守势，以谦卑柔弱之姿态达到持而保之之状态，是相当不同于孔子"知其不可为而为之"的形象。

"梁山崩"章，借由晋君召大夫伯宗以解决梁山崩而壅河之对策，伯宗于途中，经高人指点，终使晋君顺利解决问题，然而伯宗不言受教者，诈以自知，导致孔子批评伯宗"其无后！攘人之善"[③]。盖因梁山乃晋国所望祭者，如今山崩，是天地之变，故晋君恐，欲行禳灾之道。此事《国语·晋语》《谷梁传》都有记载，不过并未直指伯宗攘善，将无后。《外传》之孔子，则直斥伯宗"无后"，有可能已受到道家讲求清俭，凡事讲求不敢为天下先之思想的影响，故而认为夺人之善，乃有损阴德，于是直接评论其无后！

"为人下"章，借由子贡请问"为人下之道"，而孔子以"犹土"之道回应，子贡未达，于是孔子再进行解释何谓"犹土"之道，而展现孔子的新形象。孔子以为"夫土者，掘之得甘泉焉，树之得五谷焉，草木植焉，鸟兽鱼鳖遂焉，生则立焉，死则入焉，多功不言，赏世不绝，故曰能为下者，其惟土乎！"[④] 盖因土之为道，处于下位，乃人之所践履，然而下为上之基，土不因其位居人之下而无其功，而是各种生物成长之凭借，具有厚重笃实之性质，且多功而不言，故能深受人之赞赏。此一思想，也与《老子》第66章相互融通，该章言："江海所以能为百谷王者，以其善下之，故能为百谷王。是以欲上民，必以言下之；欲先民，必以身后之。是以圣人处上而民不重，处前而民不害，是以天下乐推而不厌。以其不争，故天下莫能与之争。"故知为人下之道，乃善于处下，以行其长养万物之功，则天下莫能与之争，以此而成就孔子通达事理，闲适自得之形象。

另外，若欲达到通达闲适之境界，则应具备智慧、谦让、恭敬、慎言之德。韩婴即借由颜渊与孔子之问答，以"贫而如富，其知足而无欲也；贱而如贵，其让而有礼也；无勇而威，其恭敬而不失于人

注释：

① 《外传》卷九，"人善我"章，第428页。

② 其详参见《外传》卷三，"孔子观欹器"章，第280—281页。

③ 其详参见《外传》卷八，"梁山崩"章，第410—411页。

④ 其详参见《外传》卷七，"为人下"章，第392页。

也；终身无患难，其择言而出之也"，一方面嘉许颜渊具有安贫乐道之精神①，怡然自得的处世之道，另一方面也彰显孔子具有圆融处世之人生智慧。②

至于"子路盛服"章以及"口欲味"章，其内容可以彰显孔子在日常生活中所注重的形象，也可与《论语》所注重的生活态度相当。

"子路盛服"章，彰显孔子凡事谨慎不张狂之态度。全章借由子路盛服以见孔子，因而孔子告诫子路"昔者江于濆，其始出也，不足滥觞，及其至乎江之津也，不方舟，不避风，不可渡也，非其众川之多欤？今汝衣服其盛，颜色充满，天下有谁加汝哉！"于是子路改服而入，呈现谦虚受教之态度，所以孔子再教以"慎于言者不哗，慎于行者不伐，色知而有长者，小人也。故君子知之为知之，不知为不知，言之要也；能之为能之，不能为不能，行之要也。言要则知，行要则仁。既知且仁，又何加哉！"之道理，希望子路能以戒慎自勉。虽然要求子路戒慎自勉，与《论语》中孔子的形象一致，不过此章之内容，其实更希望子路能实践居下守柔之道理，培养既知且仁之涵养，以成为谦谦君子。③

"口欲味"章，没有故事的形式，而纯粹以孔子发表议论之方式为之，以"口欲味，心欲佚，教之以仁；心欲兵，身恶劳，教之以恭；好辩论而畏惧，教之以勇；目好色，耳好声，教之以义"之方式，达到"防邪禁佚，调和心志"之功能。④这说明日常生活中应有自我调适之机制，以仁义勇智之德、恭敬斋庄之心，防止邪淫逸乐之无度。金春峰以为韩婴虽然在人性论方面，仍以孟子之性善论为主导，不过也已夹杂荀子对人性的观点，因而在结论部分，已强调心具有之理性作用，要求以社会礼义，达到化性起伪的"防邪禁佚"之效果。⑤

综上所述，韩婴对孔子讲求修德重礼之内容，虽然也强调儒家所注重的仁、义、礼、乐之思想与行为，不过相当明显的是，韩婴笔下的孔子已有更重视修"德"之倾向，且其所修之"德"，已是包覆天地，配乎日月之明，合于阴阳四时变化的"至精微妙"状态，隐然更近于道家的"道"之概念。

（四）理想政道与治国之道

孔子自许好学过人，且志在辅佐有道明君以行己立立人、己达达人的仁者之事⑥，可惜未得其时，也未遇明君，只能退而求其次，讲学以明道，将希望寄托在弟子以及后学身上。子夏上承孔子力学与为政密切相关之思想，遂言"仕而优则学，学而优则仕"⑦。如此学而能思，思而能辨，辨而能择，择而能笃行之一贯思想，更经荀子发扬光大，且深深影响了韩婴，显现在《外传》中。《外传》中所显示的孔子主张为政要求重德修礼、正名尽职、知过改过、任用贤能等思想，出现在相当多的篇章中，不过因上同于《论语》，不再一一列举，较特别之处，则大力描绘周公之德，以建立施政典范，并提出其他数点以扩大孔子的既定形象。

注释：

① 《论语·宪问》，第125页，子曰："贫而无怨难，富而无骄易。"

② 其详参见《外传》卷十，"贫而如富"章，第464页。

③ 其详参见《外传》卷三，"子路盛服"章，第285页。

④ 其详参见《外传》卷二，"口欲味"章，第227页。

⑤ 其详参见金春峰：《汉代思想史》，中国社会科学出版社，1997年，第105—106页。

⑥ 《论语·雍也》，第55页，子贡曰："如有博施于民而能济众，何如？可谓仁乎？"子曰："何事于仁，必也圣乎！尧、舜其犹病诸！夫仁者，己欲立而立人，己欲达而达人。能近取譬，可谓仁之方也已。"

⑦ 《论语·子张》，第172页。

1. 谦让恭俭

周公是孔子的政治偶像[①]，韩婴推衍孔子崇敬周公之情，以展现孔子理想的政道与治道并不特别，较特别的则是借由《易》之原理以呈现之。虽然以《易》言治国之道，是超乎《论语》所载，不过，却可与帛书《要》篇所记载"夫子老而好《易》，居则在席，行则在囊"以及"（《易》）有君道焉，五官六府，不足尽称之；五正之事，不足以至之；而《诗》、《书》、《礼》、《乐》，不口百扁（篇），难以致之"之说法相应，说明孔子晚年好《易》，且还发现其中有《诗》、《书》、《礼》、《乐》较不注重的天道观念，而对君道有更周延的看法。[②]韩婴接收《要》之启发，并以周公为证，于《易》先《同人》章，充分融合《同人》、《大有》，以及《谦》之内容，分别透过两大段"孔子曰"之内容，概括君道最重要之原理在于"谦"。[③]实践君道应该遵循《同人》等三卦之义理，效法"天道亏盈而益谦，地道变盈而流谦，鬼神害盈而福谦，人道恶盈而好谦"之精神，其中正以"谦"为关键。因为持盈之道，在于"抑而损之"，不为天下先，故能成器长，可见谦德乃有利于实行者也，因此若能顺其道而行者，则吉，其逆之者，则凶。韩婴并指出在"五帝既没，三王既衰"之后，能行谦德者，恐怕唯有周公而已！因为周公以文王之子，武王之弟，成王叔父之显赫身份，假天子之尊位长达七年，然而"所执贽而师见者十人，所还质而友见者十三人，穷巷白屋之士，所先见者四十九人，时进善者百人，官朝者千人，谏臣五人，辅臣五人，拂臣六人，载干戈以至于封侯，而同姓之士百人"。这说明周公处处都能以身下之，懂得礼敬大臣、体恤群臣，且乐于听取谏臣诤言，故能获得众臣之助，文臣能及时掌握施政之良策，武臣愿意执干戈以卫王朝，故能共同成就周初之盛世。

另外，再以孔子评论周公能以天下与有功之同族、异族同享，说明周公具有六种谦德："德行宽容，而守之以恭者荣；土地广大，而守之以俭者安；位尊禄重，而守之以卑者贵；人众兵强，而守之以畏者胜；聪明睿智，而守之以愚者哲；博闻强记，而守之以浅者不溢。"于是再归结到《易》曰："谦、亨，君子有终，吉。"强调〈谦〉卦之各爻能够始终皆吉者，乃因其各自拥有不同的君子之道：初六，谦谦君子，用涉大川，吉；六二，鸣谦，贞吉；九三，劳谦，君子有终，吉；六四，无不利，㧑谦；六五，不富以其邻，利用侵伐，无不利；上六，鸣谦，利用行师，征邑国。虽然"谦"之内容与形式各有不同，然而不碍其皆为"谦"之一种，故而能打破其他各卦吉凶兼杂之状况，而皆能得吉。韩婴还对比"贵为天子，富有四海"之桀纣，然而其德不谦，以致不但亡其身，甚至还因而改朝换代，更何况众庶之人？于是最后可以得到"夫《易》有一道焉，大足以治天下，中足以安家国，近足以守其身者，其惟谦德乎！"之总结。韩婴如此看重谦德，固然可算是对于孔子所说"如有周公之才之美，使骄且吝，其余不足观也已！"[④]之演绎发挥，不过更是对孔子罕言天道之补充，也对为政者之德性，增加极其重要之一种美德，并提供最佳的实践榜样。

周公虽然具备为人子、为人臣以及代履天子位之三重不同身份，不过都能各尽其分，应时而变，成为孔子最佳的政治典范。因为周公对文王，"行无专制，事无由己，身若不胜衣，言若不出口，有奉持于前，洞洞焉若将失之"，可谓能恪尽子道；对成王，能"请然后行，无伐矜之色"，可谓能恪尽臣道；能"承文武之业，履天子之位，听天子之政，征夷狄之乱，诛管、蔡之罪，抱成王而朝诸侯，诛赏制

注释：

① 《论语·述而》，第 60 页，子曰："甚矣，吾衰也！久矣，吾不复梦见周公。"

② 其详参见廖名春：《帛书〈易传〉初探》，文史哲出版社，1998 年，第 15—20 页。

③ 其详参见《外传》卷八，"《易》先《同人》"章，第 420—421 页。

④ 《论语·泰伯》，第 71 页。

断，无所顾问，威动天地，振恐海内"，可谓能恪尽武道。^①韩婴特别记载了周公懂得应时而变，也可算是从另一侧面凸显孔子为政之道理，在讲求正名之外，也应懂得应时而变之灵活，以便在实际政治运作时，达到游刃有余之地步。

韩婴更举子贱治单父，而民附之之实例，且透过孔子之评论，论述为政者成功之要件：时发仓廪，振困穷，补不足，可赢得小人之亲附；赏有能，招贤才，退不肖，可赢得士人之亲附；所父事者三人，所兄事者五人，所友者十有二人，所师者一人，则可赢得全民之亲附。能赢得全民亲附之关键，孔子以为，所父事者三人，所兄事者五人，足以教弟矣；所友者十有二人，足以祛壅蔽矣；所师者一人，足以虑无失策，举无败功矣！^②由此可见，孔子不但极注重为政者应该谦让恭俭以为民表率，更注重为政者周围还应该有良好的智囊团，随时提供祛蔽之方与万无一失之决策。

2. 御民有道

《论语》中虽然多言为政之道，却不见以御马为喻者，然而战国时期，或者因为征战之关系，御马术对于掌握战争成败更为具体而重要，因而多有以御马术说明施政要领者。例如，郭店简的《尊德义》，即指出"圣人之治民，民之道也。禹之行水，水之道也。造父之御马，马之道也。后稷之艺地，地之道也。莫不有道焉，人道为近。是以君子，人道之取先"^③。沿用战国取譬御马之例，韩婴也搜取相关传闻，而展现了孔子之另一形象：

> 传曰："孔子云：美哉，颜无父之御也，马知后有舆而轻之，知上有人而爱之。马亲其正而爱其事，如使马能言，彼将必曰：'乐哉，今日之驺也！'至于颜沦，少衰矣。马知后有舆而轻之，知上有人而敬之。马亲其正而敬其事，如使马能言，彼将必曰：'驺来！其人之使我也。'至于颜夷而衰焉。马知后有舆而重之，知上有人而畏之。马亲其正而畏其事，如使马能言，彼将必曰：'驺来！驺来！女不驺，彼将杀女。'故御马有法矣，御民有道矣，法得则马和而欢，道得则民安而集。"《诗》曰："执辔如组，两骖如舞。"此之谓也。^④

颜无父、颜沦以及颜夷三人，虽然都是驾驭马车之高手，然而技术上毕竟还是高低有别，韩婴透过孔子之言，列举此三人驾车，而马的感受与反应，分别有爱其事、敬其事以及畏其事之不同，故而可从御马之有法，而顺推御民必须有道。由于政策之实施，在不同执行者之手中，也会产生不同的效果，对当事人也有不同的感受，因而在政策良好、细节可行的情况下，还应讲求执行者之能力与方法，方可产生人民乐于配合、甘于所使之结果，增加百姓对政府之向心力。倘若御民无方，不仅御者劳瘁其形，纵有千里良驹，亦无法施展其才而多有斯伤。韩婴记录孔子这段传闻，不但说明施政必须讲求技术与方法，还说明要懂得善加运用说话的艺术，因为幽默感不但可以增加行政运作的润滑剂，而且还可增加政治艺术化之比重。如此政治运用之道，其实已更近于黄老治术的精妙之处。

对照另一"谈说之术"章，从孔子认为"夫谈说之术，齐庄以立之，端诚以处之，坚强以待之，辟称以喻之，分别以明之，欢忻芬芳以送之，宝之珍之，贵之神之。如是，则说恒无不行矣；夫是之谓能贵其所贵。若夫无类之说，不形之行，不赞之辞，君子慎之！"^⑤从"辟称以喻之"以下，已可与"颜无

注释：

① 其详参见《外传》卷七，"周公事文王"章，第370—371页。

② 其详参见《外传》卷八，"周公事文王"章，第405页。

③ 荆门博物馆编：《郭店楚墓竹简·尊德义》，第173页。

④ 《外传》卷二，"颜无父之御"章，第230页。

⑤ 其详参见《外传》卷五，"谈说之术"章，第337页。其内容可能出自《荀子·非相》，而韩婴以为孔子之言。

"父之御"章相互呼应，说明得体的谈说之术乃是成事的重要保证，同样可以彰显孔子处世较圆融高明之一面。

3. 止讼务本

有人之处，即有纷争；既有纷争，即有诉讼。司法独立不但是现今民主社会极重要之防线与后盾，也是人间正义之呈现，因而自古以来即受到圣主明君高度之重视，《尚书·康诰》已有"义刑义杀"之典，借此宣告"敬明乃罚"之重要。^① 不过，"义刑义杀"尽管是圣主明君之德政，然而却还有更重要的立本之教，必须先以礼义导民，使民不迷而误入法网，虽有刑罚之用，然而仅为辅助措施，其目的仍在于"以刑弼教"，而期待"刑期无刑"之到来。

"鲁有父子讼者"章的篇幅相当长^②，同时还以后续的"有苗不服"与"季孙氏之治鲁"两章，补充说明孔子对于政治教化之态度，且将重点围绕在"载色载笑，匪怒伊教"诗义之阐发上，可视为对《论语》所载孔子"听讼，吾犹人也。必也使无讼乎！"^③之演绎发挥，也是展现孔子对诉讼刑罚态度最重要之篇章。不过因为笔者已有另文针对诗教思想与政治活动之相关进行较多讨论^④，因而在此不再详加论述。概括言之，孔子并非反对刑罚，而是反对"不教而杀"，认为应该"上陈之教，而先服之，则百姓从风矣！邪行不从，然后俟之以刑，则民知罪矣！"至于具体应行之道，乃是"形其仁义，谨其教道，使民目晰焉而见之，使民耳晰焉而闻之，使民心晰焉而知之，则道不迷而民志不惑矣！"因为"不戒责成，害也，慢令致期，暴也，不教而诛，贼也"。倘若君子为政，都应力避此三者情形发生。韩婴透过极长之篇幅，引用多篇诗文为证，不但以"人而无礼，胡不遄死！"为人与禽兽之分野，并进而推出"为上无礼，则不免乎患，为下无礼，则不免乎刑。上下无礼，胡不遄死！"的结论，都在说明根本的止讼之道，必先彰明何谓礼义之行，引导人民共同实现礼乐社会之理想。由于诗本于人情，也最容易感人，因而引导人民受到诗教思想之熏陶，使其达到温柔敦厚而合于礼之涵养，即是相当务本的做法之一。韩婴之传作《韩诗外传》，其目的恐亦在此。

4. 鼓励争臣

前文已提到周公能成就大业的原因之一，乃在于其拥有"谏臣五人"，因此可透过谏诤而适时调整施政，进而可谋取更大的善，退可避免可能的恶。此点对于身为太傅之韩婴而言，感受更为深刻，因此借由孔子对季氏"八佾舞于庭"，表达"是可忍也，孰不可忍也？"之愤慨，而大加阐发孔子对争臣之态度，其文云：

> 天子有争臣七人，虽无道，不失其天下。昔殷王纣残贼百姓，绝逆天道，至斩朝涉，刳孕妇，脯鬼侯，醢梅伯，然所以不亡者、以其有箕子比干之故。微子去之，箕子执囚为奴，比干谏而死，然后周加兵而诛绝之。诸侯有争臣五人，虽无道，不失其国。吴王夫差为无道，至驱一市之民以葬阖闾，然所以不亡者，有伍子胥之故也。胥以死，越王勾践欲伐之，范蠡谏曰："子胥之计策尚未忘于吴王之腹心也。"子胥死后三年，越乃能攻之。大夫有争臣三人，虽无道，不失其家。季氏为无道，僭天子，舞八佾，旅泰山，以雍彻，孔子曰："是可忍也，孰不可忍也？"然不亡者，以冉

注释：

① 《尚书·康诰》，见于旧题（汉）孔安国传，（唐）孔颖达等正义：《尚书正义》，收入《十三经注疏（附清·阮元校勘记）》，艺文印书馆，1985 年，第 202—203 页。

② 其详参见《外传》卷三，"鲁有父子讼者"章，第 270—271 页。

③ 《论语·颜渊》，第 109 页。

④ 其详参见林素英：《〈韩诗外传〉所勾勒的孔子诗教观》，2012 年 11 月第十届诗经国际学术研讨会会议论文。

有季路为宰臣也。故曰："有谔谔争臣者，其国昌；有默默谀臣者，其国亡。"①

韩婴特别彰显孔子之重视争臣，固然说明骨鲠谏臣对于治国之重要性，不过也隐约彰显了孔子对于"春秋大义"是非价值观的坚持，不仅为日后汉代发展春秋学埋下伏笔，且与《孝经》之内容相互发挥。其文云：

> 昔者天子有争臣七人，虽无道，不失天下；诸侯有争臣五人，虽无道，不失其国；大夫有争臣三人，虽无道，不失其家；士有争友，则身不离于令名；父有争子，则身不陷于不义。故当不义，则子不可以不争于父，臣不可以不争于君。故当不义则争之，从父之令，又焉得为孝乎？②

配合《孝经》记载孔子对于争臣之看法，可见争与不争之关键点在于义或不义，由此可见，孔子不只对于政治的态度是极为开明的，对于孝的态度也极为开明。韩婴多方凸显孔子具有开明与要求正义之形象，不但有助于汉代提倡《论语》、《孝经》之学习，也对日后并《论语》、《孝经》于"七经"之列，做暖身之准备，对于汉代学术发展之影响颇为可观。

四、结论

真实的孔子虽然生于鲁襄公二十一年（公元前551），卒于哀公十六年（公元前479），然而其形象虽然历经时空转换，尽管模样不必全同，却始终长存于世人心目之中，且还会继续流传下去。继周代之后，汉代是中国历史上另一个伟大的朝代，而伟大朝代的共同特征，乃是学术文化之发展。汉初学术，在王朝要求统一，社会要求重建礼法秩序，朝廷又弥漫黄老治术的氛围，所有的学术思想大多具有整合各家思想以为当世所用之色彩，陆贾、贾谊都是，韩婴也不例外，即使是武帝后转向发展儒学，学术上仍然带有浓厚的综合色彩。

韩婴以其担任常山王太傅之经验，加上与燕赵等地特殊的地缘关系，吸收长期以来流传当地的晋法家、道法家以及荀学思想，选择以《诗》与《易》作为发展各人学术思想之载体，对汉代学术思想具有相当程度的影响。由于诗本于人情，具有言志，也有自我借鉴之作用，而孔子及其弟子又是学术发展与传播最重要之人士，因此韩婴结合春秋战国以来有关史与诗、事与诗之相关事证，以及孔子与弟子或时人、时事之评论，写成《韩诗外传》，在说明与推衍诗之含义外，也经常从孔子形象之变化中，寄托自己对政治教化之态度与理念。全书在圣人气象与精神境界、为学态度与究竟之道、生活态度与言行之道、理想政道与治国之道等四大方面所描绘的孔子形象，都有大别于《论语》之处，除却可以扩大原本过于单一化之孔子形象外，也隐约可见日后孔子"素王"形象之雏形。

除却上述四大面向的孔子形象外，其中还有一些展现孔子博学多闻，对于怪异之物的特别认知，一方面上承《左传》多记神怪之物的现象，另一方面也开启谶纬之说中的孔子形象，增加一些"素王"的神秘色彩。其中较特别之处，又应以"楚庄王寝疾"章之"错误"记载值得留意。③盖该章之案主，根据《左传》、《孔子家语》、《说苑》、《史记》之记载，占卜而知河神作祟，却又拒绝禳灾之祭者，乃是楚昭王，而非楚庄王，孔子甚且还对楚昭王有"知大道矣！"之赞誉。然而韩婴却将其"误"为楚庄王，且评论："楚庄王之霸，其有方矣。制节守职，反身不贰。其霸不亦宜乎！"或者应属有意之"误"，借此以表达霸道虽非王道，然而孔子对于"霸亦有道"也有相当之尊重。很明显，孔子对于齐桓、晋文以

注释：

① 《外传》卷十，"天子有争臣"章，第460—461页。

② 《孝经·谏诤章》，第48页。

③ 其详参见《外传》卷三，"楚庄王寝疾"章，第260—461页。

及管仲，都有褒贬兼采之客观态度。这种王霸兼采的治国之道，不但晋文公早已实际运用，荀子也已明白以此名篇，《经解》中也有"义与信，和与仁，霸、王之器也。有治民之意而无其器，则不成"[1]之说，可见韩婴有意彰显孔子在治国之道上，不排斥王霸兼采的圆融态度，因而特别提出楚庄王的霸亦有方，也更合乎汉代治天下自有其帝王术之事实。

综合言之，韩婴所描绘的孔子形象，是更多元、圆融，具有圣人气象的。

（林素英：台湾师范大学国文系教授）

注释：

① 《礼记·经解》，第846页。

先秦儒家禅让观探析

谢耀亭

摘　要: 禅让史实与禅让观不可一概而论,一为史,一为思。新出土的楚地儒简,使我们了解整个先秦儒家禅让观成为可能。本文基于思想史的研究方法,对春秋末期,战国早、中、晚期的儒家禅让观作了梳理,从而可见儒家的禅让观处于不停的变化调整之中。春秋末期的孔子,虽承认禅让但不主张实行。战国初期,禅让思潮的兴起,让身处其中的子思一系儒者把禅让说推崇到无以复加的地步。战国中期,燕国禅让事件的失败使孟子把禅让与传子的最终决定权给了"天"。战国末期的荀子,明确反对行禅让。儒家禅让观的变化反映出儒家为了追求理想政治,依时代环境变化,对理论作出相应的调整。儒家对崇高政治理想的言论,在今天仍具有一定的借鉴价值。

关键词: 先秦儒家;新出土楚简;禅让观

　　上古禅让发生在五帝时代,讲述尧舜禹之间权力转移非父子相继,乃贤者相授。放入文明产生之初的历史视域中,征之于考古材料,结合先秦文献,可以看到此时社会正处于一个特殊时期,五帝时期权力继承或可概括为不回避血亲关系的"传贤"制,此贤或可统称为实力集团之代表。上古禅让之史实颇为复杂,要之,上古禅让史实与先秦诸子禅让观是两回事。一为史,一为思;史是思的依据,思是史的演绎。

　　面对礼崩乐坏的局面,先秦诸子提出了不同的治世方略,禅让说便是诸子关于权力继承问题的讨论。禅让传说在战国时期便有异议(《古本竹书纪年》载尧舜禹继位是通过战争而非禅让),直到近代学人产生分歧解释,使禅让传说莫衷一是。康有为认为禅让传说是战国儒家者流为了托古改制而伪造的[①],顾颉刚认为禅让之说出于主张尚贤说的墨家之手。[②] 杨希枚先生认为,"尧舜禅让是普见于战国初期以来诸子学派的一项古老传说——这两项传说绝非战国诸子任何一派学者所伪造的"[③]。征之于诸子经典,杨氏之说可从,禅让传说出于诸子之手的观点难以成立。上古史实与传说是诸子宣传思想学说的凭借之一,同一事件依诸子思想及其目的,经过调整加工便会展现出不同的面貌。此对于还原上古史实来说有诸多困惑,但用来研究诸子思想,无疑是很好的材料。近年来不断出土的儒家简有许多事涉及禅让,使我们了解整个先秦儒家的禅让观成为可能。

　　了解先秦儒家的禅让观,莫简于从文献中拣出各时期儒家关于禅让的言论进行分析。然一人之具体

注释:

① 康有为:《孔子改制考》,中华书局,1958 年。

② 顾颉刚:《禅让传说起于墨家考》,《古史辨》第七册(下),上海古籍出版社,1982 年。

③ 杨希枚:《先秦文化史论集》,中国社会科学出版社,1995 年,第 831 页。

思想，必与其思想体系有密切关系，而一人之思想体系的形成又不能与其所处时代截然分离，正如《孟子·万章下》所言"颂其诗，读其书，不知其人，可乎？是以论其世也"。所处时代与思想体系二者不可偏废。笔者拟从各期儒家所处之时代及其思想体系，结合关于禅让的具体言论来探讨先秦时期儒家的禅让观。

一、孔子的时代及其对禅让的态度

相对于西周而言，春秋时期处于礼崩乐坏之际，但并非说此时不讲"礼"，相反，礼制的破坏使此时出现了一个人人言礼的局面。据统计，仅《左传》中，礼便出现了 462 次。[①] 此时言礼主要是对违礼现象的谴责和从正面言及礼之于国家、礼之于人事的重要作用。即使在争霸战争中，仍有诸侯坚持礼。宋楚争霸，两军战于泓。宋襄公依"不鼓不成列"，"不擒二毛"之礼，贻误战机，军败而身受伤，可见礼制的强大影响力。春秋时期虽然礼制破坏严重，但中原诸侯在至为关键的名号——"王"上仍没有突破。礼在春秋之际对于整个社会仍具有一定的约束力和指导作用，对违礼现象的谴责无疑希冀社会走向礼制，此时人们在主观上仍倾向于对礼制作出补救，禅让制的提倡与实行在此时没有现实的土壤。

孔子的思想体系是一个以仁为核心，仁礼互动的体系。孔子认为礼是治国安民的工具，以礼让治国则国易治，正所谓"上好礼，则民易使也"（《论语·宪问》），"能以礼让为国乎？何有？不能以礼让为国，如礼何"（《论语·里仁》）。当齐景公问政于孔子时，他说："君君、臣臣、父父、子子"（《论语·颜渊》），且孔子认为"天下有道，则礼乐征伐自天子出；天下无道，则礼乐征伐自诸侯出"（《论语·季氏》）。孔子认为礼对于个人安身立命亦至为重要。子曰："兴于诗，立于礼，成于乐"（《论语·泰伯》），"博学而文，约之以礼，亦可以弗畔矣夫"（《论语·颜渊》）。孔子对违礼现象予以强烈的谴责且表现出极大的愤慨。孔子谓季氏"八佾舞于庭，是可忍也，孰不可忍也？"（《论语·八佾》）当礼遭到破坏时，孔子对礼的形式仍然尊重。"子贡欲去告朔之饩羊。子曰：'赐也！尔爱其羊，我爱其礼。'"（《论语·八佾》）曹元弼云："考之左氏，卿大夫论述礼政，多在定公初年以前。自时厥后，六卿乱晋，吴、越迭兴，而论礼精言，惟出孔氏，此外罕闻。"[②] 可见礼一直被孔子及其弟子所推崇和遵循。

孔子所依据的礼主要是周礼。子曰："周监于二代，郁郁乎文哉！吾从周。"（《论语·八佾》）"夫召我者，而岂徒哉？如有用我者，吾其为东周乎。"（《论语·阳货》）孔子推崇周礼，且躬身实践和倾力维护，禅让说与"嫡长子继承制"的周礼显然不相匹配。行禅让，则违周礼，就孔子的整个思想体系而言，孔子不可能提倡并推行禅让说。

对尧舜之间的禅让，孔子是以一种述史的口吻道出的，《论语·尧曰》："尧曰：'咨！尔舜！天之历数在尔躬，允执其中。四海困穷，天禄永终。'舜亦以命禹。"孔子对尧舜禅让只陈述而不曾大加评论，但对泰伯却大加赞赏，"泰伯，其可谓至德也已矣。三以天下让，民无得而称焉"（《论语·泰伯》）。泰伯禅让属于内禅，从纵向看，仍没有违背父死子继之原则，但又能表现出"让"的美德。《左传·襄公十三年》："君子曰：让，礼之主也。"这与孔子尊礼的思想仍无大的违背。

禅让与周礼相违背，限于时代及思想体系，孔子不可能提倡推行禅让说，从见于记载的孔子言论中，也找不到孔子拥护、坚持禅让说的坚实证据。孟子曾引孔子的话："唐虞禅，夏后殷周继，其义一

注释：

① 杨伯峻：《试论孔子》，《东岳论丛》1980 年第 2 期。

② 曹元弼：《礼经学》，上海古籍出版社，1995 年，第 726 页。

也。"《正义》曰："义，得宜也。"[1]孔子认为禅在唐虞之时是适宜的，继在夏殷周是适宜的，用时代的不同，对上古禅让作出了回答。孔子不主张禅让而主张遵循周礼。

二、郭店简《唐虞之道》与禅让的儒家化

战国是一个破旧立新的时代，社会剧变导致思想界空前活跃，儒家的禅让观在此发生了一系列变化。

三家分晋、田氏代齐，全新的政治变化从根本上打破了西周以来的王权继承模式，异性的代立刺激了战国初期禅让思潮的兴起。此时儒家的禅让观与当时的禅让思潮密不可分。楚地新出土的文献让我们一睹此时的禅让思潮。《上海博物馆藏战国楚竹书》（二）中的《容成氏》和《子羔》有关于上古禅让之事的记载。[2]《容成氏》：

……［尊］卢氏、赫胥氏、乔结氏、仓颉氏、轩辕氏、神农氏、樟丨氏、庐毕氏之有天下也，皆不授其子而授贤。（简1）

尧以天下让於贤者，天下之贤者莫之能受也。万邦之君皆以其邦让於贤。（简10）

《子羔》：

子羔曰："何故以得为帝？"孔子曰："昔者而弗世也，善与善相受也，古能治天下，平万邦……"（简1）

上述楚竹书都主张上古行禅让，这样的论述也见载于《墨子》的《尚贤上》《尚贤中》等篇。诸子对上古行禅让之事的论述对战国实际政治产生了影响。秦孝公欲传商鞅（《战国策·秦策》），赵武灵王让位儿子，自号"主父"（《史记·赵世家》），魏惠王欲让位于惠施（《吕氏春秋·不屈》），燕王哙让位于其相子之（《史记·燕世家》）。郭店简《唐虞之道》的出土为我们提供了此时儒家关于禅让说的理论阐述。《唐虞之道》属儒家思孟学派中子思一系的作品（《唐虞之道》的学派归属仍有争议，笔者采取目前学界的主流看法，认为其属于子思学派之作品）。《唐虞之道》（本文所引简文据李零《郭店楚简校读记》[3]）分别从禅让的原因、标准、作用等方面阐述了子思一系的禅让思想，把禅让与儒家德行进行了整合，从而使儒家的禅让观达到了一个新的理论高度。

（一）战国禅让思想产生的原因

1. 战国时期"尊贤"思潮的兴起，刺激了子思学派对禅让说的推崇

郭店简的《唐虞之道》认为禅让是尊贤的结果。"尧舜之行，爱亲尊贤。爱亲故孝，尊贤故禅。"（第6—7简）尊贤不仅为儒家主张之一，且为当时诸子学派及各诸侯国共同奉行之主张。战国时期士人的流动对国家影响颇大，《孟子·滕文公下》："景春曰：'公孙衍，张仪岂不诚大丈夫哉？一怒而诸侯惧，安居而天下熄。'"是以各诸侯国争先恐后的尊贤、养贤，以保在列强中立于不败之地。各学派创始人及其代表无疑都可列入"时贤"之内，所以抛开其政治学说的内在要求，就自身利益计，也都主张尊贤。尊贤思潮的普遍兴起使子思一系力主禅让说。

注释：

① 焦循：《孟子正义》，上海书店出版社，1986年，第385页。

② 马承源主编：《上海博物馆藏战国楚竹书》（二），上海古籍出版社，2002年。

③ 李零：《郭店楚简校读记》（增订本），中国人民大学出版社，2007年。

2. 上古帝王的崛起在于禅让

郭店简的《唐虞之道》云："孝，仁之冕也；禅，义之至也。六帝兴于古，皆由此也。爱亲忘贤，仁而未义也；尊贤遗亲，义而未仁也。"（简7—9）子思学派援引历史上之禅让，论证推行禅让之理由。就历史实际言，子思学派援引的历史并非真实之历史。同篇简文称"古者尧生于天子而有天下"（简14），可见不论简文"六帝"所指为何，至少包含有尧、舜，且尧是由子继而来。简文直称六帝兴于古皆由禅让，其自身也存在着矛盾。但子思学派仍称上古帝王的兴起是由于禅让，这显系子思学派对上古禅让的夸饰，这样做的目的无非是为其推行禅让说找出历史根据。

3. 从古今异时，认为当今应行禅让

郭店简的《唐虞之道》云："古者尧生于天子而有天下，圣以遇命，仁以逢时，未尝遇［贤。虽］秉于大时，神明将从，天地佑之。纵仁圣可举，时弗可及矣。"（简14—15）尧为帝王之子而有天下，是因为圣者与天命相遇，仁者恰逢其时，未遇到阻碍，神明依从，天地保佑。如今即使有仁和圣相助，但时不可及，不能父死子继，只能行禅让。

4. 从个体生命的历程，论说行禅让之必要

郭店简的《唐虞之道》云："古者圣人二十而冠，三十而有家，五十而治天下，七十而致政。四肢倦惰，耳目聪明衰，禅天下而授贤，退而养其生。此以知其弗利也。"（简25—27）天子七十岁便要禅让，此说本于《尧典》中尧禅舜之年龄。《尧典》云："帝曰：'咨！四岳。朕在位七十载，汝能庸命，巽朕位？'"简文对于年七十行禅让是基于个体生命自身的新陈代谢。人到七十，身体各器官的功能明显下降，身体状况和心智都不再适合在天子位了。让贤授能，自己退而养生，从而做到利天下而不自利。

（二）分析禅让的标准

从郭店简的《唐虞之道》可知，在子思学派的禅让思想中，对行禅让是有一定标准的。简言之，即是禅于爱亲尊贤之人，且其能使臣下各司其职，各尽其才。郭店简《唐虞之道》云：

> 尧舜之行，爱亲尊贤。（简6）爱亲尊贤，虞舜其人也。（简10）

> 古者尧之与舜也：闻舜孝，知其能养天下之老也；闻舜弟，知其能事天下之长也；闻舜慈乎弟□□□□□□为民主也。故其为瞽盲子也，甚孝；及其为尧臣也，甚忠；尧禅天下而授之，南面而王天下而甚君。故尧之禅乎舜也，如此也。（简22—25）

简文以具体尧禅舜之实例，道出子思学派关于行禅让的标准。舜有孝、悌、慈等德行，所以能养天下之孝，能事天下之长，能为民主。当其为尧之臣时，表现出的是忠，做了君主也很有作为。舜的这些品德是之所以能接受禅让的资格。

同时，受禅之帝也应使臣下各司其职，各尽其才。郭店简的《唐虞之道》云：

> 禹治水，益治火，后稷治土，足民养□□□□乎肌肤血气之情，养性命之正，安命而弗夭，养生而弗伤，知□□礼，爱守乐，逊民教也。皋陶内用五刑，出载兵革，罪轻法用威。（简10—13）

简文所述，同《尧典》中所记舜即帝位后授贤任能之事相同。简文用了将近1/4的文字记载舜的任用贤能，可看作是禅让的标准之一。

（三）子思学派的禅让思想

1. 明确回答了何为"禅让"

郭店简的《唐虞之道》云："禅也者，上德授贤之谓也。上德则天下有君而世明；授贤则民教而化乎道。不禅而能化民者，自生民未之有也。"（简20—21）所谓"禅让"，就是尚德授贤。简文进一步说

明何以尚德授贤能称之为禅让。简文认为"六帝兴于古"是基于禅让，"民教而化乎道"也是由于禅让。在上位者有德，王道便会昌盛，万民也会安居。授贤，则是帝王以自身行为教化万民，如此万民便会化乎道。在上者以自身行为施教，简文屡有提及，如简4—6所述，圣王通过事天，教民有尊；通过事地，教民有亲；通过事山川，教民有敬；通过事祖庙，教民有孝；通过亲齿，教民有悌；通过先圣与后圣孝，后而归先的事例，教民大顺之道。这些都是以身施教。授贤也是如此，通过授贤，而教化万民。禅让表面看是由一人授予另一人，且二人无血亲关系，实质上行禅让是为了兴君道，化万民，使天下安居乐业。此应是禅让思想之主旨。是以，简文以尚德授贤定义禅让，且进一步对尚德、授贤作出说明。

2. 禅让是唐虞之道，是久治之道，对禅让思想推崇备至

郭店简《唐虞之道》云："唐虞之道，禅而不传。"（简1）"禅而不传，义恒□□治也。"（简13—14）简文认为尧舜之道便是行禅让，如此则会长治久安。"孝，仁之冕也；禅，义之至也。六帝兴于古，皆由此也。"（简7—8）"不禅而能化民者，自生民未之有也。"（简21）六帝崛起，并非如简文所论是禅让之结果，万民化乎道，也并非仅禅让便可实现。简文不顾事实，俱归因于禅让，这是推崇禅让的结果。

郭店简的《唐虞之道》云："禅而不传，圣之盛也。利天下而弗利也，仁之至也。"（简1—2）简文说禅而不传是圣，且是圣的最高境界。利天下而不自利是仁，且为仁之极至。在子思一系的思想体系中，圣相对于仁，处于更高境界，此从郭店楚简《五行》篇可知。《五行》云："德之行五，和谓之德，四行和谓之善。善，人道也。德，天道也。"（简4—5）四行与五行相较，虽只缺"圣"之一环，但二者分属人道和天道。由人道进天道，是质的变化，而非量的累积，子思一系把"圣"赋予禅让，且认为禅让是圣的最高境界，可见子思学派对禅让学说推崇到了无以复加的地步！

3. 子思学派把尧舜事迹赋予了儒家德行，从而把禅让纳入了儒家思想体系

尧舜为上古帝王，本为诸子共同称道。子思学派把儒家之具体德行，如仁、圣、孝等赋予了尧舜，使整个事件都染上了浓厚的儒家色彩，从而把禅让纳入到整个儒家思想体系中，这一变动既是战国时潮之表现，也是子思学派之特色。郭店简的《唐虞之道》云：

> 唐虞之道，禅而不传。尧舜之王，利天下而弗利也。禅而不传，圣之盛也。利天下而弗利也，仁之至也。故昔贤仁圣者如此。身穷不贪，没而弗利，穷仁矣。必正其身，然后正世，圣道备矣。古唐虞之道如此也。（简1—4）

> 尧舜之行，爱亲尊贤。爱亲故孝，尊贤故禅。（简6—7）

把禅让称为圣，把利天下不自利称为仁，把爱亲称为孝。圣、仁、孝是儒家一贯提倡之德目。孔子大谈"仁"，而子思学派对"圣"的言论较多，"孝"自孔子起便一向受到儒家的重视。子思学派儒者把儒家德行赋予其中，认为唐虞之道乃圣、仁之道，俨然一副儒家的模样，难怪有人认为禅让说出于儒家之手。

子思学派把儒家德目赋予唐虞之事，并非随意匹配，大体有两条线索：一为由爱亲、孝、悌、慈、仁说开；一为由尊贤、禅让、圣、义说开。郭店简的《唐虞之道》把儒家德目进行匹配是按"仁内义外"的原则（"仁内义外"是当时思想界探讨的一个重要话题，见《郭店楚墓竹简》中《语丛一》、《六德》、《五行》等篇），从而构成了一个完整的体系。

爱亲尊贤是行禅让之标准，也是禅让思想的主旨。爱亲是基于血亲关系的扩展。基于血缘关系的爱是最原始、最基础、最单纯的爱，父慈、子孝、弟悌便是不言而明，不教而行。这些德行走出家庭扩充于社会，则是王道政治之模式，故尧闻舜有此三德行，便禅天下于舜。悌、慈二德行可纳入"孝"这一体系。仁之至则是利天下而不自利。因尊贤，故行禅，禅之举是圣之盛。同时简文认为禅让是义这一德

行的极致。由爱亲引出孝、悌、慈等德目，进而归之于仁，且认为仁之至便是利天下而不自利；由尊贤推导出禅让，且认为禅让是义之至。通过把儒家诸德行引入，进而从儒家德行层面论证了《唐虞之道》的主题，即"唐虞之道，禅而不传。尧舜之王，利天下而弗利也"。而在儒家德行层面，遵从"仁内义外"的原则。郭店简的《唐虞之道》认为禅让是圣的最高境界，按"仁内义外"的原则，则"圣"属义外一系，此同子思学派把禅让思想推崇备至有关，是过分夸饰禅让思想的结果。

子思学派认为禅让能教化民众，能使贤德之人不隐没，能使行禅让之人养其性，能使王道兴，能让社会达到长久的治理。极力推崇禅让说，甚至赋予其所提倡的最高境界"圣"，达到了无以复加的地步。同时，把儒家诸德行赋予禅让思想中，完成了禅让在儒家中的改造。其间虽不无过誉之词，也不无对历史之歪曲，但反映了他们期望天下进入良性循环的政治理想，折射出永恒的光芒。

三、现实禅让的失败与孟子的禅让观

公元前318年，燕国发生了燕王哙禅让其相子之的事件，三年后遭到齐国的讨伐，此时孟子正在齐国。由孟子对燕国禅让事件的态度，我们可以了解他的禅让观。

孟子赞成代燕，认为燕可伐，不赞成燕国的禅让。《孟子·公孙丑下》：

> 沈同以其私问曰："燕可伐与？"孟子曰："可。子哙不得与人燕，子之不得受燕于子哙。有仕于此，而子悦之，不告于王而私与之吾子之禄爵。夫士也，亦无王命而私受之于子，则可乎？何以异于是？"

孟子支持伐燕，所以对燕国的禅让是持否定态度的。燕国禅让之后，子之实行虐政。《孟子·梁惠王下》："今燕虐其民，王往而征之，已以为将拯已于水火之中也。箪食壶浆以迎王师。"《战国策·燕策一》："子之三年，燕国大乱，百姓恫怒。"《战国策·齐策二》："子哙与子之国，百姓不戴，诸侯弗与。"子之为政没有得到燕人的拥戴，也没有得到其他诸侯国的认可和支持。当齐出兵伐燕，燕人箪食壶浆以迎齐师，说明子之为政不得民心，燕人对齐师的到来表示欢迎。子之虐政，成为孟子认为燕可伐的原因。

至于由谁来伐燕，孟子认为是"天吏"（《孟子·公孙丑下》）。燕虽可伐，但代燕者当为天吏。天吏即秉承天意之王。据《战国策·齐策二》记载，当此时，列国争霸，南与北如一丘之貉，行仁义之师的诸侯实难寻觅，且在燕国发生禅让之际，秦、魏、韩、赵、楚正进行着战争，唯齐有机会讨伐燕国，是以沈同问孟子是否可以伐燕，孟子回答可，但齐国伐燕没有以仁政待燕民。在齐国伐燕但未政下燕时，所行之师为王师，燕民箪食壶浆以迎之，救燕民于水火之中，此在孟子则是赞成之事。既攻下燕，未以仁政待燕民，是以燕民仍处于水深火热之中。此则相当于以燕伐燕，孟子不赞同，是以劝齐王"速出令，反其旄倪，止其重器，谋与燕众，置君而后去之"（《孟子·梁惠王下》）。从孟子对燕国禅让的态度可知，他不赞成禅让，起码不赞成燕国式的禅让。

《孟子·万章上》云"天与贤，则与贤；天与子，则与子"，此处反映出了孟子的禅让观。孟子避开禅让与传子的具体形式差别，而指出其不同形式背后实质是相同的，即禅让与传子都取决于"天"，非人力所能为。在孟子的言论中把本属制度上之不同，改造为哲学上之相同，因此避免了不同制度上的探讨。这种把制度思想化的哲学改造与孟子的"仁政"思想若合符节，成为孟子思想体系组成的一部分，同时也使孟子的思想自成体系，不致自相矛盾。

《孟子·离娄上》："尧舜之道，不以仁政，不能平治天下。"《孟子·告子下》："尧舜之道，孝弟而已矣。"这与郭店简《唐虞之道》的"唐虞之道，禅而不传"之指向重心显已变化。《唐虞之道》乃子思

时作品，禅让思潮大兴，是以重在讲禅让。战国初的禅让思潮最终导致燕国发生了禅让事件。燕国禅让事件可以看作是此前禅让思潮在现实政治中的总实践，而最终以失败告终，也用事实证明了禅让在当时是行不通的。此事件的整个过程孟子亲闻亲见，是以不赞成此种禅让。正如王晖先生所说："战国时尧舜禅让传说的相信与否有一个时间分界线，这就是战国中期燕王哙禅让事件，这是一个历史转折点。"[1]孟子言尧舜之道，已不再是禅让，而是把儒家的德行孝悌等以及仁政思想纳入其中，最终对思孟学派早期的推崇禅让进行了理论调整，认为"禅让"与"传子"都取决于"天"，非人力所能为，不再极力推崇实行禅让。

四、大一统的形势与荀子的禅让观

战国后期，政治格局渐趋明朗，统一势在必行。此时诸子学说整体表现出的是一种务实倾向，即其学说可以切实地在当时的政治中运作。作为战国后期儒家代表人物的荀子，其禅让观较此前的儒家又有了新的调整和变化。

荀子的禅让观集中体现在《荀子·正论》篇中，他对上古禅让采取了否定的态度。《荀子·正论》："世俗之为说者曰：'尧舜擅让'，是不然"，"曰，死而擅之。是又不然"，"曰，老衰而擅。是又不然"，"夫曰，'尧舜擅让'，是虚言也，是浅者之传，陋者之说也"。荀子对尧舜禅让的否定作出了解释，他认为天子因地位至尊因而不存在禅让，禅让只可发生在诸侯身上，此或可看作荀子对于上古禅让与自己反对行禅让的折中。荀子随后列出三种否认禅让的理由：第一，如果圣明的帝王已死，而天下再没有圣明的帝王，就不能称之为禅让。第二，如果且圣王有继位的子嗣，也不可称之为禅让。第三，如果朝廷的三公继位，由于没有改变朝政朝制，也不能称之为禅让。如运用于历史论证中，荀子否认禅让的理由十分牵强；但如出于对思想的表达上，这种论证似也无可厚非。在荀子否认禅让的理由中我们再一次看到了史实与思想之间的调和。

禅让之事，孔、孟皆道，荀子不可能不闻。由荀子对禅让的否定，也可知当时社会仍在流传着上古禅让之事。郭店简的《唐虞之道》曰："唐虞之道，禅而不传。"（简1）荀子则认为尧舜禅让是虚言，是浅陋者的传说。郭店简的《唐虞之道》曰："古者圣人二十而冠，三十而有家，五十而治天下，七十而致政，四肢倦惰，耳目聪明衰，禅天下而授贤，退而养其生。"（简25—27）荀子则认为国为年老体衰进行禅让的说法是不对的。荀子在《正论》篇中反对的，多为郭店简《唐虞之道》中所肯定的。所以从荀子的言论中，或可知荀子见到过郭店简的《唐虞之道》。思想的形成虽建立在史实之上，但并不一定是史实的翻版，甚至有可能歪曲。此种情况在战国诸子思想中大量存在。这既是战国诸子因时代环境不同而进行的改造，也是对其整个思想体系结构的合理性作出的调整。燕国禅让事件之后，再行禅让之举不太可能，此时具有务实倾向的诸子学说也不太可能拿这样的理论建构自己的思想学说。此时诸子反对禅让的言论屡见不鲜，如韩非子在《说疑》中所举时人的言论："舜逼尧，禹逼舜，汤放桀，武王伐纣，此四王者，人臣而弑其君者也。"韩非子在承认上古禅让史实的基础上，用自己的社会历史观对上古禅让重新做了解释。《韩非子·八说》："古人亟于德，中世逐于智，当今争于力……当大争之世而循揖让之轨，非圣人之治也。"《韩非子·五蠹》："尧之王天下也，茅茨不翦，……夫古之让天子者，是去监门之养而离臣虏之劳也，古传天下而不足多也。"战国晚期的政治格局和形势根本不可能再推行禅让，应

注释：

[1] 王晖：《出土文字资料与五帝新证》，《考古学报》2007年第1期。

该说反对行禅让成为战国晚期的主流思想。身为儒家的荀子对礼特别重视，认为有礼义便不需要禅让。《荀子·正论》："夫礼义之分尽矣，擅让恶用矣哉。"行禅让便是对礼制的破坏。对"隆礼"的荀子来说，行禅让在其思想体系中不能得以认同。由于时代不同，加之与其思想体系结构性不合，荀子明确反对行禅让。

通过对先秦儒家禅让观的梳理，可以看到，限于时代及思想体系，孔子虽承认禅让但不主张实行。战国初期禅让思潮的兴起，让身处其中的子思一系儒者把禅让说推崇到无以复加的地步。禅让思潮在社会上的一次总实践即是发生于战国中期的燕国禅让事件，事件的失败也让孟子把禅让与传子的最终决定权给了"天"，用哲学思想对上古禅让进行了改造。战国末期具有务实倾向的荀子，更是明确反对行禅让。整体而言，先秦儒家禅让观依时代环境不同，以及基于思想体系结构性的要求而不断变化。禅让观的变化表达了儒家为了对理想政治的追求，依据时代的变化而作出的不同调整，虽时过境迁，然其间对崇高政治理想的精神追求和一些具体的言论，在今天仍折射出永恒的光芒，具有一定的借鉴价值。

（谢耀亭：山西师范大学历史学院副教授）

肆／晋学与地方学研究

关于地方学构建中的几个理论问题

刘开美

自地域文化研究进入学科建设后，学界对地方学的研究便不断深入。自 20 世纪 90 年代开展地域文化研究以来，笔者也进行了地方学相关问题的研究，尤其是 2008 年以来，先后两次以"地域文化与地方学研究"课题，在北京市哲学社会科学北京学研究基地立项，对地方学进行较为系统的研究，形成 30 多万字的研究成果。其涉及地域文化与地方学研究的文化基础与文化背景，中华地域文化与中华文化的关系，中华地域文化的发展历程，当代地域文化研究的兴起，地域文化学科建设的提出与构建，地域文化研究的发展趋势与对策，北京学在中国地方学研究中的地位与作用，以及地域文化与地方学研究的发展前景等内容。这些内容难以在此逐一阐述，而只能就其中与地方学构建相关的几个理论观点予以表述，以求教于学界同仁。

一、地域文化发展的分期

在地域文化与地方学的研究成果中，笔者对地域文化发展历程进行了阐述。因为这既是地域文化发展的实践问题，也是地方学研究的理论问题。从理论层面上讲，地域文化发展历程是要解决地域文化发展的分期问题。在中华文化的历史长河中，始终流淌着地域文化之水。地域文化在数千年经历并非千篇一律。它曾作为源流，滋润中华文化之河源远不断而流；它也作为水珠，伴随中华文化之河默默无闻而淌；它还作为巨流，簇拥中华文化之河汹涌澎湃而泻。这一切构成了中华文化中地域文化发展的历史过程。其间，中华地域文化呈现出独立发展与从属发展的基本特征，展示出丰富多彩的文化内涵。作为中华文化组成部分的地域文化，其独立发展期与从属发展期的区别在于，前者指文化发展主体的独立性和内容的完整性，包括远古、夏商周、春秋战国与三国晋南北朝和五代宋夏辽金等发展时期；后者指文化发展主体的从属性和内容的部分性，包括秦汉、隋唐、元明清与民国等发展时期。根据对地域文化发展分期的这一理解，笔者对各个时期形成的原因进行了具体分析，并就其地域文化发展的状况进行了具体阐述。

二、地域文化的定位

地域文化研究进入学科建设新阶段，使"地方学"脱颖而出。而地方学的构建，首先面临的则是地域文化定位的问题。而要研究这个问题，应从三个方面对地域文化定位进行理性思考。

（一）文化形式与文化属性问题

固然就文化形式而言，地域文化是特定地域上的文化现象，处于什么地域称为什么文化无可厚非。但就文化属性而言，地域文化是本质属性各异的文化现象，依什么属性称什么文化不可或缺，而文化定位就是界定地域文化属性的。作为特定地域人们历史活动中的创造，诸地域文化之间具有各自不同的本质属性，构成了相互区别的基本内涵。研究地域文化，便需通过文化定位，揭示其本质属性，把握其基本内涵，否则，就不能认识地域文化发展的规律，于是文化定位就成为地域文化研究的首要问题。而在实际运作中，地域文化定位对该地域文化建设的作用更是非同小可。这个问题不解决，该地域在文化建设中彼此间就会是孤立的、分散的，难以集中智慧、统一思想、达成共识、形成力量。因此，地域文化建设就会是盲目的、零碎的，难以构建体系、形成风格、显示特色。这表明从文化个案研究到文化定位整合，是地域文化与地方学研究中不可回避的事情，也是城市文化建设中亟待解决的问题。因此，当地域文化研究进入地方学构建时，文化定位便成为首当其冲的问题。

（二）文化品牌与文化定位问题

就一个地域而言，文化定位就是要在该地域文化中概括出区别他地域的独具特色的文化类型。而品牌构建则是要在文化定位的基础上，设计出展示定位文化的具体鲜活的文化样式。因此，文化定位是要界定文化的属性问题，而品牌构建则是要创新文化的产品问题。就其特征而言，文化定位具有抽象性、概括性，也就是说，相对而言，文化定位内涵丰富，外延宽泛，因此在地域文化中具有较强的包容性。而品牌构建则具有形象性、具体性，也就是说，相对而言，品牌构建内涵单纯，外延窄狭，因此在地域文化中具有较强的排他性。文化定位是品牌构建的基础，品牌构建则是文化定位的体现。在一定条件下，文化定位与品牌构建可以相互转化，也就是说，一定层次上的文化定位，在另一层次上则表现为品牌构建；一定层次上的品牌构建，在另一层次上则表现为文化定位。由此可见，研究文化定位问题，不仅需要对文化定位与品牌构建的概念加以区别，而且需要对定位文化的条件加以界定。

（三）文化定位的思路问题

研究文化定位，应该综观文化现象，把握内在联系，界定文化属性。具体来说，首先要考虑定位文化是否体现了该地文化的地域特征。因为地域性是文化最基本的属性，文化定位注重地域性，才能使定位文化充分体现文化的地域特质，显示文化的特色，提高文化的认同感，增强文化的凝聚力。同时，要考虑定位文化是否反映了该地文化的地域内涵。如前所述，文化定位应该考虑文化的包容性，包容性是文化亲和力的要求。作为定位文化，包容性大有利于各类文化样式在发展中相互融合、相得益彰，这样文化的亲和力就强。此外，还要考虑定位文化是否凸显了该地文化的地域品位。因为品位度是文化影响力的标志。品位度高，文化的影响力就强，文化的知名度就高。由此可见，体现该地文化的地域特征，反映该地文化的地域内涵，凸显该地文化的地域品位，便构成了研究地域文化定位中界定文化属性的基本思路。笔者在地域文化与地方学研究成果中，按照这样的思路，先后对宜昌、惠州、伊金霍洛、北京和重庆两江新区等地的文化定位问题进行研究并提出了自己的见解。

三、地域文化与地方学的关系

地域文化与地方学是相互联系而又彼此区别的两个概念。地域文化表现为地域性的文化现象，是通过特定地域的人们在继承与发展中创造的。而地方学则表现为地域文化的理论体系，是通过专家和学者在研究与构建中创立的。地域文化是地方学的资料基础，地方学是地域文化的理论表现。因此，地方学研究要以地域文化研究为基础，而地域文化研究则有待于上升为地方学研究，通过地方学研究成果的指导提升地域文化研究。由此可见，地域文化研究进入地方学构建，是全新的学术创新活动。这正是地方学之所以成为地域文化研究进入学科建设发展新阶段根本标志的道理所在。

四、地方学的基本内涵

地方学的基本内涵，可以从广义、狭义两种意义上来理解。从广义上讲，地方学是以特定地域里的人类形成发展过程中的活动，以及所创造的物质性与非物质性成果作为研究对象的文化学科。尽管这种理解从理论上讲是无可厚非的，但作为一门学科，其基本内涵还是应有严格界定的，界定的标准，归根结底取决于学科的社会功能，也就是创立该学科所要达到的目的。正是学科创立的这一价值取向，便决定着该学科的基本内涵。既然地方学是当今中国文化产业地域化的产物，那么构建地方学，就是为中国文化产业地域化服务的。因此，地方学的基本内涵就不应按照广义去理解。另外，目前学界从地域角度所构建的学科不少，尽管地方学与这诸多学科间有着必然的联系和广泛的合作，但仍不宜将它们都纳入地方学的构建之中。所以，笔者认为，对地方学基本内涵的理解应该从狭义的角度去把握。从狭义上讲，地方学是以特定地域里的人类形成发展历史中创造成果所表现出的精神因素作为研究对象的文化学科。这与广义的理解相比，学科具有的地域性、应用性和综合交叉性等特征都是相同的，根本的区别在于历史文化性上。也就是说，从狭义上理解地方学的基本内涵，要从地域性的历史文化上去把握。从这个意义上讲，地方学是一门以特定地域为特征的，以历史文化研究为主线的、应用性的、诸多学科交叉的文化学科。一句话，地方学就是地域文化学。按照这种理解界定地方学的基本内涵，表明构建地方学就是要立足特定地域，挖掘历史文化资源，运用多学科理论综合交叉研究的系统成果，为发展文化产业尤其是旅游文化产业服务。

五、地方学的研究外延

要把握地方学的研究外延，就要明确地方学研究所应包括的范围，所应完成的任务，以及所应达到的目的。对此，笔者以长江三峡学的研究为例，对历史文化类学科的研究外延问题进行了理性思考，认为作为历史文化类的学科，其研究大体上都会经历资料挖掘整理研究，对历史文化资料进行解读鉴赏研究，以历史文化资料为素材进行多学科拓展研究，开展历史文化资源的开发利用研究，以及对历史文化研究史的研究等过程。这一研究历程，就是认识学科规律，明确其基本内涵，把握研究外延，形成研究思路，构成理论体系的过程。除长江三峡学研究外，我国历史文化类学科中，诸如红学、敦煌学、秦俑学以及京学、闽学等，在构建中也都大致以其具体的表现形式经历了这样的过程。因此，笔者认为，就其研究外延而言，地方学应该包括地域文化挖掘整理研究、地域文化评价鉴赏研究、地域文化学科拓展研究、地域文化开发展示研究、地域文化研究史研究等五个主要方面，从而构成了地方学研究的基本外延。

六、地方学构建的思维方式

地方学构建，首先应探索指导学科体系构建的思维方式，以明确地方学构建的基本思路。而把握地方学构建的思维方式，应从三大要素入手，那就是立足地域性、着眼科学性和注重功能性。

（一）立足地域性

任何事物的运动和发展都是在一定空间进行的。人类在地球上的活动空间就是地域，地域对人类活动和社会发展有着深刻影响。地域因素构成了人们活动的前提和民族形成的要素；地域性质规定了人们活动的方式和社会开化的形式；地域演变影响人们活动的程度和社会发展的进程。从这个意义上讲，地方学就是研究人类活动中的地域状况与人类在地域之中活动状况的学科。因此，地域性便构成了地方学的本质属性。立足地域性成为地方学构建的真谛之所在。只有立足地域性，才能界定地方学的具体研究对象，明确地方学的体系构建思路。

（二）着眼科学性

科学性是地方学的基础支撑。这其中既有其是学科求真基础的含义，更有其是地方学体系构建支撑的含义。对于前者而言，是共性的，因为科学性是任何学科求真的基础。而对于后者而言，则是针对地方学研究问题而论的。也就是说，科学性是界定地方学具体研究对象的重要思维定势。地方学学科求真的科学性，是通过历史文献提供依据、历史传说提供线索、文物考古提供佐证等诸多途径实现的。而地方学学科求真科学性的实现形式，也就是历史文献、历史传说、文物考古等，本身就是人类在地域之中活动状况的具体表现，进入了地方学研究对象的视野。笔者以敦煌学为例对此进行了论证，说明着眼于科学性也是地方学构建的思维方式。

（三）注重功能性

任何学科都有其功能性，功能性是诸学科的价值取向，当然也是地方学的价值取向。但笔者强调功能性，并非仅仅是讲地方学的价值取向问题，而是要研究地方学构建的思维方式问题。也就是说，功能性是界定地方学具体研究对象的重要思维定势。地方学的功能性，突出地表现为对文化保护的倡导，对文化服务的推动，对文化交流的促进等多项内容。而地方学学科价值功能性的表现内容，也就是文化保护、文化服务、文化交流等，本身就是人类在地域之中活动状况的具体表现，进入了地方学研究对象的视野。笔者以北京故宫为例对此进行了论证，说明北京故宫的文化研究与保护、开放，如同敦煌历史文献和文物的研究与展示一样，都不是历史文化自身孤立的传世与展示，而是科研与保护、创造与承传、创新与发展的有机结合。也就是说，文化保护、文化服务、文化交流等，本身就是新条件下的文化创造。因此，注重功能性同样是地方学构建的思维方式。

在以上三要素中，立足地域性是地方学构建的基本思维方式；而着眼于科学性和注重功能性，则是地方学构建的相关思维方式。这三者的统一便构成了地方学体系构建的基本思路。

七、地方学研究的具体对象

把握地方学构建思维方式，领悟地方学构建真谛，明确地方学构建要领，廓清地方学构建思路，目的就是要按照思维方式引领的路径，界定地方学研究的具体对象，以形成地方学学科体系的基本构想。为此，笔者从三个方面进行了探讨。

（一）立足地域性，界定地方学研究的具体对象

要从"主体在空间中的活动"入手，把握地域、历史和民族等方面。

（1）研究地域变迁。以地域变迁为研究对象，其架构应站在地域与人类活动关系的高度来思考，以

避免同一般地理学的架构相雷同。具体来说，要从自然地域与人文地域两个方面着手。前者应包括该地域的地质形成、自然条件、山水形胜和地理变化；后者应包括该地域中心城市的形成和变迁。

（2）研究历史演变。以历史演变为研究对象，其架构应从地域的角度与地方学构建的层面来思考，避免在体系上与一般地方史的架构雷同，以防止在内容上与一般地方史一样面面俱到。具体来说，思考地域历史演变的架构，要遵循"脉络、特色、地位"三要素，把握地域历史整体的脉络与发展的沿革，选择最具地域特色的架构部类，突出在全国历史中最具影响的人物与事件。

（3）研究民族及其相关的问题。其架构应按照民族内涵四要素（即共同语言、共同地域、共同生活和共同心理）来思考。其内容除上面所讲的地域变迁与历史演变之外，还应包括民族分布、语言文字、宗教信仰和民俗风情等。

总之，立足地域性，地方学研究要以地域变迁、历史演变、民族分布、语言文字、宗教信仰和民俗风情为基本研究对象。

（二）着眼于科学性，界定地方学研究的具体对象

要从"学科研究的依据"入手，把握历史文献、历史传说和文物考古等方面。但这些方面能否界定为地方学研究的具体对象，要以其体现人们在地域中的活动及其进入地方学研究对象视野的程度而定。也就是说，在研究中，这些方面除作为学科求真科学性的实现形式外，自身研究所体现的创造性越高、成果性越强、影响性越广，那么作为具体研究对象的可能性就越大。从这个意义上说，这些方面并非地方学研究的必选对象，而只是择选对象。如果这些方面研究的成就显著，那么便可以"文献挖掘"、"传说整理"、"文物考证"和"考古发现"等方面，以及其中某方面更典型的具体类别，纳入地方学研究的具体对象。

（三）注重功能性，界定地方学研究的具体对象

要从"学科研究的价值"入手，把握文化保护、文化服务和文化交流等方面。具体来说，文化保护包括物质文化遗存保护与非物质文化遗产抢救两个大类；文化服务包括文化服务经济、旅游、城市建设等诸多门类；文化交流包括文化交流样式与文化交流品牌两大类型。对于界定地方学研究的具体对象而言，这些方面及其类型同样只是择选对象，而并非必选对象。能否被界定为地方学研究的具体对象，也要以其体现人们在地域中的活动及其进入地方学研究对象视野的程度而定。研究中，这些方面及其类型除作为学科价值功能性的表现内容外，同样是自身发展所体现的创造性越高、成果性越强、影响性越广，那么作为具体研究对象的可能性就越大。如果这些方面及其类型发展的成就显著，那么便可以其典型方面或典型类型，纳入地方学研究的具体对象。

总之，按照地方学构建的思维方式，地方学研究要以地域变迁、历史演变、民族分布、语言特征、宗教信仰和民俗风情为基本研究对象；要注意把握历史文献、历史传说和文物考古等方面的研究成果；要重视文化保护（物质文化遗存保护与非物质文化遗产抢救）、文化服务（文化服务经济、旅游、城市建设等）和文化交流（文化样式与文化品牌）等方面的特色内容。这就是笔者对具体界定地方学研究对象所形成的地方学学科体系的基本构想。在地域文化与地方学研究成果中，笔者按照这样的基本构想，先后对三峡学、北京学和鄂尔多斯学的构建进行研究，并提出了自己的见解。

（刘开美：湖北省三峡文化研究会副会长、研究员）

论地域文化三位一体的研究模式

彭美春　刘开美

摘　要：本文分析了地域文化研究的发展态势，认为世界经济全球化凸显文化地域性，促进地域文化研究的创新和发展；知识社会信息化提升产业文化度，推动地域文化研究引领发展；生产要素专业化促成创意产业化，加速地域文化研究孵化发展；区域经济一体化强化联合紧迫感，拓展地域文化研究合作发展。本文以鄂尔多斯学研究为例，从增强地域文化研究活力的层面，提出了建立主导、驱动、运作三位一体的地域文化研究模式，认为提高地域文化研究的内动力，增强地域文化研究的吸引力，加快地域文化研究的转化力，是地域文化研究的活力之所在，并就此提出了相应的对策与建议。

关键词：地域文化；研究态势；三位一体研究模式

地域文化研究热潮应改革开放之运而兴以来，经历了由少数学者热衷到群体组织投入，由少数地域开启到整个地域展开，由文化资源挖掘到文化学科构建，由文化现象研究到文化产业开发的发展过程。随着改革开放的深入，经济社会发展由理念到模式的创新，地域文化研究处于新的发展形势，面对着新的发展课题，展示出了新的发展前景。这一切对地域文化研究而言，既有挑战，更有机遇。笔者写作本文，试图就面对地域文化研究发展态势、创新地域文化研究模式的问题，谈谈自己的认识和看法，供地域文化研究同仁参考。

一、地域文化研究的发展态势

当前，地域文化研究进入新的发展阶段，呈现出新的发展态势，具有新的发展特点，对地域文化研究发展产生了深刻影响。认识和把握这些新的发展态势和特点，对地域文化研究发展具有重要意义。为此，笔者从四个方面加以分析。

（一）世界经济全球化凸显文化地域性，促进地域文化研究创新发展

面对世界经济全球化趋势加快的当今，文化的地域性得以凸显。究其原因，是由世界经济关系中的分工方式决定的。在以往的传统世界经济关系中，其国际分工是以垂直方式进行的。第二次世界大战结束后，这种情况发生了很大变化。至20世纪80年代中后期，世界经济全球化的发展趋势加快，于是世界经济关系间的分工也相应地朝着水平方式转变。所谓生产的水平分工，就是在同一部门、同一行业或同类企业之间，在生产布局、生产环节上的分工。国际分工方式的这种转变并非单纯的经济现象，从本质上讲，这是世界和平、合作、发展必然趋势的体现与时代要求的反映。

正是这种与传统国际分工垂直方式相区别的国际分工水平方式的长足发展，使得水平分工诸层面发展的相对独立性凸显出来。这就是说，在按照国际分工中的水平方式调整和提高主权国家在国际分工体系中

的位置时，不是仅从国家层面着手，而是要从国家、地区、企业和人力资源等不同层面着手，多管齐下。只有这样才能适应国际分工水平方式的要求，使国家、地区、企业和人力资源等不同层面，在国际分工体系中抢占有利的位置，提高全球化竞争的能力。这样一来，便使水平分工诸层面在发展中的相对独立性凸显出来。因为在按照水平方式进行国际分工中，无论是国家还是地区、企业和人力资源，在应对竞争、促进发展方面，都具有不可替代的作用。也就是说，国际分工中的水平方式，不仅强化了主权国家在调整和提高其在国际分工体系位置中的主体性，而且凸显了该国中诸地域在调整和提高其在国际分工体系位置中的相对独立性。正是这种主体性，便构成了世界文化多元化发展的状态；且正是这种相对独立性，推动了同一国度文化多样化的发展。换句话说，凸显各国诸地域在调整和提高其在国际分工体系位置中的相对独立性，推动同一国度文化多样化发展，讲的正是世界经济全球化凸显文化地域性的道理。①

世界经济全球化凸显文化地域性的发展态势，构成了当今中国地域文化研究热潮方兴未艾的深刻背景。它表明在"全球化"的背景下，以地域文化为标志的软实力是发展的根本竞争力。也就是说，在"全球化"背景下，提升发展竞争力的核心，就在于把握文化的地域性。世界经济全球化凸显文化地域性的这一发展态势，对中国地域文化研究的发展影响深远。概括起来，这种影响就在于奠定了地域文化研究在发展中的地位和作用。这对地域文化研究的发展来说，无疑具有重要意义。面对世界经济全球化凸显文化地域性的发展态势，地域文化研究必须创新发展。这样地域文化研究在为地域发展注入活力的同时，也使自身的发展充满生机。

（二）知识社会信息化提升产业文化度，推动地域文化研究引领发展

时下，知识社会初见端倪，信息网络化已成为时代的重要标志。这是人类贯彻可持续发展理念，使经济发展以大量消耗自然资源和牺牲生态环境为代价的方式，向人与自然、人与环境相协调的方式转变的结果。以往人类苛求自然界去满足自己的需要，致使生态环境日益恶化，从实质上讲，原因就在于传统增长方式的副作用。道理很简单，工业社会是以原材料、能源、资本和劳动力为主要生产要素的生产方式。因此，在工业社会里，按照传统增长方式生产，物质财富增加的越多，自然资源的消耗也就越多；物质财富增长得越快，自然资源消耗得也就越快。而自然资源的过度消耗，势必带来自然资源的日益枯竭和生态环境的日益恶化。要改变这一状况，就要克服生产方式中因生产要素的有限性、唯一性和排他性所造成的非持续性，而以生产要素的无限性、共占性和共享性所形成的可持续性取而代之。于是，知识社会便应运而生。作为人类社会发展的新的生产方式，知识社会是以不断创新的知识和对这种知识的应用为主要基础的生产方式。在知识社会中，知识是以新的发现、发明、研究、创新为基础的。因此，作为生产要素，知识资源可以同时和一再重复使用，使用中不仅不会被消耗掉，而且能够与其他知识连接、渗透、组合、集成、交融、演化，形成新的有用的知识而增值创新。正因为如此，知识资源与物质资源的有限性、唯一性和排他性相比，具有无限性、共占性和共享性。这也就是所谓知识资源的"溢出性"。正因为知识资源不仅不会在使用中被消耗掉，而且只有在使用中才可以增值创新，衍生出更高级知识的"溢出性"，才使得知识社会成为支撑人类发展得以可持续的生产方式。②

注释：

① 刘开美、刘宇：《论地域文化提升城市竞争力的对策》，《"地域文化与城市发展"国际学术研讨会论文汇编》，第7—71页，2009年10月北京联合大学北京学研究所（基地）编。

② 刘开美：《"天人合一"的现代启示》，湖北省炎黄文化研究会、随州市人民政府编：《传统文化与生态文明》，武汉出版社，2010年，第76—77页。

这一切表明，知识社会的标志在于资源的知识性。可能有人会说，资源的知识性同人类社会生产是与生俱有的，知识资源向来就是人类社会各种生产方式中的生产要素，为什么资源的知识性却成为知识社会的标志呢？换句话说，为什么知识社会只能在工业社会之后而不是在其之前成为人类社会的生产方式呢？道理很简单，在工业社会之前，要孕育知识社会的生产方式，不仅没有可能，而且没有必要。只有在工业社会的基础上，生产力高度发展才使可持续发展成为可能，而可持续发展不仅足以支撑的知识发展，而且推动知识更加迅猛地发展。这样知识社会才能得以孕育和成长。这表明，作为生产要素中的知识，固然在人类社会生产中是共有的，但是作为知识社会中的知识，与作为其他社会生产方式中的知识，其间的内涵和外延却是不一样的。正是由于人类可持续发展内在要求的呼唤，生产方式才由工业社会向知识社会演变。而生产方式的这一深刻变革，必将以其深刻的知识内涵和丰富的知识外延，为人类社会注入可持续发展的强劲动力。也正因为如此，随着知识社会的发展，产业的文化度必将不断地得以提升。

知识社会信息化提升产业文化度的发展态势，构成了当今中国地域文化研究热潮方兴未艾的内在动力。它表明知识社会发展对产业文化度的提升，为地域文化引领产业发展提供了动力。也就是说，在知识社会里，要引领产业发展，离不开地域文化。知识社会信息化提升产业文化度的发展态势，对中国地域文化研究的发展同样影响深远。概括起来，这种影响就在于强化了地域文化研究对产业发展的引领作用。这对地域文化研究的发展来说，无疑具有重要意义。地域文化研究适应知识社会的要求深入发展，就会在引领地域产业发展中大显身手。

（三）生产要素专业化促成创意产业化，加速地域文化研究孵化发展

当前，在文化产业发展中，中国大陆创意产业化步伐加快。从生产的层面上讲，这是"创意"由文化生产流程中的要素到文化生产门类中方面的转变，是生产要素专业化的结果。从这个意义上讲，产业化是文化创意专业化、企业化、市场化、国际化的根本标志。而从产业自身的层面上讲，则是文化产业快速发展的需要。长期以来，中国大陆在文化产业发展上尽管不乏创意，但大量的创意却主要表现为文化生产流程中要素的功能，而并非文化生产门类间专业化协作的结果。这在一定程度上反映了以往中国大陆文化生产中文化创意产业化发展滞后的状况。

"创意"首先是观念，其次才是意向。所谓讲究创意，就是善于以观念更新为先导，而促使独特意向的形成。因为挖掘文化资源，打造文化品牌，有个文化视角的问题，也有个考虑受众对文化需求的问题，还有个适应受众需求所选择的文化表达方式的问题。如果创意不同，那么对文化的视角就不一样，适应受众需求所选择的文化表达方式也不相同。这样即便同是原汁原味的东西，所揭示出的文化内涵与表现出的文化风格都会相差甚远。从这个意义上讲，如果说"原生态"是地域文化的"根"，那么"创意"则是地域文化的"蕴"。正因为如此，构建文化创意产业化的平台，形成集地域文化资源开发、地域文化品牌设计、地域文化品位提升、地域文化成果推介、地域文化产品营销于一体的文化创意产业化的运作机制，使产业化的文化创意成为文化产业发展的孵化器，实为营造城际型的文化平台，推动文化产业快速发展，提升城市竞争软实力的核心之所在。[①] 这便是这些年来文化创意产业化步伐加快的根本原因之所在。

注释：

---

① 刘开美、刘宇：《论地域文化提升城市竞争力的对策》，《"地域文化与城市发展"国际学术研讨会论文汇编》，第72—74页，2009年10月北京联合大学北京学研究所（基地）编。

生产要素专业化促成创意产业化的发展态势，构成了当今中国地域文化研究热潮方兴未艾的广阔前景。它表明文化生产要素专业化促成文化创意产业化，为地域文化孵化发展文化产业提供了广阔的市场。也就是说，在文化创意产业化的孵化器中，地域文化研究成为推动文化产业快速发展的产业链。生产要素专业化促成创意产业化的发展态势，对中国地域文化研究发展的影响不可低估。这种影响概括起来，就在于加强了地域文化研究对文化产业发展的孵化作用。这对地域文化研究的发展来说，更是意义重大。地域文化研究把握文化创意产业化的机遇，就能在孵化发展地域文化产业中大有作为。

（四）区域经济一体化强化联合紧迫感，拓展地域文化研究合作发展

面对世界经济全球化的发展态势，无论是国家、地区，还是同一国度中的不同地域之间，都普遍采取了"一体化"的应对策略。尽管这些策略类型不同，层次各异，形式多样，但其中的本质内涵都在于合作发展。随着改革开放的深入发展，我国不同地域间经济联合的紧迫感普遍提高，经济协作的形式不断增多，合作发展的氛围日益增强。就拿三峡地域来说，宜昌既处于西至重庆、东达武汉的"长江黄金水道旅游带"，又处于长江三峡、湖南张家界与重庆都市的旅游"金三角"。这一区域建立联动制度，形成了区域旅游一体化格局，对协调旅游布局，优化旅游结构，促进优势互补，提升区域旅游竞争力，都会产生重要影响。因此，近几年来，这一区域特别是鄂、渝两地，按照市场运行的规则，本着互惠双赢的精神，在发展旅游方面加强了合作，鄂、渝之间开始联手举办中国三峡国际旅游节，湖北内部则着手建设鄂西生态文化旅游圈，通过携手联合，以形成资源共享、品牌共创、推介互动、营销互赢的局面。这对于宜昌乃至三峡地域旅游业的发展，无疑具有重要意义。

区域经济一体化强化联合紧迫感的发展态势，要求地域文化研究合作发展要与之相适应。本来学术研究就是系统工程，离不开合作攻关，对地域文化研究来说就更是如此。因为地域文化研究涉及诸多学科，挖掘整理工作相当艰巨，成果开发利用更需多方协作。因此，要取得地域文化研究更为显著的进展，就要在学科综合研究、资料挖掘整理和成果开发利用诸多方面形成合作攻关的机制，尤其是在地域文化研究深入发展，进入地方学建设新的阶段就更是如此。[①] 而区域经济一体化强化联合紧迫感的发展态势，便使得建立地域文化研究的合作发展机制成为必然趋势和迫切要求。

这样区域经济一体化强化联合紧迫感的发展态势，便构成了当今中国地域文化研究热潮方兴未艾的现实平台。它表明区域经济一体化强化联合紧迫感为地域文化研究合作发展注入了活力。也就是说，合作发展将成为"一体化"格局下地域文化研究的常态。区域经济一体化强化联合紧迫感的发展态势，对中国地域文化研究发展的影响更为深刻。概括起来，这种影响就在于造就了地域文化研究的生力军。这对地域文化研究的发展来说，更具现实针对性。地域文化研究把握区域经济一体化强化联合紧迫感的机遇，就能在合作发展中开辟新的天地。

总而言之，世界经济全球化凸显文化地域性、知识社会信息化提升产业文化度、生产要素专业化促成创意产业化，区域经济一体化强化联合紧迫感的发展态势，提升地域文化研究地位的同时，也要求强化作用。这对地域文化研究的发展来说，既有挑战更有机遇。机遇在于随着地域文化地位的提升，其研究可以乘势而上；而挑战则在于面对强化地域文化作用的要求，其研究必须迎难而上。只要把握机遇，应对挑战，促进地域文化研究创新发展，推动地域文化研究引领发展，加速地域文化研究孵化发展，拓展地域文化研究合作发展，地域文化研究就会迎来崭新的局面。

注释：

---

① 刘开美：《论地域文化研究发展的趋势与对策》，《北京学研究文集》（2008），同心出版社，2009年，第461页。

二、地域文化研究发展的启示

地域文化研究的发展态势，为其带来了创新发展、引领发展、孵化发展和合作发展的大好机遇与严峻挑战。在这种情况下，要促进地域文化研究的发展，就应从多方面采取对策。然而所有对策归结起来，就在于如何进一步提高地域文化研究的活力。

探讨地域文化研究的活力问题，需要从三个层面来思考，这就是怎样提高地域文化研究的内动力，怎样增强地域文化研究的吸引力，怎样加快地域文化研究的转化力。这三个问题涉及三大主体，即地域发展的主导主体、地域文化研究的驱动主体和地域产业的运作主体。很显然，地域发展的主导主体是政府，地域文化研究的驱动主体是学界，而地域产业的运作主体则是企业。如果这三者有机地结合在一起，使主导地域发展的政府对地域文化研究具有吸引力，驱动地域文化研究的学界对地域文化研究具有内动力，运作地域产业的企业对地域文化研究具有转化力，那么地域文化研究就会具有活力。在这方面，北京学研究和全国诸多地域文化研究都进行了有益的尝试，并取得了积极的成果，内蒙古鄂尔多斯学研究就是其中典型的一例。

鄂尔多斯学研究会自成立以来，始终坚持"立足学术，服务建设，创新机制，着眼发展"的理念，注重区域历史与现实的对接，在区域传统文化的背景中关照现实，谋划未来，塑造区域形象，打造文化品牌，在独有的历史智慧基础上构建新区域、新文化。他们通过与自治区、市、旗相关单位联合研讨，使阿尔寨石窟被国务院特批增补为全国第五批重点文物保护单位；他们与自治区和中央电视台合拍的大型电视专题片《走遍中国·鄂尔多斯》在中央电视台连续播出，成为全市文化建设的重要举措而影响深远；他们与市政协专家之友联谊会共同研讨，提出的关于鄂尔多斯在城市规划建设中如何体现民族地域特色的建议报告，受到市委、市政府领导的高度重视；他们编辑出版38部《鄂尔多斯学研究丛书》与《成吉思汗文化丛书》，在丰富鄂尔多斯文化宝库的同时，提升了人们对鄂尔多斯的认识；他们编辑出版了《鄂尔多斯历代书目索引》、《鄂尔多斯大辞典》，为存史、资政、教化、外宣和科研提供了系统的资料。鄂尔多斯学研究会遵循"关照现实，服务建设"的研究宗旨及其取得的成果，在社会上产生了强烈反响。市委、市政府对鄂尔多斯学研究表示充分肯定，在文化研究服务发展方面，"政府购买服务"，对鄂尔多斯学研究会"出课题，定任务，给经费，要成果"；新闻媒体对鄂尔多斯学研究产生了极大共鸣，在普及鄂尔多斯文化方面，专门开辟专栏，请研究会担任编辑，为宣传鄂尔多斯文化提供平台；社会事业对鄂尔多斯学研究有着殷切期待，在强化事业文化底蕴方面，主动与鄂尔多斯学研究会联合；经济企业对鄂尔多斯学研究产生很大兴趣，鄂尔多斯市东联集团毅然由红火的房地产业，转而开发鄂尔多斯文化，创办以展示成吉思汗文化为主题的文化旅游产业。由于成绩显著，鄂尔多斯研究会受到社科联与民政部门的充分认可，被国家民政部评为全国先进社团单位。近两年来，他们在以往研究的基础上又创办了"成吉思汗文化论坛"。论坛由伊金霍洛旗政府出资主办，由成吉思汗陵管委会、鄂尔多斯学研究会具体承办，由鄂尔多斯市东联集团对研究成果进行开发建设，初步展示出了政府主导、学会驱动、企业运作的成吉思汗文化研究模式。论坛连续主办两届，吸引了市内外尤其是自治区和全国有关专家、学者的广泛参与，收到了很好的效果。

鄂尔多斯学研究的成功尝试，对地域文化研究的发展有着深刻的启示。它表明地域文化研究以服务地域发展为宗旨，以政府主导、学会驱动、企业运作为一体，以开放型的专家队伍为依托，以运行机制创新为动力，使文化研究、产业开发、社会发展有机地结合起来，这样地域文化研究在推动经济社会发展过程中就会充满活力。

三、地域文化研究的发展模式

鄂尔多斯学研究会的经验，对于地域文化研究的发展来说，具有重要借鉴作用。为此，全国诸地域的文化研究也应建立健全主导、驱动、运作三位一体的模式，通过整合政府、学界、企业三大主体，使地域文化研究在推动地域经济社会发展中充满活力。在这一研究模式中，由于政府、学界、企业三大主体所形成的主导、驱动、运作三大力量彼此间并非孤立的行为，而是相辅相成、互惠互利的，因此三大主体都应站在全局的高度来认识和把握地域文化研究的发展。但是从内因的角度来说，推动地域文化研究的发展，根本还在于学界自身。所以，学界应认清形势，转变观念，创新思路，采取对策，以促成地域文化研究三位一体模式的有效运行。对此，笔者提出以下建议。

（一）要以服务地域发展为宗旨，增强政府对地域文化研究的主导力

地域文化研究并非一项纯学术性的研究，而是极富应用性、极赖应用性的研究。从这个意义上讲，"服务"是地域文化研究的主题。这不仅是因为地域文化研究热潮本身就是应"服务"之运而生的，而且更重要的是，"服务"是地域文化研究有所作为的平台，"服务"是地域文化研究不断发展的动力。因此，"服务"是地域文化研究的生命。地域文化研究要进一步保持发展的势头，就要坚持以服务地域发展为宗旨，确定地域文化研究服务地域经济社会发展的研究方向，明确围绕研究方向所应把握的研究重点，使地域文化研究与服务地域经济社会发展有机地结合起来，使地域文化研究在服务地域发展中增添活力。这样地域文化研究就会更加引起政府的重视，赢得社会各界的支持。

政府是经济社会发展的主导力量。地域文化研究对地域政府的吸引力，势必会增强政府对地域文化研究的主导力，而这种主导力正是政府对发展地域文化研究的领导职能。以服务地域发展为宗旨，增强政府对地域文化研究的主导力，就是要通过地域文化研究的自身努力，来赢得政府从管理职能方面对地域文化研究的领导和支持。而政府主导地域文化研究的职能，主要表现在四个方面：一是强化发展地域文化研究的理念。像重视工业发展一样重视地域文化研究的发展，像支持工业项目一样支持地域文化研究的项目，像加强工业投入一样加强对地域文化研究的投入，像组织工业招商一样组织地域文化研究的招标。二是营造地域文化研究的环境。围绕地域发展的目标，在加强城市环境、人才环境、投资环境、设施环境、服务环境和风尚环境建设的同时，加强地域文化研究软硬环境的建设，使之与地域发展要求相匹配。三是协调地域文化研究的关系。采取多种形式，加强文化研究地域间的合作，形成地域间文化研究均衡发展和协调发展的格局。运用多种手段，加强相关部门和行业与地域文化研究的协作，形成注重全局观念、把握相关意识、讲究协调思考的"开放思维"方式，为发展地域文化研究，实现地域发展目标齐心协力、共创辉煌。四是打造地域文化研究的品牌。创新地域文化研究机制，构建地域文化研究平台，培育地域文化研究实力，塑造地域文化研究形象，使地域文化研究品牌享誉国内外。如果政府主导的这些职能到了位，地域文化研究就会充满活力，而地域的经济社会事业就会长足发展。

（二）要以开放型的专家队伍为依托，强化学界对地域文化研究的内动力

如上所述，地域文化研究本来就离不开多方协作，要取得显著进展就需要形成合作攻关机制。而合作攻关所形成的开放型专家队伍，正是地域文化研究的生力军。因此，地域文化研究要强化自身的内动力，就要以地域内外的合作为平台，以开放型的专家队伍为依托，把学界研究与社会研究结合起来，把封闭研究与开放研究结合起来，把分散研究与合作攻关结合起来，通过政、企、研一体化的方式，发挥全社会的积极性，来关注、支持、参与地域文化研究；通过课题招标等形式，借助地域内外研究机构与

研究人才的智力，来破解地域文化研究中的难题；通过建立健全合作攻关机制，发挥群体研究的优势，来攻克地域文化研究中的重大工程。总之，要在研究主体、研究方式和研究力量上转变思路，在学界与社会之间、学界研究机构之间以及研究个体与群体之间，搭建密切协同、合作攻关的平台，壮大开放型的专家队伍。这样地域文化研究就会不断取得突破性的进展，地域文化研究的服务功能就会更有效地发挥，地域文化研究的活力就会源源不断。

（三）要以文化创意服务为纽带，提高企业对地域文化研究的转化力

地域文化研究的活力，最终取决于企业将研究成果变为产业发展的转化力。因为地域文化研究不同于一般的学术研究，一般学术研究出了成果，该项研究的任务也就告一段落了，但是地域文化研究则不然，出成果并非研究的终结，更重要的是要将成果转化为产品。因此，地域文化研究要注重成果的开发利用，这是研究成果转化为产品开发的再创造，是地域文化研究的延伸。要推动这一转化关键在于创意，地域文化研究只有与文化创意服务相结合，开发地域文化研究服务链，才能提高企业对地域文化研究成果的转化力，这样地域文化研究的路子也才能越走越宽阔。因此，要提高企业对地域文化研究的转化力，就要以地域文化创意服务为纽带，大力推进地域文化创意产业化，为此，政府、学界和企业都要有所作为。就政府而言，关键在于政策扶持与市场培育；就学界而言，关键在于强化服务意识，积极兴办文化创意实体，吸引研究人员与实际部门密切合作；就研究人员而言，不能仅仅满足于书斋里的研究考证，还必须深入实地考察调研，以便收集书斋研究所需的佐证，校正自己的研究方向和研究重点，寻求研究成果转化为产品开发的实现形式，明确研究成果开发利用的思路；就企业而言，则应建立健全自主创新的地域文化研发机构，采取开放性的运作方式，与地域文化研发相关的社会创意机构和专家、学者合作，形成地域文化研究的强势阵容，提高开发地域文化产品的自主创新能力。通过这一切的良性互动，就能加快地域文化创意产业化的发展进程，为提升地域文化产业的品位，打造地域文化产业的品牌，提供强有力的地域文化研发支撑。而随着企业由研究成果到产业发展转化力的提高，地域文化研究的活力就会不断增强。

（彭美春：湖北省宜昌市社科联；刘开美：湖北省三峡文化研究会）

超越自我　道法自然

——以鄂尔多斯学为例谈地方学研究

包海山

摘　要： 无论称其为学问还是学科，鄂尔多斯学主要研究探讨的都是鄂尔多斯经济、社会、文化、生态发展的内在本质规律。只有遵循规律，才能激发学术研究的内在生命活力和持续发展的自然动力，才能推动鄂尔多斯学研究进入最佳状态。那么，最佳状态是什么样子，怎样才能进入，进入最佳状态能干什么，本文对此从超越自我和道法自然这两个方面来初步探讨。

关键词： 地方学；鄂尔多斯学；道法自然

规律"独立而不改，周行而不殆"，它对任何国家和民族来说，都是相同的客观存在。人们不能创造和改变规律，只能认识和把握规律。在不同的历史时期和不同的民族地区，由于规律得以实现的表现形式不同，形成了不同历史时期的不同地域文化。因此，地方学研究应该把握好两点：一是本体论层次上客观规律的唯一性；二是认识论层次上表现形式的多样性。把这两点有机地统一起来，就会超越自我、道法自然。

一、超越自我，要放得开，冲破局限广泛交流

各个地域的地理区位是相对固定的，而在地理区位上的各种事物都在不断发展和变化，不仅在内部而且与外界也处于彼此联系、相互作用的流动状态。人本身作为促进经济社会文化发展的主体，不仅可以请进来、走出去，而且能使不同地域人们的思想意识、文化艺术、科学技术以及各种产品的生产、流通和消费也都逐渐融入全球经济社会一体化。由此，人们对地域的界限也有了新的理解和阐释，意识到任何地域都是地球自然村不可分割的组成部分。因此，地域文化研究也必然会与此相适应。

本文所说的超越自我，主要包括个体思维、学术团队研究领域以及地域文化发展三个方面的自我超越。相对来说，个体思维的自我超越是基础。

"就一切可能来看，我们还差不多处在人类历史的开端"，因此各个地方学研究更是其中一个极小的部分。"将来会纠正我们的后代，大概比我们有可能经常以极为轻视的态度纠正其认识错误的前代要多得多"；"这些认识所包含的需要改善的因素，无例外地总是要比不需要改善的或正确的因素要多得多"。这与恩格斯所说的人的思维的性质及其发展规律有关："一方面，人的思维的性质必然被看作是绝对的；另一方面，人的思维又是在完全有限地思维着的个人中实现的。这个矛盾只有在无限的前进过程中，在至少对我们来说实际上是无止境的人类更迭中才能得到解决。"

我们应该清楚，地方学研究也"是在完全有限地思维着的"群体中实现的，也很容易把群体的思维

"被看作是绝对的"。例如，在谈到鄂尔多斯敢为人先的创新精神时，常常会提到第一个实行"包产到户"和第一个以补偿贸易方式引进日本的先进技术和设备等。但是只要超越自我，以全球化的视野来观察就会看到，我们实行"包产到户"的生产责任制，只是从一个非常糟糕的、连温饱问题都不能解决的经济状况中勉强实现了小农经济生产方式而已，而那个时候发达国家已经进入先进的工业经济时代；我们以补偿贸易方式引进在日本或许只是二三流的技术和设备，普通工程技术人员来帮助安装机械设备并教会操作使用，于是如果我们对日本人说这是鄂尔多斯敢为人先的创新精神，那就会成为一个笑话。

我们只有超越自我，才能在人类历史发展的长河中，在更广阔的空间比较全面地认识自我。"不谋全局，不足以谋一域"，只有在谋全局的基础上，才能像网友在互联网上评论鄂尔多斯学研究那样，"策应一隅，足见奇谋"。

自我超越需要一定的文化根基。鄂尔多斯三面黄河环绕，南面由"一堵墙"万里长城阻隔，形成一个相对封闭的独立的自然单元；而中间秦直道穿过，形成了南北通道。对于秦长城和秦直道，有人将其比喻为盾和矛，也有人将其比喻为弓和箭，而大秦帝国的"丁"字形防御体系的结合点、矛盾的焦点和弓箭的射点正在鄂尔多斯，所以对长城和秦直道的感触最为独特。

"长城内外皆故乡"，"长城内外是一家"。然而曾经在故乡土地上修筑的一道隔离墙，造成了人们心灵上的界限。从心理模式和精神状态来看，万里长城是自封意识与开放意识的分界线。小农意识注重的是上尊下卑，对内集权专制，对外围城自封。唐代诗人陈陶在《续古》中诗曰："秦家无庙略，遮虏续长城。万姓陇头死，中原荆棘生。"常建的《塞下曲》诗云："北海阴风动地来，明君祠上御龙堆。髑髅皆是长城卒，日暮沙场飞作灰。"鲁迅在《长城》一文中说："其实，从来不过徒然役死许多工人而已，胡人何尝挡得住。我总觉得周围长城围绕。这长城的构成材料，是旧有的古砖和补添的新砖。两种东西连为一气造成了城壁，将人们包围。何时才不给长城添新砖呢？这伟大而可诅咒的长城！"

在充满开放意识的人们看来，中华民族的屈辱历史早已结束，胆小怕事、围城自封的狭隘心理早该改变。我们根本没有必要用奴性的心态，去塑造围城自封、自我树敌、挨打受气、冒着敌人炮火前进的可怜模样的心理模式，而是用全体中国人民的卓越智慧和豪迈气概，去营造自由民主、和平友好以及充满鲜花和掌声的和谐的国际社会氛围。因此，我们愿化干戈为玉帛，在内心深处里把用来御敌的万里长城化作迎接远方宾客的一条圣洁的哈达——在无形的变换升华中，举重若轻，充满自信——这是鄂尔多斯人所特有的一种自我超越的境界和神态。

或许这种正是自我超越的境界和神态，在中国地方学以及国外如韩国首尔学等研究机构中，鄂尔多斯学是第一个把自然法则作为核心内容来研究的学术团体。任何事物的发展"始终是受内部的隐蔽着的规律支配的"，真正推动经济社会文化生态全面协调发展的动力来源于自然法则，因此鄂尔多斯学必然会把自然法则作为核心内容来研究和探讨。

泉州学研究所林少川、万冬青在《泉州学与鄂尔多斯学比较研究》中认为，"将老子、成吉思汗、马克思这三个不同时代、不同类型的思想体系，进行比较研究，充分体现鄂尔多斯文化的创新魅力"。之所以能够体现这种创新魅力，就是因为我们意识到，在本体论层次上，鄂尔多斯文化的核心内容是自然法则本身；而在认识论层次上，我们努力把老子道学、成吉思汗文化、马克思理论融为一体。

文化不会因为民族和地域的不同而分好坏，而是根据揭示和反映客观规律的因素有多少，可以判断有多少正确和错误的部分。探索规律的人分国籍、分地域，而所探索的规律本身是相同的客观存在。我们研究文化，首先注重是否揭示了客观规律，然后再看是谁、怎样揭示的。老子道学、马克思理论等之所以成为不同历史时期人类智慧的结晶，就是因为他们从不同的角度，同样揭示了"在本质上是同一的"规律。这并不是他们个人的东西，也不是哪个国家、哪个民族的东西，而是对人类社会来说都是相同的客观存在。

在同一个地球自然村中，任何国家和地区都是彼此相关的某个地方。北京师范大学教授萧放和首尔市立大学教授张志连，对地方文化研究有三点认知相同：一是超越地方的地方文化研究；二是特定地方文化的微观与综合研究；三是地方文化之间的平行研究。

我们也努力保持一定的理论高度，跳出地方看地方，将鄂尔多斯当作鸟瞰的对象。人类整体文化是由无数根网线和无数个网结形成的一张大网，即"天网恢恢"；而各个地方文化只是其中一个具有地方特色的网格，即"疏而不失"。我们在全球文化网络上进行整体研究，在地方特色网格里进行微观研究，在各个网线和结点进行对比和平行研究。

二、道法自然，要收得拢，形成一个有机整体

如果说在起步阶段，奇朝鲁、陈育宁、夏日等一批老领导和知名专家、学者的个人魅力和社会影响力发挥了很大作用，那么鄂尔多斯学研究的长久发展，只能靠激发学术研究的内在生命活力和持续发展的自然动力。

自然法则是大象，是真理。老子云："执大象，天下往"；马克思说："合乎真理的探讨就是扩展了的真理，这种真理的各个分散环节最终都相互结合在一起。"大象、真理如磁石，执大象和合乎真理的探讨如内化和传递磁力并像磁石一样能够吸引其他铁环的铁环。柏拉图说："磁石不仅能吸引铁环本身，而且把吸引力传给那些铁环，使它们也像磁石一样，能吸引其他铁环"；磁石"首先给人灵感，得到这些灵感的人们又把它传递给旁人，让旁人接上它们，悬成一条锁链"。这就是有效整合更多的智力和文化资源的过程，由此就有可能使鄂尔多斯学研究进入最佳状态。

鄂尔多斯学研究一旦进入最佳状态，形成一个有机整体，就可以在两方面发挥重要作用：一是可以描绘一张发展蓝图；二是可以促进经济、社会、文化、生态等一体化协调发展。反过来说，为了描绘一张发展蓝图和促进经济、社会、文化、生态等一体化协调发展，也可以推动鄂尔多斯学研究进入最佳状态。只有认识和把握了一体化发展的必然趋势，才能全面而系统地描绘发展蓝图；而描绘出发展蓝图，一体化发展就会更具自觉性和科学性。

（一）描绘蓝图

相关文章中经常提到"一张蓝图画到底，一任接着一任干"。从学术研究和智力支持的角度来看，我们应该在两方面有所突破：一是不能局限于政府部门把"一张蓝图画到底"，而是汇集和整合社会大众的智慧来描绘这张蓝图，使其成为市民共同的愿景；二是不能局限于领导"一任接着一任干"，而是应市民共同参与社会实践活动，调动社会大众的自觉性、积极性和创造力。

目前，我们所遇到的很多问题都前所未有，只靠自己以往的经验不可能解决。恩格斯说："当我们深思熟虑地考察自然界或人类历史或我们自己的精神活动的时候，首先呈现在我们眼前的，是一幅由种种联系和相互作用无穷无尽地交织起来的画面，其中没有任何东西是不动的和不变的，而是一切都在运动、变化、产生和消失。"在生产力和生产关系具有资本属性的历史条件下，在由种种联系和相互作用无穷无尽地交织起来的一幅画面中，我们首先看到的就是"资本和劳动的关系"这个"我们现代全部社会体系所依以旋转的轴心"，因此应该按照这个"轴心"旋转的规律来描绘发展蓝图。

马克思说："一切真正的危机的最根本的原因，总不外乎群众的贫困和他们的有限的消费。"恩格

斯说："每十年反复一次的停滞、繁荣、生产过剩和危机的周期，看来确实已经结束，但这只是使我们陷入无止境的经常萧条的绝望泥潭……而每一个冬天的来临都重新提出这一重大问题：'怎样对待失业者'；虽然失业人数年复一年地增加，却没有人解答这个问题"；"每一个对旧危机的重演有抵消作用的要素，都包含着更猛烈得多的未来危机的萌芽"。

我们之所以努力促进马克思主义鄂尔多斯化，与鄂尔多斯文化融为一体，就是因为他们早就看到了我们现在遇到而且还会面临的更猛烈得多的未来危机"最根本的原因"和必须要解决的"重大问题"。鄂尔多斯出现的"危机"，表面上看是房地产泡沫破裂和民间高利贷资金链断裂的问题，实质上是没有更好的产业、劳动者没有更多就业机会并充分发挥才华的问题。相对来说，不管什么文化，是不是鄂尔多斯文化不重要，最重要的是看能不能有效解决鄂尔多斯所面临的重大现实问题。鄂尔多斯学应该重点研究的就是解决我们所面临的重大现实问题的文化，能够融汇更多文化的智慧。

（二）一体化发展

只有以人为本、共同遵循自然法则，才能促进经济、社会、文化、生态一体化发展。而目前的城乡二元结构对人的身份和利益进行了不同的划分，形成了农村土地经营权和城市社会保障的对立。如马克思、恩格斯所言："城乡之间的对立只有在私有制的范围内才能存在"；"城乡之间的对立是个人屈从于分工、屈从于他被迫从事的某种活动的最鲜明的反映。"因此，我们统筹城乡发展、消除二元结构，既要促进农村牧区居民和城市居民一样享受公共服务和社会保障；又要促进城市居民和农村牧区居民一样共同拥有土地使用权和经营权，大量的社会资本、科技力量投入第一产业，使第一产业立体扩展，并且使目前的产业划分界限逐渐淡化，使大农业、工业、科技、文化等产业发生紧密的内在必然联系，逐渐形成了一个有机整体。

在资本、劳动、自然资源这"经济三位一体"中，劳动特别是高级智力劳动，通过创造和应用科学文化的形成，把自然资源转化为财富并成为资本。从劳动与自然资源相结合的角度来看，鄂尔多斯分布最广的资源是沙漠和草原，而沙草产业是全民能够参与的产业，能够融会更多的科学文化并转化为更多的自然能量。我们需要以人为本的产业结构调整，不断完善价值评判体系，在包括沙草产业在内的现代化大农业的立体扩张的产业链条中，不断开创有利于促进人的全面发展的全新的劳动就业岗位，从而奠定共享社会发展成果的现实基础。

在本质意义上，各个地区的一体化发展，最终都会融入全球一体化发展。恩格斯说："只要分配为纯粹经济的考虑所支配，它就将由生产的利益来调节，而最能促进生产的是能使一切社会成员尽可能全面发展、保持和施展自己能力的那种分配方式。"当社会发展以经济建设为中心时，"分配为纯粹经济的考虑所支配"，并"由生产的利益来调节"；而只有以经济建设为基础，以促进人的全面发展为中心时，才能通过尊重自然法则的人性化的合理分配，使一切社会成员尽可能全面发展、保持和施展自己的能力，并由此最能促进生产，使可以合理分配的财富本身更多，从而有条件在一体化发展中实现共同富裕。因此，人类会选择从以经济建设为中心，向以经济建设为基础、以促进人的全面发展为中心的发展战略。这就是人类共同道法自然。

（包海山：鄂尔多斯学研究会）

楚文化研究的困惑与突破

——早期楚文化问题

蔡靖泉

楚文化研究，滥觞于 20 世纪 30—40 年代，渐兴于 20 世纪 50—70 年代，繁荣于 20 世纪 80—90 年代，进入 21 世纪更是方兴未艾。

楚文化的研究，始终是伴随着楚文化的考古发现而发展的。20 世纪 70—90 年代是楚文化考古大发现的阶段，也是楚文化研究由兴至盛的时期。进入 21 世纪以来，楚文化考古继续有着许多惊人的发现，尤其是随着三峡水库枢纽工程和南水北调工程的大规模文物抢救工作的进展，楚文化考古发现的地域之广、数量之多可谓前所未有。包括旧资料的整理出版和新资料的编撰发表，这 10 余年来楚文化及相关考古资料的公布的速度之快、数量之多也是前所未有的。与之相应，楚文化研究乃拓展到更为深广的领域，如楚文化西渐、楚简帛文献与楚史、楚简帛书法等。可是，大量的出土材料虽然丰富和深化了世人对楚文化的认识，却又给楚文化研究带来了较多的困惑。

困惑的形成，有出土材料多而难以厘清和说明问题的原因，也有出土材料仍显不足而难以解决问题的原因，还有出土材料的反映与既有的认识抵牾而难以合理说明的原因等。

早期楚文化问题，可以说是困惑学者已久，又是楚文化研究必须解决的重大问题。早在 20 世纪 70 年代末—20 世纪 80 年代初，考古学界就提出并着手解决这一问题，夏鼐、苏秉琦等老一辈考古学家都对此阐发过指导性意见［夏鼐于 1980 年 10 月在中国考古学会第二次年会上的讲话：《楚文化研究中的几个问题》(《江汉考古》1982 年第 1 期）；苏秉琦于 1980 年 10 月在中国考古学会第二次年会上的讲话：《从楚文化探索中提出的问题》(《江汉考古》1982 年第 1 期）]。尤其是俞伟超先生，亲自部署和参与了当时的早期楚文化考古探索工作，并就此作了多次学术报告［俞伟超于 1979 年 6 月在湖北省博物馆的报告：《关于楚文化发展的新探索》(《江汉考古》1980 年第 1 期）；俞伟超于 1980 年 10 月在中国考古学会第二次年会上的报告：《先楚与三苗文化的考古学推测》(《文物》1980 年第 10 期）；俞伟超于 1981 年 6 月在四省楚文化研究会成立大会上的报告：《关于当前楚文化的考古学研究问题》(《湖南考古辑刊》第 1 辑，岳麓书社，1982 年）；俞伟超于 1982 年 12 月在湖北省博物馆的报告：《寻找"楚文化"渊源的新线索》(《江汉考古》1982 年第 2 期）。湘、鄂、豫、皖四省楚文化研究会成立大会上，即确定将解决这一问题作为当时楚文化研究的重点工作之一。湖北省考古学界，更是以之作为该省楚文化考古和研究的基本工作。20 世纪 80 年代，考古工作者在沮漳河流域及秭归等地做了较为广泛的田野调查和试掘工作，进而将早期楚文化的探索和研讨推向高潮。可是，田野调查和试掘并没有找到可以解决这一问题而有价值的考古学证明，学术的研讨也没能取得共识。进入 21 世纪，由于在自 20 世纪 90 年代以来在十堰、襄阳、宜昌、南阳、商洛等地区积累了越来越多西周乃至更早的考古资料（如郧县辽瓦店子、宜昌万福垴、襄阳真武山、宜城郭家岗和肖家岭、淅川下王岗、丹凤巩家湾、商州东龙山、秭归庙坪和柳林溪、巴东雷家坪等遗址），由于学界对早期楚文化的探讨有了多年的深入思考，关注和研究早期楚文化的学者又逐渐多了起来［如张昌平：《早期楚文化中心区域的考古学观察》，收入楚文化研究会编：《楚文化研究论集》第六集（湖北教育出版社，2005 年）；王力之：《早期楚文化探索》(《江汉考古》2003 年第 3 期）；杨权喜：《楚文化渊源探索的回顾与思考》，收入楚文化研究会编《楚文化研究论集》第七集（岳麓书社，2007 年）；笪浩波：《由楚文化遗存的分布特点看早期楚文化的中心区域》,（《华夏考古》2010 年第 1 期）；等等］，学者们力图借助新发现的材料实现早期楚文化研究的突破，但迄今还不能对之有着明晰统一的认识。这主要反映在四个方面：首先，是其概念的含义及时间范围；其次，是早期楚文化的特征；再次，是楚文化的渊源；最后，是早期楚文化与相邻的别国异族文化的关系。

如何解除困惑从而实现楚文化研究的突破？这需要学界同仁深入思考并寻找出有效途径。

（蔡靖泉：华中师范大学楚学研究所教授）

论吴文化发生期两次文化吸收中的重和去同思想

宋桂友

摘　要：考察吴文化发生期的两次文化吸收过程，其正是不折不扣地自觉遵守了重和去同的原则。即以中原的泰伯、仲雍南奔袭吴为标志的吴文化的诞生可算是长江土著文化与黄河先进文化的第一次交融，以及学习中原军事技术使自己称霸等都体现了"以他平他"，而由此形成的科技文化的大发展则是和实相生的结果。

关键词：重和去同；以他平他；和实相生；吴文化

　　吴文化是目前我国区域文化中光辉灿烂的一朵奇葩，它一以贯之地以中国传统文化为主体兼取各地文化之长，犹如身边的长江，不拒大河小溪，一路走来，蔚为巨流。而以阴柔为其最大特色的吴文化，汹涌之中却奔腾着深蕴不竭的生命力和蓬勃旺盛的雄浑力量。考察吴文化的发生发展历程，其正是不折不扣地自觉遵守了重和去同的原则。

　　"和"与"同"的观点最早是由西周末年的史伯提出的，他说："和实生物，同则不继。以他平他谓之和，故能丰长而物归之。若以同裨同，尽乃弃矣。"（《国语·郑语》）也就是说，不同事物之间彼此为"他"，"以他平他"就是把不同的事物联结在一起，使其互相配合而臻于平衡，这就是"和"。和则和谐，五味相和，才能产生香甜可口的食物；六律相和，才能形成悦耳动听的音乐；善于倾听两面之辞的君王才可能造成"和乐如一"的政治局面。而如果仅仅把相同的事物放在一起，死守着一种事物而排斥其他，那就只有量的增加而不会发生质的变化，就不可能产生新事物，事物的发展肯定也就停止了。停止发展当然只能走向灭亡。孔子对史伯之论非常赞同，并接着说了"君子和而不同，小人同而不和"（《论语·子路》）。这种思想也和儒学一样成了吴文化的核心。

一、吴文化的肇始就是长江土著文化与黄河先进文化的交融

　　考古发现，远古时期的长江下游，也就是后来我们所称的吴地区已经具有了相当发达的人类文明。

比如，旧石器时期的三山岛遗址[①]、新石器时期的马家浜文化遗址[②]和崧泽文化遗址[③]、良渚文化遗址[④]等，但是这些遗址在证明这里在史前有人类活动，有人类早期文明之外，还告诉我们这里却没有发达的文明，特别是没有近似于黄河流域的发达文明。到上古的商周时期，黄河流域的平原地区已经在经济、文化诸方面高度发达了，而处于长江下游的太湖流域的吴地区还是蛮荒一片，文明还处于极其原始的状态中。如果我们将吴地区成熟的文化叫"吴文化"，那么这一时期的吴地区的土著文明就可以称为"先吴文化"。其主要内容是以南京北阴阳营第三层为代表的"湖熟文化"。湖熟文化是中国江南地区的史前文化，遗址分布主要在南京、镇江以及太湖流域，其存在时间相当于中原地区的商朝、周朝。湖熟文化最早在 1951 年于江苏江宁县湖熟镇发现，因而得名，至 1959 年由南京博物院的学者尹焕章、曾昭燏发表文章说明确认其范围。湖熟文化遗址大多在河湖沿岸的土墩山丘上（因此称作台型遗址），建材有用火烤的痕迹，最具特色的工具是印纹陶的使用，仍以石器为主要的工具，但已具有青铜器铸造的技术。从农具和动物骨的遗迹判断，农业、畜牧业有一定的水准，但从大量狩猎工具的出土来看，渔猎仍十分重要。从大量卜骨的出土可看出当时人喜好占卜。

吴文化的诞生就是长江土著文化与黄河先进文化的第一次交融。它的标志就是中原的泰伯、仲雍南奔袭吴。这次交融是由一次被动的、偶然的事件造成的。为什么这么说呢？因为泰伯、仲雍当初奔吴并不是像孔子所说的是"禅让"。传说周朝的始祖古公亶父因为喜欢三儿子家的孙子姬昌（后来的周文王）而有意传位于三子季历，而其长子泰伯、次子仲雍则长途袭吴。以下两个原因则证明泰伯、仲雍不是禅让，最起码主要原因不是。事实是季历当权后泰伯、仲雍避难所至。原因一是泰伯、仲雍袭吴后"断发文身，裸以为饰，岂礼也哉"（《左传·哀公七年》）。这说明泰伯、仲雍袭吴后首先想到的是生存，不得不和土著打成一片，遂为吴王。试想，王吴为何不王周？原因二是长久不与周联系。如果是真心禅让，周天子感其恩，怎能不来联系呢？如果真的是为了让季历及其后代为王，泰伯、仲雍又怎能不关心他们呢？因为史实是以后长时间和中原断绝往来。当然，在不得不走的状况下，禅让也许是最冠冕堂皇的口号，当然更多的是后世（儒、墨两家）的文化修饰。

但是，泰伯、仲雍同化于土著当然不是目的，在取得当地人民的信任后，泰伯继以周礼治吴，以当时先进的周文化的传播、渗透来改变吴地区人民的生活方式。而这种努力显然收到了很好的效果。"数

注释：

① 1982 年 7 月—1985 年 12 月，南京博物院、上海大学文学院、苏州博物馆和吴县（现改为苏州市吴中区）文管会联合在太湖东山的三山岛上发现了距今约 1 万年的旧石器遗址和大量的石器。

② 1959 年春，嘉兴南湖乡天带桥马家浜的村民在沤肥挖坑时发现了距今 7000—6000 年的大量兽骨和人类活动遗物。到 1977 年 11 月在南京召开的长江下游新石器时代学术讨论会确认，以嘉兴马家浜遗址为代表的马家浜文化是长江下游、太湖流域新石器时代早期文化的代表。由此，马家浜文化正式命名。

③ 该遗址最早是 1958 年由上海市青浦区崧泽村村民挖塘时发现，1961 年和 1974 年两次发掘并出土大量距今 6000—5000 年的文物后面命名的。1982 年，在全国考古年会上被认定为是介于马家浜文化和良渚文化之间的新石器文化。其同类型遗址主要分布在长江三角洲地区，其主要遗址在上海市青浦区发现 4 处，即崧泽遗址、福泉山遗址、金山坟遗址和寺前村遗址，出土文物 800 余件。另外，苏州的唯亭镇的草鞋山发现了崧泽文化时期的墓葬及陶器，苏州的同里发现了崧泽文化时期的墓葬群及盂、钵、罐、瓷灯、灰陶壶及龟形水盂等文物 250 多件。

④ 良渚文化遗址，以发现地浙江省余杭市良渚镇而命名，其时间在 5000—4000 年。最早由考古学者施昕更在 1936 年发现，在此后的几十年中，在江南较大的区域里都发现了良渚文化遗迹。1959 年中国科学院考古研究所的所长夏鼐教授把这一类型的考古文化正式命名为"良渚文化"。

年之间，人民殷富，教化大治，东南礼乐实始基焉。"（麋豹《泰伯墓碑记》）王充也是认为"吴之知礼义也，太伯改其俗也"（王充《论衡》）。以致到了明代，出生于吴地（苏州）的宰相王鏊也评论说，文身断发的吴地先人生活于草莽之间，是"泰伯之来，端委治之"，以致"至今人文财赋，遂为天下甲"（王鏊《重修泰伯庙碑》）。

这是第一次的交融。这次的交融是和谐的渗透而不是简单的移植，是"和"而不是"同"。至此，吴文化初步形成。但这时的吴文化还是封闭的、不开放的，发展严重受限的。那么怎样才能使吴文化真正形成呢？

二、强国建设中硬件与软件的引进与吸收是吴文化形成的动力

自第 19 世吴王寿梦执政开始，一直到 24 世吴王阖闾，开创了吴国历史上第一次的改革开放时代。尽管最早和中原地区联系是被别人找上门来，即被动开放，但毕竟从此走上新路。当时，楚国的大臣申公巫臣逃亡到了晋国，晋国采纳了他献上的"联吴攻楚"之计，并在公元前 584 年派他出使吴国。申公巫臣给吴国带了两件礼物：一是晋国先进战车 30 辆，并教之制作之术。这算作军事上的硬件建设。二是教授射御乘车技术和先进的作战术。"以两之一卒适吴，舍偏两之一焉，与其射御，教吴乘车，教之战陈，教之叛楚。置其子狐庸焉，使为行人于吴，……通吴于上国。"（《左传·成公七年》）这对吴国的军事技术是一次革命，一下子将吴国的军事科技提高到了一个较高水平，赶上了中原发达国家。因为在此之前，军事技术落后的吴国，连战车都没有，更别谈使用战车作战了。这不仅把中原发达的军事技战术引入吴国，更引进了晋、楚等中原地区的军事和思想以及政治文化，并因此使吴的强国梦逐渐成为现实。

吴王阖闾执政时，他任命逃楚入吴的伍子胥为相，又任命齐国的政治家、军事家孙武子为军事统帅，以此数人为中心，吴国进行了大规模的以中原先进文化为指导的政治、经济、军事变革。从此，吴国实力骤增，并进入了真正意义上的诸侯争霸的行列。因为争霸，和中原诸国打交道就越加频繁，中原文化的渗透与影响亦越加强烈。因此，可见吴国政治与军事的崛起正是两种文化的有机交融。

吴文化对于华夏文化最大的贡献之一，就是在强国过程中，中原的思想文化积淀加上吴国革命斗争的实践而形成的不仅当时先进，就是今天仍是经典的军事文化，它的代表就是孙武子的《孙子兵法》。《史记·孙子吴起列传》载，伍子胥向吴王阖闾推荐了孙武子，吴王为考察孙武子统领军队的才能，让其训练宫女。孙武为严肃军纪，斩杀了吴王阖闾的两个爱妃，而使军法练成。"于是阖闾知孙子能用兵，卒以为将，西破强楚、入郢，北威齐晋（按：阖闾无与齐晋交兵事，当指夫差），显名诸侯，孙子与有力焉。"（《史记·孙子吴起列传》）孙武子所代表的吴文化提出了正确科学的军事思想，《孙子兵法》开宗明义地提出："兵者，国之大事，死生之地，存亡之道，不可不察也。"（《孙子兵法·计》）这种特别重视战争的思想，既完全符合吴国历史实际，又是春秋时代中原各国的共识。《左传》就有不少记载，如《襄公二十七年》记："兵之设久矣，所以威不轨而昭文德也。圣人以兴，乱人以废，废兴存亡昏明之术，皆兵之由也。"可见春秋时代华夏各国同样极其重视战争。同时，《孙子兵法》提出"五事"、"七计"的观点，并不单纯从军事角度来谋划战争，而是全面深刻认识到军事同经济、政治、社会、自然等各方面的相互影响和制约关系，应从总体上综合考察。这些都是极其先进的思想。但由于受到中原文化的影响，孙武子强调将帅的作用而蔑视普通士兵的生命之奉献，他宣称："故知兵之将，生民之司命，国家安危之主也。"（《孙子兵法·作战》）并且赋予他独立的决策权；"故战道必胜，主曰无战，必战可也。战道不胜，主曰必战，无战可也。故进不求名，退不避罪，唯民是保而利合于主，国之宝也。"（《孙子兵法·地形》）"将听吾计，用之必胜，留之；将不听吾计，用之必败，去之。"（《孙子兵法·计》）这

是春秋时代华夏文化中进步的民本思想，它强调国家、民众的整体利益高于君主、大臣的个人利益。而对于普通兵士，则"将军之事，静以幽，正以治。能愚士卒之耳目，使之无知"。"……焚舟破釜，若驱群羊，驱而往，驱而来，莫知所之。"（《孙子兵法·九地》）这种愚兵思想，其实也是当时整个华夏文化的共识。如"民可使由之，不可使知之"（《论语·泰伯》），"君子有远虑，小人何知！"（《左传·哀公十一年》）等的论述就是这种认识的根源。

吴国还注重对中原礼制和生活方式的学习和引进，这自然需要大量引进中原地区流行的青铜礼器及其铸造方法。有人对吴地出土的青铜器分析研究后认为，西周以后的青铜器从其特征上分析可分为三种，即一是来自或仿中原的"中原型铜器"，如江苏丹徒烟墩山所出"宜侯夨簋"[夨（cè）簋（guǐ）]、安徽屯溪西周墓所出"闲父乙"尊等；二是对中原铜器进行改造，尤其是纹饰变化显得十分突出的"地方化了的中原型铜器"。比如，中原地区西周至春秋时期常见的饕餮纹、夔纹、云雷纹、凤鸟纹、窃曲纹、重环纹、垂鳞纹、蟠螭纹等都出现在宁镇地区的青铜器上，但两者又有着较大不同，是典型的"吸收与改进"。三是吴地特有的"地方型铜器"。其基本形制、纹饰都不同于中原。如五柱器、撇足鼎、角状器、高裆袋足环耳鬲、句鑃等，都属地方型铜器。但从出土的文物看，这三种铜器中，第一和第二种占了绝大多数。[①]

在丧葬文化方面，吴文化也接受了中原文化的影响。吴地盛行土墩墓，就是平地起坟，不挖墓穴，堆高土而形成。有的一墩只一墓，有的一墩有多墓。有的在墓底铺木炭或石头，有的砌有石椁，也有的用火烧烤墓坑。但同时也发现有竖穴土坑墓这种中原文化的埋葬习俗。20世纪60年代在江苏仪征破山口发现一座竖穴土坑墓，20世纪80年代又在南京浦口发现一座类似的竖穴墓，二墓的埋葬时代都不晚于春秋前期，都属于吴国的墓葬。而江苏六合程桥先后发现的两座墓，以及六合和仁发现的一座墓，三墓又都为竖穴土坑墓，木质棺椁葬具与中原地区相同，而与土墩墓有别。由此可以看出中原文化的巨大影响，特别是随着吴国与中原地区联系交往的增多，这种埋葬方式推行得更为普遍，所以出现了土墩墓与竖穴土坑墓同时存在的现象。

吴国国力的强大尤其是军事的发展促进了吴地在学习中原基础上的冶炼与铸造技术的飞速进步，以致技术超过并领先于中原地区，并诞生了全国技术水平最高超的著名冶炼人员干将莫邪。传干将莫邪在冶炼铸剑材料为减少钢铁中的杂质而使铁质坚韧时采用了高温的办法。当时为了增加炉火的温度，干将莫邪首先发明了使用木炭。"使童女童男三百人鼓橐装炭，金铁乃濡，遂以成剑。"（赵晔《吴越春秋》卷四《阖闾内传》）此（应为一批）剑锋利无比，后吴越败，剑入楚王，晋王为得到这些宝剑竟然兴兵豪夺。面对晋军，楚王仗剑"登城而麾之，……（晋军）士卒迷惑，流血千里，……三军破败"（《越绝书·宝剑记》）。干将莫邪只是吴地冶炼技术的代表，当时各国就已经对吴地冶炼技术有了很多赞颂。《荀子·强国篇》记有吴国"刑范正，金锡美，工冶巧，火齐得"。《周礼·考工记》记有"吴、粤（越）之金锡，此材之美者也"。《淮南子·修务》也说："夫宋画、吴冶，刻形镂法，乱修曲出，其为微妙。"就连文学作品也吟之唱之："操吴戈兮被犀甲。"（《楚辞·九歌》）可见吴国冶炼铸造业的发达。

因为吴国持续的对中原文化的学习、消化与吸收，他们采取了对待外来文化的重和去同的正确态度，使吴文化日臻成熟，有了很大发展，在很多方面超越了北方中原地区。一是文字方面有了大发展。

注释：

---

① 邹厚本：《宁镇区出土周代青铜容器的初步认识》，《中国考古学会第四次年会论文集》，文物出版社，1985年。

本来是文化落后的"荆蛮"①之地，但由于中原文化的被吸收，激发了吴人的文化创造性，文字也就率先发展，并反过来影响了中原地区。考古研究给我们提供了证明。比如，春秋晚期，吴国和越国以及中原的楚国、蔡国、宋国等都流行鸟书铭文，也就是鸟篆文。但这种鸟书铭文最早出现是在吴国的王子于戈②上面，此戈系吴王僚为子时之器，应该是铸于公元前526年以前。而考古发现的吴器中有鸟篆文的还有吴王光戈（邹安《周金文存》卷六）、攻敔王光戈（于省吾《双剑誃古器物图录》）和吴季子之子剑（程瑶田《通艺录·桃氏为剑考》）等，其铸造年代都是较早的。而发现的宋国、蔡国、楚国等地那些有鸟篆文的兵器，铸造年代都晚于吴国的兵器铸造年代，我们可以推断应是受了吴国的影响。如湖北随县曾侯乙墓出土的楚国兵器上有一些就有鸟篆文③，而宋国宋公栾戈、宋公得戈内上的纹饰④竟与吴国王子于戈内上的纹饰极为相似，让人一看就知道是模仿吴兵器而造。

二是季札对中原文化的学习、运用以及创造。《左传·襄公二十九年》有如下记载：

> 吴公子札来聘……请观于周乐。使工为之歌《周南》《召南》，曰："美哉！始基之矣，犹未也。然勤而不怨矣。"……为之歌《颂》，曰："至矣哉！直而不倨，曲而不屈，迩而不逼，远而不携，迁而不淫，复而不厌，哀而不愁，乐而不荒，用而不匮，广而不宣，施而不费，取而不贪，处而不底，行而不流，五声和，八风平，节有度，守有序，盛德之所同也。"

这里记载的是季札出使鲁国时，"请观于周乐"，并对其中的内容作了评论。这里要说明一下的是，在春秋时期，"乐"是诗、乐、舞的综合表达，《诗经》中的各篇，其实也都是配乐的，有的还有伴舞（舞蹈）。因此，季札此处的评论被认为是中国最早的系统的文艺评论（虽然更早一些的《尚书·尧典》中有"诗言志"的句子，也被朱自清称作是诗论的"开山的纲领"⑤，但那毕竟只是一个理论观点，没有论述，也没有具体作品的分析批评。而季札的评论则是系统而全面的）。季札在这里所观的风、雅、颂的名称和编次，与通行的《诗经》大致一样，据此我们可以认为他的评论就是对《诗经》最早的系统批评。此处季札的文艺批评一是指出了文艺的社会认识功能，且强调这个功能中的表现要"节有度，守有序"。二是注重文艺对"美"的表达，尤其是强调了文艺"和"、"平"的形式美和格式美。这种文艺思想和水平在当时都是很高、很先进的。

季札作为一个吴人，因为融会了中原文化，从而创造并发展了中华文化，这一巨大的贡献显然是两种文化的碰撞与交汇的生长，这种文化的创造的自觉既不是文化冲突的产物，也不是机械"同"的结果，是"和而不同"的自然生成。

综上所述，真正吴文化的形成是"和"出来的。当年，是泰伯、仲雍徙吴，把先进的中原文化种植到时为蛮荒之地的太湖边上的沼泽里，方长出一株写着"水"字的吴文化之树。而吴之最鼎盛时期也恰恰是伍子胥和孙武子带来的外来文化的融入与接纳。也许就是从这时起，那兼收并蓄的求和去同的意识真正流进了吴人的血液里。尽管"吴"国兴兴废废，可沧浪亭"五百名贤祠"的墙上站立的80%以上的外地先贤，不就是一页页吴文化和而不同的厚重历史吗？而如今令人惊诧赞叹的"苏南模式"以及"苏州现象"的政治经济的辉煌不正是这一文化思想新的实践吗？那金鸡湖畔矗立的雕塑《圆融》并不仅仅

注释：

① 参见司马迁：《史记·周本记》："长子太伯、虞仲知古公欲立季历以传昌，乃二人亡如荆蛮，文身断发，以让季历。"
② 张颔：《万荣出土错金鸟书戈铭文考释》，《文物》1962年。
③ 随县擂鼓墩一号墓考古发掘队：《湖北随县曾侯乙墓发掘简报》，《文物》1979年第7期。
④ 容庚：《鸟书考》，《中山大学学报》1964年第1期。
⑤ 《朱自清全集》第六卷，江苏教育出版社，1990年，第130页

是艺术家的鬼斧神工，而更是吴文化最本质的形象解读！

重和而去同，就是肯定事物多样性的统一，主张以广阔的胸襟、海纳百川的气概迎接一切先进文化的融会。只有这样，才能促进民族文化的发展。在现阶段，发展吴文化的首要任务就是要率先实现现代化。没有传统的现代化，注定是无源之水，无本之木；而没有外来先进文化的融入，也不可能有真正的现代化。实现文化的现代化就是要打破头脑中自以为是、抱残守缺、泥古不化的机械意识，把当前人类一切优秀的文化成果统统"拿来主义"，和而去同！

（宋桂友：苏州市职业大学吴文化研究院）

关于深入开展晋学研究的几点见解

（发言纲要）

朱士光

一、晋学必须关注其所产生的核心区域，即今山西省之地理环境特点及其历史变迁研究

今山西省之历史人文地理状况及其在我国历史上的地位与作用，谭其骧先生在《山西在国史上的地位——应山西史学会之邀在山西大学所作报告的记录》（原载《晋阳学刊》1981 年第 5 期，后收入《长水集》下，人民出版社，1987 年 7 月）一文中曾作了简要而又精彩的阐述。

关于今山西省之自然与人文地理状况及其特点，可作以下概括：

> 桑干横流，汾河纵贯。
>
> 两山对峙，六盆相连。
>
> 西南黄河绕行，北有长城镶边。
>
> 俯瞰中原大地，雄峙天地之间。
>
> 地下富藏煤铁，地面遍布古建。
>
> 妇女美丽矫健，男人精明强干。
>
> 山川雄浑壮丽，历史光辉灿烂。
>
> 文化资源丰厚，有待深入探研。

今山西省域，四至界线分明，相对明晰稳定。

为此建议：将山西省之历史自然地理与历史人文地理作为晋学的一个重要内容，借重省内现已拥有的历史地理专业研究队伍大力开展研究，为晋学的深入研究打好基础。

二、晋学内容广泛丰富，需要开展研究的课题甚多，当前建议可重点抓好下述两个方面的研究工作，力争取得新的突破

（一）尧、舜、禹时代历史文化研究

尧、舜、禹时代虽处在远古时期，历史文献较少，但古史传说以及一些考古发现已表明，尧、舜、禹时代之都邑以及他们的中心活动地区在今山西省境内，特别是晋南一带。这一见解已成为史学界之共识。所以尧、舜、禹时代之文化既对中华传统文化有重大影响，更是晋学早期形成发展的重要内容，所以应作为晋学当前重点课题加强研究，以之推进晋学以及中国古代文明探源、中国古都学的发展。

（二）明清晋商文化及其与地域特色文化演进研究，即与晋学互动关系研究

晋商与徽商是我国历史晚期最具传统文化特色，也最具影响力的两大商帮。对晋商文化研究现在虽已取得一定进展，但还有进一步提高扩大视域、深化发展的空间。所以也建议将其列为当前晋学研究的重点方面，着力加强研究，充分发挥它提升我国新的历史时期商业文化的积极作用。

三、晋学要跻身于我国学术之林，还得加强学科理论的建构

晋学，很显然它是在我国众多区域文化之一的三晋文化研究的基础上，不断提升了学术水平，特别是学术理论水平后的结晶。而一门学科学术理论的构建显然不是短时间能毕其功于一役的，还有待从事晋学研究的学者在致力于实证性个案性课题研究的同时，培养从事学科理论概括与总结的自觉性，在学科理论上作出具体贡献。

四、加强对山西省境内地面文物古建的保护，力求为深入开展晋学研究保存尽可能多的鲜活的实物资料

山西省为我国文物大省，地面文物遗址与古建筑分布之广，数量之多冠于全国。其中还有不少精品与孑遗、劫余之珍稀遗物。20世纪中期著名建筑学家梁思成与其夫人林徽因来山西考察古建筑后曾惊喜不已，赞不绝口。这本是山西省拥有的一笔宝贵的文化遗产，应倍加珍爱。但近年来却有消息揭露，一些并非偏远的乡村，竟有人半公开甚至公开地将一些祖上传下来的古建筑拆卸后整体卖往外省市，令人痛心疾首！所以这一问题也当引起晋学界与有关政府部门的重视，大力加强保护，增拨必要经费，设置专门机构，使这一大批古建筑文物得以安然屹立在山西大地上，形象直观地展示山西省悠久丰富的历史文化，为晋学研究提供生动翔实的实物证据。

（朱士光：陕西师范大学西北历史环境与经济社会发展研究院教授）

再论山西在国史上的地位

——基于历史时期地域共同体作用的初步分析

安介生

摘　要： "地域共同体"是研究与评论历史时期区位价值的重要途径之一。本文通过对于先秦至秦汉时期的"秦晋共同体"、唐朝"三都（四都）"政治枢纽地带以及明代的"山陕共同体"的梳理与研究，试图从一个侧面重新审视山西在统一王朝时代的地位与区位价值。可以看出，与分裂时代相比较，山西在统一王朝时代的区位价值与重要地位也值得充分肯定。

关键词： 地域共同体；秦晋；山陕；枢纽地带

引　言

现代著名历史地理学家谭其骧先生所著《山西在国史上的地位》一文，对于倡导当代区域历史地理的研究起到了十分突出的典范作用，积极推动了山西历史地理研究工作的开展。谭先生的文章是十分精辟且具有启发意义的，如他着重强调："山西在历史上占有重要地位的时期，往往是历史上的分裂时期。"例如，山西地区对全国历史产生很大影响的分裂时期，有两晋南北朝时期、唐末五代时期，以及金元时期（这一时期山西的贡献主要反映在经济、文化上）等。[①]

近年来，在众多研究者的共同努力下，山西历史地理研究领域取得了令人振奋的成就，也为了我们重新思考山西在中国历史上的地位问题提供了良好的条件与准备。笔者认为，重新评价的突破口，还在于区域的整合与评价问题。通过数年来的研究与比较，笔者强调因为作为一个高层政区，山西地区本身就有一个相当漫长的形成及整合的过程，即由数个低层政区组合及稳定的过程。也就是说，在相当长的历史时期，并没有一个与今天山西省范围完全吻合的高层政区，所谓"并州"与"河东"，也都无法与今天的山西省范围完全画上等号。[②] 因此，在这种状况下，自始至终笼统地以"山西"作为一个确定及完整的区域来进行探讨与分析的做法，在事实上并不十分准确与妥帖。

不可否认，区域的整合及发生影响具有很强的历时性或时段性，即在不同时期，区域整合的形态、方式与类型是不尽相同的，而其地位与影响同样也是不尽相同的。事实上，在整个山西地区形成一个

注释：

---

①《山西在国史上的地位》，原刊于《晋阳学刊》，1981 年第 5 期，后选入《长水集》（下），人民出版社，1987 年，第315—327 页。

②关于山西地位评析及区域整合过程，参见拙文：《"山西"源流新探——兼考辽金时期山西路》，《晋阳学刊》1997 年第 2 期。

整体之前，山西全部或所属各个亚区，与毗邻地区形成过不同类型与不同层次的区域整合，笔者称之为"地域共同体"（regional community）。这些"地域共同体"的作用与影响是客观存在的。如果从与山西相关的地域共同体的角度重新审视山西的地位与影响，那么我们对于山西在历史时期的影响与地位就会有一个更为全面与深入的认知。

在本文中，笔者试图在前辈学者以及本人以往研究的基础上，从历史时期"地域共同体"的角度出发，就三个不同时期与山西相关的地域共同体的形成与影响问题进行一番梳理与分析，以期重新探讨与评价山西在中国历史上的地位及影响。[①]

一、先秦及秦汉时期"秦晋共同体"的地位与影响

先秦至秦汉时期，"秦晋"之名通行天下，高层次的地域共同体——"秦晋共同体"在全国政治、经济及文化地理格局中的地位与作用非同凡响，引人关注。笔者以为，"秦晋共同体"的形成，不仅基于地缘环境特点以及优越的区位、交通优势，更得益于悠久的历史文化发展纽带。

首先，先秦时期，晋国以及三晋国家发展史，可谓为华夏族国家及狭义的"中国"发展之典范，其重要地位与影响为人所熟知，"春秋五霸"与"战国七雄"之中，晋国以及韩、赵、魏三国都占据着举足轻重的位置。秦国始崛起于"西戎"，实为"西戎"族群之代表力量。而通过"秦晋之好"的联络，秦国很快地缩短了与华夏族国家之间的差距。"秦晋之好"不仅体现出了地缘关系，更体现出了血缘关系。地缘相邻与相通，大大便利了秦晋两地人民的交往与合作，而事实证明，在秦国早期发展过程史，来自晋国以及三晋地区的移民发挥了相当重要的作用。

秦晋的合并，是全国"大统一"的前奏，而秦晋之间的兼并，出于客观的地缘环境及利害关系，具有很突出的必然性。其中，秦国与韩国、魏国之间的关联尤为密切。正如当时著名辩士范雎游说秦昭王时所言："今韩、魏，中国之处，而天下之枢也。王若欲霸，必亲中国而以为天下枢，以威楚、赵……"[②]又范雎评论秦韩之地缘关系时云："秦、韩之地形，相错如绣。秦之有韩，若木之有蠹，人之病心腹，天下有变，为秦害者，莫大于韩，王不如收韩。"[③]又如，商鞅所云："秦之与魏，譬若人之有腹心疾，非魏并秦，秦即并魏。何者？魏居领阨（岭）之西，都安邑（在今山西夏县西北），与秦界河，而独擅山东之利，利则西侵秦，病则东收地……"[④]因此，攻并三晋，是秦国发展的首选战略，而兼并三晋之后，秦国也借此全面夯实了实现一统天下的基础。从这个意义上讲，秦晋一体，正是实现天下一统的前奏与关键。

其次，从秦汉直至隋唐，关中地区作为中国政治版图之核心地位岿然不动，而山西西南部地接关中，自然顺势提升了其政治地理之地位。秦汉时期普遍推行郡县制，今天的山西境内设置有太原郡、上

注释：

---

① 笔者的相关研究成果有：其一，《晋学研究之三部论》，《晋阳学刊》2007 年第 5 期；其二，《略论唐代政治地理格局中的枢纽区——金三角地带》，载入范世康、王尚义主编：《建设特色文化名城——理论探讨与实证研究》，北岳文艺出版社，2008 年；其三，《略论先秦至北宋秦晋地域共同体的形成及其"铰合"机制》，《人文杂志》2010 年第 1 期；其四，《晋学研究之'区位论'》，《晋阳学刊》2010 年第 5 期；其五，《略论明代山陕地域共同体的形成——基于边防、区域经济以及灾荒应对的分析》，《历史地理》第 28 辑，上海人民出版社，2013 年。

② （汉）刘向集录：《战国策》卷五《秦策三》，上海古籍出版社，1998 年，第 190 页。

③ （汉）刘向集录：《战国策》卷五《秦策三》，上海古籍出版社，1998 年，第 192 页。

④ 《史记》卷六八《商鞅列传》，中华书局，1997 年合订版，第 2232 页。

党郡、河东郡、西河郡等。虽然山西境内各郡的区位价值不尽相同，但是在当时均处于不可等闲视之的重要地位。宋代著名学者王应麟曾经引述《战国策》诸书时指出："按《战国策》：楚王以新城为主郡，以此考之，郡之所治，必居形势控扼之地。郡者，县之主，故谓之主郡。又云：三川、河东，在诸郡之首者，盖所以陪辅关中，地势莫重焉，即汉所谓三河也。汉分三川为河南、河内与河东，号为三河……"[1] "秦晋共同体"的核心，就是今天陕西的关中地区与山西的河东地区（含临汾市与运城市）。河东郡是秦汉时期京畿地区的一部分，即河东地区与其他毗邻政区共同形成了秦汉时期的政治核心区。河东郡最初为秦朝所置，后长期隶属于司隶校尉部及司州，为中原王朝所依赖的最重要的政治中心区（王畿）之重要组成部分，这种政治地理地位直到元明以后才发生根本性的变化。如从先秦直到秦汉以后，河东地区作为"三河"之一，长期居于中原王朝的政治及文化核心区域。故而《史记·货殖列传》指出："昔唐人都河东，殷人都河内，周人都河南。夫三河在天下之中，若鼎足，王者所更居也，建国各数百千岁。"[2] 逐鹿中原，问鼎中国，而"三河"正是"天下"（"中国"、中原）之核心区。在这里，王都集中以及建国时间漫长，都是古人评价区位价值的重要指标。

再次，"秦晋共同体"的另一轴心部分，便是所谓的"西河"（即古西河郡）地区。两汉时代山西境内置有西河郡。"西河"之名，本义谓其初置于黄河之西，而实际上两汉时期所建置的西河郡横跨黄河两岸，面积相当广袤，包括了今天内蒙古南部、陕西北部及山西西部，远远超出了今天山西吕梁地区或陕北的地域范围。关于西河地区的区位价值与发展趋势，笔者以为，一方面，西河地区处于中国北方农牧业交错地带，地广人稀，民族构成较为复杂，成为塞外非华夏族南入的必经之地。另一方面，长期以来，西河郡跨河而置，即使是在交通条件较为原始的时代，河岸东西交通并无太大阻隔，黄河并没有成为陕、晋之间一道不可逾越的鸿沟，而只是"一衣带水"而已。也就是说，黄河中游河道在当时并没有成为风俗文化区的界限，以及黄河东西两岸交往与交流的巨大阻隔。根据《汉书·地理志》记载，西河郡在当时的文化格局中，与安定、北地、上郡等同属于一个西北边塞风俗区，"皆迫近戎狄，修习战备，高上气力，以射猎为先"。由西河地区建置而带来的秦晋北部地区的交融相通，对于笔者所言"秦晋共同体"的形成以及长期稳定，也是极为关键的。

最后，地域的毗邻与政治区域之整合，无疑大大增加了河东与关中之间的相关性与文化相似性。语言是最活跃且最生动的文化现象之一。如以古代语言学名著《方言》为例，作者扬雄在书中极力体现语言的区域性差异，列举了大量当时各地的方言语汇加以证明，显示了极强的地域差异，其中涉及"秦晋"的语言例证相当丰富。[3] 现代学者着重强调了"秦晋"作为一个方言区的重要性："在汉代，以首都长安为中心的秦晋方言是最重要的方言，是当时的共同语'通语'的基础。"《方言》中秦总共出现109次，其中的单独出现仅10次，如果包括"秦之旧都"、"西秦"则为12次。《方言》中秦、晋并举的条目有88次，包括"秦晋之西鄙"。秦晋并举占秦出现总数的81%。晋在《方言》中出现107次，包括"秦晋之故都"，八"晋之北鄙"，"秦晋之际（间）"，"晋之旧都"，"秦晋之西鄙"，"东齐周晋之鄙"。单独出现仅5次，包括"晋之旧都"、"晋之北鄙"。秦晋并举的88次，占晋出现总数的82%。可见，把秦晋划为一个方言区的理由是充足的。[4] 显然，秦晋之间的相似与差异，是中国历史文化地理研究中的一

注释：

[1]《通鉴地理通释》卷一"秦四十郡"条，中华书局，2013年，第21页。

[2]《史记》卷一二九，中华书局，1997年合订版，第3262—3263页。

[3] 参见赵振铎、黄峰：《〈方言〉里的秦晋陇冀梁益方言》，《四川大学学报》（哲学社会科学版）1998年第3期。

[4] 参见李恕豪：《扬雄〈方言〉中的秦晋方言》，《四川师范大学学报》（社会科学版）1992年第1期。

个重要议题，而这种文化上的相似性与共同性会实现较长远的传承与影响，这也可以解释"秦晋之好"长久流传的主要原因了。

二、唐朝的"三都"政治枢纽地带

在中国历代王朝以及区域性政权中，以出自山西的地名来命名者不少。其中，首推两晋。晋朝之命名，起因于司马昭之被封"晋公"，建晋国。"（甘露三年，公元258年）五月，天子以并州之太原、上党、西河、乐平、新兴、雁门，司州之河东、平阳八郡，地方七百里，封帝为晋公，加九锡，进位相国，晋国置官司焉。"①另一个以"山西"之地名来命名的重要王朝，便是唐朝了。山西境内的古唐国是晋国发展的前身，而唐朝以晋阳（今太原市）为龙兴之地，"太原起义"宣告了大唐王朝新时代的到来。唐高祖李渊曾被封为"唐公"及"唐王"，唐朝之名即来源于此。山西地区在唐朝时期的地位是极为令人瞩目的。笔者以为，唐朝对于山西之地的重视，首先可以从山西境内"北都"与"中都"的设置表现出来。

在当时的战略地位上，太原府常被唐人称为"北门重镇"或"兴王故地"。根据《旧唐书》诸帝纪记载，太原府（治今山西太原市）改置为北都，始于武则天长寿元年（692），"并州改置北都"②。并州地位的快速上升，应该与武则天为"并州文水人"有着一定的关系。开元十一年（723）正月辛卯，"改并州为太原府，官吏补授，一准京兆（即长安，治今陕西西安市）、河南（治今河南洛阳市）两府"③。天宝元年（742）二月，"东都为东京，北都为北京"④。太原府从"北都"升格为"北京"，是其政治地位的一大飞跃，这种殊荣在太原发展历史上恐怕也是空前绝后的。

唐代中都在山西的设置，更大大提升了山西在全国的政治地位。设置中都之举，完成于唐玄宗开元九年（721）。又《旧唐书·玄宗本纪》载云：开元九年（721）春正月丙辰，"改蒲州（治今永济市西南）为河中府，置中都"⑤。而不少史籍将中都之设定于开元八年（720），如《旧唐书·地理志》"河中府"条下称："开元八年（720年）置中都，改蒲州为河中府。其年，罢中都，依旧为蒲州。又与陕（州，治今河南三门峡市西）、郑（州，治今河南郑州市）、汴（州，治今河南开封市）、怀（州，治今河南沁阳市）、魏（州，治今河北冀州市）为'六雄'。十二年（724年），升为'四辅'。"⑥肃宗乾元三年（即上元元年，760）三月甲申，复置河中府，地位同于京兆、河南二府，实际上视同中都。"以蒲州为河中府，其州县官吏所置，同京兆、河南二府。"⑦"北京"太原之外，又有河中府，且其地位与长安、洛阳相等同，因此可以说，天下"四都"，山西独居其二，可以想见，当时唐王朝对于山西之地的倚重了。因此，笔者提出：由长安、洛阳、太原、河中等四都共同组成了唐代政治地理中"枢纽区"（又称为"金三角"）的概念，目的还在于在长安、洛阳之外，强调与突出山西地区的重要价值。

其次，在唐朝军事防御格局之中，河东镇作为北方重镇之首，其地位可谓举足轻重。如《元和郡

注释：

① 《晋书》卷二《文帝纪》，中华书局，2007年合订本，第35页。
② 《旧唐书》卷六《则天皇后本纪》，中华书局，1997年合订本，第123页。
③ 《旧唐书》卷八《玄宗本纪上》，中华书局，1997年合订本，第185页。
④ 《旧唐书》卷九《玄宗本纪下》，中华书局，1997年合订本，第215页。
⑤ 《旧唐书》卷八《玄宗本纪上》，中华书局，1997年合订本，第181页。
⑥ 《旧唐书》卷三九《地理志二》，中华书局，1997年合订本，第1469—1470页。
⑦ 《旧唐书》卷十《肃宗本纪》，中华书局，1997年合订本，第258页。

县志》卷十三"太原府"下记云："又于边境置节度使，以式遏四夷，河东最为天下雄镇（原注：河东节度理太原府，管兵五万五千人，马一万四千匹，衣赐一百二十六万匹段，军粮五十万石），掎角朔方……"[1]为适应边防需要，唐朝在河东太原府还设有军器监。关于并州太原在整个防御体系中的重要价值，早在贞观年间，名臣褚遂良就有相当精确的定位。当时，唐太宗准备出师征伐高丽，褚遂良上疏谏云："东京（即洛阳）、太原，谓之'中地'，东摄可以为声势，西指足以摧延陀（漠北薛延陀部落），其于西京，迳路非远。为其节度，以设军谋，系莫离支颈，献皇家之庙。此实处安全之上计，社稷之根本。"[2]当时人士对于河东地位也称誉有加，如《裴度河东节度使同平章事制》一文就誉之云："东夏雄屏，实惟晋阳，控大卤之山川，北门之管钥。"[3]

最后，在唐朝后期的政治版图上，泽潞之地（即今山西晋东南地区）的地位与价值需要得到充分肯定。"安史之乱"后，河北藩镇之势力又呈难以遏制之势，而泽潞节度使的态度往往成为维系唐王朝安危的关键。唐朝泽潞节度使所理并没有仅限于今天山西晋东南地区，而是实际统辖了潞州（治今长治市）、泽州（治今晋城市）、邢州（治今河北邢台市）、洺州（治今河北永年县东南）、磁州（治今河北磁县）等五州之地，实际上控制了太行山东西之地，正处于河北藩镇与京畿之间，地理位置十分重要，战略价值极高。在节度使李抱真等人的经营下，泽潞地区实力提高很快，影响力激增，"遂雄视山东。是时，天下称昭义军步兵冠诸军"[4]。清代著名学者顾祖禹也曾指出："唐之中叶，泽潞一镇藉以禁制山东。"[5]可以说，泽潞之地在唐朝王畿地带与河北藩镇之间真正起到了制衡作用。

因此，笔者强调，可以毫不夸张地说，唐朝可谓属于"山西"的王朝，其兴衰发展与山西之地的关系实在是太紧密了。而由长安、洛阳、太原及河中等诸都城所构成的"天下之枢纽"，更是名副其实地形成了唐王朝政治地理结构中的"枢纽之地"。而从泽潞节度使辖区横跨太行山东西的状况而言，笔者所谓"秦晋共同体"的东界又跨过了太行山，实可谓视其特殊的外延部分。

三、明代的"山陕共同体"的形成及影响

时至明清时代，"山陕"一词逐渐取代"秦晋"而脍炙人口。其背景不仅在于山西、陕西关系的密切以及"山陕共同体"的形成与稳定，还在于首都迁往北京，而关中一带永久地失去了天下政治中心的地位。故而，山西之地成为"神京之右辅"[6]。又出于行政区划的时代特征，明代的"山陕"覆盖的面积相当广大，事实上成为明朝疆域内"西北地区"的代名词，与今天山西、陕西两省的行政辖区范围及地域概念有着很大的差异。笔者以为，明代"山陕"共同体不仅是一个"边镇共同体"，同时也是一个"商贸共同体"和"灾荒（抗灾）共同体"。

首先，明代"山陕"不仅所辖地域广大，而且在全国边防体系中的地位极为重要。其实，山西、陕西两地的重要战略地位，主要体现在明代"九边"防御体系之中。"九边"之中，山西、陕西诸镇实居其大半，举足轻重。在所谓的"九边"（即九大重镇）之中，山西、陕西两省实占"六边"之地，即拥

注释:

① 《元和郡县图志》卷一三，中华书局，1983年，第361页。

② 《旧唐书》卷八十《褚遂良传》，中华书局，1997年合订本，第2735页。

③ （宋）宋敏求编：《唐大诏令集》卷五三，文渊阁四库全书本。

④ 《旧唐书》卷一三二《李抱真传》，中华书局，1997年合订本，第3647页。

⑤ （清）顾祖禹：《读史方舆纪要》卷四三，中华书局，2005年，第1972页。

⑥ 引自乾隆《大清一统志》卷九五，文渊阁四库全书本。

有大同、延绥、宁夏、甘肃、山西、固原六个重镇，如加上宣府，则这也就构成了明代文献中经常提及的"西北七镇"。

就军饷及粮食供给而言，西北七镇的需求量也是相当惊人的。正如明人所言："西北之边，自大同、偏关，以及宁（夏）、固（原），无处不苦，河套增戍糜饷，国家物力大耗于此矣。"[①] 然而，更应该看到的是，身处边塞之地，山西与陕西两省的百姓不仅身当兵锋，频遭外来侵袭之苦，同时又因地缘关系，在很大程度上承担了供给西北边镇粮饷的重任。山西、陕西二地百姓，需要负担及承运"西北七镇"的粮饷，而民运负担极重，以致造成逋负严重，明人毕自严所云"民运莫多于山、陕，亦莫欠于山、陕"，可谓"一语中的"。[②] 对于山陕百姓而言，边镇的民运已成为不堪承受的巨大包袱了。长期拖欠，势必成为常态。由此可见，山陕百姓为了保障供给边镇，付出了巨大的牺牲，却没有得到明朝官府的任何认同与赋税上的优免。一方面，笔者以为，这种漫长苦痛的历史，极大地拉近了两地百姓之间的情感以及增强了彼此的认同。而从另一方面看，山陕民众与明朝官府之间难以释解的矛盾与积怨，为未来明王朝的政治危机也埋下了伏笔。

其次，"开中制度"是明朝官府召商解决边地粮饷问题的最主要方式之一，而"开中制度"正是从山西等地开始的。洪武三年（1370）六月辛巳，"立开中盐法，从山西行省请，诏商输米而与之盐，谓之开中。其后各行省多召商中盐，以实边储，自五石至一石有差"[③]。《明史·食货志》对此进行了详细的解析："有明盐法，莫善于开中。洪武三年，山西行省言：'大同粮储，令陵县运至太和岭，路远费烦。请令商人于大同仓入米一石，太原仓入米一石三斗，给淮盐一小引，商人鬻毕，即以原给引目赴所在官司缴之，如此则转运费省，而边储充。帝从之。召商输粮，而与之盐，谓之开中。其后各行省边境，多召商中盐，以为军储，盐法、边计，相辅而行。"[④] 明朝大臣庞尚鹏在《清理盐法疏》中指出："窃惟国家经费，莫大于边储，两淮煮海为盐，岁课甲天下，九边之供亿，实赖之。先年边计常盈，公私兼利……"[⑤] 利用盐引之利，来吸引商贾向边镇地区贩运粮食，是开中制度的核心，也是这一制度的高明之处，是中国经济史上的一大创造。

开中制度的贡献不仅在于有效地解决了边地粮食供给的难题，而且在于大大加强了边区与内地之间的经济联系，从而积极推动了明朝的商业发展。同样出于地缘的便利，山陕商人积极参加"中盐"的行列，从而成为当时"边商"中的骨干力量，为保障西北边镇的供给发挥了至关重要的作用。如涂宗浚在《边盐壅滞饷匮可虞疏》所云："延镇（治今陕西榆林市）兵马云屯，惟赖召商买引，接济军需，岁有常额。往时，召集山西商人承认淮、浙二盐，输粮于各堡仓，给引前去江南投司，领盐发卖，盐法疏通，边商获利，二百年来，未闻壅滞。"[⑥] 延绥镇的例子，明白无误地证明了山西商人对于西北边镇供给所作出的重大贡献。

然而，明朝中期，叶淇变法，导致"开中法"的废弛，对于北方边镇所产生的巨大影响是无法否认

注释：

① 引自（清）孙承泽撰：《春明梦余录》卷四三"河套"条，文渊阁四库全书本。

② （明）毕自严：《度支奏议》堂稿卷二，明崇祯刻本。

③ 《明史》卷二《太祖纪二》，清文渊阁四库全书本。笔者注：中华书局1997年合订版《明史》卷二（第24页）缺漏此条，不知何故。

④ 《明史》卷八〇《食货志四》，清文渊阁四库全书本，第1935页。

⑤ 《庞中丞摘稿》，《明经世文编》卷三五七，明崇祯平露堂刻本。

⑥ （清）谭吉璁：《（康熙）延绥镇志》卷六《艺文志》，清康熙刻乾隆增补本。

的。变法之后，发卖盐引之权收归官府，位于北京的"太仓"成为盐引交易的中心。这样一来，商人只需用银两赴京购买盐引即可，再无远赴塞上转运粮饷的麻烦了。但是，以盐引专卖来解决边地粮食短缺为主要目的的开中制度，至此开始进入了名存实亡的阶段。"叶淇变法"不仅导致了边地形势的巨大变化，还直接导致了北方边镇粮食供给的匮乏。正如《明史·兵志·边防篇》所云："初，太祖时，以边军屯田不足，召商输边粟而与之盐。富商大贾悉自出财力，募民垦田塞下，故边储不匮。弘治时，户部尚书叶淇始变法，令商纳银太仓，分给各边，商皆撤业归，边地荒芜，米粟踊贵，边军遂日困。"①

正是在这种状况下，当时的商人群体才逐渐出现了"边商"、"内商"与"水商"不同称谓的区分，即原来的大批从事边贸的商人向江淮地区迁徙，专门从事盐业贸易，是为"内商"。而为了满足边塞物质需求，明朝官府又强迫许多山陕沿边百姓从事盐粮贸易，也就是所谓的"边商"了。不过，总体而言，山陕商人在全国商贸领域中的重要地位却没有得到改变。无论是"边商"、"内商"，还是"水商"，山陕商人都发挥着生力军的作用。无论如何，我们可以看出，从明朝初年"开中法"的实施开始，"山陕商人"就开始大批地参与到边镇地区的经贸活动之中。明朝后期，又是大量"山陕客民"，主动地或者是被迫地充当"边商"，依旧在西北边地从事盐粮贸易。可以说，山陕商人群体的命运与西北边地的命运是无法分割的，而山陕商人群体在明代的崛起，业已成为古今学者们的一个公论。②故而"山陕商人"之名，也是自明代后通行于天下，为中外人士所熟知。

最后，山西、陕西两地同处黄土高原，不仅自然条件有颇多相近之处，同时在应对自然灾害方面也有极强的相似性与共同性。例如，不难发现，山西、陕西两地在自然灾害发生的共时性特征就相当突出。明代是历史上的一个灾难高发期，今人称之为"明清宇宙期"，山西、陕西两地同为多灾区域，"十年九旱"，尤以水、旱灾害最为酷烈。外逃趁食，是传统社会平民抵御灾荒最常见的形式之一。文献中的"逃民"或"流民"，正是这种形式的记录，笔者称之为"灾荒性移民"。笔者在以往的研究中指出：可以说，至明朝中叶，"山西地瘠民贫，遇灾即逃"，已成为朝野上下的共识。③严重自然灾害的记载，也就成为山西各地百姓大量逃亡的标志。④明代陕西地区灾荒性移民的状况与山西大致相仿。同样以正统与成化年间为例，陕西地区也是灾荒连绵，同样引发了大规模的灾荒性移民潮。在迁入地的选择中，"地缘便利"原则发挥了主导性作用。如河南地区为山西移民首选之地，京师一带则颇受河北、山东移民的青睐，而四川汉中地区常常聚集了大批来自陕西其他地区的移民。

笔者以为，有明一代，至少出现过两次具有惊人影响力的大规模移民潮，一次便是明朝中期以所谓"荆襄流民"出现为代表的流民潮。明朝官府始以暴力驱遣的方式加以解决，结果造成大量流民非正常死亡，而流民散而复聚，根本没有解决问题。后来，以原杰为首的明朝官府新建郧阳府（即今湖北郧县），就地入籍，安置流民，效果良好，在相当长的时间里流民问题得到一定程度的缓解。另一次大规模流民潮便是明朝末年以"秦晋流寇"为代表的社会大动乱。众所周知，抵制灾荒最极端的方式之一，便是暴力求食，其实质上就是触及社会制度与法制的底线。然而，长年积压，久拖不决，遭受灾荒折磨

注释：

① 《明史》卷九一《兵志二》，清文渊阁四库全书本，第2239页。

② 相关论述参见寺田隆信著《山西商人研究》（山西人民出版社，1986年）、张正明著《晋商兴衰史》（山西古籍出版社，1995年）、黄鉴晖著《明清山西商人研究》（山西经济出版社，2002年）等。

③ 见《明宪宗实录》卷二四四，成化十九年九月户部会官议奏所言，"中央研究院"史语所校勘本，第4147页。

④ 参见拙文：《明代北方灾荒性移民研究》，载于曹树基主编：《田祖有神——明清以来的自然灾害及其社会应对机制》，上海交通大学出版社，2007年。

最为酷烈的山西、陕西百姓最终显示出了强烈的反抗精神，明朝末年，"秦晋流寇"之名传遍天下。逼迫山西、陕西百姓揭竿而起的首要原因之一，无疑还是严酷的自然灾害，以及明朝朝廷对于赈灾工作的完全放弃。"秦晋流寇"应该是山西、陕西流民运动，即灾荒性移民潮的一种变异，也是山西、陕西地区百姓抵御生存危机的一种极端表现。而山西、陕西百姓的"抱团"与联合也是不可避免的。清人松滋山人所编《铁冠图全传》第三十二回中有这样的说法："李闯是陕西人，如今流贼尽是山、陕两省之人，乡亲护乡亲，岂在不顺流贼之理？"可以说，在山西、陕西百姓看来，"顺贼"之举虽不合法，但是合乎情理。"乡里之情"可以超越"王朝道义"。况且，既然求生不能，揭竿而起，别无选择。

结语

如何重新看待山西在历代统一王朝中的地位与作用，便是笔者在本文努力想要说明的问题。无论是在地理意象还是在政治区划中，地域的组合与分离并不是一成不变的。即谓"地域共同体"的形成与分解、再合成，都具有明显的时段特征。在漫长的历史时期里，因为今天的山西省并不是一个完整的政区，因此，仅仅用后来的或今天的组合成果（即今天山西政区范围）来评价山西的历史地位，恐怕会陷于不可避免的矛盾与偏颇之中。但是，如果我们能够实事求是地调整认知角度与思路，就有可能找到新的认知路径，得出新的看法与结论。笔者以为，"地域共同体"的探讨与研究，便是历史政治与区域地理研究中不能忽视的一个重要视角。通过对于地域共同体的研究，我们可以对山西在中国历史上的地位以及相关地域关系进行一番重新审视与评价。历史上出现的一些流行的地域名称，如"秦晋"、"巴蜀"、"燕赵"、"齐鲁"、"江浙"、"陕甘"、"两湖"、"两广"等，往往都是一个时段内某种特殊地域关系的表达，都可为我们的研究提供宝贵的线索与依据，不可等闲视之。

当然，历史时期地域共同体的形成与演变，都有着更为宏观的历史地理背景，而这种历史地理宏观背景，其实是中国历史地理演变的核心内容之一。如"秦晋共同体"产生的一个背景便是当时中国的政治核心区处于西部，而"山陕共同体"出现之时，中国政治核心区已移向东部。然而，最令人关注的是，无论政治核心是在西部还是在东部，地处华北的山西地区所要承担的政治、军事以及经济方面的重任却无法解脱，这也正是我们研究山西在中国历史上占据重要地位的关键所在，因此，山西在统一王朝时代地位相对低落的观点就需要重新考虑了。

（安介生：复旦大学历史地理研究中心教授）

山西历史地理环境浅析

王杰瑜

摘　要： 20世纪八九十年代，谭其骧、苏秉琦两位先生从历史时期山西特殊地理区位的视角，先后就山西在中华文明史中的地位和作用进行了深入的研究和分析，对世人认识和了解山西所产生的影响十分深远。山西历史地理环境究竟如何，有何特殊之处？尚需我们深入研究，进行系统的认识。文章通过梳理历史文献，运用现代地理学知识，从山西名称变迁、历代行政沿革、地形地势、历史地理区位几个方面进行了一些粗浅的探讨，得出了山西历史地理环境有四个特点，即在中国古史时代具有居"天下之中"地理区位；古代居"京室之夹辅"之地；正好处于历史上南北两大文明交接地带以及地形多样容易构成封闭性较强的经济文化地理单元，从而成为历史上分裂时期割据政权的都城地等。正是这些特点，才是山西形成个性鲜明历史文化的重要原因。

关键词： 山西；历史地理；环境

在人类历史的早期，山西省就是中国原始人类繁衍生息的主要集聚之地和华夏文明的重要发祥地之一。从春秋战国迄至清末的两千多年来，所孕育发展的历史文化，峰谷迭出，个性鲜明，在中华文明的发展进程中发挥着重要的作用。尤其是百年近代史，山西更成为中国人民争取民族独立与解放斗争的巨大平台，书写了世界反法西斯战争辉煌胜利的历史篇章。地理环境是人类赖以生存的物质基础，是人类文明发展的必要条件之一。考察山西历史文化的品质与特点，就必须将其放在当时的历史地理环境条件下，注意地理因素对文化发展的影响，才能对山西历史文化有一个比较科学和正确的认识。

一、"山西"与山西省

现在一提"山西"，大家都十分自然地将它与今天的山西省对应起来，事实上，在很长一段历史时期里，"山西"与山西省并不对应。古时候，人们常根据山或水等自然地理实体的方位给某个地方起个名字，"山西"只不过是以山为坐标的一个方位地名，没有特定的含义。最晚到汉代，"山西"才成为表示某一区域的地名[①]，然而并不是指我们今天的山西省，而是指今河南崤山以西地区。《汉书》里所说的"山东出相，山西出将"[②]，也仅是指华山以西地区，像卫青、霍去病等彪炳史册的一代名将，没能被收于当时的"山西名将"录中，就是极好的证明。

古代社会，名山大川常以其显赫的景观形象逐渐成为国家的疆域坐标，进而成为国家的人文品格，所谓"岳镇方位，当准皇都"。东汉时期，国都由长安东迁洛阳，政治版图发生了变化，"山西"既指崤山或华山以西地区，同时也指太行山以西地区。魏晋乃至隋唐，中原王朝的政治中心长期徘徊于长安与

注释：

① 《史记》卷一二九《货殖列传》中所列四大区即山西、山东、江南、龙门、碣石北，中华书局，1962年。

② 《汉书》卷六十九《赵充国辛庆忌传》，中华书局，1962年。

洛阳之间，东汉以降出现的两种"山西"地理观一直处于复杂的交织之中。如唐太宗李世民在《赈关东等州诏》中，提到"关东"的范围内有"山西并潞所管"等，这里所称"山西"是指太行山以西、崤关以东地区。①但更多的情况下，"山西"仍然是指华山以西地区。如《新唐书·杜牧传》曾记述说：山东之地，大禹划分九州时称之为冀州，舜觉得太大，于是从中划分出幽州和并州。②

辽金占据中国北方之后，以都畿为核心的地理格局发生了很大的变化，燕山及太行山脉是契丹人决定辽中京道、西京道及南京道三道辖境的最重要的自然分界线，于是一种全新的"山西"概念出现了。③936 年，石敬瑭将幽云十六州割予辽，契丹人习惯上便将今天雁门关以北的一大片区域统称为"山西"。金灭辽，承继了这种习惯。元受金朝山西路为西京路别称的观念，并将金山西路与河东南、北路合并，建成河东山西道，这也就是明代山西行省的前身。洪武二年 (1369) 明朝将河东山西道改置山西等处行中书省，这也就是清代及今天山西省建置的由来。

二、历史建置与沿革

早在一百多万年前，中华民族的祖先就劳动、生息、繁衍在山西这块土地上。传说时期的"尧都平阳"、"舜都蒲坂"、"禹都安邑"，都在今山西西南部。

公元前 17—前 11 世纪，山西中南部属于商的"四方"之地，分布着如唐、冀、土方等"方国"和部族。西周时期，山西属于周的"万邦"区域，主要分布有晋、霍、虞、虢、倗、杨、魏、董、贾、郇、长子等诸侯国。除这些诸侯国外，最晚至春秋时期，晋北一带有林胡、楼烦有部族在活动，太原盆地东北部有原仇（犹）部族在活动，晋东南有赤狄族，今垣曲、平陆一带有茅戎氏和赤狄皋落氏等部族分布。春秋中期，晋国灭掉其他诸侯国和赤狄、茅戎氏等部族，国力强盛，山西始称"晋"。与此同时，晋国在新拓展的地区设县置郡，山西就成为中国最早实施行政区划的地区之一。④战国时期，赵国据晋中、晋北和晋东南一部分；魏国据晋南和晋东南一部分；韩据今晋城市和长治市的一部分。

秦一统天下，将春秋战国时期出现的郡县制度确立为地方行政制度，始设 36 郡，后增为 50 多个郡。山西有河东、太原、上党、雁门四郡和代郡的一部分，统领 70 多县。⑤其中长子、壶关、屯留、榆次、祁县、介（界）休、中阳等县名一直沿用至今。此后的两千多年里，山西的行政建置虽历经无数次变化，但总的来说，大致可分为并州、河东和山西三大阶段。

（一）西汉至隋——并州时期

据《尚书》记载，尧分天下为九州，舜觉冀州地大，便分为幽、并两州⑥，这是并州最初的来历。汉武帝时全国设 13 刺史部，作为监察机构，到东汉末年，逐渐演变为一级行政建置。并州刺史部设在当时的晋阳县，因此，并州也成为今天太原市的简称。在隋以前的很长时间里，山西为并州所统辖，因此可将这一阶段视为并州时期。

注释：

① 《全唐文》卷四，上海古籍出版社影印本，1990 年。

② 《新唐书》卷一六六《列传第九十一》，中华书局，1974 年。

③ 安介生：《"山西"源流新探——兼考辽金时期山西路》，《晋阳学刊》1997 年第 2 期。

④ 衣保中：《春秋时期晋国县制的形成及特点》，《吉林师范学院学报》1995 年第 2 期。

⑤ 后晓荣：《秦代政区地理》，社会科学文献出版社，2009 年，第 300—339 页。

⑥ 《附释音尚书注疏》卷三《舜典》第二。

西汉初期沿袭秦朝制度，省境内的行政建置少有变化。武帝时，为了加强中央集权，全国分设 13 刺史部，山西时为并州刺史部。同时分太原郡在吕梁山之西的县归新置的西河郡，于是就形成了河东、上党、太原、雁门四郡及西河、代两郡局部辖 86 县的行政格局。①东汉初，将定襄郡从内蒙古迁移于今右玉县，形成了河东、上党、太原、雁门、西河、代、定襄等 7 郡，分领 90 县的局面。山西省的大多数县的建制基本形成于这个时期。

东汉末，"羌胡大扰"，雁北地区百姓流移，曹操将雁门、定襄、代三郡缩编为县，统辖于新设立的新兴郡（今忻州市）进行管理，又分上党郡的北部设立乐平郡（今昔阳县）。三国时山西属魏，221 年于今代县恢复了雁门郡的建制②，247 年又分河东郡北部 10 县设置了平阳郡（今临汾市）。③其时，实行州、郡、县三级地方行政结构，河东、平阳归司州所管，而雁门、新兴、太原、乐平、西河、上党 6 郡归属并州管辖，这种格局直至西晋灭亡。

东晋十六国时期，山西先后被各民族所建立的政权如汉、前赵、后赵、前燕、西燕、后燕、前秦、后秦、夏、代等占据。北魏时期，山西省自北而南设置有恒州、肆州、并州、汾州、建州、东雍州、晋州、泰州、陕州 9 州，统辖 35 郡。北魏分裂，基本以汾河下游河道为界，东魏、北齐与西魏、北周分治。东魏、北齐据山西大部，设置 12 州 24 郡，西魏、北周辖晋西南一部分，设置 4 州。

隋初曾一度取消郡级建制，至大业三年（607）又改州为郡。山西有长平、上党、河东、绛、文城、临汾、龙泉、西河、离石、雁门、马邑、定襄、楼烦、太原等 14 郡辖 88 县。

（二）唐至金——河东时期

河东是一方位地名，指黄河以东的区域。《孟子·梁惠王上》记载："河内凶，则移其民于河东，移其粟于河内。河东凶亦然。"说明最晚在战国时期，"河东"已经成为当时的通行地名了。秦于今运城、临汾两市置河东郡，河东正式成为统县的行政区划。唐贞观年间，于"山河形便，分为十道，……三曰河东道"④。辖境包括今天山西与河北西北部。自此以后直至元，历史上便呼今天的山西省为河东。

唐初变郡为州，实行州、县两级制。贞观元年（627），唐太宗下达命令，将全国划分为十道监察区，后来逐渐演变为高级政区，形成了道、州、县三级制。唐玄宗开元元年（713）起，为了提高京、都所在州县的地位，创立府制。省境内北都太原设太原府、中都蒲州设河中府。终唐一代，山西为河东道所领，管辖有太原、河中两府，晋、绛、慈、隰、汾、沁、辽、岚、宪、石、忻、代、云、朔、潞、泽等 16 州 105 县。五代初，山西中、北部为晋所辖，南部为后梁所领。923 年后，山西先后为后唐、后晋、后汉所统，951 年后周领山西南部，中北部为北汉所据。

宋代的地方行政区划迭有变更，但基本上是路、州（府、军）、县三级制。当时山西除西南局部属永兴军路外，余皆属河东路。河东路下辖太原、隆德、平阳 3 府，绛、泽、代、忻、汾、辽、宪、岚、石、隰、慈等 11 州，庆祚、威胜、平定、岢岚、宁化、火山、保德、晋宁等 8 军；又永兴军路辖河中府、解州（治解）及陕州平陆、夏县、芮城等 3 县，共领 93 县。

辽代曾长期据有山西北部，在大同置有西京道，所辖山西地区涉及大同府，蔚、应、朔 3 州 15 县。金代，北部置有西京路，中、北部置河东北路，南部置河东南路。

注释：

① 关于西汉时期山西境内设县的数量，各书统计有所出入，《山西历史地图集》22《西汉》统计为 86 县，

② 《读史方舆纪要》卷四十《山西二》，中华书局，1990 年。

③ 《元和郡县图志·河东道一》卷十二，中华书局，1983 年。

④ （后晋）刘昫：《旧唐书》卷三十八《地理志第十八》，中华书局，1975 年。

（三）元至民国——山西时期

这一时期地方行政区划的最大特点是采用"省"制。中国古代王宫禁地称"省"，魏晋时期成为官署名。北朝时期，中央政府为了加强对地方的控制，便设置临时性的行台省，以统辖州郡县。到金代，为了应对战争，派中央高级官员到各路"行尚书省事"，对应的机构叫"行尚书省"，简称"行省"。元代沿用了这种临时措施，以中书省总理全国政务，以行中书省管辖地区的行政机构，简称行省或省。

山西是元的腹里地区，属中书省管辖，置河东山西道宣慰司，下辖冀宁、晋宁二路，上都、大同路的部分州县也在今山西境内。

明代实行省、府（州）、县三级制。明初在山西置山西行中书省，不久改为山西承宣布政使司，共领 5 府、3 直隶州、77 县。同时，撤销了外长城沿线的宣宁、平地、天成等县级地方行政建置，代之以大同左卫、右卫、玉林卫、云川卫、阳和卫、天成卫、高山卫等，实行卫所制，隶于山西行都司。清朝的行政建置基本承袭明制，又因时而变。这些变化大致体现在以下几个方面：一是经顺治朝，到康熙朝时，将明代"准政区"的督抚辖区设置为地方最高一级行政区划；二是撤销明代府的属州建置，将州分为直隶州和散州，直隶州与府平级，同隶属于省；三是于雍正朝撤销明代沿边地区的卫所，或归并于邻近政区，或设置新的政区；四是在边远地区设置"厅"，进行管理。

清初于山西设置宣大总督，后更名为山陕总督和山西总督，康熙二十四年（1685）废总督而专设山西巡抚，直至清末。初领冀宁、冀南、冀北、河东四分守道，太原、平阳、潞安、大同、汾州五府，泽、辽、沁三直隶州。康熙四年（1665），裁冀南、冀北二道，十年（1671）设雁平道。雍正元年（1723）新置归化城厅，二年（1724），升太原府属州平定、忻、代、保德，平阳府属州解、绛、蒲、吉、隰等 9 州为直隶州。雍正三年（1725）新置宁武、朔平二府，六年（1728）升泽、蒲二直隶州为府。雍正十三年（1735）新置和林格尔、托克托、萨拉齐三厅。乾隆元年（1736）新置清水河厅，六年（1741）设归绥道。乾隆十五年（1751）置丰镇、宁远二厅，三十七年（1773）升平阳府霍州为直隶州，降吉州为散州属平阳府。至道光二十年（1840），山西巡抚辖区领冀宁、河东、雁平、归绥 4 分守道，太原、平阳、汾州、蒲州、大同、朔平、宁武、潞安、泽州 9 府，绛、解、隰、霍、辽、沁、忻、保德、代、平定 10 直隶州，领散州 6，厅 7，县 85。

"中华民国"成立，实行省、县二级制，1914 年后，实行省、道、县三级制。山西时分雁门、冀宁、河东三道，共辖 105 县。1727 年废道，成为省、县二级制。

为了实现有效的行政管理，国家将所辖领土划分成有层次的政区的过程就是行政建置。划定行政区是国家的行政权力，首先体现国家的行政管理理念，其次要遵循"山川形便"、尊重历史文化传统，因此行政区与地理单元、区域文化三者之间有着密不可分的关系，人们往往会感觉到三者之间的大致吻合。如秦汉时期，河东郡对应临汾－运城盆地，上党郡对应晋东南高原盆地，雁门郡对应大同盆地南部和五寨朱家川，代郡对应蔚县、广灵盆地，太原郡对应太原盆地和忻定盆地等。各级政区的治所地既是本区的政治中心，同时也是物流中心和信息流中心，因此行政区的划分会对区域历史文化的形成与发展起到强化与规范的作用。

三、地理形势与优势区位

（一）地理形势

山西省通常被认为是黄土高原的一部分，而实质上是一个黄土覆盖、起伏较大的山地型高原，因此称之为"山西高原"。海拔一般在 1000—2000 米，个别山峰达到 2500 米以上，甚至超过 3000 米，如五台山高达 3058 米。整个山地由一系列北向雁阵式断块山与断陷谷组成，纵贯南北的晋中断裂谷，把山西的山地分为东部以太行山、太岳山为主体的山地和西部以吕梁山为主体的山地。黄河自北向南，切过吕梁山西侧，造成晋陕之间的峡谷地形，汾河循着断裂谷向南行流，切过吕梁山南端汇入黄河。

山西的地形地貌又可分为东部山地区、西部高原区和中部盆地区三大块。东部山地区由北向南，主要有恒山、五台山、系舟山、太岳山、中条山，海拔均在 1500 米以上，属于中山地形。该区发源的河流除南部的丹河、沁河注入黄河外，其余属于海河水系。太行山与太岳山之间以高原地形为主，称"晋东南高原"或"沁潞高原"，由长治、晋城、阳城等盆地及周围的低山、丘陵组成，海拔 900—1100 米。此外，该区还散布着广灵-灵丘、阳泉-寿阳、垣曲等山间小盆地。

西部高原区，其东面以吕梁山脉为主脊的山地突起于中部断陷中部盆地区，北面的洪涛山、七峰山是与大同盆地的界山，云中山是与忻定盆地的界山，吕梁山是与太原盆地和临汾盆地的界山，这些山地的共同特点是东陡西缓。自北向南包括黑驼山、管涔山、芦芽山、云中山、关帝山、真武山、紫荆山及龙门山等主要山峰，长约 300 公里，海拔在 1500 米以上，关帝山最高，海拔 2830 米。吕梁山以西至黄河的狭长地带统称"晋西高原"，总体趋势北高南低，东向西倾斜。河流短促、地表普通覆盖着 10—13 米厚的黄土，局部厚达 70—80 米。侵蚀强烈，地面破碎，主要表现为塬、梁、峁等形态，是山西省水土保持的重点区域。

中部是由一串从东北向西南伸展的雁行排列的断陷盆地，由恒山、石岭关、韩侯岭、峨眉四个横向隆起的台地分隔为大同、忻定、太原、临汾、运城 5 个盆地。由大到小，依次为大同盆地、太原盆地、临汾盆地、运城盆地、忻定盆地。盆地中分别有桑干河、滹沱河、汾河、涑水河流经，形成几个省境内最大的冲积平原。

在华北乃至全国，山西的地理地形都十分独特。首先，山西位于我国三大阶梯状地形上第二阶梯中部的前缘地带，从整体上看，全省地势高耸挺拔，从华北平原西眺山西，会有"危乎高哉"的感觉，对于河北、河南以及陕西的关中地区，山西处于居高临下之势。其次，地形复杂多样，山峻原隰相间，山地、丘陵、平原、谷地等交错分布，而以山地、丘陵为主。全省总地势呈"两山夹一川"的态势，主要的山脉和河流大都呈南北向，经向性（南北向）特点十分明显。再次，全省地势北高南低，呈阶梯状下降，是内蒙古高原向华北平原的过渡地带。最后，山西环境虽然相对封闭，但与外界保持有通畅的交通条件。由山西高原穿越太行山脉通向华北平原，自春秋战国以来就形成了 8 条自然通道，历史上称为"太行八陉"：轵关陉、太行陉、白陉、滏口陉、井陉、飞狐陉、蒲阴陉、军都陉。除太行八陉外，尚有平顺虹梯关、黎城东阳关、左权苇泽关等重要通道。向西逾黄河通向关中、陕北高原和内蒙古包头，有著名的蒲津渡、龙门口、平渡关、马斗关、永和关、军渡、碛口镇渡、黑峪口渡、唐家会渡等。向南通往洛阳的有茅津渡（太阳渡）、大禹渡等，北向有得胜口、杀虎口等通道。到明清时期，这些通道基本成为国家驿道干线，对近代以来山西与周边省区交通的发展有重要意义。因此，自古山西称"表里山河"，形势最为完固。明清之际，顾祖禹描述山西"其东则太行为之屏障，其西则大河为之襟带。于北则大漠、阴山为之外蔽，而勾注、雁门为之内险。于南则首阳、底柱、析城、王屋诸山，滨河而错峙，又南则孟津、潼关皆吾门户也。汾、浍萦流于右，漳、沁包络于左，则原隰可以灌注，漕粟可以转输矣。且夫越临晋，溯龙门，则泾、渭之间，可折箠而下也。出天井，下壶关、邯郸、井陉而东，不可以惟吾所向乎？是故天下之形势，必有取于山西也"①。在冷兵器时代，这种地理形势具有极高的军事价值：防御时，有险可控，易守难攻；进攻时，高屋建瓴，势如破竹。

（二）地理区位特点

从全国范围来看，山西省位于中国大陆腹地，有着较为优越的地理区位。东北毗邻现代化程度较高的首都经济圈，东连工业化程度较高、经济较发达的冀中、齐鲁工业区；南面及西南面与富饶的关中平原和沃野中原相连，轻工业和制造业较为发达；西隔黄河是油、气、煤等新兴的能源基地陕北高原；北出长城是以畜牧经济为主体的塞外高原。省内同蒲线纵贯南北，石太线、京包线、京原线、太焦线、邯长线等铁路线从省内通过，加上新近建成的太原—石家庄—北京的高速铁路，北可达北京、天津、塘沽和呼和浩特、包头；东可达石家庄、济南、青岛；西南达西安、成都、重庆；向南经郑州，东南达南京、上海、杭州；南达武汉、长沙、广州；朔黄铁路是山西煤炭资源输出的重要通道，是山西内陆通往海洋的唯一通道。因此，山西在我国占据着联系华北、西北、西南、华东、华中乃至华南区的重要地理位置，是我国东、西部的连接点，是中部崛起的重要桥头堡，尤其是地处北京西面，是拱卫首都的重要屏障。

山西不仅具有重要的现代地理意义，古代历史上更是如此。首先在中国古史时代，其具有居"天下之中"的地理区位。

半个世纪以来，考古工作者经山西省发现的旧石器时代遗址与地点近300多处。芮城县的匼河、西侯渡遗址，襄汾县丁村遗址，朔州峙峪遗址，阳高县许家窑遗址，都是旧石器时代有名的文化遗址。尤其是在旧石器时代早期，在全国共发现古人类文化遗址（或地点）200余处，山西就有150余处。②新石器时代，山西境内的文化遗址遍布全省，这说明早在石器时代山西就是全国的一个文化中心。③

传说时代，山西南部是夏文化的发源地。④华夏文明发端于斯，离不开当时山西居"天下之中"的地理区位。《说文解字》释"夏"为"中国之人也"。"夏"是国号，夏代的人被称为"中国之人"必然有其道理。"中国"一词的初始含义是指位于天下之中的都城，"帝王所都为中，故曰中国"⑤，这种将国都建在天下之中，是尧以来的传统思想。传说尧时洪水泛滥，天下分绝，大禹受命治平水土，于是将中国的古代地域按照自然地理划分为九州，冀州为九州之首。按照隋代孔颖达的解释，冀州之域在"东河之西、西河之东、南河之北"⑥之间。那个时候，人们将流经山陕大峡谷的黄河称为西河，将流经山西和河南两省之间的黄河称为南河，而黄河下游自南向北纵贯今河北中部偏西，至天津入海，则称为东河，三河之间的冀州地域虽然包括了今河北省西边和河南省黄河之北的一小部分，但主体是今天的山西省。古代天子"常居"此州，后来人们便呼"冀州为中国之号"⑦。"夏"定都冀州，冀州号为中国，于是

注释：

① 顾祖禹：《读史方舆纪要·山西方舆纪要序》，中华书局，2006年。

② 山西省地图集编纂委员会：《山西省历史地图集》，文化图组第218—219图幅《旧石器时代遗址》，中国地图出版社，2000年。

③ 谭其骧：《山西在国史上的地位——应山西史学会之邀在山西大学所作报告的记录》，《晋阳学刊》1982年第3期。

④ 参见刘起釪：《古史续辨》，中国社会科学出版社，1991年，第137页；王克林：《华夏文明论集》，山西人民出版社，2006年。

⑤《史记》卷一《五帝本纪第一》："尧崩……。舜曰'天也'，夫而后之中国践天子位焉，是为帝舜。"《集解》刘熙曰："帝王所都为中，故曰中国。"

⑥（汉）孔安国、黄怀信整理：《尚义正义》卷六，上海古籍出版社，2007年。

⑦ 顾炎武著，陈国庆、周苏平点注：《日知录》卷二《惟彼陶唐，有此冀方》，甘肃人民出版社，1997年。

"夏"就是"中国之人"了。由此我们可以推论，冀州之域是山西，山西就是当时的"中国"。

20 世纪七八十年代，在汾河、浍河之间，以襄汾崇山为中心，发现了 80 多处中原龙山文化陶寺类型的文化遗址，其时代上限不晚于公元前 2400 年，下限应不早于公元前 1800 年，总体上来看，陶寺类型文化前后至少经历了 600 多年的文化繁荣期。① 由此使我们相信，夏族的先民在长期居住的以崇山为中心的地区里创造了自己的文化。尤其是在陶寺遗址大型墓葬中出土的彩绘蟠龙陶盘，从中让我们直接看到了"陶寺类型文化居于华夏文化的发源地位"②。华夏文化发源于此，除了良好的自然地理条件和深厚的人文社会基础外，还与山西南部"居天下中"的地理区位有着十分密切的关系。

其次山西居京师左右，即史称"京室之夹辅"之地③，历代王朝视山西为腹里。

自商周以来直到清末，不论朝代如何更替，我国大一统王朝的都城址主要选择在西安、洛阳、安阳、北京、开封五个地方。宏观地看，五大古都在地理上呈扇形分布于山西周围，历代王朝系国家安全于山西。公元前 196 年，汉高祖刘邦诛陈豨，定代地，便立刘恒为代王，驻扎山西，刘恒成为汉文帝，开创了文景之治④；唐肃宗任李隆基为潞州（今长治）别驾，李隆基后为唐玄宗，开创了唐代的开元盛世。东魏、北齐虽都邺城（今河北邯郸市），但政治中心一直放在太原，号为"霸府"；唐代实行四都制，太原为其北都，河中府（今永济市）为其中都；辽金时期，大同更为两朝陪都（西京）近 200 年。明初朱元璋为防御蒙古，"大封诸子，建亘边陲"，号为九边"塞王"，山西有晋王朱（木冈）、代王朱桂（大同）。现存大同市九龙壁，即当年代王府的照壁遗存。明成祖朱棣建北防九镇，山西有太原、大同两镇。更为有趣的是，明代万里长城在山西境内分内与外，并与河北地区长城相连，平面呈平行四边形状，位于北京西部。这些足可证明山西重要的地理区位。历史上称山西"河东"，是"唐之京师在关中，而其东则河，故谓之河东"；金元以后，都城在北京，便将太行山之西称为山西，"其畿甸之所近而言之也"⑤。

山西具有这样的政治地理区位有几个重要因素：一是大漠内外的北方游牧民族南下中原，山西是必经之地。传统中国是一个大陆性国家，大漠内外的北方游牧民族对中原王朝威胁最大，因此，"一国首都的选择，是应接近当时最大的敌人的，而不应该迁就于当时的经济中心"⑥。二是山西"左有恒山之险，右有大河之固"⑦，地理形势最为完固，"天下之形势，必有取于山西也"⑧。这种地理区位，使山西历史文化的发展深受中央政治发展的影响。紧邻长安与洛阳的运城、临汾地区，语言上多受中原官话的影响就是一个明显的例子。三是由内蒙古高原向华北平原的过渡地特点，使山西正好处于历史上南北两大文明的交接地带。新石器时代，华夏文明的缘起，正是华山脚下的仰韶文化与燕山地带的红山文化，通过山西的"S"形通道进行接触、交流、撞击而出现的。南北朝时期，北方长城地带的游牧文明与中原黄河流域的农业文明形成了大致南北并行的两个地带，山西正处于这两个地带的通道上，形成了"工"字形

注释：

① 中国社会科学院考古研究所山西工作队：《晋南考古调报告》，《考古学集刊》6 期，中国社会科学出版社，1989 年。

② 参见刘起釪：《古史续辩》，中国社会科学出版社，1991 年，第 163 页。

③ 顾祖禹：《读史方舆纪要·山西方舆纪要序》，中华书局，2006 年。

④（汉）班固：《汉书》卷四《文帝本纪》，中华书局，1962 年。

⑤ 顾炎武：《日知录》卷三十一，《河东山西》，甘肃人民出版，1996 年。

⑥ 史念海：《娄敬和汉朝的建都》，《河山集》（四），陕西师范大学出版社，1991 年。

⑦ 成化《山西通志》卷二《形胜》。

⑧ 顾祖禹：《读史方舆纪要·山西方舆纪要序》，中华书局，2006 年。

态势。在北人南下的过程中，太行山上下是一条主要通道，当北方民族入主中原建立国家后，山西又是他们重要的基地和后方。这些少数民族带来了战乱，同时也带来了北方民族充满活力的气质与气魄。"山西是北朝文化昌盛的地方，山西境内遗留了大量北方草原文化与中原文化结合的煌辉的北朝文化遗迹遗物，……大唐盛世的诸多典章制度源于北朝。"[①]四是省境内山峪川塬相间的特点，容易构成封闭性较强的经济文化地理单元，从而成为历史上分裂时期割据政权的都城地。中国封建时代，都城建在山西的割据政权就有9个，如表1所示。

表1　割据政权都城表

国名	都城名	今地望	建都起止时间	建都时间
代（卢芳）	高柳	阳高县	40—41年	2年
汉（刘渊）	离石	离石市	304年	1年
	左国城	方山县峪口镇	304—305年	2年
	黎亭	长治县北呈村	305—308年	3年
	蒲子	隰县	308—309年	1年
	平阳	临汾市西南金殿镇	309—318年	10年
前秦	晋阳	太原市晋源区	385—386年	2年
西燕	长子	长子县城	386—394年	9年
北魏	平城	大同市区	398—394年	97年
杨（刘武周）	马邑	朔州市城区	617—620年	4年
刘王刘季真	离石	离石市	619—620年	1年
后晋	晋阳	太原市晋源区	908—923年	17年
北汉	晋阳	同上	951—979年	29年

纵观山西省，随着历史发展有着多种称谓，名称的这些变化也反映着山西在不同的历史阶段对中华文明发展所起的作用。在所有的山西历史文化形成因素中，特殊的地理区位是最为重要的因素，因其地理区位特殊，山西与最高统治者始终有着最为密切的关系，这是山西为什么会对中华文明的产生和发展有巨大影响的原因之一，也是我们理解山西历史文化的原因之所在。

（王杰瑜：太原师范学院历史系副教授）

注释：

[①] 苏秉琦：《晋文化与北朝文化研究的新课题》，《三晋考古》（第一辑），山西人民出版社，1994年。

中华文明源远流长　三晋文化本固枝荣

——临汾市三晋文化研究的实践与思考

刘合心

摘　要： 本文结合临汾市三晋文化研究会20多年来开展三晋文化研究的实践，就地域文化与中国历史文化的关系及其在中华文明发展史上的地位和意义进行了浅显的分析，对如何健全并完善"三晋文化学"或称"晋文化学"之学科体系的基础建设，如何与时俱进地积极探索三晋文化学的研究途径，对提升三晋文化学的研究层次进行深入挖掘，并提炼三晋文化的文化内涵和时代价值以服务于现代社会等问题进行了探讨。

关键词： 晋学；晋文化；三晋文化；地域文化；跨域合作；人文精神

今天我们聚集一堂，共同探讨晋学、晋文化、三晋文化的研究课题，这实际上既是一个地域文化研究的问题，又是一个历史文化研究的问题。因此，笔者想结合自己正在从事的临汾市三晋文化研究工作，就地域文化及其所涉及的晋学、晋文化和三晋文化等相关的概念进行必要的梳理和界定，对三晋文化在中华文明发展史上的地位和意义进行分析，对如何深入开展三晋文化研究的思路进行研讨。

一、地域文化、晋学、晋文化、三晋文化的概念

关于地域文化，近年来经过诸多学者的反复探讨，可以说已基本达成共识，即"专指中华大地特定区域源远流长、独具特色，传承至今仍发挥作用的文化传统，是特定区域的生态、民俗、传统、习惯等文明表现"（《汾河湾——丁村文化与晋文化考古学术研讨会论文集综述》，山西高教联合出版社，1996年6月）。它在一定的地域范围内与环境相融合，因而打上了地域的烙印，具有独特性。地域文化中的"地域"，是文化形成的地理背景，范围可大可小。地域文化中的"文化"，可以是单要素的，也可以是多要素的。

地域文化的形成是一个长期的过程，是不断发展、变化的，但在一定阶段具有相对的稳定性。不同个性特质、各具鲜明特色的地域文化，不仅是源远流长的中华文化的有机组成部分甚至是精华部分，而且是中华民族的宝贵财富。地域文化的价值在于地域文化构成了丰富多彩的中国文化，体现了中国文化的伟大生命力。地域文化的发展既是地域经济社会发展不可忽视的重要组成部分，又是地方经济社会发展的窗口和品牌，也是招商引资和发展旅游等产业的基础性条件。中华大地上各具特色的地域文化已经成为地域经济社会全面发展不可或缺的重要推动力量。

历史上山西简称"晋"，又因曾发生三家分晋的历史事件而获别称"三晋"。作为具有地域文化特征的晋学、晋文化，以往曾有多位学者对其概念作过界定，代表性的观点大致有两种。

第一种观点认为，由于晋文化是文献中晋国的考古学文化，所以严格地讲，晋文化的年代就是晋国存在的年代，其上下限应以叔虞被封和桓公被废为标志。叔虞以前为唐或其他某种文化，桓公以后则分属韩、赵、魏三文化，统称三晋文化。但考虑到韩、赵、魏三家均出自晋，他们对晋君的取代不同于夏商周王朝的更替，在考古学文化方面并未因晋君被废而发生本质变化，这有如田齐代姜齐一样。因此，广义地说，三晋文化也属晋文化，其下限断在三晋最后一家被亡之年——公元前225年。

第二种观点认为，考古学上的晋文化，"作为先秦时期一个地域性和国家性的地域文化，……在时间上，从二里头夏文化东下冯类型开始，至东周韩、赵、魏三晋为秦所统一，上下一千七八百年，可谓几乎与整个先秦时期相始终"。

笔者认为，对具有地域文化之特征的所谓"晋学"、"晋文化"或"三晋文化"之概念的定义，应当跳出狭义的历史地理环境和考古发掘地域之局限，在更为广阔和深远的历史时空中，以广义的视角去审视更为恰当。因此，笔者十分赞成李元庆先生之"晋学是关于晋地的学问"的观点。之所以称为"晋学"，而不叫"山西学"，是因为山西自古皆称"晋"。

西周初年，周成王的弟弟叔虞受封于今天山西南部的古唐国（今曲沃、翼城一带），其子即位后，改唐为晋，这是山西最早称"晋"的由来。其辖地范围不过是"河、汾之东方百里"（《史记·晋世家》），也就是今天山西南部的临汾、运城一带。春秋以降，晋国的版图不断扩大，包括今天山西的全部，河南的北部、西北部，河北的东南部和陕西、山东的一部分。战国时期，晋国虽然被其内部的三家强宗大族韩、赵、魏所瓜分，建立起三个独立国家，但时人和文献常以"三晋"称之。秦汉以后，山西虽然常有河东、并州等名称的变化，但是"晋"作为人们对山西区域的一种认知则是不言而喻的。明代始用山西省名至今，以"晋"作为山西的简称却是代代沿袭，至今不变。因此，冠以"晋"或"三晋"称谓来名"学"和名"文化"，是人们普遍可以理解的概念。

至于晋学、晋文化或称三晋文化研究的范围，应该以晋地不同时期的疆域变化为依据。秦汉以前，应以晋国和韩、赵、魏疆域及其相邻周边辐射的区域为研究的空间范围；秦汉以后，则应以山西地区为研究范围。晋学、晋文化或称三晋文化研究的时间跨度，当是应自山西的上古时期至当代山西。所以说，晋学、晋文化或称三晋文化是研究山西地区历史文化和社会变迁的学问。这样，我们从大的地域、地理环境和广义的历史文化层面来研究三晋文化，研究山西的历史文化，就更具有科学性。

二、从临汾地域文化看三晋文化在中华文明发展史上的地位

无可辩驳的事实是，黄河流域是中华民族的摇篮，是中国古代文明的摇篮，地处这一地域的临汾市及三晋地区在华夏文明的起源和发展进程中，占据着特别重要的地位。以下仅举四大历史节点来加以论证。

第一，众所周知，山西的西侯度文化（距今180万年）、匼河文化（芮城，距今约110万年）、丁村文化和许家窑文化（阳高，距今10万年）、峙峪文化（朔州，距今2.8万年）、下川文化（沁水，距今23 000—16 000年），直到距今13 000年前的柿子滩文化，构成了中国旧石器时期原始文化发展的完整序列，在中国史前文化的历史长河中，具有十分重要和特殊的地位。尤其是丁村文化，不仅在国内，而且在世界范围内都具有很大的影响力。地处临汾市襄汾县的丁村遗址是一个涵盖早、中、晚三期，文化性质一脉相承的旧石器时代遗址群。丁村遗址发现于1953年，1954年、1976年分别进行了两次发掘。遗址南北长5公里，东西宽2公里，发掘出石器近万件，有28种动物化石，这些器物和化石的发现，对于了解远古的气候、生态和人类的进化有着不可估量的作用。最为令人震惊的是，1954年发掘

出了 3 枚古人牙化石。由这古人类化石复原的人就被称为丁村人，至今这复原的头像仍陈列在国家博物馆。1976 年又发现了一块小儿头盖骨。为什么丁村人会有这么重要的地位? 从人类进程来说，那是因为丁村人代表了一个特定阶段，其具有独立的文化特征，可以和北京人、山顶洞人相提并论。北京人距今五六十万年，山顶洞人距今 18 000 年，而在他们之间有着相当长时间的空白，丁村人恰好就填补了这个空白的时段，是人类进化史上不可或缺的一个链环，这就是丁村人或者说丁村遗址的价值所在。

第二，陶寺遗址的发掘。过去我们常讲"五千年文明看山西，三千年文明看陕西，一千年文明看北京，一百年文明看上海"。而"五千年文明看山西"，说的就是尧禹时期主要的活动就在山西，而山西的中心就在晋南，晋南的中心就在临汾，临汾的中心就在襄汾，就在陶寺。我们不少人还不知道，直到现在，在国外的史学界教科书上仍然认为我们中国的文明史并不是 5000 年，而是 3000 年，因为我们只能提出 3000 年的考古实证。新中国成立初期，郭沫若先生出过一本书《中国古代社会研究》，也认为中国的文明发展史就只有 3000 年。而我们常说的中国文明发展史有 5000 年对不对呢? 这必须依靠考古实证来支撑。而陶寺的考古发现，足以证明中国的文明发展史至少有 4500 年。判定文明发展史有一定的标准: 国家形态、城市的出现、文字的发明、比较先进的生产工具（如青铜器）及相当规模的祭祀礼器和设施等。经过考古工作者几十年的艰苦努力，陶寺遗址已发掘出了约 4500 年的考古实证，而那时正是尧、舜、禹时期。现在唯一的缺憾就是缺少直接的证据来确认陶寺就是尧都。但我们也不能说陶寺就不是尧都，因为其他地方再未发现类似的"王都"。目前，陶寺遗址是国家"中华文明探源工程"的研究重点，陶寺考古工作者要在已有的基础上继续努力，进一步向前推进到炎黄时期，从而证明中华文明的历史是 5000 年。在陶寺考古中，我们还发现很多珍贵的东西，比如观象台。它的修建一方面是为了"敬授民时"，划分节气，使农业生产有序进行; 另一方面是帝王要证明君权天授，巩固其王权统治。还有一点需要补充，河南登封申报世界文化遗产成功，原因在于"天地之中"，也就是历代封建统治者把那里作为中原地区的中心。后来笔者写了篇文章在山西日报等媒体发表，题目是《唤醒沉睡的"天地之中"》，指出 2000 年以来的"天地之中"在河南，2000 年以前的"天地之中"就在陶寺。这是有充分根据的。在 2009 年夏至当天 12 时许，考古和天文工作者利用陶寺王墓中出土的"圭"和"表"的仿制品，测出来了与《周髀算经》中记载的"天地之中"的尺度完全吻合。这就证明尧、舜、禹时期的"天地之中"在陶寺，也证明最早的"中国"就在那里。既然如此，我国的多少个"最早"、多少个"第一"也就出现在那里，比如，最早的水井、最早的华表、最早的诗歌等。前段时间，文化部"华夏遗产保护中心"的几位秘书长及专家来到临汾市，想策划一个"国际春节博览会"，笔者介绍他们到陶寺考察。因为陶寺的观象台测出了节令，然后才有了春节，是春节之源。有了文明才有了国家，反之，有了国家就有了文明。显然，没有尧、舜、禹时期，中华 5000 年文明发展史就不能成立。

第三，晋国文化。晋国是两周时的分封地，活动范围主要在临汾、运城的翼城、曲沃、闻喜、绛县、侯马、襄汾这一带。到春秋时期，晋是"五霸"之一，战国七雄中的韩、赵、魏都是从晋国分出来的。一部《资治通鉴》就是从"三家分晋"编起的，而那时正是我国从奴隶制时代进入封建时代的转折点，所以研究晋国时期的政治、经济、军事、文化，对那一个时期的历史发展的研究具有重大的意义。

第四，移民文化，也就是洪洞大槐树文化。它开始于明洪武年间，有 18 次移民，历经 100 多年，人口 140 多万，范围涉及十多个省市。几百年来，洪洞大移民对全国乃至东南亚和世界经济社会的发展，对于中华民族的大融合，都具有重要的推动作用。

综上所述，不管以何种方式来划分中华民族的传统历史文化，也不管从哪个意义上去审视，我们都可以肯定地说，以临汾、运城地区为主要代表的三晋文化是构成中华文明传统文化体系而不可或缺的重要组成部分，其之博大精深，其所具有的魅力、生命力、向心力、同化力和多元化中华文明历史进程的影响力，都是不可小觑的。

三、临汾市三晋文化研究的实践

三晋文化研究是一个宏大的系统工程，山西省委、省政府的领导高度重视这一工程的启动和发展。早在20世纪80年代末，山西省就率先成立了三晋文化研究会组织，1990年临汾市及其他部分地市也相继成立了三晋文化研究会。近年来，在党的十七大和十八大精神的指引下，在省三晋文化研究会的指导下，在市委、市政府的领导和支持下，在全市各级三晋文化研究会同仁的共同努力下，临汾市三晋文化研究会的基础建设和各项工作也有了长足的发展。

一是组织建设全面加强，研究力量不断壮大。截止到2012年年底，在过去近20年的时间里，临汾市17个县市区仅有7个县市区成立了三晋文化研究会。为了推进临汾市各级三晋文化研究会的全面建设，2012年年初我们下发了关于《临汾市三晋文化研究会2012年工作要点》的1号文件，明确提出了"三个落实"的工作思路，亦即组织落实、思想落实和工作落实。在"三个落实"中，组织落实是前提和保障，必须作为重中之重抓紧做好。经过努力，2012年一年时间内未成立研究会的10个县市区均相继成立。其中襄汾县还把研究组织延伸到了乡镇一级。从全省三晋文化研究会组织机构与队伍建设的整体情况来看，我们实现了全市县级研究组织"满堂红"的目标，约占全省已成立市县区总量的1/3。与此同时，研究队伍也随之得以发展壮大，全市各级三晋文化研究会的会员由之前的550人，陡然增加到了当前的2000余人。同时，我们逐渐摸索并完善了一条研究会组织与班子建设"三结合"的路子，并在全市进行了推广，即在职干部与离退休干部相结合；老中青人员相结合；研究会与相关职能部门相结合。这种组织模式借助了各方面的优势，加强了各级三晋文化研究会班子建设，为研究工作开展提供了更为便利的条件。

在各级研究会的自身建设上，我们正着力健全一套行之有效的运行机制：一是工作机制，划分责任、确定目标、形成团队合力；二是管理机制，逐步完善财务管理、考察调研管理、成果出版管理等各项制度；三是学习提高机制，开拓多种学术交流渠道，大兴学习之风，不断提高成员的业务素质。

二是准确把握工作重点，研究成果丰硕可观。开展历史文化研究是临汾市各级三晋文化研究会常年性的重头工作。临汾市三晋文化研究会自1990年成立至2011年年底，在历任会长的带领下，沿着抢救、挖掘、收集、整理的基本思路，编辑出版了《平阳历史文化丛书》10辑100册和《平阳文化研究论丛》等13部40余册。

基于临汾市历史文化资源丰厚、地域文化特色十分显著的特点，2011年年底在笔者接手会长工作以后，在历史文化研究的基本定位上，提出了"三突出"，亦即在整个文化研究工作中突出历史文化，在历史文化研究中突出丁村文化、尧文化、晋文化和移民文化四个重点，在四个研究重点中尤其要突出尧文化；在历史文化研究的运作模式上，提出了"三结合"，亦即研究要和宣传相结合、和考古与文物保护相结合、和发展文化旅游业相结合；在历史文化研究质量的把控上，提出了要结合历史文化资源的地方特色，做到"三个化"，亦即研究课题要系统化、成果出版要规范化和宣传内容要普及化，并以"三级六式"来有序地安排我们的编辑出版工作。所谓"三级"，亦即冠以省、市、县三级研究会名义的规格出版；所谓"六式"，亦即经市会推荐由省会出版，经省会批准由市会冠以省会名义出版，市会自行出版，经市会批准由县会冠以市会名义出版，市县联合出版和县会自行组织出版等6种方式。通过"三级六式"的出版形式，既可增加各级研究会研究成果得以出版的机会，又有利于保障出版物的有序化、规范化和系统化。这是我们明确研究定位、拓宽研究途径和提升研究质量的基本思路和方法。

2011年年末，我们结合历史文化资源的地方特色，系统地制定了《临汾历史文化研究编纂纲要》，把以往多年来体系离散的《平阳历史文化丛书》更名为《临汾历史文化研究丛书》，连续编辑出版了《临汾历史文化研究丛书》7集，《尧文化》期刊12集，使其在定位和涵盖面上都能得到了提升。同时，我们还对以往仅以刊载会讯内容为主的会刊进行了大幅度改版，副题定名为《尧风晋韵》，并相继出版了3期，在内容上融会讯与研究成果于一体，增强了会刊的可读性。全市各级三晋文化研究会都收获了一大批既有一定质量又有相当数量的研究成果，共计撰写并出版了各种研究专著、论文约1500万字。

此外，临汾市《三晋石刻大全》的编纂出版工作也已初见成效。该文化工程是被列入省"十一五"和"十二五"规划，并指定由各级三晋文化研究会牵头、各级文化文物部门协作配合来完成的重大文化建设工程项目。在2012年年底和2013年年初，我们先后两次召开全市石刻编纂专题工作会议，协调解决了资金、野外作业交通工具等多项具体问题，促进了这一工作的顺利开展。目前，临汾市洪洞、侯马、曲沃、尧都、安泽、浮山、古县等7个县已经完成了出版发行任务，其余各县的编纂工作都已经全面启动，有望在2013年年底前全部定稿。特别是洪洞卷2009年9月在全省首家率先出版发行，被省会李玉明会长高度赞誉为"堪称三晋石刻第一书"，对全省的编纂工作起到了很好的示范和带头作用，也为临汾市三晋文化研究工作赢得了荣誉。

四、搞好三晋文化研究的几点思考

当前，从三晋文化研究的基本现状和整体发展的趋势来看，正在从以往分散的点面认知向多元化的系统整合转变，正在从局部探索向整体性研究转变，正在从资料收集、事实叙述向高层次的理论分析与研究转变。那么，如何才能适应这种深入发展的形势需求，如何才能进一步推动三晋文化研究的深入开展，这需要我们认真地思考，需要我们提出与时俱进的思路。笔者个人认为应当从以下三个方面着手。

一是应健全并完善"三晋文化学"或称"晋文化学"之学科体系的基础建设。

山西省不少学者曾就晋学理论与方法体系建设进行过积极有益的探索，主张地域文化研究应该有理论构架；应该注意各个区域内部"亚文化区"的存在，避免"大而化之"的倾向；应该注意不同地域之间的对比研究，避免"各自为战"的倾向。

20世纪60年代，地区学作为一门新兴学科在国外兴起，它们是"把地区（空间）作为一个固定的范围进行具体研究，以探索地区演变的过程，并预测未来发展趋势"。"晋学"，或称"晋文化学"、"三晋文化学"，如同"楚学"、"齐学"、"鲁学"等，属于中华地域文化学之一，应是以山西历史文化为研究客体的地域文化学科，属于文化哲学范畴的历史性学科。作为地域文化学，三晋文化学必然会具有其客观的自身独特的理论和方法体系。"学"有学派、学问、学科的含义，"三晋文化学"正是在前人研究的基础上，基于当代学科发展的新趋势而提出来的一个与时俱进的学科概念。那么，在这个意义上提出的三晋文化学概念显然属于地方学的一个分支学科。由此可见，三晋文化学体系的构建是一项非常重要的具有系统性和基础性的重大文化建设工程，是一项具有科学性、指导性和可操作性的宏大的顶层设计工程。三晋文化学体系的构建，不但有赖于高等学府历史文化专业学科和民间社会研究团体的共同努力，而且更有赖于教育、文化等国家行政机构的重视和投入。

二是应做到与时俱进，积极探索并不断拓宽三晋文化学的研究途径。

"三晋文化学"或称"晋文化学"，其历史地理环境所涉及范围之大，至少要涉及现今的晋、冀、豫三省；其文明历史的时空跨度，也至少会涵盖上下五千年乃至上万年之久；其深邃广远的社会文化属性，更是涉及历史学、考古学、哲学、人文地理学、政治学、经济学、民族学、民俗学、社会学、文化学、生态学等多种学科的诸多相关领域。就目前我们提出的 4 个历史文化研究重点而言，笔者认为对尧文化的研究，不但需要跨县域（至少 7 个县），而且需要跨市域（临汾、运城两个市），甚至需要跨省域（山东、河北等）；而对晋文化的研究在市内也至少有 4 个县市需要联手合作研究开发。不久前，参加临汾市人大会议，笔者就提出了"关于进一步整合临汾尧文化资源的建议"，希望能将此问题列入市委、市政府的工作议程。显而易见，在三晋文化学体系建设的基础上，要深入推动三晋文化学的研究，必须着眼于三晋文化研究学科体系的特点，做到与时俱进，首先需要解决"跨域"研究的问题。

所谓跨域，有两层意思：一是跨学科领域；二是跨地域合作研究的问题。在这方面，临汾市三晋文化研究会进行了初步的探索和实践。2013 年上半年，我们启动了省内跨市域合作、市内跨县域合作、跨学科与高等院校科研机构合作共同研究与开发课题项目。目前，已经与运城市三晋文化研究会、山西师范大学历史与旅游文化学院和陶寺遗址考古工作队等单位分别草拟了长期性的合作方案，并已经共同进行了运城学术交流会和山西师范大学历史文化学术讲座等活动。最近，我们又与山西师范大学历史与旅游文化学院签署了共同编纂《临汾通史》的合作协议。实践证明，进行跨域的文化研究，是历史文化研究领域深入进行和社会主义文化事业蓬勃发展的客观需求。如何做好这篇大文章，是有志于三晋文化学研究的同仁所共同面对的一个重大新课题。今天的研讨会还有不少海外学者出席，看来我们提出的这个"跨域"问题，还应当延伸到"跨国域"，我们真诚期待着与海外朋友携手合作。

三是应深入挖掘并提炼三晋文化的文化内涵和时代价值，以服务于现代社会。

我国近年经济的迅猛发展，所带来的诸如道德缺失等一系列的重大社会问题，让众多关心国运的有识之士不得不重新思考和关注中国传统文化。当然，政府层面也在关心并力求解决这些问题，比如，前些年中央自上而下都设立了精神文明建设的组织机构，最近又对意识形态领域的工作进行了部署。习近平总书记强调，"意识形态工作是党的一项极端重要的工作"。能否做好意识形态工作，事关党的前途命运，事关国家的长治久安，事关民族凝聚力和向心力，必须牢牢掌握意识形态工作的领导权、管理权、话语权。在这种情况下，我们要因势而谋、应势而动、顺势而为，着力提升三晋文化学的研究层次，深入挖掘并提炼三晋文化的文化内涵和时代价值，将区域历史文化中有深刻意义的人文精神可视化、理论化、系统化，将有着非同寻常的重大意义。

比如说，在三晋历史文化中，包含着可歌可泣的、具有崇高品格的、闪耀着人性智慧光辉的众多人物和具有深刻历史意义的诸多事件。在这些人物身上和事件里面，正体现着中华传统文化的精粹，这些精粹到底是什么，恐怕很多都是鲜为人知的，至少说未被普遍认知。因此，将这些文化精神形象化、具体化，有助于人们接触和感知优秀的历史文化，使传统美德得到弘扬，感染民众以及下一代人，从而珍惜并传承我们自己的优秀文化。

四是应提高对地域文化研究重要性的认识，注重对研究成果的推广和运用。

历史研究是手段而不是目的。通过对地域文化进行历史性的、具体的考察和研究，这不仅对于更全面、更深入地了解祖国历史文化遗产有重要的意义，而且对创造中国特色的社会主义新文化也有重要的意义。因此，省、市、县各级党政领导都应统一思想，提高认识，加强组织协调，保证资金投入，并采取措施使研究成果服务于现代社会。正如奔腾不息的江河溪流汇入浩瀚的海洋，随着各地地域文化研究的深入进行，一定会促成我国社会主义文化的大发展、大繁荣！

（刘合心：临汾市三晋文化研究会会长）

运城盐池与河东文明

秦建华　赵　波

黄河流域是中华民族的发祥地。而位于黄河中下游汇交处的河东地区，则是中国古代文化的摇篮，是中国文化孕育、成长和发展的重要基地。

坐落在河东这块宝地上的运城盐池，长久以来，以它特殊的物质财富和精神财富构成了丰富多彩的池盐文化，是河东文化宝库中的珍品，它们之间有着密不可分的渊源关系。

一、运城盐池与古文化

河东史前文化的蕴藏极为丰富。在 1965 年公布的山西省第一批新旧石器时期的 25 处文化遗址中，就有 14 处在河东，遂引起世人瞩目。西侯度文化遗址位于中条山南麓、黄河北岸的芮城县西侯度村东北方土山后，距芮城县城 35 公里，距今已有 180 万年。过去，考古学家认为 60 万年前的北京猿人开创了人类用火的新篇章。但是，西侯度文化遗址出土了烧骨，把人类用火的历史向前推进了 120 万年。这是迄今所知的世界上人类用火的最早发现。匼河文化遗址在芮城县境内风陵渡乡的匼河村附近，距西侯度文化遗址仅 3.5 公里。据考证，距今有 60 万年的历史。坡头文化遗址位于芮城县东北 17 公里的岭底乡坡头村一带，为新石器时代文化遗址。金胜庄文化遗址位于芮城县西 13 公里的大王乡金胜庄一带，亦为新石器时代文化遗址。西阴文化遗址，在夏县城北 12.5 公里的西阴村，属新石器时代晚期文化遗址。崔家河文化遗址在夏县城北 15 公里的崔家河村北，亦为新石器时代晚期文化遗址。南海峪文化遗址在垣曲县毛家湾镇店头村附近，这是目前山西省唯一的一处旧石器时代早期人类洞穴遗址。

除上述芮城、夏县、垣曲等县外，在河东大地的绛县、新绛、万荣、闻喜、永济、平陆、河津等县市，都分布有大片密集的史前石器时代的古人类文化遗址。这一大片古人类文化遗址，以其丰富多彩的出土文物，展示了古人类文化发展的灿烂光辉，确定了河东文化在中国文化发展历程中不可忽视的地位。

值得注意的是，这些新旧石器时代的古人类文化遗址，分布于运城盐池周围50—200公里的一大片土地上，东南西北，四面八方，密度很高。这充分说明早期黄河中游人类围绕运城盐池聚居是一个不争的事实。从食盐对人类的重要性来认证，人类选择这一地区繁衍生息，应当是考虑到了运城盐池的存在和价值的。

盐对人类是不可缺少的物质，所以它在人类历史发展的过程中，在社会经济中占有重要地位。从河东地区史前人类文化遗址围绕运城盐池密度很高的分布的事实，我们可否得出这样的认识：运城盐池在中华民族和中国文化的早期凝聚形成因素中，是应该占有一席地位的，而且是一席重要的地位。

二、运城盐池与古战场

我国考古学家称中国史前文化有四大区域：一是黄河流域文化区；二是长江流域文化区；三是珠江流域文化区；四是辽河流域文化区。所谓四大文化区域，实际上代表了三种类型的古文化，即中原古文化、北方古文化和南方古文化。其中的中原古文化就是黄河流域文化。而河东地区位于黄河中下游的汇交处，是中原古文化的中心地带。

中国著名的历史学家司马迁在他的名著《史记》中，把黄帝列为五帝之首。黄帝姓公孙，名轩辕，他是原始社会后期有熊氏部落的首领，黄帝的主要活动区域就是在中原的黄河流域。

在河东地区，有关黄帝的传说很多。相传，黄帝曾在运城盐池旁"海隅"之地寻访到贤人风后。这个"海隅"就是现今运城市解州东门外的社东村，它是风后的故里。至今社东村还有"风后故里"石碣和"风后庙"遗址。风后的确很有本事，据说他发明了指南车，还著有《风后兵法》13篇。由于他在辅佐黄帝时发挥过重要作用，生前被黄帝列为三公之一，死后安葬于山西西南端的黄河岸边，即现今的芮城县风陵渡，地名即因风后而得名。

河东还有一个传说，黄帝娶的妻子嫘祖是夏县西阴村人。嫘祖是养蚕的始祖，当地人尊称她为"先蚕娘娘"。在西阴村曾有为她修建的"先蚕娘娘庙"。西阴村有新石器时代仰韶文化遗址，曾出土半个蚕茧化石。风后和嫘祖，这两个与黄帝有直接关系的传说人物，在河东这块宝地上建立起来的功业，从政治、军事、农桑等不同的方面，客观地证明了河东地区曾是黄帝进行重要活动的区域，他在这块土地上建立了自己不朽的功业。

黄帝与蚩尤曾在河东进行过激烈的战争。黄帝与蚩尤之战，历来被史学家认为是争夺天下的主宰权，即所谓的"帝位"。司马迁在《史记》里就说："蚩尤作乱，不用帝命。"蚩尤的反叛行为引起了战争。黄帝杀死蚩尤之后，各路诸侯便尊奉黄帝为天子。也有人提出了一种新观点，认为在原始社会，人们为了衣、食就四处寻找丰盛的水源、草原、牧场、山林，以便进行狩猎和农耕。氏族经常迁移，并为争夺自然资源产生纷争，各个有着共同利益的部落就结成联盟，以求得压倒对方的优势。黄帝与蚩尤之战，就是两个氏族部落为开辟中原优厚自然资源而引起的纷争，而且极可能就是为了争夺"盐"这一特殊的、当时在人类生活的空间里还十分稀缺的自然资源，即为了得到和控制运城盐池。因为在那个时期，运城盐池是在黄帝部族的占据和控制之下，而居住在东方的东夷族首领蚩尤活动区域里，当时还没有发现盐业资源，盐的供给是困难的。蚩尤为了得到部族生存、发展所需要的大量食盐，便向黄帝对运城盐池的控制权提出挑战，从而引起战争。因为在那个时期，对于一个部族来说，自然资源中的谷物、水源……是广泛存在的，有自由选择的余地；而唯有盐业资源却是不可选择地存在于某些特定的地域。在科学技术水平极为低下，地下的盐业资源和海水中的盐业资源还不能供人类使用的情况下，裸露于地面上能够依靠天日暴晒就能成盐的运城盐池，便不能不被各部族注目。而运城盐池在黄帝部族的控制之下，对黄帝部族来说，这是得天独厚的自然财富。当时，蚩尤部族凭其强悍之势，诉诸武力，引起一场为争夺运城盐池的盐业资源的战争，这是完全合乎情理、合乎逻辑的。

黄帝对蚩尤的战争能够取得胜利，和他占有并控制着盐池，从而得到各部族的支持有直接的关系。黄帝取得了战争的胜利，更牢固地控制了盐池；同时，在诛灭他的强大对手之后，也更巩固了他的势力，确立了他的"帝位"。黄帝与蚩尤等部族的多次战争，其结果不仅仅是使黄帝牢固地继续控制盐池，得到和巩固了"帝位"，更为重要的是使黄帝部族与其他部族得以融合，从而形成了在春秋时称为华族、汉以后称为汉族的初步基础。而各部族的融合，才把黄帝推到"华夏始祖"的崇高地位。运城盐池在中国原始部族的大融合和华族形成的历史进程中其文化功绩是辉煌灿烂、光照千古的。

三、运城盐池与古都城

原始社会时期，从华夏民族的始祖炎、黄、蚩到尧、舜、禹都相继活动在河东大地上，共同为中华民族文明的形成、发展和繁荣作出了重大贡献。在尧、舜、禹时期，黄河中下游地区的社会已进入到较快的发展阶段，社会相当进步，初步形成了一套比较完整的管理体系，表现出我国早期国家机构的雏形，尧时创建的具有高度礼仪的"唐国"，则在中华民族历史第一次打下了国家的烙印。因此，郑樵《通志》上说："伏羲但称氏，神氏始称帝，尧舜始称国。"

作为国家的重要标志——古城建筑，这时候就出现了。尧出生于运城市绛县尧寓村，明嘉靖年《绛县志·序》称："绛为尧之故墟，历年既远，沿革不同"，清乾隆岁贡白云在《绛山赋》中也讲道："维绛唐尧之墟，冀州之城，而实之旧地也"，故绛被称为"尧之故里"。尧自幼天资聪颖，"年十二即辅佐兄挚管理天下大事"，他做了首领后，"初都蒲坂（今永济），后迁都平阳（今临汾）"，至今永济尚有尧王台遗址和"尧王庙"。

舜建都于蒲坂（今永济蒲州镇）。《括地记》记载："河东县南二里故蒲坂城，舜所都也。城中有舜庙，城外有舜井及二妃坛。"永济市张营乡有个舜帝村，村中现立有一块"舜帝故里"的大石碑。

禹建都于安邑（今夏县禹王城）。《帝王世纪》中明确地说："舜都蒲坂，禹都安邑……，今邑有禹王城基地，即旧都也……"；《水经·涑水》记载："安邑，禹都也，禹娶涂山女，思恋本国，筑台以望之，今城南门，台基犹存。"禹治平天下洪水后，制定了古神州的行政区域。他把国家分为九州，这也是"中国"被称为"九州"的缘由。禹王城城址分大、中、小分城，总面积达13平方公里，规模宏大，结构复杂。同时，它又是我国历史上第一个奴隶制王朝——夏朝建都的地方，世界历史学界承认中国第一个国家出现是从夏朝开始，夏朝初都夏县。因此，禹王城被誉为"华夏第一城"。禹为夏王朝的建立奠定了基础，所以他被后人称为"夏禹"。

尧都平阳，舜都蒲坂，禹都安邑，这三代贤王的都城所在地，以平阳距离运城盐池最远，约140公里；蒲坂约为60公里；安邑（今夏县禹王城）约为20公里。这三个地方都靠近运城盐池。虽然这些还属于传说中的帝王所建之都城，不过是部族聚居的中心地罢了；但是，就他们率领部族聚居于运城盐池附近，并建立部族活动中心这一事实来看，利用运城盐池天然优越的食盐资源，促使部族的凝聚、发展、壮大和强盛，这应该说是合乎情理、合乎历史发展本来面目的。

在原始公社时期，物质极为贫乏，商品经济极不发达。运城盐池盛产食盐，人们食盐皆仰给于运城盐池。占有这笔物质财富的部族的经济应该是最为发达的。一方面可以促使本部族的发展；另一方面也可以用食盐作为部族交换的手段，从而起到吸引其他部族，甚至导致其前来依附的积极作用，继而为尧、舜、禹走上部族盟主，先后在河东一隅立国建都奠定了坚实的基础。如果运城盐池不在河东，尧、舜、禹在此建都就要置疑了，华夏民族的发展也可能会是另一种脉络。

由于尧、舜、禹先后建都河东地区，帝王都城所在地为中，所以叫作"中国"。最初称为"中国"的就是河东地区，即"中国"一词源起于河东地区。

尧、舜、禹时期，上承炎、黄、蚩，下启夏、商、周三朝代，是中华民族的历史转折时期，也是都市文化蓬勃发展的时期。它为我国早期国家的形成奠定了坚实的基础，为我国社会进入文明时代起到了巨大的推动作用。大禹死后，他的儿子启打破了传统禅让制，建立起王位世袭制。我国的历史，开始由部落制向"子承父业"的"家天下"的奴隶制转变。从奴隶社会到封建社会，历代统治者都把都城建得越来越大，都市在一定意义上已成为一个时代文明和进步的标志。

我国第一个奴隶制国家夏王朝，曾先后建都于安邑、阳城（在今河南省登封县东）、斟鄩（在今河南省登封县西）。继之建国的商王朝，曾建都亳（在今山东省曹县南）、殷（在今河南省安阳市小屯村），随后建立的周王朝，曾建都于镐（在今陕西省西安市南沣水东岸）、洛阳（今河南省洛阳市）。这三个王朝的国都，大都距离运城盐池不是很远，位于消费运城盐池食盐的地区。

由此，我们可否得出这样的结论：中国最古老的文化兴起于运城盐池附近，其"直根"在运城盐池这一得天独厚的盐业资源。

四、运城盐池与虞坂古道

古虞坂是尧、舜时代开凿的一条盐运古道，有关它的信史可追溯到5000年左右，与中华民族文明史结伴而行。《太平寰宇记》记载："太行山有路，名曰虞坂，周武王封吴泰伯之弟伯雍之后虞仲于夏墟，因虞为称，谓之虞坂。"汉语词典对此的解释为：虞，舜帝建的朝代；坂，斜坡。在1956年以前，运城盐池的食盐在运往河南中原大地时就通过这条虞坂路。虞坂，又名吴坂、盐坂，为盐湖区东郭镇磨河翻越中条山之山道，再经张店、岭桥、太宽、八政，穿过风泉口到达圣人涧，然后在茅津渡装船横渡黄河南下中原，全程约50千米。虞坂路在盐湖区和平陆县交界的中条山北坡，约长3500米，宽1.5—4米不等，当地人称为"青石槽"。古道今日犹存，站在那里向前望去，古道上串串马蹄坑，蜿蜒不断，盐运车铃声声，仿佛就发生在昨天一样，盐运古道就是一个活生生的盐业博物馆，让后人惊艳于瑰丽的盐文化遗产。

古虞坂盐道文化底蕴深厚，内涵丰富。山路中间从下往上看气势雄伟、峰峦叠嶂、峭石林立、险要峻美；从上往下看峰回路转、深涧幽谷、山湖相连、秀雅飘逸。沿途处处可见尧、舜的足迹，大禹的斧痕。每走一步，看似风景如画，传奇如云，就有一个历史典故；每块奇石，都是一个传说，随手抓一把泥土，都能挤出文明的汁液。

"千里马饮水池"、"伯乐相马涧"、"青石槽"、"舜王娘娘的清泉"、"扼守虞晋的锁阳关"、"直通瑶池十八盘"、"舜王弹琴处"等几十处名胜风景，已成为历代文人骚客旅游、吟诗作画的宝贵文化资源。

第一个攀登虞坂的大诗人就是金代末期的元好问。

元好问生活的年代，正是金元兴替之际，金朝由盛而衰被蒙古灭之，蒙古国本是金的臣属，崛起后伐四方而灭掉金国。在这样的大战乱、大动荡的社会环境里，元好问也经历着国破家亡、颠沛流离的痛苦煎熬。元好问23岁那年，与母亲被生活所逼流亡河南洛阳，途径虞坂古道，面对诸多美景，特别是"伯乐相马"的文化典故，深深地影响了这个伟大的诗人，他感慨万端，挥笔写下了千古绝唱《虞坂行》："虞坂盘盘上青石，石上车迹深一尺。当时骐骥知奈何？千古英雄泪横臆。"诗人在诗中既表明了"千里马常有，而伯乐不常有"的感叹，又暗暗流露出自己怀才不遇、生不逢时的凄凉，还进一步教化后人不要追名逐利、怨天尤人，而要任劳任怨、奋发向上。总体看来，诗意盎然，思想向上，不失为歌颂虞坂的千古第一诗。汉代贾谊《吊屈原赋》有"骥垂两耳兮服盐车"，王恽《虞坂晓行》有"未知局促盐车下，老骥萧萧又几鸣"，李白《天马歌》有"丘陵远崔嵬，盐车上峻坂"，苏东坡有"回看世上无伯乐，却道盐车胜月题"，"盐车困骐骥，烈火废珪瓒"等诗句，历代文人们不断演绎着那个千里马与伯乐在运盐古道上古老的传奇故事。

运城盐池所产潞盐，古称解盐。《山海经》中提到的"景山南望，盐贩之泽"，即是解盐早在周代以前已被人们开发利用并运销的佐证。顾炎武在其所著《天下郡国利病书》中提到"周官有苦盐，不炼而成"，就是指解盐而言。春秋战国时期，解盐不仅满足当时魏国的需要，而且已远销秦国（今陕西）、赵国（今山西北部和中部、河北西部和南部）和鲁国（今山东）境内。《水经·河水注》：大阳县（今平陆）有虞城，"其城北对长坂二十里许，谓之虞坂。戴延之曰，自上及下，七山相重"。《战国策》曰："其骐骥驾盐上于虞坂，迁延负辕而不能进。此盖其困处也。"清乾隆二十八年（1763）《解州全志·平陆县》载："虞坂，一名盐坂，在县东北七十里。《战国策》载：伯乐遇骐骥困盐车处。有车辋谷、二郎谷之东北，属安邑。明御史张士隆修道可通盐车。"根据上述记载和传说，周襄王三年（公元前649），相马名臣伯乐在虞坂古道运盐的马队中发现千里马，"骐骥之挽盐车，垂头于太行"，"有骐骥伏盐车，见伯乐而长鸣，伯乐下车泣之"。这说明虞坂古道是一条远古时期的运盐古道，盐车沉重的车轮，将那山石碾压出深深的辙印，大批量的食盐正是由这条古道运向四面八方的。

秦王政五年（公元前242），秦蒙骜攻取魏国20城，秦始置秦东郡（河东郡），控制了运城盐池。解盐不仅满足了秦国的需求，还"栈道千里，远入蜀地"。北魏年间，著名的地理学家郦道元在他的《水经注》中明确记载："宿沙煮海谓之盐、河东盐池谓之盬，今池水东西七十里，南北十七里。紫色澄渟，浑而不流，水出石盐，自然印成，朝取夕复，终无减损。"解盐生产规模相当可观，远销区域是："西出秦陇（今陕西、甘肃），南达樊邓（今河南、湖北等地），北及燕代（今河北、北京及山西北部），东逾周宋（今山东等地）。"

隋唐时期，运城盐池出现了"垦畦浇晒产盐法"，解盐产量进一步提高。《新唐书·食货志》载："岁岁得盐万斛，以供京师。"唐宝应元年（762），刘宴主持盐政，改汉以来推行的官制、官运、官销的政策，实行民制、官收、商运、商销政策，极大地刺激了盐产、盐税的提高。运城盐池交纳盐税高达150万缗（每缗为1000文），占全国盐利收入的25%，占全国财政收入的12.5%。销售区域达京畿、陕、河中、泽潞、河南、许、汝等15州。解盐经古虞坂至张店、茅津渡济河入豫地，虞坂青石槽仍是第一条运盐古道。

宋庆历八年（1048），兵部员外郎范祥制定了"盐钞法"（又称钞引法），商人在边郡交钱买钞，拿着这种钞证到运城盐池取盐，就可以在通商区域内自由贩卖。沈括在《梦溪笔谈》中记载，宋代运城盐池主要"运销于晋（今临汾）、绛（今新绛）、潞（今长治）、泽（今晋城）、京畿（今开封）、南京（今河南商丘一带）、京西（包括今河南西部、南部及湖北、陕西部分地区）、襄（今陕西襄城一带）、剑（今四川剑阁一带）等食之"。可见，古虞坂在当时还是主要的运盐古道。

盐业的快速发展和盐运的网络形成，促使了盐业商邦的兴起。晋商利用地理上的优势捷足先登，在商战中崭露头角，成了全国十大商邦之首。古虞坂成了名副其实的古道、盐道、商道。古虞坂为中华民族的兴旺发达、繁荣勃兴起到了不可磨灭的作用。

（秦建华：运城学院外语系教授；赵波：运城市盐文化研究会）

尧舜传说与中国礼乐文明的人文精神

张焕君

摘　要：儒家礼乐文明的形成并非朝夕之功，周公制礼作乐，将天命的转移寄托于民心的维持之上，而民心的得失则在于统治者是否有"德"，因此主张统治者必须明德、敬德，从而使中国摆脱神性的统治，确立了德政的传统。孔子继承周公思想中德、礼、乐等成分，又开辟出仁、礼结合的新境界，在亲亲、尊尊之外，推出贤贤的主张，进一步打破身份、阶级的天然限制，突出人的主体地位，实现了人类精神的重大突破。孔子生于礼坏乐崩的时代，传统的等级与信仰逐次崩坏，功利思想、逐利本能，成为一时之风尚，失去传统精神资源的支持，因而在建立新学术体系上必须找到历史、逻辑上的新依靠。于是，尧文化及尧舜故事被重作解释，排入儒家礼乐思想体系之中，成为中庸、德政、尊贤、仁政、礼让、乐教、恤刑等重要概念的历史证明。儒家后学对此思路继续发扬光大，最终形成一条尧、舜、禹、汤、文、武、周、孔的道统主线，对传统中国产生了极为深远的影响。

关键词：尧舜；礼乐文明；人文精神；仁；德政

孔子在建立儒家思想体系时，对前代圣贤如尧、舜、禹、汤、文、武、周公等人称颂不已。然而尧舜时代并无文字，孔子无法从原始记载中了解有关尧、舜的事迹，即使有关夏、殷的原始资料，他也感叹极其缺乏，难以征信。[①] 那么，孔子心目中的尧舜形象从何而来？这种形象的塑造是依据真实发生的事迹而确定，还是仅仅凭借古已有之的传说？如果是后者，孔子又是如何选择甄别，其标准与他构建的儒家思想体系有何关联？或者说，儒家思想体系的建立过程，是否正是尧舜传说被确立为尧舜事迹的过程？由虚而实，儒家道统得以建立，虚实之间，或可窥见思想史、文化史上的重大突破如何完成。

一、尧舜传说的文化内涵与特质

在文字产生之前，人们对以往历史的了解只能通过口耳代代相传，但在传承的过程中，某些后世的观念甚至仅仅是"合理想象"的内容，也会融入其中，从而使得许多历史事件或人物真假莫辨，虚实难分。尧、舜这两位被孔子反复称颂的圣贤，正是如此。

当然，尧舜并非向壁虚构，而是实有其人。只是他们生活的时代没有文字，人们无法即时记载他们的言行，因此其事迹便有些隐晦不明。可以说，目前我们所了解的尧舜事迹，很大程度上确实具有"传说"的特征，尽管这种传说也包含了一定的历史"真实"在其中。其特质如何，或可依据文献资料、考古发掘，稍作判定。

注释：

① 孔子曾说："夏礼，吾能言之，杞不足征也；殷礼，吾能言之，宋也。文献不足故也。足，则吾能征之矣。"《论语注疏·八佾》，《十三经注疏》本（第八册），台北：艺文印书馆，1973年，第27页。

据称，尧名放勋，陶唐氏，都于平阳（今山西临汾市西南）。平阳古属冀州，《左传·哀公六年》云："惟彼陶唐，率彼天常，有此冀方。"汉代又称河东。其中心地域在晋南的汾河流域，故《庄子·逍遥游》云："尧治天下之民，平海内之政，往见四子邈姑射之山，汾水之阳。"[①]文献记载也可得到考古资料的证明。近30余年来，在襄汾陶寺发现一个面积达到280万平方米的大型城址，有宫殿区，有等级分明的墓葬千余座，有观象授时或祭祀功能的大型建筑，还出土了大量精美漆器、玉器、陶器等，被命名为陶寺文化。陶寺文化延续时间长达数百年，并非专属某一族群或某一首领时代，有学者提出：陶寺文化早期属于陶唐氏族群文化，陶寺早期小城可能为陶唐氏尧都。这种说法在甲骨卜辞中也得到了支持。卜辞中有"唐"、"西邑"的记载，胡厚宣认为西邑即唐邑，在山西南部的翼城一带，"乃夏之旧墟"，这与龙山文化陶寺类型的分布范围大体一致，即现在的临汾盆地。总而言之，临汾盆地正是尧、舜、禹三个部族活动的中心地区，其年代在公元前2400—前1900年，平阳则是当时的政治、文化中心，这里不仅留下许多有关尧舜的传说，也留下许多遗迹、民俗。[②]

有关尧舜的传说，在传世典籍中也有记载，其中最为重要的是《尧典》。《尧典》是《尚书》的第一篇，大致成书于春秋时期，但掺杂有部分西周至战国时期的思想观念。《尧典》记载的天文星象，依据天文学测算距今4200年，大致与尧舜时代相吻合。《尧典》记载了尧、舜二人的一些事迹、言语，是解读尧舜传说的最为重要的基本文献之一。

《尧典》文字不长，但内涵丰富。开篇即云：

> 曰若稽古，帝尧曰放勋。钦明文思安安。允恭克让，光被四表，格于上下。克明俊德，以亲九族。九族既睦，平章百姓。百姓昭明，协和万邦，黎民于变时雍。

所谓俊德，乃是天地间万物生育绵延的自然法则，但领悟、掌握这一法则，却非依靠外力，而是要从修身开始，推己及人，通达物我之情。首先亲睦具有血缘关系的"九族"，雍容和洽，再选拔、任用百官，使其处事平和、德性彰显、彼此融洽。然后外邦协和，国、族友善，无战争之患，人民安居乐业，从而建立起一个上下和谐的太平盛世。这样的理念，与《大学》中"修身、齐家、治国、平天下"，《孟子·离娄上》中的"天下之本在国，国之本在家，家之本在身"十分一致，与《礼记·礼运》描述的"大同社会"何其相似。这段话以帝尧为论述的起点，经过九族、百姓、万邦，最终的落脚点却是作为社会主体的"黎民"，并先后宣扬了"允恭克让"、"以亲九族"、"协和万邦"、"于变时雍"等和谐理念，已经超越了单纯对圣君贤王的歌颂，上升为关乎社会治理的理想之世，唐尧之世也因此成为后人赞颂不已的太平盛世，字里行间显见后世儒家的理想。

《尧典》又叙述了尧任命羲仲、仲和等四人分赴四方，观测天象，确定二分二至；晚年灾害不断，洪水滔天，在鲧治水失败后，又任命禹采用疏导之法，最终将洪水制服，表现出了应天顺人的理性精神。在官员的任用、考核以及后继者选任上，坚持以贤能为标准，选拔出能够"克谐以孝"的舜，恪尽职守、三过家门而不入的禹，以及贤能的伯益、夔、垂、皋陶等人。这些人都能"让于有德"，谦让而不争，也与儒家提倡的道德修养相符合。在官员的政绩考察方面，尧主张"明试以功"，舜更推进一步，

注释：

① 郭庆藩：《庄子集释·逍遥游》，《诸子集成》本，上海：上海书店出版社，1986年，第17页。类似记载甚多，如《汉书·地理志》、《水经注·汾水》、《晋书·地理志》、《魏书·地形志》都明确记载帝尧之都正在平阳。

② 参见卫文选：《尧都考》，《山西师院学报》1981年第3期；李世俭、靳生禾：《尧都平阳刍议》，《山西师大学报》1996年第3期；王社教、朱士光：《尧都平阳的传说和华夏文明的起源》，《中国历史地理论丛》2000年第2期。

要求各级官员定期检查，三年大考，酌定黜陟。为此，还颁布巡狩之礼，以为督促。①

在国、族关系上，主张"柔远能迩"，实行和平外交。具体而言，则是"惇德允元，而难任人"，只要以德服人，远离小人，最终必定能够"蛮夷率服"，天下太平。在治国措施上，主张德刑并用、以德为主，虽然规定了五种刑罚，但其目的却是劝人向善，"惟刑之恤"。在家庭伦理上，提出"慎徽五典"，强调父母、兄弟、子女间的相互责任与义务，推崇人伦之际的美德与和顺。凡此种种，无不与后世儒家的相关论述若合符契。

在与精通音乐的夔的一段对话中，舜提出自己的音乐思想："直而温，宽而栗，刚而无虐，简而无傲。诗言志，歌永言，声依永，律和声，八音克谐，无相夺伦，神人以和。"这段话既是阐述音乐思想，更与儒家提倡的修身之道相吻合。与此类似的表述，见于《左传·襄公二十九年》季札论乐之语，二者都是就音乐而抒发议论，但其重点又不仅限于音乐本身，而是放在音乐的效用之上，即音乐的教化作用。《礼记·乐记》云："礼乐之说，管乎人情。"又云："是故先王本之情性，稽之度数，制之礼义，合生气之和，道五常之行，使之阳而不散，阴而不密，刚气不怒，柔气不慑，四畅交于中而发作于外，皆安其位而不相夺也……使亲疏、贵贱、长幼、男女之理，皆形见于乐。"《荀子·乐论》亦云："夫声乐之入人也深，其化人也速，故贤王谨为之文。乐中平则民和而不流，乐肃庄则民齐而不乱。"可见音乐与人的品格修养、社会秩序之间可以相互转换，互为提升。

转换的原则是中和之德，前引《尧典》之文正是如此。艺术上的中和之美，与政治上的中庸之道又密不可分。《尚书·洪范》云："无偏无陂，遵王之义。无有作好，遵王之道。无有作恶，遵王之路。无偏无党，王道荡荡。无党无偏，王道平平。无反无侧，王道正直。"其体现的是政治上的中和。孔子说的"《关雎》乐而不淫，哀而不伤"，"中庸之为德也，其至矣乎"，关注的则是艺术、道德修养上的中庸之道。《中庸》更是把中庸之道与中和之美直接统一起来："喜怒哀乐之未发谓之中，发而皆中节谓之和。中也者天下之大本也，和也者天下之达道也。致中和，天地位焉，万物育焉。"此类观念，在《尧典》全篇中更是屡次出现，前引"允恭克让"、"协和万邦"、"于变时雍"、"惟刑之恤"、"神人以和"等莫不如此，甚至有学者认为《尧典》全篇即是"以中和之美的语词为中心形成天下为公的美政理念"。结合《尧典》文本的形成时代，我们可以说《尧典》所反映的种种思想，如中和、孝道、选贤举能、宽爱礼让、德政、恤刑、乐教，正是春秋至战国时期儒家文化的生动体现。或者说正是因为这些品质，尧舜传说才能成为儒家文化构成过程中的重要依据，为后世津津乐道，并成为儒家构建礼乐文明时常需追溯的源头活水、理想王国。

二、周公形象：对尧舜的继承与发展

如前所述，没有文字资料的尧舜时代，其事迹只能代代口耳相传。千载而下，至孔子之时，相隔遥遥，欲求准确的尧舜事迹，更属不易。但孔子却有另外的途径，使他有机会看到前人的相关文献记载。春秋晚期，文献资料逐渐丰富，孔子删述六经，大量接触前代文献。这些文献虽然夹杂了许多后人增添的内容，但大多为周人所传，其中多有周人对本族先代圣贤的记录与颂扬，如太王、文王、武王、周公。其中，周公尤其受到重视，记载最多，保存下来的言论也最为丰富。据笔者统计，《今文尚书》中，《牧誓》到《君奭》12篇中，提及周公的有《金縢》、《大诰》、《康诰》、《梓材》、《召诰》、《洛诰》、《多士》、

注释：

① 巡狩之礼，可参看《礼记·王制》、《白虎通义·巡狩》。

《无逸》、《君奭》9篇，提及周先代太王、王季的有《金縢》、《无逸》2篇，提及文王的有《金縢》、《大诰》、《康诰》、《酒诰》、《召诰》、《洛诰》、《无逸》、《君奭》8篇，提及武王的有《牧誓》、《洪范》、《金縢》、《洛诰》、《君奭》5篇。值得注意的是，在这些篇目中，周公都以"教导者"的身份出现，侃侃而谈，长篇大论；而太王、王季、文王和武王则仅作为周公教导他人时的榜样被提及，事迹至为简略。[①] 由此可见，在周人关于先祖的记忆中，周公已成为周族最重要的思想家与政治家，其形象明确而固定。进而言之，孔子不仅可以通过这些记载来了解、继承与发展周公的思想，更可以借助文献中的周公言论，了解前代圣贤如尧、舜之事迹。换言之，孔子在建立儒家礼乐文明时，主要是借助周公这一中间环节来认识和确立尧、舜等圣贤的形象，从而构建起儒家的思想体系和礼乐制度。

就本文所论，或许可以说，正是由于周公制礼作乐留下的丰富的制度遗产与精神财富，孔子建立儒家礼乐学说，进一步推动礼学发展才具有一贯而下的精神命脉与事实支撑。就此而言，儒家礼乐思想中的人文精神，可谓萌芽于周公，大成于孔子。因此，孔子晚年行事受挫、理想难遂时，才会有"甚矣吾衰也！久矣吾不复梦见周公"的深沉慨叹！

问题在于，周公是如何从尧、舜等前代圣贤中获取思想资源的？就目前所见传世文献与考古资料，我们无法找到周公思想来源的直接证据，也很难发现他明确尊崇尧、舜等前代圣贤的言行。然而，从《史记·周本纪》记载武王克殷后即封黄帝、尧、舜、禹之后的史实，足可见作为武王辅佐的周公至少对口耳相传的尧舜传说是非常了解的，对尧、舜是尊崇的，对武王封尧舜之后也是赞同的。下面以相对可信的《今文尚书》的资料来分析周公思想[②]，并与《尧典》有关内容加以比较，从而分析、印证周公与尧、舜思想之间的因应关系。

首先，周公认为天命靡常，"天"（上帝）唯德是辅，因此执政者要"无于水监，当于民监"，充分了解与顺从民意，才能"燮和天下"。众所周知，武王伐纣，一战而捷，强大的商王朝顷刻土崩瓦解，相信"我生不有命在天"的纣王被"天命"遗弃。基于此，周初统治者不能不对"天命"重新加以思考。《尚书》自《牧誓》到《君奭》的12篇文献，都涉及周初事迹，其中，"命"（天命）出现了104次，与商朝不同的是，周人对"天命"加以改造，摒弃了殷人那种带有"祖先神"色彩的上帝（天），使之具有普遍性，不再专属于一姓一家。

在周公看来，民心向背较之于天命更为重要，也更为切实。对于国君而言，施政之时就要以"保民"为准绳，"若保赤子，惟民其康乂"，使人民安居乐业，生活优裕，周家天下才能"受天永命"，"子子孙孙永保民"。因而周公强调说："别求闻由古先哲王，用康保民，弘于天若。德裕乃身，不废在王命。"要求"无胥戕！无胥虐！至于敬寡，至于属妇，合由以容"，周公所言与《尧典》"黎民于变时雍"，即调和与黎民百姓的关系，使之喜乐欢忭的观点是完全一致的。

这种与民和谐相处是周公的治国策略，即使对被征服的殷遗民亦是如此。如《洛诰》"奉答天命，和恒四方民"，即在"天命"旗帜下，使四方之民长久和谐相处，这既反映出周公祈望与周边部落之间的和谐相处，也反映出周初统治者对被征服的殷遗民采取的"燮和天下"的统治思想，与《尧典》的"协和万邦"异曲同工。

其次，周公强调道德修养，谦让不争，与《尧典》"允恭克让"的修养观一致。周公经常用"明

注释：

① 仅《牧誓》详细记载了武王伐纣时的誓词。

② 如同《尧典》，《周书》中也杂入后世一些内容，但《周书》传承至今，大致仍可作为周公的思想来看待。

德"一词来称颂个人的道德修养。如他称誉文王具有"明德慎罚，不敢侮鳏寡，庸庸祇祇威威显民"之德行，因此建立"用肇造我区夏"之功勋。显然，周公认为德行与个人所能取得的成就是完全一致的。而失德者则天不祐之，如殷人失德而失天下。因此，周公非常注意保持自己的德行修养。《金縢》记载武王死后，周公受到流言中伤，便主动避居东方。直至某年大风灾，周贵族欲占卜吉凶，成王才醒悟："昔公勤劳王家，惟予冲人弗及知；今天动威，以彰周公之德；惟朕小子其新逆，我国家礼亦宜之。"这充分肯定了周公完美的德行。《洛诰》中也称颂周公"德明光于上下，勤施于四方，旁作穆穆"，称赞其德性光被天地，流于四方，成为具有穆穆之美的教化。

最后，周公强调人伦，慎用刑罚，这与《尧典》并无二致。《尧典》中人伦关系称之"五典"、"五常"，提出"慎徽五典，五典克从"，要求谨慎地推行五种伦常礼教。据称舜对"百姓不亲，五品不逊"的情况十分担忧，要求契认真推行五典。《周书》诸篇中出现的"民彝"，其中便包含了"孝友"等内容。在《酒诰》中，周公借用文王之语：要求沬邑民众"纯其艺黍稷，奔走事厥考厥长。肇牵车牛远服贾，用孝养厥父母"，这里的"事厥考厥长"、"用孝养厥父母"充分体现出了周公对人伦关系的注重。

《尧典》中有尧"惟刑之恤"的记载，周公对慎刑也有大量论述，与尧的主张一脉相承。《无逸》中周公告诫道，要仿效先王心胸开阔，不可"乱罚无罪，杀无辜"，明确表达了其慎刑的主张。周公主张"明德慎罚"，即使在镇压武庚叛乱后，仍对殷遗民恩威并用，并非一味杀戮。正因为周人有此美好的德行，能够秉承天命，"惟我周王灵承于旅，克堪用德，惟典神天"，才能获得统治天下的权力。

尽管由于文献所限，我们无法直接找出周公称颂尧舜之语，但《周书》中周公提及的"古先哲王"中，应当包括了尧舜之类的先圣前贤，其间的思想传承与发展，从中也可见一斑。

三、"礼"之人文精神的崛起

传统中国号称礼仪之邦，礼作为传统文化的核心，在中外学术界获得了普遍认可。[①] 孟德斯鸠（1689—1755）对中国之"礼"曾作过理论分析，他说："中国的立法者们……宗教、法律、风俗、礼仪都混在一起。所有这些东西都是道德。所有这些东西都是品德。这四者的箴规，就是所谓礼教。"与孟德斯鸠同时代的法国思想家弗朗斯瓦·魁奈（1694—1774）认为，中国的礼教与法律的基础都是道德伦理，"伦理戒律构成了这个国家的宗教和悠久而令人赞佩的教育制度的基础"。

中国学者当然更关切"礼"对中国文化的重要作用。钱穆认为，礼是单个家庭和一个政府的准则，"当礼被延伸的时候，家族就形成了，礼的适用范围再扩大就成了民族。中国人之所以成为民族，因为礼为全中国人民树立了社会关系准则"。马小红将传统文化比喻成一个"圆"，政治、经济、军事、教育、法律、道德、哲学、宗教、科技都在圆中，而核心就是"礼"；它具有圆通的特征，并以"和谐"为最高追求。和谐既体现在亲人之间、邻里之间，也体现在社会行业之间、朝堂君臣之间、人类与自然之间。和谐就是太平盛世的标志，是古人心目中的最大幸福。费孝通认为中国社会结构是一种"差序格局"，无论是亲属关系还是地缘关系，都是以"自己"为中心，一层层由内向外推出去，越推越远，也越推越薄。这种社会结构使乡土社会中人与人的关系具有了"礼治"特征：不知道礼不仅是知识的问

注释：

① 蔡尚思虽然致力于批判儒家思想，但仍然承认"中国思想文化史不限于儒家，而不能不承认儒家是其中心；儒家思想不限于礼教，而不能不承认礼教是其中心"。参见蔡尚思：《中国礼教思想史》，上海：上海古籍出版社，2006年，第7页。

题，而且可以上升到道德的层面加以评判；因而，基层官员最理想的统治手段是礼仪教化；乡村居民不愿意"打官司"，更通行的是具有教育意义的调解，或者叫作"评理"。

上述诸种说法各有侧重，甚至对中国传统文化的态度也有天壤之别，但认为礼在传统中国具有重要作用，却是他们共同的看法。实际上，礼在中国古代长期的历史实践中，一直具有社会准则和行为规范的功能，它不仅与上层的社会政治密切相关，而且与下层的民风民俗紧密联系，成为中国文化的核心，具有浓厚的人文主义色彩而非法制色彩。

在"礼"的发展史上，孔子无疑是至关重要的人物，而他最大的思想资源来自周公。周公建立的礼乐制度是孔子继承的最主要的思想财富，孔子"仁"的学说也由此而生。周公在政治上主张明德慎罚，敬天保民，并提出天命靡常、唯德是依的主张，消除了殷代统治中的鬼神色彩，确立了德政，从而开创了一个善于调整传统的传统。有学者认为，周公的德政只是把人当作臣民（subject）来爱护，等级之间相对封闭，孔子则进一步打破"礼不下庶人"的身份限制，开始把人当作人（human being）来爱。这既是对周公开创的"调整传统的传统"的发扬，也达到了人类精神的一次突破，标志着中国轴心时期文明的开端。① 在笔者看来，这一开端实际上也是"礼"的人文精神的崛起，孔子在其中的作用至为关键。

事实上，西周时期礼的基本功能就是区别等级，讲究名分。孔子在此基础上，又将礼与义、敬、忠等观念相联系，提出"执事敬"、"修己以敬"、"行笃敬"，把礼中所包含的敬的精神普及于一般生活行为之上，从而使礼的应用范围和适用对象扩展到一般人，由此使礼的性质得以改变，具备了"由封建性格向一般的人生规范发展的性格"，不仅能"贵其身"，而且"能及人"，从而使礼成为人之为人的必要前提，并使人格尊严得以完成。譬如，孔子认为，"古之为政，爱人为大；所以治爱人，礼为大；所以治礼，敬为大"。有了爱敬之心，无论在家在国，都能循名守礼，从而使本意在于区别等级、讲究名分之"礼"得以具备沟通功能，不同地位的人只要处于同一个礼仪场景中，都能形成一个和谐共存的局面。可以说，孔子的礼的核心理论内容就是"在差别中求和谐，在和谐中存差别"。如果说礼的区别功能是西周以来的传统看法的话，孔子则在"别"的基础上提出"和"的理论，肯定差别的目的正在于提倡其间的和谐，这也是孔子礼学说的精髓所在。为此，孔子提出具有创造性的"仁"学说，奠定了儒家之礼"爱人"的人文精神。此后，孟子又将其进一步抽象化，说"仁也者人也"，《中庸》也说"仁者人也"。可见，儒家"仁"的前提，就是承认对方和自己一样都是人，同为一类，所以"爱"才有可能。孔子主张礼须"自卑而尊人"，即便低贱如"负贩者"，也"必有尊也"，因而无论富贵或是贫贱，只要能够学习、遵守礼仪法度，就可以造福所有人，达到仁的最高境界，成为与尧、舜一样的圣人。② 显然，孔子确立了以"仁"为核心的思想体系，统摄一切，从而标志着中国古代人文精神的正式觉醒，中国从此进入了富有创造性的轴心时代。

"爱人"是"仁"的前提，推己及人则是"仁"的实现途径，实现过程中也离不开礼。《论语·颜渊》云：

注释：

① 周、孔之间的关系，参看刘家和：《论中国古代轴心时期的文明与原始传统的关系》，收入《古代中国与世界———一个古史研究者的思考》，武汉：武汉出版社，1995 年，第 465—466 页。

② 一些学者认为，孔子以西周礼乐文化为源头创立了儒学，最终实现了人类对自我的最初理论省思，对人的存在本质，人性的构成，人与自然、社会、自身的关系以及理想人格等问题进行了深入系统的思考，并使人学成为儒学的主旨。抓住了儒学的人学特征，就能把握儒学的特定视域、基本内容和思维方法。参见唐凯麟、曹刚：《重释传统———儒家思想的现代价值评估》，上海：华东师范大学出版社，2000 年，第 68 页。

> 颜渊问仁。子曰："克己复礼，为仁。一日克己复礼，天下归仁焉。为仁由己，而由人乎哉？"
> 颜渊曰："请问其目。"子曰："非礼勿视，非礼勿听，非礼勿言，非礼勿动。"

显然，只要能够约束非礼的欲望，遵循礼度，就可以达到仁的境界，仁非礼不立。同样，在推己及人的过程中，孔子并没有抹杀远近亲疏的差别，而是认为爱有等差，这与墨子主张的爱无差等的兼爱不同，显得更加高明而实用。此后孟子又加以发挥："君子之于物也，爱之而弗仁；于民也，仁之而弗亲。亲亲而仁民，仁民而爱物。"亲、仁、爱分别对应亲、民、物三种对象，形成三种不同维度的情感：亲强调血缘关系，仁则扩展为不分高低贵贱的所有人，爱的对象是人类之外的物。尽管礼对人、物而言有区别与层次，但仁在本质上本无差别。就此而言，孔子的仁是有等差的博爱，强调"爱人"的仁是连接礼的不同层次之间的桥梁。

在孔子的思想中，与仁、礼相关的一个重要概念是"义"，《中庸》云：

> 仁者人也，亲亲为大；义者宜也，尊贤为大。亲亲之杀，尊贤之等，礼所生也。

可见，礼的产生有两条途径：一是基于血缘关系并能推己及人的仁；二是并无血缘关系但以品行才能划分等级的义，或谓之"贤"。在孔子之前，文献中很少出现"贤"字，贤的观念不是十分重要，选贤举能也大多在贵族内部，很少有不同等级之间的流动。而孔子提倡"举贤才"，并通过"有教无类"的亲身实践，开辟出一条前所未有的新路。战国时代，"士"已经登上政治舞台的中心，"尊贤"思想更加普遍地为社会所接受。孟子云："尊贤使能，俊杰在位，则天下之士皆悦，而愿立于其朝矣。"荀子更进一步说："虽王公士大夫之子孙，不能属于礼义，则归之庶人；虽庶人之子孙也，积文学，正身行，能属于礼义，则归之卿相士大夫。"以"学而优则仕"取代"血而优则仕"，这样的主张既与当时的社会相适应，也被后世所接受，并对中国社会产生了极为深远的影响。[1]实际上，这种具有人文精神的思想源头便在于孔子。孔子在继承周公思想的基础上，又加入了他对自己所处时代的思考，承认在血缘、等级之外，更加突出礼的人文精神，将"亲亲之杀"与"尊贤之等"紧密结合，从而彰显了人文主义的光彩。

四、余论：殷周革命论与尧舜传说

历史学是求真之学，但真实却是相对的。所谓相对，既表现在研究者由于种种限制无法绝对接近研究对象，如研究者自身的局限，史料的不足，也表现在研究对象本身在传承过程中的不断变异。尤其是那些时间跨度较大、社会影响深远的重大问题，这种变异就会表现得越发明显，以致使得单纯追求所谓历史"真相"的举动变得无足轻重，而其"思想"、"文化"意义却更加突出。换言之，一个历史现象在其传承过程中，并非每一个环节都清晰可辨、逐渐完善，而是传承者不断对该研究对象进行新的"阐释"，添加某种新思想或新观念，使它们变得离原始"真实"越来越远，而其"思想"、"文化"意义则变得日益清晰。从这一意义出发，历史研究或可称为思想史或文化史的研究。

王国维在《殷周制度论》中提出殷周革命论，认为"中国政治与文化之变革，莫剧于殷周之际"，它不仅体现在都邑地理上的迁移，更表现在制度、文化上的深刻变化。所以，这场大变革尽管从外表上看与后世的异姓革命颇为相似，但实质上却是新旧制度、文化的递嬗，而这种新建立的"制度文物与

注释：

① 何怀宏从社会流动入手，认为孔子的创新之处就在于通过尊贤促进等级流动开放，而尊贤的完成则在于孔子的"有教无类"思想及实践。参见何怀宏：《世袭社会及其解体——中国历史上的春秋时代》，北京：生活·读书·新知三联书店，1996年，第183—187页。

其立制之本意，乃出于万世治安之大计，其心术与规摹，迥非后世帝王所能梦见也"。所谓"心术与规摹"，其宗旨就在于"纳上下于道德，而合天子、诸侯、卿、大夫、士、庶民以成一道德之团体"，其所擘画者，实在周公。随着甲骨学和殷商史研究的不断深入，这个结论遭到越来越多的质疑，更多的学者认为殷周之间的变革并不像王国维所说的那样具有革命意义，殷周在制度上非常接近，有着明显的渊源关系。① 这样的辩驳，体现了传统意义上的史学求真。

但是有学者认为，王国维此说虽然与当时的历史条件不尽符合，但却包含了秦汉以来的旧说，是对前人说法的综合与提升。因此，从现代学术研究的角度来看，王国维的结论缺陷不少，有待改进，但是如果从古人对这一问题的认识而言，它却具有另一种意义的"真实性"，无论是对立子立嫡、庙数、婚姻等制度的论述，还是对道德的解释，以及对周公制礼作乐的肯定，都反映了秦汉以来的传统看法。这种看法在今人眼中或许有失偏颇，甚至错误百出，但却被当时的人们广泛接受，延历久远，以至于本是主观的"臆断"反倒成了被普遍接受的客观事实。② 探析这种被"歪曲"的历史现象，不正可体现出历史上那种思想或文化的变化吗？不正是思想史或文化史研究的真实意义所在吗？

尧舜传说在春秋之前的传承过程中，不断被神化，不断"接近"孔子所创立的儒家思想或观念，最终由孔子完成了对尧、舜形象的改造，使其成为儒家道统体系中的圣贤，万世颂扬。在孔子之后，尧、舜的圣贤地位仍然不断"升华"，也与传统中国的特质以及儒家或孔子在古代社会的地位升降密切相关。秦汉而下，儒家逐渐取得官方认可的主流地位，这种地位的取得，既体现在朝廷的郊祀、宗庙、选举、官制、教育等制度上，也体现在民间对儒家一些重要观念的接受上。尽管因为战乱、分裂、学术转型等因素，儒家不时遭到统治者、知识界的冷落或阳奉阴违，但只要局势稍定，往往能够很快东山再起，厕身庙堂，这从历代统治者对孔子的册封与尊崇也可略见端倪。不仅如此，由于孔子创立的儒家学说切近人伦、体贴人性的特点，也使它的影响突破了以士大夫为主的知识阶层的身份局限，深入民间，通过乡规民约、私塾教育、劝善书、戏文、格言等多种手段，为寻常百姓所接受，并逐渐沉淀为形成民风民仪的潜在心理与价值标准。这样的浓厚氛围，对于接受儒家经典教育的知识者而言，无论在朝在野，都有着至为深刻的影响。孔子为至圣先师，门下有四科十哲、历代经师，世世配享；而被孔子称颂的尧、舜、禹、汤、文、武、周公诸位圣贤自然也成为人们崇敬的对象，那条自上而下绵延数千年、作为儒家与现实政治及其他学说既相抗衡又相标榜的道统便跃然而出，尧舜传说日渐丰厚，最终成为"历史真实"。

就本文而言，尧、舜确有其人，但其事迹仅凭借着口耳相传而流传，后世不断添加相关内容，《尧典》形成时，已经掺杂了许多后人的思想与观念，但作为后世儒家"公认"的"先王事实"则被肯定与传承下来，并且还在日益丰富。由此，尧舜"传说"变成尧舜"事迹"，一代部落酋长变成儒家眼中和笔下的往圣先贤。殷周易代后，周公为维护周王朝统治，又借助这些"古先哲王"的旗号制礼作乐，将天命的转移寄托于民心的维持之上，强调民心的得失在于统治者之"德"，主张统治者必须明德、敬德，从而摆脱神性统治，确立德政传统，并为孔子提供了再度思考的制度背景。

注释：

① 相关著作，参见胡厚宣：《殷代婚姻家族宗法生育制度考》，载《甲骨学商史论丛》初集第 1 册，台湾大通书局，1973 年；陈梦家：《殷墟卜辞综述》，北京：科学出版社，1956 年；张光直：《中国青铜时代》，北京：生活·读书·新知三联书店，1983 年；李学勤：《走出疑古时代》，沈阳：辽宁大学出版社，1994 年。

② 这样的例证还有很多，如赵氏孤儿故事，本是太史公采择战国故事而成，与史实不尽符合，但自汉代而下直到近代，人们深信不疑，尤其关注洋溢于其中的忠义精神，从而构成另一种意义上的历史真实。笔者拟专文论述，在此不赘述。

孔子生于礼坏乐崩的春秋时代，传统的等级与信仰逐次崩坏，功利思想、逐利本能成为一时之风尚。孔子力图建立自己的思想学术体系，必须在历史上、逻辑上寻找新的支撑点。他通过周公这一环节，上推到周公所推崇的"古先哲王"，发掘出曾经活动于晋南汾河流域的尧舜传说，重作解释，将其安排在儒家礼乐思想体系之中，成为中庸、德政、尊贤、仁政、礼让、乐教、恤刑等重要概念的"历史"证明。同时，孔子在继承周公思想中德、礼、乐等成分的同时，又开辟出仁、礼结合的新境界，在亲亲、尊尊之外，推出贤贤的主张，进一步打破身份、阶级的天然限制，有教无类，一视同仁，突出人的主体地位，使中国礼乐文明具备了人文精神色彩，实现了思想史、文化史意义上的重大突破。

（本文承汤勤福先生审读并作了较大修订，在此谨表谢忱。）

（张焕君：山西师范大学历史学院教授）

山西师范大学博物馆所藏两件陶簋年代、用途考析

畅海桦

摘　要： 山西师范大学博物馆收藏有两件陶簋，其中一件底部中心有一非常规整的圆孔，较为罕见。结合其他出土的陶簋，从器腹和圈足来判断，系西周中期之物。从容积及一件底部带有规整的圆孔来看，这两件陶簋应为礼器。

关键词： 陶簋；圆孔；礼器

山西师范大学博物馆收藏有两件陶簋，形制、纹饰相同，其中一件陶簋底部中心有一非常规整的圆孔，这也是它的与众不同之处。这两件陶簋，尚无出处、年代、收藏等相关信息。

一

两件陶簋从器型和纹饰上看，犹如一对双胞胎，如果不是因其纹饰系手工绘制，完全可以看成是模制成型的。都为侈口，宽外折沿，弧壁深腹；底部呈圜形，下接喇叭形高圈足；两件陶簋上的纹饰非常少见，腹部饰以一周七个相连的倒三角形纹带，纹饰与器型，一动与一静，在动与静的反复节奏中造成流动的美感。

两件陶簋皆体高 15.5 厘米；口径 23 厘米；腹径 14.5 厘米；腹深 11 厘米；底足高 4.5 厘米。其中带孔陶簋底部正中有一直径为 1.2 厘米的圆孔。两件陶簋颜色皆呈青灰色，质地很细腻，结构紧密，放入蒸馏水进行试验，发现有一定的吸水性，但渗水较慢。轻轻叩击，声音非常清脆。由于在土中埋藏时间太久，表面土锈与簋体已经牢牢附着在一起，土锈的表面又带有一层包浆，与簋壁的包浆颜色不同（图 1）。

▲ 图1　山西师范大学博物馆所藏陶簋

二

陶簋最早出现于公元前 4400 年前的大溪文化中，随后在新石器时代的良渚文化、庙底沟文化、龙山文化中皆有出土，但陶簋大量使用却在商、周时期。

从类型学理论出发，型式相同的器物年代相同或相近。一类器物的形成应该具备其基本形态。就陶簋而言，器腹和圈足是其必备而不可或缺的两个条件。基于此，本文试将器腹和圈足作为主要标准，对其进行断代。

山西师范大学博物馆所藏的两件陶簋与山东省潍坊市博物馆所藏西周陶簋[①]、任丘市哑叭庄遗址出土的西周陶簋[②]、东营市历史博物馆所藏西周灰陶簋[③]、陕西岐山贺家村西周墓地出土的西周早期陶簋[④]、河南温县陈家沟西周墓出土西周陶簋[⑤]如出一辙。以上 5 处陶簋皆泥质灰陶，侈口、折沿、圜底、折沿、高圈足。从器型上判断，两件陶簋系西周时期所制。

另外，还可以参考铜簋年代研究，对这两件陶簋进行类比断代。对先秦时期青铜簋的年代研究目前成果较多，有单从腹部入手的，如日本学者林巳奈夫在《殷周时代青铜器之研究》中，以腹部变化为线索，把青铜簋为分十型；有单从足部入手的，如陈芳妹以青铜簋足部形态为主要标准，分青铜簋为十一型；目前把青铜簋腹部作为第一标准，把圈足作为第二标准进行系统研究的以四川大学彭裕商为代表，他在《西周铜簋年代研究》中把早商至东周初期的青铜簋分为八型。就山西师范大学所藏两件陶簋与彭教授研究进行类比，与其研究分期中的 C 型–Ca 型–Ⅱ式相同，特征是：圈足较高，腹与圈足分界明显。[⑥] 彭教授利用出土文物结合夏商周断代工程研究成果，对 C 型–Ca 型–Ⅱ式青铜簋进行断代，断定为西周穆王时期。而且从大量出土的青铜簋分析，C 型–Ca 型–Ⅱ式青铜簋主要流行于西周穆世。

再把这两件所藏陶簋与现存西周青铜簋类比。这两件陶簋与河南省禹县吴湾西周墓出土的兽目交连纹青铜簋[⑦]、陕西省周至县出土父癸簋[⑧]、山西省曲沃晋侯墓出土双耳饕餮青铜簋[⑨]器型相同。

鉴于陶簋与青铜簋之间的相互影响关系，笔者大致断定这两件陶簋系西周中期之物。

三

两件陶簋的腹部饰有一周倒三角纹，一联八个。三角纹属于几何纹饰，三角纹在陶器上装饰流行于两个时期，一个是仰韶时期的彩陶上，另一个就是西周时期的灰陶上。

商代陶器上的几何纹饰与西周不同。商代陶器上的几何纹以绳纹占多数。商代陶器上的几何纹饰以

注释：

① 山东省潍坊市博物馆、山东省昌乐县文管所：《山东昌乐岳家河周墓》，《考古学报》1990 年第 1 期。

② 郭瑞海、高建强、卢瑞芳等：《河北省任邱市哑叭庄遗址发掘报告》，《文物春秋》1992 年第 1 期。

③ 王青，荣子禄，王良智，赵金：《山东东营市南河崖西周煮盐遗址》，《考古》2010 年第 3 期。

④ 戴应新：《陕西岐山贺家村西属墓发掘报告》，《考古》1976 年第 1 期。

⑤ 河南省文物考古研究所：《河南温县陈家沟遗址发现的西周墓》，《华夏考古》2007 年第 2 期。

⑥ 彭裕商：《西周铜簋年代研究》，《考古学报》2001 年第 1 期。

⑦ 黄烨儒：《洛阳出土商、西周、春秋青铜簋综述》，《洛阳理工学院学报》2011 年第 6 期。

⑧ 李丰：《黄河流域西周墓葬出土青铜礼器的分期与年代》，《考古学报》1988 年第 4 期。

⑨ 谢尧亭：《天马——曲村墓地用鼎簋礼的考察》，《文物世界》2010 年第 3 期。

"狰狞跋扈、粗犷豪放、严酷威严、张扬狞厉"[1]的艺术风格，体现了一种王朝霸气。

而西周时期，陶器上的装饰多以几何纹为主，其他纹饰退居次位。与商代不同的是，西周陶器纹饰体现的是"重人事而轻鬼神"的艺术风格。装饰形式多运用连续的带状几何纹样，常常用一个母题组成连续、反复的带状纹样，整齐中求变化，给人以有条不紊的节奏、韵律之美。这种装饰和周代礼制密切相关。西周初期周公制礼作乐，制定典章制度以巩固周朝统治，维护周代"世界"秩序，这种等级秩序反映在器物装饰上，就是富有条理性的几何纹饰逐渐增多。

这两件陶簋上的七方连续倒三角纹正是以连续的纹样配置，在动与静的反复节奏中造成雄伟的气魄，体现着周王朝的秩序稳定与发展。

在陶器上装饰三角纹具有深刻的文化内涵。中外考古学家和人类学家认为三角纹作为装饰在古代文化中极具韵味，其中的主要观点是三角形是一种性符号。如在法国的阿尔塔米拉洞穴壁画及法国与西班牙交界地区的旧石器晚期洞穴岩画中，发现有大量的三角形符号，法国人类学家鲁勒伊-古朗认为这里是三角纹作为最早性符号的考古证据；"在欧洲旧石器时代晚期发现的孕妇雕像，在表示性别的位置，古人也多用三角形来表示。公元前1400年，古埃及绘画中，表示女性性别的部位，都画上一个倒三角，如象征天空和星星的女神像的下腰处画的是一个三角。"[2]近代考古学家卫聚贤在其《古史研究》中把甲骨文中"帝"字上面的"▽"考释为女阴符号；这种三角形纹饰在中国西北地区的岩画、陶器纹饰上也常常见到，在新疆昆仑山岩画中，有许多三角形和倒三角形图案，有的倒三角形达九列。[3]三角纹是半坡类型彩陶早期阶段就已存在并且十分流行的花纹形式，根据蒋书庆《中国彩陶花纹之谜》的研究结论，三角纹是和织女星密切相关的一种女性代表符号。

用陶簋作为随葬礼器一方面表示墓主在死后仍然可以丰衣足食，另一方面陶簋也作为一种礼器进行陪葬，就如青铜鼎和簋的作用一样。祭祀有传统，但每个时期用于祭祀的器物不同，先秦的各地考古学文化当中均发现有陶质礼器，这类礼器即是祭祀鬼神和天地万物的祭器。而且在先秦时期，陶礼器也有用器型相同，而大小依次递减的情况。如徐昭峰在《试论大连大嘴子遗址第三期文化陶簋》中分析，大嘴子F22和F3遗址中就使用了3件一组，形制相近而大小依次递减的陶簋作为礼器随葬。陶簋作为陶礼器长期存在，这种制度也许正是周代鼎簋礼制的起源。

四

从考古和文献资料得知，陶簋的用途主要是作为食用器、礼器。《周礼·冬官考工记》："旊人为簋，实一觳，崇尺。"《疏》祭宗庙用木簋，今此用瓦簋，祭天地及外神，尚质，器用陶瓠之意也。《易·损卦》二簋可用享，《注》离为日，日体圆，为木，木器圆，簋象，则簋亦以木为之也。《诗·秦风》于我乎每食四簋。《传》四簋：黍稷稻粱。《周礼·地官》舍人凡祭祀共簠簋。从以上文献来看，簋主要是作为盛放煮熟饭食的器皿。

然而，山西师范大学所藏陶簋肯定不是食器。因为用于食器的陶簋都是实底的。《传》曰，四簋，黍稷稻粱。簋是盛主食的，底部不能带孔。而这两件陶簋中有一件底部有孔。

注释：

① 朱志荣、朱军：《商代陶器纹饰的审美特征》，《学术界》2003年第2期。

② 刘学堂：《三角纹符号解译》，《中国文物报》2005年5月6日。

③ 刘锡诚：《中国原始艺术》，上海文艺出版社，1998年。

带孔的陶簋目前文献中没有记载，出土文物中也没有类似情况，也有很多学者认为是瓮棺葬具。

从目前对各考古文化出土的瓮棺葬具进行统计分析，可以看出，瓮棺葬具的使用没有严格和一致的规定。大部分都是那些在该文化类型中较普通的日常生活用具。瓮棺葬绝大多数用来埋葬婴儿和儿童，只有极少数用来埋葬少年或成人。在一些瓮棺的底部，或作为棺盖的器物底部，往往有一小孔，孔径在0.8—2厘米。这种情况在仰韶文化半坡类型和大河村类型所见最为普遍。此外，还有河南龙山文化、屈家岭文化中也常见不鲜。以上这些出现于日用器皿上的小孔，显系有意凿成。特制瓮棺的底部有的也有这种小孔，如河南临汝阎村所出"伊川缸"，其缸底都有钻孔。[①] 这个小孔，是供灵魂出入的。

可以试想，这两件陶簋用来组合使用，一个底部有孔，是灵魂出入之地，将小孩尸体放在陶簋中，也意味着孩子在另一个世界中丰衣足食；陶簋上刻画三角纹，此陶簋可能是专门用于女孩子的葬具。但事实上山西师范大学所藏两件陶簋，两底部之间长22厘米，对扣起来容积大约是14 000立方厘米，怎么也放不下一具小孩尸体。看来有人认为陶簋是瓮棺葬具只是一种臆测。

综上所述，山西师范大学所藏陶簋系随葬陶礼器最为可能，而且是专用于女性的陶礼器。

一般而言，作为陶器，能保存完好无损长达两千年以上实属罕见，这两件陶簋不但保存状况良好，而且饰有纹饰；作为一种可移动的且带孔的器物，它不是作为盛储器使用的，制作精细的陶簋应当就是专用礼器，而非实用器。但陶簋上的孔究竟是何用途，是供灵魂出入还是有意而为？还需要进一步地研究和讨论。这也正是它的神奇之处，系不可多得之物。

（畅海桦：山西师范大学历史学院副教授）

注释:

---

① 丁兰兰：《略论郑洛地区仰韶文化成人瓮棺二次葬》，《四川文物》2008年第3期。

秦汉时期晋文化形态

高专诚

秦汉时期，随着天下新的"大一统"局面的形成和稳定发展，山西地区逐步实现了地域文化的转型发展，这是对先秦时期山西地域文化的继承和发展。

晋地政治格局明朗，文化结构明晰，这种情形在其他地域中是少见的。表里山河的地理形势，越是在上古时代，越是容易形成相对封闭的政治环境，形成有自己发展线索的文化结构。

先秦时期，晋国和三晋国家的多元文化格局，深刻影响了秦汉时期山西地域文化的多样性，晋地北、中、南三个区域的文化特点鲜明，承继的是先秦时期赵、魏、韩和北方民族的文化基因。

根据《汉书·地理志》，在大禹的时代，天下分为九州，晋地属冀州。周人灭殷后，把冀州分为幽州和并州两部分。当时的山西地区，南部为并州，北部大部分地区属幽州。秦始皇统一天下后，对全国行政区划作了很大调整，晋地西南部为河东郡，河东郡往北，现在的山西中部，是太原郡。晋地东南部山区，先秦时称为上党，秦朝沿用此名，建上党郡。晋地北部地区，南部属雁门郡和代郡，西北部的一部分属北地郡，一部分属云中郡，东北部则属上郡。

汉朝基本保持了秦时的区划，其主要原因如下：一是山西、南、北中三部分的经济发展不同，政治和军事地位也有明显区别。特别是经济发展的不平衡和历史文化差异，造就了各个地区明显不同的风俗。

从整个古代历史上看，山西地区的南、中、北差异如此鲜明，从最简单的日常生活习惯、服饰和语言等等方面都有明显的差别，似乎不应该是一省一区之内应有的现象。但是，从深层次上来看，由于地理和政治、文化方面的原因，南、中、北的贯通和联系却是连绵不绝，久而久之，南、中、北的不同却成为南北联系、取长补短的必不可少的因素。所以，就是在这种南、中、北交融的过程中，逐步形成了颇有特色的山西地域文化。

一、河东文化独领晋地风骚

山西是中华先民开发最早的地区之一，晋南地区则是高温与雨季同期，土地广袤而肥沃，一直以来都是农业发达地区。《孟子》记载孔子弟子曾子的话："晋、楚之富，不可及也。"[①] 这就说明至少在春秋末期，晋地的富饶已经闻名天下了。

晋南古称河东，即大河之东。河东之名，由来尚矣。《国语·晋语三》："归惠公而质子圉，秦始知河东之政。"[②] 不过，在晋国和三晋时期，河东之名只是一种习惯说法，并不是一个正式的地理或政区名称。秦朝建立后，分天下为 36 郡，河东居其一。秦朝建都咸阳，西汉建都长安，都在同一地区，与晋地河东郡只有一河之隔。河东的地理位置十分重要。

楚汉相争时期，河东郡虽然不是各方军事力量的主战场，却是战略必争之地，更是军队长期后勤补给的不二选择。秦朝灭亡后，来自先秦魏国旧地的魏豹盘踞河东。汉王刘邦东进，考虑到魏地在天下得失中的重要地位，派出主将韩信击败魏王豹，使河东之地成为刘邦巩固的大后方，为其建立西汉王朝提供了重要的经济保障。

两汉易代之际，河东易守难攻，是进击长安地区的方便要道，对交战各方都非常重要。刘秀委派大将邓禹引兵西进，占领了更始帝刘玄控制之下的河东地区，逐步控制了正处在混战之中的整个西部地区。邓禹完成任务之后，光武帝刘秀派出使者到河东，拜邓禹为大司徒，还专门下诏，称赞邓禹"斩将破军，平定山西，功效尤著"[③]。

东汉末年，在与当时北方最重要的军事力量袁绍集团的对垒中，曹操两度亲征山西，并持续任用名臣杜畿治理河东，说明山西南部具有举足轻重的战略作用。这与汉高祖派韩信占据山西南部，汉光武帝派出大将邓禹攻占山西南部和东南部，有着同样的战略考虑。

上述三次重大军事行动，为西汉、东汉和曹魏王朝的建立发挥了关键作用。这种历史进程的重复演进并非偶然，而是因为山西太原以南地区历来是米粮川和人口稠密地区。在王朝建立的过程中，这一地区是最重要的进可攻、退可守的大后方以及军粮和兵源的重要供给地，堪称"得河东者得天下"。

西汉前期，担任河东地方长官的官员一直不乏朝中名臣。比如，高帝和文帝时的著名武将周勃就被封为绛侯，老死河东。汉文帝时，名臣季布担任河东郡守，汉文帝嘱咐季布："河东吾股肱郡。"[④] 三国时代，当曹操亲身感受到了河东郡在其打江山过程中的重要性之后，同样认为"顾念河东吾股肱郡，充实之所，足以制天下"[⑤]。

汉武帝时期，河东地区逐渐由经济和政治的重要地区上升为文化重要地区，特别是汉武帝祭祀河东后土祠之举，更是影响汉代文化走向的重大历史事件。

《史记·孝武本纪》记载："孝武皇帝初即位，尤敬鬼神之祀。"[⑥] 汉武帝巡视东方，在河东汾阴（今山西万荣）的黄河边上看中了一个称作"脽上"的大土堆，随即下令，在这个大土堆上兴建后土祠。所谓"后土"就是伟大的土地之神，与"上帝"对应。

"脽上"在汾河与黄河的交汇处，两河相交，时久形成一个冲积带。最早的河东后土祠形制比较简

注释：

① 《孟子·公孙丑下》，杨伯峻《孟子译注》，中华书局，1960 年，第 89 页。

② 《国语·晋语七》，上海古籍出版社，1978 年，第 329 页。

③ 《后汉书·邓禹传》，中华书局，1965 年，第 602 页。

④ 《汉书·季布传》，中华书局，1962 年，第 1977 页。

⑤ 《三国志·魏书·杜畿传》，中华书局，1982 年，第 497 页。

⑥ 《史记·孝武本纪》，中华书局，1982 年，第 451 页。

单，但从唐宋以来不断扩建，增加殿堂造像，逐渐成为后世的宏大规模。睢上后土祠建成后，根据司马迁和宽舒等人的建议，汉武帝亲自到此祭拜，开始了祭祀后土祠的漫长历程。

据记载，自元鼎四年（公元前113）首次祭祀后土祠之后，汉武帝多次亲临后土祠祭祀。《西京杂记》记述："汉朝舆驾祠甘泉汾阴，备千乘万骑，大仆执辔，大将军陪乘，名为大驾。"[①] 各级各地官员、车驾人员不计其数，规模之大，耗费之巨，令人瞠目。

汉武帝对后土祠的祭祀促发了西汉各代帝王祭祀后土祠的热情，足见后土祠在西汉政治中的重要性。到后世，虽然只有唐玄宗和宋真宗祭祀过后土祠，但后土祠的文化传统和历史地位却不容忽视。汉朝之后，有许多地方都建起了后土祠。在王朝的都城，后土祠则逐渐演变为地坛之类的祭祀土地神之所。

汉武帝祭祀后土祠之初，听取了有关大臣们的意见，具体提供意见的是太史司马迁和祠官宽舒等人。司马迁是著名史学家，所著《史记》是具有里程碑意义的史学名著，而司马迁正是河东郡人，汾阴后土祠也正在其家乡之畔。

司马迁在《史记·太史公自序》中写道："昔在颛顼，命南正重以司天，北正黎以司地……其在周，程伯休甫其后也。当周宣王时，失其守而为司马氏。"太史公司马谈在对儿子司马迁的临终嘱咐中也说："余先周室之太史也。自上世尝显功名于虞夏，典天官事。"

在周惠王、周襄王时代，周王室地位日衰，许多传统的官守逐渐难以存在，司马氏一族就离开东周，来到晋地。"自司马氏去周适晋，分散，或在卫，或在赵，或在秦。"司马氏所居之地，皆在河东郡及其周围地区，所以，司马迁才说："迁生龙门，耕牧河山之阳。"[②]

龙门即山西河津，一说陕西韩城。其实，河津与韩城邻黄河而望，当时的龙门，很可能地跨黄河两岸的河津与韩城二地。司马迁年少耕牧的"河山之阳"，就是河之北、山之南。其中的河之北之河，应当是指汾河。因为黄河由北向南而行，不存在河之北的问题。韩城境内并无大河，汾河则流经河津南部。河津北部，古有龙门山。山之南之山，当是龙门山。这样一来，河山之阳，正在河津区域之内。

在中国古代史学史上，《史记》之前盛行的是以《左传》和《国语》等为代表的纪年体史书，《史记》则是我国第一部纪传体通史。在《左传》和《国语》中，我们已经看到有关晋国的历史记述占有较大篇幅。在《史记》中，虽然叙事方式与《左传》和《国语》不同，但仍然延续了《左传》和《国语》对晋地历史的重视。晋地发生的历史大事件，在《史记》中有大量记载。比如，发生在春秋后期晋景公诛杀赵氏家族的历史事件，《史记·赵世家》称为"下宫之难"。这一事件在《左传》和《国语》中本有明确记载，但司马迁却不惜利用民间传说，改编成以"赵氏孤儿"为核心的戏剧性事件，以抒发自己身遭"李陵之祸"的冤屈，抨击时人缺乏忠勇赴难、伸张正义的精神。这正如司马迁所申明的，他写作《史记》的目的，就是要"究天人之际，通古今之变，成一家之言"[③]。身为史官，司马迁的创作宗旨，与晋国历史上著名史官，如董狐、史墨等人所坚持的以史匡时的史官精神是一致的。

东汉著名史学家班固与晋地历史文化同样颇有渊源。班固的史学巨著《汉书》，多涉晋地历史文化。简单地看上去，这似乎是一部通史必有的内容，但是从班固先祖与晋地历史的久远联系着眼，可以更全面地认识和理解班固及《汉书》对晋地历史文化的异样情怀。

注释：

① 《西京杂记》，中华书局，1985年，第33页。

② 以上见《史记·太史公自序》，中华书局，1982年，第3285—3293页。

③ 《汉书·司马迁传》，中华书局，1962年，第2735页。

据《汉书·叙传》记述，班氏先人是春秋时期楚国令尹子文的后人。秦灭山东六国，子文的后人被迁移到山西中北部一带。这一家族为了淡化秦统治者的注意力，就去掉了与楚国有关联的熊姓，以"班"为姓氏。

秦始皇末期，班氏家族首领班壹率全族迁徙到雁门郡楼烦（今山西岚县、静乐一带），以畜养马牛羊而致富。经过五世，到两汉易代之际，班氏家族出现了著名学者班彪。其子班固，东汉明帝永平年间任典校秘书，专心于学问，以著述为业，并以私人的身份写成《汉书》。《汉书》虽然是记录西汉历史的通史，但如果我们留心去读，还是能够看出班固对晋地的特殊关注。

河东深厚的文化底蕴不仅孕育了像司马迁和班固这样的史学大家，也激发了文士的创作热情。西汉后期著名文学家扬雄曾在河东地区游历，所作《河东赋》为晋文化增色不少。

扬雄先祖周伯侨曾食采邑于晋国扬地（在今山西洪洞），其后人便以扬为氏。扬雄说："有周氏之蝉嫣兮，或鼻祖于汾隅。"[1] 扬地本属周朝初年的姬姓扬国，后来被晋国兼并。

扬雄喜好辞赋，闻名于当时。西汉永始四年（公元前29），汉成帝效仿武帝故事，率群臣横渡黄河，到达汾阴，祭祀了河东后土祠，并要求扬雄以长赋记载这一政举。于是，扬雄慨然落笔，写下了流芳后世的《河东赋》，用以劝谏汉成帝，盼望汉成帝在追观先代遗迹的同时，自兴至治，实现上古帝王的政治成就。

东汉学者桓谭认为，扬雄的文学作品及其创作思想必然会流传后世，理由是凡夫俗子都是轻视长远的而看重眼前的。扬雄貌不惊人，无权无势，他的作品不为时人所重视。但《汉书·扬雄传》却称其作品是"文义至深"[2]，完全可以超越诸子百家之论，到了合适的时代，一定会受到明君贤人的赏识，成为传世之作。历史发展完全证明了桓谭和班固的远见卓识，而《河东赋》这样的不朽之作，也带着历史的芬芳，成为晋文化的光辉篇章。

三国时代，曹操任用杜畿长期治理河东，促进了河东文化建设，使河东文化成为晋文化的重要组成部分。

杜畿，字伯侯，京兆杜陵（今陕西长安）人，官至汉中府丞。东汉末年，天下大乱，杜畿弃官不做，回到家乡。建安九年（204），曹操听从谋士荀彧的建议，任命杜畿为河东太守。

此时，天下郡县深受战乱影响，残破不堪。杜畿以宽惠政策待民，河东民生逐渐趋于安稳。杜畿还要求河东农民畜牛、养马，甚至一直到养鸡、养猪，政府都有详细的章程。几年之后，百姓勤农，家家丰实。杜畿又进而实行冬季修戎讲武的制度，开办学宫，亲自执经教授。杜畿还四方招纳名流，如河东名士乐详，"归乡里……署详文学祭酒，使教后进，于是河东学业大兴"[3]。利用长时间担任郡守的有利条件，杜畿坚持促进文化建设，史称"至今河东特多儒者，则畿之由矣"[4]。从历史文化发展的角度看，晋南一带的文化确实较之于山西其他地区更为发达，这显然是与这一时期杜畿的努力分不开的。作为一代名臣，杜畿不仅在曹操建立魏国的过程中有给养战士之功，而且对于山西南部的经济发展和文化建设作出了卓越贡献，理应成为晋文化的有功之人。

注释：

① 《汉书·扬雄传》，中华书局，1962年，第3516页。

② 《汉书·扬雄传》，中华书局，1962年，第3585页。

③ 《三国志·魏书·杜畿传》注引《魏略》，中华书局，1982年，第507页。

④ 《三国志·魏书·杜畿传》注引《魏略》，中华书局，1982年，第496页。

河东文化是在漫长的历史进程中逐渐形成的。从早期晋国开始，这里就是晋文化发轫的中心地带。春秋战国时期，这里不仅孕育了法制文化，也是"百家争鸣"的重要地区。秦汉以降，河东作为股肱之郡，经济和文化地位的重要性有增无减，从帝王的关注，到史家和文士的推动，直到三国时代杜畿的长期经营，终于使河东文化结出灿烂的果实。

二、民族大熔炉中的塞北文化

自古以来，山西地区就是中原华夏族与北方各民族文化交汇的天然通道。秦汉以来，由于内地成为统一国家，而与山西北部地区相接的匈奴人也获得了长足的社会发展，使得内地政权与匈奴政权之间的冲突在山西中北部地区显得尤其突出。楚汉交兵之际，冒顿成为匈奴人的首领。乘着刘邦与项羽征战不已，中原无暇对外的机会，"冒顿得自强，控弦之士三十余万"[①]，开始了对内地有组织、大规模的侵扰和掳掠。

西汉时期，对匈奴政策是汉朝廷的大事。总的来说，汉朝廷对匈奴也不过是和亲与战争两条路的选择。汉高祖初年，韩王信投靠匈奴，汉高祖出兵山西北部，在平城白登（今山西代县东北五里平城村）一带被匈奴人围困七日，险些丧命。后来虽然脱险，并把匈奴人逐出山西北部，但匈奴威胁依然严重。后来，刘邦接受大臣刘敬的主意，以"和亲"政策对待匈奴人，收到了一定的效果。此后，惠帝、文帝和景帝三朝基本上以和亲为主。汉初之所以选择和亲，主要是由当时天下久战而和的形势和朝廷休养生息的主导方针所决定的。

汉武帝即位后，随着汉朝社会经济的发展，汉武帝一方面很想彻底解决匈奴的威胁，另一方面还要实现开疆拓土的宏图大志，就开始了与匈奴人的长期武装冲突。在这场旷日持久的战争中，汉军从北部多个地区与匈奴人展开对攻，山西地区成为汉军主要的集结地和出发地，晋北地区则是双方交战的主战场之一。这是因为一则晋地农业发达，能够提供最便捷最可靠的军需供应，二则山西北部有广阔的地域，便于军队行进和对垒。在晋北旧广武（今山西山阴）一带，至今还留存着大片的汉代墓葬群，墓中埋葬的就是汉代对匈奴作战中死去的汉军军人。经年累月的战争，给这个地区的人民生活造成了极大损害，同时，对于当地的风俗、文化和生活方式、生活观念等，也产生了深刻影响。

扬名于晋地的著名将领中，主要有李广、卫青和霍去病等。飞将军李广是西汉文帝、景帝、武帝三世的著名将领，在汉朝前期内地与匈奴人的军事冲突中屡立战功。当年李广征战塞北的战场，主要是在山西北部雁门关以北的广大地区。李广箭法精良，勇于在两军阵前厮杀，被匈奴冠以"汉飞将军"[②]的称号。

如果说"飞将军"李广是对匈奴战争中的前期主要战将，大将军卫青和骠骑将军霍去病则是后期的主要统帅。此三人的共同之处，是他们除了把去除北方的军事威胁作为无上的责任和荣誉之外，就是都在山西这块土地上建功立业，而卫青、霍去病二人更是山西平阳（今山西临汾）人，是山西历史上的重要人物。

卫青相对稳重，在与匈奴人的作战中，不敢打大仗、打硬仗，往往见好就收，很少建立奇功和大功。到霍去病征战两军阵前时，匈奴人力量已经开始下降，在与汉军的作战中出现了败多胜少的情形。这个时候，以霍去病的年少气盛和超人胆识，建立了许多令人意想不到的军功，非常符合汉武帝好大喜

注释：

① 《史记·匈奴列传》，中华书局，1982年，第2890页。

② 《汉书·李广传》，中华书局，1962年，第2444页。

功的脾性。据《汉书》载，因霍去病屡立战功，汉武帝特意给他建了一座宅第，让他去看一看合适不合适，霍去病的回答成为千古名句，即"匈奴未灭，无以家为也"[①]。

山西将军卫青和霍去病是汉武帝时代对匈奴作战的最重要和最知名的两位领军人物。这甥舅二人，一个勇猛无比，一个沉静有余，共同成就了汉武帝拓疆扩土的宏愿，也为后人留下了说不尽的英勇故事，更为晋地增色无限。

东汉时期，在汉军攻击和匈奴内乱的双重作用下，匈奴人势力逐渐消失，继之而起的北方强族是东胡人和鲜卑人。但是东汉政权一直比较稳固，与北方民族的冲突也一直规模较小。直到东汉末年天下大乱，北方民族才开始大规模南下，山西北部又成为民族冲突的主要地区之一。

北方民族的内迁和定居始于西汉后期，当时的匈奴人在汉军的攻击下分裂为南北两部分，南匈奴人归顺汉朝，开始在内地定居，而山西中北部则成为他们定居的首选地区，因为这里是他们当初经过出入的地方。东汉时期，甚至河东郡也成为鲜卑人定居的地区之一。就这样经过几百年的民族融合，使山西地区最终成为中国历史上的民族大熔炉之一。

东汉时期民族大熔炉的大功告成不仅具有政治和经济意义，也有社会和文化方面的重大意义。在山西境内，这一时期形成的民族大熔炉，主要出现在塞北地区，也就是雁门关以北，也可以包括雁门关隘南北的附近区域。短期来讲，民族大熔炉的形成，使这一地区政治安定、经济发展有了保障。不过民族大熔炉的形成，对于这一地区社会文化方面的影响，更为深刻和全面，也更为长久。

第一，由于民族大熔炉的形成历时长久，必然会对这一地区的社会生活和文化格局产生深层次的影响。晋北地区本来就有尚武习武、好勇斗狠的风俗，在长期的战争背景下，这种风俗更为突出。李广、卫青、霍去病征战塞北战场，立功无数，对于晋地军事文化和塞北文化的形成和发展发挥了重要的推动作用。

第二，在山西地区，塞北的经济发展一直相对落后，长期的战争侵扰更是雪上加霜，使人们的日常生活经常陷入困顿之中。长年累月生活在困顿中的人们，吃苦耐劳的精神会受到磨炼，坚强不屈的意志会得到加强。直到今天，艰苦奋斗的精神一直是这一地区重要的文化传统和生活信念。

第三，晋地自古便是民族杂居之所，不同文化、不同经济发展程度的民族长时期生活在一起，本来就有相互容忍甚至相互帮助的传统。特别是在普通民众日常生活层面，这种情形更为普遍。战争无疑是血腥的，但在和平时期，普通人之间并没有不可化解的仇怨，通商甚至通婚都是很正常的事情。所以，表现在这里的宽容精神，是根深蒂固的，是经得起考验的。

第四，经过了长期战争的洗礼，和平之后的人们再次过上平常生活，不同的语言、不同的生活习惯、不同的行为方式，再次发生相互交融，取长补短，最终汇合和融合为一种新的更高层次的文化。这种新文化，适应性更强，是代表时代方向的先进文化。

三、并州文化圈的形成和发展

两周时期，河东地区是晋文化的中心地带。战国中后期，三晋向北、东、南三个方向扩张，晋文化也随之走向四方。在晋地，文化传播的主要方向是晋地中部和北部，但是晋中地区形成具有特色的区域文化，却是在西汉以后。

注释：

① 《汉书·卫青传》，中华书局，1962年，第2488页。

山西中部自春秋中后期才被大规模开发，此前为多民族杂居之地。《国语·晋语九》记载："赵简子使尹铎为晋阳。"[①] 赵氏家族很早就意识到，在晋国故地与各大家族的竞争中很难获得全盘胜利，所以赵简子时代就开始向东向北发展，向北发展的根据地就是晋阳（今山西太原）。

在经营晋阳的初期，赵简子任用尹铎进行城邑建设和管理，任用窦犨和舜华等人负责社会教化。特别是窦犨、舜华等文士，孔子曾引以为同道，可证明这一地区的文化建设颇有根基。春秋末期，智氏、韩氏、魏氏三家围攻赵氏，赵氏据守晋阳，三年未被攻破，最终反败为胜，与晋阳城内军民素质较高有着决定性的关系。

秦国统一天下后，分天下为 6 郡，晋国中部为太原郡。据《史记·高祖本纪》载，汉高祖十一年（公元前 196），刘邦击破反叛的赵国，"乃分赵山北，立子恒以为代王，都晋阳"[②]。吕后八年（公元前180），吕后去世后，陈平、周勃等一批高祖旧臣平息诸吕叛乱，废掉吕后选定的少帝，选择代王刘恒继位，是为汉文帝。

汉文帝在位期间，由于对内对外战事稀少，使他有时间从容地到各地进行考察，而出入于山西中部这块他曾经为王的故地，更是汉文帝经常的选择。汉文帝三年（公元前 177）五月，汉文帝巡视北边，继位后第一次回到晋阳，停留了十几天，说明他对于故地还是相当留恋的。此后，汉文帝又多次回到代地，还把次子刘武封为代王，三子刘参封为太原王，这也说明了他对于受封故地的重视。

刘恒做代王近 20 年，做皇帝 22 年，对晋阳地方的治理，如同他治理天下一样，主要是以文治之。据《西京杂记》记载，做代王时的汉文帝就在晋阳建造了一个"思贤苑"[③]，专门招待天下贤人。这个思贤苑建筑规模宏大，内部装饰也很考究，以表现对贤人的思盼和重视。后世史学家都认为汉文帝是历史上最能关怀民间疾苦、不劳烦民力的帝王。更令人印象深刻的是，汉文帝日常生活非常朴素，没有帝王式的奢华。去世之前的汉文帝发下遗诏，反对厚葬伤生，也不让全天下人为他举哀。在生前给他建造陵墓时，汉文帝要求只用瓦器陪葬，严格禁止使用金银铜器。所有这一切，在中国古代史上恐怕很难找出第二例。汉文帝这样做的原因，除了他的个性之外，晋地朴实的民风对他也产生了深刻影响。

两汉交会之际，长年的战乱深刻影响了知识分子对政治的看法和从政态度。特别是王莽乱政，使知识分子的政治迷惘更加严重。王莽夺权和建国所采取的政治主张和措施，对于一向以儒家学说为思想中坚的知识分子造成了史无前例的消极影响。当汉光武帝刘秀再次建立刘氏政权时，许多知识分子并没有一下子从长期的政治困惑中解脱出来，而是宁可处贫，也不食君禄，拒绝参与现实政治。在这方面，尤以一批太原名士表现得更为坚定明确，他们的言行在当时产生了巨大影响，对于东汉时期并州文化圈的形成产生了重要作用。

刘秀即位之初，任命侯霸为尚书令。当时，朝廷新立，制度草创，急需要各方面人才。侯霸也是名士，就利用其影响力，征辟和任用各地名士，以期及时有效地稳定新王朝的政治和思想秩序。当时，有太原人闵仲叔，应侯霸的请求来到京城。可是，首次见面时，侯霸只是慰劳问候了闵仲叔一番，并没有马上谈到治国之事，这使闵仲叔感到非常失望，明确表示不能在朝中做官。后来，朝廷又让闵仲叔担任博士，他始终没有答应，坚持了名士的政治敏感和正直。

注释：

① 《国语·晋语九》，上海古籍出版社，1978 年，第 491 页。

② 《史记·高祖本纪》，中华书局，1982 年，第 389 页。

③ 《西京杂记》，中华书局，1985 年，第 17 页。

闵仲叔的好友，太原人周党，字伯况，在坚持政治和生活操守方面与闵仲叔齐名，号称"举动必以礼"①。东汉初年，朝廷多次征召，周党不得已来到都城洛阳。见到汉光武帝之后，周党明确表示情愿守志，仍旧做个平民百姓。一些朝臣对周党的表现大为不满，光武帝下诏："自古明王圣主必有不宾之士。伯夷、叔齐不食周粟，太原周党不受朕禄，亦各有志焉。"②另有太原郡王霸、郇恁等名士，同样不肯听从当政者的召唤，宁肯隐居山林。

对于名士们的此类言行，《后汉纪·光武皇帝纪》中评论道："肆然独往，不可袭以章服者，山林之性也。鞠躬覆方，可屈而为用者，庙堂之材也。是以先王顺而通之，使各得其性，故有内外隐显之道焉。"③知识分子的政治品质，不能以在现实中的进与退来评判。不管他们是隐居山林，还是官居庙堂，都可以成为社会的中坚和良心所在。加之晋地中部理性而沉稳的文化传统，以及周秦以来三晋世家大族的政治风尚，使得一大批政治隐士在这个时候出现在太原地区，应该说并非偶然。

东汉后期，天下士人多半持有反对宦官专政的立场，屡遭政治迫害。在这种政治压制下，士人形成了自己的集团，以及这种集团特有的政治品质。这种集团的维持并没有成文的法则，而主要是依靠集团内部某些个人的人格魅力和个人品行。在这方面，太原介休（今山西介休）人郭泰独树一帜，《后汉书·郭太传》中评论郭泰，"隐不违亲，贞不绝俗，天子不得臣，诸侯不得友"④，在当时产生了巨大影响，也为山西历史文化作出了独特贡献。

东汉中期，周举出任并州刺史。《后汉书·周举传》记载："太原一郡，旧俗以介子推焚骸，有龙忌之禁。"所谓"介子焚骸"，讲的是晋文公之臣介子推，追随晋文公有功，却未被重用，就选择了隐居不仕。民间传说认为，介子推出走介山（一说在今山西介休），晋文公下令以火驱之现身，不幸被山火焚烧而亡。"龙"指木星，春天出现在东方，象征火。"龙忌"就是忌火、禁火。《周举传》接着说："至其亡月，咸言神灵不乐举火，由是士民每冬中辄一月寒食，莫敢烟爨，老小不堪，岁多死者。"身为有良知的官员，周举意识到了这个问题的严重性，上任不久就来到介子推庙祭祀。周举在祭文中说："盛冬去火，残损民命，非贤者之意。"接着颁布命令，要求老百姓一定在这个季节吃热食，"于是，众惑稍解，风俗颇革"⑤。

由介子推被焚的故事而出现的寒食节，在东汉中期已经基本定型，并成为山西中部地区重要的民俗节日，影响力巨大。从西汉末年到十六国的 300 多年间，以纪念介子推忠义之行为缘由和核心的寒食节，已经从山西中部地区发展到全国，成为一个以晋中绵山为中心的全国性节日。到宋代，寒食节与清明节、上巳节等其他传统节日的归拢，清明寒食节终于形成一个集寒食、祭亲、踏青为一体，并且延续至今的人文内涵丰富的传统节日。

从晋文化的视角来看，从寒食节到清明节，体现了鲜明的并州文化特色。介子推被焚而死是寒食节出现的关键，但在正史记载中，介子推并不是被焚而死。直到西汉末期，才大规模出现了介子推被焚的过程和细节，这直接导致了两汉之际"不火食"的民间习俗的产生。这个习俗的产生，与王莽篡汉以

注释：

① 《后汉纪》，张烈点校《两汉纪》下册《后汉纪》，中华书局，2002 年，第 83 页。

② 《后汉书·周党传》，中华书局，1965 年，第 2762 页。

③ 《后汉纪》，张烈点校《两汉纪》下册《后汉纪》，中华书局，2002 年，第 84 页。

④ 《后汉书·郭太传》，中华书局，1965 年，第 2226 页。郭太即郭泰。

⑤ 以上见《后汉书·左雄传》，中华书局，1965 年，第 2024 页。

后，大批士人究竟是忠于汉朝还是忠于新朝的两难选择有关。这个习俗之所以能在并州一带盛行，与上述以周党、郭泰等人为代表的讲原则、重气节的并州士风是一致的。

在任何一个社会区域内，经济发展最终都要表现为文化发展。反过来看，文化发展则有利于社会安定，是经济长期发展的重要保障。晋地中部以太原为中心的并州文化圈的形成，源头是先秦时代晋国社会上层的文化气质，经过汉文帝时代的培育，以及两汉之际和东汉末年社会大动荡的洗礼，到魏晋时期形成了不同于河东文化和晋北文化的文化取向。并州文化以士林为中心，推崇士人的气节，强调士人的社会责任，其大局观和历史意识最为浓厚。即使是在社会下层影响巨大的"寒食节"，其核心价值仍然是介子推式的忠义气节，并最终得到全天下的认可。有如此深厚的文化底蕴为基础，魏晋以后，太原地区的影响力不断扩大。前秦在太原建都（385）。建立唐朝的李渊、李世民父子，五代时期后唐李存勖、后晋石敬瑭、后汉刘知远，都是在晋阳起事称帝。为此，人们甚至视晋阳为龙兴之地，称"龙城"。

综上所述，在秦汉时期，与晋地经济社会发展的多样性相一致，晋文化也呈现出多种多样的发展态势；与晋地不同区域不同的经济发展和军事地位相一致，晋文化也表现出区域性的特点；与晋地由南到北经济政治发展的程度逐渐由强到弱、由深到浅相一致，晋文化也显现出了南强北弱、南深北浅的特征。但是，一直以来，对秦汉时期晋文化的研究和了解是相对滞后的。一般认为，在大一统的时代背景下，晋地的文化特征并不明显；在以皇权为中心的文化背景下，地域文化很难形成物色；在文化人才向朝廷所在地大量集中的时期，各地的文化成就只能处在次要的位置上。但是，在晋地，晋文化的多样性、区域性和积极性，却使得秦汉时期的晋文化发展出新的形态，不仅为此后晋文化的发展打下了坚实的基础，也为中国古代文化的发展，特别是秦汉文化发展作出了贡献。

（高专诚：山西省社会科学院社会学研究所所长、研究员）

北秀容与南秀容辨证

谢鸿喜

　　据《魏书·尔朱荣传》，北秀容与南秀容同时出现。《魏书·尔朱荣传》："尔朱荣，字天宝，北秀容人也。其先居（北秀容）于尔朱川，因为氏焉。常领部落，世为酋帅。高祖羽健，登国初为领民酋长，率契胡武士千七百人从驾平晋阳，定中山。论功拜散骑常侍。以居秀容川，诏割方三百里封之，长为世业。太祖初以南秀容川原沃衍，欲令居之。羽健曰：臣家世奉国，给侍左右。北秀容既在畿内，差近京师，岂以沃脊，更迁远地？太祖许之。"此文当在尔朱羽健从拓跋珪 396 年取并州，平中山以后，而在398 年迁都平城前，时魏都在盛乐。此时，我们还不知道北秀容的大致方位，还需引用《魏书》及《水经注》来探讨。其一，渡河屯秀容：《魏书·帝纪》道武帝登国八年（393）："五月，慕容垂讨慕容永于长子。六月，车驾北巡。（慕容）永来告急，遣陈留公元虔、将军庾岳率骑五万东度河救之。破类拔部帅刘曜等，徙其部落。元虔等因屯秀容。"所云"度河"，当指渡黄河，此当在山西境内今偏关、河曲、保德一带渡河，北秀容当在河曲、保德、偏关一带。又"类拔部帅刘曜"的问题，《魏书·志第二·天象一之二》载："天兴五年(402 年) 十一月，秀容胡帅、前平原太守刘曜聚众为盗，遣骑诛之。"又有"天兴三年（400 年）三月，……是岁，秀容胡帅、前平原太守刘曜聚众为盗，遣骑诛之"。这个"刘曜"在《魏书》中出现三次。第一次在 393 年，第二次在 400 年，第三次在 402 年。《魏书·校勘记》云："是岁秀容胡帅聚众反。诸本'帅'讹'师'。今据（天文）志二，天兴四年三月甲子修改。又'是岁'承上文是四年，据（天文）志二，事在五年十一月。"也就是说，三处记载为同一件事及同一年事，准此，所谓"类拔部"当时"秀容胡"之一部名。400 年所谓"秀容胡帅前平原太守刘曜"与 393 年"类拔部帅刘曜"系同一人同一事。393 年，是"破类拔部帅刘曜等，徙其部落。元虔等因屯秀容"，至402 年，这位"秀容胡帅、前平原太守刘曜聚众为盗"，被北魏"遣骑诛之"。393 年被"破类拔部帅刘曜等，徙其部落"。时隔 8 年以后，还是这位"刘曜"被"诛"了。且不书"类拔部"而书全称"秀容胡帅、前平原（今山东省邹平县）太守刘曜"。认定此"秀容"为北秀容者还有一条重要文献，《资治通鉴》卷一八〇《晋纪三十》孝武帝太元十九年（394）八月："（慕容）永告急于魏，魏王（拓跋）珪遣陈留公虔、将军庾岳帅骑五万东渡河，屯秀容以救之。"胡三省注："此北秀容也。在汉定襄郡界，后魏置秀容郡、秀容县，又立秀容护军于汾水西北六十里，徙北秀容胡人居之，此南秀容也。"此南、北秀容已很明确，且南秀容是由"北秀容胡人"徙居组成。北秀容胡何来？其实《水经注》里有答案。南匈奴铁弗刘虎的父亲名诰升爰。魏、晋以诰升爰名山名水，我们借此知道了诰升爰家族的居地。《水经·河水注》："中陵山水，自枝津西北流，右合一水于连岭北，北俗谓之乌伏真山，水曰诰升爰河。"清赵一清云："按《晋书》，匈奴右贤王去卑之子曰诰升爰。《魏书》铁弗刘虎，南单于苗裔，左贤王去卑之孙。虎父诰升爰，一名训兜诰，则此河以人得名。爰、袁音同通目。"《水经注》接着云："西南流，经沃阳县，左合中陵川，乱流西南，与一水合，北俗谓之树颓水。水出东山下，西南流，右合诰升爰水，乱流西南注，分为二水。左水 枝分南出，北俗谓之太罗河。"光绪《山西通志·府州厅县考》："案，中陵山水，今红河，古紫河也。树颓水即清水河，并出于平鲁县边也。又树颓水右合诰升爰水……与今（清水河）厅城近。太罗河疑是大洛，盖因汉骆县而名，习俗称骆城为'大洛'，北人又读'洛'如'罗'，遂书为大罗也。此下注又云河水又南，大罗水注之。乃今偏关河也。似涉牵混，然可知汉骆县在今厅南矣。"从上引文献可知刘虎父诰升爰之封居地，当在今内蒙古自治区清水河县南面与今偏关县北面，亦即东汉定襄郡之南部。东汉定襄郡治今右玉县西南，诰升爰驻地当在今右玉县南、清水河、偏关、河曲、保德一带。诰升爰何时居清水河一带？《魏书·铁弗刘虎传》："铁弗刘虎，南单于之苗裔，左贤王去卑之孙，北部帅刘猛之从子，居于新兴虑虒之北。北人谓胡父鲜卑母为'铁弗'，因以为号。（《北史》云'因以号为姓'）猛死，子副仑来奔。虎父诰升爰代领部落。诰升爰一名训兜。诰升爰死，虎代焉。虎一名乌路孤。始臣附于国（魏），自以众落稍多，举兵外叛。平文与晋并州刺史刘琨共讨之，虎走据朔方，归附刘聪，聪以虎宗室，拜安北将军、监鲜卑诸军事、丁零中郎将。复渡河侵（魏）西部，平文逆击，大破之，虎退走出塞。昭成初，虎又寇西部，帝遣军逆讨，又大破之。虎死，子务桓代领部落，遣使归顺。"而林于《匈奴历史年表》记载216年"秋七月，匈奴南单于呼厨泉入朝于魏，魏王曹操因留之于邺，使右贤王去卑归平阳监其庭。……曹操以前单于于扶罗子左贤王刘豹为左部帅"。可知东汉末匈奴分两大势力，即左贤王刘豹部与右贤王去卑部。

271年，晋武帝泰始七年（271）："春正月，匈奴帅刘猛叛出塞。"次年，"春正月，晋监军何桢讨匈奴刘猛，屡破之；潜以利，诱其左部帅李恪，恪杀（刘）猛以附晋。"笔者按：右贤王去卑子刘猛死于晋武帝泰始八年（272），右贤王部当由去卑次子诰升爰统领。"公元309年（晋武帝泰始八年）初，匈奴刘猛死，右贤王去卑之子诰升爰代领其众。诰升爰死，子刘虎立，居于新兴，虑 之北。"诰升爰何时死，史无明文，我们权将其死年当作此309年。

《魏书·尔朱荣传》："尔朱荣，字天宝，北秀容人也。其先居于尔朱川，因为氏焉。常领部落，世为酋帅。高祖羽健，登国（386—395）初为领民酋长，率契胡武士千七百人从驾平晋阳，定中山。论功拜散骑常侍。以居秀容川，诏割方三百里封之，长为世业。太祖初以南秀容川原沃衍，欲令居之。羽健曰：臣家世奉国，给侍左右。北秀容既在畿内，差近京师，岂以沃脊，更迁远地？太祖许之。"这个"尔朱川"和"秀容川"在何地？《北周地理志》北朔州广安郡招远（县）："有后魏梁郡城。"《寰宇记》载朔州鄯阳县北二十里，即尔朱荣所居。……此梁郡者，据《魏书·尔朱荣传》："祖代勤，高祖赐爵梁郡公，父新兴，继为酋长。肃宗世，以年老启求传爵于荣，朝廷许之。荣袭爵后，以攻进封博陵郡公，其梁郡前爵，听赐第二子。"又荣子义罗附传："初袭梁郡公，又晋爵为王，寻卒。"《北史·尔朱荣传子文略附传》："以兄义罗无后，袭义罗爵梁郡王。"则此梁郡，盖尔朱氏封邑。又据《魏书》尔朱兆传："弟智虎，与兆俱走，献武王擒之于梁郡岢岚南山。"则岢岚县亦梁郡属邑，《地形志》失载。岢岚县别见于下。寻废。盖尔朱氏灭而梁郡亦废。有秀容川。《魏书·尔朱荣传》："北秀容人也，其先居于尔朱川，因为氏焉……。"《寰宇记》朔州鄯阳县下云："秀容川东北接恒州，南接肆州，西限大河，北接朔州。东西六百里，南北四百余里。"按《寰宇记》之秀容四至八到，皆以魏世之地望言之，恒州谓治平城之恒州，其西南境至今山西左云、平鲁二县也。肆州谓治九原之肆州，其西北境至今山西代县、原平县，西南境至今山西静乐县也。朔州谓治云中之朔州，后又改云州者，其东南境至今山西偏关、河曲二县也。盖北秀容川东西 600 里，南北 400 余里者，大要包括今晋西北之朔县、神池、五寨、保德、岢岚诸县地，……其北秀容既以川名，必当有水以实之，古之王泽，今之大涧河也，古之北秀容川，今之朱家川也。朱家川发源神池县，经五寨县西，保德县东南，西注黄河，疑是古之所谓北秀容也。……岢岚（县），今山西岚县北 25 里岚城镇之北。后魏置。《隋书·地理志》：静乐，旧曰岢岚，开皇十八年（581）改为汾源，大业四年（608）改静乐县，本汉汾阳地。城内有堆阜三，俗名三堆城。隋开皇三年（566），自今宜芳县北移岢岚县于三堆城。十八年（581），改为汾源县。大业四年（608）改为静乐县。隋初封岢岚者见《隋故使持节金紫光禄大夫太子右卫率右备身将军司农卿龙泉敦煌二郡太守汾源良公姬府君之墓志铭》："公讳威，开皇二年八月，封岢岚县开国侯。仁寿三年，追封汾源县开国公。……北魏末，于此置广州，《读史方舆纪要》岢岚州，后魏末为岚州地。宋白曰：州治在今静乐县。按岚州即此广州……，《魏书·尔朱荣传》：'都督并、肆、汾、广、恒、云六州诸军事。《通鉴》梁大通二年，是时车骑将军仪同三司并、肆、汾、广、恒、云六州讨虏大都督尔朱荣兵势甚盛。胡三省《通鉴》注曰：广为作唐。魏收志，孝昌中，置唐州，高欢建义，改唐州为晋州。按朱尔容之兼督广州，在孝昌二年，于平阳郡置唐，在武泰三年，即孝昌四年，《魏书·樊子鹄传》及《魏书·崔挺传·附从父弟元珍附传》可证。则孝昌二年，尚未置立唐州，尔朱荣何得兼督邪？钱大昕知其伪，故不取胡注。钱大昕《廿二史考异》曰：据《地形志》，'晋州，孝昌中置唐，建义元年改。'武泰元年，即孝昌四年也。其年即改建义，则平阳之改唐州，不及一年。又云：广州治鲁阳，非荣所得督，当是燕字之之为。按钱君既不取胡三省唐州之说，故以广州或是燕州解之。然时晋西北实有广州，今年出土《魏故使持节中司徒公鲁郡王墓志铭》：'公讳肃，尔朱荣建义旗于晋阳，公预参远略。于是并、肆之地，分置广州，乃除持节广州。'是后魏建义中，确分并肆二州之地，别置广州也。《隋书·地理志》不载此广州，以唐初史臣修《隋志》时，皆取材于《隋世所修之图经》，而《图经》为隋炀帝讳，已改作岚州也。……凡此所指岚州，其实皆据隋世《图经》，而实即此广州所讳改。"也就是说，隋世所说北魏末年所设岚州，岢岚县等郡县名，皆为广州。因避隋炀帝杨广之讳，改"广"为"岚"。隋唐之世以后，因"岚"代"广"为后世所认可，后世不知有"广"而知有"岚"。唐《元和郡县志》所说"后魏于今理于今理置岚州，因州西岢岚山为名"被后世言舆地者奉为圭臬，于是"广"隐而"岚"显。若非隋开皇二年（565）汾源良公姬府君墓志，今岚县之"广州"将很难重见天日。然而，这并不是否认隋唐时有岢岚山，隋炀帝巧妙地利用岚州因岢岚山而名来否定岚县有"广州"之事实。我们既承认北魏后期曾设广州的事实，也不否认隋避讳改广州为岚州这一事实。

一、秀容部始于东汉末

光绪《山西通志·府州厅县考》宁武县："《方舆纪要》秀容故城在忻州西北百里，后魏时所谓南秀容也。又有北秀容在汉定襄郡界，……案：谓北秀容在定襄郡界本《括地志》。汉定襄郡南境为中陵，今平鲁县也，与神池界。西境为骆县，今清水河厅（今内蒙古清水河县）也，与偏关界。盖北秀容在

（宁武）府西北地。……盖汉末秀容部本居定襄界，魏武徙置于汾阳（今岚县）地，遂目今岚县为南秀容，而府境为北秀容。……地志皆以刘渊自美其姿容名地为秀容，不知其名已始于汉末。"光绪《山西通志》卷五十四《东迹考五·城邑·两汉》："秀容护军治，在岚县南。……郭璞注《山海经》已云管涔山在故汾阳县北秀容。是晋初习有秀容之称，则护军之立与阳曲置治为同时事，均建安中曹操分五部所散徙者，秀容为匈奴旧部名无疑也。"

南匈奴冒姓"刘"当始于东汉建安二十一年（216）林干《匈奴历史年表》123 页："秋七月，匈奴南单于呼厨泉入朝于魏，魏王曹操因留之于邺，使右贤王去卑归平阳（今临汾）监其庭。……曹操以前单于于扶罗子左贤王刘豹为左部帅。"此刘豹为南匈奴族刘姓见于史籍第一人。又本书 130 页："公元279年，匈奴左部帅刘豹子刘渊（字元海）……是岁春正月，会豹卒，晋以渊为左部帅。……公元 304 年，汉刘渊元熙元年，……冬十月，刘渊迁都左围城（今方山县南村），建国号曰'汉'，即汉王位，改元曰元熙。"

南匈奴右贤王去卑子刘猛当于左部帅刘豹同时。《匈奴历史年表》129 页："公元二七一年，春正月，匈奴帅刘猛叛出塞……公元二七二年春正月，晋监军何桢讨匈奴刘猛，屡破之；潜以利，诱其左部帅李恪，恪杀（刘）猛以附晋。"此刘猛系南匈奴右贤王去卑之长子，为南匈奴冒姓"刘"第二人。刘猛弟诰升爰在刘猛死后统领其部众。见于《水经注·河水注》诰升爰子刘虎号称铁弗匈奴。其孙赫连勃勃在统万城建立夏国。

《水经·河水注》："中陵川水，自枝津西北流，右合一水于连岭北，水出沃阳县东北山下，北俗谓之乌伏真山，水曰诰升袁河。"赵一清云："按《晋书》，匈奴右贤王去卑之子曰诰升爰。《魏书》铁弗刘虎，南单于苗裔，左（右）贤王去卑之孙。虎父诰升爰，一名训兜诰，则此河以人得名。爰、袁音同通目。"光绪《山西通志·山川考》认为《水经注》之树颓水为今之清水河，而诰升爰河为树颓水支流。其树颓水出今平鲁区西边。

朱家川河旧称尔朱川，亦名秀容川，是北秀容集聚的中心。朱家川河古称尔朱川之依据为《北周地理志》北朔州广安郡招远（县）："有秀容川。"《魏书·尔朱荣传》："北秀容人也。……其北秀容川既以川名，必当有水以实之，……古之北秀容川，今之朱家川也。"朱家川为尔朱川，亦尔朱荣高视尔朱羽健得姓之源。朱家川发源于管涔山三天池之一芦芽山弥莲池。另一源地在神池县北利民寨村东。流经神池、五寨、河曲、保德四县，于保德县花园村入黄河，全长 158.6 公里，流域面积 2922 平方公里。属季节性河流。芦芽山上旧有弥莲池，池虽不大，亦别有一番秀容。此所谓《魏书》天池三所之一，首弥莲，次燕京二池。清雍正《山西通志·山川》五寨县："弥莲池，在芦芽山上，一名金莲池。水深丈余，广十丈，色采似金，流先混耀，朝郁祥云，夕辉皓月。游人或以金珠投水中，宛在眼底，手摸之，不可获。所谓弥莲异水也。"

二、南匈奴秀容部

秀容，南匈奴部族名，始于东汉末年，南、北秀容以秀容山为标志，以秀容川（今朱家川）为分界。南秀容部以刘渊建立汉为高潮，北秀容部以刘虎孙赫连勃勃建立夏为巅峰。秀容既是南匈奴部族名号，又是以部族名为山名，又是水名之秀容川，又是地域名称，又是以人名之为秀容城。此一反地名命名的一般规律，所有山、河、地、城之名称均源于南匈奴秀容部。

三、秀容山川与岢岚山水

秀容山与秀容川及岢岚山与岢岚河并以管涔山为依托。秀容山与岢岚山均系管涔山之异名，秀容川又分南秀容川与北秀容川，南秀容川即今之岚河，普明河与岚城河。北秀容川即今之朱家川河。岢岚河即今岚漪河。

郭璞注《山海经》中云管涔山即秀容山。《水经注疏》："汾水出太原汾河县北管涔山。《山海经》曰：《北次二经》之首，在河之东，其首枕汾，其名曰管涔之山。""守敬按：郭（璞）《注》，今太原郡故汾阳县北秀容山。"南秀容川又叫秀容水。《魏书·尔朱荣传》："尔朱荣，字天宝，北秀容人也。……论功拜（高视尔朱羽健）散骑常侍。以居（北）秀容川，诏割方三百里封之，长为世业。太祖初以南秀容川原沃衍，欲令属之……"。宋《元丰九域志》宜芳县："五乡，飞鸢一堡。有岢岚山，秀容水。"北秀容川今朱家川。《北周地理志》北朔州广安郡招远（县）："有后魏梁郡城，有秀容川……北秀容既以川名，必当有水以实之，古之弥泽，今之大涧河也，古之北秀容川，今之朱家川也。"光绪《山西通志·山川考》："南秀容川，在岚县。"岢岚山为岚州、岚县等获名之山，实则岢岚山与管涔山为一山而多名也。清雍正《山西通志·山川》岢岚州："岢岚山，即管涔山、芦芽山也。"清光绪《山西通志·山川考》："《旧通志》：岢岚山，即管涔山、芦芽山也。"岢岚河即今之岚漪河。宋《太平寰宇记》岚谷县："岢岚河，在县东，水从岚州宜芳县走马岭下流出，去县四十里，西入河合县界。"

南北秀容之分界，当在今岚县、岢岚县交界之山左右。宋《太平寰宇记》朔州鄯阳县："秀容川（谢按指北秀容川也）。"按：川东北接恒州，南接肆州，西限大河，北街朔州；东西六百里，南北四百余里。《北周地理志》解释说："按《寰宇记》之四至八到，皆以魏世之地望言之，恒州谓治平城之恒州，其西南境至今山西左云、平鲁二县也。肆州谓治九原之肆州，其西北境至今山西代县、原平县，西南境至今山西静乐县。朔州谓治云中之朔州，后又改云州者。其东南境至今山西偏关、河曲二县也。盖北秀容川东西六百里，南北四百余里者，大要包括今晋西北之朔县、神池、五寨、岢岚县地是也。"

我们认为，据《北周地理志》，北秀容既包括岢岚县，则南秀容当据《魏书》肆州秀容郡："领县四，秀容、石城、肆卢、敷城。"按：北魏秀容郡、秀容县及后汉秀容护军皆治今岚县古城。石城县治今原平市崞阳镇。肆卢县治今忻州市忻府区西北25公里奇村东辛庄之间。敷城县治今原平市境。此当南秀容大致范围。今岚县北界与岢岚县交界之山当为南、北秀容之分界也。

（谢鸿喜：山西省测绘局）

三阶教与山西

杨学勇

摘　要：三阶教流域甚广，与今西安、敦煌、山西等地关系密切。三阶教与山西的关系主要表现为山西籍三阶教徒及其在山西地区的流传方面。通过分析可以发现，蒲州、绛州一带是三阶教活动的活跃区域，闻喜裴氏有很多人与三阶教关系密切，但同时不应宽泛地认为裴氏族人都信仰三阶教，不应产生"裴氏是三阶教信仰者"的先入为主的观点。

关键词：三阶教；绛州；裴氏

三阶教是隋唐时期的一个重要佛教派别，在中国佛教史上占有极其重要的地位。三阶教与山西的关系主要表现为山西籍三阶教徒及其在山西地区的流传方面。

一

三阶教信行禅师（540—594）生于今河南省清丰县附近[①]，在入长安以前主要以河南相州为活动中心，但亦曾涉足山西境内。《开皇三年遗文》提到："明常乐我净行能行人者，今现有四人：一者，相州光严寺僧惠定；二者，并州严净寺僧道进；三者，魏州贵乡县党孙浪彪下俗人王善行，年三十；四者，赵州瘿陶县党王凤邕下俗人王善性，年十九"[②]，知583年时信行仅寻得四个善知识，其中就有并州僧一名，此人应是三阶教的最初信徒之一。据史料看，信行在587—589年入京之间可能又遇到了一些同意他见解的人，包括本济、善智等。本济，俗姓宋，西河介休人，初学儒学，后归释氏，辞亲出家，至开皇元年（581）18岁时戒定慧已有所成，大业十一年（615）九月十二日卒于慈门寺，终年54岁。其传载：

> 会信行禅师创开异部，包括先达启则后贤，济闻钦咏欣然北面承部，写瓶非喻合契无差。以信行初达，集录山东，既无本文，口为济述，皆究达玄奥。……著《十种不敢斟量论》六卷，旨文清靡，颇或传之。自是专弘异集，乡高别众。[③]

注释：

[①] ［日］西本照真：《三阶教の研究》，春秋社，1998年，第42页。

[②] 方广锠整理：《大乘无尽藏法》，方广锠主编：《藏外佛教文献》（第四辑），宗教文化出版社，1998年，第368—369页。

[③]（唐）道宣：《续高僧传·本济传》，大藏经刊行会编：《大正藏》第50册，1976年，第578页上、中。

知本济是三阶教徒。由于在开皇七年（587）遗文中没有提及本济，所以至 587 年时本济还没有依止信行，又据"以信行初达，集录山东，既无本文，口为济述"，可推测 589 年时本济已从信行受业，所以说本济依止信行可能在 587—589 年，属于信行的早期弟子之一。本济之弟善智大业三年（607）卒，亦曾依止信行，"尝以四分之一用资形累，通夏翘足摄虑观佛"①，信行对他都深表敬佩，曾"伏膺请业"。善智撰有《顿教一乘》20 卷。可能善智与本济一样，也在 587—589 年依止信行。

589 年与信行同时进京的还有僧邕。僧邕，俗姓郭，太原介休人，13 岁依止僧稠出家邺西云门寺，学习僧稠禅法，可见僧邕与地论宗南道派关系密切。僧邕离开僧稠后前往林虑山修习禅法，北周灭齐后，又遁入白鹿山避时削迹。信行遣人告诉僧邕"修道立行，宜以济度为先，独善其身非所闻也，宜尽弘益之方照示流俗"②，于是出山见信行，共弘佛法，可见僧邕是信行入京之前的早期弟子。由于在开皇七年（587）遗文中信行还仅有四个善知识，却没有提到僧邕，所以僧邕依止信行当在 587—589 年。《僧邕传》、《化度寺故僧邕禅师舍利塔铭》载僧邕：

> 以贞观五年十一月十六日，终于化度寺院，春秋八十有九。主上崇敬情深赠帛，为其追福。以其月二十二日，奉灵魄于终南山，遵邕之遗令也。门徒收其舍利，起塔于行之塔左。……左庶子李百药制文、率更令欧阳询书。③

据此知僧邕于 631 年卒于化度寺院，并按林葬方法葬于信行塔左。唐太宗对其非常崇敬，曾赠帛为其追福，其碑由李百药制文、欧阳询书，恐怕也与太宗有关。太宗之所以如此敬重僧邕，是因僧邕严持戒律与贞观时期官方对佛教内律的重视相符。④ 由此亦可见，太宗时三阶僧具有一定的地位，未被朝廷禁断。罗振玉在《读碑小笺》中已提及僧邕"陪窆信行塔"⑤，这应已表明僧邕是三阶教徒。

《王居士砖塔铭》载："居士讳公，字孝宽，太原晋阳人也"⑥，知其祖籍为太原晋阳。矢吹庆辉道："王居士为三阶教徒之明文缺如，其砖塔在终南山梗梓谷中信行塔院百塔寺后，铭文有'超修十轮'之语，且据碑文和其行实而为三阶教徒，是无秋毫之疑惑。"⑦ 最初笔者在《三阶教宗教实践的判别标准》⑧ 一文中把王居士排除在了三阶教徒行列，现在依据矢吹庆辉所言王居士砖塔在信行塔院百塔寺后以及考虑到"超修十轮"多少与三阶教有关，所以暂时认定王居士为三阶教徒。

据《唐台登县令李君故夫人姚氏墓志铭并序》所载"夫人字香，河东人也"⑨，可知姚香是河东人。由墓志所载"……加以结念三空，归诚四谛；不轻之行，实会天机；檀度之因，弘于善本；散花贝叶，造次不忘……"，说明该墓志志主信仰三阶教。

注释：

① （唐）道宣：《续高僧传·本济传》，大藏经刊行会编：《大正藏》第 50 册，1975 年，第 578 页中。

② （唐）道宣：《续高僧传·僧邕传》，大藏经刊行会编：《大正藏》第 50 册，1975 年，第 583 页下—584 页上。

③ （唐）道宣：《续高僧传·僧邕传》，大藏经刊行会编：《大正藏》第 50 册，1975 年，第 584 页上。

④ 朱立峰：《记智首、玄琬与唐初长安的守戒运动——简论唐太宗崇重律僧与四分律宗之崛起》，《唐研究》第 15 卷，第 565—573 页。

⑤ 参罗振玉撰述、萧文立编校：《雪堂类稿》（甲：笔记汇刊），辽宁教育出版社，2003 年，第 26 页。另参同书《雪堂类稿》（丙：金石跋尾），第 340 页。

⑥ （清）王昶：《金石萃编》（陆）卷五十一，光绪上海醉六堂印本。

⑦ ［日］矢吹庆辉著、墨禅译：《三阶教之研究》，《海潮音》第 16 卷第 4 号，1935 年 4 月 15 日，第 63 页。

⑧ 杨学勇：《三阶教宗教实践的判别标准》，"敦煌汉藏佛教艺术与文化学术研讨会"论文集，2008 年 6 月，第 436—454 页。

⑨ 赵君平、赵文成编：《河洛墓刻拾零》（上），北京图书馆出版社，2007 年，第 82 页。

《湛大师经幢铭》载湛大师"俗姓员，释号湛□族本□□朝邑人也……荐福寺大德明观和尚，开三阶之奥理，示一性之法王，敷普□之□演收慈之本，乃悟六入趣精□□□□遂舍□□方就普利□□传授无我无人，食任精粗一衣一纳。观公谓曰'吾久住皇州，欲□汝法流外'。于是大师随侍□适蒲城……"①据此可知，湛大师依止荐福寺明观和尚学三阶佛法，两人都曾在蒲州一带活动过。矢吹庆辉依据《湛大师经幢铭》所载"开三阶之奥理"、"至终南山梗梓岗侧"指出，明观、湛大师为三阶教徒。②

二

《信行传》载："有居士逸民河东裴玄证制文，证本出家住于化度。信行至，止，固又师之，凡所著述皆委证笔。"据此知河东裴玄证是信行入京后的直系弟子，信行入京后所撰著作都由裴玄证笔受。"裴玄证制文"说明信行墓碑应是裴玄证撰文。另外，在"信行"的称谓上，《信行传》等大多数资料说"释信行"，而《信行塔碑》则说"讳信行"，"讳"乃避讳之意，是一种尊称，在墓碑中经常看到某人在称呼先亡的长辈时，通常加一"讳"字表示尊敬，结合信行的情况，可以推知《信行塔碑》撰文者应为信行的弟子，而裴玄证恰为信行直系弟子，所以从"讳"字的使用上也可旁证《信行塔碑》是裴玄证撰文。虽然前贤早已指明《信行塔碑》是裴玄证撰文③，但无法解释清楚《金石录》中为什么提到汤阴和长安都有称作《信行塔碑》的碑刻，以及它们与裴玄证撰文的终南山信行塔碑之间的关系。神田喜一郎的该碑拓本是从顾燮光处得到的，即为汤阴本，而常盘大定的该碑拓本则是来自陕西④，即为长安本。塚本善隆注意到了汤阴本与长安本的诸多一致之处，并怀疑常盘博士所藏的长安终南山方面的《信行塔碑》拓本与汤阴本大概是同样的东西。⑤本文认为，之所以存在终南山本、汤阴本、长安本以及为什么汤阴本与长安本存在诸多一致之处，可能是因为诸版本都是裴玄证撰文，其中终南山本即为信行的舍利塔碑，恐亦为裴玄证书⑥，而汤阴本、长安本则是信徒依照裴玄证所撰的内容在各地篆刻的。汤阴县在相州及信行出生地附近，长安则是信行入京后的活动地区，可见汤阴、长安都是与信行有紧密联系的地区，而信行去世时"道俗号泣，声动京邑"、"凄伤朝市留连涂路，有识无识如盲失道之哀，若见若闻如子亡亲之痛，悲连地岳怨动京畿"⑦，可见信徒对信行的崇拜是非常狂热的，所以在与信行有紧密联系的汤阴、长安立碑是有可能的。这也能与前贤认为的汤阴本、长安本都是裴玄证撰文的解释相符合。

矢吹庆辉分析宋赵明诚《金石录》卷三第570条所载"唐逸民裴高士碑。正书，无书撰人姓名，贞观八年正月。按：高士，裴玄证也"时，认为之所以没有撰者名字是因为《信行传》载裴玄证"生自

注释：

① （清）王昶：《金石萃编》（柒）卷六十六，《湛大师经幢铭》，光绪上海醉六堂印本。

② ［日］矢吹庆辉著、墨禅译：《三阶教之研究》，《海潮著》第16卷第4号，1935年4月15日，第94—96页。

③ ［日］神田喜一郎：《三阶教に关する隋唐の古碑》，神田喜一郎：《神田喜一郎全集》（第一卷），同朋舍，1986年，第285页。又参（日）矢吹庆辉：《三阶教之研究》，第5页。

④ ［日］常盘大定、关野贞：《支那文化史迹》（九）（陕西），法藏馆，1940年6月，第80—81页。并参同书图版第七十五，或参考（日）矢吹庆辉：《三阶教之研究》附图二。

⑤ ［日］塚本善隆：《三阶教资料杂记》，塚本善隆：《塚本善隆著作集》第三卷，《中国中世佛教史论集》，大东出版社，1975年，第224页。

⑥ ［日］神田喜一郎：《三阶教に关する隋唐の古碑》，神田喜一郎：《神田喜一郎全集》（第一卷），同朋舍，1986年，第285页。

⑦ 《信行塔碑》碑文，参（日）神田喜一郎：《三阶教に关する隋唐の古碑》录文，第284页；另参［日］矢吹庆辉：《三阶教之研究》录文，第9页。

制碑，具陈己德，死方镌勒，树于塔所，即至相寺北岩之前，三碑峙列是也"之故，并认为裴玄证死于贞观八年（634）以前。[①] 此外，塚本善隆还提到了《宝刻丛编》第二十卷所载"唐逸民正议大夫裴玄证碑。正书，无书撰人姓名，贞观八年正月（《金石录》）"，并认为至相寺北岩之前峙列三碑或为信行碑、净名碑及裴玄证碑[②]，即《信行塔碑》、《唐化度寺净名法师舍利塔碑》及《唐逸民正议大夫裴玄证碑》。塚本善隆的推测可能是依据此三碑都是裴玄证撰文之故。大谷胜真则没有完全采用塚本善隆的观点，而是认为此三碑可能是《宝刻丛编》第二十卷所载"隋信行禅师传法碑。僧法琳撰，开皇十四年正月（《京兆金石录》）"、《唐逸民裴高士碑》及《唐化度寺净名法师舍利塔碑》[③]，其依据可能是《宝刻丛编》第二十卷载有此三碑名目故。本文认为，道宣所说"至相寺北岩之前，三碑峙列是也"，其本意当是指至相寺北岩之前裴玄证所撰三碑，而不可能是指至相寺北岩之前共有三碑。三阶教教徒特别是早期信徒几乎都葬在信行墓侧，至道宣时代当不可能仅有三碑，所以本文赞同塚本善隆的观点。

信行去世后，三阶教内部发生了分裂。三阶教的分裂应主要体现在裴玄证自立科纲上，表现为以裴玄证为中心的一派和以僧邕为中心的一派的对立。信行当初所定规制为《大众制法》，按照僧邕"及行之殁，世纲总徒众，甚有住持之功"[④]的说法，僧邕应是继承了信行的衣钵，严遵《大众制法》，但裴玄证后来却"自结徒侣，更立科纲"，形成了自己的一派系统，并制定了自己的教团规制，明显已经背离了信行的系统，由此也就出现了裴玄证派与僧邕派的对立。[⑤]

《两京新记》及《太平广记》都提到化度寺无尽藏："贞观中，有裴玄智，戒行修谨，入寺洒扫十数年间。寺内徒众以其行无玷瑕，使守此藏，后密盗黄金，前后所渐，略不知数。寺众莫之知也。遂便不还。众惊，观其寝房，内题诗云：'将军遣狼放，置骨狗前头。自非阿罗汉，谁能免作偷。'竟不知所之。"[⑥]内中裴玄智就是闻喜裴氏。化度寺无尽藏应主要是由僧人管理，但从裴玄智管理无尽藏一事看，似乎也存在让世俗人管理的可能。根据"裴玄智者戒行精勤，入寺洒扫积十数年"看，他有可能是寺院的净人。另外，裴家对佛教信仰极其虔诚，曾有施身寺院的记载[⑦]，也许裴玄智就是如此，表现的是"誓愿顿舍身命财直到成佛"[⑧]的无尽藏行，而且从裴玄智盗取黄金而寺众不觉，可知无尽藏的管理并不严密，缺少监督。

爱宕元依据裴玄证与裴玄智仅一字之别，"证智"与佛语有关，字义相近易造成讹传，以及《两京新记》与《太平广记》所依据的《辨疑志》在传承上出现的谬误，如"武德中"及"信义"的错误，认为裴

注释：

① [日] 矢吹庆辉著、墨禅译：《三阶教之研究》，《海潮著》第 16 卷第 4 号，1935 年 4 月 15，第 43—44 页。

② [日] 塚本善隆：《三阶教资料杂记》，塚本善隆：《塚本善隆著作集》第三卷《中国中世佛教史论集》，大东出版社，1975 年，第 232、234 页。

③ [日] 大谷胜真：《三阶某禅师行状始末に就いて》，《史学论丛》（《京城帝国大学文学会论纂》第七辑），岩波书店，1938 年，第 260—261 页。

④ （唐）道宣：《续高僧传·僧邕传》，大藏经刊行会编：《大正藏》第 50 册，第 584 页上。

⑤ 杨学勇：《法藏敦煌文献 P.2550 号与三阶教的斗争问题》，《宗教学研究》2013 年第 1 期，第 103—107 页。

⑥ （唐）韦述撰、辛德勇辑校：《两京新记辑校》，三秦出版社，2006 年，第 57 页。

⑦ 参"其母年逾七十，以身为婢，自施三宝，布衣麻菲，手执箕帚，于沙门寺洒扫。植弟瑜、粲、衍并亦奴仆之服，泣涕而从，有感道俗。诸子各以布帛数百赎免其母。于是出家为比丘尼，入嵩高，积岁乃还家。"（北齐）魏收：《魏书·裴植传》，中华书局，1974 年，第 1571 页。

⑧ 参 [日] 矢吹庆辉著、墨禅译：《三阶教之研究》（别篇），《海潮著》第 16 卷第 14 号，1935 年 4 月 15 日，第 7 页。

玄证与裴玄智是同一人。^①本文不赞同把裴玄证与裴玄智作一人看待，虽然"证"、"智"仅一字之别，但它们的字义、读音、字形都存在很大差异，而且同一书中出现多处记载错误也难以让人信服。若裴玄证真是裴玄智，监守自盗，则道宣在记叙裴玄证时当不会仅仅载其"自结徒侣更立科纲，返道之宾同所击赞"之类的话，所以在此问题上，矢吹庆辉、塚本善隆所言裴玄智与裴玄证恐有亲缘关系^②的看法应更为合理。

此外，裴公妻贺兰氏、裴行俭妻库狄氏也是三阶教徒。据《大唐太常协律郎裴公故妻贺兰氏墓志铭并序》所载："夫人贺兰氏，曾祖虔，随上柱国；祖静，皇朝左千牛；父元悊，潞州司士，并宏翰深识布声于代。夫人即协律之姑女也。"^③知贺兰氏祖籍山西潞州。开元四年（716）十二月，贺兰氏以44岁终于济法寺，故知其生于673年。同年迁殡于鸥鸣堆，陪信行禅师塔侧。神田喜一郎最早指出贺兰氏为三阶教徒^④，矢吹庆辉认为碑中所说"裴公"尚需考证^⑤，而爱宕元则认为此"裴公"乃是裴庆远。^⑥据《张说赠太尉裴行俭神道碑》所载："继室以华阳夫人库狄氏……深戒荣满，远悟真筌，固辞嬴惫，超谢尘俗，每读信行禅师集录，永期尊奉。开元五年四月二日归真京邑，其年八月迁窆之于终南山鸥鸣堆信行禅师灵塔之后。古不合葬，魂无不之，成遗志也。"^⑦知闻喜裴行俭继室库狄氏死于开元五年（717）四月，葬于终南山鸥鸣堆信行塔后。矢吹庆辉据明代赵崡《游城南记》所载"百塔寺本信行禅师塔院，山畔唐裴行俭妻库狄氏葬塔尚存"指出，库狄氏为三阶教信徒。^⑧

虽然可以确定裴玄证、裴玄智、裴行俭妻库狄氏、裴公妻贺兰氏为三阶教徒，由此可以推知裴氏的三阶教信仰，甚至认为裴氏是三阶教外护^⑨，但并不能在没有明确证据的情况下宽泛地认为裴氏族人都信仰三阶教，不应产生"裴氏是三阶教信仰者"的先入为主的观点，从而生拉硬套地把裴氏都归入三阶教。

三

还有一些山西籍及在山西地区活动过的三阶教徒，其事迹多与佛教内部争斗有关。

《法华传记》卷八载有永徽年中，僧行在绛州孤山西河道场行三阶佛法，死后下地狱受苦事。^⑩

依据《三阶某禅师行状》第2550页可知，此禅师咸亨三年（672）六月十五日卒，葬于蒲州东山阁

注释：

①〔日〕爱宕元：《唐代河东闻喜の裴氏と佛教信仰——中眷裴氏の三阶教信仰を中心として》，〔日〕吉川忠夫：《唐代の宗教》，朋友书店，2000年，第53页。

②〔日〕塚本善隆：《三阶教资料杂记》，塚本善隆：《塚本善隆著作集》第三卷《中国中世佛教史论集》，大东出版社，1975年，第236页。

③（清）王昶：《金石萃编》（捌）卷七十一，《大唐太常协律郎裴公故妻贺兰氏墓志铭并序》，光绪上海醉六堂印本。

④〔日〕神田喜一郎：《三阶教に关する隋唐の古碑》，神田喜一郎：《神田喜一郎全集》（第一集），同朋舍，1986年，第300页。

⑤〔日〕矢吹庆辉著、墨禅译：《三阶教之研究》，《海潮著》第16卷第4号，1935年4月15日，第86页。

⑥〔日〕爱宕元：《唐代河东闻喜の裴氏と佛教信仰——中眷裴氏の三阶教信仰を中心として》，〔日〕吉川忠夫：《唐代の宗教》，朋友书店，2000年，第49页。

⑦〔日〕李昉等编：《文苑英华》卷八八三，中华书局，1966年，第4656页上。

⑧〔日〕矢吹庆辉著、墨禅译：《三阶教之研究》，《海潮著》第16卷第4号，1935年4月15日，第57—58页。

⑨〔日〕矢吹庆辉著、墨禅译：《三阶教之研究》，《海潮著》第16卷第4号，1935年4月15日，第49页；塚本善隆：《三阶教资料杂记》，塚本善隆：《塚本善隆著作集》第三卷《中国中世佛教史论集》，大东出版社，1975年，第236页。

⑩（唐）僧详：《法华传记》，《大正藏》第51册，1975年，第86页下。

提寺耶田谷大平下小平堆上，穿窟，舍身血肉散及有缘。此禅师生前主要在绛州、蒲州一带宣扬三阶佛法，其一些思想主张遭到了佛教界内部的反对，如他们反对该禅师"唯化俗人不化众僧"、"不教丈夫行道，唯教妇女"①等，这说明直到此时三阶教仍遭受佛教界内部的反对。该卷中还提到很多学习三阶佛法或对三阶教抱有友好态度的人，包括僧人、俗人，有绛州翼城某清信士、崇净寺讲摄论大德智达法师、安邑县摄论尼阿相师、绛州司仓孟某的儿子、王贤等五人、蒲州刺史李仲寂、王基、某名守忠者。绛州翼城某清信士"身著故破布，衣负一箄瓢，不共人语，唯高声唱言'我深敬汝等，不敢轻慢，汝等皆行菩萨道当得作佛'。唱此过去菩萨之语，礼拜四众"，可见该清信士应是效仿法华常不轻行，无问男女率皆礼拜。该清信士的着装，卷中禅师曾有解释。有人问禅师："著羊装、把箄瓢者有何意？"禅师道："佛法并在破羊装、把瓢之下，在有三种大益：一者遮风寒、二者鄣雨雪、三此是内家口御服，箄瓢者轻用之器。具在儒文。此羊装大意是第一义。天宝殿逐身就此是因修。"该禅师的解释虽然提及破羊装、把瓢之下也有佛法，但所说的"三种大益"似乎仅是羊装、把瓢的客观作用，而并没有从一种理论的层次加以解释。从卷中所载"达师、相师等数十余人僧皆舍名闻，徒众四事顿舍三业，随遂禅师，更不敢用自己见"看，达师、相师应是放弃了摄论学说而改投禅师门下，学习三阶佛法。从"王贤者等五人向京五众中学三阶佛法，来问禅师邪正法，禅师为对同住，有一师解行各别，不得说其邪正。五人殷勤起请，遂即说辟喻法……五人礼拜惭愧而去"的记载看，王贤等五人是在长安学的三阶佛法，但其中一师仍然别解别行而非普解普行，或者是与禅师所学三阶佛法不同，所以禅师不能说其所学法邪正。从"禅师去后二年，诸弟子不识禅师意，递相讼诤，准例起塔供养，知舍利之常在，或有随喜造者，或有不用见闻者"的记载看，咸亨五年（674）禅师骸骨被起塔供养。P.255 号最早由大谷胜真进行介绍、研究，并拟题为"三阶某禅师行状始末"②，但大谷胜真仅指出该禅师是三阶教徒。此后，西本照真又指出智达、阿相为三阶教徒。③本文此处则把该卷中提及可归为三阶教徒的人物都做了罗列。

元和末年（806—820）八月，蒲州人善谌梦见西方圣众告言"明年今日，我等迎汝，所修行业，不应退废……至期日……谌向西方含笑而终，年五十一矣"。名古屋市真福寺所藏，建长六年（1254）乘忍书写《往生净土传·桑门戒珠集》卷上《沙门善谌受持观经往生净土》第二十六载善谌"依投信禅门人，以三阶佛法为至极，兼律行清高，戒珠无瑕秽，初不信净土教，后见观经，深生信心，悔谢前愆，回心归西方，专受持观经，以为净业正因……"④，从中可见善谌由最初的信仰三阶教转而改信弥陀净土教。善谌最早由塚本善隆指出其为三阶教徒。⑤更为重要的是，塚本善隆依据僧行下地狱及善谌改宗的记载，认为两者都在山西南部（蒲州、绛州一带）活动，靠近裴氏乡贯闻喜，由此可以想见三阶教在地方流传的状况。然而山西也是净土教兴起的地方，由于净土教、三阶教在教义上的对立，两者必然会发

注释：

① 上海古籍出版社、法国国家图书馆等编：《法藏敦煌西域文献》第 15 册，上海古籍出版社，2001 年，第 295—304 页。

② ［日］大谷胜真：《三阶某禅师行状始末に就いて》，《史学论丛》（《京城帝国大学文学会论纂》第七辑，）岩波书店，1938 年，第 247—302 页。

③ ［日］西本照真：《三阶教の研究》，春秋社，1998 年，第 99—100 页。

④ ［日］塚本善隆：《三阶教资料杂记》，塚本善隆：《塚本善隆著作集》第三卷《中国中世佛教史论集》，大东出版社，1975 年，第 244 页。

⑤ ［日］塚本善隆：《三阶教资料杂记》，塚本善隆：《塚本善隆著作集》第三卷《中国中世佛教史论集》，大东出版社，1975 年，第 245 页。

生冲突和论战。净土教乃至诸佛教对三阶佛法的宗教战的结果是三阶教败退，有关僧行、善谌的情况就是三阶教败退，净土教获胜时被记载下来的。[①] 塚本善隆的分析给我们展现了一幅正统佛教与三阶教之间斗争的画面，不过两者之间的斗争并非一直是三阶教败北。从慧如在大业年间舍弃三阶佛法、"遂有数个优婆夷舍持经……其先舍诵《法华经》数人，因此既发心诵《法华经》更生殷重"[②]，僧行永徽年间堕地狱、善谌元和年间改宗的种种记载看来，正统佛教尤其是净土教与三阶教之间应存在过一个相当长的、此消彼长的斗争过程。善谌改宗至少可以表明直到此时净土教与三阶教之间仍然存在斗争。

（杨学勇：山西师范大学历史学院副教授）

注释：

① ［日］塚本善隆：《三阶教资料杂记》，塚本善隆：《塚本善隆著作集》第三卷《中国中世佛教史论集》，大东出版社，1975 年，第 245—246 页。

② （唐）僧详：《法华传记》卷三，《大正藏》，1975 年，第 92 页下。

金状元王纲生平及其诗文辑考

仝建平

摘　要： 金代状元王纲生平事迹正史无载。通过查考其乡邦文献，王纲是金元之际赵城人，金大安元年（1209）中词赋状元，官翰林修撰；金亡前夕曾被元好问推荐于蒙古中书令耶律楚材；金亡后归隐于家乡赵城。王纲约生于 1180 年，卒于 1255 年之后；所撰诗文现在可考知者有诗一首，文章两篇。

关键词： 王纲；大安；赋状元；赵城

金哀宗天兴三年（1233，癸巳）正月，守卫汴京（今开封）的金军在蒙古军队的围攻下粮尽力竭；戊辰（二十三）日，金安平都尉、京城西面元帅崔立兵变降蒙；四月初，蒙古军队进占金都汴京。为了避免汴京惨遭破坏和军民被大肆屠杀，蒙古中书令耶律楚材得到太宗窝阔台允许急驰汴京，处理接收和善后事宜。四月二十二日，困居汴京的金朝官员元好问上书耶律楚材，请求保全金朝 54 位知名学者，以延续中原文脉，并留待日后为蒙古政权效力。此事是为金元之际著名的"癸巳上书"。关于"癸巳上书"，姚从吾先生曾撰文《元好问癸巳上耶律楚材书的历史意义与五十四人行事考》①，进行了深入探讨，享誉金元史学界。元好问所举的 54 位学者，其中有一位金末状元王纲，"时辈如平阳王状元纲"。由于资料所限，姚从吾先生将其列入"生平一时无考者"。而王纲原籍的赵城县志记其生平事迹亦不多，比如，道光《赵城县志》卷三十一《人物传目·王纲传》亦曰："邑之仕宦众矣，往志断自金王纲。纲在大安中官修撰，今其名在《乡贤传》。第曰尝著《忠孝歌》而已，他无纪也。岂其生平仅以言见耶？及求所为《忠孝歌》，亦鲜能知之，则并其言轶矣。或曰：人之传不传，有数存其间，信夫？子不能不憾纪载之疏，而尤惧湮没不彰，如纲者之尚有人也。"②编者也遗憾赵城乡贤王纲事迹甚少。

一、文献所见的王纲本事

王纲，《金史》、《元史》无传。据成化《山西通志·人物》载："赵城人。大安年廷试，中词赋魁。仕至翰林修撰。"③可知王纲是金代赵城（今属山西省洪洞县赵城镇）人，大安元年（1209）词赋状元，

注释：

---

① 姚从吾：《元好问癸巳上耶律楚材书的历史意义与五十四人行事考》，彭卫等：《20 世纪中华学术经典文库·历史学·中国古代史卷（中册）》，兰州大学出版社，2000 年，第 606—646 页。

② 道光《赵城县志》，洪洞县志编委会，2003 年，第 101 页。

③ 成化《山西通志》，中华书局，1998 年，第 656 页。

官至翰林修撰。元好问《续夷坚志》卷四所载《平阳贡院鹤》一文,"大安(1209—1211 年)初,高子约、耿君嗣、阎子秀、王子正考试平阳,举子万人。主司有梦绯衣人来谢谒者。明旦试题以下,语同官。俄,群鹤旋舞至公楼上,良久不去。主司命胥吏揭榜大书示众云:'今场状元,出自河东。'当举府题《对人有金城》,解魁宋可封,泽州;省题《俭德化民家给之本》,省魁孙当时;御题《获承休德不遑康宁》,状元王纲,平阳。三元者果皆河东云"①。大安只有三年(1209—1211),可见大安初应为 1209 年。《平阳贡院鹤》所记内容有些夸张,有人认为是传说,但由于元好问与王纲是同时代的人,加以元好问对王纲学识的赏识,王纲从平阳府科举选拔而出,廷试高中状元应该没有问题。今洪洞县周围尚有王纲所撰碑记存世,如现存安泽县府城镇高壁村通玄观的己亥年(1239)《重修通玄观记》,署名"前翰林修撰状元王纲振之撰"。顺治《赵城县志·艺文》收录的《大金重修娲皇庙碑铭序》,署名"状元及第翰林修撰邑人王纲谨撰"②。署名都称"状元及第"。

王纲是河汾诸老之一曹之谦的岳父。元人房祺《〈河汾诸老诗集〉序》:"兑斋之先诚应人,……而况状元王公赵城人,曹之外父也。"③

《洪洞金石录》据顺治《赵城县志》辑录《大金重修中镇应圣公神祠记》一文,金大定二十八年(1188)九月二十日记:"宣武将军行县令仇守中撰,状元及第邑人王纲书。"④由于王纲于 1209 年中状元,此《大金重修中镇应圣公神祠记》大致是由行县令仇守中撰文于 1188 年,约请赵城名人状元王纲书写当在 1209 年之后,刊刻立碑也应在 1209 年之后,同时亦反映出王纲书法水平有相当造诣。

顺治《赵城县志》卷一《舆地志·丘墓》载"金状元王纲墓,在简子庙前,基址三亩二分,有石虎、羊,神道碑";道光《赵城县志》卷二十九《陵墓》载"金状元王纲墓,在县东北三里官庄村赵简子祠前,有碑记";顺治《赵城县志》卷二《宫室志·牌坊》载"状元坊,在南关,为王纲立";顺治《赵城县志》卷七《人物志·甲科》载"王纲,字振之,桂林坊人,泰定年廷试中状元及第,任翰林院修撰"(按:此处"泰定"误,金无泰定年号。另,该书卷一《舆地志·坊里》记"桂林坊在城十字街")。现存洪洞县万安镇浅沟村的清代《桂林坊运九甲香山公王府君碑记》记录了金状元王纲一支后裔明末以来的世系,"历至我祖,金状元王纲振之公讳纲,任翰林院修撰,为前后九甲始祖……振之公茔在本城东门外苍神坡下"⑤。

雍正《山西通志》卷一三六《人物》载:"王纲字振之,洪洞人,金章宗时廷试词赋,赐状元及第,官翰林院修撰。撰《忠孝歌》行于世。"按:此处"金章宗"误,金章宗 1189—1208 年在位,应为金卫绍王完颜永济。

二、王纲生卒年考略

王纲的生卒年,史书无载。元好问将向耶律楚材推荐的 54 人分为圣者之后(1 人)、耆旧(4 人)、时辈(49 人)三类。耆旧与时辈,应该是元好问参照自己的年龄而区分的,元好问生于 1190 年。耆旧"冯内翰璧"即冯璧,生于 1162,卒于 1240 年。王纲既位列时辈首位,他和元好问的年龄应相差不会

注释:

① 元好问:《元好问全集(增订本)》,山西古籍出版社,2004 年,第 1218 页。

② 李国富等:《洪洞金石录》,山西古籍出版社,2008 年,第 616 页。

③ 房祺:《河汾诸老诗集》,山西古籍出版社,1996 年,第 102 页。

④ 李国富等:《洪洞金石录》,山西古籍出版社,2008 年,第 610 页。

⑤ 李国富等:《洪洞金石录》,山西古籍出版社,2008 年,第 473 页。

太大，同时他可能是 49 人中年龄较大、资历较高者。他于金大安元年（1209）中状元，至少理应 20 岁以上。另据刘达科先生考证，曹之谦生于 1197—1201 年，卒于 1264 年。①王纲既是曹之谦的岳父，似应比曹之谦年长 20 岁左右。如此一来，王纲的生年当在 1180 年左右。元好问曾作诗称曹之谦为"弟"，诗前有序曰"益父曹弟见过，挽留三数日，大慰积年倾系之怀。其行也漫为长句以赠。弟近诗超诣，殆欲度骅骝前，故就其所可至者而勉之"②，说明元好问年长于曹之谦，但也不会相差太大。大致王纲年长元好问十岁左右，元好问年长曹之谦十岁左右。这也印证了王纲生于 1180 年左右的合理性。

《洪洞金石录》据顺治《赵城县志》辑录王纲所撰《大金重修娲皇庙碑铭序》一文，原碑已不存，碑文记蒙古军队南下所过，赵城一带残破不堪，"及大朝之取天下，电扫风驰，云趋雾卷，庸示其威也，平城堞而火屋庐，以至梵宫、道宇、帝庙、神祠悉为灰烬"③，待当地形势稍为平稳后，修真道士张志一和道士乔志云主持重修赵城的娲皇庙，工程粗就，约请王纲作序，"一日，府掌法曹经暨志一求志于余。予以父母之邦，不敢以荒陋辞，又谓此碑之作，非徒记修复之年月，仰使后人睹斯文而有激云尔"④。碑文并未提及作序时间。《洪洞金石录》另收录一篇元代《重修娲皇庙碑》，此碑刊于至元十四年（1277），现存洪洞县赵城镇侯村女娲庙，笔者曾去阅看。碑文所记至元四年（1267）四月，平阳赵城县道士申志宽奉其先师张志一治命，诣长春宫恳请明真人志敬奏言。奏言提及丙（此字残损，据同篇碑文"岁增月葺，余四十岁"推算得出）戌岁（1226），张志一承郡人礼召，始来住持，修缮娲皇庙，乙卯（1255）岁小成，"逮乙卯岁，庙貌小成。庙旧以娲皇名，至是奉制改名补天宫，迄今又十三年"。1267 年申志宽奏言据 1255 年修缮小成恰好 13 年。据此，王纲作序当在张志一修缮小成之时的 1255 年。那么此时王纲当健在，既能替人作序，身体状况当不致太差。可见王纲去世定在 1255 年之后。前已述及，王纲曾于 1239 年为平阳府和川县重修通玄观作过《重修通玄观记》。

可知王纲大致生于 1180 年，卒于 1255 年之后。以往提及王纲生卒年的几种著述多作"1180—1240 年"或"1180？—1240 年？"，前者如《辽金元朝状元榜眼探花诗歌》，后者如《解读河汾诸老》，所谓 1240 年不知何据。由上述考证可知，至晚 1255 年，王纲还健在于世。

三、王纲诗文辑考

作为词赋状元，王纲理应擅长写诗作文，但其诗文存世无几。《全辽金诗》、《全辽金文》、《元诗选》、《全元文》均未收王纲之作。

（一）王纲的诗

查王纲故里的地方志，现存最早的顺治《赵城县志》收录王纲诗三首，分别是《粮山积雪》、《霍山》、《豫让桥》。

民国时期，先宦后僧的赵城人力空（因保护《赵城金藏》闻名）编撰过《霍山志》，该书卷五下《艺文志》罗列明成化间山西巡抚何乔新所作《中镇留题》二首，是力空"周览古碑"而得，其中第二首与顺治《赵城县志》所列王纲《霍山》的内容相同，力空在诗后自注曰："右何题第二首，《杨邑志》

注释：

---

① 刘达科：《解读河汾诸老》，作家出版社，2005 年，第 115 页。

② 元好问：《元好问全集》（增订本），山西古籍出版社，2004 年，第 257 页。

③ 李国富等：《洪洞金石录》，山西古籍出版社，2008 年，第 615 页。

④ 李国富等：《洪洞金石录》，山西古籍出版社，2008 年，第 615 页。

冒金状元王纲之名，兹照石录，以存其真。"① 书末"自跋"又曰："乃所志明巡抚何乔新霍镇留题，则冒金状元邑人王纲之名。"② 既然民国时力空据石照录，此《中镇留题》应为明人何乔新所作；加上力空与王纲同为赵城人，王纲为赵城前代名贤，力空亦具备不错的文化功底，他的辨正，理当谨慎，定然正确无误。那么顺治《赵城县志》所列的王纲《霍山》诗可以剔除了。道光《赵城县志》所录的王纲诗只有一首《霍镇》，与顺治《赵城县志》所录《霍山》内容相同，可见沿袭了顺治《赵城县志》的错误。但由于顺治《赵城县志》存世只有数部，列入善本古籍，不易见到，而道光《赵城县志》标点本早已正式出版，通行易见，因此，现代当地人出版的多种著述中所列王纲诗只有这首据道光《赵城县志》而来的《霍镇》，其实本是何乔新所作，应予纠正。

顺治《赵城县志》收王纲诗《豫让桥》："豫让酬恩岁已深，高名不朽到如今。年年桥上行人过，谁有当时国士心。"道光《赵城县志》录为唐人吴融所作。赵城县治南十八里有豫让桥。其实，该诗是唐人胡曾所作。两种版本的《赵城县志》均误，也应剔除。

至于顺治《赵城县志》收王纲诗《粮山积雪》："休粮山顶雪成堆，赵璧秦城迹已埋。独言丰年应有兆，阳春一曲向谁裁。"赵城县治东 50 里有休粮山，"粮山古泉"为古赵城一大景致。雍正《山西通志》卷一六八《寺观·休粮寺》载："在霍山巅。休粮寺本名慈云，汉建和中建寺，左泉涌出，名打鼓泉，旁有说法台。金状元王纲、知府孙浚胥有诗。"此诗应为王纲所作。看来目前可知的王纲诗只有《粮山积雪》这一首。

（二）王纲的文章

王纲所作的文章，目前可以考知的只有两篇，均为重修碑记。一为现存安泽县府城镇高壁村通玄观的己亥年（1239）的《重修通玄观记》，另一为顺治《赵城县志》所录《大金重修娲皇庙碑铭序》。

《重修通玄观记》，记历经金亡是观被焚，待当地社会稍稳定后重修事宜，"兵戈蝟兴，烟尘蜂起，是观焚灭殆尽，止颓垣瓦砾，荆棘遍地。及大朝得天下，河东始定，民人小康，州郡村落间大兴道教。甲午岁，本村维那东溪子赵志可、王瑛、王仲、张成，敦请吉州全真观超然子高弟刘志渊住持，遂即其故地而修复之……时己亥岁九月十五日记"③。对于研究当地道教发展状况具有一定的史料价值。

顺治《赵城县志》所录《大金重修娲皇庙碑铭序》内容前面业已略述，且考证认为该碑文作于张志一重新娲皇庙粗成的 1255 年。此时金国已经灭亡 20 余年，赵城为蒙古政权统辖，既然碑文所言"及大朝之取天下"、"比年以来，天下一统"丝毫看不出王纲对蒙古政权的严厉排斥，王纲不该将碑名题为"大金"二字，看来王纲所作原名应为《重修娲皇庙碑铭序》。至于顺治《赵城县志》碑文出现"大金"字眼，很有可能是县志编纂者所加。

从上引两篇碑文所涉的官观分别在赵城、和川（今属临汾市安泽县）可以看出，金亡后王纲应该归隐于家乡赵城一带；署名"前翰林修撰状元王纲"，大概金亡后王纲再未出仕。至于王纲不仕蒙古新政权的原因，不得而知。从上引"及大朝之取天下"、"比年以来，天下一统"可以看出，王纲似乎对蒙古政权也没有表现出强烈的不满、反感，以至于不合作，拒绝在新朝为官效力。当地有学者认为王纲不仕蒙古，在金灭亡后所撰《大金重修娲皇庙碑铭序》出现"大金"字眼，表明了他的政治立场，显然属于

注释：

① 释力空：《霍山志》，山西人民出版社，1986 年，第 129 页。

② 释力空：《霍山志》，山西人民出版社，1986 年，第 184 页。

③ 高剑锋：《三晋石刻大全·临汾市安泽县卷》，三晋出版社，2012 年，第 23 页。

主观猜测，不足为信。

综上所述，可以对金状元王纲生平作一简要概括。王纲，字振之，金元之际赵城人，生于 1180 年左右，卒于 1255 年之后。金大安元年（1209）词赋状元，官至翰林修撰。河汾诸老之一曹之谦的岳父。有文名，书法水平较高，为元好问赏识，金亡前夕元好问曾向蒙古中书令耶律楚材推荐以期保护及重用。金亡后归隐于家乡赵城一带，再未出仕，在当地有较高的声誉，为赵城著名乡贤。赵城南关有状元坊，因王纲而立。去世后葬于家乡赵城东门外苍神坡下。今洪洞县赵城镇仍留存有关王纲的文化遗迹和传说故事，有王纲后裔生息于当地。王纲撰有《忠孝歌》行世，但现已亡佚。所作诗文可考知者有诗《粮山积雪》一首，文章《重修通玄观记》和《重修娲皇庙碑铭序》两篇。

（仝建平：山西师范大学历史学院副教授）

繁盛与落后：晋商研究视野下对山西经济的理性反思

段建宏

摘　要： 明清山西商称雄全国，票号发展至海外，许多学者的研究也都在证明这一点，但综而观之，这种现象的背后有一个误区，晋商不能代表明清山西经济的整体特征，晋商的发展亦没有对山西经济产生较大程度的影响。与其他省份相比，山西经济的整体实力在全国仍然比较落后。其原因是区域史研究中的以点代面、貌合神离、以偏概全。因此，对晋商的认识应该更加理性。

关键词： 晋商；区域史；错觉

随着对晋商研究的深入，学界的成果不断丰富，各类媒体的宣传如火如荼，给人们造成了一个总体印象，即明清时期山西经济在国内外都是居于前列。事实上，这个总体印象是一种误解，是以偏概全的结果。对晋商的研究，并不意味着对山西经济的研究。晋商在全国各地设立了资金雄厚的商号、票号，并不代表山西省内经济的发达。不摆正这个态度，就很难看到明清山西经济的实际状况，就会对山西有一个误解，这个误解对我们认识山西、认识与山西相似的区域都是不成功的。因此，我们有必要了解明清山西的本来面目。

一、区域史研究的意义

"微观分析方法使我们有可能检验辛勤劳作的历史学家提出的那些人所共知的论点，而且证明这些观点即使不是错误的，至少也是不充分的。"[①] 正如我们对江南、岭南、华北、西南等地进行的研究，各区域之间虽有一定的共性，但差异仍然巨大，无法重叠。如果忽视这些特点，就会使我们以偏概全，一叶障目。多年来，我们对江南市镇经济的研究，得出了中国明清以来出现的资本主义萌芽的观点，就是一个例证。江南独特的发展模式，事实上不可能代表中国的普遍性，更多的区域其实还是传统的以农为本的生产、生活模式，市场经济并没有对广大农村的生活造成太大的冲击。即使是富有的山西商人，经营着全国绝大多数的票号，也并不能改变传统农民的思想与意识。他们对中国社会的影响应该限定在一定的范围之内，而不能肆意夸大。行龙在概括区域社会史研究的意时指出：研究区域社会史，能够从地域的大小体系之间、从地域的相互之间，深入研究其特色，有利于进一步作宏观、微观以及比较研究，

注释：

....

① ［法］雅克·勒高夫等主编，姚蒙编译：《新史学》，上海译文出版社，1988 年，第 17 页。

便于这些研究的沟通。①但是区域可大可小，选取区域一定要以研究的问题为中心，根据问题选取区域，这是目前学术研究常见的一种趋向。晋商的研究，推广了山西形象，并将山西置于全国的形势下关注其整体意义，是值得肯定的。但是这样也带来了一个新问题，即在山西区域内，各个小的区域、各个不同时段的发展也并不同步，那么晋商能否代表明清时期山西的整体形象呢？答案是否定的。晋商也仅代表了晋中这一小区域的状况，并且也仅代表此一区域中的部分群体，而相对于占多数的农民来说，不具有代表性。并且在晋商的发展过程中，真正称雄全国的是在清代乾隆、道光时期，不足百年，仅占明清时期的 1/5 弱。在这种视野下，着实无法将晋商作为明清山西经济发展的代表。

关于明清山西商人的研究，在晋商的带动下，近年来也出现了泽潞商、晋南商等研究，尽管有大量的史料被发现，有大量的成果被推出，但这些史料与成果也仅仅是个案，在其研究过程中，采用的方法是先立论再求证，并非在史料基础上的结论。尽管先立论再求证并非完全不可使用的方法，但是一定要看史料是否具有代表性，是普遍性还是个性。以泽潞商研究为例，在明清史料中能够说明泽潞人经商的史料并不多。

当然，任何一个区域都存在士、农、工、商各个群体，如果要说明商业的存在，那是毫不费力的，但是我们提出的这个观点是否具有代表性则显得尤为重要。如果我们要描述某一区域的商人状况，未为不可，但如果要将其作为典型或者"特色"，则难以令人信服。为此，晋商研究绝不能成为明清山西经济发展的代表。再者，晋商经营的特点是在外地经商，发家以后经营票号，本身不是以山西（或者本地）经济发展为基础，这样一种因果倒置的关系在探讨经济发展水平方面是有很大问题的。经营模式充其量是一种生产关系，生产关系如果是在生产力的基础上形成的，那么就是一种正常的经营模式，是一种正常的经济发展方式。如果经营模式与经济发展相脱节，即较高的经营模式不是在生产力发展的水平上建立起来的，那么这种经营模式便不能长久，便会出现很多问题。一旦失去经营模式存在的条件，那么这种经济必然坍塌而无法再建。晋商经营的票号便是这种经营模式的典型表现。当清末各种政治问题以及社会现实发生改变时，晋商便遇到了许多麻烦，并且难以为继。各个票号最后的发展都经历了这样一个过程。因此，票号经营只能是作为一种经营模式，而不能作为经济发达的标志。从清末至近代以来社会的急剧变化，给票号造成了灭顶之灾，而山西省内的整体经济情况又不足以为其支撑，山西经济的盛况便无法再现。

那么，明清时期山西经济的总体情况究竟如何呢？区域史的研究给了我们一个基本的答案。

（1）晋北，是山西省地理环境较为恶劣的地方，从地理上来说属高寒地区，气候不宜农业，生产艰难。土壤瘠薄，作物产量不高，农副业较少，并无其他余钱可以从事商业，在方志中记载了大量关于晋北地区恶劣的自然条件。作为晋北重要行政区域的宁武府，共包括 4 县，且"四县之地既瘠而少田，田多在山，上无灌溉之利，故农人岁耕所获盖少，大半仰食外谷，虽果蔬亦然，又无桑柘麻枲，故其人艰于衣食……郡既边鄙僻处，少大姓富家，产千金以上便号为魁雄，乃嗜利孳孳，较锱铢尤甚"②。五台县"民多依山，岗阜窑居，难于为业，鲜事商贾，惟力耕凿，然平畴宽衍，号称沃壤者十不得一，余皆硗瘠，一亩获粟数斗耳。又必肩负直隶耀易，以办正赋、贸布絮焉"③，虽然幅员至六七百里，可耕之土不

注释：

① 行龙：《从社会史到区域社会史》，人民出版社，2008 年，第 125—126 页。

② 乾隆《宁武府志》卷九《风俗》。

③ 康熙《五台县志》卷二《风俗·民业》。

过十之二三，而服贾皆在本土，无出外者，资本既微，获利无几，合邑之所称素封，在省南不过中户，亦止寥寥数家，此外皆资田土，无田者履险登山，石罅有片土，刨掘下种，冀收升斗。上下或至二三十里，农工稍暇，皆以驮炭为业。炭者，石炭，似煤而有烟，县治东北之天和山，东南之窑头山，产炭最王，炭窑计百十余处，山路崎岖盘折，高者至数十里，民皆驱驴骡往驮，无驴骡者，背负之健者，能负百余觔，夜半往旁午归，一路鱼贯而行，望之如蚁。其炭供本境之外，旁溢于崞县、定襄、忻州，农民完课授衣婚丧杂费，皆赖乎此。闲民腰斧入山，斫柴扪萝攀葛，履雕觑之径，蹈虺蜴之窟，负归卖于街市，易一升粟。匠艺则多木匠，多在忻州西山，及太原汾州各县，泥瓦匠多在直隶、正定一带，石匠旧趋京师，近年官工少，皆在本地谋生。以三晋通省论之，生计之艰苦，至五台极矣。^①

保德州"地邻边塞，去河套密迩，城廓处万山中，黄河则环绕其下，土瘠民贫，昔定羌军地也"^②。岢岚州"地界万山中，甚硗瘠，耕稼而外别无生理"^③。河曲县"地瘠民贫，力农终岁拮据，仅得一饱，若遇旱年则枵腹而叹"。即使有"耕商塞外，草地春夏出口，岁暮而归，但能经营力作，皆足糊口养家，本境地瘠民贫，仰食于口外者无虑数千人"^④。天镇县"地临边塞，人情朴鲁，机械不生，男务耕牧，女不纺织，天寒地瘠，春冬坐食，民多贫困"，且"奇寒酷冷，地瘠民贫，变产难售，称贷惟艰，室家鲜保，门户罔顾，舟车商贾不通，仰事俯育无资，故凶年难免于流离也"^⑤。广灵县"山多无材木，水多无鱼虾，产值千金者即推巨富，故素有穷山穷水穷财主之嘲，大抵黄羔供老疾，少者餍糟糠，瘠疲亦甲天下矣"^⑥。从中我们看到的是民众极其艰难的生活。

另外，由于处于农耕民族与草原民族的交接地，因此历来是烽火不断、战争相继，明朝与蒙古为邻，晋北成为蒙古南下的首冲之地，蒙古族经常突破大同堡寨侵扰明朝。

（2）晋东南，位于太行山西麓，境内主要以山地为主，古人说"潞以水名，其称上党，谓居太行之巅，地形最高，与天为党也"，这就是将晋东南称为上党的原因。且初置郡时，奄有潞、泽、沁、辽之地，居太行之巅，据天下之脊。自河内观之，则山高万仞；自朝歌望之，则如黑云在半天。即太原、河东，亦环趾而处于山之外也。乃其势东南绝险，一夫当关，万军难越；西北绝要，我去则易，彼来则难；夫非最胜之地哉！……以其余力南下太行，可以援中州。东由磁邢，可以援赵魏。由间道，可以援平阳，由驿途，可以援大卤，则上党常为天下之中坚，天下常倚上党为磐石，是谓国家之重镇，可以永绝南顾忧，即曰形胜，何愧哉！^⑦这充分说明了晋东南的地理特征。

晋东南境内有两条主要河流：一条是沁河，属黄河水系，主要流经长治之沁源，晋城之大部；另一条是浊漳河，属海河水系，主要流经长治属县，而漳水尤重，"上党诸水，以漳为宗。况今合卫北流，直达天津。国家漕储四百万，赖以接济，灌输其功匪细，故首列漳水，而后及其余"^⑧。在多山地带，灌溉一直是不易之事，尤其是在古代社会，农业主要是靠天生产，事农极其艰难。从这里留下的关于先民

注释：

　　① 光绪《五台新志》卷二《生计》。

　　② 康熙《保德州志·序》。

　　③ 光绪《岢岚州志》卷十《风土》。

　　④ 同治《河曲县志》卷五《风俗类》。

　　⑤ 以上两则均见光绪《天镇县志》卷四《风土记》。

　　⑥ 乾隆《广灵县志》卷末《杂录》。

　　⑦ 以上两则均见顺治《潞安府志》卷一《天文志·地理三·形势》。

　　⑧ 顺治《潞安府志》卷一《天文志·地理二·山川》。

的传说亦可见一斑，盘古开天、后羿射日、愚公移山等正是先民与自然作斗争的反映。山势险峻、山多河少的现象使得上党居民的生活极为艰难，《泽州府志》载："全居山内，土瘠地狭。"①刘健《屯留记》云："其地在万山之中，险狭而硗薄，民力田勤苦，岁获不及他郡之半，故土俗自古称纯俭，其势然也。"②多山的地理环境，导致了土地较少，难以垦种，百姓生活艰苦。古人很早就注意到二者之间的关系，于是感慨道："太行居天下脊，吾陵尤据太行之脊。地硗壤薄，旱潦皆虞。"③阳城"县居深山，民贫土瘠，稼穑尤难"④，诸多记载都表明晋东南地理环境险恶，农业发展受地理条件的影响较明显。

（3）即使是富裕的晋南与晋中区域，也大致与此相同。在山西省的四个区域中，稍微富裕的是晋南地区。晋南是中华文化的发源地，位于汾河入黄河处，成为中国古老文明的摇篮，大部分地区都是土壤肥沃，交通便利。明清时期，由于盐业的发展，而逐渐成为商业之地。各路盐商云集于此，将盐大量贩运至各地，并产生了一些大商人，加之明初行开中法，晋南的商业逐渐兴盛。

由上我们可以看出山西境内各区域发展的不平衡。

二、晋商研究为山西带来的错觉

从根本上来讲，山西是一个传统省份，其经济发展模式、生产方式、思想意识仍然带有传统的特色，在明清时期江南、沿海大转变之机，山西受其影响很弱，并没有实现较大的转变。而晋商（尤其是票号）只是山西此一广大区域中的个案，是一个独特的现象，并不能代表山西的整体形象，这一点从万历《山西通志》、雍正《山西通志》甚至光绪《山西通志》均可看出，无论是山西的产业、风俗，还是各个州县的产业、风俗，均以农为本，经商如点缀一般镶嵌其间，并未改变其整体特色。

从农业看，在古代，农业发展的一个标志是土地增加，人口增多，税入增加。对山西来说，这些似乎都没有多大改变。与全国其他区域相比，反而这种差距越来越大。江南历来是朝廷之重赋区，无论出于何种原因，有一点是肯定的，即江南经济的整体实力居于全国前列。试想，如果江南经济萧条、落后，那么即使想征重赋也做不到，并且会激起强烈的民变，之所以能够维持现状，也证明了江南有一定的经济实力，而山西则做不到这一点。

市镇是明清山西经济发展的一个标志，目前研究市镇的文章数以万计，但是研究山西市镇的却少之又少，仅有聊聊几篇，这从侧面说明了一个问题，即山西市镇还未引起学者的重视。山西市镇有一个明显的特征，即规模小、人口少，大的只有几百家，小的仅有几十家。如清乾隆时蒲县："按宋制，民聚不成县而有税课者，则为镇，蒲一邑斗大不当严县一村落，安问镇云？近在县东化乐一镇，粟贩辐辏，人烟较稠于他处，其余村堡山腰穴处，晨星历落，甚至雨季三家辄名一村者，嗟哉，蒲也！所耕之田在天上，所居之室在地中，无水可溉，爱莫能助 石难锄，年来屡邀盈宁之气象稍舒，而户乏蓄积，常有冻馁之虞，则良有司之招徕而鞠育之者，亦必有道矣。"⑤从中我们可以看出，化乐镇为蒲县一大镇，并且也算是山西当时的一大市镇，但其规模仍是很小，从作者的字里行间我们可以看出其对这种小镇的不满之情。长治之荫城、长子之鲍店、介休之张兰、安邑之侯马、运城等镇，其商品吞吐量实难与江南相比。

注释：

---

① 雍正《泽州府志》卷十《形胜》，引（唐）杜牧之"泽潞用兵书"。

② 乾隆《潞安府志》卷八《风俗》。

③《重修池下外埠济渎庙真泽宫碑记》，晋城市地方志丛书编委会：《晋城金石志》，海潮出版社，1995年，第797页。

④ 同治《阳城县志》卷五《赋役·风俗》。

⑤ 乾隆《蒲县志》卷二《建置·市镇》。

而同时期的江南，则兴起了较大的市镇，其经济发展程度之高，许多学者都予以了肯定。有的发展程度已超过了府州县城，只不过仍用镇的名称而已。20世纪对资本主义萌芽的研究即缘于江南经济的发展，尽管资本主义萌芽的研究现已淡化，但是学者们对该区域的经济资料进行了梳理，将其经济实力展现于世人面前。明人茅坤说："至于市镇，如我之湖，归安之双林、菱湖、琏市，乌程之乌镇，南浔，所环人烟小者数千家，大者万家，即其所聚，亦当不下中州郡县之饶者。"①"王江泾镇，多织绸，收丝缟之利，居者可达七千余家，不务耕绩；新城镇，其民男务居贾，与时逐利，女攻纺织，居民可万余家；濮院镇，迨本朝万历，居者渐繁，人可万余家，民务织，丝颇著，商旅辐辏。"②吴江黎里镇，在明初发展生产的影响下，至"成弘间为邑巨镇，居民已至千百家，百货并集，无异城市"③。时至今日，也没有哪个学者会认为山西经济超过，退一步说大致赶上江南经济。在这些内陆省份中，山西、陕西、河南这几个省的经济应大致相同，生产模式也大致一样，至于说票号，只是山西个别区域中特有的一批富人。与山西总体经济没有任何关系，既不会增加山西府库的收入，也不会改变那些贫瘠之地百姓的生活。

山西市镇经济的发展必须以农业经济的发展为前提，诸如农业产量提高，农、副业分工明显，从事副业可以带来丰厚的收入。缺乏这些条件，就很难形成市镇经济的蓬勃发展。山西市镇经济的不足，从反面证明了农业生产的落后，传统的农业生产模式以及大部分土地瘠薄致使农业没有更多的富余，不可能为副业提供坚实的基础，也不可能导致纯副业从农业中衍生出来。既无利，则民不从。尽管有一些从事专门性的市镇，如长治荫城之铁货贸易、长子鲍店之药材贸易，但均未能形成巨大的规模，也并未带动当地生产结构发生重要变化。

再者，山西市镇大多属于军事重镇或由军镇发展而来，因此不是严格意义上的商业市，从形成的角度来说，仍然属于传统城镇体制，仍然是政治统治的重要地区，而非商业新镇，这些也从另一个方面制约了山西市镇的发展。其功能仍无法刺激经济的增长。

因此，明清以来，江南市镇得到了长足进展，用前人研究的述语叫"如雨后春笋般地发展起来"，市镇经济的兴盛，为江南商品经济的发展提供了强有力的后盾，明清时期江南经济的发展很大一部分依赖于市镇经济，因为市镇经济不像传统的封建经济那样，是纯粹的自给自足经济，它以商品为主体、以市场为手段，为经济的发展注入了新的活力，并且这种经济在其他因素的配合下，更显出其巨大的生命力，形成了一种良性循环，刺激了人们对物质利益的追求，刺激了人们的思想观念，形成了一种新的文化，这种文化以深层次的需求为导向，在整个社会了掀起了一股新的气象，对江南社会的影响颇具力量。

而山西的市镇却没有因此而带来活力，带来新的发展契机，没有为经济的发展打下坚实的物质基础和形成新的消费观念、消费方式，没有使经济得到前所未有的发展，在当时以至于后来都成为经济发展的阻碍。山西的落伍应该从这时起就开始了。尽管有人将明清时期晋商的兴盛作为当时山西经济发展的一个证据，但其实这是很片面的，是只见树木不见森林，是用表面现象掩盖了本质。晋商的兴盛并不能作为山西经济发展的一个例证。晋商的兴起只是一个很偶然的机会，晋商强大的经济实力并没有对山西经济的发展产生多大的影响。山西本地的经济发展却仍旧没有起色。山西落后的生产方式、落后的思

注释：

① （明）茅坤：《茅鹿门先生文集》卷二《与李汲泉中丞议海寇事宜书》。

② 万历《秀水县志》卷三《食货·舆地》。

③ 嘉庆《黎里志》卷四《风俗》。

想观念，并没有因晋商的兴盛而改变。因此，晋商在山西历史上也只是昙花一现，其对本地当时以及后来的影响都是非常微弱的。

晋商给山西留下的只是虚名，是让人羡慕的虚名。"尽管晋商是明清山西社会最可称道的历史现象，但那个时代，山西毕竟还是一个自然经济占主导地位的农业社会。在土狭人稠、田不足耕的生产力条件下，农业劳动生产率的提高空间十分有限，民人终岁耕耘劳作，能够满足基本的生产生活所需已属不易，更何况天灾人祸，尤其是频繁的旱灾简直就是雪上加霜。"①

三、文化意义下的"山西"

后现代主义重视语义学研究，文献中的表达由于个人感情以及多种原因导致对史料的解释出现了歧义。这种现象应该引起历史学者的重视。尽管其观点不能尽信，也难以让所有的历史学者接受，但是其对历史学研究中提出的问题却不能不引起我们的重视。如何看待文献中的语义，这是必须要注意的。如康熙皇帝在南下时讲道："东南豪商巨贾称辐辏，大都为晋省之人"，康熙皇帝说："朕比年巡行七省，惟秦晋两地，民稍有充裕。"② 其中的"晋省"即指山西。如果仅以此就认为山西商业发达，势必会得出错误的结论。对于这句话，笔者的理解是这样的，在东南沿海，有许多富人，其中有很大一部分是山西人，但是这与山西省的富裕并无直接联系，这句话无论如何也说明不了山西的富庶。如果我们理解为山西很富的话，那就是将这些富商当作山西的整体形象，这样的推论无论从事实上还是从逻辑上都很难让人信服。有一则史料对山西的情况概括得比较恰当，《光绪朝东华录》称："晋中富庶之区，仅榆次、平遥、太谷、祁县、介休等县，其余贫瘠之区，或百里而无富室，或数十里而无一小康之家。"③ 这基本上说明了山西省的事实。

咸丰时，惠亲王绵愉称："伏思天下之广，不乏富庶之人，而富庶之省，莫过广东、山西为最。凤闻近数月以来，在京贸易之山西商民，报官歇业回家者，已携资数千万出京，则山西之富庶可见矣。"④ 从这句话我们只可以得出山西有富人的结论，而不能认为山西人都是这样富有。如若真是如此，那山西省的国税收入大概就非同一般了。即使是阎锡山，也对晋商作过论述，他说："清末晋民非但迹遍行省，抑且角逐外藩，人数有二十万之多，岁入在二千万以上。"⑤ 这确实是对晋商资金的一种表述，但仅仅说明清末山西票号商人非常富有，挟资千万，奔波全国，与山西省的富庶也丝毫联系不起来。

从文化人类学的角度理解"山西"，则"山西"成为一种文化现象，只是一个符号，而并非实指，亦不具有典型性。例如，我说我是山西人，仅代表我所处的省份，以与现在所居住地相区别，并非我代表了山西人的全部特点。其中可能有一些共性，但个性应该是更多的。

区域有大有小，一个小的区域涵盖于大的区域之中，同样对于张三来说，如果在县的区域内，我们会说他是某乡之人，如果在省内，我们会说他是某县之人，如果放在全国，我们则会说他是某省之人，因此张三的所有行为绝对不会代表山西人的整体，其形象也仅仅表现为个体。我们之所以将其称为山西人，是因为这个区域大了。康熙皇帝是从全国这个区域而对其进行定性的。我们一定要区别这些语义所

注释：

① 行龙：《山西何以失去曾经的重要地位》，山西教育出版社，2010年，第6页。

②《清圣祖实录》卷二一五，康熙四十三年（1704）正月辛酉。

③ 张正明、薛慧林：《明清晋商资料选编》，山西人民出版社，1989年，第293页。

④ 张正明、薛慧林：《明清晋商资料选编》，山西人民出版社，1989年，第29页。

⑤（民国）《阎伯川先生年谱长编初稿》（一），转引自张正明：《晋商兴衰史》，山西古籍出版社，2005年，第286页。

指，否则很可能将个性的东西误认为整体性的特色。在苏州经营之商人，可能晋省人居多，但是对晋省这个小区域来说，一定要认为大部分是晋中人，如果对于晋中这个区域来说，则要以为仅仅为平遥、祁县、介休、太谷之人，其他晋中数县之人少之又少，或者可能没有。

在引用史料时，注意史料的表述以及语词所涵盖的范围，是我们要注意的事情，如果一看到山西、广东等，就认为此条史料代表了山西、广东的整体形象，那可能就会失之毫厘、谬以千里。一定要用其他相关史料加以辅证，一定要从语义学上进行分析，否则会带来很大的误解。这样取舍史料，必定会断章取义，而不顾及史料的整体性。

时至今日，关于晋商研究的成果很多，是值得庆贺的事情，但如果仅就研究晋商内部运行机制、资金状况、发展演变来说，是完全可以的，如果要将晋商当作山西的代表，认为明清时期山西的富庶已在全国跃居前列，或者已经超过了江南、广东等，那就大错特错了。从现实来看，山西商人究竟给山西留下了什么呢？是经商的意识，还是大量的资本？似乎都没有。直到现在，山西人还是相当保守，缺乏经商的意识，这与我们对晋商研究得出的结论有一定的差异，有人认为晋商的兴起是山西经商意识的代表，现在看来，这个观点是错误的。而另一种观点认为明清时期大部分山西人是保守的，是传统的，这种意识应该是占主流地位的，是正确的。其实即使是明清时期的晋商，其骨子里也仍是传统的、保守的，并不是一种真正的开放进取，余秋雨先生从文化的角度对晋商作了解读，认为山西商人在骨子里仍不能向外拓展，而最终又回到了老宅大院，在官场中寻求自己的代言人，或者与官府结合，或者让自己的后代做官，又回到了传统的老路上，这样山西商人的发展就失去了后劲儿，缺乏正常进展的动力。因此，山西商人的失败大多与之相关，随着清政府的倒台，随着官员的沉沦，晋商送出去的财物大多失落了。因此，晋商在经商中的进取意识并没有一以贯之，而只是将赚钱当作光宗耀祖的一种方式，作为子孙谋利益的一种渠道，并不是真正的商人意识，这种意识正是中国传统思想的表现，只不过多绕了一个弯，但是这个弯经常使人们在此驻足，将自己的观点停留于此，没有看到其背后的实质。

结语：晋商作为一个时代的代名词已经远去，其留下的精神财富值得我们探索和挖掘，但是晋商对于山西的意义却应该深思。晋商的兴盛仅仅局限于山西一隅，相对于大多数区域而言，仍然是一种传统的生活方式、思想观念，晋商并没有为山西的发展带来实质性的转变。山西经济总量在全国仍较靠后，其经济结构、生产与消费模式、商品意识与观念仍然是以传统模式为主的形态。这些影响着近代山西经济的转型与发展。

繁盛与落后：晋商研究视野下对山西经济的理性反思

吉州人祖山伏羲庙考析

李兆祥

人祖山又名庖山，位于山西省临汾市吉县城北 18.5 公里处，主峰海拔高度为 1742.4 米（GPS 坐标北纬 36°15′47.9″，东经 110°37′51.5″），面积约 13 平方公里。直线西距黄河约 13.3 公里、距壶口瀑布 22 公里。大明万历十九年（1591）《重修吉州苞山伏羲庙碑记》记载："吾州治北百里，高山之上有伏牺之庙。因庙而名山，曰人祖山"；光绪五年（1879）《吉县志》记载："庖山：州北三十里。迤北而上，义三十里至绝顶。上建伏羲庙，塑伏羲、女娲二像。相传为庖羲氏故宫……伏羲始制婚姻之礼，名为人祖。"这些记载告诉我们，人祖山在县治之北，因由伏羲庙而得名为人祖山。换句话说就是先有伏羲庙，而后有人祖山之名。

伏羲庙，建在山巅之上，占地面积 1400 余平方米。该庙创建于何时，建筑规模有多大，有哪些文化内涵？这些都直接关系到人祖山文化脉络的由来、庙宇面貌的复原和现代旅游业的发展。由于历史的变迁，战火的创伤，人祖山伏羲庙留下的文字记载不多，我们只能从现存建筑、县志、部分碑记和清理出的有关题记、实物来探索和破解这些难题。

一、历史沿革及其布局考析

（一）创建年代

明万历十九年（1591）《重修吉州苞山伏羲庙碑记》记载："莫知其肇建于何时。"这说明当时人们对伏羲庙的创建年代及其历代维修状况，已无记载可考。

幸运的是，在文物部门对庙宇废墟的清理中，发现伏羲殿台基上的五块柱础石，是用早期石碑改造加工而成的。由于破解加工，很难辨认出这五块柱础来自几通石碑。但从留下的文字来看，其时代均早于明代万历年间。难怪万历年间的人们叹息："莫知其肇建于何时"，原来"证据"被他们的先民改作他用了。

石柱础为伏羲庙前廊柱之础，覆盆造型，在上、下两面，留存有部分文字。其中有纪年的共三块，它们分别是自北向南的第一、第二、第五块。第一块文字记载：

　　吉州同蕖里青村耆老冯宁……

　　去州治东北五十里，群山环……

　　横带其后，其川流细派，不知……

　　明水秀。文人物，代不乏贤。□……

　　太昊伏羲氏庙宇，前后凡百余……

　　所以然者，何哉？易曰：古者包……

　　因而重之为六十有四，又继□……

　　于吉凶悔吝之途，非特为万世……

　　媒妁，以重人伦之本，而民不渎……

　　有庙祠，可不修理享祀之乎！……

　　圣帝庙祠之下，见年深月远，殿……

　　济贫恤困，慨然日：伏羲圣帝□……

　　二月十五日，落成于正德八年……

第二块记载：

　　四乡之民……

　　□都同药里处鹤……

　　像淋漓，行人莫不叹息……

　　押文疏，行力四乡，不避……

　　士殿、佛殿佛像、观音圣像……

　　□神马，立石桀之，记一……

　　像焕然一新。自洪武拾……

　　工程已就，皆赖十方……

　　见不敢妄为之……

　　本州……

第五块记载：

　　□□吞吐，石骨呈露，如龙如……

　　祷口随感，故享祀之期，四方祈……

　　□□□道路崎岖，居民遐隔，□……

　　安□正当竭力以亟成之，乃捐俸……

　　□□□成工于正统二年十月（1437年）……

　　天地而为三才者焉。故人……

　　将人心原始报本之诚……

　　人神化之。神矣，斯……

　　□陈从道谨撰……

在这几方柱础的残存文字中，关于庙宇的建造、修缮时间，也有所体现，如：

　　□□□成工于正统二年十月（1437年）……

二月十五日，落成于正德八年（1513年）……

从这些记载不难看出，在明正统二年（1437）、正德八年（1513），伏羲庙均有过不同程度的修缮工程。特别是在"二月十五日，落成于正德八年"（1513）的这方柱础上，还记载了"太昊伏羲氏庙宇，前后凡百余……"。正德八年是公元1513年，向前推百余年，那就是1413年左右，可追溯到明永乐年间或更早。

第二方柱础记载得更为清晰：

四乡之民……，像淋漓，行人莫不叹息……，士殿、佛殿、佛像、观音圣像……，□神马，立石桀之，记一……，像焕然一新。自洪武拾……，工程已就，皆赖十方……，见不敢妄为之……

碑文明确地告诉我们，自洪武十□年以来，庙宇残破，佛像遭风雨淋漓，行人莫不叹息。有识之士，"行力四乡"，化缘募资，使伏羲庙、佛殿、佛像、观音圣像焕然一新。

碑刻记载的到底是洪武十几年？由于石碑文字被凿，数字不好肯定。但总体来看，它只能是十年至十九年的其中一年（1377—1386），不影响我们对创建年代的追溯。可以肯定地讲，至迟在明代洪武早期，已有残破不堪、"行人莫不叹息"的伏羲庙坐落在人祖山上。

明洪武初期，是元、明更替交接的年代。在明代刚开国的数十年里，人们忙于修复战争的创伤，也很难顾及寺庙建设。只有当社会稍有稳定时，人们才会顾及到人祖庙残破不堪，佛像遭风雨淋漓，"行人莫不叹息……"这些都在情理之中。

在明初就已经破烂不堪的建筑，它自然不是明代的建筑。人们常说"没有30年不翻的瓦房"，这样的谚语现在尚在民间流传。已引起"行人莫不叹息"的建筑，就大大超过了正常的翻瓦年限，时间上会更远更长。

现存娲皇宫背后的连山赑屃及石碑的时代特征也很明显。赑屃雕刻手法古朴，其尾弯曲成龙尾形状，造型憨态可爱；石碑规格较大，其断隼仍留在赑屃背部。由于碑体石质为砂岩，风化严重，字迹剥落，只有寥寥几个楷字可识，无法断句度意。但据其造型和段茬形状来看，它们二者应是同一时代的产物，金元时代的风格明显。

无独有偶，文物部门在对伏羲庙建筑堆积的清理过程中，发现有不少金元时代的建筑构件，同时还发现了一尊铁佛头，其面目慈祥，双眼微闭，发髻简洁，与吉县五龙宫金代题记大佛的铸造手法极为相近，不失金元风格。

洪武年间的碑记、赑屃石碑的规制、建筑构件、出土的佛头，这四者年代十分吻合，相互印证，互为支撑，都为我们推断建筑的年代指明了方向。由此可见，伏羲庙金元时期已经存在无疑。

（二）规模及沿革

（1）金元时代。伏羲庙已建造，但其规模有多大，是单纯的祭祀性建筑，还是多教合流？这仍然是需要研究的课题。从女娲宫东侧露出柱子洞、赑屃头的朝向及女娲宫前设置的甬道，结合现存部分碑记文字来看，当时庙宇的建筑应是坐北向南，传统式布局格式。

（2）明代洪武年间。对历尽沧桑的金元时代建筑进行了较大规模的维修，使庙宇、佛堂、观音像焕然一新。这时，伏羲庙已是集伏羲、佛教于一身的综合性庙宇。

（3）明代正统年间。在明正统二年（1437）、正统十一年（1446），先后对伏羲庙进行了维修和添建。

（4）明代正德年间。对伏羲庙而言，这是极为残酷和特殊的年代。2011年8月12日至2011年10月9日，文物部门清理出的女娲塑像（残）龙骨上的题记记载：

大明正德十五年五月初一日，天火烧庙堂九座。本年六月二十八日重修立木，丑时竖柱，戌时上梁太吉……六年皇帝身故，年月未尽，皇帝更奂（换）系嘉靖元年。前人流（留）下后人知。

又据时任吉县副县长的袁法宪、文物工作者闫金铸等人撰文回忆，1984年他们检查安全，在娲皇宫发现一木函，木函上题记为："大明正德十五年，天火烧了金山寺，庙堂九间，十六年上梁立木，皇帝遗骨留在此。"这年5月，雷电击中了伏羲庙，整座庙宇几乎被燃烧殆尽。当年的6月28日重新修复，立木上梁。

（5）明嘉靖年间。据嘉靖四十五年（1566）《重修包山伏羲皇帝庙像碑记》和万历十九年（1591）《重修吉州苞山伏羲庙碑记》记载：嘉靖年间，僧人真宇师祖，遣弟子圆成，建后楼三间，龙王、天门有毁坏者补之。这年重修了塑像、建后楼三间，修补了龙王庙、天门等。

（6）明万历年间。据万历十九年（1591）《重修吉州苞山伏羲庙碑记》记载：嘉靖年间的修理，聊具粗略，经过近20余年的风雨震凌，殿宇倾圮，神像渤毁。僧人真宇捐资修缮前殿、后殿、南天门、围墙、地藏王殿、十阎君廊。起工于万历十六年（1588），落成于万历十九年（1591），用时3年，可谓规模宏大。也可能就是这一次，把大明正德十五年（1520）天火后修殿用的梁，因地制宜地用成了女娲塑像的龙骨架。

（7）清康熙年间。据伏羲崖清康熙四十二年（1703）题记记载：善士卢师超凡脱俗，在伏羲崖下，建庙、修洞，塑观音、玄帝诸像，以卧云称之。扩大了伏羲庙的文化内涵和建设范围。

（8）清道光年间。据《金粧诸神碑记》记载：道光五年（1825）刘大伦等人，见金山寺倾而难进，十分痛心，聚众商议，以重修为己任，"设立佛殿护法杖者"，捐资修寺。此次工程，自道光五年（1825）开始，不意年荒数次，历经坎坷，至道光二十九年（1849）中殿方修复、金粧完工，历时24年。值得注意的是，在历代碑记中，这是第一次把人祖山伏羲庙称为"金山寺"。

（9）清同治年间。据清同治十二年（1873）九月《重修城墙碑记》和同年《人祖庙功德碑》记载："游民乞丐之人，每多在庙安宿，毁污神像，实属不堪。社首白有林等人集资，修筑庙宇城墙。起工于辛未之春，落成于癸酉之秋，三载而竣工。"此次工程社会影响较大，吉州正堂、营守府等官员、商贾之众都出资修庙。

（10）民国时期。据民国十七年（1928）《重修人祖山伏羲庙乐楼山门记》记载：乐楼山门倾圮未葺，基址若隐若现。首事马、李等人捐资重修正殿、后楼房、建乐楼三间、山门一间。同年6月20日落成，用时4个月。

二、现存建筑及基址考析

经受过风雨沧桑，战火的洗礼，目前的伏羲庙已是残损不堪，大有超过"行人莫不叹息"的趋势。现存建筑，大体分两个部分：一是伏羲庙建筑；二是抗战工事。

（1）伏羲庙现存建筑有伏羲殿、女娲宫、地藏殿等三座建筑。

第一，伏羲殿。明代建筑，残破严重。其殿坐东向西，砖券无梁殿结构，俗称枕头窑，两券两伏作法。分明、次三间。明间设门，两次间为窗。原本殿外建有五开间的前廊，现仅存五方柱础（具有重要的史料价值）。殿内，明间开间较大，靠后壁设神台、神龛。神台中央，供奉伏羲主像，两侧陪侍神像各一尊。但现状不堪入目，主像面部酥解剥落，倾倒一侧；二陪侍移居龛下，头足缺失。龛楣上，依稀可见有残存的盘龙、牡丹、楼阁、亭台等悬塑。就其手法来看，不失为明代佳作。两次间各有两尊塑像，大都残损不全。

第二，女娲宫。位置在伏羲殿的背后，当为碑记中的"后殿"、"后楼"。坐北向南，明代砖券建筑（窑洞），外设三间木廊，椽飞裸露，系清代添建。该窑洞内下施坎墙，用石条垒砌，上为两券两伏砖顶。宫内设神台、神龛，神龛装修较为简单。一眼望去，神龛内外，盗挖痕迹依然明晰可见，不见主像，陪侍神像无首，不在原有位置，系为明代作品。

2011年8月12日至2011年10月9日，文物部门对女娲宫内的建筑堆积物进行了科学的清理，发现了大量重要的文物。其中有彩塑3尊、书籍、戥子、木函（残）、人、兽骨等。特别值得欣慰的，一是找到了女娲塑像（明代）；二是在清理出的木函残片及女娲塑像的龙骨架上，都发现有重要题记；三是清理出的人头骨，经北京大学^{14}C测年，时间为6200年。其意义十分重大。

第三，地藏殿。位于庙宇的最北端，坐北向南，两券两伏明代无梁殿（枕头窑），分明、次间三间。由于紧贴窑外建有抗战掩墙，无法勘查有无外廊。殿内已无塑像，顶部坍塌漏雨，保存状况不好，堪忧。

（2）抗战工事。伏羲庙一周建有防御工事。这是抗日战争期间修筑的工事，依势而建，由砂岩石块堆砌成墙，墙体留有内小外大的喇叭形枪眼。1938年3月18日，第二战区66师206旅431团3营7连，以牺牲126人为代价，在人祖山成功阻击了日寇5000余人的进攻，应用五雷战法，创造了抗日战争中以少胜多的经典战例。

（3）建筑基址及其所属。除现存伏羲庙、女娲宫、地藏殿外，文物部门在伏羲庙内还清理出4处较大的建筑基址。其中，两处并排坐落在伏羲庙的北侧，建筑坐北向南，残存墙基；第三处在伏羲庙的左前方，面积较小，残存墙基；第四处在伏羲庙和第三处的前方，被抗战工事打破。这些建筑基址虽已不是完整的建筑，但其布局大小是非常清楚而真实的，对研究伏羲庙的布局、规模及其复原有十分重要的意义。

根据已掌握的资料，我们知道伏羲庙最后一次修缮，是民国十七年（1928），经过4个月的施工，修了山门一间、乐楼三间、正殿、后楼等。

这次维修至今只有80余年的时间，与现在的伏羲庙布局最为吻合。正殿是伏羲殿；后楼是女娲宫；乐楼，按照晋南建筑布局和风俗习惯，佛教寺庙是不设乐楼的，乐楼一般只设置在祭祀性建筑和道教建筑之中，多数都建在庙宇的中轴线上，与祭祀主殿相对而建，称为倒座。例如，临汾市辖区内的五大元代戏台，它们或在牛王庙，或在后土圣母庙，或在四圣宫等。乐楼面对正殿而建，是为主神献戏的场所。伏羲殿庙的乐楼是为伏羲献戏的，它也理当建在伏羲庙的轴线对面；山门，一般和正殿在一条线上，晋南也有在"巽"方开门的习惯。民国十七年（1928）的山门是独立一间，应当在乐楼的侧面，为"巽"方开门。山门、乐楼的位置，当为第四处建筑基址。

按照设乐楼的规制来解析伏羲庙，庙内的建筑大体可分为南、北两个主题部分。南部是以伏羲庙为主题的布局，北部是以佛教为主题的布局。

北部共清理出两坐建筑基址（第一、二基址），在伏羲殿和地藏王殿之间，坐北向南。据记载，自明洪武年间以来，佛教就没有离开过伏羲庙，庙宇的多次维修都是由僧人承担完成的。僧人的佛事活动，也需要一个较大的场所，西侧的这个基址居中且大，位置十分重要，应是洪武年间的"佛堂"，道光年间的"中殿"，非此莫属。

"中殿"东侧的建筑基址，面积稍小，依其位置来看，当为观音殿。

南部是以伏羲为主的祭祀建筑区，自然由山门、乐楼、伏羲殿、女娲宫、南天门、龙王庙等建筑组成。

伏羲庙前，偏南部的建筑基址，理当为龙王庙。

女娲殿、后殿、后楼均是娲皇宫，占据庙宇的南部，坐北向南，其前方当为"南天门"。据记载，南天门在嘉靖年间叫"天门"，万历年间叫"南天门"。现在建筑已不存在，只留下历代的柱洞和两盘围棋刻图。这也是伏羲庙的一大遗憾，当然，南天门的建筑样式，围棋的时代尚待进一步研究。

笔者幸得吉县县委、政府与人祖山文化旅游开发有限公司签订了开发人祖山景区的合同，才应邀有机会多次登上人祖山，考察、领会其博大精深的文化底蕴。可以说，人祖山、伏羲庙的历史，是中华民族历史的缩影，其庙宇经千百年而保留至今，实属不易。以上观点，是笔者多次登山观察，查阅文献、碑记、清理报告，客观公正，注重细节，凭借多年古建修缮、研究经验拼写出来的。但庙宇建筑的兴衰，是随着历史的变迁而不断变化的，各代对建筑的用法、叫法也各不相同。文章中不免有张冠李戴的可能。望诸位专家、学者、同仁予以谅解，并斧正。

（李兆祥：临汾市文物局）

划界而治：清代至民国山西泽州村社边界的形成与发展

姚春敏

摘　要：村界问题对于中国传统乡村社会研究有着重要意义，但学界对此并无定论。据山西泽州民间碑刻可知，明中期此地已出现了村界的记载，至清代，村社划界已成了最普遍的社会现象。村社界限的划分来源于独立的村社对社费征收的需要，"按地亩折合社分收费"使得各村社均把村内土地的精确统计作为第一要务，加之明确社界就等于明确村社管辖范围进而享有对界内资源的分配权，由此，清中期以后，伴随着村社的成熟，各村之间逐渐形成了严格的界限。村社界限大多以河流、山坡以及树木和庙宇为标志，个别村社之间亦有明确的界石认定。清代土地买卖严重，围绕着私人买卖土地、变更村社借以逃避社费的行为，村内有"卖地不卖社"的严格规定。村社之间为争夺资源而在村界问题上频起祸端，甚至酿成命案，矛盾解决往往要依靠地方官府的行政参与，由官员亲自划界立碑定论。

关键词：清代至民国；村社界限；社费

一、关于"村界"

从 20 世纪三四十年代以来，村落问题一直是学界的关注焦点，此村与彼村之间的界限也在村落问题上被屡次提及。[1] 然囿于边界资料的有限性、学术研究者旨趣及观念的影响等因素，使得我国的边界研究长期被边缘化，村落的边界研究更是少之又少。[2] 有限的研究成果均集中在对南满铁道株式会社在 1940—1942 年调查编成的 6 卷本《中国惯行调查报告》的解读中，据此资料，以戒能通孝为首的一部分日本学者认为，中国村庄没有明确的地理边界，土地是跨村界的，因而没有形成稳固的村庄地域集团。[3] 杜赞奇利用此报告分析了华北农村普遍存在的"青苗会"组织，认为"青苗会的重要性并不在于其护秋功能，而在于其在村财政中的作用。在许多村庄，青苗会不仅决定每亩看青费的多少，而且决定

注释：

---

① 此处的村界指的是村落土地的外边界。在近代民俗学和人类学研究中，多会描述自己所研究的村落的地理位置，提及研究对象与周边村落的地理区划，但对村落边界的讨论并不多。见孟凡林：《"村落边缘"——一个乡村研究忽视的维度》，《社会科学家》2011 年第 2 期。

② 边界研究的边缘化，不仅体现在村落边界上，行政区划边界的研究者亦寥寥。可见胡英泽：《河道变动与界的表达——以清代至民国的山陕滩案为中心》，《中国社会历史评论》2006 年刊。

③ 戒能通孝：《中国土地法惯行序说》，东京：东亚研究所第六调查会学术部委员会，1942 年；福武直：《中国农村的社会结构》，京都大雅堂，1946 年。

摊款的分配方式。另外，为了明确村与村之间财政权与管辖权的界限，青圈亦成为村界，使村庄在历史上第一次成为一个拥有一定'领土'的实体"①。青圈出现的时间是清末民初，按此时间推断，杜赞奇认为村庄在历史上第一次成为拥有领土的实体是在清末民初。其余，多数研究乡村史的学者则认为村界是乡土社会本已存在的固有观念，村庄的地理边界和产权边界统一在村庄居民的意识中，一般是约定俗成的，并无严格的文字表述。

凡此种种，使得历史上的村界问题扑朔迷离，难辨其详。作为文明史象征的村落在中国已有数千年的历史，然而标志着村落空间分区的村界却无定论，至少目前对于具体行政区划内村落边界的研究在学界尚不多见。本文拟以田野调查所获清代至民国山西泽州②千通碑刻为基础并结合相关实地测量，试析村社界形成及其发展，推论其成因和特征，拟从社会史角度解答围绕着村界问题，村落与地方政府的互动。不当之处，敬请师友匡谬。

现有碑刻显示，此地明确的村界在明代中后期已现端倪。如明嘉靖六年（1527）《李瀚拜鹿路成汤庙碑记》载："潘庄、鹿路，吾沁水东南二巨村也，南北相去仅一里有奇。村之界有山，山之巅有庙。"③可知此二村以山及山间庙宇为界在明代已经明晰。遗憾的是，明代的村界碑刻目前仅发现此一通。鉴于孤证难原，故本文认定清代为泽州村界的形成及发展期。清代至民国时期泽州的村（社）界碑刻极为普遍，目前所发现的此类碑刻约140余通，范围遍及泽州5县，可以肯定地说，在清代泽州，各村社之间一般都存在着较为严格的界限划分。在此，本文未使用学界通用的"村界"一词，而是以更符合当地特点的村社界来替代。清代泽州村界最早是以神界的方式出现，即本地神庙所统治的山林或土地，如《兴峪村护堤禁取土碑记》载："舜帝者，上古之圣君，伦常中之孝祖也。吾兴峪村地近历山，被德久远矣，庙居震方，护三社之康泰。"④随着附属于神庙的地方自治组织村社的日益成熟，此神界便以社界的方式出现，因此清代碑刻中屡次提及的是社界而非村界，清末民初，伴随着地方村政建设与废庙兴学运动的

划界而治：清代至民国山西泽州村社边界的形成与发展

注释：

① 杜赞奇著、王福明译：《文化、权力与国家》，南京：江苏人民出版社，2003年，第187页。另，日本学者旗田巍在《中国村落与共同体理论》（东京：岩波书店，1973年）亦提出此种观点，认为看青会的出现标志着中国近代村界的出现。但李有义在《山西徐沟县农村社会组织》（1936年燕京大学毕业论文，北京大学图书馆藏）中则认为，山西青苗会和大社比起来是个特殊组织。大社是个普遍组织，在一个大范围以内，它是大社的一部分，除了看青以外，什么事情也不管，唯一的功能就是看青。而且在山西青苗会这个名词不是很流行，最流行的是"巡田会"或"巡田房"。另，杨念群在《华北青苗会的组织结构与功能演变——以解口村、黄土北店村等为个案》（《中州学刊》2001年第5期）亦认为"青圈"界限与所研究的村界显然不一致，因为解口村青圈内耕田的地主，不必属于本村，也包括不少外村人。

② 清代泽州府位于山西省东南部，下辖凤台、阳城、高平、沁水、陵川5县，相当于今天的山西省晋城市。本文注释中的泽州县仅属目前晋城市下辖的一个县，并非清代泽州府。近年来，随着当地民间文献和考古的不断发现，相关研究成果层出不穷，主要集中在戏曲文物建筑、民间信仰和社会史上。其中，社会史的专著有杜正贞的《村社传统与明清士绅》（上海辞书出版社，2007年）以及姚春敏的《清代华北乡村庙宇与社会——以山西泽州府为中心》（博士学位论文，中国人民大学清史所，2008年，未刊），另有一些论文涉及泽州乡村社会，如赵世瑜的《村民与镇民：明清山西泽州的聚落与认同》（《清史研究》2009年第3期）等，不赘列。值得一提的是，2012年由三晋文化研究会主编的《三晋石刻大全》中所属晋城的5卷已陆续出版，此为研究泽州文化提供了珍贵的一手资料。

③ 现存晋城市沁水县嘉峰镇鹿路（今鹿底）村。

④ 民国二十二年（1933）《兴峪村护堤禁取土碑记》，现存晋城市沁水县兴峪村。

发展，村社组织日益衰败，村落话语权逐渐替代了村社，在表述中村界也即替代了社界。[①]

二、村社界限划分根源于社费征收

谈到村社界，顾名思义，指村社所管理的地界，也指此村社与彼村社的边界，它是一个地域范畴的概念。《周礼》云："二十五家为社"，可见，社从出现时即是一种按地缘区划的组织。在泽州，关于村社的记载早在北宋时期的碑刻中即已出现[②]，社费的征收应与之同期起步，囿于史料缺乏，目前已难以复原清代之前社费征收的具体情况。[③]从清初期开始，为了使社费的征收公正有序，个别村社开始依照村民所拥有的地亩定量收费，这一做法很快在泽州推广起来，乾隆朝时普遍形成了一种"按地亩折合社分"收费的方法。具体做法如下：以村社为单位，统计村民占有的田地，把一定的田地折为社分，按照所折社分的多少收取适当的社费。如《补修炎帝庙古佛堂观音堂山神土地庙碑记》载："按地亩公摊，一亩至五亩作社半分；六亩至十亩作社一分，每分摊钱五串，六合，共六十零半分，统共收钱三百三十余串文"[④]；《北杨村合社碑》载："且又挨门逐户拾清地亩，二十四顷四十五亩。议定耕地十亩作社一分，有地七亩亦作社一分，自七亩以下皆作社半分，倘有无地之家祇应门头社分，共计社分二百八拾二分半。"[⑤]不赘列。

上见，各社社分单位虽不同，有7亩地为一分，亦有6—10亩为一分，但均按照村民的土地多寡收费，多田者多交，反之少交。按地亩折合社分收取社费，改变了之前社费依靠捐助的无序状态，且公平、有序也易于操作，此项工作同时要求村社组织能够翔实地掌握村内各户最为准确的地亩数量。这样定期测量和查验村社内村民的土地，成为村社最神圣的权力与责任，也是每界村社上任的第一要义。如《万章村禁约碑》载："社起于亩，则或以多而报寡。地属于此，又获以此而口彼，所以地分日口，社事难备，人情浮嚣而风俗不淳者，此其渐也。我等乡人念其不整，是以公同众议重加清理，共得地亩廿千倾有零。"[⑥]

社首[⑦]作为社的领导者，他们的重要职责之一就是探明社界。道光二十九年（1849）《关爷祭田碑记》载："但代远年湮，经界不分，履其田者大抵皆茫然莫识也。即访诸故老，亦未能道其详。余（其中一名社首）邀同三会社首，踏验而四至始明矣。又恐日久仍昧，方泐石以示人，使后之视者，皆昭然可考也。"[⑧]道光九年（1829）《清风寺补修庙宇彩饰神像碑记》载："而一社三庄稍有异议，（社首）因

注释：

① 清代泽州村社的组成五花八门，依地理位置而变化，有数个卫星村组合成一社，也有大村分成数社，但仍以独立的自然村为社情况居多，经田野调查与碑刻比对核实，比例占到半数以强。此类研究可见《清代华北乡村庙宇与社会——以山西泽州府为中心》。

② 碑刻中有关宋代的社主要出现在下列村落：大东沟镇庾能社、金村镇小南村二仙庙、柳口镇村二仙庙以及府城村玉皇庙。关于泽州宋代社的发展可见《村社传统与明清士绅》第三章"国家和地方历史变迁中的村社——以'七社十八村'为例"。

③ 社费指的是村社活动的经费。从宋代至明代的碑刻来看，此一时期的社费主要以捐献为主。

④ 光绪三十一年（1905）《补修炎帝庙古佛堂观音堂山神土地庙碑记》，现存高平市野川镇常家沟村炎帝庙。

⑤ 道光二十六年（1846）《北杨村合社碑》录自《高平金石志》（王树新主编，中华书局，2004年，第567页）。

⑥ 乾隆四十六年（1781）《万章村禁约碑》，现存陵川县万章村。

⑦ 关于社首的研究，可见姚春敏：《清代华北乡村"社首"初探》，《清史研究》2013年第1期。

⑧ 道光二十九年（1849）《关爷祭田碑记》，现存沁水县郑庄镇庙坡关帝庙。

邀三社之人，从中公议，将寺边地界指明"①，光绪三十二年（1906）《重修真泽宫碑记》载："今同主神、四社维首妥为永禁，谨将四至勒石以垂不朽。东至东窑掌沟，南至分水岭，北至大河，西至牛家掌河。"②

按田亩征收社费是村社组织强调社界的初衷。除此之外，另一个重要原因是来自村社对村落自然资源的统计与管理的需要。泽州府位于太行山上③，四周均为山岭，村落多位于山地之中。除了丰富的森林资源外，泽州还富含煤铁资源④，这些资源是社费以及村民生活的一个重要来源。⑤圈定社界就是划定了村落自身的资源范围，这涉及村落内所有村民的利益，因而村落也需要一个强有力的组织来保护自身的利益，这一要求反过来刺激了村社组织自身的发展。故，界定四至、明确社界就是明确了村社的管辖范围，保护了本村共有的经济利益，是村社神赋予的权利。乾隆二十五年（1760）《白龙神宫补修纪事序》载：

> 本（社）古有四至，东至于坡，西至于岭，南至于壑，北至于渠□□至□□槐杨，树具属居民官业，所有柏树无论大小，尽属本社官业。⑥

乾隆三十五年（1770）《西蛟河地界碑》载：

> 西蛟河社：凡西崖地土俱成大社，与家信□于四至分明，东至崖跟，西至玉岩，南至坡跟，北至山崖根，四至以里，土木相连，合社公议，立碑为记。⑦

有些村社甚至给自己社界的四至定名，以明确社界。如故关社《神命整理祀事志》中有：

> 兹五月十三日，忽传神马详示增补：（社）庙前有黄砂印二处，大关风脉，命置为社田。立灰锥为界，共发银十四两零，改名"七星冈"，只许修理，勿得损坏。复于村之东、西、北，锡以灵名曰："贵旺冈"、"挡风陵"、"黄罗镇"。凡神所命，诚为一村之福祉，万世所庇赖。余适舌耕于兹乡，众嘱为序。⑧

上碑载故关社根据村社周围的地形给四届定名，分别为"贵旺冈"、"挡风陵"、"黄罗镇"和"七星冈"，命名目的是为了强调村社的界限。

定期查验村社内的土地，是村社的职责。然而随着时间的变化，这一查验成果慢慢湮而不彰抑或纰漏百出，因此各村社纷纷在碑刻中记载本村的四至，以示永久。这种记载的详细程度超出了我们的想象。

例如，《补修紫峰山暨白马寺碑记》载石末村社地亩及地界：

注释：

① 道光九年（1829）《清风寺补修庙宇彩饰神像碑记》，现碑无存，碑文来自民间抄本。

② 光绪三十二年（1906）《重修真泽宫碑记》，现存陵川县崇文镇岭常村西溪二仙庙。

③ 新版《晋城市志》载（晋城市地方志编纂委员会编纂：《晋城市志》，中华书局，1999年，第394页）：晋城山区5564平方公里，占总数的58.6%；丘陵2704平方公里，占28.5%；平川1222平方公里，仅占12.9%。

④ 泽州煤层比较浅、易于开采，当地人说"到处刨个坑，煤苗就出现"，有清一代，煤是泽州村落的主要取暖原料。从北宋开始，泽州就是全国主要产铁地之一，泽州人对铁冶业的依赖甚至超过了农业和其他手工业，所谓"黑行（冶铁业）不动，百行没用"。

⑤ 不定期地伐村社内的树木也可补充社费。另，清代泽州府是潞丝的重要产地，相当一部分村社以养蚕缫丝为主业，因此，按丝产量收费也是社费的来源，作为回报，村社有义务保护村社内的桑树，禁止他社以及本社内村民的违规采摘。

⑥ 郭从文：乾隆二十五年（1760）《白龙神宫补修纪事序》，现存阳城县町店镇崦山白龙庙。

⑦ 乾隆三十五年（1770）《西蛟河地界碑》，现存泽州县金村镇西交河村。

⑧ 嘉庆十八年（1813）《神命整理祀事志》，现存高平市神农镇故关村炎帝行宫。

摩天岭松树数十株，四至界碑古赵山。东山坡地十三亩四段，东南至社山厂，西北至古路。东水池一个，北至路，三面皆至本山厂。岭南山一架约有地十亩，四至界碑，每年贴许姓粮钱一百文。东山坡地一亩四段，四至皆本山厂内。羊窑头地四亩四段，东至后坡，西至路，南至崖根，北至山。南山坡地一亩六段，四至皆本山厂内。神南沟地四亩捌段，东西至崖，南北至水河本社。西岭上地式亩四段，四至皆本山厂内。神南沟地三亩一段，南、北至坡，东至水河，西至本山。西湾地四亩六段，南至坡，三面至本山。坟东地十四亩四段，东至路，西至坟边，南至坡，北至本山。北圪条地三亩三段，东至路，三面至山。茶棚底地三亩一段，南、北至坡，东至坟边，西至本山。池上地式段，东至水河，西至本山，南至古路，北至坡根。南沟边地一亩一段，东、西至坡，南至崖根，北至坟界。神南沟地一亩五段，东至社地，西至水河，南至崖，北至坡。神东头地三亩三分，东、北至坡，西至水河，南至坡根。①

上文烦琐的记载，从侧面可反观村社对其界内土地掌握到了极为精确的程度。

社地属公，村社在社界内享有管理权。《十里河西里阖社公立规条碑》载：

> 社者，农民春秋祈报之所也，地属公，故议公事者至焉。②

对于公有土地，村社的利益以神的名义不可侵犯。目前，在泽州发现百余通禁约碑，如：

> 现时人心不古，凡真泽宫之松坡时有他人私相砍伐，若不严禁，流弊日深。今同主神、四社维首妥为永禁，谨将四至勒石以垂不朽。东至东窑掌沟，南至分水岭，北至大河，西至牛家掌河。立石后再有犯者，按人家议罚。③

其余内容大同小异，均强调在本村社界内，禁止外社与本社村民砍伐村社内树木，违者必究，或者禁止外人采摘本村桑林和挖掘煤矿，当然也有劝解本村社戒毒等，不一而足。数目众多的禁约碑也反映出清代泽州村社界限的严格性和普遍性。由是观之，清代初期乡村社费征收从无序捐纳发展为有序按地亩征收，使得村社对界内土地开始实行严格登记和管理，是促使村社界形成的直接原因。也有迹象表明，恰是村社对界内土地掌握的准确程度使其成为地方政府征收赋税的工具，此推论仍需史料证实。总之，无论是按照地亩折合社分收社费，还是保护村社内资源的需要，都迫使村社严格界定界限，以维护自身利益。因此，地缘利益是影响村社界限划分的重要因素，分界是清代泽州村社的主要任务，划界而治也标着村社在区域社会中具有独立话语权的出现。

三、村社界限标志

边界区划似乎是一个充满政治学意味的课题，但从区域社会史角度来看，如在村界研究中过多强调政治主导原则，往往会使研究者不知所从。村落之间边界的确定是一个历史过程，也是社会空间格局与地域关系变化的历程，它体现了人与环境的关系，是社会和环境互动的产物。由碑刻和实地调查可知，在清代泽州乡村，此社与彼社的界限一般由庙宇、山岭、树木、河流、道路以及人为的界石来区分。

从田野调查中可知，设立界石明确村社界限的做法，遍及泽州5县，应为以上划界中最为普遍的一种方法。然而由于近年来村界变化较大，历史上的界石破坏比较严重，加之其本身并无底款说明，故无

注释：

---

① 道光二十六年（1846）《补修紫峰山暨白马寺碑记》，现存高平市石末乡石末村碧霞宫。

② 窦奉家：同治六年（1867）《十里河西里阖社公立规条碑》，现存沁水县十里乡西峪村。

③ 光绪三十二年（1906）《重修真泽宫碑记》，现存陵川县崇文镇岭常村西溪二仙庙。

法提供具体的清代界碑。所幸村落记载其他事物的碑刻提及界石，得以反证，如道光二十二年（1842）《禁羊赌水碑记》有："村外交界各有界石，合社公立。"①

以庙为界是清代泽州民间最为典型的做法，取义为以神的名义各管一方。上文谈到明嘉靖年间碑文中明确表示潘庄、鹿路二村即以庙为界。清代泽州，半数村社四至均建庙标记。如道光二十一年（1841）《井郊村禁约碑记》："桥上、村外各庙，凡社内地界，仍照旧规，一切永禁。"②嘉庆十四年（1809）《重修古庙碑记》："伞山（村社）四至开明：东至龙王庙，西至佛堂庙，北至胡石岭，南连本村庄，四至周围五里有零。"③ 2009年11月，笔者实地调查了凤台县孟匠村，此村三面均以神庙为界：通往枣元村的路边有山神庙，正北三间是山神庙，西边是土地庙；通往东谢匠村的交界处，有一座安坡土地庙，所谓安坡，得名于那一代的丘陵地为孟匠村安姓人家耕种；村社后坡有个安道神庙，规模很小，仅为砖块砌成的小房，内塑山神，是村落最南端的界限。④土地庙和山神庙正是孟匠村赖以和周围村社相区别的界限。山神、土地均服从于村社大庙神灵——汤帝的控制，进入山神和土地神庙界限内，就是进入了大庙⑤的管辖地。以庙为界是清代泽州最典型的村社分界方法，因为神庙作为固定存在的建筑较之其物体更易区别。另外，以神的名义使得村社界的划分有了更深一层的意义，可借神灵无形的力量来保护界内公产不受他社侵占。

上见，分界庙宇以山神庙和土地庙居多，但在盛产潞丝的泽州，蚕神庙也是一个重要的村社界庙。如《永禁凤凰山穿凿蚘蚄岭碑记》载：

> 吾村东有凤凰山，一村来脉也，北有蚘蚄岭，一村主山也。考之邑志，凤凰山，县西南七十里，形似凤，接高都河，至凤台县五十里，是凤凰山，故名山也。蚘蚄岭上有蚕神庙，年久坍塌，基址犹存。每年孟夏，社长鼓吹敬神，其亦祀八腊之遗意欤……至麻讲路，西至枣园胡衕，北至后垛地，南至调后路。四至以内不许取土，二山自禁以后，永遵勿犯。有违者，按社规议罚。⑥

上见，积善村社北部蚘蚄岭上的蚕神庙便是积善村北与他社的边界，树立此碑目的即为强调村社的管辖范围。⑦

以山岭和树木为界，在清代泽州也比较广泛。古代泽州与相邻的潞州并称"上党"，东有太行山，西南有王屋山，西北有太岳山，群山环绕。顾祖禹云："郡地极高，与天为党，故曰上党。"⑧放眼望去，村落的周围尽是层峦叠嶂的山丘和郁郁苍苍的林海。树木是泽州村社的一种重要资源，山丘上的树林堪

注释：

① 道光二十二年（1842）《禁羊赌水碑记》，现存泽州县金村镇黄头村。

② 道光二十一年（1841）《井郊村禁约碑记》，现存陵川县崇文镇井郊村三圣庙。

③ 嘉庆十四年（1809）《重修古庙碑记》，现存陵川县礼义镇西伞村二仙庙。

④ 孟匠村除了大庙外，其余的庙宇均已毁掉。庙宇空间分布是从《孟匠村志》（内部资料，现存于晋城市科技图书馆）和实地调查中得来。

⑤ 所谓"大庙"，当地人称为"社庙"，是为一村主庙，庙中所奉主神为"社神"，当地的社神主要有玉皇、舜帝、炎帝、汤帝、关帝和二仙娘娘，但社庙一般不会作为界庙。

⑥ 道光二十五年（1845）《永禁凤凰山穿凿蚘蚄岭碑记》，现存陵川县西河底镇积善村遇真观。

⑦ 这种以庙为界的划分方法，在清代的其他区域同样存在，滨岛敦俊（《明清江南农村社会与民间信仰》，厦门大学出版社，2008年，第149页）认为江南的聚落与某一特定的土地庙之间有着固定的关系，一定区域范围内的地下管理神——土地神有其相应的范围。

⑧ 顾祖禹：《读史方舆纪要》卷四十二，中华书局，2005年。

称村社的灵魂。《白华山禁约碑》载：

尝思山岭为风脉之源，桑株为养蚕之资。自古建都立邑，莫不以斯为重焉。故周书有封山之典，邹贤有树桑之诰，其关系岂浅鲜哉。如吾乡之北，有山名曰：白华山。层叠而来，其风脉盖有本矣。下□四境之内，桑株林木，阜陵平川，一为取用之资，一为风脉之本，甚不可有以剥削也。①

作为特殊的屏障，山地为界异常明显。《补修三皇庙碑记》载："且镇之东有清凉山，地形高厂，松柏森严，堪舆家□往谓合镇之屏障，而龙脉所从起也。"②碑文中的清凉山即为寺庄村社界限。实际上，我们很难把山地和生长在其上的树木区分开来，因此二者往往结合在一起成为村社重要的界限标志。《创建文昌祠、土地祠碑记》载：

阖村诸公又于道光九年于村之东北隅得一山，形势高峙，峰峦秀美，足以妥土地之灵。于是捐资以□之堂构以奠之，移植嘉木以树之，迄今四年余矣，松柏蔚然而深秀，庙宇焕然而改观，讵非妥神庇民之盛事哉。③

《合社公议移来松峰例禁至界旧碑记》载：

当观天地之间，有一物必有一主，且有一物必有一用。然欲借万世之用，□滋生之藩，则不能；而欲作栋梁之材，又□培养之久，则不可也，兹郊义里白玉宫西南有松峰一处，名曰□楼脚，四至开明，东至东山脚社地界，西至山顶，南至掌界，北至掌界，四至以重，一切大小松柏树木，并属里社所管，以借永远修造补葺之资。④

乾隆朝后，伴随着村社组织的成熟与发展，村社对界内山地和树木的所属不断强化，村社边界的山地如是私人所有，村社也会出面协商申明村社在土地内的管理权。如《苗沟村玉皇庙碑记》载：

吾村之西庙上松山，虽属苗茂豫一家，然其间树木森严，有关于阖村风脉。若不依社经管，恐无知之徒，私窃损毁，致碍村中风脉。因偕同诸维首与苗茂豫商酌，自今以后，禁止六畜践踏，斧斤斩伐等情，违者立即入社议罚。⑤

由此可知，苗沟村西的松山虽属苗茂豫家，但是社却对其上的树林具有管理权。再如，《风脉碑志》载：

池之四至各有所属，北之业主司正兴，东西胡立□□马金印与胡应泗，至于大庙背后坡场，亦属胡应泗，然地虽有主，所植树木则属大社，□□根有证，又言及至今。⑥

由此可知，此村大庙背后的坡场虽属于胡应泗所有，但是坡场的树木却属于大社管理。沁水县土沃乡可封村《重新庙院并禁北山碑记》载：

村之北山旧非社地，垦辟日多无能禁其濯濯也，纵不为堪舆家培风补脉之说，然逼近村落正不宜乱石巉岩，骇人观瞻耳，幸地主之乐施而勒碑以禁，采樵者勿为蕲伐，畜牧者勿为蹂躏，数年之后不将蔚然弥望乎？⑦

《阖社公议移来松峰例禁至界旧碑记》载：

注释：

① 道光十年（1830）《白华山禁约碑》，现存高平市北诗镇秦庄岭村玉皇庙。

② 光绪二年（1876）《补修三皇庙碑记》，现存高平市寺庄镇寺庄村三皇庙。

③ 道光十三年（1833）《创建文昌祠、土地祠碑记》，现存陵川县礼义镇杨幸河村祖师庙。

④ 同治九年（1870）《合社公议移来松峰例禁至界旧碑记》，现存潞城镇郊底村白玉宫。

⑤ 道光十年（1830）《苗沟村玉皇庙碑记》，现存沁水县胡底乡苗沟村玉皇庙。

⑥ 乾隆二十八年（1763）《风脉碑志》，现存沁水县郑村镇半峪村。

⑦ 咸丰九年（1859）《重新庙院并禁北山碑记》，现存沁水县土沃乡可封村舜帝庙。

龙祠西南，山古传地名松坡。庙宇重新，松生如初，山厂系中城首事冯氏之山，愿施本庙，希望后日成林，为庙内之资辅，其山上下左右除种地所有树木外，其余并不得开坡侵占，不□斫折及牧放牛羊，违者，村众送官究处，仍照原树赔补。本山四至：西至安脚地界西，南至姚掌地界，东至庙前地界，北至大王岑地界，四至以里俱□□。郊义里白玉宫西南有松峰一处，名曰□楼，脚四至开明，东至东山脚社地界，西至山顶南至掌界，北至掌界四至，以及一切大小松柏树木，均属里社。①

以上碑刻均显示，树木虽生长在私人地里，但只要在村社界内，均为村社公产。为了明确此定理，村社也栽树以明社界。如《栽树碑记》载：

兹村之西北，其峰微低，有水壑焉。今合社公议，愿栽松树于此山之巅，以障金凤，以为脉气。奈地属他人，不敢□举。幸有社首三人、花户二人，均发善心，情愿各施坡地一处，栽树补□，以竖一邨之圣诚善举也。公同言明，其地无粮，所施地之长短，广□□有至界任社中。栽补松树，不拘株数。自施之后，社中坡上不得狡赖，恐世远年湮，茫无足据，聊陈数语，勒石以志。②

洼窑村通过栽树，扩大了原有的社届范围。《茂林口栽树碑记》载：

新栽小数四十余根，以补朔方之缺。此一事也，不但一社有光，实于合村有益。事既竣，嘱予曰，栽树之地当着其名，树边之地，亦当有名，予思嘉植纷披，芳株丛集，可称茂林口；树傍之池当名润芳池，此皆首事意也。③

西黄石村"新栽小数四十余根，以补朔方之缺"实际上也是想扩大社界的范围。《让地碑记》载：

同治六年，底街维社首欲于村南栽树，以补一村风水。但栽树必用地基，因与地主商议，地主皆曰果于一村有益，情愿让地。于是有让一分者，有让二三分者，有让三四分者，不得社中地价，只教社包粮社钱若干，以成一村善事。④

这样，通过栽树和命名，村社明晰了自己的界限，以及管理社界内的一切河流、树木以及煤铁等资源的权力。清代泽州广泛的村社界限划分并不是一种政府行为，而是村社为强调自身的势力范围自发兴起的一种行为，其做法本身带有极强的村社自主性，在界限设计和认定过程中难免有失公允，从而引发社会矛盾。

四、村社界限矛盾及其解决

清代没有正式的户口迁移制度，人们可以自由迁移，土地可以自由买卖。这样土地产权虽在田主之间有地契手续，却给按地亩收费的社管理造成了很大麻烦。比如，《城南村志》清末民初之时，城南村约有170亩地非城南人所有，而城南人在唐庄、玉井、南赵庄等地却有耕地210亩。⑤这种现象与以戒能通孝为首的日本学者观察到近代中国乡村大量土地跨村界的问题几乎相同，戒能通孝于是认定传统中国农村并无村界。但大量泽州碑刻显示，土地的频繁流动虽对村社的管理造成了麻烦，却并不影响村社组织对界内土地的管理以及村社界限的划分。如《县长张书榜判令》载：

注释：

① 同治九年（1870）《阖社公议移来松峰例禁至界旧碑记》，现存陵川县潞城镇郊底村白玉宫。
② 咸丰四年（1854）《栽树碑记》，现存陵川县潞城镇洼窑村三教堂。
③ 乾隆五十年（1791）《茂林口栽树碑记》，现存泽州县北义城镇西黄石村静乐宫。
④ 贾沇：同治六年（1867）《让地碑记》，现存陵川县西河底镇东王庄村佛爷庙。
⑤ 高平城南村委会编纂：《城南村志》，第27页，内部资料，现存晋城市科技图书馆。

从来群众之生仰赖社会之组织，故社会之习惯无国家之律□□擅自变更也。余村因僻入山野地，□民贫仅以业农为生，而无副产以资利，凡属社会摊疑皆以社分为标，地亩不能无转相买卖之事，□□□入彼社分却无减□之□□□□有将地亩售卖邻村者，既□□□□权利应尽此方义务，央不能将社分土地过隔邻村而脱离此村关系。近有张沟村卢焕等因买卖村之地□本村之社多立年所毫无□□，近因摊派浩繁，意欲借故推诿，以致酿成讼诉。曾经县府□明□□仍照旧章办理，兹将县判照录于后，以垂永久云：□得沟东卢焕所种之桃坪地六亩，向日社钱在桃坪村交纳，兹因去年十月起收粮，□张沟花□照数交付，唯卢焕一人藉词，抗不交纳。经桃坪闾长刘承尧等以破坏公约妨碍公务请求惩办到府，据被告卢焕以已在义城乡交纳为词，毫无理由。判令卢焕照起收之数，交付桃坪村了事。①

上碑略有漫漶不清，内容看似复杂晦涩，实质上强调了一个在泽州流传数百年的习惯法：卖地不卖社。无论土地买卖多么频繁芜杂，村社习惯意义上的土地数量永不更改，也即土地主权变更丝毫不影响村社界限范围。通俗点讲，村社界限一旦形成，很难更改，隶属村界内的土地无论业主是谁，必须缴纳社费。

数百年的村社习惯法自然会遭到一些村民的抵制。个别村民偷偷卖地以逃避社费，上碑即是实证。在田野中，当问及村社对田地的管理时，村民仍会异口同声地讲卖地不卖社，村落的地是固定的。可见这条习惯法根深蒂固。看似混乱的业主关系，交叉纵横，却错落有致，数百年的碑文是永不朽的条规。但有些村民总要不惜为自身的利益铤而走险，不惜篡改碑文来更改村社界限以规避社费。《诉讼记》载：

村之西有迎门掌松林一处，蔚然深秀，风景殊胜，历有年所，先人传，谓天然佳景矣。于去年春，或有邻村彰门前村人韩某等蓄心赖坡久矣，假移松羔为名，实则赖此坡为独有，本村人等出而交涉，据情报告公安局，复呈控于县官府，□判令此坡产权属圪老掌所有，于彰门前村无干。但伊不服，上诉于山西高等法院第三分院，既而仍照原判驳回。然韩某奇想天开，竟将伊之禁止牛羊碑边伪镌乾隆元年彰门前村社立等字，数明此碑为保护松林之遗碣，庶不知新伪字迹与古迹显然不同，第三分院即判为伪据。韩某败诉，归来野心勃然。嗣恐日久相传失真，复生不测，因此谨将松林诉讼始末刻诸于石而示将来。②

上见，松林为圪老掌村当时叫迎门掌所有，邻村彰门村韩某想霸占此坡，甚至不惜伪造了乾隆年间的彰门村社禁碑以此证明松坡乃彰门村社所有，蓄心占为己有。目前，发现此类私人卖地逃社费的案例共32通，其中26通均发生在民国初期，从统计数字可知，有清一代"卖地不卖社"的村社习惯法在当地执行得较为严格。

私人与村社之间因为村社界限的纠葛往往是村社取胜，但因村社界问题涉及各村社经济利益，故纠纷频出不断。泽州村落多位于山地，多数村社之间以地形为界，相邻村社之间经常会因为洪水等外力改变地形而发生矛盾，最终不得不依靠官府借助行政命令来划分社界。如乾隆四十三年（1778）《管院水北地界碑》载：

因河水滚发河滩地界限不清兴讼，蒙钱仁慈批云，查乾隆十六年控案，道南之北属水北（村），

注释：

① 民国二十一年（1932）《县长张书榜判令》，现存阳城县桃坪村。

② 秦元孝：民国二十五年（1936）《诉讼记》，现存陵川县宗文镇圪老掌村。

道北之地属管理院（村），以古道为界。①

如果说洪水属非常态力量改变界限，那么村社之间发展不平衡造成的强社凌弱则是村社界限矛盾的常态因素。康熙时，陵川县龙王祠社与西溪社因为社界之间的矛盾引发争斗，西溪社形成时间较早，势力较龙王祠社强，因自恃强大，它不顾届碑想越界占领应属龙王祠社的松坡，两村社因此几酿血案，最后，在官府的干预下，以河为社界。"河东山属龙王祠，河西山属西溪。令自去立界碑，祠社众遵谕，立界碑。"②村社之间即使发展平衡，也极易因为资源相互争斗。如光绪末年，陵川县金家岭、神后底、西善底、空门里、□岗谷等6社为争斗一界边煤窑聚讼纷争，不得已诉诸官府，判定重新立界。③

以上村社间的界限矛盾主要围绕着资源的争夺展开。目前，关于村社界的矛盾基本解决方式均为政府出面调停，出公文定界，刻碑以示永久。民国时期，随着山西村政改革的推进，村社组织开始瓦解，独立村的话语权增强，碑刻中的村社界逐渐被村界替代。如民国十九年（1930）《景家沟桥梁修理改判记》载：

> 道光年间经县署判令，景家沟管备桥梁一切木料，敝村派人修搭，民国十八年九月间，村长常君焕章，村副郑君法云，按民国定章划分村界，又呈□□署蒙张县长批示，嗣后此桥归景家沟完全负责，与敝村毫不相涉。④

通过实地调查可知，此一次本质上是新瓶装旧酒式的改革，除个别村落有变动外，原有村社自然过渡至村，原有村社界限也自然过渡为村界。由此可知，民国时期的村界借用了历史的遗存。

五、结语

村界问题对于中国传统乡村社会有着重要意义，以华北农村为舞台，传统中国村界近代始的意见向来是最强有力的，近年来亦有学者认为唐宋时期村界已经开始形成。⑤然而所举实例多属个案，独木难成林。本文选取清代至民国时期的山西泽州为视角，对这一时期民间村社界进行了详细论述。大量的碑刻史料证明，在清代，泽州村社之间划界非常普遍。村社组织对土地的掌握精确程度超过了我们的想象，这一现象根源于征收社费以及对村社公有财产的保护的需要。按照功能主义的观点，制度是与需要相适应的，每个社区都有其倚重的文化本位，即"文化的重点"，研究一个社区的文化要以社区的文化重心为出发点。⑥泽州隶属山区，民风"敬神信巫""乡多庙祀，醮赛纷举"⑦，神庙建筑居三晋乃至全国之首。⑧多神的民风选择了依附社庙的村社为管理村落的主要组织，多山的地形又使得村社之间资源的

注释：

⑴ 乾隆四十三年（1778）《管院水北地界碑》，现存金村镇管院村二仙庙。

⑵ 马海月：康熙四十三年（1704）《龙王祠碑记》，现存陵川县崇文镇岭常村龙王庙。

⑶ 侯新孩：光绪三十三年（1907）《六社公立界碑》，现存陵川县平城镇西善底村。

⑷ 现存沁水县景家沟村。

⑸ "在宋代，'白龙山在县南三十里尹村'（《太平寰宇记》卷8《河南道·汝州郏城县》），'定境山在县西北五十里，唐长安年间，部人与慈州人争，故以青山为界，天宝六年，奉敕改为定境山'（《太平寰宇记》卷47《河东道·绛州正平县》）。据此，恐怕可以认为，州县边界是以村界为基础而确定的，在古老的时代，村界的存在是越来越明确的。"据［日］丹乔二著、虞云国译：《试论中国历史上的村落共同体》，《史林》2005年第4期。

⑹ 吴文藻：《论文化表格》，《吴文藻社会学人类学研究文集》，民族出版社，1990年，第223页。

⑺ 雍正《泽州府志》卷十一《风俗》，山西古籍出版社，2001年。

⑻ 1981年，据有关专家的统计数字表明，全国现存宋金以前的木结构建筑（其中绝大部分为宗教建筑）154座，山西省为106座，晋城市（古泽州所在）为45座，晋城现存分别占全国及山西省现存总数的1/3和1/2，见《晋城市志》，第4页。

分割成为可能，由此造就了清代泽州村社划界的可能和必然。泽州现象在其他华北乡村是否也存在，因缺乏更详细的史料，目前难以定论。但可以断言，泽州身处中原并非孤岛，它的模式或多或少也在其他区域存在。

清代至民国时期泽州村社界限的微观考察，也透视出了地方社会极为复杂的本来面貌。实地考察中村耆所述村界的边缘划分似乎总和一些宗族有着千丝万缕的关系，但碑刻的书写总是村社利益高于家族利益，也许是因为文字神圣，一旦上升到碑刻书写的层面，集体的利益便高于一切了。另外，强势宗族往往在村社中的地位非常特殊，如康熙朝重臣陈廷敬家族在空间位置上虽位于泽州阳城县郭峪村，但却并不参与其村社管理，所属土地也无需承担社费。但这样的家族并不多，属于村界划分的特例。在纷繁复杂的村落环境中，作为一种地方组织，村社在划界过程中肯定经历了数次利益与人情的取舍和纠葛，甚至是流血斗争，终于以文字方式把自己的村界镌刻在社庙中，以昭后人。从某种程度上讲，政治学意义上的边界问题，其实质是人自我权力意识的外化，一个村落的边界，则是一种集体权力的外化，是村落主权意识的体现。泽州百余通村社界限碑刻有力地证明了有清一代泽州村社已完成了从无序化状态向有序制度的过渡。那么，晚清村政改革与民国乡村自治的出现，也许并不仅仅是国家努力将权力向下延伸的结果。相反，则是村落自身发展变化，促成独立村落的成型，使其政治地位日益上升，并逐渐取代了里甲与保甲制度成为基层社会的主体，正是这一趋势推动了村政改革的步伐。也许，我们一直以来忽略了存在了数千年的传统村落自身发展的内驱力，过分重视了外来力量的干涉和介入。

（姚春敏：山西师范大学戏曲文物研究所副教授）

从"三义班"文物看上党梆子在
冀南一带的流传

李建欣　郝良真

摘　要："三义班"是上党梆子班社中影响较大的一支，大约在清朝后期流传到冀南地区生根、开花、结果，在冀南、鲁西一带最终形成了具有独特艺术特色的"西调"和"枣梆"两个嫡亲姐妹剧种，至今盛传不衰，为弘扬我国传统的民族戏曲艺术作出了贡献。邯郸市博物馆收藏的晋东南瓷窑生产的青花"三义班"斗方形化妆盒，成为上党梆子在冀南地区流传的历史见证物。

关键词：三义班文物；上党梆子；西调；枣梆

邯郸市博物馆藏有一件磁州窑青花斗方形化妆盒，器物的正反两面均书写青花"三义班"三字，四角写有"阳邑原庄"四字；两侧面均书"民国十四年（1925）五月造"青花题款。该化妆盒器高5厘米，上口长8.9厘米，宽5.8厘米；底长7.2厘米，宽5.6厘米。这件化妆盒属于民国磁州窑生产的青花装饰器物，应是上党梆子"三义班"专门定制的化妆器皿无疑，这类器物因目前存世较少，因而十分珍贵（图1）。本文结合在邯郸民间发现的这件青花化妆盒，简要梳理一下上党梆子在冀南一带的流传与影响，请各位方家批评指正。

▲ 图1　磁州窑青花斗方形化妆盒

一

上党梆子是晋东南地区一个古老的剧种，一般认为它在明末清初形成于今晋城一带的古泽州，也叫东路梆子，属于山西四大梆子之一，主要流行于晋东南地区。当地人称之为"大戏"，晋南人称之为"东府戏"，冀南一带称之为"西府调"、"泽州调"，也曾称作"上党宫调"。它虽名为梆子，实为昆（昆曲）、梆（梆子）、罗（罗罗腔）、卷（卷戏）、簧（皮簧）5种声腔同台演出的剧种。1954年在山西省首届戏曲观摩会演期间定名为"上党梆子"，2006年5月经国务院批准列入第一批国家非物质文化遗产名录。

　　据知，上党梆子在晋东南的发展中，逐步形成了州府和潞府两大流派，州府派流行于南部旧泽州府所属的晋城、高平、阳城、陵川、沁水等数县，而潞府派则流行于隶属潞安府的长治、长子、襄垣、屯留、黎城、潞城、壶关、平顺以及原沁州管辖的沁县、武乡、沁源等十数县。发展到清咸丰年间，其职业班社多达 200 多个，剧目上千个，并造就了号称一代戏王的赵清海、郎不香、申灰驴、曹火柱等一大批知名演员。[1]在上党梆子众多的班社中，晋城的鸣凤班一直稳居魁首，后来高平的"三乐意"、"万亿班"也曾称雄一时。光绪初兴起于长子县的"三义班"和"乐意班"（前身"十万班"）成为潞府派的两大分支，也是上党梆子最著名的两大流派，在晋东南广大城乡享有很高的声誉，为上党梆子的发展与流传作出了不可磨灭的贡献。就"三义班"而言，在晋东南地区的霍山、蒲州、泽州等地建立有多个，但只有长子县的"三义班"影响最大。1946 年长子县政府将"三义班"和"乐意班"分别改编为解放剧团和虹光剧团。1947 年县政府又将解放剧团并入虹光剧团，从此两大流派走向融合。有关上党梆子在晋东南地区的发展沿革、班社影响、流传范围、剧目唱腔以及知名演员等的研究比较深入，本文不再赘述。[2]

二

　　上党梆子不仅在晋东南地区影响深远，而且在冀晋鲁豫交界地区也流传甚广，大约于清朝后期便在这一区域流传开来。[3]邯郸曲周县四寨村的商人范某常年在山西东南部一带做生意，此人酷爱戏剧，清咸丰三年（1853）他在山西看中了某戏班中的一个叫玉的男旦角演员，并招他为婿。于是范某将此戏班买下带回家乡，掌班四处演出，从此这一剧种在冀南地区开始流传起来。此后，到清光绪初年，晋东南地区遭遇大旱，民间生活非常困苦，在这种社会背景下，为了剧团的生存计议，在一个叫老宏的永年籍布贩子的资助下，当时在山西潞安（今山西长治）演出的"三义班"一支，以田书德、张魁为首 20 余人途经潞城、黎城、涉县等地沿途到达冀南的永年县，在此安营扎寨演出上党梆子戏曲。[4]为了发展剧团的实力，扩大演出阵容，田书德在永年前后招收了三批艺徒，同来的山西演员在广平、馆陶、曲周等县也广收艺徒。[5]到 20 世纪 20—40 年代，"三义班"河北籍艺人也先后分三批收徒传艺，由此进一步推动了上党梆子戏曲艺术的发展与繁荣，使"三义班"的演出阵容增强，常年在冀南、豫北、鲁西地区流动演出，在这样一个四省接壤的区域内产生了很大的影响。经过长期的艺术实践与交流，上党梆子在冀鲁豫接壤的地域内最终生根、开花与结果，形成了邯郸永年的"西调"和山东菏泽地区的"枣梆"两个嫡亲姐妹剧种，至今仍盛传不衰。

　　由于"三义班"在冀南招收的艺徒均为当地人，再加上这一带还有其他种类的戏曲演出与流传，所以就不可避免地受到当地其他剧种和冀南方言的影响，唱腔和念白揉进了冀南的音调，因而在唱念方面虽然还保持了上党梆子的韵味，但已经基本摒弃了山西的口音，向京白、韵白靠拢，唱腔也有许多变

注释：

　　[1]《上党梆子形成于泽州》，中国戏曲网，http://www.xi-qu.com.

　　[2] 王丹丹：《上党梆子生成发展中几个问题探讨》，中国艺术研究院学位论文库，2011 年；张志庄：《怀邦与上党梆子比较研究》，《河南理工大学学报》（社会科学版）2006 年第 7 期。

　　[3] 中国戏曲音乐集成河北卷编委会：《中国戏曲音乐集成》河北卷，1999 年，内刊，第 578 页。

　　[4] 河北省文化厅、河北省民族事务委员会、中国戏曲家协会河北分会编：《河北戏曲资料汇编》第三集（内刊本），1984 年，第 118 页。

　　[5] 霍陶纯：《永年西调的调查与研究——以西调剧团为个案》，河北大学硕士学位论文，2011 年。

化，在表演艺术上不断学习京剧、豫剧、河北梆子、平调、乱弹、丝弦等剧种和民间音乐的表演程式及翻打技巧，使之与上党梆子有了较为明显的区别。

西调剧团原有"昆、梆、罗、卷、簧"5种声腔，而随着演出剧目的不断变化则声腔越来越少。据不完全统计，永年西调的传统剧目共100多出，绝大多数是由上党梆子承袭而来，其中梆子腔剧目有60多出；簧腔剧目有30多出；昆腔、罗腔剧目只有几出；卷戏剧目早在20世纪就已经失传。这种旧称的"泽州调"在永年被称为"三搭板"，这一剧种多演出袍带戏，舞台也多设一搭板而得名，逐渐形成了西调自身独特的艺术风格，发展成为冀南甚至更广范围内颇具影响的剧种。到清宣统年间时，冀南一带已有十余个西调剧社，成为西调发展史上的鼎盛时期。在抗日战争和解放战争时期，西调剧团归太行军区第五分区荣军学校领导，1946年时西调剧团称"太行第五军分区荣校第三团"，在团长杨永清的带领下，演职员达到90余人。^①邯郸解放后晋冀鲁豫边区党政军机关一度迁驻邯郸市，邯郸成为边区的首府。1948年西调剧团由邯郸市人民政府接管，剧团先后分为群友剧团和进步剧团，演出阵容空前强大，排演了《黄巢起义》、《红娘子》、《王大娘赶集》、《枪毙李福林》等多个鼓舞边区军民的进步剧目，成为当时包括邯郸在内晋冀鲁豫边区实力最强的剧种，为繁荣边区的文化艺术作出了贡献。1955年根据当时文艺工作的发展需要，邯郸市政府又将二团合并成立了永年县西调剧团，该团整理上演了《海瑞告状》、《洪湖赤卫队》、《八郎刺萧》等一批优秀剧目，其中《海瑞告状》参加了1959年河北省戏曲汇演并荣获大奖。所以，在1956年剧团登记时，由著名剧作家赵树理先生提议正式命名为永年"西调"，取"调自西来"之意。西调来自民间，服务百姓，使西调艺术的流行范围扩展到邯郸地区之外的邢台以及豫北、鲁西等地，把古老的上党梆子戏曲推上了一个新的发展阶段。

山东鲁西南地区的"枣梆"也是由上党梆子流传而来，已有100多年的历史。据菏泽山西会馆保存的道光十一年（1831）所立的碑碣记载，乾隆甲辰（1784）以前，鲁西南一带就有山西上党人在这一带经营的"当铺"、"盐店"、"烟店"、"染坊"等行业，他们在经商之余为了休闲娱乐，经常传唱家乡的上党梆子声腔，这是上党梆子在鲁西南的初期流传。清光绪初年，上党地区遭受特大旱灾后，上党梆子"十万班"来到鲁西南地区，分别在菏泽、郓城等地流动演出达一年多。当地还聘请山西职业艺人传授上党梆子戏曲，称为"上党宫调"或"泽州调"。随即职业戏班的"义盛班"、"高升班"、"义和班"等先后成立。从此，上党梆子在鲁西南一带大为流行，但其唱腔、念白就不可避免地受到当地其他剧种和地域方言的影响，便逐渐形成了具有独特艺术风格的"枣梆"剧种，在鲁西南地区广为流传，其影响范围东到嘉祥、济宁，南到成武以及陇海路以北的吴屯等地，西到河南省的长垣、兰考、内黄一线，北到黄河以北的观城、朝城、范县以及豫北的濮阳、安阳和河北的大名、成安一带。到新中国成立前后，"枣梆"戏曲得到了空前的发展，1960年菏泽专署枣梆剧团参加全省戏曲汇演时，因为剧团击节所用的梆子皆枣木制作，省委书记谭启龙提议把这一剧种正式定名为"枣梆"。1961年，菏泽专区将地直、郓城、梁山三个枣梆剧团合并组建成菏泽地方戏曲剧院枣梆剧团。

三

邯郸市博物馆收藏的这件青花"三义班"化妆盒，是从邯郸民间征集的一件近代戏剧文物，其上所

注释：

　　① 河北省文化厅、河北省民族事务委员会、中国戏曲家协会河北分会编：《河北戏曲资料汇编》第三集，内刊本，1984年，第115页。

书"阳邑、原庄"地名是何处？经查《中国古今地名大辞典》和《中国历史地名辞典》以及互联网搜索，阳邑作为地名目前所见共有三处：一是焦作市阳庙镇的阳邑；二是今山西太谷县的阳邑；三是河北武安县的阳邑。[①] 从上党梆子的活动范围情况来看，不太可能是指焦作市阳庙镇的阳邑村。太谷县的阳邑，相传曾是晋国大夫阳处父的封邑，西汉置阳邑县，从西汉（公元前206）至隋开皇十八年（598）称阳邑县，后属太原郡[②]；清顺治元年（1644）至宣统三年（1911）称阳邑镇；民国初年（1911）至1937年"七七事变"前阳邑为三区；1956年撤区并乡，称阳邑乡至今。现在阳邑乡下辖带"庄"字的自然村有9个，而没有原庄村名。再看河北武安的阳邑，它地处晋冀鲁豫交通要冲，与山西左权、河北涉县交界，武（安）左（权）、武（安）磁（山）阳（邑）干线公路十字交汇，邯（郸）长（治）铁路、邯（郸）长（治）公路穿境而过，自战国时期始就是邯郸通往山西"滏口陉"的交通要道。在目前阳邑镇所辖的24个行政村中竟没有一个带"庄"的自然村。而晋东南一带的原庄村目前发现有两处，一处是襄垣县的原庄村，另一处是阳城县芹池镇的原庄村。襄垣县和阳城县都是上党梆子"三义班"活动的区域范围，这说明阳邑和原庄不一定是行政隶属关系。那么，器物上的阳邑和原庄是怎么回事？一则是这个"三义班"的人员主要来自阳邑和原庄一带；二则或是这个"三义班"的演出主要活动范围有可能是在阳邑和原庄一带。所以，他们在定制的专用化妆盒上书写阳邑和原庄地名。

磁州窑烧造青花装饰器物是从清末时期开始的，而这个时期晋东南一带的瓷窑也开始生产青花装饰器物，邯郸与晋东南一带的瓷窑在古代就属于磁州窑系，近代又均属北方青花瓷区系，这两地瓷器装饰技法的区别不是十分明显，只是瓷胎原料有所不同而已，但它们与以景德镇为代表的南方青花区系的装饰风格、瓷胎都有着非常明显的区别。这件青花化妆盒从瓷胎到釉色，应是晋东南一带瓷窑生产的青花器物，可是这件器物确发现在邯郸的民间，虽然我们不清楚它是经过怎样的途径流传到邯郸民间的，但能说明它是上党梆子"三义班"在冀南地区流传的历史见证物。

四

上党梆子之所以能在冀南地区得到广泛流传，是因为它有着深厚的历史文化渊源。

首先，上党梆子的定名就源自春秋战国时期的上党郡一名。在春秋时期上党郡属晋国，公元前376年"三家分晋"后其大部地区属韩国，今晋城高平市的部分地域属于赵国范围，曾称赵上党。公元前280年秦将白起攻赵国，曾占领赵国的光狼城（今高平西康营一带）。特别是古代著名的秦赵"长平之战"就发生在高平一带，至今在晋城高平市还有以纪念赵国大将军赵括的"骷髅庙"，在高平永录村还有埋葬赵国被坑杀士卒的尸骨坑遗址。不仅如此，在晋城地区多有关于赵国的传说，比如，上城公村丹河对岸还有"孤儿洞"遗存，相传是当年程婴藏匿赵氏孤儿赵武的地方。莒山传说是蔺相如的故乡，现存有蔺相如庙并有衣冠冢；固山相传为廉颇坚壁拒秦之地，现还有纪念廉颇将军的庙宇。晋城地方志书中也记载完璧归赵途径晋城坛岭头，"传云舍人怀璧由间道归赵路经此，以地理考之或然"[③]，地名因曰"全玉岭"。义城系"长平之战"前韩上党郡守冯亭所献赵国的17城邑之一。这些都说明自古以来邯郸与古上党地区就有着一脉相承的历史文化联系。

其次，晋东南地区与邯郸地缘相近，民情相亲而民风相系。自古以来这一地域就属于古代的三晋文

注释：

① 臧励龢等编：《中国古今地名大辞典》，商务印书馆，1982年，第958页。

② 复旦大学历史地理研究所等编：《中国历史地名辞典》，江西教育出版社，1986年，第368—371页。

③ 《赵国遗存》，晋城新闻网，http://www.jcnews.com.cn.

化区系。历史上的地缘关系使这一地区的民风民俗有着相关和联系，尤其是那些地域交汇的地方，还有世世代代的亲缘关系，相互交往长年不断，风土人情大体相似。所以，上党梆子就容易被这一地域的民间所接受。比如，豫剧，本来是河南的代表性戏剧，而与河南地缘相近的邯郸南部一带，至今民间流传的主要戏曲仍然是豫剧，现在邯郸不仅有"春燕豫剧团"，还有数名以主演豫剧而成为中国戏剧最高奖"梅花奖"的得主，并在这里形成了以桑振军为首的"桑派"豫剧艺术，入选第一批国家非物质文化遗产名录。同样，上党梆子在冀南、鲁西一带的长期流传，最终形成了邯郸永年的"西调"和鲁西南的"枣梆"戏曲艺术，这两个姐妹戏曲均被入选为国家非物质文化遗产名录。

最后，在抗日战争时期，邯郸与晋东南地区同属晋冀鲁豫边区的辖域范围，上党梆子戏曲在发展与繁荣边区文化方面发挥了重要的作用。晋城抗日根据地位于太行、太岳革命抗日根据地的结合部，成为晋冀鲁豫抗日根据地的重要组成部分，是抗日战争和解放战争时期我党在华北建立的最主要的战略支点之一。由于这两地历史上长期的文化交流，再加上晋冀鲁豫抗日根据地建立以后，为上党梆子的发展消除了长期的行政区划分割壁垒，所以，在这个时期上党梆子与西调、枣梆作为边区文艺演出活动的主要剧种，得到了空前的发展与繁荣，为鼓舞边区军民的抗日斗志，促进边区的文艺繁荣发挥了重要的作用。

由此可见，上党梆子自清代传来冀鲁豫交界地区的170多年间，在这片广袤的土地上生根、开花并形成了具有独特戏剧艺术的"西调"和"枣梆"两个嫡亲姐妹剧种，以其独特的艺术魅力紧紧扎根于这块热土，无论时代发生怎样的风云变幻，它不断吸收其他戏剧的艺术营养，汇演了一批又一批的精彩剧目，培养了一代又一代的优秀表演艺术家，并以其颇具浓郁地方特色的艺术魅力，不仅为这一区域的人们带来了无穷的欢乐和艺术的享受，而且为丰富和繁荣中国的民族戏曲艺术作出了巨大的贡献。

（李建欣：河北省邯郸市博物馆馆员；郝良真：河北省邯郸市博物馆研究馆员）

阎锡山与近代山西的防疫

——以1918年晋省防治肺鼠疫为中心

上官定一

摘　要: 1918年山西省北、中部肺鼠疫流行。从1918年1月1日至3月19日的78天内,共波及28个县,285个村,死亡2664人。在1918年那个时代里,对于大面积的疫情很难有高效的防治办法。但是山西省政府进行全民动员,以极快的速度控制了疫情。正是由于阎锡山政府对传染病的高度重视,才使得山西的防疫理念、防疫体系得以向现代过渡。近代山西的防疫,对今天政府如何防治疫情有着一定的借鉴意义。

关键词: 阎锡山;肺鼠疫;防疫;公共卫生

肺鼠疫[①]是一种极易传染的疾病。它的传播与自然环境、气候、人口流动等因素都有很大的关系。它一旦形成,就会通过种种方式传播,人口的流动、气候的原因都会促成和加快其传播的速度。1918年山西的肺鼠疫主要是因为人口的流动,从绥远(大致今天的内蒙古中部地区)传入的,在鼠疫传入山西前后,阎锡山都采取了一定的措施防治肺鼠疫。本文拟将通过阎锡山在1918年治理鼠疫的过程考察,看阎锡山是如何针对疫因对症下药的。

一、肺鼠疫的传播

据当时史料记载,此次肺鼠疫流行始于现在的巴彦淖尔市乌拉特前旗兴安镇(当时叫扒子补隆)。1917年8月,首先在兴安镇的教堂内爆发,死亡70余人,当地人惊恐万分,四处逃窜,致使肺鼠疫迅速向外传播。9月下旬,鼠疫通过由乌拉特前镇运输皮毛的马车队车夫、商人传入包头。10月以后,随着人群流动向东、向南传入萨拉奇、土默特右旗、土默特左旗、归化(今呼和浩特市)。接着波及托县、

注释:

---

① 肺鼠疫可分为继发性肺鼠疫及原发性肺鼠疫。继发性肺鼠疫是腺鼠疫在病程中在菌血症或其后的败血症期发展成的肺鼠疫,而原发性肺鼠疫是通过吸入肺鼠疫病人排出的飞沫中的鼠疫耶尔森氏菌而直接感染的。原发性肺鼠疫即为本文中的肺鼠疫。寒冷的气候有助于原发性肺鼠疫的传播,容易形成人口过度拥挤,是造成人与人之间直接由飞沫或间接通过外寄生虫传播的主要因素。由于当时此病称呼繁多,本文中所引"肺炎症"、"肺百斯脱"等,均指肺鼠疫。转引自〔美〕W.T.休伯特等编,魏曦、刘瑞三、范明远主译,廖延雄、傅杰青、陈俊侠总校:《人兽共患病》,上海科学技术出版社,1985年,第93页。

清水河、凉城、集宁、丰镇等县。[①]而以上所提之地名都在当时的绥远（今内蒙古中部地区）境内。1月9日，北洋政府派往萨拉奇等处的医士报告，此疫确系肺炎症[②]，与1910年的东三省之疫症相仿。绥远和山西相距甚近，阎锡山一听到绥远境内发生鼠疫，便施行防御办法，"刻在大同附近设立防疫局所"[③]。尽管阎锡山吸取东北第一次鼠疫大流行的经验教训，对于防治工作十分重视，然而肺鼠疫还是迅速传入了山西。

这次肺鼠疫能够迅速传入山西，与以下两点有关。

（一）地理因素

绥远为山西的邻省，两省之间人们的往来十分频繁，便为疫情的传播创造了有利因素。例如，由绥入晋的必经之地右玉是一个古老的城市，大约在两千多年前就形成了居民的集中点，所以口外各民族经常去右玉交换物资，形成了在政治、经济、文化以及生活习惯方面的密切联系。这样无疑地造成了五原等地的鼠疫必然传来的客观要素。[④]

（二）人口流动

首先，当时正值寒冬季节，而我国北部边区的冬季较为寒冷，皮毛则为御寒佳品，平民对其的需求量很大。而处于贸易之口的大同，则为皮毛畜产品的集散地。这些皮毛产品大多产于西北各省，运送到大同则要路经绥远各地。因此，肺鼠疫的病菌便由皮货商人或车夫带入山西。例如，大同"西坡街车户郭姓，自绥远归，家中疫死数人"[⑤]。其次，当时山西走口外经商、种田者颇多，而此时正值年根，再加上由于当时绥远已经疫情严重，所以有许多口外经商、种田者返乡探亲、避难。而这些返乡者便将肺鼠疫的病毒带入了山西北部各县。例如，山阴县"红土窑及前窑铺地方有忻县人刘、张二姓，由包头回家，路经地方，先后疫死。同伴阎姓一人，李姓二人，均在忻县属境疫死"[⑥]。他们5人这一路，经过数县，接触之人甚多，便将肺鼠疫带入了沿途各县。最后，由于当时交通并不发达，所以人们大多以步行或乘坐马车为主，以至于行程较为缓慢，不可能在一日之内便可到达目的地，多数人都得在旅店居住，从而将此疫传给店主，或其他与之接触之人。例如，山阴县"新岱岳店内有过口九人，疫死五人。店主范姓疫死二人，又该镇居民陈、范二姓疫死"[⑦]。再如，大同"城内九楼巷，有焦姓者，其亲由绥远归，回村已晚，留住一宿，次日疫死。其家相继而死者数人"[⑧]。由于以上两点，致使肺鼠疫迅速传入了山西。

肺鼠疫能够如此迅速传播，则主要由于以下四点。

（1）肺鼠疫本身有很强的传染性。"此疫之传染仅由呼吸之机关，患者咯痰色红多沫，内含无数微菌，传疫者即此痰也。医士与看护者必须戴防疫面具，可保安宁，但若一滴痰涎落入旁观者之喉中，则

注释:

① 刘经有、张万荣：《内蒙古鼠疫》，内蒙古人民出版社，1997年，第164页。

② 《申报》，民国七年（1918）一月九日，《外电》，《北京电》。

③ 《申报》，民国七年（1918）一月十六日，《西报述晋边疫症之由来》。

④ 中国人民政治协商会议山西省右玉县文史资料委员会：《右玉县文史资料》第1辑，1986年，第61页。

⑤ 中国人民政治协商会议山西省大同市文史资料委员会：《大同文史资料》第15辑，1988年，第152页。

⑥ 《大公报》（天津版），民国七年（1918）一月二十日，《防疫要电一束》。

⑦ 《大公报》（天津版），民国七年（1918）一月二十日，《防疫要电一束》。

⑧ 中国人民政治协商会议山西省大同市文史资料委员会：《大同文史资料》第15辑，1988年，第152页。

其杀人等于炮弹。凡染此疫者，无一生存，有害人类，最险恶之疫症也。"①

（2）当初人们并不知道这是肺鼠疫，没能采取各种防范措施。如右玉县南关贾旺子旅店有从口外归来之人，在店内病发身亡，而店主却不知道这是鼠疫，并没有把病人剩下的衣物烧掉，以至于全家18口人传染上此病，相继死去②，从而使肺鼠疫迅速传播。

（3）当时人们的愚昧无知。人们得了鼠疫后，或者家人得了鼠疫后，并不相信科学，反对隔离。如大同"西坡街郭某疫之后，官府曾将其妇孺三人送西门外隔离所，并将其家封闭。然而这三人半夜都逃回，毁墙进家。结果次日均染疫身亡"③。有些人则认为鼠疫是由瘟神引起的，于是便搭台唱戏，或请和尚诵经以求、谢神灵。如大同"城东沙岭村，还搭台唱戏，求、谢神灵。因一染病者混入戏班，使戏班二十余人疫亡"④。再如，有人全家都染疫身亡，村人便"请三个和尚入屋内为之诵经，结果经未诵完，而三僧先亡"⑤。就由于人们的愚昧无知，而使许多人断送了性命。

（4）人类心灵中最美的忠孝思想。当时很少有人愿意把一个患病的或临危的亲属丢在一边不管。特别是在缺乏有经验的医生和设备完善的医院的情况下，那些患者如果没有家人的照顾，必将丧生。所以大多数人都反对隔离，从而使鼠疫由有病的人传给健康的人，使得患者越来越多，死亡人数也急剧上升。再加上"亲戚、邻里、父子等关系，死了人还必须探望、吊唁，使鼠疫逐渐扩散，造成了传播疫病的有利机会"⑥。

二、肺鼠疫治理成功的诸因素

当疫症传入山西后，"右玉、左云、大同等县，连日电告从口外回南行旅，路经该县住宿。当晚头痛、发热、咳嗽，轻者三五日，重者不过二十四小时，即吐血而死"⑦。并且疫症在几天内，便已传入了右玉、左云、大同、天镇、阳高、代县、偏关、朔平等地。1918年1月5日"有疫症五起发现于朔平府，朔平距太原府仅六百里"⑧，使人们不得不惊叹"此种病症最为危险，流传最速"⑨。但是阎锡山还是以极快的速度控制住了疫情，在一个基本没有现代化通信手段及设施的传统社会里，山西能有那样高的行政效率，实在不容易。阎锡山能快速治理疫情主要由于以下几个因素。

（一）绝对公开事实

民国七年（1918）一月五日，阎锡山接到疫情报告后，立刻通电晋北各县，实行遮阻交通，严格检查。"先后撰白话电示数条，俾官民依照清洁、隔离、埋尸、封室各办法，严切执行。"⑩自从接到疫情报告后，山西几乎每日都电告北洋政府，向其报告山西的疫情，并且所发电文都十分详细，将哪一日、什

注释：

① 《申报》，民国七年（1918）一月九日，《西报论北京最近防疫事》。

② 中国人民政治协商会议山西省右玉县文史资料委员会：《右玉县文史资料》第1辑，1986年，第61页。

③ 中国人民政治协商会议山西省大同市文史资料委员会：《大同文史资料》第15辑，1988年，第152页。

④ 中国人民政治协商会议山西省大同市文史资料委员会：《大同文史资料》第15辑，1988年，第152页。

⑤ 中国人民政治协商会议山西省大同市文史资料委员会：《大同文史资料》第15辑，1988年，第152页。

⑥ 中国人民政治协商会议山西省右玉县文史资料委员会：《右玉县文史资料》第1辑，1986年，第65页。

⑦ 《大公报》（天津版），民国七年（1918）一月二十日，《山西防疫总司令局之训令》。

⑧ 《大公报》（天津版），民国七年（1918）一月十五日，《西报之山西瘟疫论》。

⑨ 《大公报》（天津版），民国七年（1918）一月二十日，《山西防疫总司令局之训令》。

⑩ 谢泳：《看阎锡山如何处理疫情》，转引自 NST 学术论坛（http://phorum.nst.pku.edu.cn/printthread.php?threadid=496）。

么地方、什么人、由于什么原因染上瘟疫而死，都写得十分清楚。比起当时也有疫症的绥远和察哈尔两省，无论从数量上还是在详细程度上都要高出许多。阎锡山一听到蒙古境内发生肺鼠疫，刻在大同附近设立防疫局，并在由归绥至山西一路，杀虎口、助马、七墩口、鸿门、老焕湾、得胜、河曲右七处已于十日设所检查，并已堵塞晋北沿边各小口，以及雁门关（在代县）、阳防口（在宁武县）也相继设立检查所。处于京绥铁路沿线的大同，已由陈祀邦委员择要地设所检查。[①]当山西已下令戒严、严查的时候，疫情同样严重的察哈尔却截然相反。察哈尔属丰镇为京绥铁路之终点，如果肺鼠疫传入丰镇就有可能沿京绥铁路传入北京。于是1月9日，北京政府令"北京与丰镇间之货车暂停行驶"[②]，并且丰镇已于1月10日发现疫症，而1月14日，察哈尔田督统却电致政府，欲将路禁打开，将铁路照常运行，说"若火车久停，是张口十数万生灵死于疫而先死于防矣"，并且还说"丰镇等处已经没有疫情"[③]。相比之下，更可以看出阎锡山防疫之认真、负责、公开。

（二）当机立断，在极短的时间内作出了主防不主治的决策

由于"查此种疫症按照宣三东省万国鼠疫研究会报告，本无治疗之法"[④]，所以，阎锡山作出了主防不主治的决策。

"晋省自发现疫症后，省中设防疫总局一所，已于十二号宣告成立。"[⑤]山西省防疫总局暂设省陈列所内，后又在督军公署里设防疫办公处。防疫总局局长由警务处处长南桂馨兼任。刘宝珍为医务股主任，牟小谦为文电股主任，乔良齐为调查股主任，李组绶为庶务股主任，均由省长委任。除由省城设立防疫总局，各县分设分局，各疫县均设立隔离所、疫病院、留验所、收容所、迎接所、检查队、消毒队、掩埋队等组织，各司其职，各负其责。[⑥]

我们通过两个县的情况进行说明：在染疫期间，"崞县设置防疫分局，防疫分局下设城厢检查所、区村检疫所、冲要检疫所、行旅留养所。确定专人分别担任防疫分局局长、检疫所长、隔离长、检查队长、消毒队长、掩埋队长等职。同时，还配备局员6人，医官1人，医士2人，检查队员40人，消毒队员30人，掩埋队员30人，宣讲队员50人，全县设有16个防疫单位。参与和协助防疫的还有60个村长、村副"[⑦]。"五台县设立防疫分局，局长由县长兼任。全县六个区，分设城镇、乡村要冲检疫所和行旅留养所。北门外后土庙、台怀国民学校、东冶女校、豆村关帝庙、耿镇观音庵都设有隔离所。县署组织消防队员、医务人员、检疫员、添募、宣讲员，对疫症进行扑灭，控制鼠疫的流行。"[⑧]

此外，总局下还有晋北防疫办公处、山西省会防疫局。民国七年（1918）山西省卫生防疫组织示意图如图1所示。

山西省防疫总局一经成立，便采取了以下措施，治理疫情。

（1）管制交通。这是一系列措施中最为有效的一种。要防止鼠疫的传染，首先要控制的便是由鼠

注释：

① 《申报》，民国七年（1918）一月二十二日，《京官场宣布防疫情形》。

② 《申报》，民国七年（1918）一月十一日，《北京电》。

③ 《大公报》（天津版），民国七年（1918）一月十四日，《纪防疫官电两通》。

④ 《申报》，民国七年（1918）一月二十五日，《北方防疫之电讯》。

⑤ 《申报》，民国七年（1918）一月十九日，《晋省官场之防疫》。

⑥ 山西省史志研究院：《山西通志》第四十一卷，中华书局，1997年，第334页。

⑦ 原平县志编纂委员会：《原平县志》，中国科学技术出版社，1991年，第449页。

⑧ 五台县志编纂委员会：《五台县志》，山西人民出版社，1988年，第496页。

疫发源地通往山西的交通，这样才能治根本。因此，由归绥入山西的杀虎口、助马、七墩口、鸿门、老焕湾、得胜、河曲右7处，已于1918年1月10日设所检查，并已堵塞。[①] 由于杀虎口是晋省第一次发疫之口，并且是由绥入晋之要道，所以杀虎口的检查所至关重要，"由大同镇使亲自派遣陆军把守检查。凡是过往人员，停留七天后，经检查无病才能放行，同时省医院、陆军医院、英国施医院等组成技术指导队，对其进行指导"[②]。此项措施见效很快，"自实行检查以后，北来行旅日渐减少"[③]。从而减少了由绥入晋的人员，并且保证了入境者皆健康，有效地防止了疫病的传染。

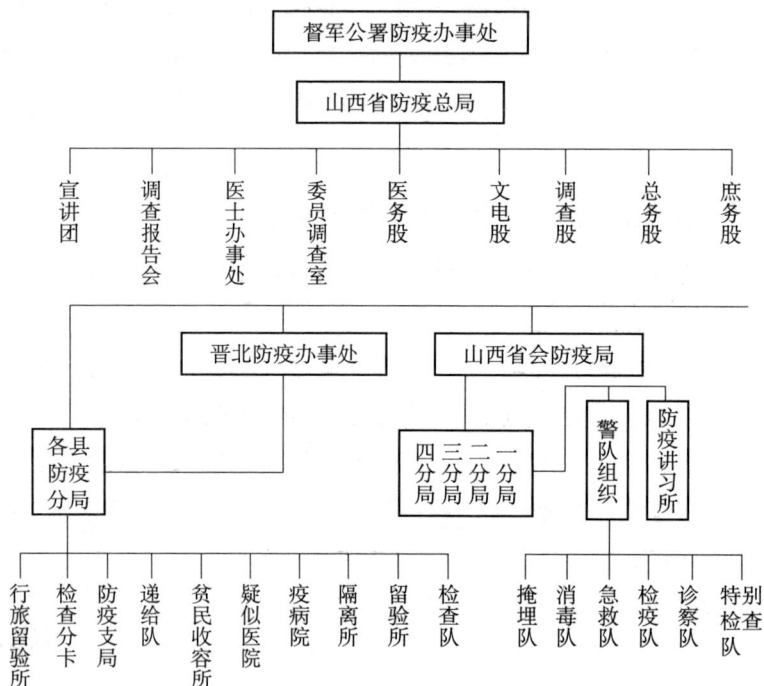

▲ 图1　1918年山西省卫生防疫组织示意图

资料来源：山西省史志研究院编《山西通志》第四十一卷，中华书局，1997年，第334页

除了要控制由绥入晋的交通外，还要控制由山西北部通往南部的交通。由于那时山西北部已有疫症，并且已传至多县，为了使疫症不至于遍布全省，也不至于传向外省，便于1月14日在晋北沿边各小口，设立检查所。[④] 代县的雁门关及宁武的阳防口为由北向南的要道，特在这两处设检查所，阻止行客，并请西医分往协助办理。当时还要求即使已经检验无病也不准放行，有紧要事件者才可过关。[⑤] 另外，为了防止疫情南侵，省内节节设防。划定雁门关及沿内长城一带为第二防疫线；关内崞忻交界为第三防疫线；石岭关为第四防疫线，所有忻县以北各要口早饬各该县从严阻塞。石岭关距省垣百余里，为由省北进省总汇之要隘。为了使疫症不至于传至省城，便由省城派遣检查队前往检查，实行断绝交通。[⑥]

注释：

① 《申报》，民国七年（1918）一月二十二日，《京官场宣布防疫情形》。

② 中国人民政治协商会议山西省右玉县文史资料委员会：《右玉县文史资料》第1辑，1986年，第62页。

③ 《大公报》（天津版），民国七年（1918）一月二十日，《防疫要电一束》。

④ 《申报》，民国七年（1918）一月二十二日，《京官场宣布防疫情形》。

⑤ 《大公报》（天津版），民国七年（1918）一月十七日，《防疫要电一束》。

⑥ 《大公报》（天津版），民国七年（1918）一月二十日，《防疫要电一束》。

另外，"寿阳县属之黄岭村，为往来客商经过要隘，业经商妥，该县派警设防，从严检验"①。这个措施作用很大，忻县离太原很近，而忻县于 1918 年 1 月 20 日已有疫情发生，太原却一直到疫事结束，也无任何疫情。这都得归功于石岭关、黄岭村等地设防之及时，检查之严格，从而极好地控制了疫情的传染。

除此之外，还对疫区内进行了严格的控制。在疫症期间，"大同城四门紧闭，派军队防止，不准外地人员进入。旅店禁止留客，城里不准串门"②。崞县防疫分局还要求人们"各扫门前污秽，停办婚丧事宜，禁止演戏，停止庙会"③。学校如有疫症发生，即行停课。普通发生疫症之县，所有诉讼事件停止传案④，并在所有的染疫地点和交通要道，派人驻守检查，以防扩散。右玉县城四门设人专门把守，严禁疫区人员流入城市。非疫区人员通往城镇也要发证才能通行。对流浪贫民、乞丐等人均集中起来，县署给食宿，防止流动。这个措施对于疫区进行了严格的控制，从而减少了肺鼠疫传播的可能性。

太原虽然当时并未传染疫症，但是为了防止疫症的传入，也进行了严格的控制。规定凡是外来人口均须查验，并且得在停留数日后，经复检无病，才准进城。即使可以进城，也"只准由北门而进，余门不准入，凡入城内之人，必须写一券，注其姓名、籍贯、现办何事"。此外，还在北门设立了一个转运粮米处，每日分两次由城内各商赴该处购运，不准外来粮食进城。⑤⑥虽然这种政策在施行之初引起了物价上涨，但稍后便又得以复原，从而保证了太原能自始至终未有疫症，有效地防止了肺鼠疫的传染。

当时还对另一个交通工具——火车的运行和乘坐采取了一系列措施。为了防止疫情传播，便将通往疫区的火车停开，对于经过非疫区的火车，则对乘客进行了严格检查，以防将鼠疫传入外省。当时，榆次、寿阳并未有疫情发生，但都设立了检验所，对于乘车之人都要进行检验。确定没病的人，才能买票上车。稍有疑似，便要扣留七日，确定此人无病之后，才能放行。⑦

通过以上各个环节的严格检查与禁止通行，大大减少了鼠疫传染的可能性，从而使疫势减弱，逐渐转危为安。

（2）隔离。为了控制疫情的发展，减少疫症的传染，政府下令将患有疫症者，或者曾与染疫病人接触者，以及疑似有病者予以隔离。例如，大同有"曹姓者自绥远归，染病，桥官诊之。认为疫症。饬警送入西门外隔离所"⑧。岢岚城中有与疫病患人接触者三人，其中有一女人，逃于该城 50 里之某处。防疫人员闻讯立即前往该处将其捉回，放入隔离所内，对其进行观察治疗。⑨还有当时乘坐火车者，在买票前也须检查，确定无疫者才准买票。如果稍有疑似，便在隔离所扣留七日，方准放行。⑩又如，大同红树村，有董姓父子二人，染病身亡。于是大同镇守使便派兵前往该村，将其整个村子隔离，以免传染给

注释：

① 《申报》，民国七年（1918）一月二十三日，《北方防疫之官电》。

② 中国人民政治协商会议山西省大同市文史资料委员会：《大同文史资料》第 15 辑，1988 年，第 152 页。

③ 原平县志编纂委员会：《原平县志》，中国科学技术出版社，1991 年，第 449 页。

④ 《大公报》（天津版），民国七年（1918）一月二十日，《山西防疫总司令局之训令》。

⑤ 《大公报》（天津版），民国七年（1918）一月十七日，《防疫要电一束》。

⑥ 《大公报》（天津版），民国七年（1918）一月二十日，《防疫要电一束》。

⑦ 《大公报》（天津版），民国七年（1918）一月二十日，《防疫要电一束》。

⑧ 中国人民政治协商会议山西省大同市文史资料委员会：《大同文史资料》第 15 辑，1988 年，第 152 页。

⑨ 《大公报》（天津版），民国七年（1918）三月十三日，《山西防疫情形详志》。

⑩ 《大公报》（天津版），民国七年（1918）一月二十日，《防疫要电一束》。

给他人。[①] 此项措施十分有效，从而防止了疫症的流行。

（3）捕鼠灭鼠、清洁消毒。山西省防疫总局一经成立，便拟订了简易的消毒办法数条，办法如下：①除鼠。疫症由鼠毒传播，除鼠方法以养猫、置捕鼠器最为普遍。凡屋顶内、地板下、厨房流水处、沟渠等，如有鼠族往来居住之孔穴，应立即填塞之。②清洁。住屋加意扫除，拂拭黑暗之处，多令开通窗户透射日光，以杀微菌。破烂不洁衣服、寝具及旧存麻袋、旧包等件，即行洗涤，或时在日中晒曝之。腐败、臭恶之食料，即行捐弃或烧毁之。③烧毁。患传染病者及患传染病死者所用之衣服、褥铺、布片、便器及其余器具等须一概烧毁之。④药物消毒。用碳酸水或生石灰水每日洒地三次，凡住室内可用硫黄熏之。硫黄熏法：以瓦盆内置棉花，将硫黄研碎，敷棉花上以红炭燃之，熏时将门闭住，人出门外，俟烟气减少再入。⑤日光消毒。日光有杀菌之力，各国医学家所证明值恶疫流行之时，可将屋内之物品、器具及衣服、寝具等件搬出，严重曝晒。时间以午前九时至午后四时为限。曝晒之际，务须表里所复二三次，使物体全部得同遍受日光之力。[②]

（4）深埋尸体。鼠疫患者的尸体也是相当危险的传染源，因此，对尸体的处理对于疫情的控制也有很大的影响。如左云县有客民自口外来定襄四人，内有杜姓一人，在店染疫身死，阎锡山便令其就地深埋尸体，不准扶柩入关。[③] 由于对尸体的合理处理，从而使疫症的传染减弱。

（5）宣传。为了消除人们的误会，使人们积极配合防疫，能更清楚、更直接地了解防疫办法，各县均专设防疫宣讲员，组织防疫会。一些县的知事，为了防止鼠疫的流传，还专门编了预防鼠疫的顺口溜。如右玉县知事陈宗炎，为了防止鼠疫的流传，编了下面这个顺口溜：

> 现时下有鼠疫发生口外，多少人受传染抛露尸骸。
>
> 有过客住右玉南关门外，突然间因病发呜呼哀哉。
>
> 开大店贾旺子不知厉害，全家人十八口死于病哉。
>
> 有小偷到贾店窃取木块，身未出染鼠疫死也是活该。
>
> 红土堡大路口留客往来，十几家染疫死惹祸命归。
>
> 万国医研究疫开会言讲，议决的各条款曾载报章。
>
> 庚戌年西而东传到新疆，我昔年在奉天眼见当场，
>
> 百余日死得人五万以上。伍连德医博士我曾亲访，
>
> 他也说这疫病有防无治。在平时保身体卫生应讲，
>
> 闹瘟疫尤需要格外加防。防得方极容易听我细讲，
>
> 尔大家需牢记切不可忘。第一要沿嘴笼口鼻护上（指戴口罩），
>
> 出门时便带上时刻提防。第二要将菖蒲、贯仲买上，
>
> 加黑豆与明矾放在水缸。第三要旧被褥每日常凉，
>
> 搬在外勤反晒多受阳光。第四要黑暗处开窗户通风清凉，
>
> 勤打扫防潮湿更是应当。……[④]

注释：

① 《申报》，民国七年（1918）二月三日，《丰同间之疫症消息》。

② 《申报》，民国七年（1918）一月十九日，《晋省官场之防疫》。

③ 《大公报》（天津版），民国七年（1918）一月十四日，《纪防疫官电两通》。

④ 中国人民政治协商会议山西右玉县文史资料委员会：《右玉县文史资料》第 1 辑，1986 年，第 63—64 页。

（三）赏罚分明

防疫一开始阎锡山便下令"对防疫不力者，立予参撤；庸懦者，停职察办，争起自效。并对自疫发生三十天内，有特殊防疫办法的行政给予奖励"①。此命令下达后，各县知事都认真办理。偏关地处绥晋边界，当地知事拟订的办法十分严密。偏关由口外入内四口，已经封闭三口，只留滑石沟一口任人出入，以便检查易施，因此，受到了阎锡山的夸奖，称其为"办理得法"②。不过各县知事中，也有不服从命令的，如代县知事曾宝豫。当时代县境内据报已有传染疫症者，阎锡山电令该县知事曾宝豫认真备防，并有军官与他多次面商防疫办法，他都置之不理，实属漠视人命。于是，阎锡山撤其职务，另选人员代之。③对于医务人员，阎锡山十分厚待，由于肺鼠疫十分容易传染，并且受传染之人轻者三五日之内身亡，重者24小时之内便吐血而死，所以大多数人都避而远之。阎锡山便以重金待之。每一个中医或西医的月薪为10元，每个医兵的月薪为6元④，并且还电告北洋政府要求加奖各防疫员和医士，以鼓舞人心⑤，从而调动起医务人员的积极性，使其认真办事，有利于疫情的控制。阎锡山对于防疫十分支持，所需经费先由地方筹拨，让晋北26县，每个县筹措防疫资金100元，作为晋北防疫款项，不足再由国库补助。⑥

（四）相信动员一切社会力量

1918年中国还很落后，山西也不例外。当时山西境内只有7所医院，并且都是规模很小、设备陈旧的医院。而当时肺鼠疫发生的晋北地区，却只有代州有一所小医院，由英国人浸礼会管理⑦，由此可知当时晋北地区医士人员及设备的缺乏。肺鼠疫又是民国时期才刚开始流行的疾病，在此之前人们所得的鼠疫大多是腺鼠疫⑧，所以当时山西境内的医士大多对于防治肺鼠疫并无经验，疫情出现后，阎锡山即聘请当时在山西的各国医生、牧师和教士，请他们来帮助，还向北洋政府要求派有经验的医士来晋相帮。当时北洋政府内务部便派了一个中国名字叫杨怀德的美国医学博士来山西。杨怀德当时是北京协和医院院长，医学甚精，并对防疫事务较有经验。杨医士于1月26日到达山西后，阎锡山立即聘他为防疫总顾问。"授以医务全权，领中外医员以树设施上之模范。"⑨由于疫情的发展，医士更加短缺。杨怀德医士便请教会中会讲中国话的人，相助办事。"只要是教士中有一些防疫经验的人，便可以奔走防疫之事。"⑩由于阎锡山以诚相待，所以在山西帮助防疫的外国医士颇多，美国、英国、德国、意大利、瑞典等国在华教会或教会医院以及外省医护人员共59人，参与了此次防治工作⑪，为山西的防疫事业出了大力。另

注释：

① 中国人民政治协商会议山西右玉县文史资料委员会：《右玉县文史资料》第1辑，1986年，第62页。

②《大公报》（天津版），民国七年（1918）一月三十一日，《关于防疫最近之报告》。

③《大公报》（天津版），民国七年（1918）一月二十日，《代县因疫事撤任》。

④《申报》，民国七年（1918）一月二十六日，《北京防疫计划之所闻》。

⑤《大公报》（天津版），民国七年（1918）一月二十九日，《晋督请打奖恤防疫员医办法》。

⑥《申报》，民国七年（1918）一月二十六日，《北京防疫计划之所闻》。

⑦《申报》，民国七年（1918）一月十六日，《西报述晋边疫症之由来》。

⑧ 单纯的腺鼠疫并不能直接传染，因此这种患者无需隔离，只要在无虫（蚤）的环境中进行护理和治疗便可以，与肺鼠疫之防御办法不同。

⑨ 谢泳：《看阎锡山如何处理疫情》，转引自NST学术论坛（http://phorum.nst.pku.edu.cn/printthread.php?threadid=496）。

⑩《申报》，民国七年（1918）二月六日，《太原忻州间之疫况》。

⑪ 山西省史志研究院：《山西通志》第四十一卷，中华书局，1997年，第448页。

外，各地的地方官、人民对他们的防疫事业也很配合，对他们十分尊重。例如，当时忻州为了防止疫情南侵，进入太原，对于各个关口都严密设防。可是忻州北面有些关口较宽，约有40里，而且位置极偏，所以较难禁止从忻州北面来的人。忻州知事便立刻请太谷县的希明威医士联合防疫，让他管理忻州治疫之事，并且请英国的浸礼会辅助办理。^① 由于阎锡山及各地官员的积极配合，使国内外医士都感到十分满意。美国某医士于1月31日，发表意见说"防疫之气象尚佳，想疫症不致传入太原"^②。各医士对于现在的防疫办法颇为满意。由于阎锡山对各国医士的相信和重用，所以他很快便动员了全省各方面的防疫力量，控制了疫情的发展。

当时疫情也同样严重的绥远、察哈尔对于各医士的态度却大不相同。例如，1918年1月19日有士兵20人从归化到达丰镇，中途就有一人病死，后来又有两个人染疫而亡，由此可知归化的军营中已经染疫。防疫委员本来应有自由查验之权，但当地知事却用一个当地有名的赌棍，煽众作乱，从而使其不能查病。当地政府还用了一个连显微镜都不会用的所谓的医生作为间谍，电告北京政府说：绥远并没有疫症发生，从而使已禁之火车开通。由此可知，当地政府只知赚钱，而不知体恤民命。察哈尔也不次于绥远，当疫情刚开始时，北洋政府便派伍连德医士前往办理防疫诸事。伍连德是一位出身南洋的华侨青年，毕业于剑桥大学，并于1910年受命前往东北治理鼠疫，十分有效，并因此而被公认为是战胜"黑死病"（鼠疫）的最有力的斗士。但是这位"斗士"在丰镇却处处受治，最后不得不放弃回京。1月5日，伍连德医士便启程赶往丰镇，到达丰镇后，察哈尔都统视其为好事之人，并不给他权力治理疫情，使他屡遭困难。更令人心寒的是，伍连德医士为了弄清楚这次疫症之病因，将疫症确诊，想将已经病死的人的尸体解剖，但未得到死者家属的同意，并且当地人一听说要解剖死人尸体，都十分惊骇，便聚众闹事，并将伍医士殴打^③，而这些事又都是当地政府所纵容的。经过这一系列的阻挠，使伍连德医士不得不于1月20日电请回京。相比之下，更加可知当时阎锡山对各医士的信任和尊重。

（五）编村制度

阎锡山所采取的一系列措施能迅速而有效地发挥作用，与他当时建立的村制有很大的关系。虽然当时还没有完全成熟，但在灾难面前，这种自治制度还是承担了现代防疫行政的许多职能。而这种村制则为其治晋思想中的一部分。在众多军阀中，阎锡山以"文治"见长，他热衷于传统文化，又关注过军国主义、国家主义、共产主义、民主主义和法西斯主义等，各种概念、论断、观点被他兼容、拼凑、批判。他视山西为其独立王国，他的努力很大程度上都围绕着牢牢地控制山西这个中心展开，并且在治理山西的过程中还逐渐形成了一种思想，即治晋思想。^④1918年，他的治晋思想则主要表现为其村制和用民政治。所谓用民政治，就是按照人们的发展要求，因势利导地把他们纳入政治的轨道。通俗地说，就是采用养鸡取蛋的方式，使人民的才智得以充分发挥，为他所用。^⑤要做到能把每一个人的全部聪明才智都用得上，阎锡山效仿日本，建立"行政网"，编定村制。设村长、村副、闾长、邻长，代行警察职权，严密统治，从不漏一村到不漏一家，不漏一人，把每一个人的财产、事业和举动、行为都要"看得

注释：

① 《申报》，民国七年（1918）二月六日，《太原忻州间之疫况》。

② 《申报》，民国七年（1918）二月六日，《太原忻州间之疫况》。

③ 《大公报》，民国七年（1918）一月十四日，《丰镇防疫之风潮》。

④ 贺渊：《1912—1927 阎锡山治晋思想初探》，《近代史研究》1998年第1期。

⑤ 贺渊：《1912—1927 阎锡山治晋思想初探》，《近代史研究》1998年第1期。

住"，并且"拿得起"，从而最大限度地强化了军阀政府对农村社会的控制。阎锡山推行村制的目的，主要在于加强施政的基层组织，发挥行政网严密控制人民的作用，以巩固他在山西的统治。他将编定的村制为他政治扩张的起点，建成了上下贯通、指挥自如的行政网，为贯彻执行各种政令铺平了道路。[①] 正是由于有这样的村制，才使山西在整个治疫期间能够上下行动一致，认真严格地进行防疫工作，从而以最快的速度、最小的损失将鼠疫扑灭。这是治疫中最为重要的一个因素。

由于以上各个因素的有效结合，山西的防疫工作进展十分顺利。终于在 1918 年 3 月 19 日将鼠疫扑灭，历时 78 天。这次鼠疫共波及 28 个县，285 个村，死亡 2664 人。而同样疫情严重的绥远地区，却用了 5 个月的时间，才将鼠疫扑灭，死亡 14 600 余人，而 1910 年的东三省鼠疫则死亡 6 万人之多。由此可见，阎锡山所采取的一系列措施之得力有效。

三、政府对传染病的认识及山西近代防疫体系的建立

根据流行病学的分类，鼠疫属于与天花、霍乱并列的三大烈性传染病，其疫情的发生，在任何情况下都会被视作对于人民生命安全的重大威胁。与传统时代相比，近代政府具有更为强大的动员能力，可以调动全省乃至全国范围内的各种军事、行政以及其他社会资源，迅速扑灭疫情。[②]

从上文可见，山西省政府积极的军事动员、行政动员及民众动员，使得山西的防疫工作进展十分顺利，这也说明了阎锡山政府对传染病的高度重视。

正是由于阎锡山政府的高度重视和积极作为，山西近代防疫体系才得以建立。

首先，是具有现代意义的防疫行政机关的建立。当时的防疫机关主要有两类：一为全省防疫总局，直接管理省城区域的防疫，兼管全省的防疫工作。设立后的防疫总局内部下设医务股、文电股、调查股、庶务股、总务股进行办公。外部由 4 个防疫分局组成，具体工作由检查队、消毒队、看护队、掩埋队等 7 个队来执行。此外，总局下还设有留验所、讲习所、收容所、递接所、掩埋场、纳秽地 6 个机关。二为省外防疫机关，是指全省除省城外各地的防疫机关。省外防疫机关由疫县区防疫机关、预防县区防疫机关、关隘防疫机关组成。其中预防县区防疫机关下又细分为特别注重预防地、邻疫次重地、火车经过地、普通预防地等处。关隘防疫机关由最要隘和次要隘防疫机关组成。

其次，是不同于传统防疫的、合理科学的防疫政令和措施的颁布和实施。最先颁布的是遮断交通政令。一是派部队驻守关隘遮断交通，主要利用关口险隘的地理条件来阻断交通，在长城和雁门关南北一共设置了三道防线。二是派警察协助县区进行部分交通遮断。诚如该书中所述，"总之此次防疫以陆军为经专注重于三大防线，以警察为纬专致力于县境冲途"[③]。遮断交通的目的是为了能够更好地检疫和隔离，以此来阻止疫病的蔓延。从当时的《山西省疫事报告书》中还可以看出，防疫政令还涉及以下内容：①疾病发现措施。包括逐户检查、诊断报告、尸体检查这样主动和被动的发现疾病的方式。②清洁和消毒措施。清洁分为公众、家室、个人防疫三种。消毒包括消毒队员之组织、服务规则、消毒药物及消毒方法等。③病院与隔离所。病院分为疫病院和疑似病院。隔离所又分为总局隔离所及县分局隔离所。④尸体的处理。包括埋尸注意事项及必需器械、掩埋概要、掩埋队组织及掩埋队数目表。此外，还有火葬，火葬主要在宁武和偏关居多。上述的防疫政令和措施早已超越了传统防疫，向西方的防疫方向转变。

注释：

① 中共中央党校本书编写组：《阎锡山评传》，中共中央党校出版社，1991 年，第 100 页。

② 曹树基：《国家与地方的公共卫生——以 1918 年山西肺鼠疫流行为中心》，《中国社会科学》2006 年第 1 期。

③ 山西防疫总局编辑处纂辑：《山西省疫事报告书》第二编，中华书局，1919 年，第 106 页。

再次，是对公共卫生的重视。对与公共卫生相关行业有了明确的具有现代性质的行政规定；对粪厂、屠宰场、硝皮场这些"不洁之业"有了明确措施；对澡堂、理发所、洗衣局、典当局、旧货摊、客栈、毯毛铺、剧场、妓院、车马厂这些"易近不洁之业"有了明确条文；对菜场、饭摊、粉房等"常有不洁情弊"之营业场所有了明确规定；对公共卫生的重视说明了防疫理念上已经开始现代化。

最后，从传统的强制性隔离检疫向现代隔离检疫的过渡。如果将1918年山西省的防疫和1910年东三省的防疫进行比较，可以发现1910年东三省疫病爆发时，半殖民地的中国当局在俄国的干涉下采取野蛮粗暴、泯灭人性的强制检疫隔离。[①] 和东三省不同的是，当时山西省检疫隔离采取了比较人道的一面，其中包括用留验放行、特别放行、提供给养、食用接济、文件递接等方式来解决患病和未患病行人的困难。

（上官定一：山西师范大学历史学院讲师）

注释：

① 胡成：《近代检疫过程中"进步"与"落后"的反思》，《开放时代》2011年第10期。

襄汾县新发现的两篇民间歌谣评述

李百玉

摘　要：《邓庄镇水灾歌》和《生意人苦情歌》这两首长篇民间歌谣的发现，为研究襄汾县的地域历史文化或者说民间文化、文学、文史、自然地理、商业状况及临汾城乡的商业史提供了新的重要资料，填补了襄汾县缺少长篇叙事诗歌的空白，亦是临汾文化文史界的一件幸事、喜事。

关键词：新发现；襄汾县；民间歌谣

2012 年 5 月，笔者写有两篇文章，主旨各有侧重，对新发现的有关临汾市襄汾县两首长篇民间歌谣（或可称历史歌谣）进行了评论和述略。最近，临汾市和尧都区两家"三晋文化研究会"合编的《平阳历史歌谣》一书刊发了这两篇文章，现将其两文并附原诗歌提供给与会的各位方家，敬祈赐教。

一、《邓庄镇水灾歌》发现的重要文化价值

1999 年 4 月下旬的一日，朋友邓爱记提供的一份手抄本资料中，笔者发现有一首 10 字句长篇诗歌，题为《邓庄镇水灾歌》，经商议，朋友同意让我复印后随即将原件带走。13 年过去了，近时翻检出复印件认真阅读了几遍，作了一些笔录，深觉这首距今已 92 年的长篇叙事诗歌的文化价值颇大，应介绍给世人知晓，尤其是应让襄汾文化、文史界人士感到高兴。

《邓庄镇水灾歌》，系用毛笔行书抄录于高 27 厘米、宽 16 厘米的三十几页白麻纸装订本内，有"晋南乾璧人郑文治、安平氏记录"字样题款（复印时未复印此题名）。查有关资料知乾璧为今襄陵古城；郑文治、安平氏暂未详考。全诗共 244 行，2440 字（其中另有 2 行作废）；竖抄分上下句，右起读，无标点，书写水平不高，杂有草书体。开篇中缝横写"郑文治"3 个大字明显系后人乱涂，不成体统，仅可视作填写者想让读者知道诗歌作者是谁而已。

笔者从此长篇诗歌中读出的文化价值有以下几个方面。

第一，为研究襄汾地域历史文化或者说为研究襄汾民间文化、文学、文史提供了新的重要资料。民间文化、文学、文史是研究民族文化、文学、史志的基础资料，襄汾在民间文化、文学、文史方面底蕴深厚，资料丰富。笔者翻阅过不少襄汾的文化、文学、史志书籍如新旧县志等，惜未发现刊载介绍过较长篇幅歌谣的文字，也没听襄汾人说过有《邓庄镇水灾歌》，说明此诗篇自诞生以来即藏身在民间，少有人传说。今日此诗的刊布，填补了襄汾没有长篇民间叙事诗的空白。此诗的长度虽未超过尧都的《尧庙会大风歌》（292 行）、《刘德成活闹七》（320 行），但比《土门人民逃难记》（158 行）要多，又比洪

洞的《山西米粮歌》（376 行）要短。用 10 字句诗体记叙当地发生的一些重大社会事象，堪为山西晋南一带民间文学创作的显著特点，不仅为三晋民间历史文化增添了特殊意韵，亦可称作中国民间歌谣的一项重要品类，《山西米粮歌》、《尧庙会大风歌》、《邓庄镇水灾歌》等长篇叙事诗即为代表作品，应引起民间文学研究者的关注和重视。

第二，为研究襄汾县水旱灾历史和姓氏、街巷庙宇地名变迁提供了新的重要资料。1991 年版《襄汾县志》在大事记中缺载 1920 年 6 月邓庄一带的洪水灾害情况。此次水灾缘起于民国八年（1919）6 月至九年（1920）6 月 15 日整整一年的旱情（县志亦未记载），6 月 16 日晚间，天空突变，"吼雷闪电"，暴雨倾盆，山洪凶猛，造成邓庄镇众多人家生命财产尤其是临街商户大量财物的巨额损毁。按诗歌描述状况，居民"栗保全他母亲漂在水面"，性命被洪水夺去；全诗对全镇居民死伤情况未作详述，但对全镇商户的财产损失有较多记载，涉及商户有名号者即达 40 余家，财产包括粮食、木料、药材、纸张、烟草、副食、酒醋、服装、布匹、杂货等物品；反映出邓庄镇居民的姓氏有邓、刘、古、陈、栗、翟、贺、张、梁、关、管、燕、崔、靳、干、万、高等 17 个；水淹的街巷庙宇有菜园、纸碾、东河岸、西桥头、东南院、桥胡同、邓前巷、栗家巷、火神庙、前街里、关帝庙、西街、东巷、小波池、十字口、后街等 16 处地方；官仓（粮库）和第二区区公所亦被大水淹灌。这些真实的姓氏、地名、官方机构名称，绝对是作者灾后的实地调查所得，无半点虚构，是映衬邓庄镇人文历史的珍贵记录。

诗文中有老管对儿子说"发山水光绪爷二十一年"句，说明清末光绪二十一年（1895）夏时，邓庄曾发生过一次山洪，造成过灾害。1991 年版《襄汾县志》大事记对此有记载，可印证此诗歌所言绝非作者的凭空想象。

第三，为研究襄汾地方经济中的商业历史状况提供了新的重要资料。地方商业史中的私家商铺、作坊、各类门店状况如何，是研究地方经济中必然要关注和探求的主要对象，而这首长篇诗歌恰恰提供了这方面的事实根据。被洪浪浸淹成灾的 40 家商号依次是：骆驼店、万庆隆木料厂、永升泰口袋局、德盛茂、茂盛木料厂、聚顺永（纸张）、致中和、栗店、和盛恒、德义和京货庄、泉盛永、魁兴永（猪肉房）、永成公（黄烟）、文德和（首饰）、致信义（药材）、永兴泉（烧房酒店）、天成裕、主丰源鲜菜局、永发和钱铺、万镒魁、恒丰永、增盛泰、茂盛通、四色装（点心）、同庆德（杂货）、协统泰首饰局、元亨利药材行、恒兴和（京货）、广兴恒、晋丰恒、富有丰（杂货）、茂盛源铁铺、聚余和（油、蔴）、广生栗店、程师木料铺、复兴源酒醋局、泰和堂、三义和、德兴魁、复盛永。当时邓庄镇究竟有多少家商号今已不得知，但受灾的即有如此之多，可见邓庄镇的商业确实很繁荣，一般人家的生活状况肯定也比较富裕。尽管一些商号不知经营什么，然而日常生活的必需品可谓样样俱全，包括钱庄（即今之银行）在内，为人们的货币存取借兑提供了极为便利的条件，显现出了晋商的睿智。

邓庄镇是历史上襄陵、汾城两县的四大历史城镇（襄陵、汾城、邓庄、古城）之一，邓庄的私营商业遭受 1920 年洪灾之后一段时期内总体情况是什么样子，1991 年版《襄汾县志》毫无记载，过了 16 年后的 1936 年才有个大概统计，此时的邓庄有京货铺 4 家、杂货铺 9 家、花店 2 家、饭店酒店 3 家、纸铺 12 家、粮店 2 家共计 32 家，比 1920 年受灾的还少 9 家，种类也不如 1920 年多，说明此时的邓庄镇商业状况有所减弱。由此使我们认识到这篇诗歌的宝贵价值和文化意义，不容忽视，应当珍惜。《邓庄镇水灾歌》确属襄汾文史资料方面的一篇重要作品。

笔者挤时间研读这首长诗的间隙，顺便对诗句中的一些错别字作了注明。至于诗句中的一些不通顺、反复用词、不合辙等类问题，不宜妄加指谪改动，保持真实原貌即可。今全诗刊布，以飨读者。

写完此稿后的 2012 年 5 月初，笔者有幸找到老友邓爱记，从他手里借到原抄本得以仔细查勘。抄本麻纸双折页线订，基本完整，共 39 页。封面上沿有撕损，原有抄本书题惜仅留些痕迹不能推断是何字，右下竖题款"晋南乾壁人郑文治·安平氏记录"；污渍黑旧。内页较清洁，1—8 页为其他诗文，9—16 页为《邓庄镇水灾歌》；17 页始另为《生意人苦情歌》止于 28 页，亦系 10 字句诗歌，作者为同一人郑文治；29—33 页另为其他劝善文。封底有钢笔蓝墨水竖写痕迹，隐约可辨认出"中华民国□年□月十六日置"等字。由此可知，此抄本与诗歌确系民国早期作品无疑。

补记

2012 年 5 月 16 日，经区政协文史委主任、祖籍邓庄镇（席村）的张云岗引荐约见，笔者乘他的车去邓庄与新老党支部书记乔武祥、刘登云、村长并村委秘书座谈了一上午。他们非常感谢我们以高度的文物责任意识热心将 90 多年前的邓庄文化遗产馈赠回故乡，表示一定要将这篇宝贵的诗歌作品印刷成册发给家家户户，子子孙孙传承下去，让邓庄人民永远记住自己家乡的这个历史纪实故事。新老书记引导我们二人观看了原旧街（古旧街门店一无所存），进栗家巷一座老院（04 号）和一名 90 岁的栗四喜老汉闲聊了十几分钟，进邓家巷观看了一处清代古民居的大门（门柱石础花板已被盗），到村东转村南察看了原发生洪灾的古河道（已严重填淤），观看了北魏时期的砖塔和古桥。每看一处旧迹，张云岗都摄影作存证。午饭后返回临汾。

二、乡村少年：临汾城务工的苦情自白——《生意人苦情歌》略窥

今天，乡村青年男女进城务工已是很普遍也很简单的事情。在民国早期，即使是男性青年要想进城找活干，也却非易事。《生意人苦情歌》这篇叙事诗歌，以纪实的写作手法和第一人称"我"的口气，表述了一个乡村男性少年到临汾城如何学做"相公"（辅助老板做生意，也称学徒工）的艰辛历程，从一个侧面反映了旧时农村的经济状况和临汾城内的商业面貌。

《生意人苦情歌》的发现与《邓庄镇水灾歌》相同，都被抄写在好友邓爱记收藏的署名为"晋南乾壁人郑文治·安平氏记录"这部手抄本内，从第 18 页始到 29 页止占有 12 页，共 372 句（行）。从末句"人该咱难以要别家摧（催）还"来判断，后边还应当有许多苦情历程未写出来倾诉给读者。学做相公的主人公"我"，年龄才 17 岁，还不能算成年人，姓谁名谁，诗歌自始至终没有表露出来，也许诗歌最后才显出？是作者郑文治卖的一个关子吗？

此诗立意浅显，文句通俗，稍有点文化的读者一看即懂。又押韵易诵，节奏明快，便于传唱，可看作是民间艺人如说书艺人的说唱脚本。

诗歌开篇两句："劝世人在家中要寻正干，万不可出门来贸易外边。"开宗明义告诉世人，学做生意（商贸）太辛苦，非正事，一定要找除从商以外的正经事业去干。作者的这个观念和结论，来自于社会观察和现实，是作者的亲眼所见，说不定诗歌中的主人"我"与其是很熟知的关系。此话出自民国初始年代，与我们今天民众的心愿正好相反，印证了不同时代观念的差异和变化。从第 3 句以下，全诗大致可分 4 个层次，细述学商的苦情。

（一）临行前：父母妻子的谆谆告诫

乡村少年"我"，学业优秀，张先生本欲推荐升学深造，父母却让到临汾打工，原因是"家中缺少银钱"。父母托朋友在临汾"号中"（有字号的商店）找下事情，只好去干。临行前，亲戚送别叮咛，父母妻子更是深情嘱咐，千般告诫种种学徒规矩。大段的诗句，是年仅 16 岁少年妻子的不忍离别之言，珠泪哭诉，如"你今去到明春方能回转，你的妻在房中一人独眠。想当初若要说出门外转，硬扎着老女

坟不嫁此间。咱二人在一处同寝同膳，你在家妻锄田奴都不嫌。""夫走后你的妻肝肠哭断，每一日如月三望你回转。自古道娶下妻缝衣纺线，论正礼（理）亦为的生女养男。至如今男与女未见一件，莫（没）三年你就要贸易外边。可恨奴红粉女福薄命浅，因甚么许与你出门外边。"都是阻拦之语，欲挡夫走，从另一种口气，描写夫妻情感的深厚。"我"极力相劝"因青春不忍分散"的妻子，"只因为咱家中无有田产，又恐怕咱二人少吃无穿"。父母和妻子一整夜的告别之情，一言难尽，第二天清晨，同去临汾打工的朋友来了，冲吃了鸡蛋拿上钱和行李，一家人珠泪相别，"我"离村老远，"父与母未回家远远望观"，真个是"可怜天下父母心"啊。

（二）旅途中：不一样的食宿感受

诗句中，没讲"我"是哪村人氏，但从诗文中略知，"我"住今汾城最南端某村或新绛县某村，因走了三天半才到平阳府城。第一天歇在"漆庄老店"，自己烧火做饭，一晚花了 40 铜元。第二天歇在"刘村烂店"，"坏席烂毡"且不说，端盘的"歹婆娘""脸不洗""脚歪"满身虱，令人饭食难咽，一晚还要了 50 铜元。第三天歇在"古城大店"，才"割猪肉买羊肉吃酒划拳"了一番。第四日上午过尧庙方进临汾城。查 1991 年版《襄汾县志》区划部分，河西最南端无漆庄村名。

（三）荐主店：等待中的活计

荐主人是谁，"我"未说明，荐主人的铺即如今日的中介所一般。在此住有 10 多天时间，其间"每夜晚学算盘还要数钱"，"又点火又倒茶又把饭端"，荐主人不断提醒他"你勤苦掌柜的亦能看见"，"要勤俭勿懒惰总是实言"。看来，荐主人只是铺中的一个主干人员，另有几个"掌柜们"才是合伙经营者。

（四）估衣大店：苦情开始的地方

荐主人为"我"的落脚点寻找的是临汾城内一个"估衣大店"，即如现在的服装商店吧（包含旧衣变卖）。进店后先拜神（祭关公、财神），然后掌柜的考查"我"的读书写字，得到掌柜的夸奖和告诫。自此以后，"我"睡三更起五更，煤火扫院，为掌柜铺床倒尿，清洗水烟袋，"前头事办清楚厨房造饭"，"洗茶碗站栏柜各处拭遍"，"倘若到无人处泪流满面，可怜我当相公这样作难"。店中杂活样样要干，吃苦只能咽心间。对上门买主要"请坐吃烟"将火点，口要甜更要笑脸，"倘若是买成了还有可辩"，"如不然买不成心中不安"。腊月时节，要踏雪讨账，东奔西颠，身患感冒风寒，累得贫血病染，父母双亲知晓心急，写书信慰爹娘"不必挂念"。全诗到此作者变换口气，"另表那当掌柜操碎心肝"，可惜只写了两句再无下文（原件以下空白后缺失），若依诗意往后写下去，应写出"我"学成相公带钱回家、父母妻子一家喜欢团聚才算结束全诗吧。

作者描写的这位 15 岁成婚、17 岁进城打工的少年生意人，可谓是当时农村许多青少年的一个缩影，尽管学业优秀，但无法摆脱家庭经济困境，只好听从父母之命迈上一条从商之路，在经受困苦中磨砺人生，承担起以商兴家的重任。《生意人苦情歌》纪实性强，虽然文辞并不丰富，与《邓庄镇水灾歌》一样多有重复字、词语，但仍然不失为一篇研究民间文化和近代临汾城乡经济面貌的可贵资料，临汾文史工作者倍觉愉悦。因作者郑文治的情况和其写作此诗的相关背景暂难查清，本文只好仅依原文略析如此，还望读者详勘原委。

附1：

邓庄镇水灾歌

中华地民主国古今稀罕，

有一宗水旱灾出在太原。

晋省南有一个襄陵小县，

河东地有一个邓庄镇店（点）。

说邓庄不云镇实不好看，

论此镇在赵曲古今传言。

民为国无皇帝时局改变，

举总统理国事正正六年。

自八年某月间天遭荒旱，

直旱到第二年六月中间。

六月天到十六吼雷闪电，

一霎时有大 □□□□□ 。

东山上下大雨太阳不见，

发山水那水 □□□□□ 。

水起头到柏帝真是危险，

将良田冲的那如同石滩。

水流到东侯村越发可叹，

将菜园冲的那实实可怜。

菜园子冲的那菜苗不见，

惟只有刘胡成他不相干。

水流到邓庄镇往南一转，

只把那古鏊鏊冲的可怜。

他老婆急忙忙一声呼唤，

他言说发山水灌进家缘（园）。

古鏊鏊猛台（抬）头四处观看，

观水势尤如同水淹金山。

将他的大车门冲的不见，

又冲怀（坏）他家中纸碾一盘。

把碾糟只冲的四分五散，

不知道蒸麻锅冲到那（哪）边。

将家中冲的那实不能看，

古鏊鏊他来到东河岸前。

出恶言把老天一声瞒（埋）怨，

老天爷杀的我实实可怜。

水流到西桥头又往西转，
进了那邓庄村如同箭穿。
东南院许多家一齐冲遍，
惟有那邓法章冲的可怜。
桥胡同邓前巷通通（统统）进院，
只有那陈长更实不堪言。
冲散了小麦子正正几担（石），
又冲他好干草五百二三。
算一算就得他六七十块，
老天爷要杀我不用刀裁。
栗家巷进了水越发有患，
各家中被山水一齐冲完。
栗保全他母亲漂在水面，
家中水就有那二丈二三。
梦醒来忙点灯睁眼观看，
在家中未出门加上舟船。
翟卯子在门逢（缝）看了一遍，
见大水聚一处并不动弹。
但不知水不流为着那件，
细思想昨夜晚小门上关。
出门去水打的头晖（昏）眼转，
强扎挣只来到小门跟前。
用猛力把小门一足踏乱（烂），
水一齐流在那骆驼店院。
万庆隆木料厂尽被水灌，
永升泰口袋局水围门前。
不能吃不能喝行走不便，
有老贺正（整）三天莫（没）上街前。
又将那猪圈墙一齐冲散，
再把那古树墩细表一番。
古处（树）墩在巷口水实（势）危险，
他不防水进了他的家园。
俱（居）家中大和小心警（惊）胆战（颤），
那山水合（和）卧床一齐一般。
将他的北房屋冲踏（塌）一片，
院里水不能出紧在内边。
他家下（中）湿沉了不能停站，
老合（和）小各搬在纸铺内边。

搬在那德盛茂暂且停占，
再把那火神庙表说一番。
火神庙把大门一齐冲散，
把两边东西廊一齐水淹。
陈跟儿在庙内隔窗一看，
观见了那山水无岸无边。
他心想出门去四下观看，
那泥水只淤住不能向前。
水稍平陈跟儿出门一看，
把庙内冲的那各样不全。
冲了那许多物还不上算，
又把那前街里表说一番。
茂盛厂木料货冲的可叹，
本当是自己错何必怨天。
既卖（买）下你就该放在后院，
你不该放在那街市以前。
水将那大石头打的齐转，
满院是小木料冲你不完。
聚顺永致中和地点高站，
那山水顺水道进了内边。
众伙计手那（拿）锹一齐照看，
地方高进些水也不相干。
又有那关帝庙越发可叹，
庙内水就有那四尺二三。
老张头在庙内左右盘算，
关帝庙流的水像海一般。
第二区区公所无处立站，
无其奈立在那窗台上边。
把老张好物件冲的不见，
将盆盆并罐罐一齐冲完。
官仓里进了水谷湿大半，
三套车正正（整整）的拉了几天。
将仓谷均拉到西头粜店，
顾短工把仓谷一齐晒干。
合盛恒他本是杂货小店，
淹几次粗杂货也不值钱。
德义和京货庄真来好看，
把多少好布匹尽被水淹。

将红色并录（绿）料互相染坏，

又把那青沾白实不能言。

将紬（绸）缎只染的朵朵点点，

买货人一见了少与价钱。

色不正到染坊另行染换，

染出来重出售也要费难。

流西街扰东巷各处扰遍，

街口上又有那跛跛三元。

地方底（低）尽被着山水淹偏（遍），

把新鞋合（和）旧鞋一齐冲完。

鞋宣（楦）头一个个漂在水面，

梁三元着了急不能动抬（弹）。

有三元格（隔）窗子一声呼唤，

关家娃他在那窗子外边。

关家娃用满力窗榔搬（掰）断，

将三元揹在那馆子内边。

路南头小波池山水流满，

又将那泉盛永冲的可怜。

有老管他仍知梦里打点，

万不想那山水流到门前。

睡床上对儿子细说一遍，

此地方田禾苗一齐旱干。

尔自幼到邓庄未曾致见，

发山水光绪爷二十一年。

言未尽那山水进了南面，

把铺内各货物尽被水淹。

有老管在铺内无法立站，

开开门手执钦（铣）来把泥挖（剜）。

猪肉房魁兴永一齐冲变（遍），

永成公二黄烟尽成泥丸。

文德和他本是首饰老店，

總（纵）然见（间）进了水也不相干。

致信义他本是药材老店，

把药材只冲的实不能言。

永兴泉他本是烧房老店，

那山水合（和）酒缸一齐一般。

把后头那厨房冲塌一片，

就地下有家具通通（统统）水淹。

天成裕栗至德每日磨面，
前头高后头底（低）水满窗詹（檐）。
把小麦只冲了正正（整整）八石，
磨下面那味气实不堪言。
房后边各房屋水都不浅，
把上房新筑墙一齐塌完。
主丰源鲜菜局水齐冲遍，
永发和是钱铺未受牵连。
万镒魁恒丰永山水尽灌，
增盛泰把栏柜冲倒两间。
茂盛通住街头很遭危险，
那山水猛进了铺柜内边。
无法挡由水势胡流一遍，
就地下放货物一齐水淹。
各纸张一湿水颜色不显，
值一块要三角不还价钱。
四色糖南点心逐水远转，
各杂货尽漂在泥土上边。
好几箱德宝金泥站（沾）一蛋，
南木耳黄香片又湿桂元。
各海菜只淹的颜色不亮，
又湿了黄中表一十八箱。
燕体和下楼房四下观看，
所有那各货物一概全完。
第二日把湿货收拾一遍，
三套车拉到那东亢街前。
东亢镇用泉水细淘大概，
皆　的比晒的全用盐淹。
这一家冲的苦这还不算，
同庆德门台高水进后边。
前无水后有水为的那（哪）件，
格（隔）壁（壁）廂茂盛通来把光沾。
天不幸大老鼠窗下挖眼，
众伙计前头坐不顾后边。
顺窗棂（楞）泳（涌）进水实在不浅，
各样货只泡的哑口无言。
协洗泰首饰局镀金老店，
进了水湿不了银制簪环。

元亨利药材行邮政代办，
这字号柜台高也不相干。
恒兴和众伙计细看一遍，
街上水虽不深亦能渡船。
进门来与掌柜商量打算，
急忙忙搬布匹后楼上边。
水进时有老张上楼观看，
满街上商务人尽都冲完。
广兴恒晋丰恒一齐流转，
永兴泉同石家一概扰旋。
富有丰崔掌柜生来能干，
听水声到柜前用泥来拦。
总（纵）然间进些水也是有线（缘），
冲几件零星货能值几圆。
茂成源是铁铺前通后便，
生熟铁见了水亦不损钱。
聚馀和又卖油又把蔴贩，
地方底（低）那山水进的冒然。
众伙计在后院一齐照看，
有（又）恐怕湿了蔴重把油淹。
靳老五到前头抬头瞭看，
却怎么那油瓮底儿朝天。
油瓮上几捆蔴有俦大半，
不知道好奇怪谁把蔴搬。
对门儿有（又）是那广生粟店，
又推姻不撑斗为多挣钱。
粟在后烟在前各经各干，
冲烟坊与粟店并不牵连。
水流到十字口往西又转，
再把那后街上细细一谈。
有程师木料铺被水来灌，
复兴源酒醋局理之当然。
泰和堂三义合水齐进院，
德兴魁漂家具亦不周全。
把干家合（和）万家表说一遍，
再把那德盛茂金字高悬。
他的铺门台高前面砖券，
急听得街道上吼声连天。

高掌柜出门来把水来看，
看了水进门来一声高喧。
他言说不好了水到街面，
众伙计出铺门个个相观。
观山水如猛兽着实危险，
无奈何脱袜鞋裤子上缠。
快快的那纸捆转在后院，
淹了纸并帐薄非比等闲。
把货物转完了另行一看，
一霎时水落了一尺二三。
众伙计哈哈笑放开大胆，
另把那复盛永略表句言。
有邓师闻听得山水流串，
不料想回头来就在后边。
着了急他把那铺门挡（当）板，
挡不住波浪势如同箭穿。
一霎时后院里洪水满灌，
免不了挖淤泥也是枉然。
这些话说的是真真显显，
有人看无（如）嘲笑作的不全。

附2：

生意人苦情歌

劝世人在家中要寻正干，
万不可出门来贸易外边。
自幼儿在南学曾把书看，
把课文并算术记的周全。
张先生他看我学识可荐，
想交（教）我升学堂改换庭园。
回家中与父母商议一遍，
他言说咱家中缺少银钱。
因此上对朋友细说大概，
一心儿到临汾去走一番。
未起身我只得心中盘算，
这件事到（倒）交（教）我左难右难。
第二天众亲戚来把我看，

句句儿说的是金石之言。
他言说到号中取（去）把事干，
要勤俭勿怠惰又要迟眠。
清早起斜（卸）铺门烟袋常泛（涮），
万不可发（耍）眼小偷取艮（银）钱。
到晚上闲无事习学字算，
将货物价值底常记心间。
勿吃烟勿浪赌常把柜占（站），
掌柜的他必定另眼相观。
你走后你父母倚门常盼，
盼的是身荣显早回家缘（园）。
到明春正月节才能回转，
二爹娘在家中心也喜欢。
嘱托言在心上常常记念，
万不敢把母话丢在外边。
二双亲与我讲吩咐半晚，
忽听得鸡儿叫大家安眠。
到明天跟友人外边去转，
只因为咱家中艮（银）钱艰难。
万不敢省盘费摸黑前赶，
硬早起不熬黑古人传言。
我的母吩咐毕二堂回转，
我的妻在床上珠泪不干。
扭回头先关门将妻呼唤，
因何事你哭的泪眼涟涟。
我今去不久的就要回转，
未起身你为何啼哭不堪。
看起来妇女们见识太浅，
动不动你便将啼哭当先。
听我劝莫啼哭来年回转，
若如此今走后永不回还。
不俱你在家中何人照管，
咱二人今世里无有姻缘。
我的妻先开口将夫呼唤，
妇本是二八女风流之年。
初许你观先（贤）夫容貌好看，
我的母将奴身托你照管。
你今去到明春方能回转，

你的妻在房中一人独眠。
想当初若要说出门外转，
硬扎着老女坟不嫁此间。
咱二人在一处同寝同膳，
你在家妻锄田奴都不嫌。
自古道好夫妻如宾观看，
你十七奴十八（六）青春几年。
夫走后你的妻肝肠哭断，
每一日如月三望你回转。
自古道娶下妻缝衣纺线，
论正礼（理）亦为的生女养男。
至如今男与女未见一件，
莫（没）三年你就要贸易外边。
可恨奴红粉女福薄命浅，
因甚么许与你出门外边。
至如今我再将爹娘埋怨，
你为何将女儿许与此间。
这也是出无奈胡将母怨，
奴只得暗地里祝告苍天。
爷保佑到明天将天雨变，
又刮风又下雨当（挡）住家缘（园）。
这才是奴难留老天睁眼，
到年终杀一鸡大谢苍天。
奴这里用好言把你来劝，
你何必抛奴家贸易外边。
夫走后你的妻何人照管，
哭死奴难留你也是枉然。
我的妻因青春不忍分散，
我岂能忘少年倒凤颠鸾。
只因为咱家中无有田产，
又恐怕咱二人少吃无穿。
亦不可穿红绿莫学好看，
还恐怕外人议说些不贤。
我走后守贞节门前少站，
万不可擦胭粉头把花关（冠）。
你每日在堂前问寝问膳，
自古道儿媳孝爹娘喜欢。
倘若是父母怨恶言呼唤，

万不可丢脸唇言语不堪。
常言说妇女们四德要占，
为丈夫在外边心方能安。
叮咛话我的妻牢牢记念，
还要你在家中侍奉椿萱。
侯（候）明年买官粉又买物件，
到家中擦胭脂头把花冠。
那时节我的妻红光满面，
岂不胜我在家你愿锄田。
若不信你再将装（庄）农人看，
每日里在田里晒的黑干。
我这里用好言将妻来劝，
忽听得我的母连唤几番。
言说是大明天快些做饭，
我的妻只哭的两眼不干。
到明天候朋友引儿外转，
诸般事我的妻早点安排。
我的妻听一言魂飞天外，
不顾羞不顾耻手扯衣衫。
他（她）只说夫走后何日回转，
我这里用好言安慰百般。
夫走后你的妻小房独占，
因甚么不带奴独去外边。
日每间盼望你早早回转，
我这里用好言互相遮拦。
不久日我便要回家观看，
叫贤妻走厨房快造饭餐。
一霎时朋友来就要身转，
我的妻眼流泪急把锅般（搬）。
添上水生了火未层（曾）久站，
老母亲又取下鸡蛋两元。
言说是合包上我儿用饭，
再煮上三两颗每人一元。
我的妻即忙忙合包数碗，
走上前叫郎君先将饭端。
那时节我心中如同油煎，
只装着心喜欢强把饭餐。
于那时我未层（曾）一口羹嚥，

父与母在一旁珠泪不干。

我的妻只哭的泪流水眼，

総（纵）然间有香味亦难下咽。

那时节我才将心儿悔烂，

方知道生意人这样艰难。

居家人只哭的愁眉不展，

忽听得朋友们来到门前。

我只得去愁容换了笑面，

请朋友坐家中暂叙闲言。

先问兄你可層（曾）用过茶饭，

再点火又送烟待我装钱。

我的妻将行李捆成一块，

我的父提鞭杆送到门前。

嘱托我在外边常要笑脸，

万不可与颗友玩耍多言。

倘若是掌柜恼恶言呼唤，

又要你去愁容再把笑添。

你的母叮咛话牢牢记念，

他（她）每日在咱家心才能安。

老母亲你不必好言相劝，

你的儿也知道咱家艰难。

走上前施一礼泪流满面，

儿今去明年回堂前问安。

我的母只哭的胸前湿遍，

为妻的暗流泪不敢多言。

怎知晓我心里如同捣蒜，

叫母亲你请回儿走外边。

迈过脸与朋友相递外转，

一霎时我离了自己家缘（园）。

扭回头我再将家中观看，

父与母未回家远远望观。

那时节我心中苦愁不断，

不觉得望不见自己家园。

头一回歇在那漆庄老店，

颗友们先烧火后把水端。

一霎时吵（炒）撅片将将半碗，

我吃饭如同那吃毒一般。

只因为离家乡无心用饭，

那一夜未合眼又未安眠。

到天明出店钱四十铜片，

又不减又不添又不多言。

第二日歇在了刘村烂店，

撞遇见歹婆娘来把饭端。

头不梳脸不洗实不好看，

脚歪的如同那水鸭一般。

脸面上就能洗恶水半碗，

身上虱如同那蝼蚁跑欢。

天不幸今夜晚歇在此店，

再无人岂能将（让）此人端盘。

心中恶不能食咽喉难嚥，

他炕上尽辅（铺）的坏席烂毡。

叫掌柜快点灯来去（取）店钱，

末（未）点灯黑数钱四十铜元。

他来了言谈（说）是五十不欠，

因此上我与他照数发还。

自古说住好店只是一晚，

那（哪）一辈作下孽来到此间。

第三天歇在了古城大店，

割猪肉买羊肉吃酒哗（划）拳。

虽如此亦难得家中不念，

可怜我出门人身在外边。

第四日未午时尧庙过站，

观见了平阳府我好心酸。

一霎时进府城大街过转，

不觉的来到了荐主门前。

进门来不认得一人之面，

不知名不知性（姓）怎样答言。

荐主人引上我作揖礼见，

这是我某兄弟众位照管。

于那时我心中如火焚烂，

道（到）后来引我到火（伙）房便餐。

遂（随）进门他挑下一碗干面，

莫（没）调盐又少醋吃得一番。

只见那众相公刷锅洗碗，

这个说那个笑着实喜欢。

那时候我心中如同捣蒜，

慢慢的走到了炉子跟前。

请问声兄贵姓贵处何县？

再敢问你贵庚多少英年？

他言说我敝处万泉小县，

我姓李名茂盛年方二三。

我二人在房中道谢一遍，

心腹里方才能略微放宽。

到晚来点上灯众位学算，

我立在桌子旁用眼细观。

只见那盘子儿上下回转，

不知道着（看）准是何等算盘？

那时节我想学无人指点，

后悔我在家中未学一番。

猛然间二更响掌柜呼唤，

叫一声某相公来把饭端。

只见那众相公煤炉扫院，

那一个进房中铺房暖毡。

这都是我眼中亲眼观见，

我不知干何事心才能安。

可怜我十七岁出门外转，

跑的我脚又痛腿又发酸。

不觉的哭啼啼泪流不断，

众相公他唤我小房安眠。

急忙忙擦眼泪笑面改换，

又恐怕他说我不贤之言。

我二人在床上喜笑满面，

怎知晓我心中如同油煎。

至天明荐主人嘱托一遍，

万不敢与那人用手耍玩。

倘若是取笑时掌柜看见，

他急忙打发你转回家缘（园）。

那时节我脸上都不好看，

咱二人无光景难以张言。

你在此还要你好好停站，

人说好我心里也很喜欢。

候数日寻下事才为另荐，

你暂且在此间闲住几天。

闲无事在前头听人呼唤，

小（少）年人要勤洁勿学懒汉。

相公们要和睦不可变脸，

每夜晚学算盘还要数钱。

你勤苦掌柜的亦能看见，

还许交（教）小兄弟停在里边。

自古说勤能补拙笨之汗（汉），

要勤俭勿赖（懒）随（惰）总是实言。

叮咛话在心中牢牢谨念，

不比在父母前能遮能担。

到后来学成人带艮（银）回转，

在家中盖房屋又置装（庄）田。

那时节人人讲谁不欣羡，

你父母在家里也很喜欢。

荐主人他与我吩咐半晚，

倒交（教）我底（低）下头心中才惨。

细思想还是我家中薄淡，

很（恨）不得挣下钱急速回还。

于那时我急忙头前去转，

又点火又倒茶又把饭端。

不数日众相公都亦（已）熟脸，

掌柜们又不嚷又不笑谈。

我只说不寻事此间停站，

谁只（知）道十数天找下事端。

清早晨换新衣乱（来）礼相见，

口称着掌柜的打搅几天。

作揖毕掌柜们把我引见，

到路上他与我嘱托之言。

他言说寻下事估衣大店，

在内边总要着（看）勤俭为先。

清早间你先到火（伙）房造饭，

不比你在我铺闲住几天。

说话时走到了主人门前，

举荐人他引我那（拿）礼相见。

伙计们又引我去到神案，

又取香又点炮来把神参。

一霎时举荐人他回铺转，

掌柜的他唤我去把话谈。

言说是你十几看过文卷，

又问着在书房站了几年？

你把那五经书可层（曾）念遍？

再写上几个字待我细观。

一霎时取下了纸墨笔砚，

我扒在桌子上写了一番。

不觉的把做纸写下一片，

掌柜的那（拿）在手用目来观。

言说是这字好你好写变（遍），

我铺中你勤苦不宜赖（懒）汉。

说完毕那掌柜后边去转，

我急忙上前去点火装烟。

至午时下厨房烧茶煮饭，

又烧火又擀面又把盘端。

至晚间先擦灯然后扫院，

又洒坌不（又）按门又把灯端。

点着灯先生们把账来算，

相公们立旁边打个算盘。

一霎时快二更又要安排，

先煤火后扫地再铺床单。

至三更方才能朦胧合眼，

提尿盆与掌柜搁在床边。

清早起倒尿盆卸门两扇，

然后汎（涮）水烟袋再把炉安。

前头事办清楚厨坊（房）造饭，

炉煨着先擦锅再将水添。

遂（随）后来水煎熟火（伙）房沾变（遍），

再端上一盆子前边去端。

洗茶碗沾栏柜各处拭遍，

然后来洗脸水端在头前。

掌柜的洗动脸我在旁站，

洗一盆到（倒）一盆心实不安。

与冬天将手上口子列（裂）遍，

只入水痛的我实不能言。

浑衣上油秽的如同石炭，

祛子上又如同墨染一般。

倘若是头前走事办完遍，

掌柜嚷伙计说我心好酸。

那时节又不敢怒容满面，

还恐怕他说我不堪之言。

倘若到无人处泪流满面，

可怜我当相公这样作难。

不由人将我的家缘（园）思念，

恩在前想在后无法可谈。

想当初在家中父母照管，

清早起我的母造下茶饭。

吃一碗端一碗参娘喜欢，

十五岁娶下妻缝衣纺线。

到晚来他（她）与我扫房补（铺）毡，

至如今在外边提盆扫院。

掌柜的他口里还出怨言，

说不尽当相公愁言千万。

到年终掌柜的又将话言，

倘若是停的好挣下几串。

若不好打发你转回家园，

把这些苦楚事取（去）之不谈。

再说着过三年头前占（站）栏，

倘若是有买主门前过转。

唤一声某掌柜请坐吃烟，

到柜前取烟袋再将火点。

然后来再另问买何物件，

一霎时去（取）下了货物一片。

一桩桩一件件样样看全，

倘若是买成了还有可辩。

如不然买不成心中不安，

常言说挣下钱要将事办。

至年终掌柜的亦能添钱，

可惜我生意人将心操拦（烂）。

皆因为挣人的几块洋圆，

入腊月我就要讨账外转。

又愁那张难要李把脸番（翻），

如若是下大雪仍要讨债。

要账时只走的浑身是汗，

不知晓有（又）受了感冒风寒。

今日轻明日重另将病患，

因劳心得下了失血病添。

请先生只把那良药吃变（遍），

一阵阵疼的我实实不堪。

倘若是父母知急速打探，

心中愁又恐怕命丧黄泉。

眼流泪口遮变好言更换，

诚恐怕二双亲忧愁眉尖。

我只说瞒二老庇（避）免亲患，

这件事我岂能老人呈（承）担。

不知道是何人说在当面，

急坏了老双亲二老椿萱。

手提笔写书信好言遮变（辩），

这件事并无有外人胡言。

二爹娘见书信不必挂念，

倘若有这宗事不瞒亲言。

将此些伤情事暂叙大概，

另表那当掌柜燥（操）碎心肝。

一年终到腊月标期完满，

人该咱难以要别家摧（催）还。

（以下缺失）

（李百玉：临汾市尧都区方志办原主任）

20世纪二三十年代山西农村经济与社会状况概述

张启耀

摘　要： 山西是一个特定的区域，有着自身独特的自然环境、经济环境和社会环境。整个山西区域位于黄土高原的干旱地带，旱灾频繁，再加上垦殖历史悠久和历代战乱，到南京国民政府前期，山西的自然资源已遭到极大的破坏，耕地占全省土地总面积的比例很小，且较为集中，农业产量也不高，农户生活十分贫困。山西四周群山环绕，相对封闭的特殊自然环境和地形特点造就了山西农村社会独特的人文乡土气息，形成了近代历史上山西乡民独立封闭、注重自我、安于统治的小农心理。不过，到了近代后期，伴随着外部因素影响的加大，山西社会也开始逐渐发生变化，并缓慢地向前发展。

关键词： 20世纪二三十年代；山西农村；自然环境；乡土民风

近代山西社会是古代山西社会发展的必然延伸，因此，它应是晋文化研究的重要组成部分。近年来，山西区域社会史研究方兴未艾，相关成果不断问世，但在相关领域的研究中，部分初学者往往由于缺乏对时代背景以及经济与社会发展状况的总体把握和了解，使得相关的社会史研究受到很大的限制，鉴于此，笔者以20世纪二三十年代（大致从南京国民政府建立到抗日战争爆发前）为时间范围，对近代山西农村社会的人地关系、农业发展状况以及普遍的乡土民风作概括性的介绍，以促进这一时期相关领域的学术研究工作。以下从三个方面对这一时期的山西农村社会作简要阐述。

一、山西农村的耕地状况与人地关系

首先了解民国时期的山西土地面积。

至迟在抗日战争爆发前，山西省土地面积仍然有几种数据，说法不一，大致有："参谋本部陆地测量总局是470 000旧制方里（合623 739方市里）、山西民政厅是471 463旧制方里（合625 680方市里）、北平地质调查所是171 332方公里（合685 328方市里）、曾世英氏161 842方公里（合647 368方市里）。"[①] 不过，从当时和现在的各种情况来看，南京国民政府前期山西的土地总面积为16万平方公里以上，这一点应该是肯定的。再来看民国时期的山西耕地面积。

注释：

---

① 参见《各省市行政区地方辖境总面积各说之比较》，内政部统计处编：《全国行政区划及土地面积统计专刊》，1938年，第10页。

光绪二十九年（1903），清朝政府查核山西田地面积为532 854顷[1]，约合53 285 400亩。之后，山西耕地面积逐年小幅攀升，到20世纪30年代初，如表1和表2所示，山西耕地面积增加到一个新的高度，全省总计60 560 000亩[2]，农民人均达到32亩。

表1 1931年全国及山西省耕地面积统计表

地理范围	耕地面积（千市亩）	农业人口（千户）	户均耕地（市亩）
全国	1 248 781	78 568	21
山西	60 560	2 263	32

表2 1931年全国各省每农户平均亩数

地理范围	农户平均亩数	地理范围	农户平均亩数	地理范围	农户平均亩数
山西	32	湖北	15	四川	19
山东	19	湖南	22	云南	20
河南	12	陕西	24	贵州	19
河北	24	宁夏	37	广东	12
福建	14	甘肃	30	热河	40
浙江	13	新疆	40	察哈尔	54
江西	13	黑龙江	103	绥远	75
江苏	18	吉林	70	全国平均	21
安徽	20	辽宁	41		

资料来源：以上两表均出自国民政府主计处1931年统计的全国各省每农户平均亩数。参见刘世仁：《中国田赋问题》，商务印书馆，1935年，第81—83页

不过，就全国范围来看，山西省在1931年虽然每农户平均占地亩数较高，达到32亩，仅次于黑龙江、吉林、绥远、察哈尔、热河、新疆等地，远高于全国平均的每户21亩的数额，但是山西的土地贫瘠、干旱，再加上进入20世纪30年代后土地集中程度又比较高，土地大多掌握在地主富农手中，因此，对普通农户来说，人地关系还是比较紧张，生活也是十分艰难的（表3）。

表3 抗日战争前山西农村土地占有状况表

阶级阶层	户数		人口		占有土地	
	户数	占总户数（%）	人数	占总人数（%）	亩数	占总亩数（%）
总计	113 767	100	732 320	100	2 746 506	100
地主	3 324	1.91	26 117	3.57	303 564	11.05
富农	8 427	4.85	47 300	6.40	414 263	15.08
中农	68 848	39.62	333 095	45.48	1 544 210	56.22

注释：

[1] 萧一山：《清代通史》（第四卷），中华书局，1923年，第1561—1563页。

[2] 刘世仁：《中国田赋问题》，商务印书馆，1935年，第81—83页。

续表

阶级阶层	户数		人口		占有土地	
	户数	占总户数（%）	人数	占总人数（%）	亩数	占总亩数（%）
贫雇农	85 649	49.29	298 241	40.73	443 681	16.15
赤贫	5 646	3.25	19 829	2.71	21 100	0.76
其他	1 873	1.07	7 729	1.05	18 932	0.69
公有地	—	—	—	—	756	0.05

资料来源：中共山西省委党史研究室、山西省档案馆编：《太行革命根据地土地问题资料选编》（内部资料），1982年，第11页。本表包括介休、祁县、阳曲、太谷、榆次、赵城、稷山、平定、盂县等9个县部分村材料和晋西北20个村、晋北101个村、晋东南123个村的材料

在涉及整个山西省的范围内，占调查总数约6.76%的地主和富农占据着整个耕地的26.13%，而占调查总数约52.54%的贫雇农却只占有整个耕地的16.91%，户均土地占有量仅为5.9亩，不到地主的1/15。以如此少量的土地和当时极低的亩产量来维持一家的生活，其艰难程度是可想而知的。

另外，到20世纪30年代中期，全省土地耕作面积急剧减少，人均耕地面积反而低于全国的平均水平，如果不计算撂荒的土地，则全省耕面积还不到3000万亩，每人则平均不到3亩。出现这样的极端情况，一方面是由于长期战争的持续破坏，另一方面也是因为地价大跌，田赋负担增加，农民种地大多入不敷出，因此宁愿撂荒而乞讨，也不愿耕种。这种状况势必严重影响山西农业和其他行业的经济发展。关于当时的具体情况可参见下面的1934年耕地面积统计表（表4）。

表4　1934年全国及山西省耕地面积统计表

地理范围	耕地面积（千市亩）	农业人口（千人）	人均耕地（市亩）
全国	1 410 731	331 842	4.25
山西	27 879	9 876	2.82

资料来源：许道夫：《中国近代农业生产及贸易统计资料》，上海人民出版社，1983年，第10页

二、农业发展状况

由于特殊的自然环境和地形特点，山西全省耕地的分布较为集中，几乎全部处在中部狭长的盆地内，因此，耕地占土地总面积的比例依然很小，即使在现代，山西的耕地面积也仅仅只占7.1%，并且各地的土地利用率由于地形、土壤的不同而差别很大，平原地区为70%，黄土丘陵为35%，山地仅为10%。[①] 南京国民政府前期，情况不容乐观。由于整个山西区域位于黄土高原的干旱地带，旱灾频繁，再加上垦殖历史悠久，又历经历代战乱，到南京国民政府前期，山西的自然资源已遭到极大的破坏，土地利用率和农业产量都较低。举个例子来说，当时"武乡的农田，皆在高原之上，而五台山之农田，则多在河边或山边，且多为梯田"[②]。南京政府中央农业实验所1934年所做的调查报告显示，当时山西的荒

注释：

① 徐月文：《山西经济开发史》，山西经济出版社，1992年，第305—306页。

② 卜凯著、张履鸾译：《中国农家经济》，商务印书馆，1936年，第16页。

地占土地总面积的 13.8%，可耕地占荒地总面积的 27.7%，可耕荒地占土地总面积的 3.82%。[①] 而且，由于地近寒带、土壤贫瘠，山西土地的亩产量一般都很低，"每亩收获，通常以五六斗为准则，但交城每亩收一石八斗，右云、阳高等县则有仅收一斗者"[②]。粮食种类以小麦、小米为主，全省"共计栽培面积 50 266 077 亩，常年产量 58 576 488 担"[③]。具体粮食产量和品种如表 5 所示。

表5　山西主要粮食作物亩产量表　　　　　　　　　　单位：市斤

品种	1931 年	1932 年	1933 年	1934 年
小麦	77	94	104	120
大麦	79	91	95	119
燕麦	—	—	83	87
稻谷	—	—	74	79
谷子	122	135	135	139
玉米	117	144	144	151
高粱	115	148	131	135
糜子	106	124	94	110

资料来源：中共山西省委党史研究室、山西省档案馆：《太行革命根据地土地问题资料选编》（内部资料），1982 年，第 35 页

　　山西省农业发展历史悠久，而且省内自然条件复杂多样，有平川、丘陵、山地，为农、林、牧、副、渔的发展提供了多种不同的条件。但是，"由于垦殖开始甚早，历代战乱不止，盲目的毁林毁草活动从未停止"[④]，以致到民国时期，山西的自然资源已遭到极大的破坏，到处是童山秃岭，植被稀少，水土流失非常严重，大面积的黄土层被切割成千沟万壑，大量耕地是"没雨苗不长，有雨流黄汤"。不仅是山区，就是平川的作物产量也很低，1949 年全省粮食平均亩产仅 80 多斤。[⑤]

　　因此，从以上内容可知，在南京国民政府前期，山西省粮食作物产量低下，农业生产发展呈现出明显的落后性，这就使整个山西农村社会民众的生活仍处于极端贫困的状态。例如，晋西北农民在 20 世纪三四十年代"依然使用着十分简陋的生产工具……农业生产力水平异常低下。绝大多数农民终岁辛劳，却仅可勉强糊口或即便省吃俭用也只能维持最低层次的生活标准"[⑥]。在晋南相对比较富裕的永济县，20 世纪 30 年代初呈现出的状态是"哀鸿遍野，穷黎失业，民间困苦情状不堪言喻，见者心伤，闻者鼻酸"[⑦]。即使在整个抗日战争前 10 年，山西的许多农户也是一步步"陷于贫困甚至濒于死亡的边缘"[⑧]。

注释：

① 冯和法：《中国农村经济资料》（上），黎明书局，1935 年，第 246 页。

② 《晋省人口田赋调查》，《地政月刊》1934 年第 11 期，第 2353 页。

③ 周宋康：《山西》（分省地志），中华书局，1939 年，第 88 页。

④ 滕崇德、张启耀：《山西植被的历史变迁》，《河东学刊》1998 年第 2 期，第 29 页。

⑤ 山西省地图集编纂委员会：《山西省自然地图集》（内部资料），1984 年，序图组第 1 页。

⑥ 张玮：《三四十年代晋西北农民家庭生活实态——兼论"地主阶层"经济与生活水平之变化》，《晋阳学刊》2005 年第 1 期，第 86 页。

⑦ 1931 年档案资料《晋陕甘三省苛征捐税情形》，全宗号 1，案卷号 2711，缩微号 16J2384，中国第二历史档案馆藏。

⑧ 张启耀：《南京国民政府前期山西农民生活水平分析》，《中国经济史研究》2009 年第 1 期，第 119 页。

20世纪二三十年代山西农村经济与社会状况概述

三、人口与乡土民风

山西自古是我国的行政和军事要地，清朝末年，山西省下辖九府、十州、六厅，共108县。辛亥革命后，民国政府于1912年对山西行政区划进行了改革和整顿，废除了府州，并对县制进行了调整[①]。民国初年，"山西省原有县90个，后以州改置，添加15县，至1937年共105县"[②]，"省会在阳曲县"[③]。因此，民国时期，山西的行政区域划分与现在略有不同。

山西是中华民族的发祥地之一，也是我国古代和近代人口繁衍的主要地区。据清末宣统年间民政部户口调查记载，当时全省人口为10 099 135人，共2 097 012户，每户平均4.8口人。[④] 民国前期山西人口数量较为稳定，常年基本固定在1100多万，但具体数量各家说法有较小的出入。据当时山西省政府统计，民国十八年（1929）计12 130 469人，民国二十二年（1933）太原经济建设委员会经济统计处调查山西全省人口，统计为11 300 087人。民国二十四年（1935）实业部国际贸易局的调查系根据山西各县所呈报的数目，计人口总数为11 327 931人。[⑤] 现代学者严中平根据民国的一些资料也对南京政府前期的人口作了记录。1927—1936年10年间山西省人口数量如表6所示。

表6　1927—1936年10年间山西省人口数量表　　单位：千人

年份	1927	1928	1929	1930	1931	1932	1933	1934	1935	1936
人口数	11 980	11 672	12 130	12 059	11 971	11 746	11 590	11 601	11 328	11 470

资料来源：严中平等编：《中国近代经济史统计资料选辑》，科学出版社，1955年

尽管各家统计数字稍有不同，但南京政府前期山西人口数量由此可见一斑。户口数在这一时期有一定变化，最多时为1927年的2 355 000户，最少时为1935年的1 830 000户（表7）。[⑥]

表7　1927—1936年10年间山西省历年户口比较表　　单位：千户

年份	1927	1928	1929	1930	1931	1932	1933	1934	1935	1936
户数	2 355	2 266	2 268	2 239	2 209	2 196	2 162	2 171	1 830	—

资料来源：《山西省户口历年统计表》，山西省政府秘书处编印：《山西省统计年鉴》，第98页

由于特定环境的影响，山西区域社会形成了独特的民间风俗习惯，山西农村社会也具有浓郁的人文乡土气息。

山西四周以众多的山脉和汹涌的大河构成了天然的防御体系，而境内河谷与盆地养育着众多生民，自然条件独特。但山西周围群山环绕，形成了一个相对封闭的自然环境。随着历史的演变，山西社会显

注释：

① 李玉文：《山西近现代人口统计与研究》，中国经济出版社，1992年，绪言。
② 许道夫：《中国近代农业生产及贸易统计资料》，上海人民出版社，1983年，第52页。
③ 周宋康：《山西》（分省地志），中华书局，1939年，第8页。
④ 李玉文：《山西近现代人口统计与研究》，中国经济出版社，1992年，绪言。
⑤ 周宋康：《山西》（分省地志），中华书局，1939年，第88页。
⑥ 《民国元年以来各省行政区划变更统计》，内政部统计处编：《全国行政区划及土地面积统计专刊》，1938年，第3页。

现出闭塞性的内陆省份的特点，"形成了山西民众独立封闭、注重自我、安于统治的小农心理"①。这一特点在偏远的农村地区尤其如此。"在地形复杂的山西省内各多山地区，村落往往分布稀疏，人口分散，传统国家行政对山西农村社会的管理处于无效、无序状态。"②例如，"山西五台，距近代交通上的便利更远，山西武乡农产的市场中心，在河北顺德一带。其主要产物，如谷子、高粱、小麦等，大都要由骡驴运载五十公里之途程，始抵目的地。鸡与鸡卵等多运至山西太谷，其距离约有一百公里"③。因此，有学者总结说，作为一个特定的区域社会，山西农村便具有了一定的地域特征，那就是"低产多灾的旱作农业体制与内向封闭型的村落社区结构相伴而生"④。而整个近代山西则"依然维持着小农经济的生产方式"⑤。可以看出，自然环境在这里发挥了巨大的作用，决定着人们的生产活动、生活水平甚至思想与行为。

从地域与民俗关系的角度来看，"作为一种背景，一种人们活动的舞台，地理环境无疑是一个民族、一个地区风俗习惯形成某种类型的前提因素"。自然环境使得山西形成了一种相对孤立的状态，造成了"山西人封闭与保守的心理"⑥。在山西农村地区，农民普遍比较敦厚朴实，有文化者少，对于国家政治关注者就更少了。"多数乡民无知识，性极老诚。"⑦农民们认为"大人们卖国管咱们什么事，况且咱哪儿有力量去挡得住？""人家卖国是权力，自己受罪是应该。中国人普遍性是如此，尤其是我们的山西人。'人马东西走，苦死太原人'，虽是一句俗话，确实是如此的。"⑧

进入近代前期，山西社会逐渐发生了一些新的变化，但由于深处内陆，各方面的变化相对缓慢。举例说，山西对中央赋税制度的执行就比全国大多数省份迟了很多。清朝中期推行的"摊丁入亩"制度，"直到光绪中后期，才在山西全省范围内实行"，之前还有许多州县实行田赋、丁税分征。⑨

不过，进入近代后期，山西社会产生了一些较大的重要变化，尤其是近代工业的创办和发展，使得山西的产业结构、城乡结构、阶级结构、劳动者的知识结构发生了很大变化⑩，而这些变化又在很大程度上影响着整个山西社会，并推动山西乡村缓慢向前发展。新产业、新阶级、新社会结构的出现，标志着传统山西社会的封建经济、文化结构已开始动摇。

总体而言，山西人民的传统性格虽然相对保守，但"晋民性俗，从古以美善著称"；"人知自好，鲜

注释：

① 赵永强：《国时期的山西：政治发动与经济剥夺——兼议同期之山西社会发展主线》，《山西档案》2005年第1期，第53页。

② 祖秋红：《"山西村治"：国家行政与乡村自治的整合（1917—1928）》，首都师范大学博士学位论文，2007年，第12页。

③ 卜凯著、张履鸾译：《中国农家经济》，商务印书馆，1936年，第12页。

④ 张佩国：《土地资源与权力网络——民国时期的华北村庄》，《齐鲁学刊》1998年第2期，第99页。

⑤ 李茂盛、杨建中：《试述20世纪二三十年代山西社会转型》，江沛、王先明：《近代华北区域社会史研究》，天津古籍出版社，2005年，第204页。

⑥ 乔润令：《山西民俗与山西人》，http://www.tydao.com[2000-06-10]。

⑦ 张济周：《榆社县社会概况调查》，《醒农半月刊》1934年第2期，第40页。

⑧ 庄稼汉：《农村通讯——自夏县寄》，《醒农半月刊》1934年第1期，第34页。

⑨ 张玉勤：《山西史》，中国广播电视出版社，1992年，第247页。

⑩ 李茂盛、杨建中：《试述20世纪二三十年代山西社会转型》，江沛、王先明：《近代华北区域社会史研究》，天津古籍出版社，2005年，第204页。

蹈法犯刑之事。人民质朴勤勉"[1]。因此，山西人敦厚勤奋、诚实可信的品质给人们留下了深刻的印象。而且，在民国时期，山西的教育较为发达，受教育的民众很多。山西义务教育"普及程度在全国首屈一指。如太原学者仅有千人，大同仅有数百人，代县仅有一百余人，余可类推"[2]。

（张启耀：运城学院政法系副主任、副教授）

注释：

① 周宋康：《山西》（分省地志），中华书局，1939 年，第 77 页。

② 周宋康：《山西》（分省地志），中华书局，1939 年，第 81 页。

20世纪40年代皖南永佃制租佃及经营机制考察

——以唐模村为中心

张 明

摘 要：20世纪40年代，唐模村的永佃制是优于普通租佃制的租佃制度，其运行机制如下：一是永佃制在两个层次的产权上分别进行租佃，使唐模村的租佃形式更加灵活；二是永佃制下主佃之间的双向永佃租佃形成极轻的永佃租率；三是永佃制在赋予佃农佃权的前提下促进了经营地权的流转；四是双层地权的运作使地权交易及租佃成本降低，促进了零碎地权的整合和劳动力和地权的优化配置。

关键词：唐模村；永佃制；运行机制

章有义也注意到徽州存在永佃制，但其主要以徽州普通租佃关系为研究主题[①]；刘和惠、彭超等学者则对清代徽州的永佃制进行了初步探讨[②]，以往永佃制的研究主要侧重研究永佃制的属性、区域分布等，本文则侧重于一个完整村庄永佃制租佃及经营运行的制度性探讨。本文先对皖南的永佃制的分布及租佃状况等进行总体考察，接着深入到20世纪40年代一个典型永佃村——唐模村内部对永佃制的运行机制进行细致的个案分析。本文使用的档案资料主要属于20世纪40年代，此外土改时登记的《安徽省农村调查》、《土改前各阶层占有使用土地统计表》、《绩溪县第4区龙川胡氏宗祠土地登记册》、《歙县整理地籍登记清册》[③]等档案资料虽然登载于"土改"时期，但反映的土地关系也属于20世纪40年代。

一、民国时期皖南地权的双层分化及永佃租佃

皖南地区至迟在明代建文年间就产生了永佃制[④]；历经500多年的发展演变，民国末年，皖南4县（市）有永佃的村庄共有195个，占总村数的34%；永佃户数比例平均为24.11%；永佃土地占总使用

注释：

① 章有义：《近代租佃关系案例研究》，中国社会科学出版社，1988年。

② 刘和惠：《清代徽州田面权考察》，《安徽史学》1984年第5期；彭超：《论徽州永佃权和"一田二主"制》，《安徽史学》1985年第4期。

③ 本文资料如不注明出处，均出自财粮员章日达、农会主任汪德兴、村长章继民：《歙县第三区唐模村整理地籍登记清册》，1950年10月，歙县档案馆藏。该档案对唐模村的土名、田底主、田面主、耕种者、亩产、产量、人口、劳力、税率、业主收入、佃户收入、劳动力、耕牛、宗族或公堂户的地权形态、是否外出经商及赡养人口数量等项登载得非常详细。

④ 张明：《民国时期皖南永佃制形成及发展原因考察》，《山西师范大学学报》（社会科学版）2013年第2期。

土地的 10.06%；永佃制在皖南是普遍存在于千家万户的一种土地制度。① 由于中国社会的政治、经济、文化等各个方面都发生了变化，民国徽州族田也受到总土地制度变迁的影响，其地权也普遍分化。② 绩溪宅坦胡氏宗族的亲逊堂和桂枝文会绝大部分田产属于田底田。1937 年亲逊堂永佃农 87 人，普通佃农 57 人，永佃农占其佃农总数的 60.4%；1937 年桂枝文会永佃农 13 人，普通佃人 16 人，永佃农占其佃农总数的 44.8%。③ "土改"前夕，龙川胡氏 26 宗祠田中，25 宗是大买田④；龙川胡氏宗族 26 宗学田中，14 宗是大买田⑤；龙川万安公祠田 22 宗中，20 宗是大买田。⑥ 民国末年，黟县南屏叶氏宗祠（叙秩堂）土地占有土地 100 多亩，各个支祠、家祠共占有土地 200 多亩，绝大部分属于大买田。⑦

民国时期，徽州官田、学田、义田等公田管理机关与佃农的关系逐步趋于平等，对佃农不利的官田国有制、学田及义田的普通租佃制发生了重大变迁，皖南官田、学田和义田等公田的地权普遍发生了双层分化，逐渐形成了公田所有者主要掌握田底权、永佃农主要掌握田面权的双层地权格局。⑧ 从青阳县的 7 件官田田面杜卖契，可知青阳县永佃农有权对官田田面进行交易。⑨ 民国时期，绩溪县政府仍按册收租，说明租佃鱼鳞册使用一直延续到民国时期。绩溪县 7 个都均攒造了《官田租佃鱼鳞册》，其登载内容非常详细，包括佃农姓名、佃农租额、田地号数、田地亩数、四至、鱼鳞图等。⑩ 鱼鳞册是一种即使朝代变更也不会失去效力的土地所有权凭证，佃农姓名、田地亩数均被登载其上，充分说明民国时期绩溪县佃农在官田上的田面权得到了政府确认。青阳县 149 件学田佃耕契约显示，青阳县学田的地权发生了双层分化。⑪ 从屯溪义田捐输契、义田交易契约、义田产权纠纷、产权申报、义田的租佃期限、租额、租批、租佃押金等诸方面综合分析，证明屯溪义田地权发生了双层分化。⑫

皖南芜湖、青阳、贵池、南陵、旌德、歙县、黟县和祁门等县的永佃田交易，尽管名称各异，但永佃农完全有权自由顶拨、辗转、让渡其田面权的情况是相同的。皖南永佃田交易被分解为田底田和田面田两个层次分别进行地权交易，减少了地权交易成本，这就使佃农以同样的货币购买更多的田地成为可

注释：

① 资料来源：祁门县土改办：《祁门县土改前各阶层占有使用土地统计表》，1951 年 4 月，全宗：《祁门县土改办》第 4、5、6、7 卷，祁门县档案馆藏；《屯溪市四乡三十六村土改前各阶层占有使用土地统计表》，全宗：《屯溪市土改办》第 2 卷，黄山市屯溪区档案馆藏；中共绩溪县委：《绩溪县土改前各阶层占有使用土地统计表》，1951 年，绩溪县档案馆藏，全宗：《中共绩溪县委员办公室》，第 19、20、21、22、23、24、25 卷，绩溪县档案馆藏；《当涂县土改前各阶层占有使用土地统计表》，全宗 W017：《当涂土改办》第 49、50、51、52、53、54、55、56、57、58、59、60、61 和 62 卷，当涂县档案馆藏。参见张明、慈鸿飞：《民国时期皖南永佃制的比重、分布及性质》，《中国经济史研究》2010 年第 1 期。

② 张明：《清至民国徽州族田地权的双层分化》，《中国农史》2010 年第 2 期。

③ 《亲逊堂田亩编号草簿》，1937 年，绩溪县档案馆藏。

④ 《绩溪县第 4 区龙川胡氏宗祠土地登记册》，1950 年，绩溪县档案馆藏。

⑤ 《绩溪县第 4 区龙川胡氏学田登记册》，1950 年，绩溪县档案馆藏。

⑥ 《绩溪县第 4 区龙川胡氏万安公祠土地登记册》，1950 年，绩溪县档案馆藏。

⑦ 赵华富：《黟县南屏叶氏宗族调查报告》，《1995 年安徽大学学术活动月论文选萃》，安徽大学出版社，1996 年，第 115 页。

⑧ 张明：《清至民国皖南官田、学田和义田地权的双层分化考察》，《安徽史学》2013 年第 2 期。

⑨ 《民国时期青阳县官田契约》，青阳县档案馆藏。

⑩ 《绩溪县一至七都官田租佃鱼鳞册》，绩溪县档案馆藏。

⑪ 资料来源：《民国时期青阳县学田契约》，共 149 件，1914—1940 年，青阳县档案馆藏。

⑫ 《民国时期屯溪公济户档案》，黄山市屯溪区档案馆藏。

能。[①] 皖南地区还形成了一种主佃关系较为平等、权责分明的契约化永佃租佃，主要包括土地不足型、族田型、公产型和城居型四种永佃租佃，如表1所示。

表1 20世纪40年代末皖南绩溪、祁门及当涂典型村永佃租佃类型

	绩溪村庄	村户均占有田地（亩）	地主户占全村户比例（%）	小出租者出租田地比例（%）	永佃户占有村自耕田地比例（%）	永佃户经营规模（亩）
田地不足型	黄川	3.85	1.19	84.5	55.8	7.86
	玉台	7.12	3.86	63.8	82.86	9.87
	瀛洲	3.04	1.71	73.08	92.76	4.48
	梅圩	3.87	1.43	62.27	95.8	4.92
	凤灵	3.35	0	100	96.41	6.5
	黎明	2.63	0	100	93.02	3.98
族田型	祁门村庄	全村族田户数	族田户占全村户比例（%）	族田占村田地比例（%）	族田田底占永佃田比例（%）	永佃户经营规模（亩）
	沙堤	215	53	66.24	83.3	10.48
	大中	88	34.92	30.23	59.41	7.6
公产型	当涂村庄	永佃户占村户数比例（%）	永佃户占村田面比例（%）	公产单位占有田底田比例（%）	永佃田占租入田地比例（%）	永佃户经营规模（亩）
	彭兴	100	100	100	100	11.61
城居型	当涂村庄	城居地主占地主总数比例（%）	永佃户占全村户数的比例（%）	城居地主占有田底田比例（%）	永佃户占有田面田比例（%）	永佃户经营规模（亩）
	莲云	92.06	67.06	81.98	96.83	13.49
	港东	80	83.15	68.3	97.1	9.51
	郭厂	60	91.18	91.98	91.82	13.66
	大村	80	62.5	75.95	99.43	18.46
	三台	96	86.6	85.18	99.9	7.92
	佳山	76.92	87.65	77.33	99.32	8.71
	杨桥	73.47	82	66.05	95.36	9.67
	冯里	80	84.48	92	98	11.23
	泰兴	100	100	100	100	11.24
	新锦	79.17	91.37	90.29	93.85	15.02
	尚徐	79.31	79.55	68.87	99.88	20.25
	金马	79.17	80.12	69.32	96.49	15.66

资料来源：中共绩溪县委：《绩溪县土改前各阶层占有使用土地统计表》，1951年，第19—24卷，全宗：《中共绩溪县委员会办公室档案》，绩溪县档案馆藏；祁门县土改办：《祁门县土改前各阶层占有使用土地统计表》，1951年4月，全宗：《祁门县土改办》第6、7卷，祁门县档案馆藏；《当涂县土改前各阶层占有使用土地统计表》，全宗W017：《当涂土改办》第50—53、61—62卷，当涂县档案馆藏

注释：

① 张明：《民国时期皖南永佃田交易及租佃考察》，《中国农史》2013年第2期。

二、唐模村永佃制的交易、租佃及经营机制

（一）永佃制下唐模村的地权及租佃特点

歙县档案馆所藏民国时期的《歙县地籍清册》，现存《民国歙县府征集票存根田亩清册》①4本、《民国歙县东皋周急户户清册》②《民国歙县方兴乡坡山保户领清册》③2本，其余均已散失。民国末年，唐模村属歙县潜口区，现属黄山市徽州区潜口镇。从20世纪30年代后国民政府在整个皖南进行了的土地陈报并攒造了地籍清册的记载④，以及歙县档案馆保存有民国时期歙县一些村的《地籍清册》和休宁县档案馆保存有民国时期休宁县1164册《休宁县地籍清册》的史实⑤，推断民国时期属于歙县的唐模村一定也攒造过《唐模村地籍清册》。虽然民国时期攒造的《唐模村地籍清册》已散失，所幸的是"土改"前唐模村对《唐模村地籍清册》进行了再整理和登记为《歙县第三区唐模村整理地籍登记清册》⑥。《歙县第三区唐模村整理地籍登记清册》登载的祠堂及户主的永佃土地关系显然是根据民国时期唐模村《唐模村地籍清册》进行登记的属于"土改"前20世纪40年代的土地关系，因为"土改"后是没有永佃土地关系的，而《歙县第三区唐模村整理地籍登记清册》备注的唐模村村民外出工作及经商、劳动力及人口数量的情况，则属于1950年"土改"前的状况。《唐模村土地关系登记表》⑦登记的则是"土改"后土地关系变动后的土地关系。笔者利用《歙县第三区唐模村整理地籍登记清册》⑧对20世纪40年代唐模村的地权状况进行统计分析，发现唐模村地权及租佃有如下特点。

第一，唐模村的地权高度零碎化。卜凯认为，农田的零星分割（fragmentation）是中国江南农业生产最重要的特点之一。据卜凯调查，1929—1934年，在江南水稻茶区，户均经营农田5.4块，户均经营农田超过14.1坵，田地与农舍的平均距离为0.6公里，而最远田地与农舍的平均距离为1.1公里；每块农田平均大小2.55亩，每坵平均面积仅1.05亩。⑨唐模村属于江南水稻茶区，其高度分散、零碎化的

注释：

① 《民国歙县府征集票存根田亩清册》，1943年，档案号307-2-001，歙县档案馆藏。

② 《民国歙县东皋周急户户清册》，1944年，档案号307-2-5，歙县档案馆藏。

③ 《民国歙县方兴乡坡山保户领清册》，1944年，档案号307-2-12，歙县档案馆藏。

④ 安徽省民政厅：《安徽民政工作辑要》，1935年，沈云龙主编：《近代中国史料丛刊三编》第280辑，台湾文海出版有限公司，1987年，第25页。

⑤ 休宁县档案馆：《休宁县地籍清册》，20世纪40年代，卷号6-31，休宁县档案馆藏。

⑥ 本文资料如不注明出处，均出自财粮员章日达、农会主任汪德兴、村长章继民：《歙县第三区唐模村整理地籍登记清册》，1950年10月，歙县档案馆藏。该档案对唐模村的土名、田底主、田面主、耕种者、亩产、产量、人口、劳力、税率、业主收入、佃户收入、劳动力、耕牛、宗族或公堂户的地权形态、是否外出经商及赡养人口数量等项登载得非常详细。民国时期，歙县466个村均登载了《整理地籍登记清册》，现均完好地收藏于歙县档案馆东库房。

⑦ 《唐模村土地关系登记表》，歙县档案馆藏，1951年10月。

⑧ 章继民、汪德兴、章日达等：《歙县第三区唐模村整理地籍登记清册》，1950年10月，歙县档案馆藏。该地籍登记清册对民国时期唐模村的土名、田底主、田面主、耕种者、亩产、产量、人口、劳力、税率、业主收入、佃户收入、劳动力、耕牛、宗族或公堂户的地权形态、是否外出经商及赡养人口数量等项登载得非常详细。笔者认为其登载之项如此之详，其价值远甚于鱼鳞册，是研究民国地权形态、土地经营的珍贵资料。本文关于唐模村的永佃制研究资料均出于《歙县第三区唐模村整理地籍登记清册》。

⑨ 卜凯：《中国土地利用》，《土地》第13表，金陵大学农业经济系印，第181—185页；国民政府主计处统计局编：《中国土地问题之统计分析》，第43页。

地权状况表现在两个方面：一是唐模村同一块田地所有权被众多业主分割。唐模村同一块田地被划成许多坵，每一坵田地的业主都不相同，大部分田坵的地权都发生了双层分化，则每一坵又有2个业主。该村田地被分割为2202个田坵，其中自耕378坵，出租1824坵。该村共有239户，共有田地1854.91亩[①]，平均每户占有田地9.2坵，平均每坵0.842亩。二是每一户田地零星散布在众多田坵之间。唐模村共有田地经营户[②]192户，其中8户经营田坵的平均亩数在0.5亩以下；有72户经营田坵的平均亩数在0.5—1亩；有88户经营田坵的平均亩数在1—1.5亩；有16户经营田坵的平均亩数在1.5—2亩；有8户经营田坵的平均亩数在2—3.2亩。

第二，永佃制下唐模村的地权比较平均。《歙县第三区唐模村整理地籍登记清册》从田底和田面两个层次对户主的田地所有权分别进行了登记，其登记的田底田一般标有"大买"或"大"字样，田面田一般标有"小买"或"小"字样。唐模村永佃田地所有权是和非永佃田地所有权同样得到政府承认且须将所获收益进行纳税的所有权，其税率一般为12%左右，如许丙仁户总产量2610斤，负担公粮313斤，其税率为12%。[③]笔者统计，唐模村共有田地1854.91亩，其中双层地权分化田地1143.45亩，占村田地总数的61.64%，没有双层地权分化的田地711.46亩，占村田地总数的38.36%，因此唐模村绝大部分田地发生了地权的双层分化。根据1932年国民政府内政部[④]、1934年国民政府土地委员会[⑤]的调查，从总体上看，全国农村地权主要垄断在地主手里，那么永佃制下的唐模村的地权状况如何呢？先采用纯自耕户、自耕兼出租户、纯佃耕户、佃耕兼自耕户、既佃耕又出租户和纯出租户的分组法，分析唐模村的地权结构：无地佃耕户65户，占全村户数的27.19%；纯自耕户5户，占全村总户数的2.09%；自耕兼出租户8户，占全村总户数的3.35%；佃耕兼自耕户40户，占全村总户数的16.7%；既出租又佃耕户62户，占全村总户数的25.9%；纯出租户48户，占全村总户数的20.1%；纯佃耕有地户11户；以上6类有产权户共174户，占全村总户数的72.38%。因此，唐模村绝大部分农户属于有产权户。1927年，国民党中央执行委员会农民部土地委员会搜集全国21个省的统计资料，无地人口（包括佃农、雇农和贫农）占总人口的55%。[⑥]因此，唐模村无地户比例相对于没有形成永佃制的村落要低得多。再采用对农户占有田地亩数的分组法，分析唐模村的地权结构：无地户组65户，占总户数的27.2%；2亩及以下组农户34户，占总户数的14.23%；2—4亩组农户27户，占总户数的11.3%；4—6亩组农户21户，占总户数的8.79%；6—8亩组农户16户，占总户数的6.69%；8—10亩组农户15户，占总户数的6.28%；10—15亩组农户24户，占总户数的10.04%；15—20亩组农户11户，占总户数的4.6%；20—30亩组农户14户，占总户数的5.86%；唐模村30—40亩组农户8户，占总户数的3.3%；唐模村40亩以上组农户，只有4户，占总户数的1.67%。唐模村30亩以下农户合计227户，占总户数的94.98%。以上两种地权结构分析都证明，唐模村的地权比较平均。

第三，唐模村绝大部分租佃属于地租率较轻、以促进地权流转为主要目的的永佃租佃。

注释：

[①] 此为田面权也计入产权的唐模村土地数字，以下如不做特别说明，均为田面权也计入产权的土地数字。

[②] 唐模村的田地经营户是指所有参与土地经营的农户，不包括土地纯出租户和族田户。

[③] 根据章继民、汪德兴、章日达等：《歙县第三区唐模村整理地籍登记清册》，该清册上每一户负担税率均注明，1950年10月，歙县档案馆藏。

[④] 国民政府主计处统计局编：《中国土地问题之统计分析》，正中书局，1941年，第72—74页。

[⑤] 国民政府全国土地委员会编：《全国土地调查报告纲要》，《逢甲学报》1937年第7期，南京大学图书馆藏，第32页。

[⑥] 人民出版社编：《第一次国内革命战争时期的农民运动》，人民出版社，1953年，第3—5页。

其一，唐模村绝大部分租佃属于永佃租佃，且形成了永佃田地出租者与非永佃田地出租者共同遵循的惯行永佃租率。唐模村共出租田地 1646.18 亩，其中永佃田出租 1223.53 亩，占村田地出租总数的 74.33%，唐模村绝大部分租佃属于永佃租佃。笔者利用《歙县第三区唐模村整理地籍登记清册》对唐模村 249 户所有 2202 个田坵的永佃田年亩产、非永佃田年亩产情况进行了统计。统计显示，唐模村经营户共佃耕永佃田地 1008.98 亩[①]，总产量为 343 578.94 斤，佃耕永佃田地缴租总额 54 629.05 斤，永佃田平均租率为 15.9%；唐模村共佃耕非永佃田地 433.1 亩，总产量为 131 107.1 斤，佃耕永佃田地缴租总额 44 838.63 斤，非永佃田平均租率为 34.2%。唐模村田底田平均大租率为 17.3%，田面田平均小租率为 14.5%，底面全业田平均租率为 32.1%，底面全业田平均租率正好接近于大、小平均租率之和。唐模村 239 户非永佃田地的租率也正好相当于永佃田地的大、小平均租率之和，这一事实说明，唐模村形成了永佃田地出租者与非永佃田地出租者共同遵循的惯行租率。唐模村惯行租率非常低，大大降低了佃农的经营成本。

其二，唐模村超过一半的租佃不再是单向的业主把田地租给佃农，佃农缴纳地租的租佃，而是在出租田地的同时，又佃入田地的双向永佃租佃。唐模村既佃耕又出租田地的农户有 62 户，占总户数的 25.94%，此类户既出租又佃耕户共佃耕田底 210.66 亩、田面 94.5 亩、底面全业田 26.2 亩，同时出租田底 333.25 亩、田面 340.62 亩、底面全业田 85.1 亩，互通有无的永佃田地共涉及田地 1090.33 亩，占全村总田地 1854.91 亩的 58.78%。可见，唐模村租佃主体属于互通有无的永佃租佃。唐模村既出租田地又佃耕田地的农户，如许作之户出租田底 8.8 亩的同时，又佃耕田底 2.2 亩；许士宣户出租田面 6.2 亩，却又佃耕田面 1.3 亩和非永佃田地 2.3 亩。许冠群户出租田底 8.8 亩，佃耕田面 1.4 亩和非永佃田地 1.3 亩；章传榆户出租田面 2.5 亩，佃耕田面 1.1 亩；章继民出租田底 4.6 亩，底、面全业田 3.4 亩和非永佃田地 1.9 亩，佃耕田底 3.3 亩和田面 5 亩和底、面全业田 1.5 亩。

其三，唐模村从事农业外就业占田 30 亩以下田地的小出租者，主要是由于从事农业外就业，为了获得其应得田地增值收益以出租永佃田地为主的租佃。如许建中户，户主在上海做医生，其子许振舒因在杭州经商而出租普通田地 0.6 亩；吴子石户，户主在外经商而出租田面 4.5 亩和非永佃田地 1.8 亩。许得兴户，户主由于在外营生而出租田底 4 亩、田面 0.7 亩；许绍衣户，户主由于在外经商而出租田面 7 亩和非永佃田地 3.2 亩；胡伟光户，户主在外经商而出租田底 3.7 亩和田面 8.39 亩；周德春户，户主系外出工人，出租 0.25 亩；江观龄户，户主独身 1 人，在通州当商业学徒，由佃户代报出租普通田地 5.3 亩；许季材户，户主在浙江物资运用委员会供职，其占有的田面 2.3 亩和普通田地 9.37 亩全部出租；许永荃户，全家在南通经商已 7 年，出租田底田 0.6 亩、田面田 8.8 亩和非永佃田 6.4 亩，许永玉代收地租；许克定户，人口多，有 8 人，但从事非农业的人口有 6 人，其占有的田底 6.2 亩、田面 7.4 亩、底面全业田 30.2 亩和普通田地 0.8 亩全部出租；许家桢户，全家在外就业，出租田底 3.68 亩和普通田地 13.26 亩。

其四，鳏寡户劳动力弱或户主亡故缺乏劳动力也是使唐模村永佃田地出租的重要原因。鳏夫章传闵因丧失劳动能力而出租普通田地 1.4 亩；寡妇许敬莲因无力耕作而出租田底 1.8 亩、田面 1.2 亩和非永佃田地 5.9 亩；鳏夫许声甫因无能力耕种而出租田底 11.4 亩和普通田地 1.5 亩；鳏夫查正全年老体弱，其占有的 17.7 亩普通田地全部出租；许惟甫户，户主已死，夫人寡居，无子女，把田底 3.99 亩、田面

注释：

[①] 唐模村佃耕户是指本村佃耕户，没有统计外村佃耕户，所以唐模村佃耕各种田地数要少于该村各种佃耕田地数。

10.9 亩和普通田地 5.54 亩全部出租；汪存诚户，户主已死，只剩下母女 2 人，因无力耕种，其占有的田底田 0.9 亩、田面田 16.6 亩和底面全业田 36.5 亩全部出租；鳏夫查正全年老体弱，其占有的 17.7 亩普通田地全部出租；许惟甫户，户主死，夫人寡居，无子女，其占有的田底 3.99 亩、田面 10.9 亩和普通田地 5.54 亩全部出租。另外，有一些户是因为田地在外村而出租其永佃田。如汪恭福户，因不便耕作而出租其在外村占有的田面 9.1 亩；程荣忢户，因不便耕作而出租其在岩寺占有的田底 20.8 亩；程吉庆户，因不便耕作而出租其在外村占有的普通田地 6.7 亩。程义安户，因不便耕作而出租其在外村占有的普通田地 8.9 亩；程德辉户，因不便耕作而出租其在外村占有的田面 3.8 亩。

其五，唐模村出租部分田地户其出租田地的首要原因同样是农业外就业而出租其永佃田地，老弱孤寡因丧失了劳动能力也是其出租部分永佃田地的重要原因。许信斋户的许士煦任歙师附小教员，该户只有 1 个农业劳动力，仅自耕田地 3.15 亩，佃耕田底 5.3 亩，出租无力耕种的田底 13.8 亩和普通田地 3.6 亩；吴明远户 1 人在外经商，自耕田地 4.1 亩，整合佃耕田底田 8.5 亩，出租无力耕种的田底 1 亩、田面 10.1 亩和普通田地 1.5 亩；许敬果户的许迎福参加皖南文工团，该户仅自耕 2.6 亩，佃耕田底 3.9 亩和底面全业田 0.4 亩，出租无力耕作的田底田 6 亩、田面田 8.6 亩和普通田地 10.6 亩；许荫生户，1 人经商，1 人任完小教员，该户只有 1 个农业劳动力，仅佃耕田面 1.8 亩和普通田地 3.8 亩，出租无力耕作的田底 20.5 亩和非永佃田地 4.8 亩；许博如户，户主死，只有 3 个女儿，1 个女儿参加革命，该户只有 1 个女劳动力，除自耕 3 亩外，佃耕少量田底田 1.6 亩，出租无能力耕作的田底 10.2 亩、田面 12.7 亩和普通田地 5.8 亩；许和甫户，男 2 女 3，该户之子在外经商，该户有 2 个农业劳动力，但该户主年老，仅自耕 2 亩，佃耕少量田底田 2.2 亩，出租无能力耕作的田底田 2.67 亩、田面田 6.2 亩和非永佃田 0.83 亩；寡妇吴星垣妇，仅自耕 2.3 亩，佃耕少量普通田地 0.6 亩，出租无力耕种的田面 1.6 亩和普通田地 2.6 亩；寡妇许天养奶因劳动力比较弱，仅自耕 1.7 亩，佃耕少量田面 2.6 亩，出租无力耕作的田面 3 亩和普通田地 1.6 亩；许栋臣户，男 4 女 5，户主在杭徽公路歙篁公司薪给，许代华在人民银行薪给，许代狄在景德镇经商，该户因多人农业外就业，从事农业的劳动力只有妇女 1 人，所以仅自耕 1.4 亩，佃耕少量田底田 3.7 亩，而把无能力耕种的田底田 46.68 亩、田面田 4.7 亩和普通田地 6.4 亩出租；许朝榆户，男 4 女 4，有 3 人薪给服务，因从事非农行业人较多，该户仅自耕 3 亩，佃耕田底田 5.4 亩，无力耕种而出租田底田 28.85 亩、田面田 9.6 亩和普通田地 10.43 亩；胡讨饭奶孤身一人，劳动能力弱，仅自耕 0.4 亩，佃耕少量田面田 0.4 亩和普通田地 0.3 亩，无力耕种而出租田底田 0.8 亩、田面田 11.9 亩和底面全业田 16.7 亩。

其六，永佃制下，唐模村宗祠户没有强势地位，只能和普通出租户一样出租其永佃田地。民国时期，唐模村的族田普遍发生了地权的双层分化，宗祠主要掌握族田的田底权，田面权主要掌握在佃农手中。唐模村的族田田底虽然仍以宗祠占有为主，但是由于土地的流转，佃农占有族田田底的情况也不少，说明由于双层地权的分化，民国时期的宗祠是和普通所有权主体一样进行土地占有、租佃和土地交易的。从族田的地权分配状况看，族田户也只能和普通租佃户一样进行出租。唐模村共有 22 个族田户，共占有族田 409 亩。① 该村 5 亩以下的族田户有 6 户，占族田总户数的 27.27%；5—10 亩的族田户有 7 户，占族田总户数的 31.82%；10—15 亩族田户 1 户，占族田总户数的 4.55%；15—20 亩段没有族田户；20—30 亩的族田户 2 户，占族田总户数的 9.09%。上述 4 组族田户共 16 户，占有田地都在 30

注释：

① 在说明唐模村族田状况时，笔者在此使用的是根据包括田面田的统计方法统计出来的族田数。

| 427

亩以下，占族田总户数的 72.7%，因此绝大部分族田户都是中小族田户，中小族田户田地不多，不可能形成宗法势力，只能和普通租佃户一样出租田地。30—40 亩族田户包括许继善祠、许尚义堂、许义斋 3 户，分别占有田地 31.95 亩、37.51 亩和 38.9 亩，分别收租 3264 斤、4025 斤和 4167 斤。从下文可知，占有田地也在 30—40 亩的普通经营户因为农业外就业，剩下较少的农业劳动力，把无力耕种的田地出租，其中许栋臣户收租 3125.8 斤，许朝榆户收租 3937 斤，许克定户收租 3950.8 斤。和田地占有不相上下的 3 个既佃耕又出租的经营户相比，该组族田户收租并不多，因此该组族田户在村中没有强势地位，只能作为普通租佃户出租田地。该组族田户和低于 30 亩的普通经营户相比，收租量也不一定多。如普通经营户许悦音有田地 22.76 亩，收租 5130 斤，就超过该组族田户的收租量。该村 40 亩以上族田户只有 2 户，无论从其户数还是从其占田数量，族田户在村中都不比普通户有强势地位，其中许骏惠堂占有田地 51.54 亩，许荫祠占有田地 86.05 亩。许荫祠是占有田地最多的族田户，但却没有普通经营户许仁斋户占有的田地多，许仁斋占有田地 105.2 亩。

第四，永佃制两个地权层次的租佃运行机制使唐模村的租佃形式更加灵活。唐模村由于田地产权分为田底和田面两个层次，两种产权可以分别进行租佃，所以其租佃更加灵活，既有全业产权的田地租佃，又有部分产权的田地租佃。有的学者认为，永佃租佃主要是田底田的租佃，而田面田租佃的比例很小[①]，事实上，唐模村的田面田租佃是和田底田租佃同样重要的租佃类型。此外，唐模村的底面全业田租佃比例也非常高。[②]唐模村共出租田底田 997.2 亩，折合全业产权 498.6 亩。唐模村出租田底最多的是许荫祠，共出租田底 159.81 亩；其次是许尚义堂，出租田底 71.3；唐模村共有 82 户出租田底田，占总户数的 34.3%。唐模村佃耕户共佃耕田底 316.76 亩[③]，占总田地面积的 17.08%，涉及 67 户，占总户数的 28.45%。唐模村共出租田面田 520.48 亩，出租田面占总田地面积的 28%，共有 66 户出租田面，占总户数的 27.6%，和出租田底的户数相差不多，可见唐模村田面出租比例相当高，是一种非常普遍的田地出租类型。笔者对唐模村每一坵转租田面田进行考察，发现徽州唐模村田面田转租比例相当高，其转租的主要原因是为了经营的方便，先把不便经营的田面田出租，再把方便经营的田面田租进来。唐模村户共租进田面 474.2 亩，占村田地总数的 25.56%，涉及 101 户，占村总户数的 42.26%，因此，田面田租佃是涉及唐模村户数最多的一种租佃形式。底、面全业田出租是指底、面分离田地属于同一业主的田地出租。唐模村共出租底面全业田地 226.3 亩，占村总田地面积的 12.2%，共有 15 户出租底、面全业田地，占村总户数的 6.28%。唐模村佃耕底面全业田地的农户 40 户，占村总户数的 16.74%。非永佃田地出租是指地权没有双层分化田地的出租。唐模村共出租非永佃田地 422.7 亩，占村田地总数的 22.79%，涉及农户 84 户，占村总户数的 35.15%。唐模村佃耕非永佃田地的农户 82 户，占村总户数的 34.31%。

（二）唐模村永佃田的经营

1. 永佃制对劳动力和土地资源的优化配置

笔者根据《歙县第三区唐模村整理地籍登记清册》对民国后期永佃制下唐模村的家庭规模进行了统

注释：

---

① 慈鸿飞：《民国江南永佃制新探》，《中国经济史研究》2006 年第 3 期，第 60 页。

② 底面全业田地是指底、面两种产权分离，但两种产权仍属于同一业主的情况，即使田底和田面都出租给同一佃耕者，但在订立租佃契约时，分别订立田底与田面两份租佃契约。

③ 唐模村各类佃耕户是指本村佃耕户，没有统计外村佃耕户，所以唐模村出租各种田地数要多于该村各种佃耕田地数。

计。唐模村是一个有许多族田户的村落，计算家庭规模，需把族田户排除在外。唐模村除族田户之外的普通户共有 217 户，人口 718 口，其中男 357 口，女 361 口，户均 3.3 人。^①

唐模村的劳动力以男人为主，但由于传统观念的改变，民国后期，女人作为一个全劳力的家庭也非常普遍；许多家庭的未成年女子也参加劳动，应该按半个劳动力计算。统计显示，唐模村共有鳏寡和独身家庭 43 户，占普通户家庭的 20%，所以必须考虑这一类家庭，才能准确把握唐模村的户均劳动力状况。^②综合以上情况，计算出唐模村普通户共有劳动力 431.5 人，占总人口的 60.1%，平均每户有劳动力 2.26 人；该村有田地经营户 191 户，有劳动力 343.5 人，占总劳力的 81.46%，其中男劳力 173.5 人，女劳力 170 人；平均每户劳动力 1.6 人。唐模村共有外出劳动力 80 人，占总劳力的 18.54%，相当数量的劳动力转移到农业外就业。

唐模村共有田地经营户 191 户，户均经营面积 9.41 亩。唐模村每劳动力经营面积 5.11 亩，有 84 户每劳动力经营面积超过了 5 亩，占村经营总户数的 44%；每劳动力经营面积超过 10 亩的户 17 户，占村经营总户数的 8.9%；有 4 户每劳动力经营面积还超过了 15 亩。因此，永佃制使田地向有能力经营户流转，提高了经营户每劳动力平均经营面积。唐模村田地经营总面积 1797.13 亩，平均每户经营 9.4 亩，高于唐模村户均占有田地 7.51 亩。

永佃制促进了经营地权的流转，这从经营户的数量可以看出来。唐模村普通户共有 217 户，经营户为 191 户，经营户占普通户的 88.02%，有 26 户退出了经营，占普通户的 11.98%。一部分农户退出田地经营有赖于两个层次地权的自由转让，或者转让其田底权，或者转让其田面权，或兼有两种地权的转让，使得需要从事农业外就业的业主，在解除其后顾之忧的前提下，能自愿退出田地经营。

唐模村经营户：5 亩及其以下经营户 69 户，占村总经营户的 36.1%；5—10 亩经营户 50 户，占村总经营户数的 26.18%；小计 10 亩及其以下经营户占村总经营户的 62.3%，说明唐模村绝大部分经营户的经营面积都在 10 亩以下。10—20 亩经营户 54 户，占总经营户的 28.27%；20—30 亩经营户 16 户，占总经营户的 8.38%；30 亩以上经营户 2 户；小计超过 10 亩的经营户 72 户，占村经营户的 37.7%。而此时，歙县全县人均耕地面积为 1.49 亩，户均耕地面积为 5.71 亩^③，说明实行永佃制的唐模村农户无论在每劳动力经营面积，还是户经营面积方面都大大超过了全县平均水平，因此，永佃制促进了经营效率的提高和经营规模^④的适度集中。

笔者认为，每劳动力产量比每劳动力经营面积能更准确地反映一个地方的生产力水平。相较于各户每劳动力经营面积，每劳动力产量的差别就不是很大，因为计算每劳动力产量时，根据田地产量的不同把田地分为不同的等级，这样就充分考虑了田地的肥瘠，因而计算出的每劳动力产量比计算每劳动力经营面积更能准确地反映劳动力的生产能力。如曹士宝户每劳动力经营面积 15.9 亩，但他是粗放经营，每劳动力产量为 4042 斤；再如，于福球户，每劳动力经营面积 10.75 亩，每劳动力产量为 4029 斤。虽然曹士宝和于福球两户经营面积差别很大，但每劳动力产量却大致相同，其生产力水平是一样的，所以衡量上述两户每劳动力产量，比衡量每劳动力经营面积更能准确反映其人均劳动能力。

注释：

① 不包括 22 个族田户。

② 费孝通统计江村鳏寡等不稳定家庭比例为 27%，见费孝通：《江村经济》，《费孝通文集》第 2 卷，群言出版社，1999 年，第 22 页。

③ 此为叶显恩的计算，见叶显恩：《明清徽州农村社会与佃仆制》，安徽人民出版社，1983 年，第 40—41 页。

④ 在统计经营规模亩数时，指不计产权的实际亩数。

笔者计算唐模村每劳动力产量为 1698.98 斤，其中每劳动力产量在 1000—1698.98 斤的 49 户，占村总经营户的 25.65%；每劳动力产量超过 1698.98 斤的 73 户，占村总经营户的 38.2%。小计每劳动力产量超过 1000 斤的户数达 122 户，占总经营户的 63.87%，所以，在永佃制经营制度下，大部分劳动力人均产量超过了 1000 斤。

关于永佃户的经营产量，笔者根据《歙县第三区唐模村整理地籍登记清册》对唐模村 249 户所有 2202 个田坵的永佃田年亩产、非永佃田年亩产情况进行了统计，统计结果如表 2 所示。

表2　20世纪30年代唐模村永佃田地和非永佃田地的年亩产统计

组别	田别	占有亩数	总产量（斤）	亩产量（斤）	永佃田地与非永佃田地合计年亩产（斤）
第 1 至第 65 户	永佃田地	233.483	78 064	334.35	311
	非永佃田地	115.4	30 439	263.77	
第 66 至第 102 户	永佃田地	296.09	97 153.3	328.12	322.35
	非永佃田地	157.28	48 991	311.49	
第 103 至第 134 户	永佃田地	342	118 519.6	346.55	337.53
	非永佃田地	135.12	42 521.8	314.70	
第 135 至第 159 户	永佃田地	296.79	107 298.8	361.53	353.2
	非永佃田地	124.08	41 353	333.29	
第 160 至第 208 户	永佃田地	738.63	257 694	348.88	346.8
	非永佃田地	244.2	83 149.8	340.47	
第 209 至第 239 户非族田户	永佃田地	226.58	72 614	320.48	294.68
	非永佃田地	64.24	13 084	203.66	
第 209 至第 239 户族田户	永佃田地	560.57	186 067.7	331.93	321.06
	非永佃田地	50.68	10 183	200.94	
第 1 至第 239 户合计	永佃田地	2 694.14	917 411.4	340.52	331.13
	非永佃田地	891	269 721.6	302.72	

注：①户的序号为笔者按照原档案顺序排列；②本表亩数为出租与佃耕亩数重复计算所得亩数

资料来源：章继民、汪德兴、章日达等：《歙县第三区唐模村整理地籍登记清册》，1950 年 10 月，歙县档案馆藏

表 2 显示，唐模村 6 组农户的永佃田地平均年亩产均高于非永佃田地平均年亩产。从全村看，唐模村永佃田地平均年亩产为 340.52 斤，非永佃田地平均年亩产为 302.72 斤，永佃田地平均年亩产比非永佃田地年亩产多 37.8 斤。唐模村 191 个经营户总产量为 597 191.5 斤，每户平均产量 3126.7 斤。唐模村经营户总产量超过 5000 斤的有 41 户，占村经营总户数的 21.5%；经营户总产量超过 8000 斤的有 8 户，占村总户数的 4.2%；有 5 户总产量超过了 1 万斤。因此，永佃制使唐模村经营户的粮食产量大幅提高，出现了一批田地经营大户。

由于永佃制租佃是在两个层次上自由流转，其劳动力和土地资源的配置在两方面优于普通租佃：其一，由于永佃租佃只需付出大约以往完全地权租佃一半的地租，所以其租佃更加灵活、流转门槛更低；其二，农民被赋予可自由转佃的权利，使永佃农在就业时获得了农业外选择的权利。田面田转租最重要的功能是，一方面使一些田地不足农户适度地扩大了经营规模，另一方面又使另一部分田地不足农户找

到了既能从事农业外就业又能获得其应得土地收益，从而也就解除了其退出土地经营后有后顾之忧的土地流转之法。

从事农业外就业的农户，一般把土地转给有经营能力的经营。如许栋臣户，户主在杭徽公路歙篁公司工作、许代华在人民银行工作、许代秋在景德镇经商，该户只有1个农业劳动力，仅自耕1.4亩，佃耕田底3.7亩，因无能力耕种，出租田底46.68亩、田面4.7亩和非永佃田6.4亩；该户的收入状况是：自耕收入770斤，佃耕毛收入1723斤，缴租301.8斤，收租3125.8斤。许朝榆户自耕3亩，出租田底28.849亩、田面9.6亩和非永佃田10.43亩，佃耕田底5.4亩；该户人口多，有8口，但有3人薪给，负担4个人的生活，农业劳动力只有1人，为了耕作方便，佃耕田底5.4亩，而把不便经营多余的土地配置给有较多劳动力户经营；该户的收入状况是，自耕收入1261斤，佃耕毛收入2974斤，缴租505斤，收租3937斤，总收入7607斤。许克定户出租田底6.2亩、田面7.4亩、底面全业田30.2亩和非永佃田0.8亩；该户人口多，但有6人从事非农产业，因此把全部田地出租，共收租3950.8斤。再如，许壁斋户自耕2.514亩，出租田底9.6亩、田面11.02亩和非永佃田6.883亩，佃耕田底2.96亩；该户只有1个劳动力，实际经营5.47亩，无能力耕种的只好出租；该户的收入状况是：自耕1104斤，佃耕毛收入888斤，缴租155斤，收租2080.5斤，总收入3918斤；该户既出租田底又出租田面，兼有田底主、田面主和佃农的三重身份，收租额比缴租额多1925.5斤，说明田面主或田底主在其无力耕种时，可以把其田底或田面租给有劳动力的农户经营，这样就实现了土地和劳动力的优化配置。经商的城居地主也把无力经营的田地配置给有能力经营的农户经营。如许丙仁户，共有男5口，女5口，该户因许惟明等主要劳动力在沪经商，其占有的田底32.6亩和非永佃田9.78亩全部出租，因租率低只能收租2175.5斤。上述关于唐模村的每户人口及劳动力、户均经营面积、每劳动力经营面积、每劳动力经营产量、土地及劳动力的配置状况及劳动力的非农转移等统计情况如表3所示。

表3 20世纪40年代末唐模村的人口、每劳动力经营面积、每劳动力经营产量、土地和劳动力的优化配置状况及劳动力非农转移统计

	户主	人口		农业劳动力		户经营面积（亩）	每劳动力经营面积（亩）	每劳动力经营产量（斤）	出租	非农劳力	备注
		男	女	男	女						
1	许瑞俭	3	2	1.5	2						
2	曹海清	2	1	1	1	3.7	1.85	370			
3	蒋元官	1	0	1	0	0.9	0.90	270			鳏
4	许建中	2	2			0			0.6	2	许建中在上海做医生，许振舒在杭州经商，各负担本人及1人生活
5	汪孝勤	1	3	0	1	0.6	0.6	36		1	户主婺源经商，负担自己及1人生活
6	许绍基	1	3	1	1	2.4	1.2	360			
7	吴棋槐	2	2	1	1	2.7	1.35	405			
8	许桂森	1	3	1	1	1.6	0.8	180	4.94		
9	朱丽鸿	1	2	0	1	0.4	0.4	24		1	该人系银匠，不事生产
10	许朗轩	2	2	2	2	1.6	0.4	24			

	户主	人口		农业劳动力		户经营面积（亩）	每劳动力经营面积（亩）	每劳动力经营产量（斤）	出租	非农劳力	备注
		男	女	男	女						
11	许作之	3	4	1	1	2.8	1.4	348	8.8		
12	章日财	2	2	1	1	4	2	528		1	章日财在风化运粮办事处服务
13	杜桂月	2	1	1	1	3.2	1.6	528			该户主因病不能参加劳动
14	许吾安	1	2	1	0	1.6	1.6	640			
15	许耀堂	2	1	0.5	1	3.4	2.27	408		1	该户主外出经商，现失业在家暂住
16	吴子石	3	2			0			6.3	1	该户主在外经商
17	章传闵	1	0						1.4		鳏
18	许孝叙	2	3	1	2	4.8	1.6	622			
19	姚富奶	0	2	0	1	3.6	3.6	864			户主寡
20	许能民	1	2						4.8		
21	程协中	1	3			0.5			4.7	2	两人在外经商，负担自己及两人生活
22	许镇镛	2	3	1	1	4.6	2.3	702		1	该户许普定出外经商并负担妻子生活
23	许士宣	4	3	1	1	3.6	1.8	990	6.2	1	该户在外做生意，并负担妻子生活
24	李二荣嫂	0	1	0	1	2.1	2.1	486			寡
25	程大德	2	2	0	2	3.7	1.85	507		2	户主在外经商，其父在本县行医
26	汪雄	4	1	2	1	6	2	775		1	该户汪建中服役县大队
27	许震贤	4	5	3.5	3	7.3	1.12	499			
28	许冠群	2	2	1	0	3.7	3.7	736	8.8	1	该户长之弟许中秋参加三野工作
29	许秋平	1	3	1	1	7.2	3.6	945			
30	程金桂	1	1	1	1	2.9	1.45	435			
31	吴长万奶	0	1			2.5	2.5	360			寡
32	章传榆	3	3	2.5	1.5	7	1.75	497.5	2.5	1	该户主系工商业
33	聂文忠	2	2	1	1	4.1	2.05	848			
34	汪石坡	3	2	2	1	9	3	900		1	该户汪瑞才现在芜湖参加皖干校
35	许祖凯	3	3	0	1	0.4	0.4	24	13.46	2	该户主在城经商，负担自己及2子
36	叶福仍	1	0	1	0	1.8	1.8	540			鳏

	户主	人口		农业劳动力		户经营面积（亩）	每劳动力经营面积（亩）	每劳动力经营产量（斤）	出租	非农劳力	备注
		男	女	男	女						
37	冯家荣	3	1	1	1	14.4	7.2	1185			
38	程执中	2	1	0.5	1	7.7	5.13	1159			
39	余均甫	4	3	2	1	11	3.67	1167		1	该户兼商，负担本人生活
40	许义林	2	4	1	1	10.4	5.2	1317		1	该户兼商，负担本人生活
41	报本庵	0	3	0	3	5.5	1.83	430	2.4		
42	邹节雨	2	1	1	1	3.47	1.74	520.5		1	该户主系裁缝
43	周德春	2	0						2.5	1	鳏，该户主系工人
44	鲍传意	1	1	0	1	1.8	1.8	540		1	该户主系农业工人，现在上海
45	程凯笙	1	2	1	1	2.6	1.3	390	4.2		
46	程排仍	0	1	0	1	1.4	1.4	640			寡
47	汪春华	2	1	1	1	5	2.5	977			
48	吴保智	2	3	1	1	9	4.5	1 440			
49	程崇鉴	1	1	1	1	2.4	1.2	660			
50	余东炳	2	1	1	1	7.3	3.7	900			
51	许卢生	2	2	1	1	4.4	2.2	540	12.87		
52	许得兴								5.7		许卢生代出租
53	汪克敏	2	3	1.5	1.5	11.6	3.87	1 113			
54	吴新子奶	0	2	0	1	3	3	732			寡
55	方讨饭	1	2	1	1	9.6	4.8	1 045			
56	潘进先	1	1	1	1	7.4	3.7	676			
57	洪娥仍	1	1	0	1	2.7	2.7	720		1	夫君在外经商
58	柳遂鸿	5	2	0	1	7.2	3.6	853		1	雇工1名，户主经商负担自己及1人
59	许敬亭	0	1						3.3		寡
60	李小苟	1	0	1	0	4	4	800			
61	汪克悌	2	2	1	1	5.5	2.75	801		1	户主之父在外经商，负担自己及孙女
62	鲍锦芝	2	0	1	0	5.25	5.25	1578		1	鳏，该户鲍万春系出征军人
63	许祚延	3	2	0	1	6.6	6.6	1572	4.2	1	户主在外经商
64	许绍衣	1	3						10.2	1	户主之夫在外经商
65	胡伟光	2	1						12.79	1	1人在外经商
66	唐模小学								58.94		

肆／晋学与地方学研究

户主		人口		农业劳动力		户经营面积（亩）	每劳动力经营面积（亩）	每劳动力经营产量（斤）	出租	非农劳力	备注
		男	女	男	女						
67	宋小宜妇	0	1	0	1	2.8	2.8	780			寡
68	汪来富	1	0	1	0	3	3	900			鳏
69	汪云龙	1	0	1	0	2.9	2.9	870			鳏
70	程泽民	2	3	1	1	10.9	5.45	1500			
71	许承忠	2	1	1	1	2.9	1.35	643	8.94		
72	许大月	2	1	1	1	7.5	3.75	1288			
73	宁武波	2	1	1	1	8.9	4.45	1200		1	本户1人参军
74	江观龄	1	0						5.3	1	独身，人在通州当商业学徒，由佃户代报
75	许家楫	2	2	1	1	3.9	1.95	780	18.72		
76	吴甫来	2	5	2	2	27.4	6.85	1712			
77	许友林	2	1	1	1	5.6	2.8	1056			
78	刘善安	1	2	1	1	9.1	4.55	1365			
79	鲍心义奶	0	1	0	1	2	2	588			寡
80	许尧懋	2	2	1	1	6.7	3.35	999	13.7		
81	许雨仁	5	5						42.38	5	许惟明在沪经商，负担己及4人
82	章日茂	1	2	1	1	8.6	4.3	1567			
83	赵顺元	1	0	1	0	5.6	5.6	1120			鳏
84	许承懋	1	2	1	1	5	2.5	1025	7.2		
85	胡尔昌	2	2	1	1	13.8	6.9	2238			
86	许世芳	2	2	1	1	1.8	0.9	495	14.5		
87	汪讨饭	0	1	0	1	2	2	600			单身
88	程松喜	2	2	0	1	2.4	2.4	432	15.1	2	参军1人经商1人
89	章传余	4	0	3	0	18	6	1553			鳏
90	胡静山	3	2	2	0.5	12.6	5.0	1526	5.2		
91	曹应生	2	2	1	1	15	7.5	2546			
92	许受衡	1	1						5.4		
93	鲍兰花	0	1	0	1	4.2	4.2	1260			寡
94	胡灶生奶	0	1	0	1	2.4	2.4	670	0.4		寡
95	许瑞华	1	2	0	1	3.5	3.5	990	11.7	1	许瑞华在外经商
96	叶小宝	3	3	2	1	17.2	5.7	2560			
97	陈招财	1	0	1	0	5.2	5.2	1040			鳏

户主		人口		农业劳动力		户经营面积（亩）	每劳动力经营面积（亩）	每劳动力经营产量（斤）	出租	非农劳力	备注
		男	女	男	女						
98	吴聚财	4	4	2	2	26	6.5	2054		1	1人为打铁匠
99	章日炳	1	2	1	1	11.2	5.6	1770			
100	鲍长福妇	0	3	0	1	4.6	4.6	1644	2.2		寡
101	鲍友贵妇	0	1	0	1	2.7	2.7	810	2		寡
102	许自谦	6	2	2.5	1	28	8	3545			
103	许小月	1	1	1	1	6.6	3.3	1278			
104	汪德奎	1	1	1	0	7.5	7.5	2708			
105	许承恩	2	3	1	2	10.8	3.6	1535	9.6		
106	徐继旺	1	0	1	0	5.6	5.6	1400			寡
107	汪锜生	2	2	1	1	16	8	2229			
108	吴填福	2	2	1	1	7.7	3.85	1487	12.6		
109	吴秋兰	1	1	0	1	3	3	1260	1.5		
110	黄多有	2	1	1	1	14.9	7.45	2040			
111	汪夏季	1	4	1	1	19.1	9.55	3110			
112	许兴隆	2	2	1	1	11.8	5.9	1526	10.9		
113	许茂轩	2	1			0			19.28		
114	吴兆基	2	1	1	1	15.3	7.6	2240			
115	许声甫	1	0			0			12.9		鳏
116	许云生	1	3	1	3	6.6	1.65	816	24.35		
117	鲍志达	1	2	1	1	3.4	1.7	528.5	9.9	1	本户1人在外经商
118	许克甫	2	5	1	2.5	3.2	0.91	274	29.8	1	
119	汪有荣	1	3	1	1	17.7	8.85	2819			
120	章继民	2	4	1	1	19.9	9.95	2363	9.9		
121	汪有银	1	1	1	0	8.7	8.7	2274	2		
122	汪有耕	2	4	1	1	27	13.5	3199			
123	许舒泰	3	1	1	1	18.4	9.2	3330			
124	朱正元	1	3	1	1	19.3	9.65	3430			
125	郑维栾妻	2	2	0.5	1	14.7	9.8	3068			寡
126	胡文兴	1	0	1	0	6.9	6.9	1660			鳏
127	许海生	1	2	1	1	4.7	2.35	921			
128	许利泉	4	0	2	0	13.35	6.68	2503			无妻
129	许繁卿	4	1	4	1	17.2	3.44	1088	9.1		

	户主	人口		农业劳动力		户经营面积（亩）	每劳动力经营面积（亩）	每劳动力经营产量（斤）	出租	非农劳力	备注
		男	女	男	女						
130	胡大宜	1	2	1	1	16.7	8.35	2598			
131	许敬智妇	0	2	0	1	5.3	5.3	1418	6.6		寡
132	许永钰	2	2	1	2	9	3	860	12.67		
133	程讨饭	1	0	1	0	6.3	6.3	1650			鳏
134	李筱云	1	2	1	1	14.1	7.05	2583			
135	许诚荣	3	4	1	1.5	22.2	8.88	3780	9.6		
136	许礼堂	2	2	1	1	18.2	9.1	2998			
137	许锡章	1	1	1	1	9.4	4.7	1800			
138	许敬涵	3	3	1	1	20.3	10.15	3882	1.2		
139	许敬莲	0	1			0			8.9		寡
140	许诵芳	3	2	1	1	18	9	3692	16.5		
141	谢冬奶	1	2	0	1	9.6	9.6	1320	9.6		
142	许继之	2	1	1.5	0.5	17.5	8.75	3046			
143	章大掌	1	1	1	0	4.7	4.7	1994			
144	许信斋	3	3	0	1	8.45	8.45	2000	17.4	1	许士煦歙师附小教员，且负担1人
145	姚光辉	2	1	1	1	10.4	5.2	2571			
146	祝笋生	5	3	1	2.5	34.4	9.83	3833		1	该户父子木匠维持1人生活
147	潘秀春	1	1	1	1	10.8	5.4	1958			
148	吴明远	4	2	1	1	12.6	5.3	2502	12.6	1	该户1人在外经商
149	章祖荫	4	2	1.5	1	30	12	4241			
150	于福球	2	2	1	1	21.5	10.75	4029			
151	汪有富	2	1	2	0	10.5	5.25	1812			
152	许敬果	1	3	0	1	6.9	6.9	1326	25.2	1	该户许迎福参加皖南文工团
153	胡本仁	1	1	1	1	10	5	2106			
154	吴先进	2	1	1	1	21.9	10.95	3301			
155	许荫生	2	2	0	1	6.1	6.1	797	25.3	2	本户1人经商，1人任完小教员
156	许长庚	3	1	1	0	4.1	4.1	1596			
157	许博如	0	3	0	1	4.6	4.6	1644	28.7		该户主女儿参加皖南文工团
158	许和甫	2	3	1	1	4.2	2.1	1155	5.529	2	该户之子在外经商，尚再负担1口
159	汪顺祥	2	1	1	1	15.2	7.6	2451	1.1		

肆／晋学与地方学研究

	户主	人口		农业劳动力		户经营面积（亩）	每劳动力经营面积（亩）	每劳动力经营产量（斤）	出租	非农劳力	备注
		男	女	男	女						
160	何厚成	1	0	1	0	6.1	6.1	1952			鳏
161	许玉珍	1	2	1	1	22.7	11.35	3621			
162	余松柏	1	1	1	1	12	6	2517			
163	章传来	2	1	1	1	15.6	7.8	2364	6.8		
164	许舒安	1	1	1	0	12.4	7.2	3610	1.8		
165	许门生	1	0	1	0	5.1	5.1	2545			独身
166	吴家宝	1	0	1	0	7	7	2671			鳏
167	胡金荣	1	1	1	1	13.8	6.9	4706			
168	汪顺禧	2	1	1	1	17.4	8.7	3351			
169	程长寿	1	1	1	1	17.9	8.95	2565			
170	许承愈	4	2	2	1	22.5	7.5	3612	30.2		
171	吴星垣妇	0	1	0	1	2.9	2.9	1056	3.6		寡
172	许季材	1	2						11.67		该户主在浙江省物资委员会供职
173	叶光良	1	1	0.5	0.5	10.1	10.1	2910	6.8		
174	许兆丰	2	3	1	1	10.16	5.08	2795	27.3		
175	汪德兴	1	2	1	1	18.7	9.35	3614			
176	许述祺	1	0	1	0	9.6	9.6	2880			鳏
177	吴士通	1	2	1	1	21.6	10.8	3653			
178	吴士退	2	1	1	1	24.4	12.2	3433	1.6		
179	吴韵笙	1	1	1	1	5.1	2.55	1232		1	该户主在南昌经商
180	潘秀麒	1	1	1	1	18.6	9.3	3033			
181	许瑞伯	1	1	1	1	5	2.5	1375	18.9		
182	许天养奶	0	1	0	1	4.3	4.3	1648	4.6		寡
183	许普宣	2	1	1	1	15.6	7.8	3589			
184	蒋玉盛	1	2	1	1	13.3	6.65	2904	5.2		
185	吴来宾	2	1	1	1	23.8	11.9	3755			
186	许栋臣	4	5	1	0	5.1	5.1	2493	57.78	6	3人分别在外经商，薪给，供3人
187	许智伯	1	0	1	0	12.1	12.1	3760			鳏
188	黄锦文	1	1	1	1	25.6	12.8	3767			
189	许仲达	2	1	1	1	12.08	6.04	2019	20.11		
190	许永荃								15.8	5	本户全家人口南通经商

	户主	人口		农业劳动力		户经营面积（亩）	每劳动力经营面积（亩）	每劳动力经营产量（斤）	出租	非农劳力	备注
		男	女	男	女						
191	许朝榆	4	4	0	1	8.4	8.4	1982	50.32	3	该户3人薪给，负担自己及1人生活
192	曹士宝	1	0	1	0	15.9	15.9	4042			鳏
193	胡小财	2	2	1	1	37.1	15.85	6414	14.3		
194	吴振声	1	0	1	0	13.2	13.2	3900			鳏
195	许壁斋	1	1	1	0	5.47	5.47	1492	20.8		
196	吴佛观	1	2	1	1	25.5	12.75	4305	0.7		
197	许克定	4	4						44.6	6	6个人从事农业外就业
198	许悦音	1	3	0	1	4.1	4.1	1930	41.41		
199	汪存诚	0	2						54		户主死，只剩两个女儿
200	章传开	1	1	0	1	10.4	10.4	3120	8.1		
201	汪雪桃	1	1	1	1	11.9	5.95	2809	27.1		
202	查正全	1	0	1	0	17.7	17.7	5646			鳏
203	许惟甫	0	1	0	1	2.6	17.7	1134	28.19		寡
204	胡讨饭奶	0	1	0	1	1.1	1.1	462	29.4		寡
205	许家桢等	2	2						16.94	3	人口在外就业，数目不详
206	许仁斋	3	3	1	0	3.2	3.2	1552	156.3		
207	许承湧	3	2	0	1	4.8	4.8	1986	21.3	4	承湧妻1人在家，其余在外埠
208	汪恭福								9.1		
209	程阿美	1	2	1	0	10.8	10.8	3318			
210	吴莲子	2	1	1	0	4.2	4.2	1260			
211	农会小组	1		1	0	2.2	2.2	660			
212	胡村开荒小组	1		1	0	6.4	6.4	1280			
213	聂文忠	2	1	1	0	3	3	900			
214	程荣仳	2	2						10.8		
215	程吉庆	2	2						6.7		
216	程义安	2	2						8.9		
	合计	357	361	173.5	170	1 791				88	

注：①此表亩数为不计算产权的实际耕作亩数或出租亩数。②无人口资料的许家桢户、程荣仳、程吉庆、程义安户按户均4口估算

资料来源：章继民、汪德兴、章日达等：《歙县第三区唐模村整理地籍登记清册》，1950年10月，歙县档案馆藏

可见，永佃制使唐模村相当数量的劳动力转移到农业外就业，促进了经营地权的流转，使得需要从事农业外就业的业主或由于鳏寡体弱无劳动能力的业主，在解除其后顾之忧的前提下能自愿退出田地经营。永佃制使唐模村无论在每劳动力经营面积还是户均经营面积方面都大大超过了全县的平均水平，促进了农户经营效率的提高和经营规模的适度集中，从而使唐模村经营户每劳动力平均产量和经营户总产量都有显著提高。

2. 永佃田的适度规模经营整合

龙登高认为，地权的双层分化，使土地产权产生了两个层次的地权运作，田底权是资产性地权运作，田面权是经营性地权运作。[①] 两个层次的地权运作使得地权交易及租佃成本降低，更多的经营者只需获得田面权，就能获得更多的土地来扩大经营面积，这是永佃制能够促进地权整合的重要原因。

唐模村的规模经营整合的含义包括：一是不同业主零碎田块的整合；二是一部分农户退出田产经营，增加另一部分农户经营规模的整合；三是适度规模经营的整合。唐模村地权零碎及分布的犬牙交错，使得所属业主谁也不便经营属于自己的小块田地。如何实现零碎田地的经营整合是经营者面临的难题，经营者是如何解决这个难题的呢？佃耕者主要通过获得田面权、再佃耕田底田的手段来扩大经营面积。笔者对唐模村2202垇田地进行逐一分析，发现经营者为了使零碎田地得到整合，一般采用4种方法来调整自己的田地：一是尽量购得或佃耕与自耕田地相同坐落的田垇，这样不仅把佃耕土地与自耕田地整合在一起，而且节约了从自耕田地移到佃耕田地的时间；二是尽量购得或佃耕相同坐落的田垇，把众多业主的零碎土地整合到同一经营者手中，以改变同一坐落田地业主众多、每一个业主都不便耕作的状况；三是尽量出卖或出租与自耕田地位于不同坐落、经营不便的田垇；四是尽量出卖或出租与佃耕不同坐落、经营不便的田垇。如章继民为了就近耕作和进行一定规模的整合，佃耕了和自耕田地同位于槐塘的2个田垇、和自耕田地同位于唐美村后大塘下的6个田垇、和自耕田地同位于后坞窑段的2个田垇，把这些田垇分别整合为8.3亩、6.7亩和4.1亩的较大地块；整合前的这些地块原来共10垇，平均每垇0.98亩；章继民把每一垇都和自耕田地及佃耕田地都不在同一坐落、经营不便的13垇田地出租。许繁卿为了就近耕作和进行一定规模的整合，佃耕了和自耕田地同位于土没山的1个田垇、和自耕田地同位于蛤蟆村的7个田垇，分别整合为1.8亩和7.5亩的地块。吴甫来佃耕了新人房的7垇、鲍宅村的14垇、王满堂的2垇、艾叶堂的2垇、新迎房的2垇田地，使其分别整合成7.2亩、13.8亩、3.7亩、0.9亩和1.5亩的地块。吴聚财佃耕了罗家园的4垇、藕塘坞的5垇、大泽榆的2垇、陈家塘的5垇，使其分别整合成6.3亩、3.4亩、2亩和6.1亩的地块。许自谦佃耕了分别位于桃花坝的6垇、中坝外的4垇、新亭后的8垇和唐遽的3垇，使其分别整合成10.2亩、4亩、6.5亩和4.2亩的地块。汪有耕佃耕了鲍宅充的16垇、土地塘的6垇田地，使其分别整合成13.9亩和2.4亩的地块。胡大宜佃耕了分别位于下塘坞的5垇、新塘的2垇、蛤蟆村的12垇田地，使其分别整合成5亩、0.8亩和8.8亩的地块；许诚荣佃耕了分别位于币钱庄的3垇、油菜垇的2垇、文昌塌的3垇、马榨塘的2垇、枫树下的2垇、大鸡滩的2垇、上田干的2垇田地，使其分别整合成3亩、2.4亩、1.8亩、2.9亩、0.7亩、1.4亩、6亩和0.5亩的地块；许诚荣把每一垇都和自耕田地及佃耕田地不在同一田垇，经营不便的12垇田地出租。祝笋生佃耕了分别位于八亩片的9垇、唐模村口的3垇、坝外的3垇、徐门前的2垇、胡村桥的2垇、百占亭的2垇田

注释：

① 龙登高：《地权交易与生产要素组合》，中国史学会：《2008年南京三农问题学术研讨会论文集》，第63页；龙登高：《清代地权交易的多样化发展》，《清史研究》2008年第3期，第44页。

地，使其分别整合成 11.3 亩、1.2 亩、10.8 亩、3.6 亩、0.6 亩和 4.1 亩的地块。许玉珍佃耕了分别位于关林头的 3 坵、罗家园的 7 坵、顺村坞的 6 坵、茶塘的 9 坵、小坞的 4 坵、麻榨塘的 2 坵田地，使其分别整合成 1.9 亩、7.6 亩、1.6 亩、8.1 亩、0.9 亩和 1.2 亩的地块。

永佃制之所以能使零碎的田地得到整合，其最根本的原因在于永佃田地经营性地权与资产性地权分离后，经营户能把经营性地权整合起来，而且这种整合是一种低成本的整合；而非永佃制田地没有实现地权的双层分化，所以不能达到零碎田地整合的功能。永佃田地零碎田地的适度整合使得佃农经营田地的坐落地点大为减少，从而降低了经营成本。

3. 田面田的转租收益

田面主是和田底主有着同样的权利，田面主通过收取田面租获得的收入非常可观。如许悦音户只有 1 个劳动力，因无力多耕，仅佃耕 4.1 亩田底，把自有的田面 33.49 亩和田底 7.92 亩全部出租；该户出租的大部分田地属于田面田，说明永佃农在唐模村是和田底主同样有收租权的一主，在无力耕种时就把田面田转租出去获得田面租；该户的收入状况是，佃耕毛收入 1930 斤，缴租 338 斤，收租 5130 斤，其收租额比缴租额多 4792 斤，总收入达 6722 斤。汪雪桃户劳动力不多，只有 2 人；该户是唐模村典型的田面田大户，合计拥有田面 33.4 亩；该户自耕 1.7 亩，佃耕田底 10.2 亩，把田面 23.2 亩和非永佃田 1.8 亩出租；该户的收入状况是，自耕 592 斤，佃耕毛收入 5025 斤，缴租 877.5 斤，收租 1635.5 斤，大部分是田面租，收租额比缴租额多 759 斤，说明田面租给业主带来的收入是很可观的。

永佃权不仅保障了佃农的佃权，而且佃权能够作为一项资产进行养老；普通租佃因没有佃权，从而也不能以佃权作为收益进行养老。胡讨饭奶寡居，自耕 0.4 亩，出租田底 0.8 亩、田面 11.9 亩和底面全业田 16.7 亩，佃耕田面 0.4 亩和非永佃田 0.3 亩；该妇自耕收入 168 斤，佃耕田地毛收入 294 斤，缴租 102.6 斤，收租 2363 斤，总收入 2722.4 斤。胡讨饭奶能够出租田面并取得地租，是对其以往佃耕田地投入价值的认可，所以永佃权不仅保障了佃农的佃权，而且能够作为一项资产养老。

综上观之，唐模村永佃制优于普通租佃制的租佃制度，其运行机制如下：一是永佃制在两个层次的产权上分别进行租佃，使唐模的租佃形式更加灵活；二是永佃制的主佃双向租佃机制形成极轻的永佃租率；三是永佃制在赋予佃农佃权的前提下促进了经营地权的流转；四是双层地权的运作使地权交易及租佃成本降低，促进了零碎地权的整合和劳动力和地权的优化配置。

（张明：山西师范大学历史学院副教授）

1941年中条山根据地沦陷原因分析

李常宝

摘　要： 1941年5月，日华北方面军多路围攻国民党中条山根据地，国民党军队损失惨重，根据地陷落。究其原因，根源在于中条山根据地周边的三股抗战力量因利益冲突而失却了当初良好的合作抗战态势，中条山根据地由当初的中国"马其诺"衰落为1941年年初背水设阵的一局死棋。加之蒋介石对于中条山根据地更多的是赋予政略考虑而不愿适时做战略收缩。日军则准确判断了晋南三股抵抗力量间之微妙关系，在此基础上调集重兵并巧加掩饰战略目的，乃攻陷中条山根据地。

关键词： 阎锡山；卫立煌；中条山根据地；沦陷

中条山根据地是国民党军队坚持华北抗战的前哨阵地，该处连接中共领导的华北敌后战场和国民党正面战场，是华北抗日根据地通往大后方的交通要道，在华北一度牵制着四个师团的日军，曾被日军视为"扰乱华北，尤其是山西的主要根源"[①]。其战略地位之重要不言而喻。然至1941年5月，日军多路围攻中条山根据地，国军惨败，根据地随之沦陷，蒋介石称此为"抗战中最之大耻辱"。学界对此有过一定的分析。[②]不过，本文认为中条山根据地的沦陷，不能简单归因于军事策对失当和政治上的反动[③]，若将中条山根据地放置于当时多重势力复杂的军事与政治角逐中加以考察，则不难发现，随着华北抗战形势的变化，以中条山根据地为中心的晋南各抗日武装之间的矛盾日渐凸显，失去了抗战初期联合抗战的战略态势，且此种态势终为日军所乘，中条山根据地的沦陷绝非意外之事。

一

1938—1941年，中条山根据地与日军相持近3年，主要战役凡13次，"均能将敌击溃或予敌重创"，

注释：

① 日本防卫厅战史室编纂、天津市政协编译委员会译校：《日本军国主义侵华资料长编》（上），四川人民出版社，1987年，第629页。

② 既往研究多侧重于分析失败之军事因素，如郭学旺《中条山会战述评》、杨圣清《中条山战役研究述论》；相关研究有刘贵福《抗战中期的国共配合作战问题——以百团大战、中条山战役为中心的讨论》，邓野《日苏中立条约在中国的争议及其政治延伸》（《近代史研究》2009年第6期），陈清《卫立煌在华北抗战中与八路军的合作》（《民国档案》1995年）。

③ 中共总结中条山国军失败的教训"主要的一个就是反共。反共结果，使得内部不团结，将士无信心，所以吃了大亏"，《晋南战役的教训》，《解放日报》，1941年6月9日，第1版。

其取胜原因在于"当时各部友军能以互相信赖，团结对敌，协同动作"①。然随着时局的发展，晋南的抗战力量未能保持此种良好的抗日合作。

毋庸讳言，标榜"守土抗战"的阎锡山在抗日战争期间表现出较多的地方本位主义，其本身在日军的步步紧逼下节节败退，其赖以立身的旧军也消耗殆尽；而中共在山西的敌后游击战则不断壮大。在阎锡山眼中，中共敌后抗日武装"不听指挥，不打敌人，专门缴收国军枪械，搜刮人民财物，赤化农村"②，乃起"晋西事变"，进而与中共几近决裂。

同时，阎部与第一战区司令长官卫立煌的关系也逐渐走低。1939年1月，卫立煌出任第一战区司令长官，晋南中条山根据地划归第一战区，由第一、第二战区协力固守，然地方政权仍属山西省政府领导，僻据晋西一隅的阎锡山于是与卫立煌围绕晋南的军政大权而矛盾顿生。加之阎锡山一生好谋寡断，懂得唇亡齿寒的道理却不援手他人，"凡事讲利用"③。并且，抗战军兴，山西阎氏权势式微，多年经略的地方已为多方力量所割据，因此，对于阎氏而言，围绕利益的获得，与日人的交涉没有逾越不了的鸿沟，山西的抗日势力也不见得就是生死与共的盟友。

例如，日军进攻中条山时，阎部控制地区与中条山最接近处为稷山，除对逃出日军包围圈的中条山国军有所接济之外，阎军并未表现出较多的军事策应。徐永昌认为阎锡山此举是一种短视行为，因为徐永昌判断日军"努力肃清山西"之程序是"先中央军次晋军次共军"，若晋军策应中央军"俾不至败退过河"，则于晋军"利莫大焉"。若坐视不助，"彼亦难于独存"④。阎氏短视的原因在于其"守土抗战"过程中晋绥军旧军势力基本瓦解，之后所训练的新军较多地追求新的政治信念，乃起"晋西事变"。之后，阎锡山辖区基本局限于汾离公路以南、汾河以西的吕梁山区狭小地带，难有作为。且为积蓄力量计，阎锡山对日方表现出更多的隐忍。"晋西事变"使得阎锡山既失去了新军，又失去了兴县、临县等地盘，"他哀叹他自己这个'不倒翁'在山西舞台上当主角数十年，现在被'几个娃娃'搞倒了"⑤。其心头之恨意自不待言，并迁怒于在此冲突过程中中条山的国军"保存实力"、"见死不救"，"中央军没有和他（阎军——引者）并肩作战"，致使阎部在晋南的旧军"差不多损失十分之七八"⑥。例如，刘邓129师由太行山南移支援为阎部孙楚集团所攻击之决死一、三纵队，结果"先后重创了孙楚所指挥的独八旅及阎锡山的新编第二师、暂编第二旅"。最后，孙楚被排挤出了晋东南。而彭德怀曾表述，"十八集团军是受他（卫立煌——引者）指挥的，但他从未指挥过的"⑦；并且，刘少奇对统战卫立煌有过专门指示，"只要他（卫立煌）这个具体执行的人对蒋介石的命令不那么积极，有时打一个折扣，有时拖延一下，这中间对我们就有很大的好作用。我们知道他们内部的认识不统一，我们对于一些事情的掌握，就可以不那么盲

注释：

① 车学海：《第三军战斗在中条山》，见全国政协《晋绥抗战》编写组编：《原国民党将领抗日战争亲历记·晋绥抗战》中国文史出版社，1994年，第514页。

② 阎锡山：《阎锡山早年回忆录》，台北传记文学出版社，1968年，第112页。

③《徐永昌日记》第三册，1936年4月26日，"中央研究院"近代史研究所，1997年。另一明显的事件为，1929年西北军倒蒋事败，冯玉祥避走太原为阎锡山幽禁事。

④《徐永昌日记》第六册，"中央研究院"近代史研究所，1997年，第113页。

⑤ 赵荣声：《回忆卫立煌先生》，中国文史出版社，1985年，第201页。

⑥ 赵荣声：《回忆卫立煌先生》，中国文史出版社，1985年，第198页。

⑦ 彭德怀：《彭德怀自述》，人民出版社，1981年，第232页。

目"①。由此不难发现卫立煌对活跃在华北敌后的中共武装保持了足够的善意。

此后，阎锡山、卫立煌、中共三股抗日武装三力量之间先后划界守土抗敌，彼此之间看似相安无事，实则失尽了抗战之初彼此相互策应的战略态势。黄炎培对于此种"共事难成"的局面不无痛惜，并指出此种局面的形成根本上在于"凡事互信不足"。② 因此，从某种意义上讲，起于"晋西事变"的阎共"摩擦"，使得华北聚集在抗日民族统一战线的各力量貌合神离。

二

与中条山根据地东线毗邻的中共抗日武装本与卫立煌交好，中条山战事既起，蒋介石等一再要求中共华北武装立即策应作战。

1941年5月10日，卫立煌致电彭德怀要求派部配合作战。毛泽东为此告示彭德怀："拟一部署计划电告，此计划中在太南太岳两线者战事发生时虽不是猛打，但应准备施行之，在其它区域只做样子，不应实施。计划拟好后不急于告卫，但先复卫一电告以自当配合作战之意以鼓励之，仅在其催促时再以计划告他。另以一电给卫，请其转陈重庆速发饷弹。"之所以有此虚与委蛇，客观上在于十八集团军在经历百团大战之后，力量损失颇大，战力尚未恢复；更因"皖南事变"一事，中共为反击国民党而对自己武装的行动有过三令五申的交代。③ 因此，5月15日中条山战斗激烈之际，毛泽东致电彭德怀、左权，要求八路军"总部应与蒋介石、徐永昌、卫立煌、阎锡山通报，不断告以敌情、战况，特别是胜利消息，表示我军热心配合作战，并向他们请示，以影响其抗战决心，争取国共好转"④。5月18日，毛泽东、朱德又致电彭德怀，对其提出的作战计划表示同意，并且说：可以"在一部分地方打得大些，而在其它地区则打得小些，使国民党觉得我们真在打就好了"。

更重要者还在于中共坚持的是独立自主的敌后抗战。中条山根据地沦陷之后，毛泽东为彭德怀草拟了给卫立煌的电报，电报认为，"目前大局，非国共两党贵我两军密切合作不足以图存，敌于晋南得手后，有进图郑、洛、西安可能。八路决在委座及吾兄领导下与友军配合作战，坚决破坏敌之进攻，为保卫郑、洛、西安而战"。随即毛泽东认为配合作战有间接和直接两种，"直接配合则效速，间接配合则效迟"，所谓间接配合，即八路军担任"平汉、平津、津浦、北宁、平绥、正太、白晋北段及同蒲北段、中断之破袭，从远后方、近后方牵制敌人"。直接配合则是，八路军"以有力一部进入中条山及汾南三角地区，担任同蒲南段、白晋南段及道清路之破袭及黄河北岸之控制，从侧面打击与牵制敌人"。毛泽东指出，八路此举并不是"出于乘机扩大地盘之目的"，而是真的希望"保卫郑、洛、西安"，若不如此部署，则"牵制敌人难期速效"。并且，毛泽东认为日军重兵集中济源、运城地域，"仅作远道配合，究属远水难救近火"⑤。考虑到上述建议难得卫立煌及蒋介石的同意，毛泽东指示"我军仍须在不可不打

注释：

① 赵荣声：《回忆卫立煌先生》，中国文史出版社，1985年，第156—157页。

② 黄炎培著、中国社会科学院近代史研究所整理：《黄炎培日记》第7卷，华文出版社，2008年，第82页。

③ 杨奎松：《关于中条山战役过程中国共两党的交涉问题——兼与邓野先生商榷》，《近代史研究》2010年第4期。

④ 中共中央文献研究室：《朱德年谱》（中），中央文献出版社，2006年，第1058页。

⑤《与友军配合作战坚决破坏敌之进攻》（1941年6月9日），《毛泽东军事文集》第二卷，军事科学出版社，中央文献出版社，1993年，第645页。

（即必须打）又不可打得太凶（如百团大战那样）的原则下部署远后方及近后方之配合"①，意即无论对方接受中共的军事配合与否，中条山战役之后的中共军事行动均不受此影响。

对于此种独立自主的抗战原则，徐永昌认为"中共之打敌与否，全视与彼有利与否"②，如中条山战事迫近之际，蒋介石曾委托刘斐约谈周恩来，希望十八集团军予进犯中条山之日军以打击，因为"日军在华北交通已固，（只乘剩）此中条山一旦失守，华北完了，西北必跟着紧急，国际路线也得成为问题"③。徐永昌认为蒋介石寄希望于中共出兵策应实属不明智之举。而对于中共实际举措，徐永昌甚为愤懑，"日来各有资（格）人士颇多向十八集团军呼吁恳请其向同蒲平汉敌人攻击，俾助中央军作战。而周恩来亦已发出有理由的声明。彼已忘却彼等数万人生活，过去与现在均系中国人民所供养，受国人供养不为国人御敌，而至国人呼吁恳求，乃尚有理由苛责政府"。另外，中条山国军本次不能相机北进避实击虚，（日军基本是倾巢出动而放松了后方守备）徐永昌把主要原因归结于"无勇气涉近共党区域"，因为中条山日军虽多"（守军）尚可避于敌寡之处"，若北进，"（国军）一入共党区域，则无处不是危险"。在此基础上，徐永昌得出"今日共产党只有防（妨）害抗战而已"之结论，并认为"青年信之，有资格人士赖之，政府冀之"乃"过愚"。④

另外，国民党自1938年夏起，派遣鹿钟麟经营河北的敌后游击战，然该等与中共在太行地区冲突不断。1940年年初，中共反"摩擦"取得"伟大的胜利"，全歼"朱怀冰两个师、侯如墉旅、张荫梧一个纵队"⑤，共十余个团。由此，国民党所开辟的冀察战区名存实亡。在山东，"（国军）正规军及游击队纪律日坏，对敌匪不但不能取积极行动，反为敌匪所封锁，结果与民争食，少壮流亡，老弱沟壑"⑥。

诚然，中共抗日武装对于日军进犯中条山不乏配合作战，然并非国民党所期盼的对进犯中条山之日军的直接打击。1941年5月22日，彭德怀根据中共中央5月18日的指示所发布的战斗指令，也多是命令各部队在平津、平保及太原南北铁路线发动游击战。⑦不过，此际中条山根据地败局已定。

至此，中条山根据地在日军合围之前，其外围战略策应基本丧失，根据地本身只是背水设阵的一局死棋。而颇为吊诡的是，这一切并非日军神通广大。也无怪乎日军认为"中条山会战以赫赫战果胜利结束"，收到"事变以来罕见的成果"⑧，其讶异之情跃然纸上。

注释：

① 《与友军配合作战坚决破坏敌之进攻》（1941年6月9日），《毛泽东军事文集》第二卷，军事科学出版社，中央文献出版社，1993年，第646页。

② 《徐永昌日记》第六册，"中央研究院"近代史研究所，1997年，第103页。

③ 《周恩来关于蒋介石要求华北我军配合作战等问题向中央的请示》，《中共中央文件选集》第13册，第105页。又，该电文时间判断为"十日"有误，根据《徐永昌日记》判断，当为大战在即的5月5日。

④ 《徐永昌日记》第六册，"中央研究院"近代史研究所，1997年，第118-119页。时至6月3日，中共方面开始接连报告其在敌后的战果，但庞炳勋报告"十八集团军未对敌作战"，军委会"询之卫，则敷衍不复"。因此，前线第十八集团军究竟有无战果，有多少战果则后方不知；在重庆，周恩来"日持战报究询为何不载该军战况"，见《徐永昌日记》第六册，第124页。

⑤ 彭德怀：《彭德怀自述》，人民出版社，1981年，233页。

⑥ 《徐永昌日记》第六册，"中央研究院"近代史研究所，1997年，第100页。

⑦ 王焰主编：《彭德怀年谱》，人民出版社，1998年，第250页。

⑧ 日本防卫厅防卫研究所战史室著、田琪之等译校：《中国事变陆军作战史》第3卷第2分册，中华书局，1980年，第135页。

三

揆诸史实，中条山根据地之沦陷，其内部建设之日渐衰退亦是一重要因素。1938 年根据地鼎盛之际，其范围包括同蒲线以东、太行山以西、太岳以南和黄河以北，其范围囊括翼城、绛县、闻喜、夏县、永济、芮城、平陆、垣曲、济源、晋城、阳城、沁水等地之全部或一部。其驻军有原杨虎城的十七路军改编的第 31 军团、曾万钟的第 35 军团（后改第 5 集团军）、李默庵的第 33 军团（下辖第 14 军、第 93 军、第 17 军和第 47 军）等，由第二战区副司令长官卫立煌统一指挥，坚守中条山。而时至 1941 年 4 月，中条山中央军多被调出，守军总兵力共 16 个师。①

卫立煌认为中条山根据地丢失与防务力量薄弱有关，其在致蒋介石之密电中称，自 1939 年，"（部队）由晋南调出者，则有第 2、第 4、第 22 各集团军全部，第 5 集团军之第 14 军，第 36 集团军之 47 军、第 76 军。而只代以第 80 军之两个师与第 34 师"②。

如果说驻军数量的减少削弱了根据地的力量，而驻军战时军纪之废弛更削减了其战斗力。第十四集团军刘茂恩部号称中央军，然该部也"缺乏长期抗战的决心"，纪律也不好。"表面上谁都不说不想抗日，实际上很多人怕在前方受苦，希望退到黄河以南。"该部虽为卫立煌的老根底，然驻守中条山期间，"秘密赌博，打麻将，推牌九、掷骰子"之事时有发生，"很多人闲谈时谈的都是嫖经"。参谋处的勤务兵强抢村中农民养的鸡，各处室的官员一天干不了几个小时的工作，白天也睡大觉。"卫立煌在纪念周上大骂这些人，说他们头都快睡扁了。"③

当然，中条山驻军生活之艰难也削弱了其自身的战力。"（中条山）各山村随处可见把着磨棍推磨的士兵，惟磨架设在露天的院里或空场上，如遇狂风或下雨的天气，官兵只能煮整个的麦和包谷吃了。"并且，中条山区不适宜种植蔬菜，官兵吃青菜比吃肉还困难，青菜由黄河南岸运到最前线，已腐烂不堪。因此，官兵常用的食品就是"麦掺包谷的面和小米稀饭"。前线生活更为艰苦，其距离日军"最近者仅二三华里"，他们日夜不离战壕，"在战壕下部挖五尺见方的地下洞，铺上少许麦秸，不论下雨刮风，这就是他们唯一的住所"④。

承上文，卫立煌在强调守军绝对数量之重要性时却忽略了中条山并非产粮区这一事实，大量的军队涌入，加之战事不断，也严重影响了农民的耕种。尤其是日伪有计划地掠夺、破坏粮食等资源并实行经济封锁，中条山根据地在战前就出现了物价飞涨和粮食的空前危机。为此，该处不得不从河南采购米麦，通过黄河各渡口运往中条山区。⑤ 因此，后勤保障一直成为中条山根据地发展的制约性因素。如中条山根据地军需后勤由第一战区后勤部负责，而如何克服黄河天堑这一障碍，三年当中均未能解决，往往是由第一战区后方勤务部在黄河各渡口设立粮食供应站，驻军派遣士兵下山背粮食，"遇着好天气披星戴月往返需要两天多，遇着刮风或雨雪天，就要三四天才背一回"。士兵要自己推磨，把原粮变成面粉，还需上山打柴才有燃料。"没有副食，油盐也很困难，士兵营养不够，劳动繁重，疲惫不堪。"中条山气候寒冷，士兵在高山放哨，手足冻裂，只有一套棉衣，日夜不脱，夜间睡草铺，"遍身生虱，虱子

注释：

① 蒋纬国：《抗日御侮》第六卷，台北黎明文化实业股份有限公司，1978 年，第 53 页。

②《卫立煌致蒋介石密电》，中国第二历史档案馆编：《抗日战争正面战场》下册，江苏古籍出版社，1987 年，第 1025 页。

③ 赵荣生：《回忆卫立煌先生》，文史资料出版社，1985 年，第 99 页。

④ 洛阳通讯：《中条山将士战斗生活》，《中央日报》，1940 年 9 月 13 日，第 2 版。

⑤ 冯云诗：《中条山里农民的生活》，《新华日报》，1940 年 10 月 28 日。

传染病"。因此，士兵逃亡现象非常严重，"前线各师缺额日增，每连士兵多者七八十名，少者五六十名，甚至三四十名者"①。由此观之，驻守中条山根据地的国军人数势必不可以按满员番号计算。②

据此可知，在中条山战役之前，中条山根据地驻军虽号称有16个师之众，若按照士兵逃亡比例折合，实则不超过10万人。此点亦可求证于日军资料，根据华北方面军作战记录记载，"（日军）置作战地区于张马—垣曲一线，分成东西两个地区，把重点始终保持在西部地区。为此，决定从四十二个大队中集结三十五个大队，俾能保持优势兵力（敌九个师五万人，敌我战斗力对比大致为一比零点七），把敌人完全包围起来予以歼灭"③。若依照日军所说的中条山国军"九个师五万人"，则中条山国军每个师平均人数不到6000人，由此推定，中条山西线国军共计7个师，则人数不超过4万人，而西线日军投入三个师团又两个独立旅团的兵力，则日军当有5万人以上。④由此可知，卫立煌所说中条山国军败绩缘于敌众我寡尽管虽不乏辩解，然不幸言中了敌众我寡的真实状况，只不过他说的是"我军概为十七万余人，敌方则在十八万至廿一万"⑤，此数字有想当然之嫌，说明自从卫立煌升任战区司令之后，放松了对华北抗战前沿的战略警惕性，犯下了不知彼不知己的兵家大忌。⑥

当然，卫立煌放松警惕不仅是因为此前中条山根据地曾13次击退了日军的进犯，还与当时国内对于中条山的吹嘘有关，"敌人为欲实现其侵吞中原的阴谋，就不得不彻底的计划着肃清山西我军的威力，可是由于我军的艰苦作战，在中条山一带埋伏的灵巧的队伍不断袭击，时时化零为整，化整为零，或前或后的游击，并截夺敌军的军火粮食，使敌人疲于奔命，所以就引起了敌人几次大举扫荡我们的计划，但是结果只是伤兵损将自速灭亡，这也证实了一个先天不足的国家，要想征服一个具有悠久文化历史的国家，只是一种悲哀的梦幻而已"⑦。不过，日华北方面军在1941年前对于中条山根据地的存在并没有太多的在意，起码在部分作战参谋认为，中条山这个所谓的"扰乱治安的游击基地"实际上有名无实，"拿它与共党系统相比，它的活动是极其差劲的"⑧。日军如此轻视不是没有根据的。

早在1939年6月，中条山守军就曾吃过败仗。当时，日军抽调晋南三个师团实行"九路进犯"，意图全歼中国在中条山的军队。中条山方面对于日军的举动"昧于先知"，及获悉日军进犯，"以为虚张声

注释:

① 公秉藩：《第三十四师在中条山抗战纪实》，《晋绥抗战》，中国文史出版社，1994年，第527页。

② 此类现象在中条山战役之后也未有多大的改观，陈诚描述远征军状况亦复如是，"就战力言，一因各军之师管区远隔，兵员补充不易，而天候特殊，死亡较多；……士兵潜逃颇众，遂使各部队战斗兵有每连仅卅余名者"。见《陈诚私人回忆资料》，《民国档案》1987年第2期。

③ 日本防卫厅防卫研究所战史室著、田琪之等译校：《中国事变陆军作战史》第3卷第2分册，中华书局，1980年，第133页。

④ 日军第36、37、41师团为临时编成三单位制挽马师团编制，每师团人数约12 800人。独立混成旅团下编5个独立步兵大队，人数约4900人。见张明金、刘立勤主编：《侵华日军历史上的105个师团》，解放军出版社，2010年，第424—425页。

⑤《卫立煌致蒋介石密代电》，中国第二历史档案馆编：《抗日战争正面战场》，江苏古籍出版社，1987年，第1025页。

⑥ 1940年夏马其诺防线已成为防御不灵失败的象征和带讽刺性的词汇，"卫立煌仍然在大庭广众之间大讲中条山是中国的马奇诺防线"。见赵荣声：《回忆卫立煌先生》，中国文史出版社，1985年，第248页。另，1940年11月第34师公秉藩换防中条山之前，卫曾对其表示"中条山是抗日战争中的'马奇诺'，防御工事坚强，守军士气旺盛，这是我使用背水战的成功，别人都不敢使用这个战术，只有我使用它成了大功"，公秉藩：《第三十四师在中条山抗战纪实》，见全国政协文史资料委员会编：《晋绥抗战》，中国文史出版社，1994年，第526页。

⑦《中条山十荡十决》，《合作与民众》新第8期（第47—48期合刊），1940年3月16日，第15页。

⑧ 日本防卫厅防卫研究所战史室：《中国事变陆军作战史》第3卷第2分册，中华书局，1980年，第135页。

势，不足为患"。对于军事配备，未予充分准备，"仅照过去六次抵抗办法，分派各地两师二旅三万部队分头截击"，不料敌众我寡，难以抵御，最后，为避免损失，于1939年6月7日向后移动。同时，又以西线守军"防范不力，误中敌寇迂回奸计"，致阵地大乱，无法防守，"予敌寇东犯机会"，使得葛赵、常乐等村相继失陷，因而北线后路即被敌寇占据，所有守军不能不退下山来，向东集中，与东北两线守军联合抵抗。没想到此举使"各线溃乱，无法指挥，失却战斗力"；而此际日军从东西北三面进逼而来，国军"士气大馁"，"面面相觑，无计可施"，"遂相率退避县城沙口一带黄河低洼滩地，企图河南大炮掩护，以求生存"，没想到的是，"河南大炮他移，一炮未发，保障无望，陷于重围"。战后第一战区总结失败经验："一、敌众我寡，不能战胜；二、由战前失察，对敌人估计太低，犯了不知己不知彼之病；三、转移无方，致阵地大乱。"[1] 因此，中条山根据地在1941年的沦陷之前就并非固若金汤。

四

尤其值得重视的是，1941年日军进犯中条山之作战目标完全不同于既往。1940年11月13日，日本的御前会议认为"在目前形势下，使重庆政权在短期内全面屈服极为困难"，为此决定向"长期战方针"转变并制定了"支那事变处理纲要"。该纲要规定，"应尽政略和战略的所有手段，竭力摧毁重庆政权的抗战意志，以图迅速使其屈服"，同时，积极改善国内外形势，"以使适应进行大规模长期持久战的发展"[2]。"短期间内不太可能期望重庆政权投降"的判断，使日本放弃了日中战争自行解决的道路。为此，大本营陆军部于1941年1月制订了"对支长期作战指导计划"，决定到1941年秋为止，使用各种手段尽力解决日中战争的方针，因而1941年中国各地仍然展开了激烈的战斗。[3] 就这一大背景而言，本次日军进攻中条山显然不同于既往的治安肃正，而是具有重要战略目的——以武力压服重庆方面，从而为以应对日渐尖锐的日美矛盾背景下的南进创造稳固的战略后方。为此，华北方面军在1941年2月25、26日召开参谋长会议，其基本设想是，"更加积极加强作战，在重点地区以一定时间集中实施，以期促进迅速解决中国事变，同时适应国际形势整备国家态势"[4]。

该纲领规定，"如果到昭和十五年年底与重庆政权之间仍未实现和平，则不论形势如何，在战略上坚决转入长期作战方针，以求彻底使重庆政权屈服"[5]。并且，华北方面军也为打击境内"重庆军"而作出了如下战略分析："中共军进行了百团大战以后，因几次受到日军的讨伐，战斗力恢复很慢。"另外，1941年年初，国共更因为皖南事件而形同决裂。另外，"山西军仍然无意与中央军合作，战斗力也低"，因此，其打击重点"仍然是盘踞在中条山的卫立煌军"[6]。

注释：

① 铮铮：《抗战在中条山》，《后方勤务半月刊》第26—27合刊（1939年7月1日），第60—61页。

② ［日］服部卓四郎：《大东亚战争全史》第一册，商务印书馆，1984年，第65、66页。

③ ［日］石岛纪之著、郑玉纯等译校：《中国抗日战争史》，吉林教育出版社，1990年，第96页。

④ 日本防卫厅防卫研究所战史室著、田琪之等译校：《中国事变陆军作战史》第3卷第2分册，中华书局，1983年，第130页。

⑤ 为达成此战略目标的长期作战态势是：确保蒙疆、华北的重要地区、汉口附近以东的长江下游重要地区，以及广东的一角和华南沿海要地；一面经常保持用兵的机动性，另一面彻底整顿占领区内的治安，并同时继续对重庆进行封锁和空袭。见《大东亚战争全史》第一册，第67页。

⑥ 日本防卫厅防卫研究所战史室著、田琪之等译校：《中国事变陆军作战史》第3卷第2分册，中华书局，1985年，第132—133页。

为此，日军进行了准备性作战。1941年3月，第36师团击退了集结于陵川的范汉杰第27军，第37、41师团在翼城以南、绛县以东地区击败了国军第15军，从而给这次作战创造了有利态势。另外，日大本营于4月19日又从关东军调来飞行第32、83战队。至此，"第三飞行集团主力（轻轰六个中队、侦察三个中队、直协二个中队、战斗一个中队）在运城、新乡两个机场展开，担任空中配合"①。

日军此次进攻中条山，其动机是为长期战争获得较为稳定的战略后方。然在华北方面，"山西由于西面有以延安为根据地的共产军、南面黄河两岸有中央军第一战区的军队活动，治安情况极为恶劣"②，加之日军在华北的兵力过于薄弱，因此，中国派遣军决定以华北为重点，从第11军抽调第33师团主力，从第13军抽调第17师团，转属于华北方面军。

当然，日军进攻中条山是建基于充分认识各抗日力量之关系的基础之上的，1941年日军华北方面军认为"皖南事变"之后，国共之间"事态可能达到最坏的局面"。中共没有"报复的决心和实力"，因此，事后国共双方则"把险恶的对立感情藏于内心"。"华北的共军正忙于处理国共冲突后的善后工作，和恢复去秋以来屡遭我军讨伐所受的损耗，其活动表现消极。"蒋介石忙于对付共军和第四期整训，也看不出有积极的企图。③阎锡山的山西军"仍无积极的战斗意志"，以南部的第34、83军的一部"勉强进行游击活动"。晋南方面的中央军，"目前因整训关系，不致有较大的积极行动"。并且，日军侦知第一战区为策应豫南会战，"卫立煌把黄河河防部队及整训中的各军集结于新郑、临汾地区"准备反攻，并由晋南调来一部分兵力。④山西境内的中共抗日力量可能出于与卫立煌的私谊而援助中条山，不过聂荣臻集团"正在努力补充损耗、恢复战斗力及重建被毁灭的根据地设施……有逐渐北上的征兆"。而晋中主力129师"在辽县东南及南面的晋冀豫地区集结"，日军估计是要攻击第24集团军庞炳勋部⑤（徐永昌日记记载了庞炳旭的告状信，何应钦为此专门给崔可夫看，然崔可夫"多方批评国军无能，透过于十八集团军"，徐永昌认为何应钦很无聊，自取其辱⑥）。而晋西北中共力量也遭到日军的清剿，兴县一带的根据地遭到反复扫荡，晋西北抗战力量"退到陕西境内"。总之，中共力量即使主观上愿意发动对中条山战役的军事策应，客观上也显得力不从心。

综上所述，日本华北方面军本次对于中条山基本做到了知彼知己，调动主力（6个师团、2个混成旅团及1个骑兵旅团）对中条山根据地实施了彻底的包围作战，并且战争收到了一击即中的效果。

尽管这一场彻头彻尾的溃败被粉饰为战略转移，并有着骄人的战果，"消灭敌人约在三万以上"⑦，事实上，日军认为中条山会战达到了消灭敌军主力的目的，"收到事变以来罕见的战果"，"敌人的伤亡

注释：

① 日本防卫厅防卫研究所战史室著、田琪之等译校：《中国事变陆军作战史》第3卷第2分册，中华书局，1985年，第133页。

②《日本军国主义侵华资料长编》（上），四川人民出版社，1987年，第629页。

③ 日本防卫厅战史室编、天津市政协编译组译：《华北治安战》（上），天津人民出版社，1982年，第351页。

④ 日本防卫厅战史室编、天津市政协编译组译：《华北治安战》（上），天津人民出版社，1982年，第352页。此处当指撤出主力部队陈铁之第14军，另调入第34师公秉藩部接防。

⑤ 日本防卫厅战史室编、天津市政协编译组译：《华北治安战》（上），天津人民出版社，1982年，第354页。

⑥《徐永昌日记》第6册，第120页。当然，崔可夫为何一改当初催促中共出兵为帮助中共辩护，这是有其缘故的，5月14日，毛泽东电告周恩来，"要告诉总顾问，要他不要随便乱说"。见《关于华北我军配合国民党对日作战等问题的指示》（1941年5月14日毛泽东致周恩来），中央档案馆编：《中共中央文件选集》第13册，中共中央党校出版社，1991年，第104页。

⑦《卫立煌致蒋介石密代电》（1941年10月28日），《抗日战争正面战场》，江苏古籍出版社，1987年，第1010页。

为："被俘约三万五千名，遗弃尸体约四万二千具"，而日军所付出的代价为："战死六百七十三名，负伤二千二百九十二名。"[①] 此间自然不乏日军的自我吹嘘，国民党方面虽亦着意正面宣传，"我军奋起抗拒，寸土必争，惟以中条山大部分地区，经敌蹂躏，补给困难，乃以一部留置山中，继续作战。主力则突至敌后，奋勇夹击，毙伤敌至二万余众"[②]。然蒋介石终究承认此役为"抗战中最之大耻辱"。

结语

众所周知，在日本帝国主义的步步紧逼之下，国民党对日政策自五全之后逐渐朝向国家利益作变化；张杨激于民族情绪而发动"西安事变"，结束了中国多年的内战局面。"七七事变"和淞沪战事加速了国共抗日民族统一战线的形成。大敌当前，抗战各方都有意无意把多年的政争掩藏在民族大义之下，地方势力在民族主义原则之下也愿意表现出对中央的服从，因而，中国抗战一度出现通力合作的大好局面。毋庸讳言，在具有政治信念的各种力量之间，统一战线不可能是高于一切的终极理念，多方在抗日御侮方面的合作，并不是放弃原则的深度合并，因此，多年来彼此之间的纷争自然而然会有重现，因而，中条山会战并未有更多抗战力量的援助。

中条山根据地与其说具有使国府经略华北的战略意义，不如说是蒋介石以守代攻的军事思想的想定，在其墨守成规的三年多时间当中，该处更多是表现出一种象征性的政治意义，并未发挥应有的敌后抗日根据地之示范作用，而在这种政略的指导之下，导致了该处归属于第一战区这一战略上的失误，依据客观环境，中条山根据地理应归属第二战区，而不是隔河相望的第一战区。军事委员会似乎用人事任命解决了这一战略失策——第一战区司令长官卫立煌兼任了第二战区副司令长官，然副职多为荣誉职务而已，更何况这种正职兼任副职。[③] 因而实际问题被表面的平静所掩藏，致使战斗打响，一战区如何救助孤悬黄河以北的辖区，如何调动第二战区的军力救助，如何利用当地二战区的天时、地利、人和因素，所有问题最终都成为致命的并发症。

同时，中条山根据地的丢失，一定程度上与其承载的使命有关。抗日战争伊始，中央势力在阎锡山左支右绌之际进入山西并在晋南存活，标榜"守土抗战"却败退晋西一隅的阎锡山对此作何感想不难理解；另外，中条山根据地还肩负着限制中共势力在晋冀豫发展的政治使命。一股让战略友邻持谨慎态度之势力的存在，难免会使日军窥见其中的奥秘；加之此际国民党有"皖南事变"之龃龉及其事后的争斗，无形中给了日军可乘之机。

总之，晋南三方抗日力量发展、合作以及彼此间的疏离甚或摩擦，正是中国抗战大背景下各派力量关系的一个微缩。中条山根据地在华北展现过它作为抗战堡垒的精神激励作用，然爱国热情为政治利益取代之后，晋南抗战三方之发展各行其是，中条山根据地日渐衰落——外无战略声援，内部建设不力，军力战力日渐颓势，根据地之沦陷绝非意外。

（李常宝：山西师范大学历史学院副教授）

注释：

① 日本防卫厅防卫研究所战史室著、田琪之等译校：《中国事变陆军作战史》第三卷第二分册，中华书局，1983年，第132页。

② 秦孝仪总编：《总统蒋公大事长编初稿》卷四（下），台北财团法人中正文教基金会，1978年，第694页。

③ 如上将冯钦哉任第一战区副司令长官并不到长官部办公，也仅出席总理纪念周来洛阳"行礼如仪"，平时无需来长官部。见蒋文鹤：《抗日时期第一战区长官部的编制、人事和内幕》，全国政协文史资料委员会编：《文史资料存稿选编·抗日战争》（下），中国文史出版社，2002年，第447页。

20世纪50年代"劳动光荣"话语建构与中国妇女解放

——以山西省为例

光梅红

摘　要： 劳动对中国妇女解放来说是一个革命性的命题。"劳动光荣"话语建构的多重性为客观评价20世纪50年代中国农村妇女解放提供了一个视角。"劳动光荣"话语建构的男女就业平等权利不是性别的平等，而是国家建设、匹妇有责的平等。"劳动光荣"话语建构的劳动者身份使妇女集社会劳动和家务劳动于一身，"国家人"的身份是妇女解放的符号，也是其成为社会主义公民和国家主体的标志，"家庭人"的身份使妇女继承了传统社会的分工，"劳动"是"苦难"的象征。社会主义劳动者的身份是对集体主义劳动态度的赞扬，在这种道德观的形塑下，又建构了男女同工不同酬的社会劳动性别。

关键词： "劳动光荣"；男女平等；妇女解放

"贤妻良母"是传统中国女性形象的主流，妻母的身份决定了家庭是女性的主要活动空间。女性所从事的洒扫、育婴、碾米、推磨等无偿性家务劳动掩盖了其劳动成果的价值，这既是儒家文化"劳心者治人，劳力者治于人"的劳动价值观的反映，也是国家父权制对女性形塑的结果。近代以后，尽管维新派、革命派重新审视和批判"贤妻良母"的女性形象，但仍未找到一条彻底改变女性形象的道路。直至马克思主义劳动观传入中国，并成为中国共产党解放妇女的主要依据，中国女性的形象才得以彻底改变。"劳动创造了人本身"，"劳动是一切财富的源泉"，"劳动是万物的尺度"等赋予了劳动史无前例的神圣性和优越性。它对儒家劳动观构成了巨大的冲击，也成为中国共产党建构"劳动光荣"革命话语的逻辑起点。既然"劳动是一切财富的源泉"，那么只有劳动者才是这个世界的真正创造主体，这是一个革命性的命题，这一命题深刻地影响了中国妇女的解放。正是在这一理论的指导下，中国农村妇女就业在20世纪50年代达到了巅峰。20世纪80年代以来，西方女权主义、社会性别理论被引入中国妇女研究领域，引起了中外学者对20世纪50年代中国妇女解放实践的反思，产生了丰富的成果。郭于华、贺萧、高小贤等人采用人类学、社会性别学的方法，重新思考这一时期的妇女解放，认为妇女解放具有一定的局限性。[①]

注释：

① 郭于华：《心灵的集体化：陕北骥村农业合作化的女性记忆》，《中国社会科学》2003年第4期；高小贤：《"银花赛"：20世纪50年代农村妇女的性别分工》，《社会学研究》2005年第4期；贺萧：《社会性别的记忆：中国农村妇女与1950年代》，http://wenku.baidu.com/view/fc0e5a196bd97f192279e90c.html[2012-07-15].

左际平、蒋永萍从妇女性别角色的双重性对妇女解放的局限性进行了解释①，但对于"劳动光荣"这一价值观与中国妇女解放的关系鲜有涉及。本文在借鉴前人研究的基础上，以山西省农村妇女为重点考察对象，就此作一论述，以求教于专家。

一、"劳动光荣"：叙述层面的妇女解放

早在 1943 年，中共中央就根据地妇女工作的新方向指出："广大妇女的努力生产，与壮丁上前线同样是战斗的光荣的任务。而提高妇女的政治地位、文化水平、改善生活，以达到解放的道路，亦须从经济丰裕与经济独立入手。"② 这个新方向的实践结果使"劳动光荣"价值观在局部区域得到宣传。新中国成立后，中国共产党将这一理论上升为国家意志，在对传统分工模式批判的基础上，在叙述层面上对妇女进行了男女平等和劳动者身份的建构。

首先是男女平等的建构，即通过制定一系列法律，保障妇女享有与男子同等的就业权利。1949 年9 月中国人民政治协商会议通过了《共同纲领》，第一章总纲第六条明确规定："中华人民共和国废除压迫妇女的封建制度，妇女在政治的、经济的、文化教育的、社会生活各方面，均享有与男子平等的权利。"③《中华人民共和国婚姻法》提出："夫妻为共同生活的伴侣，在家庭中地位平等"，"夫妻双方均有选择职业、参加工作和参加社会活动的自由"④。1954 年颁布的《中华人民共和国宪法》第三章"公民的基本权利和义务"第 96 条规定："中华人民共和国妇女在政治的、经济的、文化的、社会的和家庭的生活各个方面享有与男子平等的权利。"⑤ 而这种平等并不意味着只是享受，"更主要的，还应该是劳动与责任的平等"⑥，也就是说劳动是妇女解放和妇女权利平等的基础。妇女拥有就业权意味着她们可以获得经济上的独立，摆脱被男人"养活"的经济地位。

其次是身份的建构，即劳动者的合法身份。新中国成立后，《共同纲领》第一章第一条规定："中华人民共和国实行工人阶级领导的、以工农联盟为基础的、团结各民主阶级和国内各民族的人民民主专政。"⑦ 也就是说属于"劳动者"范畴的工农阶级是国家的主人。作为占人口半数的妇女能否成为"劳动者"关系着中共政权的合法性。为了巩固政权的现实需要，为了建设社会主义社会的理想，解放妇女的政治与社会主义农村经济发展需要大量的劳动力达到了某种契合，中国的妇女作为伟大的人力资源被动员组织起来，由此妇女获得了社会主义劳动者的新身份。作为党的喉舌的全国妇联组织也在多种场合中宣扬这一点。1953 年，中国妇女第二次全国会议召开，邓颖超作了"四年来中国妇女运动的基本总结和今后任务"的工作报告，报告指出，"我们伟大的祖国已进入一个新的历史时期，国家建设已开始，大力发动和组织广大妇女群众，充分发挥其潜在的劳动力量，参加工农业生产和祖国各方面的建设，是今

注释：

① 左际平：《20 世纪 50 年代的妇女解放和男女义务平等：中国城市夫妻的经历与感受》，《社会》2005 年第 1 期；蒋永萍：《"家国同构"与妇女性别角色的双重建构》，《山东女子学院学报》2012 年第 1 期。

② 《中国共产党中央委员会关于各抗日根据地目前妇女工作方针的决定》（1943 年 2 月 26 日），《中国妇女运动历史资料（1937—1945）》，中国妇女出版社，1991 年，第 648 页。

③ 中央人民法制委员会编：《中央人民政府法令汇编》（1949—1950），法律出版社，1982 年，第 4 页。

④ 中央人民法制委员会编：《中央人民政府法令汇编》（1949—1950），法律出版社，1982 年，第 154 页

⑤ 《中华人民共和国宪法》，人民出版社，1954 年，第 25 页

⑥ 中国妇女管理干部学院编：《中国妇女运动文献资料汇编》（第二册），中国妇女出版社，1981 年，第 169 页。

⑦ 中央人民法制委员会编：《中央人民政府法令汇编》（1949—1950），法律出版社，1982 年，第 1 页。

后妇女运动的中心任务"。"鼓励农村妇女在自愿原则下，参加农业互助合作运动。"①1954年"三八"节前夕，邓颖超再次指出："妇女日益成为社会主义建设中的一支重要力量。只有逐步实现社会主义工业化和社会主义改造，才能够为广大工农劳动妇女和各族各界妇女参加社会生产开辟广阔的道路，才能逐步地提高妇女的经济地位，改善妇女的物质文化生活，逐步实现妇女的彻底解放"②，到了"大跃进"时期，这一内容得到了完整的表述。1958年9月，全国妇联党组向中央递交了一份《关于全国妇女工作会议情况向中央的报告》，该报告认为"人民公社是解放妇女的最好组织形式，它能使全体妇女都成为工人阶级，变成社会主义劳动者"③。"劳动者"的身份改变了过去妇女基本上不被当人看（"屋里的"、"某某家的"等）的社会地位。

综上所述，新中国成立后，国家颁布的法律、政策及妇女组织的各种报告、发言在"叙述"层面追求男女就业和身份上的平等，而这种平等实现的前提条件就是妇女必须走出家庭，走向社会，广泛地参加劳动。"劳动光荣"的话语成为妇女解放的媒介。

二、"劳动光荣"：事实层面的动员妇女参加劳动

法律、政策赋予男女就业平等权利并等于男女经济地位平等，妇女解放了。"劳动光荣"话语的宣传将法律权利变成了事实。为了实现这种转变，中共既采用了改造传统观念的办法，又沿用并创新了民主革命时期的办法。

（一）改造传统家庭伦理观念

在传统中国，"孝"道维系着代际关系。新中国成立后，政府将"孝"的外延扩大到国家和人民的身上。"我们对于父母的尊重，不可以因为父母的利益而损害了公共的利益，……我们不是仅仅尊敬自己的父母而疏远一切别人，我们尊重父母、老人，同时也尊重一切劳动者，一切对社会有贡献的人。"④也就是说，只要对社会有贡献，一切劳动者都应该受到尊重，打破了"媳妇熬成婆"的辈分理论。在"尊婆爱媳"思想的指导下，在建立民主和睦家庭的过程中，妇女依据年龄的不同，进行了分工，青年妇女无顾虑地参加劳动，婆婆从事的看孩、做饭等工作也受到了表彰。中共在尊重社会传统的基础上，对传统价值观念进行了适当改造，将"劳动光荣"的价值渗透其中。

（二）赋予家务劳动新的含义

新中国成立后，由于生产力不发达，社会主义建设尚未展开，政府不可能在短时期内为妇女提供更多的就业渠道，妇女大多依旧从事烦琐的家务劳动。为纠正歧视妇女的现象，为使"劳动光荣"的话语能为广大农村妇女所接受，中共在肯定妇女以"妻母"身份所从事家务劳动的基础上，从社会主义建设的角度赋予家务劳动一定的社会意义。邓颖超曾指出："家务劳动，在目前已经开始带有为社会主义服务的意义了。"⑤她们的家务劳动"不仅对于个人或整个家庭的经济生活有关；而且与整个社会的生产发

注释：

① 冯书耕：《中华全国妇女联合会四十年》，中国妇女出版社，1991年，第56页。

② 冯书耕：《中华全国妇女联合会四十年》，中国妇女出版社，1991年，第63页。

③ 计荣：《中国妇女运动史》，湖南出版社，1992年，第171页。

④ 惠君：《张素芳事件的教训》，《新中国妇女》1955年第6期，第11页。

⑤ 中华全国妇女联合会编：《蔡畅、邓颖超、康克清妇女解放问题文选》，人民出版社，1983年，第265页。

展有关"①。通过赋予家务劳动新的内涵，广大家庭妇女实现了由"妻母"角色向"劳动者"角色的转变，她们也从社会的边缘被推向了主流，成为社会主义国家建设的主体之一。

（三）加强妇女的劳动技能

在传统社会中，男性掌握农业生产中的核心技术，女性一般只参与辅助性劳动，技术含量不高，因此多数男性认为"妇女劳动不顶事，没有技术瞎胡混"②。太行山区的昔阳县、平顺县的男性认为"官凭印，虎凭山，妇女凭的是男子汉，男人少吃半袋烟也顶妇女干半天"。平顺县的男性说："女人在炕头是个人，去了地里叫个甚？"③有的人对妇女劳动报以恶意的讥讽。左权农民中流传着"劳动好，进步快，活动多，不保险"的思想。④女性也对"劳动"充满了疑虑和困惑。长治县大峪村的妇女说："婆娘就是做个饭吧！还能上地？"⑤那些常年参加劳动的妇女反认为自己"命苦"、"凄惶"。⑥为了清除轻视妇女、女性"依赖男人、不愿劳动"的思想，培养妇女的自信心，中共沿用了民主革命时期强化妇女劳动技能的办法。当时官方要求妇女"增强社会技能"，变为"社会财富的创造者"。山西各地在农业合作化的过程中产生了男女互教互学、聘请技术员传授、到农村技术夜校学习的方法。⑦其中，互教互学的方式是最主要的一种方式。介休县妇联在全县范围内组织开展了老农带徒弟、包教包学、边学边作、夫教妻学、父教女学、哥教妹学等一系列群众性的互教互学活动。⑧西沟农民运用快板的方式歌颂互教互学。"男教女学是正经，提高技术把产增，我们技术学的好，全靠男人教得好。""男教女学是正当，提高技术多打粮，保证社计划能完成，鼓励妇女把产增。"⑨妇女在"如今男女平等了，咱们可不能在落后。男人们会甚，我们也应该学会甚"⑩口号的鼓动下，通过劳动竞赛的方式，逐渐成了农业生产上的"全把式"，增强了妇女自立、自强的意识。加之政府推行男女"同工同酬"政策，妇女在付出劳动的同时获取相应报酬，这就教育了妇女依靠自己劳动所得改善生活是光荣的，妇女在劳动中成为名副其实的社会主义劳动者。

（四）表彰妇女劳模

奖励劳模是中共在抗日战争时期鼓励民众发展生产的创新方法，这种做法在新中国成立以后得以继

注释：

① 《山西妇女》编委会：《妇女的家庭劳动有没有价值？》，山西妇联筹委会编：《山西妇女副刊汇集》，1950 年，藏于国家图书馆，第 36 页。

② 王绪丕、李德生：《山西省怎样发动农村妇女走上生产战线》，《人民日报》，1952 年 3 月 7 日，第 2 版。

③ 申纪兰：《忠诚：申纪兰 60 年工作笔记》，北京联合出版社，2011 年，第 35 页。

④ 《山西妇女》编委会：《发动妇女参加农业生产的方针与方向问题的进一步研究》，山西省妇联筹委会编：《山西妇女副刊汇集》，1950 年，藏于国家图书馆，第 33 页。

⑤ 《长治四区大峪村在生产运动中建立妇女组织》，山西省妇联筹委会编：《山西妇女副刊汇集》，藏于国家图书馆，第 87 页。

⑥ 《山西妇女》编委会：《发动妇女参加农业生产的方针与方向问题的进一步研究》，山西省妇联筹委会编：《山西妇女副刊汇集》，藏于国家图书馆，第 33 页。

⑦ 王绪丕、李德生：《山西省怎样发动农村妇女走上生产战线》，《人民日报》，1952 年 3 月 7 日，第 2 版。

⑧ 介休县妇女联合会编：《介休县妇女运动史》，1989 年内部发行，第 26 页。

⑨ 刘培兰：《正副社长》，《新中国妇女》1954 年第 4 期，第 18 页。

⑩ 李文珊：《新的妇女、新的生活——阳曲县上庄爱国生产模范村访问记之三》，《山西日报》，1952 年 11 月 4 日，第 3 版。

续沿用。就山西而言，1950 年全省评选出了 55 名农村妇女参加全省工农业劳模会，占劳模总数 533 名的 10.3%，占农业劳模总数 303 名的 18.2%，占妇女劳模总数 61 名的 90.2%。[①]1954 年 130 名农村妇女代表出席全省农业生产劳模模范大会，占代表总数的 10.6%。[②] 这些劳模不仅得到了丰厚的物质奖励，更主要的是她们在小车接送、撒彩纸、献鲜花、群众夹道欢迎、首长迎接等仪式中享受到了"劳动"带来的愉悦。她们对这种欢迎的回报就是"努力搞好生产"[③]。妇女劳模的感受通过媒体的大肆报道强化了妇女参加生产的政治话语系统，向其他农村妇女传达了"劳动光荣"的正能量，建构了进步、忠诚、能干的妇女新形象。

此外，围绕着新中国成立后的各个时期的中心任务，在土地改革、抗美援朝、贯彻婚姻法等民主改革运动、在农业合作化和"大跃进"运动中，各级党组织和妇联通过举办各类学习班、各种展览会、集会、"诉苦"、劳动竞赛等形式，对广大妇女进行劳动动员。上述四种途径在这些运动中均有体现，因此笔者对此加以专门论述。中共正是借助多样化的宣传实现了对妇女参加劳动的动员，妇女的劳动赢得了社会的尊重，她们在劳动中"体验到一种从未感受过的公共生活的愉快，一种精神的释放"[④]，这成为妇女解放的具象化符号。

三、"劳动光荣"与妇女解放关系之讨论

妇女参加劳动生产在给妇女带来了精神上的解放的同时，也损害了妇女的身心健康。学界普遍认为当时妇女解放的局限主要表现为：同工不同酬、家务劳动繁重、妇女健康受损。这些局限性背后隐含的是男女事实上的不平等，这种不平等是妇女主体性缺失所造成的，也就是说妇女解放带有浓厚的工具性色彩。所以，我们必须明确妇女的主体身份是什么，"劳动光荣"在妇女主体身份建构的过程中是不是只具有工具性，这种身份的建构是如何影响事实上男女平等的实现的。

（1）妇女的主体性。"劳动光荣"话语的建构意味着女性获得同男性相等的就业权利，同等的就业权利指就业机会的均等，这种均等体现为对社会主义建设"义务"的平等，妇女在建设中对自身主体身份进行了建构。左际平通过采访北京城区 80 位已婚老人的就业经历，探讨了妇女"解放"、"平等"的关系，认为"城市妇女在'解放'、'平等'的建构过程中绝不是被操纵的被动群体"，"她们的投入既反映了共产党对妇女解放和献身的渴求，也体现了她们对自身主体身份的建构、认同的主观能动性"[⑤]。这种情况同样出现在农村。在农业合作化运动中，群众说"再不可小看妇女了，商量什么事，离了妇女可不成"[⑥]。"大跃进"时期，妇女更是自豪地说："在集体生产和集体生活中，我们妇女思想大解放，劳力大解放，政治上、文化、技术上进步更快了，社会地位更加提高了，家庭生活也更加民主团结了。我们深深地体会到我们的幸福，都是在党的领导、关怀和鼓舞下得到的，只有跟着党走社会主义、共产主义道路，妇女才能得到彻底解放。"[⑦] 她们的这种"解放"感受正是在"劳动光荣"话语的宣传过程中，被

注释：

① 根据山西省农牧厅编的《山西农业劳模录》计算而得（山西人民出版社，1989 年，第 1 页）。

② 山西省妇女联合会：《山西妇联四十年》，内部发行，1996 年，第 26 页。

③ 曹普：《山西省工农业劳动模范大会总结报告》，《山西政报》1951 年第 1 期。

④ 郭于华：《心灵的集体化：陕北骥村农业合作化的女性记忆》，《中国社会科学》2003 年第 4 期。

⑤ 左际平：《20 世纪 50 年代的妇女解放和男女义务平等：中国城市夫妻的经历与感受》，《社会》2005 年第 1 期。

⑥ 宏法：《战斗的山西妇女》，《山西日报》，1951 年 3 月 8 日，第 1 版。

⑦《全国妇女建设社会主义积极分子代表会议向党中央和毛主席的致敬电》，《新华半月刊》1959 年第 1 期。

转化为"走出家门"、"不再受婆婆和丈夫气"、"劳动者"的多重身份建构上。如平顺县西沟村的申纪兰在动员村中"钉子户"李二妞参加劳动时说："参加了劳动，多挣些劳动日，就能多分些红利，也能缝件新衣裳穿，不用一直穿破衣烂裤的。""如今是能劳动就能享受，多劳动多分粮。你只要去劳动，他爹保险就对你好了。"^①翼城县里砦乡感军村张进财农业合作社许仲章的女人，提起男人小看自己很伤心，吃饭、穿衣都得看他的脸色，男人一不高兴便说："你凭啥吃、穿哩。"^②而妇女一旦被动员起来，她们并不只是"解放"话语的应声虫，而是以劳动能"说说笑笑"表达对"劳动者"身份的认同，也是其主体性的体现。

当然，并不是所有的妇女都认同"劳动光荣"建构的"劳动者"身份。在动员妇女参加劳动的过程中，有些妇女经常以身体有病或家庭拖累为由与劳动打游击。《山西日报》记载，有的拿家里做饭、缝洗衣服等为借口推诿不下地。^③有的抱怨说："解放妇女哩，把咱解放到地里了。""提高妇女哩，手上也磨起泡来了。"^④赵树理的小说《锻炼锻炼》中的"小腿疼"和"吃不饱"就是这类妇女的代表。"小腿疼"一做活儿就疼；……入社以后是活儿能大量超过定额时候不疼，超不过定额或者超过的少了就又要疼。"吃不饱"喊着"吃不饱不能参加劳动"。在今天看来，从事家务劳动、追求利益的最大化也是妇女主体性的体现。只不过在当时，她们的行为遭受到"解放"话语的批判，她们的主体性在"劳动光荣"的道德压力和集体主义思想的教育下被击垮。例如，"大跃进"前，妇女从事家务劳动还是被国家提倡的，是光荣的，因为只有家庭的和谐，才会有社会主义建设的成就。但到了"大跃进"期间，"妇女单纯从事家务劳动也成为落后和不解放的表现"^⑤。在共产主义思想教育运动中，"家庭劳动"被视为个人主义、本位主义受到了批判，"遭到了群众的唾弃"^⑥。

由此可知，20世纪50年代，在"劳动光荣"的话语体系中，妇女的主体性体现为向国家尽义务，各地涌现出了一批勇于献身、大公无私的"穆桂英"、"花木兰"式人物。山西就有裴志英、朱文华、申纪兰、王东果、牛烈花、庞果英、姚凤兰、石毛猴等妇女劳模。其中，申纪兰的影响最大，她一直坚守的信念就是"劳动就是解放"。从这一点看，"劳动光荣"是具有工具性的。同时，妇女劳模依靠自身的社会资源和象征资源在乡村中发挥"传统保护型经纪"^⑦的作用。申纪兰当年因为"脾气好，干活好，又是共青团员"，"平常不爱说话，做事不含糊，又没有小孩拖累，对婆婆很孝顺，村里口碑很好"^⑧而当选农业社副社长，这又说明"劳动光荣"又不完全是工具。

（2）性别平等。"劳动者"的身份使妇女从家庭走向社会，成为社会主义建设的"国家人"。多数学者承认"妇女就业不是作为'女性'出现而是作为'劳动者'被引入公共领域"^⑨。很少有人对"劳动

注释：

① 申纪兰：《忠诚：申纪兰 60 年工作笔记》，北京联合出版社，2011 年，第 31—32 页。

② 赵骏：《农业生产上一支生力军——张进财农业发动妇女下地劳动的经过》，《山西日报》，1954 年 4 月 15 日，第 2 版。

③《晋南的"申纪兰"》，《山西日报》，1954 年 3 月 8 日，第 2 版。

④ 中共山西省委妇委会：《璩寨村发动妇女工作的经验》，《山西日报》，1953 年 6 月 19 日，第 4 版。

⑤ 张志永：《错位的解放：大跃进时期华北农村妇女参加生产运动评述》，《江西社会科学》2010 年第 4 期。

⑥《必须把共产主义思想教育的旗帜举得更高》，《新华半月刊》1959 年第 2 期。

⑦ 杜赞奇：《文化、权力与国家——1900—1942 年的华北农村》，江苏人民出版社，1996 年，第 37 页。

⑧ 马社香：《农业合作化运动始末》，当代中国出版社，2012 年，第 69 页。

⑨ 佟新：《主流话语与妇女就业知识的建构》，岳素兰：《女性学研究集萃》，北京大学出版社，2010 年，第 468—469 页。

者"中的性别进行研究。左际平认为，"为了实现经济建设和通过家庭建设保障国家建设的目标，国家对妇女进行了具有相互联系和相互影响的'国家人'和'家庭人'的双重建构"。"城市男女职工对'国家人'主体身份的确认弱化了他们'男主外、女主内'的'性别人'的特征，双方均向中性气质转化（而绝非妇女一方向男性气质靠拢），从而缩小了男女之间的行为差异。"[①] 也就是说，从义务均等的角度看，"劳动者"身份的建构成功地实现了男女事实上的平等。然而，在"大跃进"时期，过度强调"男女都一样"的结果是女性"男性化"，抹杀了男女两性之间的差异，把男性规范作为唯一的规范。为此，不少妇女发生了闭经、月经不调、子宫下垂等疾病，影响了妇女的身体健康。在家庭内部，传统的"男主外，女主内"分工模式仍旧存在。在宣传"劳动光荣"的过程中，为了使家庭妇女能成为"劳动者"，国家承认家务劳动的社会价值，政府也鼓励男性参与家务劳动，却从未强制男性一定要参加家务劳动，反而对女性中认为"经营家务、抚育小孩，都不如上地光荣"[②] 的思想进行批评。1957年"双勤"口号的提出，又将妇女承担家务劳动的职责固化下来。由此可见，妇女劳动者的"国家人"和"家庭人"双重身份是妇女身心疲惫的缘由，那种认为国家"忽视了妇女在家务劳动中的贡献"[③] 的观点是有失偏颇的。

男女同工不同酬的现象是性别分工等级化所导致的。高小贤曾对陕西植棉竞赛——"银花赛"进行研究，她的研究为同工不同酬的解释提供了依据。高小贤认为，在"银花赛"运动中，国家建构了一套"妇女更适合棉花作务"的话语，因为"棉花地里的活费时费工，腿蹲腰弯很辛苦的，男人用不着和妇女争；妇女心细、手快，更适合棉田劳动"[④]。为了给男性劳力一定的补偿，政府鼓励男性劳力转向技术含量比较高的副业生产，从而使男性劳力"体面地"从棉田管理中逐步退出。到了"人民公社"时期，"男性大量地被抽去大炼钢铁和兴修水利，棉花的作务就完全交由妇女承担，男人只剩下种棉花和拨棉秆这两样活了"[⑤]。在机械化未实现的年代，无论是植棉、多种经营的副业生产、兴修水利，还是大炼钢铁都是一种体力劳动，男女生理上的差异、文化水平的高低和经验的多少决定了他们劳动分工的不同，也决定了他们的报酬不同。也就是说，劳动的等级化是男女同工不同酬的根由。正如金一虹指出的，劳动建构了性别的等级制度。

四、结语

中共采用马克思的劳动观理论建构了"劳动光荣"的话语，并将恩格斯妇女解放的先决条件是妇女参加社会生产劳动的理论付诸实践，在国家行政力量的推动下，中国妇女解放运动在短时期内取得了举世瞩目的成就，但同时也产生了诸如男女同工不同酬，妇女双重角色使其身心受损等一系列男女不平等问题。究其原因，我们认为是由"劳动光荣"建构过程中的多重性所决定的。由上可知，"劳动光荣"话语的建构是立足于生产劳动创造历史和劳动是一种道德的基础上的，这本身就有一定的阶级色彩，由此而形塑的妇女形象必然带有阶级性，因而劳动具有一定的改造功能。中共通过改造传统伦理观念、赋予家务劳动新的含义、加强妇女的劳动技能、表彰妇女劳模等形式，将"家庭人"和"国家人"的双重

注释：

① 左际平：《20世纪50年代的妇女解放和男女义务平等：中国城市夫妻的经历与感受》，《社会》2005年第1期。

② 山西省妇联筹委会：《山西妇女副刊汇集》，1950年，第49页。

③ 高小贤：《"银花赛"：20世纪50年代农村妇女的性别分工》，《社会学研究》2005年第4期。

④ 高小贤：《"银花赛"：20世纪50年代农村妇女的性别分工》，《社会学研究》2005年第4期。

⑤ 高小贤：《"银花赛"：20世纪50年代农村妇女的性别分工》，《社会学研究》2005年第4期。

身份寓"劳动者"于一身。而"劳动者"身份的建构是对传统"劳动美德"的弘扬，但又不是简单的回归，而是把"劳动"视为社会主义公民最基本的美德，是妇女获得"公民"身份的一种阶级属性和本质的途径，是国家政权巩固和社会主义建设的需要。正是基于这种建构，作为"国家人"的妇女，其在劳动过程中的主体性才会呈现出"解放"、"平等"、"自豪"单一化、符号化的特征。作为"家庭人"的妇女仍然继承了传统社会的分工模式，"劳动"意味着更多的"承担"，是一种"苦难"的象征。

（光梅红：山西师范大学历史学院讲师）

附　　录

附表　会议提交论文及主题发言

姓名	工作单位	文章题目／主题发言
安介生	复旦大学历史地理研究中心	再论山西在国史上的地位——基于历史时期地域共同体作用的初步分析
包海山	鄂尔多斯学研究会	超越自我道法自然——以鄂尔多斯学为例谈地方学研究
蔡靖泉	华中师范大学楚学研究所	楚文化研究的困惑与突破——早期楚文化问题
崔正森	山西省社会科学院	华严三圣像的形成流布
段建宏	长治学院历史系	繁盛与落后：晋商研究视野下对山西经济的理性反思
冯先思	复旦大学古籍所	从《新修玉篇》看金代刻书避讳
高青山	侯马市晋国古都博物馆	晋国史与三晋文化的科普实践——以侯马晋国古都博物馆为例
高专诚	山西省社会科学院	秦汉时期晋文化形态
郭梨华	东吴大学哲学系	先秦儒家“法”之源流及其开展——以《荀子》之“法”思想为主
郝建杰	太原师范学院文学院	《诗经·唐风》地域文化精神探论
郝良真	河北省邯郸市博物馆	《侯马盟书》与邯郸地名
吉琨璋	山西省考古所	晋国都城变迁考古学观察
贾海生	浙江大学古籍所	周公所作《蟋蟀》因何被编入《诗经·唐风》中
李伯谦	北京大学考古文博学院	主题发言：晋文化研究的回顾与展望
李百玉	尧都区地方志办公室	对新发现的襄汾县两篇民间歌谣的评述
李　坚	国家图书馆古籍馆善本组	解读《三关志》——以明代中期山西地区的军事形势及其职官制度为中
李尚师	山西省三晋文化研究会	晋国的辉煌
李兆祥	临汾市文物局	吉州人祖山伏羲庙考析
李建欣	河北省邯郸市博物馆	从“三义班”文物看上党梆子在冀南一带的流传
李德仁	山西大学美术学院	永乐宫壁画与全真道宇宙观
李　霖	中山大学历史系	平水旧刊《毛诗注疏》残叶考

姓名	工作单位	文章题目／主题发言
林振岳	复旦大学中国古代文学研究中心	蒙古时期平阳张存惠晦明轩刻书考略
林素英	台湾师范大学国文系	韩婴对孔子形象的描绘
刘开美	湖北省三峡文化研究会	关于地方学构建中的几个理论问题论地域文化三位一体的研究模式
刘合心	临汾市三晋文化研究会	中华文明源远流长三晋文化本固枝荣——临汾市三晋文化研究的实践与思考
刘振中	尧都区广电局	平阳版刻存世状况初探
蔺长旺	临汾市三晋文化研究会	晋文化考古与历史文献中若干历史疑问之梳理——兼论晋文化的研究与开发
马保春	首都师范大学历史学院	晋都迁移的气候环境因素
彭美春	湖北省宜昌市社科联	论地域文化三位一体的研究模式
乔秀岩	北京大学历史系	聂崇义《三礼图》版本印象——纪念多一种蒙古时期山西刻本的发现
秦建华	运城学院外语系	运城盐池与河东文明
乔葆声	翼城县三晋文化研究会	翼城名人笔下的"晋国源头"
史宏蕾	太原科技大学艺术学院	新绛稷益庙正殿壁画之农业科技文化考
史宏云	山西大学美术学院	晋南木版年画地域特征的研究
宋桂友	苏州职业大学	论吴文化发生期两次文化吸收中的重和去同思想
宋一明	复旦大学中国古代文学研究中心	耿文光版本学举隅
苏　辉	中国社会科学院历史研究所《中国史研究动态》杂志社	清华简《系年》少鄂与㭤（斛）地三戈
孙继民	河北省社会科学院	主题发言：20世纪50年代60年代山西地区发现的宋代文书考释
田建文	山西省考古所	封建亲戚 以蕃屏周——以西周、春秋早期晋国为例
田永涛	山西大学国学所	春秋晋国士氏兴灭及世系考
王杰瑜	太师师范学院历史系	山西历史地理环境浅析
王钧林	山东师范大学 山东省齐鲁文化研究院	论齐桓晋文的"谲"与"正"
王浚波	太原学院旅游系	孔子不入晋国原因之探析
王汝雕	临汾市三晋文化研究会	太平县"赵氏孤儿"传说源流考
武丽敏	晋中学院美术学院	山西汾阳田村圣母庙壁画音乐图像考
谢鸿喜	山西省测绘局	北秀容与南秀容辩证
谢尧亭	山西省考古研究所	重读《晋国史》札记
向晋卫	山西大学历史文化学院	秦汉时期的后土崇拜——兼论汾阴后土祠的建置背景
杨晓国	山西省社会科学院	会议总结
叶纯芳	北京大学历史系	金刻本《周礼》商榷——兼论婺州本《周礼》
伊　宝	太原科技大学艺术学院	永安寺传法正宗殿水陆壁画的构图及其艺术特征研究

姓名	工作单位	文章题目／主题发言
张妙弟	北京联合大学北京学研究中心	主题发言：北京学研究的交流与思考
张启耀	运城学院政法系	20世纪二三十年代山西农村经济与社会状况概述
张润泽	河北邯郸学院历史系	阏与之战与赵奢垒
张丽娟	北京大学《儒藏》中心	平水本《尚书注疏·释文》校异
赵瑞民	山西大学历史文化学院	商周时期的黎国：新发现与研究
赵　波	运城市盐文化研究会	运城盐池与河东文明
朱士光	陕西师范大学	主题发言：关于深入开展晋学研究的几点见解
翟铭泰	翼城县史志办	翼城名人笔下的"晋国源头"
行卫东	山西师范大学美术学院	浅析永乐宫纯阳殿山水艺术
姚春敏	山西师范大学戏曲文物研究所	划界而治：清代至民国山西泽州村社边界的形成与发展
畅海桦	山西师范大学历史学院	山西师大博物馆所藏两件陶簋年代、用途考析
光梅红	山西师范大学历史学院	20世纪50年代"劳动光荣"话语建构与中国妇女解放——以山西省为例
侯慧明	山西师范大学历史学院	法显在佛教中国化进程中的贡献
李常宝	山西师范大学历史学院	1941年中条山根据地沦陷原因分析
刘　丽	山西师范大学历史学院	试析北宋末年金西路军南下及其对平阳的影响
上官定一	山西师范大学历史学院	阎锡山与近代山西的防疫——以1918年晋省防治肺鼠疫为中心
仝建平	山西师范大学历史学院	金状元王纲生平及诗文辑考
王惠荣	山西师范大学历史学院	从晋南民俗"扎马角"看《战国策》"贯颐"鲍解
谢耀亭	山西师范大学历史学院	先秦儒家禅让观探析
杨秋梅	山西师范大学历史学院	《赵氏孤儿》久传不衰的民族文化心理分析
杨学勇	山西师范大学历史学院	三阶教与山西
张有智	山西师范大学历史学院	主题发言：晋学研究的回顾与展望
张焕君	山西师范大学历史学院	尧舜传说与中国礼乐文明的人文精神
张　明	山西师范大学历史学院	20世纪40年代皖南永佃制租佃及经营机制考察——以唐模村为中心

后　记

　　2013 年 10 月 12—13 日，由山西师范大学历史学院、山西省晋学研究中心共同主办的"首届晋学与区域文化学术研讨会"在山西省临汾市山西师范大学举行，来自中国社会科学院、中国国家图书馆、北京大学、复旦大学、浙江大学、中山大学、陕西师范大学、台湾师范大学、东吴大学等多所科研机构和高校的 80 余位学者与会，提交论文 70 篇，围绕"平水与金元版刻"、"山西古代寺观壁画"、"晋国史与三晋文化"、"晋学与地方学"四个议题分组展开了广泛而深入的研讨，对推进晋学研究起到了良好的作用。

　　在 2015 年 10 月第二届晋学研讨会召开之前，会议论文集结集出版。由于出版延迟，部分文章已经正式刊登于学术期刊，尤其是"平水与金元版刻研究"中的 8 篇文章，其中 5 篇已经刊登于《版本目录学研究》（第五辑，北京大学出版社，2014 年 6 月）。在征得与会提交论文专家和学者的同意并适当修改后，绝大多数会议论文都收录在论文集中。

　　在论文集编撰过程中，山西师范大学历史学院院长车效梅教授给予了积极支持，山西省晋学研究中心主任张有智教授、山西师范大学历史学院副院长张焕君教授总体安排，历史学院仝建平副教授具体负责编排，硕士研究生段衍超、苏俊芳、王婷、李彦颉参与了编订。科学出版社的编辑为论文集出版付出了辛劳，深表谢意。

仝建平